中国通史

上册

陈恭禄 著

书系

世界知识出版社

图书在版编目（CIP）数据

中国通史：全 2 册 / 陈恭禄著 .—北京：世界知识出版社，2018.9

（史学名家经典书系）

ISBN 978-7-5012-5797-3

Ⅰ .①中… Ⅱ .①陈… Ⅲ .①中国历史 Ⅳ .① K20

中国版本图书馆 CIP 数据核字（2018）第 167757 号

责任编辑	汪　琴
责任出版	王勇刚
责任校对	马莉娜
封面设计	石　璞
书　　名	**中国通史：上册** Zhongguo Tongshi
作　　者	陈恭禄
出版发行	世界知识出版社
地址邮编	北京市东城区干面胡同 51 号（100010）
电　　话	010-65265923（发行）　010-85119023（邮购）
网　　址	www.ishizhi.cn
经　　销	新华书店
印　　刷	唐山新苑印务有限公司
开本印张	710 × 1000 毫米　1/16　38 印张
字　　数	542 千字
版次印次	2019 年 1 月第一版　2020年 6 月第三次印刷
标准书号	ISBN 978-7-5012-5797-3
定　　价	98.00 元

自 序

一国现状之造成，往往由于人事，历史叙述人事之经验，为认识一国现状必读之书。我国旧史或为纪传，或为编年，或为纪事本末。纪事本末于三者之中最便于读者；但为抄录之文，并无组织与解释，吾人读之常难认识我国政治、经济、社会情状之演变。改造国史久为我国学术界之需要。顾言之易而行之难。著作非抄录史料之谓，乃研究可信之史料，分析其内容，据其所得之史实并将其融会贯通，然后叙述其发生之背景、经过之始末及对于后世之影响，读之庶可明了各时代之情状也。

我国旧分史为二类：一曰通史，一曰断代史。学者或称通史，而鄙断代史；或赞美断代史，而轻通史。近人重视通史者进而以为国中尚无可读之通史，为史学不进步之理由。此盖由于深受传统思想之影响。司马迁言其所著之《史记》："究天人之际，通古今之变，成一家之言。"后人据之，以通史纲纪天人。此为通史之一解释。《史记》起自五帝，迄于西汉中叶。后人谓其叙述古今之史迹前后相续而为通史。此为另一说法。吾人知通天人之变为汉人附会之说。近代史料之范围广大、卷帙浩繁，绝非一人之力所能研究，写成有学术价值之通史，亦难于实现。至于抄录典章、经制，不当称为著作，更不足论。吾人现以中国通史为叙述数千年来中国民族活动之史书，为成年人读中国史入门之一教本而已。

普通教本于学说上无新贡献，不为学者所重视，其价值仅为服务读者。著者讲授中国通史十数年，现以教本缺乏，萌生撰著之意志；后以正值年富力强之时宜从事于学说研究之著作，不必亟亟于写教本。故写成《中国史》第一册，后即着手撰著秦汉史。民国三十年春完成，名曰：《中国史》第二册。文稿分十七包，由航空寄往香港商务，历十七日始完。斯年终，香港陷失，不知文稿尚存在否，四五十万言之书抄写非万元不办。著者既无此助力，书局亦不愿印行，思想为之一变。三十一年秋，余在西北大学任教，而城固书少，不愿自逸，复有撰著《中国通史》之意，乃于课暇为之，三十二年夏写成第一册。

第一册凡十九篇约十五万言。第一篇述我国地理及所受之影响，为我国民族活动之背景。其余十八篇叙述自远古迄于东汉末年之大事。史前社会今为专门学问，非史学家所愿过问。盖史为文字记录，绝非其范围也。著者略言史前，乃综合专家之报告，而欲读者认识现时学术之发达。信史起于商代，自商迄于汉季，凡重要史籍及近人论文为著者所能得者，无不参看。其所著之通史注重政治制度之演变、领土之开拓、户口之消长、社会经济情状之嬗变、宗教思想之改进、学说文艺之发达等，并求其交相影响之势力，说明其与政治大事发生之关系。夫一国政策之决定或推行之制度多非偶尔之事，乃环境所造成，或长期演变之结果。而当事人不过审其利害得失做一适当之决定而已。此书系综合叙述，唯欲读者明了各时代之社会，及中国民族演进之过程也。

书写成后，余以现时抽版税之报告不尽可信，欲自印行，苦无款项。去岁夏商于金陵大学景唐校长，承其允借一万元。但以款不敷用及其他事故，迄未付印。十二月通史班学生有力说余付印者，并代访问印价等事，始复有付印之意。印费大部分系学校借款及预约收入，著者自筹其余。本书原有十九万字并加标点，竟以筹款困难删去四五万言，废去标点。书以印行册数不多，成本昂贵，售价不免稍高，著者颇以为憾。但亦无可奈何。斯书之印行，同事陈锡祺先生亦有力焉，皆深感谢。若书能有销路，第二册当可于年内问世也。

陈恭禄自序于成都

一九四四年元旦

目　录 / CONTENTS

自序 // 1

第一篇　我国地理及其影响 // 1

地理之重要——疆域之逐渐开拓——谬误之实例——自然区域——河流——土壤与气候——矿产——治乱之一解释——耕地之估计——地理与职业——地理与政治——对外观念——经济情状——建设路径

第二篇　史前社会 // 11

史前之说明——老北京人——旧石器人——新石器人——新石器人之体质——推定年代之标准——新石器人之生活——苗人——蒙古人等

第三篇　商 // 20

商名之由来——先祖——汤之故事——大甲——祖乙——盘庚——武丁——商季诸王——纣之故事——王之威权——传位制——官制——疆域——邻国——生活情状之一斑——迷信之深痼——文字——年代

第四篇　西周 // 31

周之先祖——文王——周强之原因——武王伐商——周公东征——封建

制度——诸王——西周之覆亡——王之地位——疆域——东方——东南夷——社会情状

第五篇 东周 // 43

王之地位——五国疆域——齐桓公——宋襄公——晋文公——秦穆公——楚庄王——晋楚之争——晋悼公——弭兵之会——小国担负之一斑

第六篇 东周（续前） // 53

大夫专政——公孙侨——楚灵王——晋宋诸国——吴之兴亡——越之崛兴——文化区域之扩大——封建之破坏——享受之不平——战争情状之一斑——农民之苦——工商——社会之不安——家庭生活

第七篇 战国 // 63

战国——三国之疆域——变法之趋势——魏文侯——韩昭侯——吴起相楚——商鞅之变法——田氏篡齐——燕之形势——中央集权——称王——臣下之地位——土地之开拓

第八篇 战国（续前） // 73

秦惠王——齐之强大——合从——连横——秦昭王——养客之风气——列国之情状——秦灭六国——文化区域——武备之进步——人民之生活——家庭生活

第九篇 先秦学艺 // 84

学艺之发达——孔子略传——孔子学说——子思——孟子——荀子——老子——庄子——墨子——法家——文学

第十篇 秦 // 94

始皇为人——皇帝之尊严——官制——疆域——关中之经营——驰道——法令制度——文字——思想——安宁人民——北筑长城——

南征——兴土木——始皇死——秦之覆亡——覆亡之主因

第十一篇 汉高祖 // 105

刘邦入秦——项王之威权——祸乱之复起——社会制度之变更——汉郡——诸侯王——列侯——天子之尊严——三公——九卿等官——法令——南方诸国——匈奴

第十二篇 惠帝至景帝 // 115

政治现状——吕后专政——诸吕之乱——文帝与大臣——重农业——减刑罚——礼遇大臣——短丧——七国之乱——政治上之改革——封建制度之失败——户口之激增——游侠之风——对外之关系

第十三篇 武帝 // 125

养士风气之丕变——取士之方——汉与匈奴之关系——西域之经营——通西南夷——灭南越——徙越人——并朝鲜——十三州——农民生活之一斑——财政之困难——政府之收入——刑罚与叛乱——晚年之境遇

第十四篇 昭帝至平帝 // 135

昭帝——废立之变——宣帝——元帝——成帝——哀帝——平帝——政治现状之一斑——人民之疾苦——祸乱之主因——匈奴之降服——西域之归顺——羌乱之平定——乌桓之臣服——向外经营之影响

第十五篇 王莽 // 145

专政之经过——惠民之政——称帝——官制之变更——驭下之严厉——大规模之改革——六管——货币政策之失败——对外战争——天灾与盗贼——晚年之境遇——覆亡——功罪之评议

第十六篇　光武帝 // 155

大乱之复起——全国之扰乱——关东之平定——陇蜀之经营——死亡之惨重——朝官——诸侯——地方官制——仕途——祸乱之防范——奴婢之待遇——对外关系——光武之评论

第十七篇　明帝至质帝 // 165

明帝——章帝——和帝——安帝——顺帝——梁冀专政——太后听政——选举制——户口分布之情状——北匈奴——羌乱——西域

第十八篇　桓帝至献帝 // 176

桓帝——灵帝——党锢之祸——黄巾之乱——董卓之乱——献帝——袁绍雄踞河北——曹操之活动——徐州之祸乱——荆益之情状——曹操专政——北方之平定——南征之失败——刘备据有益州——刘备之失败——三国之成立——死亡之惨重——外患

第十九篇　两汉学艺 // 188

学术工具——学术之不发达——董仲舒——刘安——王充——保存古籍——统一文化——两汉风气之不同——郑玄——司马迁——班固——科学——散文——司马相如——诗歌——美术

第二十篇　三国 // 199

三国称帝——魏文帝——明帝——司马氏之专政——诸葛亮——蜀之微弱——吴国大事——三国之亡——三国疆域——官制——人民之负担

第二十一篇　西晋 // 207

疆域与户口——改革——官制——军制——人才之缺乏——长官之奢侈——人民之痛苦——羌、氐之祸——武帝之家庭——祸乱之迭起——怀帝——愍帝——天灾之严重——北方之扰乱——流人之

乱——死亡之一斑

第二十二篇 东晋 // 216

江东情况——南下之北人——元帝——明帝——苏峻之乱——桓温——秦晋之战——叛乱之迭起——刘裕——国君之无权——官制——政治之废弛——疆域——户口——税制——兵制

第二十三篇 五胡之盛衰 // 227

内徙之胡人——刘渊——刘聪——刘曜——石勒——石虎——冉闵——李雄——前燕——前秦之强大——苻坚之政绩——南征之失败——后燕——关中之叛乱——后燕之盛衰——南燕——关中之情况——北方统一——惨状之一斑——文化之同一

第二十四篇 宋 // 238

南北朝——宋武帝——文帝——祸乱之迭起——宋亡之原因——官制——疆域与户口——土地之开辟——人才之缺乏——货币

第二十五篇 齐 // 245

齐高祖——典签之威权——武帝——明帝——齐亡——人民之苦

第二十六篇 梁 // 251

萧衍之起兵——文人治国之道——宗室之误国——武帝之为人——侯景之乱——元帝——梁亡

第二十七篇 陈 // 257

陈霸先之起兵——陈之建国——国中之情况——文帝——宣帝——后主——南朝之武力——社会经济情况之比较

第二十八篇　魏 // 266

道武帝——太武帝——孝文帝之家庭——禄制之颁行——授田之计划——迁都

第二十九篇　魏（续前） // 272

宣武帝——国事之败坏——北边之乱——魏之覆亡——魏之旧俗——疆域——政治情况——税制

第三十篇　北齐 // 280

高欢之建国——高澄——文宣帝——齐之衰弱——政治情状——齐律

第三十一篇　北周 // 287

宇文泰之据关中——领地之扩大——制度之变更——宇文护之专政——武帝之功业——周亡——高门第之演变

第三十二篇　魏晋南北朝学艺 // 297

文化区域——清谈——佛教之思想——儒学——道教——史书——科学——文学——美术

第三十三篇　隋 // 307

隋之建国——中国之统一——户口——官制——防范——炀帝

第三十四篇　唐高祖与太宗 // 316

祸乱之大起——中国之平定——家庭之变——太宗之内政——邻国之关系——官制——臣下之防范——兵制——税制

第三十五篇　高宗至玄宗 // 326

高宗——武后——中宗——玄宗——太子之地位——漕运——官制——军队之腐化

第三十六篇　肃宗至宣宗 // 335

宦官之乱政——安史之乱——诸帝——皇帝之无能——宦官之祸——朋党之祸——藩镇之乱——税制——户口

第三十七篇　唐之覆亡及其贡献 // 346

唐末四帝——朝臣之责任——藩镇之情况——祸乱之起——黄巢——唐之覆亡——祸乱之惨状——种族之平等——信教自由——考试制与世族——士大夫享受之讲究

第三十八篇　五代 // 358

祸乱之多——五代之背景——梁——唐——晋——汉——周——拥立之风气——官制——疆域——十国——人民之苦

第三十九篇　隋唐五代之学艺 // 367

佛学之要义——儒学——学校与书籍——史学——科学——文学——美术

第四十篇　宋太祖 // 377

宋之得国——内乱之平定——中国之统一——祸乱之范围——官制——入仕之途径

第四十一篇　太宗至英宗 // 386

太宗——诸帝——政治情况——言官之害政——冗官——武备之废弛——户口——民生之苦——邻国

第四十二篇　神宗与王安石 // 397

神宗与王安石之关系——变法之阻力——改善农民生活法——商业新法——免役法——军事改革法——教育之改革——变法之评论——安石之去位——南方之经营——西北之拓地

第四十三篇　北宋之衰亡 // 406

旧党下之政治——司马光之执拗——财政之困难——言官之害政——党内之争——旧党之失败——新党之报复——新党之领袖——徽宗之失德——蔡京之所为——人民之痛苦——北宋之亡

第四十四篇　宋高宗 // 417

高宗之立——盗贼之平定——大将之骄横——恢复之困难——和议——战争之复起——人民之负担——大将之罢兵权——和议之成功——宰相之威权——政治之废弛——和战之争论

第四十五篇　南宋之衰亡 // 427

诸帝——改革之失败——党禁——政府之腐败——北伐之失败——对外之失策——人民之苦——贫民负担之奇重——田税之整顿——公田——贫穷之原因——儒生之误国——南宋之亡——生活之情状

第四十六篇　辽金夏 // 438

环境之影响——契丹之建国——诸帝——政治制度——辽与邻国之关系——辽亡——金之强盛

第四十七篇　辽金夏（续前） // 447

金之疆域——诸帝——政治制度——财政——金之衰弱——覆亡——夏之兴起——李元昊——夏与邻国之关系

第四十八篇　宋之学艺 // 455

佛教——新儒学——道教——学术进步之原因——历史——考古与地理——科学——文学——美术——工艺

第四十九篇　蒙古帝国 // 465

成吉思汗之环境——大汗之部属——大汗之战略——战祸之惨

重——西征——窝阔台——大会遭遇之困难——蒙哥——大帝国之情况——汉制之采用

第五十篇 元世祖 // 474

大帝国之分裂——政治改革——侵略战争——疆域与户口——政治制度——汉人之地位——财政状况——粮运

第五十一篇 元之衰亡 // 482

诸帝——政治情状——财政困难——军队之腐化——人民之苦——治河——元亡

第五十二篇 明太祖 // 491

叛乱之起——朱元璋之起兵——中国之经营——胜利之原因——损失之重——户口之分布——官制——臣下之待遇——军队之腐化——田制之改革——财政——防范

第五十三篇 明之盛世 // 501

争位之乱——成祖之为人——皇帝之威权——仁宗——宣宗——政治腐败——北京之经营——漕运——疆域与户口——财政情况——东南亚之经营

第五十四篇 明中世之情状 // 510

诸帝之纵欲——英宗——宪宗——孝宗——武宗——世宗——穆宗——宗人——宦官——大学士——政治之腐败——庄田——财政——人民之生活——盗贼——军队——对外关系

第五十五篇 明之衰亡 // 523

张居正——政治之腐败——宦官之害政——军队之败坏——财政情况——人民之苦——户口与耕地——流寇之乱——明清之战

第五十六篇　元明学艺 // 537

学说之不发达——学术机构——王守仁——佛教——道教——其他宗教——历史与地理——科学——文学——美术

第五十七篇　清之兴起 // 547

女真之兴起——太祖之建国——太宗之改革——清、明之战——八旗主权之演变——中国之统一——军队之病民——官制——改革之困难

第五十八篇　清圣祖 // 557

圣祖之为人——人才之缺乏——三藩之乱——台湾之降——治黄河——中俄交涉——开拓之领土——边地之荒废——人口问题——财政——诸子之争立

第五十九篇　清之中世 // 569

君权之发达——财政——军队之腐化——武功——土地利用与人口——户口增加——祸乱之酝酿——对外思想——鸦片战争

第六十篇　清之学艺 // 585

清初儒学——戴震——康有为——宗教——纂书之盛——毁书——史学——科学——文学——戏曲——美术——工艺品

第一篇　我国地理及其影响

地理之重要——疆域之逐渐开拓——谬误之实例——自然区域——河流——土壤与气候——矿产——治乱之一解释——耕地之估计——地理与职业——地理与政治——对外观念——经济情状——建设路径

地理之重要　地理为一国之天然环境，人民之衣食住行，无不深受其影响。衣服之为皮毛、布丝，饮食之为米麦杂粮、肉类，建筑之材料，行路之难易，往往以地理为决定之因素。地理之范围包含：地形、山泽、土壤、海洋、气候、矿物及农产物等。衣食住之原料，多出于土。其不出于土者，亦赖土地所生之物，为其营养滋料。古代交通不便，运输困难，行路常以陆行为苦。李白《蜀道难》之诗，有“难于上青天”之句，此就吾人日常生活经验而言。立国于今世界者，其富强常赖肥沃之土地、丰富之资源、发达之工商业，皆与地理有关。论者常称：近代国家若缺乏煤与石油为发动力、钢铁与铜为制造材料，无石灰岩供给熔黏之用，又无硫黄制造硫酸，常感觉重大之困难。矿物一端有若此之影响，合土壤、气候等而论，对于一国自有决定性之势力，人民只能予以利用。所谓征服自然者，乃充分利用而求其发展。国家之进步，环境与人事常有密切之影响也。

疆域之逐渐开拓 我国疆域历代常不相同，一代强弱亦先后有别，领土广狭随之而异。史前石器散布区域，至为广大。学者研究发现人骨之报告，称辽东半岛之人民同于其居住于河南者。然非统一之国家，其人部落而居，各有酋长，当难言其疆域。信史起于商代，甲骨文记有不少之地名。学者王国维据以研究，称商王行幸之地，皆在黄河南北千里之内。周灭商而有其地，领土大于前代，而仍不出黄河流域。周王向南拓展土地，然未有重大之成就。周末兼并之结果，强国土地广而兵力强，同化其境内或边地之夷狄，活动范围仍以黄河流域为主。长江流域之强国有争霸于北方者，为其地人民活动之起始。秦灭六国，中国成为统一之大帝国，为前古所未有。其疆域之广大，远非商、周之所及。孟子称夏后殷周之盛地未有过千里者也，颇有历史上之根据。始皇帝北逐匈奴，南取陆梁地，其地益广。其臣颂始皇功德，有“日月所照，莫不宾服”之语。秦取陆梁地为桂林、象郡、南海三郡，西江流域土地之开辟，成为我国疆域之一部分，其经营之基础则始树立于秦。

汉代秦兴，疆域初视秦狭小。及武帝经营四方，开拓之领土，尤以在南方者为广大。事实上，政治、文化之中心仍在北方，而长江流域之大部分，汉官尚未能切实治理。其政治现象则郡县少而荒地多，西汉末年之户口分布，足以为证据。据《汉书·地理志》所记，平帝元始二年（公元2年），全国凡五千七百六十万人。黄河流域占百分之七十四点六，长江流域占百分之二十三，西江流域占百分之二点四。长江以南雨多湿重，非北方人士之所愿居，东汉放逐有罪之贵族于其地，户口渐而增加。据《续汉志》所载，顺帝永和五年（140年），全国凡四千七百八十万人。黄河流域占百分之六十一点四，视百余年前减少百分之一十三点二；长江流域占百分之三十六点三，视前增加百分之一十三点三；西江流域占百分之二点三。长江流域户虽有增加，而荒地犹广。三国时，吴迭用兵平定山越，新设之郡县大增，而僻远之地仍为蛮夷所居。东晋、南朝则无新开拓之土地。隋唐为统一之大帝国，唐地之广尤为后人所称。事实上，近于西江流域之地犹未甚开辟。柳宗元贬永州司马，游览其地风景，于《小石城山》记称，造物者不为此山于中州，而列之于夷狄；且曰："楚之南，少人而多石。"永州今为湖南零陵，唐时尚为夷狄所居之地。后宗元任柳州刺史，其友刘禹锡任播州，宗元闻而泣曰："播州非人所居，而梦得（禹锡字）亲在堂，将请于朝，愿以柳易播，虽重得罪，死不恨。"播州今为贵州遵义，柳州则在广西。唐以贬官为刺史，宗元之言可证播州之开化远不能及柳州。明代，广西、贵州皆为放逐罪人之区域，闽、广开辟亦迟。《天下郡国利病书》载有不少之事例。明有中国，强迫移民于云南，其地始渐为朝廷所统治。清季，汉官所能治理者仅约其面积三分之一。贵州东南部于清初改土归流时人称为新疆。

谬误之实例　就上叙述之事实而论，我国疆域之开拓由北而南，其主要原因则长城以北之地苦寒，不宜于耕种，而为游牧民族所居，其人体壮多力，善于骑射，战斗力强于农业社会之人民，乃为中国之边患。南方土著民族较弱，占据之区域多宜于耕种，汉人之势力因得伸张于南方，逐渐开辟其地，而同化其人民。后人昧于历史演进之迹，夸张古代帝王之功业，盛称其土地之广大，日月所照莫不从顺，而实为谬妄之辞，不足一辩。后人之附会，间由于史料之不全，更有由于同名而认为一地者。史料缺乏，致后人不能认识真相，而致谬误，为人类常有之事例。如秦筑长城，《史记》称其西起临洮，而今长城则达于嘉峪关。其西段为汉武帝所筑，而史籍则无明文。武帝以前，其地为匈奴浑邪王所据。王为汉军所败，部众降汉，地初空无居人，后始设置郡县，长城当为武帝所筑也。武帝经营西域，其初置之玉门关，盖在敦煌之西，为今玉门县；后则移至县西数百里外，而史亦无详细记载。今赖学者之研究，始能明知一二。关于同名而认为一地之错误，其例不胜枚举，兹引汉事为证：衡山今为五岳之一，在湖南衡阳，而汉人礼敬之衡山则在今皖北，而为皖山也。此足以增加吾人读史之困难。自然势力改变地形，更使其复杂。

我国河流皆自上游携有不少之泥沙，平原多系其泥沙沉淀而成，有史以前，姑置不论。数十年前，镇江金山尚在江中而今去江数里，其相对之瓜洲，数百年前为一城，而今则以江岸坍崩之结果，为一小镇。北方黄河迭次改道，城邑或为其所淹没，有其明例也。

自然区域 我国现时疆域起自北纬十五度四十六分至五十三度五十分；东经起自七十三度四十分至一百三十五度十分。其通常估计之面积凡四百二十万平方英里，约占世界土地十四分之一、亚洲四分之一。其邻国北为苏俄，东为日本，西南与英法属地接壤。沿海岛屿有因战败而割让于外国者，香港、台湾、澎湖列岛皆其明例。政治区域多沿用旧制，清季国中分二十二省，最近增至二十八。自地形而论，土地可别为三：一、五百公尺以下之低地。其地为冲积平原，多在东方大河之下流，或近海一带之地，为肥沃之耕地，占全国面积百分之一十四。人口在一百万以上之大城皆在其地。工商业发达，交通便利，为国内富庶之区域。二、五百公尺以上至二千公尺之高原。高原所占之面积为全国土地百分之五十三，可谓极其广大。大河流域除冲积地外属之；山西、陕西、甘肃及西南诸省之一部分，热河、察哈尔、绥远、宁夏、新疆等大部分，亦属之。高原在一千公尺以下，地为泥土，雨量丰富或有水灌溉者，尚可耕种，否则将为牧场；一千公尺以上之地，常难开辟为富庶之区域。三、二千公尺以上之山区。云南、贵州一部分，青海，西康，西藏等地属之，占全国面积百分之三十三。国中之大山皆在其地，山巅积雪终年不化。其局部低地亦不适宜于农业。

河流 我国地势西高而东低，大河皆发源于西方。其最大者当推长江，次为黄河。长江便于轮船之行驶，其平原为植稻之区域，户口多而物产丰富。黄河水中所含之泥沙太多，水流缓而多沉积，久则河身高而致泛滥。治河，不治其泥沙，终不能减轻其破坏之力，黄河乃为北方之大患。长江以南之河流，有钱塘江、瓯江、闽江、韩江、东江、北江、西江等。浙江、福建之河流，皆河短而水浅。韩江自福建流入广东，下流便于舟楫。东北西三江，皆在广东，尤以西江为长，合流而为珠江入海。黄河南为淮水，淮入海故道为黄河所夺，致淤塞不通。其水聚于洪泽湖，一部分南由运河入江。导淮入海遂为急切之工程。黄河以北之河流不少，河北省之永定河挟泥沙甚多，为害颇烈。东北大河首推黑龙江，其下流自乌苏里江入口之地割让于俄，乌苏里江为中俄界河。松花江为黑龙江支流，其经过之区域为冲积平原，又便于舟楫。其他如辽河鸭绿江，无庸叙述矣。上言之诸江，多流入太平洋，其流域之面积，占全国土地百分之五十；流入印度洋及北冰洋者，流域占百分之一十一；内流区域则为百分之三十九。内流面积广大至此，无怪其地贫瘠、交通不便也。人工开浚之河工程大而便利交通者，首推运河，起自浙江杭州，经过江苏、山东而至河北通州，今以久而不修有淤塞不通舟楫者。湖泊利于蓄水灌溉，见于古书者今多成为平地，大湖若洞庭、鄱阳，面积皆小于古。青海为国中最大之咸水湖，然无灌溉舟楫之利。

土壤与气候　地面上之土壤，植物赖以生长。我国疆域广大，各地土壤之成因不同，分布遂多变化。大体而言富庶区域之土壤，系受风力及河流影响而成。黄河流域之黄土层，系西北风吹来之黄土，黄土质轻，自亚洲腹地随风飘扬而来，风力弱时，沙落于地，久乃成为黄土层。雨水洗去地面上之泥沙，挟之流入，河中水力弱时，沉积于河中，久则成为平原，四川成都盆地则其一例。大河下流之冲积平原，多若此而成。专家谓：我国海岸线每历六七十年向外伸长三里，尤其明显之证。肥泥为水所洗而入海，为我国重大之损失，土地生产力乃以东方为高。西方山地以树木斩伐之故，深受水蚀作用而为沙砾之地。此森林必须保证或培植之主因也。植物之生长与气候有密切之关系。西江流域多属于亚热带，中部长江流域，纬度稍北，空气水分较多，故人感觉夏季闷热而冬寒冷。黄河流域冬季严寒，夏季日间甚热，夜则冷爽，可以安眠。长城以北，冬尤苦寒。蒙古、新疆气候为大陆性，多严寒而夏酷热。西藏地高，冬更苦寒。雨量全受时季风之影响，风发源于亚洲东南之海洋，雨量多寡，常视距其地之远近而定。香港年逾八十英寸，西南沿海诸省年约六十英寸，长江流域年约四十英寸，北方自三十至二十英寸。甘肃、新疆非风力所及之地，雨量稀少甚有终年无雨者。我国为农业社会，雨不及时或淫雨连绵，即成水旱之灾。

矿产 矿产为近代国家工业之基本原料，尤以煤铁石油为重要。我国煤之储藏量，据地质调查所报告，约248 287 000 000吨，占世界第三位，但在远东则推第一。石油近于甘肃发现，业已开采。抚顺油页岩之储量，颇为丰富。铁之储量约十亿吨，辽宁铁矿最为丰富，占全国总数百分之八十。大冶所出之铁沙，则因债务关系，全数运往日本者为时已久。锰钨用以炼制钢铁，我国锰之储量不多，出产则运往外国；钨之产量颇为重要，产地首推江西。铜旧出自云南，自清中叶而后，产额减少，需用之铜乃多运自外国。锡之储量，较为丰富。金银为贵金属，类用为货币，而我国皆无重要之产量。我国最丰富之矿产首当推锑。其产地分布于西南诸省，而以湖南为主；产量约占世界百分之七十。要之，我国矿产之种类与储量并不甚丰富，现时犹多未充分开采也。

治乱之一解释 就上所叙之地理背景而言，我国之为农业国，多促成于地理之影响与势力。土地之利用常赖劳力、河渠之开凿与修浚、土地之经营与灌溉，皆其明显之事例。古代疆域小，而耕种之技术劣，周人百亩之地，其收获之粮食所养最多不过九人，其生活情状则“乐岁终身苦，凶年不免于死亡”。土地之开辟，不及人口增加之迅速，为百亩田制破坏之主因。周亩小于今亩，其百亩当今三十余亩。近代农民耕地三十余亩，将为衣食有余中等之家。余曾住于城固乡间，其农民耕地通常不过数亩而已，可见耕种技术之进步。孟子于战国时主张实行井田制，其见梁惠王、齐宣王之说辞，皆请一夫授田百亩，二王均未接受其主张，而史及孟子皆未言其理由。滕文公则受孟子影响，而推行其计划，其实施效果，史无明文。据孟子所记之片断史料，颇使吾人发生土地不敷分配之印象。许行及其徒数十人，皆无耕地；梁齐制民之产，不足以养父母蓄妻子亦由于土地不足。孟子自言齐地鸡鸣狗吠相闻，达乎四境。此不为齐独有之现象，而梁亦然也。秦灭六国，一再移民，而开辟之新地，复增加人民之耕地。其时，户口数字，史无记载，致吾人不能认识其土地分配之情状。亡秦之乱，人口死亡约百分之七十，乃有汉初之治平。景帝许民移居宽乡，已有农民过剩之现象。武帝中年，问题益为严重，国内发生不少之叛乱，屠杀为维持治安之一法。宣帝招抚流亡，户口又有增加。西汉末年，人口增加所造成之困难益趋严重，王莽虽欲有所挽救，而大规模之屠杀，终不能避免。东汉初年治平之世，亦由于户口少而耕地有余；及至中叶，户口激增，而祸乱复起，屠杀之祸迄于汉亡。此我国历史上一治一乱造成之主因，外患更增加其困难。而治乱与户口增减之有密切关系，仍为确定之事实。

耕地之估计　领土开拓，耕地即有增加，无奈人民安土重迁之观念太深。秦皇、汉武常强迫迁徙贫民或罪人于新地，而后世未能继续为有效力之推行，边地有历千余年而始设县者。现时，我国疆域小于清代中叶，而耕地则视前增加。据《皇朝文献通考》，顺治十六年（1659 年），耕地凡五万四千七百万亩，乾隆三十一年（1766 年），七万四千一百万亩，百余年内耕地增加不足二万万亩。明代耕地共有八万四千九百余万亩，清代极盛时代不及明代耕田之多，当有隐瞒。合庄田、学田等计之，余于《中国近代史》估计，十九世纪中叶，我国十八省耕地约十万万亩。十八省内，西南尚有土司，沿海岛屿禁民前往，蒙古、满洲禁汉人开垦，康、藏维持原状，新疆则放逐罪人。自订约通商以来，丧失不少之土地，渐乃改变政策，开放禁地，经营边区，于是汉人居住，耕种之地广大，为前古所未有。其亩数则无可信之报告，综合政府机关及专家之估计，约有十二至十六万万亩。长城以北之田地一年收成只有一次，长城以内之土地有稻田、高地之别，生产量不同。据吾人之经验，长江流域之农民，通常耕地一家仅有数亩，国内可耕之地，受地形影响，并不甚多也。

地理与职业　耕种为我国大多数农民之职业，收入几全恃其田地之所出。收成常靠天时，时季风若不以时至，或风力强弱不同，即可发生人类悲惨之饥荒。灾荒为我国常有之事，贫民迫而卖其什物、子女，甚至食尽草根、树皮及其亲属之肉。不能耕种之土地，多宜于牧畜。西藏、西康、青海、蒙古之人民，以游牧为生，则受天然环境之限制。川泽及近海之地，人民有从事于船业，或取渔盐为生者。盐之生产地以海为大宗，濒海之地，皆可出盐。黄河流域气候干燥，而雨量稀少，日光晒海岸地之海水，可使之为盐，成本低廉，他地不能与之竞争。内地产盐之成本更重，益不足论。将来食盐宜取于北方，他地盐户可从事于其他职业。船业近受轮船之摧残，已失重要。轮船之水手则多沿海之人，是仍未脱地理影响也。

地理与政治　自地形而论，我国交通便于东西，以大河自西而东，乘船顺流而下，殊为便利也。溯流而上，则有相当之困难，然船运输货物固便于陆路上车马之运载。高山险阻，更增加陆运之困难，此足以为我国统一之阻碍。秦始皇并灭六国，中国始为统一之国家。统一后而复分裂，其原因至为繁杂，而交通之塞便，则为其一因素。晋时，流民首要李特自汉中入蜀，至剑门关而叹刘禅之庸弱，有如此之天险而蜀不能守也。余自成都入陕，深感交通之困难，吾人今尚乘坐汽车，古人行于栈道，其难将不堪设想。帝王为便于统治领土之计，乃以人工促进交通之发达，其推行者三事：一、曰邮驿；二、曰驰道；三、曰运河。其为统一基础，犹甚薄弱。国人所读之书同，所用之文字同，儒家思想同为全国之道德标准，中国乃为文化统一之国家。近代科学进步，世界交通益趋便利，而我国敷设之铁路、兴筑之公路，犹不甚多，交通工具且多不能自造，将来交通发达，地理上之碍力，亦将减少也。

对外观念　自边区及四邻而论，北方苦塞之地，沙漠横亘于蒙古；西北为亚洲腹地，新疆以沙漠所占之区域更为广大，旅行备极艰苦；西为帕米尔高原，阻隔中西之交通；西南山势雄巍，逾越康藏实为难事；滇黔开辟为近代之事，古人不知蚊传疟疾，而以地有瘴气，莫不视为畏途；东方濒海，海上交通初不发达，除海盗及倭寇滋扰而外，无侵扰之国家。我国历史上之外患，乃多来自北方。其人为游牧民族，精于骑射，非吾国步兵之所能御；倘或择隙而入，守兵御之，将益困难，长城之修筑，遂为国防必需之工程。然为消极防御，而仍不能阻大规模侵犯也。四邻既为小国，而文化又低，其国王常遣使入贡，皇帝则报以丰富之礼物。实质上，同于交换土产，并无干涉或管理其内政外交之意。士大夫囿于幼时所受之教育，及平日之见闻，以为世界各国文化皆不及我国，油然而生自尊自大之心理，乃目外国为夷狄。事实上，限于交通，我国与文化较高之国接触之机会亦少也。及明中叶，欧人直航来华，形势始大改变，而士大夫之观念迄未变更。世界关系，以轮船、火车、电报等之发明，而益密切，海上交通日趋便利。我国仍欲闭关，对外战争失败，迫而签订丧失主权之条约，而外人势力以在沿海诸省为强大，亦受地理影响也。

经济情状　我国疆域占世界十四分之一。土地面积约九十余万方英里。人口据内政部发表之数字，凡四万五千万，占世界第一位。而居住于黄河、长江、西江流域者约四万万；而面积只有一百余万方英里。据中国分省地图，可耕种之平原，与全国面积相比较，并不甚大。人民大多数以耕种为职业，其造成之现象则一家数口耕种褊狭之地，收入之食料，常不足以维持其家人之生活。其日用必需之物，则以田中所出之谷换得，欲改善其生活情状或提高其生活程度，非家有大宗余谷，不能成功。吾人住于乡村或至乡间调查者无不感觉农民贫苦、贫穷为我国之一现象，为稍有常识者所不能否认之事实。自政府经常收入而论，亦远不及欧美强国收入之多，其根本原因则我国人民少有余财，纳税力薄弱也。改善我国之经济地位，须增加国际贸易之额数。我国人口虽众，而国际贸易所占之百分比例殊为微末。提高人民购买力，必先使其所生产或制造之物有余，并将其推销于世界，换得外汇也。此就理论而言，实际上一国剩余之物，未必为他国所需要，若无海外市场，仍不能获利也。我国货物为外国所需者，除大豆而外，种类少而额数无几，以之换易必需之外货，常感不足，致国际贸易年有入超。现当努力生产，减少不必需之外货也。

建设路径　综上事实而言，人口增加过于生产事业之发达，为我国经济困难及人民生活情状恶劣之主因。历史上解决问题之方法，常为大规模之祸乱。吾人不愿其复演于将来，通常解决之建议有三：一、移民于边。东北四省人口之增加，多由于山东、河北出关人数之增多，而二省人口并未因之减少；可耕之荒地，数目有限也。二、兴办工业。其原料与技术问题，兹姑不论。

市场盖不能在海外与外货竞争，而能容收之工人亦有限也。三、奖励农业。农业之待改良者，如选种、除虫、造林等当可增加生产量，然我国农民占百分之七十至七十五，农业采用新法，不惟不能解决人口问题，反而增加失业人数。据可信人口自然增加率计之，一年增加之人数盖有六百四十万。将来公共卫生进步，婴儿死亡率降低，农业利用机器，商业趋于合理化，人民无业或失业之问题将必严重，故非努力生产，则无法改善人民生活也。

第二篇　史前社会

史前之说明——老北京人——旧石器人——新石器人——新石器人之体质——推定年代之标准——新石器人之生活——苗人——蒙古人等

史前之说明　史指文字记录而言。我国信史起于商代，其前未有文字记录，所谓史前也。史前之材料，一为地下发掘之古物，一为社会学者调查或研究原始社会所得之结论。二者皆为专门学问，学者以毕生之精力时间为之。吾人研究历史者，叙述史前社会，不过据其发表之报告，或接受其意见，自不易有新贡献。历史家或认为非其范围，置而不论。著者言之，乃欲读者明知现时知识之进步，而改变其对于古史之观念也。二十年前，中外学者一致以为我国未有石器时代。好事者创为中国民族来自西方，或言埃及，或言巴比伦，或言印度，或言印度支那半岛。识者斥为人类无知与科学未备所发生痴愚之罕见实例。兹据报告，分言我国史前社会于下。

老北京人　人类同祖，或言其始祖住于亚洲，或言住于非洲，皆无确证。地质学者见得化石，有谓最早人类住于中国者。然其根据薄弱，不为学术界所接受。后石器时代之遗物继续发现，乐观者以为最早人住于中国之可能性益大。民国十五年，瑞典地质学专家安特生，发表周口店发现之二齿，为最早人所遗之报告。周口店在河北房山县，距北平一百二十里，有丰富之石化动物。掘获之古物，送往瑞典研究，其中二齿，专家定为最早人之臼齿，安特生乃宣布其结论。后复采掘，获有一齿，剖解学专家步达生研究报告盛称臼齿之重要，以为人类始于亚洲。其地发掘继续进行，又获人齿及破碎头骨。十八年冬，发现二洞，于深洞中得一人猿头骨，送往北平，科学家称为“老北京人”。步达生审其形状，疑为少年女子之头骨，脑部颇为发达，视欧洲所发现之原始人骨为早，此其初步研究之报告。后继续发掘，有重要之收获，尤以二十五年所得之人头骨为重要。二十六年春，世界生物学学者于美国费城开会，我国代表携新发现之头骨赴会，专家推定其年代距今约一百万年。

老北京人之时代，华北气候较今温和，其生长之动植物与今不同。动物居于无人斩伐之草木中，其种类有野水牛、象、兕、虎、豹、大狼、狗、猫、熊、马、鹿、骆驼、山羊、海狸等。其中有为今华北所无之动物，亦有逐渐驯服而为饲养之家畜。大体而言，野兽多凶猛也。于斯环境之中，老北京人势力单弱，防御攻击之具笨拙；幸其脑部发达，能运用其智力以避免猛兽之害。其藏身或居住之所，则为天然之洞穴。其洞常邻近水边，水为天然阻碍，猛兽隔水不能前进，而老北京人且便于饮水止渴。其洞亦可贮藏食物与用具。器物则以石造成，至为简陋。老北京人渐知用火。燃火非为煮熟食物，乃以之保护其安全也。其食物或为果实，或为兽肉，或为同类之肉。其御寒之衣，则为兽皮。老北京人是否进至真人状态，为一问题。科学家之答复则称：老北京人备具真人之形态，为人类种族中之一种代表。近时学者称其有二特征，即下颚骨之瘤状及上门牙之钩状，与蒙古族相近。吾人所知者，唯此而已。

旧石器人　由人猿进至旧石器时代，经历极长之时期。旧石器之末期，距今盖四万年。其在华北之区域，颇为广大。广西西藏亦有发现。其首先发现而有较详之报告，当推法神父德日进、桑志华。民国十一、十二年，二人在我国北部调查地质，周历广大之区域，发见旧石器遗址三处：一、宁夏之水洞沟。二人获有数百石器，系以石英及砂质石制造而成，颇为精美，形状较大，与碎断及烧过之骨混在一处；化石有犀牛、土狼、马、蛇等。二、陕北无定河、榆林河上游。其地有极丰富之断骨，化石之动物有土狼、犀牛、驴、骆驼、鹿、黄羊、水牛、牛、象等；其石器则限于石料，形状甚小，同于鸡卵。三、榆林。旧石器人所用之石器，多以石英造成，化石亦不少。戈壁沙漠近有旧石器遗址发见，其代表之时期与水洞沟之时代相近。他地之发见，则少详细之报告。

旧石器人所用之器物以石或骨制成。住于水洞沟及无定河上流者，皆有炉灶器物及厨房遗物，其人当知熟食。其遗址未有人骨发见。唯于一处获得一齿，但距遗址有五百公尺。步达生据之研究，结论称，综合事实，可视为亚洲旧石器人骨之第一次发见。然非出于一处，终难定为同时之遗物。周口店之采掘，获有旧石器人骨，当改变吾人之观念。人骨发现不多，盖由于不知尊亲，人死之后，弃其尸于野，而为动物所食也。现时，西康尚有此习俗，所谓“天葬”。古代诗人曾以之为言。旧石器人之知识技能，较老北京人大有进步，日间猎逐野兽，食其肉以充饥，冷时则以兽皮为衣。炉灶附近有大批兽骨，当为其食后所弃。晚间栖于洞穴。其人日与野兽相斗，深知其性质、行动与嗜好，乃利用其弱点而杀之。其时，凶猛巨大之野兽尚多，不能一一与之角力争胜也。旧石器人既深知野兽，渐而与其性情温和者相近。野兽变为家畜，盖始于此时。其所食者，除兽肉外，尚有鱼及果实。取鱼系逐渐发明；果实之为食料，为时已久。经历数万年，进至新石器时代。

新石器人 新石器时代之开始旧以为在一万二千或一万年之前。事实上，民族居住之环境不同，工作之勤惰及智力之发达，亦各有别。试以我国而论，黄河流域开辟最早。长江流域次之，汉时，其地犹为部落社会，公元三世纪，吴以兵力攻取其地，收抚其人民。西江流域之开辟，又次之，今西南一部分土地，尚有原始部落社会，则其明例。华北新石器时代始于何时，殊难确定。

其早于华中、华南，则为事实，距今大约一万年。近二十年来，新石器遗址之发见，遍及全国。其为科学发掘，并有较详之报告，仍以华北为主。其首先发掘，确定我国有石器时代，而改变中外人士观念，国内外学术团体起而发掘者，当为安特生之发掘报告。其工作虽或为人所指摘，推论并为人所怀疑，然其于学术上之有贡献，则为不可否认之事实。兹略述其发掘工作于下：

安特生第一次发掘，在奉天锦西县沙锅屯，系据采集员之报告，乃视察其遗址，指导发掘事宜。民国十年夏，开始发掘，其遗址为一洞穴，为史前人之住所。其所获之遗物，一曰石器。有石斧、石刀、石镞，中有精致之品，亦有制造粗糙未经琢磨者。器物作装饰品用者，有石环、石扣、石球、雕刻等。其材料多为大理石，状颇精美，手艺有精巧之进步。二曰陶器。其所获者，几尽陶片，中有凑合而成原器者，花纹殊为精美。其器多以手制造，花纹之种类不一。三曰骨器。有凿刀、锥针、缝针等，皆甚美丽。其可附言于此者，尚有以贝制成之环，然多破碎。四曰骨骸。其发现之骨，以人骨为多，而兽骨较少。人骨破折凌乱，其中可辨识者共四十余体，盖为杀人祭祀之地。安特生称其时代迟于河南仰韶村所发见者。

仰韶村在豫西渑池县，于民国十年冬发掘，亦据采集员报告，其所获之器物颇为丰富。安特生以仰韶代表新石器之末期，距今约五千年。他地所获器物与之相似者，亦往往以仰韶称之。仰韶村之发掘，有石斧、石刀、石环、石杵、石镞，并有以石制造之农具。石制之武器多不尖锐，其用兽骨及鹿角制成者，则为利器。箭镞有用贝壳造者。其遗址发见之陶片，散布广而量数多。其较完整之器物，形状常与商周之青铜器相类。铜器由陶器演进而成为一事实。仰韶期人日常用物，多为陶器，乃多以手制成，上有花纹，其精品则色多红，所谓彩陶也。其为仰韶期人所住遗址，颇足以见其时之生活情状。所获之人骨，专家可决定其人种，皆宝贵之史料也。

河南所发见之彩陶，安特生谓其同于西亚之发现，进而谓甘肃有肥沃之河谷，若加搜寻，可发见其人自西而东迁移之明证；乃于民国十二、十三年西往甘肃，访求远古村落遗址及其人民葬地，作大规模之发掘。安特生据其所获之物，分其地远古文化为六期：一齐家期，二仰韶期，三马厂期，四新店期，五寺洼期，六沙井期。其所定之名称，系于其地发掘，而以地名称之也。分期之主要标准则以金属器物之有无与多寡为决定。前三期遗址未有铜器发现，后三期则以铜器之多寡而定其先后。六期代表之年代，据安特生之最初假设，每期平均三百年，甘肃文化盖起于公元前3500年，终于公元前1700年。其所掘之古址，有未获得实物而出款购买者，遂为人指摘，此实偏于枝节。其根本困难则为选定之区域不足以代表远古之文化也。甘肃旧为羌胡之地，秦汉始有经营。羌人今属于藏族，藏人尚从事于畜牧，而仍有居于其地者，其文化发达迟于黄河流域下流之地。殉葬物之丰俭，常决定于死者生时之地位及其家人之财力，亦不足为分期之适当标准。

安特生之发掘，证明我国之有石器时代。国内学术团体，有起而发掘者，李济主持山西夏县西阴村之发掘，则其一例。其所获之物，以陶片为最多，精细者涂有彩色。石器之种类不少，尖利之器，则有鹿角或骨制成之锥簪针等。李济称其遗存最近于仰韶期。后中央研究院发掘山东济南城子崖，据其发表之报告，遗址显为两层文化。上层为铜器时代，兹姑不论；下层为石器时代。其陶器以手制为主体，占器物百分之九十以上，石器则为精制之品，尚有骨器、角器、口器等。其时代，后于仰韶期。日人鸟居龙藏迭访古物于东北诸省，先后发见新石器时代之遗物甚多。然无地层为证。后日人发掘辽东半岛之古址，据其报告，貔子窝、牧羊城皆为史前遗址。其所获器物，虽不尽同于河南，而其时期则同于仰韶期人。热河、黑龙江亦有发见。其在华中、华南之新发现，时有所闻，惟无详细报告耳。新石器之区域分布至广，安特生称我国代有新石器末期之文化发现，实则时期之先后乃比较而言，未有绝对之标准。据现时之知识而论，其分布区域若此之广大，常非偶尔遽然之事，乃由初期而演进至末期也。

新石器人之体质　旧石器人之遗骸不多；新石器时代之人骨则有丰富之发现，沙锅屯、仰韶村、甘肃皆有所获。其头骨未坏者，皆可尺量。步达生据之做精密之研究，其发表之报告略称：新石器人与近代华北人相同，其显然不同者，亦有数点，然其相同者多，乃虽避免沙锅屯人及仰韶村人之体质，根本上同于近代华北人之结论。其研究甘肃人骨之论文略称：其体质属于东方人种，事至明显；其相同之甚，将使吾人可称史前人为中国原始人矣，其人同于西藏种。甘肃史前人为中国原始人之推论，乃受安特生之影响，其定为西藏种则确为事实。甘肃于秦汉时虽为我国所统治而羌人之势力犹强。羌人属于西藏种，今尚住于甘肃，未能全脱原始社会。汉曾大规模移民于甘肃，其戍边之兵卒，尚用铜簇。安知古墓与村遗址，非汉人葬埋或居住之所乎？且死者家境之贫富，常为葬物丰俭之一因素，当不能据为标准而定时代先后也。

推定年代之标准　外国学者依据西亚发现之彩陶，推定仰韶之时期。言者且称：陶器易于制造，变化繁多，专家视其质料、制法与花纹，可决定其年代。事实上则非易事，试以城子崖为例。其发掘之遗址分上下二层，下层之黑陶与粉黄陶，表现之技术精巧、富于创作，而上层之工艺尚不之及。幸其同在一地，有地层次第为证，而能定其先后。设想其分在二地，将无法辨明矣。西亚与中国相距太远，中外环境不同，文化进步亦各有别，据之推定仰韶时代，当为附会之说，更难认为彩陶系受外国影响。铜器为决定年代之标准，亦不适用于甘肃。铜在古代为贵重物，人民财力不能有之，自难以之殉葬，吾人苟不先辨别贵族平民之墓地，铜器之有无与多寡当不能为标准也。适当之解决方法，应比较国内出土之材料而推定之。商周大约年代，为吾人所知。安阳殷墟发掘，自小屯展至后冈等地，发现灰陶、黑陶、彩陶。观其地层次第，可决定其先后。城子崖报告其关系如下：

上层　小屯文化，灰陶，其他遗物同于殷墟。

中层　后冈文化，黑陶，其他遗物同于城子崖。

下层　仰韶文化，彩陶，其他遗物同于仰韶村。

城子崖在山东济南，与安阳同在黄河流域。二地相去尚不甚远，其掘发之遗物，当可为比较研究之资料。据上事实而论，彩陶最早，黑陶次之，灰陶又次之，此山东河南新石器时代文化演进之遗迹，当可据之推定年代：殷墟文化距今约三千年；黑陶最迟，当在商代中叶或中叶以前；彩陶则在其前，距今约五千年矣。欧洲旧石器时代经历四万年，新石器则历时较短，我国新石器文化，盖经历数千年矣。

新石器人之生活　新石器人之生活情状，多非吾人所知。其可确定者，其人居住之地莫不近于河边。仰韶古址旧为河身。西阴村遗址附近古有运粮河，河盖古河，经人工修浚，然后加以利用者也。甘肃遗址，亦近河流。河流于原始社会常为交通之阻碍，便于防御。水为人生必需之饮料，近水则便于汲取且有灌溉、取鱼之利。灌溉或犹未发达，取鱼则为日常之事。其住处为地下窟室或为洞穴，中颇宽大。一家之人居于穴洞，常不合于卫生；遇有风雨，尤为不便。新石器人限于知识技能，不能建筑屋室，居于高爽之地。其所穿之衣服，仍当以皮御寒。西阴村遗址发见半个茧壳，吾人虽不能推定其能养蚕，而养蚕为逐渐改进之事业，新石器人见野蚕而收养之，事亦可能。是否以之为衣则不可知，衣服原料尚有植物皮。仰韶期人已知纺织，遗址发现其纺织用之圆锭，时已种植苎麻，当为纺织之用。其所用之器物多为石器、陶器、角器等，其种类上已言之，兹不复赘。

遗址发见陶鼎、陶鬲，鼎、鬲为烹调之用，当可推定新石器人之食物，多曾煮熟。其时，农业已有进步，安特生考察在河南发见之石器云："据石器之大者观之，如耨，如锄，可知在该石器时代，亦已有农业矣。"瑞典专家研究仰韶村之彩陶花纹，发见稻米之遗迹，称：五千年前其人已知植稻，非有植稻经验，或本于见闻，当不能绘画其形状。吾人当可接受其意见。遗址发见水牛骨，水牛或为治水田之用。农业非一旦所能发明，初盖由于采取植物种子与果实为食料，其偶尔遗于地上者，明年生长结实，初民受其影响，进而播种于地，农业逐渐成立于新石器时代。其男子仍常渔猎。其人思想简陋，畏惧天然，以为一切事物皆有鬼神主宰，讳忌繁多，毫无自由，乃媚于鬼神以求福。祭祀为重大事件，甚至杀人祭神。沙锅屯洞穴发见残折之人骨，专家视其遗留之肉痕，谓生人即被折断，其地盖为祭址，其人除用人做祭品外，或兼有食人肉之习惯，则其一例。新石器人迷信至此，以为人死之后灵魂尚在，其殉葬之器物颇为丰富，欲其于另一世界享用也。

苗人 吾人所知之史前社会仅此而已。其人住于黄河流域，其地为我国文化发达最早之区。江淮之地，旧谓周末方始发达。近人或据彝铭，或访得少数石器，即多所推测，谓其地发达甚早。实则远古之世，多不可知。春秋时，楚地在长江之北濒江一带之地，犹未开辟，而为苗人或其他未开化之部落所居。苗即古籍所称之三苗、有苗。《战国策》言三苗之所居曰：“左彭蠡之波，右洞庭之水，汶山在其南，而衡山在其北。”彭蠡今为鄱阳湖，汶山、衡山不可确知。苗民于古代居于长江以南，则信而有征。据吾人现有之知识，其居住之地且较国策所言为广大。《史记·五帝本纪》言：“三苗在江淮荆州，数为乱。”则其一证。梁任昉称：“吴楚间说：盘古氏夫妻，阴阳之始也。”盘古为苗民故事，吴楚旧为其居住之所。汉时，长沙犹蛮夷居半。明时，湖北西南部、江西东南部，皆有苗人。长江下流，若赣东北部、皖南及江浙接壤之地，则为山越所居。山越一称山夷，公元三世纪，吴主征服其地，设为郡县，而同化其人民。山越尽为苗人。浙江畲人为古越人之一种，民间称其祭祖时置狗头，亦为苗民。苗民部落而居，其酋长甚多，人民之生活大体上近于北方，惟未有进步而成为强国也。

蒙古人等 长城附近及城北之地，民族名称时有变易，而居处之人，同为一族，则无可疑。秦汉时，我国称其人为匈奴。匈奴属何种族，史无详细之记载，外人有以为土耳其种者。今其地之人民则属于黄种。古时酋长远徙，人民不能尽从之行。史且明言有剩余之部落居之。另一民族迁人，为不可能之事。匈奴远徙欧洲者，固为黄种，其人属于蒙古族，当为确定之事实。东北近时发见之远古文化，及所得之人骨，专家研究报告称其同于黄河流域之发现。相传肃慎国人贡于周，说者谓女真为其译音。清季，俄筑东省铁路于我国境内，发见不少之古物。其学者研究之结论称，其人属于通古斯族，语言属于蒙古族。其往调查者，谓其部落虽有通古斯、蒙古语。通古斯即我古籍所称之东胡，而日人白鸟库吉则别之为二，其说不免牵强。东胡人种同于汉人，为一确定之史实。东胡、蒙古亦久有往来也。其人为游牧民族由来已久。其在新石器时代之生活，亦略同于黄河流域。惟限于天然环境，其政治组织、经济情状，未有重要之进步也。

结论　综之，住于我国境内之人民皆同为黄种，其在史前之生活大致相同。惜长江以南，未有远古遗址发掘之详细报告而能有所证明也。中国民族通常称为合汉、满、蒙、藏、回族而成。回除新疆缠回而外，仅为信奉回教之人民，实难称为一族。满、蒙、藏人乃指为居于某地之人而不能视为种族不同之民族也。满人现已为历史上之名称，蒙、藏与汉族之不同，全为语言文字风俗习惯。苗人居住之区域，多已改土归流，其人亦为黄种。外人谓我国为纯一民族，诚为事实。此指大体及整个民族而论，其头颅之比例、皮肤之颜色，以及发毛之黑直皆相类也。

第三篇　商

商名之由来——先祖——汤之故事——大甲——祖乙——盘庚——武丁——商季诸王——纣之故事——王之威权——传位制——官制——疆域——邻国——生活情状之一斑——迷信之深痼——文字——年代

商名之由来　新石器时代后为商，现为吾人所知之史实，古人称商为殷。但就地下发现之史料而论，商人从未称殷。盖周人所称而后世沿用者也。王国维称商始为地名，不过本自传说。战国时人称商始祖曰契，商人言其先祖，从未提及契名。其祭先祖也，礼极隆重，契若为其始祖，绝无弃而不祭之理。《商颂》言其先祖为商。《玄鸟》云："天命玄鸟，降而生商。"《长发》云："有娀方将，帝立子生商。"此为神话故事，商为人名，系天或帝命而生，有娀后人谓其母也。故事虽不足信，而商为商人之始祖、乃其子孙所言当为事实。甲骨文且有"贝王商"之文，当可为证。商盖始为人名，继以名地而后变为国号也。

先祖　《殷本纪》称契至汤皆父子相传凡十四世。其所言者，仅为人名。商制兄弟相及，汤前当已如此。甲骨文颇足以补正史记之谬误，据其所记，汤以前之祖宗可别为三类：一、高祖。称高祖者，甲骨文中只有三人，汤有天下子孙尊为高祖，其前一曰高祖夒，二曰高祖亥。夒为何人，今不可知，要有相当功业，而为其显赫之先祖，以其祭礼极为隆重也。亥亦称王亥，世传其有服牛之功，而车之用始备。二、王。王为高贵之尊称，疑为国君在日势力强大之尊号。其见于甲骨文者，有王商、王亥、王恒诸人。商亥业已言之于上，恒据《楚辞》为王亥之弟，亦有令德。三、称名。称名者如甲、乙、丙等之例不胜枚举，其事业全不可知。古书称商先祖至汤八迁，其说根据，今不可知。远古交通困难，财力有限，而竟迁徙不常，盖其财产多为牛羊，须逐水草而居也。其渔牧之区域，为黄河下流肥沃之地。后人称黄河为害，为其迁都之原因。但就考定之地名而论，迁地或南或北或东或西，相距甚远，黄河当不能若此为害。王亥为游牧时代，古书有不少之记载，似有史实为之素地。商之先祖初度游牧生活，后渐改善，至汤而国益强也。

汤之故事　汤为商代伟大之国王，而甲骨文并无汤名。商人称为高祖乙，又称为大乙，乙为其名，大乃子孙所加。高祖之称，上已言之。王国维研究甲骨文，称其所见之，唐即汤，且引彝铭为证。大乙何故称唐，今不可知；汤应作唐，则为不可。《易》之说汤为儒家圣人，《孟子》记有不少之故事。汤初居亳，王国维谓其地在今山东曹县南二十余里。《孟子》称其地方七十里，但其祖先所至之地，并不限于七十里也。其臣伊尹，甲骨文列其名于汤下，当为其功臣，故后世祀之。伊尹出仕，古有不同之传说。彝铭言为“小臣”，其位初不甚高，渐而得汤信任，乃能展其才能而有大功于商也。《孟子》言汤行仁政，民怀其德，皆抽想之辞，其政治上建树，实不可知。《史记》言其出猎，网去三面，诸侯闻其德而归之，当为好事者之故事。汤与夏桀之关系，古书所记，多战国时人之说。自当时情状及政治组织而论，盖无所谓君臣之分。桀因汤而后释之之故事，亦有疑问。

汤之功绩，为对外战争胜利，而商为领土广大之强国也。《孟子》言其用兵，自葛始十一征而无敌于天下。葛为汤之邻国，《孟子》称其君不祭，汤遣使问，而知其无牛羊粢盛，馈之牛羊，使民为之耕种，童子馈食其父兄，葛君夺而杀之，汤乃起兵灭葛。故事颇多疑问。《商颂》咏汤武功，成立早于《孟子》，子孙言其先祖且比较可信。《诗》云："韦顾既伐，昆吾夏桀。"王国维称汤所伐之国皆在北方，昆吾之墟在今山东濮阳，韦之故地在昆吾之西，七壤相接，皆汤之邻国，顾地望疑在昆吾之南、蒙薄之北。蒙薄为邑，在今曹县，为汤之北邻。汤以兵力北伐韦、顾，更乘其战胜之威进攻昆吾领土，始北抵黄河。王氏言昆吾、韦与亳相去不过二百里，其疆域犹不甚广大也。夏为强大之国，后世以其君桀为天子。《史记》叙述汤伐桀之经过，文太简略，且有不可知者。桀战不胜，出亡于外，诸侯奉汤为共主。汤以武力而得天下，好事者囿于禅让之说，称其以位让卞随、务光，而二人不受也。

大甲 自汤至纣，已立与未立诸王，凡三十一人，共十七世。诸王皆以生日为名，如生于甲日，则称甲是也。汤子继父为王，《殷本纪》未言其事业。孙大甲于诸父死后为君，孟子言其即位三年，不遵汤法，伊尹放之于桐，摄行政事三年，大甲悔过，伊尹迎之，复授之政，此战国时儒家之说。《竹书纪年》称，伊尹放大甲而自立，后大甲潜出杀之。二说迥不相同，幸甲骨文可供参考。大甲、伊尹皆见于甲骨文，伊尹为后王所祀可证明其地位之高尊，若为大甲所杀，其子孙当视为叛逆之人，断不能祀之也。《史记》称大甲复位后修德，诸侯归之，上徽号曰太宗。大甲死，二子相继为王，《殷本纪》未言其功业，大甲三孙嗣立除大戊外亦无记载。

祖乙 大戊，《史记》称为太戊，相为伊陟，臣有巫咸。而甲骨文则无其臣之名。司马迁言《诗》："亳有祥桑谷，共生于朝，一暮大拱。"大戊从伊陟妖不胜德之言，修德而桑谷死。古书或言其在汤时或言武丁时事，而司马迁则据书序以为大戊时事。故事颇有疑问，作为神话可也。《殷本纪》又称，大戊时曰："殷复兴，诸侯归之，故称中宗。"此汉人附会之说，中宗实为祖乙，有甲骨文之记载为证也。祖乙为大戊之孙，为商名王，而史未言其时事。唯《周书·无逸》言之稍详曰："昔在殷王中宗，严恭寅畏，天命自度，治民祗惧，不敢荒宁。肆中宗之享国七十有五年。"其言为抽想之辞，偏于中宗之为人，而未言其功业。读者当知专制政治体制下，国王为最高之统治者，国之治乱常视其贤愚为定，祖乙小心谨慎，不敢怠于政事，国势强盛，当无可疑。其子孙祭之用五牢、十牢，多者百羊、三百牛，可想见其功业之盛。

盘庚 祖乙后之名王有盘庚、武丁。盘庚之名，不见于甲骨文，其为后世所知者，由于传世之《盘庚》三篇文字。盘庚迁都于殷，其故墟在今安阳西北区域，百姓不欲远徙，盘庚乃严加以诰诫，其诰辞即《盘庚》三篇也。《殷本纪》言自汤至盘庚共迁都五次。商初犹未全脱游牧生活，迁都乃非难事；及后逐渐注重农业，人民不愿迁徙，故盘庚多方恫吓之也。盘庚新迁之地，濒临洹水，为冲积平原，土地肥沃，今为河南富庶地之一。洹水夏季水涨，便于舟楫，且为天然障碍物，便于防守。商自盘庚后不再迁都，固由于农业之有进步、生活习惯之有改变，而地理优点亦与之有关也。

武丁 武丁为盘庚弟子，继父为王。《无逸》称为高宗，言其政绩曰："其在高宗，时旧劳于外，爰暨小人。作其即位，乃或亮阴，三年不言。其惟不言，言乃雍。不敢荒宁，嘉靖殷邦。至于小大，无时或怨。肆高宗之享国五十有九年。"《无逸》所言之制度与史实，有不可考者。王之勤劳于政，当为事实。《殷本纪》言：王梦得圣人，访而求之，得传说于野，与兴之语而悦，举以为相，殷国大治。乃附会而成之故事。《易》既济爻辞云："高宗伐鬼方，三年克之。"《爻辞》为西周著作，其所言之故事，至少为民间之传说。鬼方据王国维之考证，系畏方之误。其在周时，居于西北。鬼方扰于商之北边，为极可能之事；战至三年，殆为大规模之军事行动，而详情则不可知。

商季诸王 武丁至纣为七世，其子祖甲亦为名王。《无逸》称之曰："其在祖甲，弗义惟王，旧为小人。作其即位，爰知小人之依，能保惠于庶民，弗敢侮鳏寡。肆祖甲之享国三十有三年。"战国时人言其失德，当不足信。商末二王，一曰乙，一曰辛。乙古籍称为帝乙，司马迁言商至乙立，而益衰。《周书》称其明德、恤祀、慎罚、勤劳，乃对殷众而言，商人当以为贤王也。

《无逸》则与之异，其言祖甲后诸王曰："自时厥后立王，生则逸。生则逸，弗知稼穑之艰难，弗闻小人之劳，惟耽乐之从。自时厥后，亦罔或克寿，或十年，或七八年，或五六年，或四三年。"此周人之标准，乃与前说不同也。《易·爻》辞言："帝乙归妹。"其妹归于何人，《易》未说明。近人以为文王之妃，有可能性焉。

纣之故事 辛为乙子，为亡国之君。周人称之为纣，宣言其罪恶：一、曰听妇言；二、曰荒酒；三、曰怠祀；四、曰斥逐贵戚老成；五、曰牧用佥邪小人。尽为含浑之辞。战国时，言其罪者，则创为具体之事实。后人更多所附会，兹引一例为证，《吕氏春秋》言："纣剖孕妇而观其化。"晋人皇甫谧于《帝王世纪》称：纣剖其贤臣比干妻以观其胎。后人所言之故事，自不足信；即周人所言罪状亦多宣传之辞。

实则商之覆亡主因，一为积弊太深。《商书·微子》颇足以为证，兹引其一段于下：

> 殷罔不小大，好草窃奸宄，卿士师师非度，凡有辜罪，乃罔恒获。小民方兴，相为敌仇……天毒降灾荒殷邦，方兴沈酗于酒，乃罔畏畏，咈其耇长、旧有位人。今殷民乃攘窃神祇之牺牷牲用以容，将食无灾。降监殷民，用乂仇敛，召敌仇不怠。罪合于一，多瘠罔诏。

上文不尽可解，然就吾人所能知者而论，其政治情状恶劣，至不能维持治安，用人不当，为一原因。卿士师师非度，岂贵族中无才能之士，抑辛所信任为新进之庸人，而置其老成人不用耶。嗜酒为商人习尚，成为风气，饮酒多者，往往失其常能至于愤事，当为商人衰弱之一主因。其习惯之养成非一时之事，辛自不能负此全责。商人重视祀祭，辛时，卜辞并不甚少。牺牲为祭鬼神之物品，何竟为人民所攘窃杀而食之，并可逃刑？岂遇凶年，人民相聚为盗？抑赋税太重，无以为生？抑兼有二者邪？无论如何，辛固不能利用其国力对外作战也。

二为敌国之势正强。周为商之大敌，各据一方，自有其发展之历史，而无所谓君臣之关系。周之强大，始于大王，《鲁颂·閟宫》云：“后稷之孙，实维大王。居岐之阳，实始翦商。”鲁人歌咏其先祖之功业，自较战国时人所言者为可信。周至文王，而国益强，甲骨文数见“寇周”，又有“寇伐西土”之记载。“西土”数见于《周书》，皆指周言，甲骨文当亦如此。商周常相战争，互侵扰其邻边境，而从事于掠劫财物也。商之兵力，不敌新起之周，或使乙嫁妹于文王也。儒家所言文王事纣之说，颇有疑问，好事者创纣囚文王之故事，更不足信。文王灭商与国黎，而辛力不能救祖伊，告王云：“天既讫我殷命。格人元龟，罔敢知吉。”国势阽危，于此毕见。后武王伐商，辛兵败而死，而商人犹不愿臣服于周。周公东征之后，周之政治势力方能巩固也。

王之威权　王在商为最高之统治者，系由酋长制演进而成，有无限制之威权，兼司祭祀传达鬼神之意志，益使人民恐惧而不敢违反其命。古人迷信深痼，以为祖宗之灵能锡福或降灾于子孙，兹引盘庚事为例。盘庚迁都而民怨望，乃谕晓民众称：先后在天之灵，以汝不与其孙同心，降灾罚汝。先后告于汝祖，汝祖请降灾罚汝，若仍不悛，余殄灭拒命之人，无使其子孙留于新土。此可证明鬼神佑王，王可充分使行其威权，人民无法能知鬼神之意志，唯由王传达。王意乃鬼神之意，人民唯有恐惧服从而已。政事由王决定，对外作战，王常亲自指挥。作战之兵，曾多至五千人。俘虏不过十五六人。唯尝一次杀敌二千六百五十六人，为一极大胜利。祭祀战争为王主要职务也。宫室陵寝之建筑，王族及政府费用，无不出自于民。人民有纳税、服役，及从事战争之义务，生活情状盖同于奴隶。奴隶则度非人生活，其刑罚多不可知，要极残酷。非如此，则民无所畏惧也。

传位制　王为世袭，其继统法初为兄弟相及为王。就吾人所知之常例，兄没弟嗣，次第相传，无弟然后传子。《殷本纪》记自汤至纣三十王，其中以弟继兄者共十四王；以子继父者，除一例外，则非兄子，而为弟子；兄弟子相继为王者亦有一例。后则父子相传。商末五世，未有兄弟次第为君之例，已由兄弟相及演变而为父子相传制矣。盖兄弟相及制度之下，子继父者多弟之子。而人情之常父子之爱过于兄弟，父母爱其所生之子常过于兄弟之子，而传位制则与之异。其所以成此现象者，就人情而论，幼弟为同辈中最后之一王，而在时政治上之势力亦其最强，其子为王，当为易事。兄子不服而争立者，自不能免。惜史未有记载，致吾人不知其真相。《殷本纪》云：“自中丁以来，废嫡而更立诸弟子，弟子或争相代立，比九世乱，于是诸侯莫朝。”司马迁所本，今不可知，其解释则由于误会兄弟子相争为王，或有史实为之素地。传子则免纷争，而少内乱，商末乃为传子制矣。

官制 佐王治理政事之大臣，史鲜记载，吾人欲知商代官制，为一困难之事。罗振玉研究甲骨文，列举其六官名。其重要者，一曰卿事。事与士同，即周之卿士，握有重权。二曰大史。史掌邦典，兼管祭祀，为王顾问，大史当为显官。余或职不可知，或为宫中侍臣，常无列举其名之必要。专家研究甲骨文，续得官名，其较重要者，有圉圃正、兽正、田正等。吾人见得官名，或稍知其所司。至于官署之组织、行使之职权、所受之待遇等，皆不可知。其长官究为世袭抑由王任命，抑以贵族充任，皆不可考。由于史料太少，世传之伊尹与传说进用之故事，又难信为事实也。

疆域 汤灭邻国，商乃成为大国。孟子尝曰：“夏后殷周之盛，地未有过千里者也。”夏为传说时代，姑置不论，商地不甚广大，则为事实。罗振玉于《增订殷虚书契考释》称：卜辞中所见之古地名，凡二百三十。学者初称甲骨文为卜辞，以其于甲骨上所记之文字，为贞卜之辞也。罗氏言其地名多不能定为后世何地。王国维考定八地，并以商王行幸之地在黄河南北千里之内。近人言商疆域南至淮水，与淮夷为同盟国，乃附会之说。商王势力所及之地，南盖限于淮水以北，距汤旧居不远；东则止于泰山附近。据王国维意见，商之北境达于易水，而附会者言其达于朝鲜，则无异于创作神话。其西境或有今山西南部一隅之地，此指其最远地而言，其详细疆界则不可知。卜辞中有公、侯、伯、子、男诸称。其所在地，盖不出黄河下流。王当不能治理疆界内所有之地，诸侯则治理其本国，而听命于势力强大之商王也。

邻国 诸侯盖由部落酋长演变而成，其领土非王之所封赐，乃其父祖所遗尔，袭有其位也。力弱则服从王命，力强则自主其国政。其地僻远者，商王势力当不之及。《殷本纪》有“殷道衰，诸侯或不至”“殷复兴，诸侯归之”之文，其言应有相当根据。王与诸侯相战争，殆不能免。卜辞有五命诸侯伐诸侯之文，其详则不可知。卜辞又有“周侯”“寇周”之文，商周之和战无常，可以想见。卜辞常见“方”字，方与邦可互用，盖非商王势力所及之国。见于卜辞者，有盂方、土方、苦方、多射方、多马方等，其所在地不可确知。就商外祸而言，以苦方、土方为最。商王不能一战平之，乃常贞卜以挞伐之。其人居于商之北边，以游牧为生，战斗力强，或即周人所称玁狁之部落。古称鬼方为商大敌，高宗用兵三年克之，而卜辞则无鬼方。岂鬼方为周人所称之名，苦方、土方为其别名？抑其部落之称邪，史料缺乏真相，不可知矣。

生活情状之一斑　关于商人生活状况，自安阳发掘以来，吾人知识颇有增加。商人住处有穴居、宫室二种。甲骨文宫字作，或，殷墟发见之洞穴，有二穴相连者，宫乃象形字也。洞穴之口径、深量、容量，约同于今之一室，当为居住之所。其宫室以石为柱础，并有以铜为之者，墙用泥土版筑而成，上盖草茅。近发现其大殿遗址颇为宽大，其宫殿方向准确。发掘者见其遗址，称其计划周到，工程精细。韩非《十过》篇称殷人“四壁垩墀，茵席雕文”，或有相当之根据。商末进至宫室居住时代，为一确定之事实。其前尚为穴居，及住于宫室，洞穴乃为贮藏器物之所。据安阳发掘报告，穴中出土之器物丰富，常多珍贵完整之物品，为一明证。发掘所获之器物，共分六类：一、陶器，量数最多；二、骨器及动物骨，占第二位；三、石器，出土之多，不亚于骨器，用途较之为广；四、金属品；五、贝壳；六、占卜之甲骨。就发现之器物而论，商人生活视原始社会确有明显之进步，然犹沿用新石器人所用之器物。所可异者，河南今不生长之动物，有于殷墟发见者，鲸骨、咸水贝皆其例也。商人与滨海地之有往来，毫无可疑，其食盐殆由其地运至。其为掠夺之物，抑由交换而得则不可知。石器中以石刀为最多。刀为日常用物，战时可作武器，商人当用以作战，否则无大规模制造之需要也。青铜器所制造之武器恐非贵族不得使用，以铜生产量少，不易得也。

新石器遗址发见丰富之陶片，殷墟出土之物，亦以陶片为最多。陶器为家常用物，易于损坏。及冶铜术发明，渐以青铜制造器物。余曾在安阳参观古物保存所之古物，其陈列之陶器，如鼎、鬲等物，形状全同于青铜所造之鼎、鬲；陶器多标明为殷墟出土。地方人士搜集之物，出于殷墟当属可信。安阳发掘报告第一期所列之殷陶十六图，吾人见后所得之印象，则认为彝器之形状，全仿自陶器，花纹亦多相同。商人所造之铜器，系配合铜锡等金，而成之合金，所谓青铜器也。青铜制造之器物，种类甚多，有盘、铲、勺、筷、鼎、鬲、甗、敦、壶、爵、尊、觯、武器等。每一种类，形式稍有变化；花纹则由简单，至极复杂，或散布于器之全身，或见于一部分，亦有全无花纹者。据吾人现有之知识，商器多无铭文。

商人初为游牧民族，渐从事于播种。播种之起始，盖在原始社会。而吾人称为游牧民族者，以其视播种无足轻重而重游牧也。后则农业渐处于重要地位。盘庚威胁人民迁至新都，可见人民之安土重迁，其农业已有进步矣。商自盘庚后，不再迁都，当亦与之有关。农业社会成立之初，土地未尽开垦，树木犹盛，野兽繁殖，其田猎习惯自未尽改。甲骨文记其独品，有野猪、鹿、狼、兕、兔、雉等，并有田猎记录：一次猎鹿二百八十四头，一次猎野猪一百十三头，一次猎狼四十一头。商人亦颇重视牧畜，商王祭祀，以牛、羊、豕、狗、鸡为牺牲，杀牛羊之数不等，多至三四百。亦有杀人为祭者，至百人或三百人焉。商人辨别牝牡颇为精审。其牛羊之多可证明其牧畜得宜，并有广大之草地与牧场也。其进至农业社会亦有明证。《盘庚》上篇云：“若农服田力穑，乃亦有秋。”《周书·无逸》言：“商季谥王好逸，不知稼穑之艰难。”皆其明例。谷类见于卜辞者，有禾、黍、麦等。商人称禾熟曰年，藏谷之所曰亩，王并设官治农。卜辞中所见之卜年、受年及受黍年等，乃豫卜年岁之丰歉。其卜风雨，亦与农事相关。播种之法，则以人力推耒耜下种，其土不深，收获当不能多。卜辞又有蚕、丝、桑字，商人种桑、养蚕、取丝，当无可疑。其衣服之材料，则为丝苎麻及羊皮等。

迷信之深痼　商人不能了解自然现象，以为天时变化，祸福降临、年岁丰歉、战争胜负等，皆有鬼神主宰；且信王死之后灵即上升，臣下死者仍为之臣。为求福避祸之计，一切未来行动皆征求鬼神之意志，于是贞卜之术兴起。现存之甲骨文多为贞卜吉凶之记录。卜之吉者曰利、曰佳、曰吉、曰大吉、曰弘吉、曰亡它、曰无尤；事之不吉者，曰不利、曰不佳、曰不吉、曰它、曰有它。其不同之点或程度之深浅，皆不可考。其贞卜之事，上而祭祀、征伐，下而年岁、出入、田猎。一事甚至贞卜二三次焉。其卜法则先灼甲骨，而后刻辞，卜辞不加于兆上。其所用之甲骨，甲以龟之腹甲为主，间参用背甲；骨以牛肩胛为最多，亦参用羊、鹿肩胛骨。

商人迷信深痼，其重视祭祀为当然之事。祭名见于卜辞者，数逾三十，中有字不可识、义不可知者。祭名之多，一由于所祭范围之广大，一因历时悠久名称先后改易也。据罗振玉发表之统计，甲骨文卜祭之次数，位占第一。其祭先祖也，先卜日，常例以所祭之祖生日卜祭，如祭大乙，则以乙日卜祭，亦有先一日、二日、三日或五日卜者。祭日恒为生日。商王祭其先公先王多为特祭，亦有合祭，但无周人升食于太庙之制。其先妣亦有特祭。诸王多为一配。卜辞称所祭之祖曰王宾，所祭之妣曰奭。所用之牲自一止于四百。用牲亦问于鬼神，卜其毛色，卜其牝牡。其用鬯之数，或六、或十、或三十，而止于百。牲鬯之外，或荐以玉，祭礼可谓繁重。王死，其殉葬之器物丰富，陵墓之工程颇为浩大。其发见之一墓方六十尺，深四十余尺，中有木室高十尺，四壁皆刻花纹。又发见无头尸千余具，十尸同埋一坑；其头千余，另埋一坑，皆成直行面北，头有刀切，痕甚整齐。又有马三十二匹，同埋一坑，盖用以殉葬也。

文字　甲骨刻辞可见商人文字之用渐广。其文字多为象形字，系由图画字演进而成。其体犹未固定，一字写法，常有变化。试以日月为例，二字皆为象形，而日变化者四，月不同者八。吉之一字，变化至三十八种之多，尤其明显之证。其时字少，不敷应用，因有假借之例。罗振玉于《增订殷虚书契考释》称，其字可知者凡五百六十，且言其演进之迹曰："合此五百余文观之，其与许书篆文合者十三四，且有合于许书之或体者焉，有合于今隶者焉。

顾与许书所出之古籀，则不合者十八九；其仅合者又与籀文，合者多而与古文合者寡。以是知大篆者，盖因商周文字之旧，小篆者又因大篆之旧。非大篆创于史籀，小篆创于相斯也。”近时或言商字三千可识者半，其中有不识而强以为知者。罗氏言其演变，至为精审。周灭商而沿用其文字，亦为事实。

年代 信史起于商代。商距今若干年，经历若干岁，皆不可知。战国时，已异说纷纷矣。吾人不知诸说之根据，无法论其是非。《殷本纪》间言诸王在位之年，或无只字，致吾人无法计算。兹引战国时人之说于下：一、《春秋》左氏宣公三年传称，商祀六百；二、《孟子·尽心篇》云，由汤至于文王五百有余岁；三、《韩非子·显学篇》言，殷商七百余岁；四、古本《竹书纪年》称，商四百九十六岁。就上诸说而论，言商年代最多者七百余年，少者四百九十六岁，相差二百余年，吾人将何所适从。刘歆适用其三统历，推定夏四百三十二岁，殷六百二十九岁。其根据薄弱，自不足信。吾人现时之结论：商代年代实无法确知也，商亡之年学者推算相差约近百年，盖在公元前十二世纪至公元前十一世纪之中叶。

第四篇　西周

周之先祖——文王——周强之原因——武王伐商——周公东征——封建制度——诸王——西周之覆亡——王之地位——疆域——东方——东南夷——社会情状

周之先祖　周在西方，战国时人称其始祖后稷，服事虞夏，而周人所言则与之异。《诗·大雅·生民》篇云：“厥初生民，时维姜嫄。生民如何？克禋克祀，以弗无子。履帝武敏歆，攸介攸止，载震载夙。载生载育，时维后稷。”此为关于后稷之最早故事。鲁为后稷之后，亦有传说。《鲁颂·閟宫》云：“赫赫姜嫄，其德不回。上帝是依，无灾无害。弥月不迟，是生后稷。”就诗人歌咏之故事而论，姜嫄为最早之人类，后稷之生，乃上帝之命。《閟宫》且称：后稷“奄有下土，缵禹之绪”。是明言其有天下矣。诗人称后稷教民稼穑，实则稼穑为逐渐改进之事业，种植黍稻，决非一时所能发明，或为一人教民之功。就其名称而论，后为尊称，稷指稼穑有功。后人言其名弃，乃附会诗人之故事而成，故事同于神话，为一传说而已。

《周本纪》称弃至文王共十五世，其说颇有疑问。周人歌咏其显赫之先祖，一、为公刘。公刘勤于农事，积聚多而武力强，迁居于京，于是疆土益广，军力益强。二、大王。大王一称古公，亶父则为其名。诗人言其迁岐，疆理经界，授民耕地，设官治之，更作宗庙宫室。《孟子》言其迁峻，系避狄人之祸，不合于诗人所咏之事实。《閟宫》云："后稷之孙，实维大王。居岐之阳，实始翦商。"则较合于当时之情状。大王为杰出之英王，故诗人称为后稷之孙。王为强大国君之尊称，大王乃其自称也。《周本纪》言王有三子，而爱其少子季历。三、王季。季即季历，继父嗣位。诗人歌咏之词，备极赞美，然未有具体之事实，且涉夸大，当不能视为实录。周至王季，基础益固，则为事实。

文王 文王名昌，为周伟大之国君，亦儒家之圣王。文王为其在世之尊称，周能克商，多其经营之力。诗人歌咏文王，尽为赞美之辞，称其家庭生活曰："刑于寡妻，至于兄弟，以御于家邦。"此言其圣德化民，亦身修而后家齐，家齐而后国治思想之所本。文王节俭勤劳，爱恤人民，其妻为商之贵族。《周书》记其臣有虢叔、闳夭、散宜生、泰颠、南宫括，而为后世盛称之太公望，则未提及。太公故事，杂有后人附会之说也。诗人言文王武功，则为伐密、伐崇。后人称密在安定阴密县，崇在丰镐之间。文王所伐之国，据古书所记不止二国，而诗人独以崇、密为言，二国强大，为周敌国，盖无可疑。于是周地益广而兵力益强。诗人称为"万邦之方，下民之王"，四方无敢侮周，皆其明证。商周之关系，时而互相为寇，时而和亲，后世盛称文王事殷，盖本于儒家之说。附会者更言纣囚文王于羑里，周臣求美女、良马、奇物以献纣，纣乃赦之。文王在位五十年，及死，诗人以为灵在上帝左右，尚能降福于子孙。

周强之原因 周人旧居之地，盖在泾渭上流。二水含有大量泥沙，淀积为关中平原。周人自上流逐渐移居于平原，旧地不敷分配，新地生产力强，为其迁居之主因。免受戎狄之患，或亦与之有关。其新居之流域，高大之终南山雄立于南，为其天然屏障。其西亦高山重叠，北为荒凉之高原。惟东地势平垣，周人向东发展，乃受天然环境之影响。周人利用地形，防守要害，则敌人不易侵入。人民安居，则户口增加，而国势益强。其邻为游牧民族，善于骑射，周人与之作战，风俗习惯盖与之相近。周人善于乘马，《诗》《易》皆有明文，若进而用以作战，商人乃非其敌。周人称商为“大邦”，而自称“小邦”，小邦能与大邦相抗，此为其一因素。

武王伐商　周至文王，四方无敢侮之。文王没，而子发立，是为武王。其任用之大臣，皆先朝所遗，政治当遵守遗规。其统治期内之大事，首推伐商。《孟子》所引《逸书》称，武王伐纣，乃商不肯臣服于周，而周欲有其人民也。强弱相处，弱者非臣于强者，常为其所并，《逸书》所言，盖为事实。《周本纪》所言伐商之经过，则为神话故事，略称：武王东观兵于盟津，载文王木主，誓众渡河。白鱼跃入王舟，王以之祭。既渡，有火化为赤乌，八百诸侯不期而会于盟津，武王以天命未归而还师。后二年，复起兵伐纣，师渡盟津，诸侯咸会，大军北趋商都，经过之地及途中有无拒抗，皆不可知。纣闻敌至，起兵迎战，诗人称“殷商之旅，其会如林”。战地则为牧野。牧野距商都尚远，所在则不可知。《周本纪》言商兵七十万，恐不可能。两军激战，商人死伤惨重，致有“血流漂杵”之传说。商兵既败，纣自焚死。

周公东征　武王一战胜商，而商为东方大国，人民犹众，追念其先王之德，不欲臣服于周，纣子武庚治之。《史记》称：武王使二弟相殷，即后世所称监也。周在东方，尚未巩固其地位，而武王忽婴疾病，周人为之不安。其弟周公旦祷神，乞以身代，终不能救其死。其子成王年幼，周公践天子位，朝诸侯。盖当多难之时，非如此不足以应付事变，而安定人心也。东方果有叛乱，《周书·金縢》称：监传布流言。而《大诰》所记之事实，则与之异。商人居于主动地位，谋欲利用事机，恢复其旧有之优越势力，则无可疑。周人颇为惊惶，可于《大诰》见得一二。《大诰》系王诰友邦君及臣下之辞，数言殷为乱，则商人当为祸乱之主体。殷人轻视周邦，若不征伐将为大祸，乃洞悉利害之言。王反复言天佐周，卜无不吉，并欲诸侯臣工出卒助战，以此乱为大艰、大戾，而以全力作战也。周公出兵东征，战士历三寒暑始得西归。其作战方略、主要战役及并灭之国，多不可知。无论如何，其战败殷人，杀其领袖，灭其与国，则为确定之事实。于是周在东方之政治地位巩固，并以新得之地，分其功臣子弟。克殷与东征为古代大事，而距今若干年，竟不可确知。

封建制度 殷人一再战败，而人数犹众。周政治家筹办善后问题：一为分化殷众，一为采行封建制。二者有相互辅行之关系，兹略言之于下。周以一部分土地人民分封微子。微子名启，为商王乙之长子。其国名宋，为其先王旧居之地。新封之国尚有鲁、卫等。鲁旧为商地，时为奄国，为周公所灭。卫为商之根据地，左氏《定公四年》传称：周以殷民六族归鲁节制，又以殷民七族归卫。鲁卫皆为商地，人民当为殷人，此足以分化殷人之势力。成王经营洛邑，徙殷人于洛，欲其奔走服役，然犹患其不服，一再诰说殷人，天命归周，且曰："我惟时其教告之，我惟时其战要囚之，至于再，至于三。乃有不用我降尔命，我乃其大罚殛之！非我有周秉德不康宁，乃惟尔自速辜！"此《周书·多方》所记之辞，王意待遇殷人宽厚已极，而殷人犹不悔改者，将即殛之。总之殷人与周战败而死者，数当不少。生者或徙于他地，或分属各国，其势涣散而统治者又可严罚其抗命之人，使之畏惧。殷人渐而屈服，为周人用矣。彝铭称"伯懋父以殷八师征东夷"，则其一例。

后世谓封建制始创于周，而秦博士则言殷、周封子弟。据吾人现有之知识，远古人民部落而居，酋长皆为世袭，诸部落不相统属，常相战争。其战胜者，既得扩展领土，又可掠夺人民财产，于是兵力益强，居于优越之地位，诸侯之雏形渐成，强国之君称王。汤灭夏，征服之土地不少，诸侯归顺者，当不能任意废置。武王克殷，《史记》言其大封诸侯。其所封者一为圣王之后，一为功臣同姓。《左传》言武王封兄弟同姓，又言周公所封，二说不相符合。《荀子》言周公封诸侯，而国数则与《左传》不同。著者于《中国史》第一册论周初封建制曰：

余疑武王一战克殷，商人尚未完全屈服。其政治上犹有不可轻侮之势力，故武王迫而立纣子武庚，而以管叔、蔡叔、霍叔监之，以后周公东征，商人战败，其土地人民皆归于周，始能自由处置，故诸侯有武王所封、或其所承认者。亦有周公所封者，兄弟同姓诸侯，则多周公所封。要之，封建之起始，虽不可知，而周初采用封建制度解决政治问题，则为事实。

著者意见，迄今尚无修正之处。史称诸侯助周者众，当有先王之后，武王不能兼并其土地。其守中立者，亦不能遽夺其土地，乃予以承认也。周公东征，得有广大之土地，限于交通困难，统治不易，以之分封其兄弟功臣。人情之常，兄弟较可信任，封之以地，彼将抚绥其人民而不吾叛。臣下立有功绩，本于酬报及同享富贵之思想，而以新地封之。地为其土地，人为其臣属，彼常爱护而善守之，传之子孙。其境内遇有事变，亦得自由处置。此环境所造成也。公、侯、伯、子、男之称，见于卜辞。周初，诸侯有称王者，可见国君之尊称犹未确立。文王、武王之为在世之美称，今有彝铭为证。彝铭所见诸侯之尊称颇不一致。公、侯、伯、子、男，为古国君之通称，则为事实。后人视为五等爵位，以之分别其领地之大小，则不足信。王为天子尊称，盖在西周中叶，远国非周势力所及，其国君犹自称王。

新封之诸侯，地为商地，人为商民，新君为其国君，当有善战之周兵卫之。其人为新君之臣，为其所信，乃处于统治阶级之地位，享有特殊之权利。《酒诰》言：周人饮酒，须执而归之于周，由王命杀之。周以商亡由于酗酒，严禁周人饮酒，故有此令。是周人居于新封之国，非王命不能杀之也。旧谓大国之卿，多由天子任命，盖为事实。命卿为管理诸侯之一法。诸侯对于天子，有进贡服役之义务。西周盛时，诸侯苦之。《诗·小雅·大东》篇称：东方诸侯，“杼柚其空”，葛屦履霜；西方之人则衣服鲜美，“熊罴是裘”。关于服役，《北山》言：地皆王土地，人皆王臣而或劳苦太甚，或饮酒无事，乃怨劳逸不均，待遇不平。王若出兵讨伐，其邻近诸侯当出兵从征。王与诸侯关系，尚有朝观、奉朔等。宗周亡后，诗人感叹时事曰：“邦君诸侯，莫肯朝夕。”其先，诸侯当朝见天子，所谓朝观也。战国时，更有巡狩之说，不过纸上计划耳。奉朔谓诸侯奉行周历，后世以奉正朔为藩属之象征，其实际情状则不可知。邻近或王畿内之诸侯，得王信任者，可为王臣。不从王命者，则以六师伐之。

封建所以屏藩王室，组织上有重大之弱点。王室、诸侯之君臣关系，终难继续维持。其名称虽或依然如故，而实质与环境固无法久而不变也。封建制度下之国君皆为世袭，其卿大夫亦为世袭。余于《中国史》第一册论之曰："国君之始祖，为王之亲族与功臣，忠于王室。其后传至子孙，与王室之关系日渐疏远。其上卿由王任命者初或与王室接近，其子孙亦与王室疏远。此人情之常，亦环境之所造成。其明显之原因，则国君以为其位受之于父祖，人类爱其所生之子，常过于父祖，数传之后父祖变为曾高祖矣；再历数世，将更漠然视之。其对王室当亦如此，或尤其焉。国君治理一国，视其直接管辖之土地为其产业；人民为其臣属。其有食邑之士大夫，亦须服从其命令。其不称职者，当可予以处分，或诛杀之。换言之，一国之政权操之于国君。其有才能者，行使职权，当不稍受限制，对外亦可自由用兵，无异于独立国也。"此为制度上之弱点。后事演变，更出于武王、周公意料之外，兄弟之国，常以利害冲突而为仇雠，互相攻击，或侵地灭国，而人民备受其害也。此可为封建制度之结论。

诸王　成王一朝之大事，略见于上。《周本纪》言：王年长，"周公反政"。王没，子康王立。相传成康时，为周治平之世。王没，昭王嗣位。昭王迄于周亡，共有九王。其为吾人所注意者，前有昭王、穆王，后有厉、宣、幽三王。《周本纪》称昭王时："王道微缺。"王南巡狩不返，卒于江上。《竹书纪年》称：王二次南征，末年南巡不返。二说颇有出入，后人更创为故事，称王渡汉水，御胶船，中流而胶液解，王死。宗周钟铭称，王南征南夷、东夷，降者二十六邦。王之南征，实周势力南进之明证。穆王故事，后世颇多附会，言其得良马西游，乐而忘返。《国语》言王不听谏言，征西戎而远服不至，由于不务德而用武也。《周书·吕刑》称，王作刑以诰四方。实则《吕刑》为后人伪托之文字，不足信也。穆王四传而至厉王，期内大事，多不可知。后世言王室衰弱，而外患交至，盖有史实为根据焉。

厉王为无道之君，《国语》言其二事：一、好利，不听谏言，而用事之臣专利。二、王虐民，国人谤王，王使人监谤，告则杀之，民不堪其虐，三年流王于彘。其文简略，不少可疑之处。流王为非常事变，或别有造成之原因。《帝王世纪》称王"荒沉于酒，淫于妇人"，二者恐亦不足以使其失国，真今不可知。王既出奔，《史记》云："召公、周公二相行政，号曰共和。"此为一说。《竹书纪年》称"共伯和干王位"，又为一说。吾人今以史料缺乏，无法知其真相。《史记》纪年始于共和元年，其年为纪元前八四一年也。

宣王为厉王太子。《史记》言其父死，周召二公立之为王。古书记载，有与之异者。《史记》言，为中兴之主，曰："宣王即位，二相辅之，修政法，文武成康之遗风，诸侯复宗周。"其文简略，且未叙述具体之事实。《国语》关于王事之记载，皆为不善：一、王不修亲耕之礼；二、王师与姜戎战而大败，王料民于太原，其臣谏之，而王不听；三、鲁君入朝，王爱其少子，立之为嗣，致鲁内乱，诸侯不睦。《诗》大、小雅歌咏周王武功，《诗序》常谓宣王时事，而诗人并未提及宣王，当难信为事实。《国语》所记之故事，亦有可疑之处。史料缺乏，一朝大事，无可知者。

西周之覆亡　幽王为西周最后之国王，情状颇为恶劣，以天灾人祸交至也。《十月之交》之诗人言及日食，专家推算其为公元前776年事，即幽王六年也。其歌咏之史实，一、为大地震。诗人以为天意示警，而时人自逸如故。二、诗人列举达官七人卿士皇父虐民尤甚，使民作都于向，其余六人，当皆不称其职。诗人又言："艳妻煽方处。"乃指王之宠姬褒姒。七人进用，或与之有关。《诗·小雅·正月》云："赫赫宗周，褒姒灭之。"此以西周覆亡之责任归于褒姒。《大雅·瞻卬》云："哲妇倾城。懿厥哲妇，为枭为鸱，妇有长舌，维厉之阶。乱匪降自天，生自妇人。"诗人所言之妇人，亦指褒姒。幽王听从其言乃王昏庸无能，用人不当，政治致失常轨。《瞻卬》云："人有土田，女反有之。人有民人，女覆夺之。此宜无罪，女反收之。彼宜有罪，女覆说之。"政治成此现象，大失民心，当难应付事变。饥馑亦为天灾，诗人一再言之。周地，去时季风发源地太远，雨量较少，周人未能利用灌溉，致成旱灾。旱灾为西周末年之大患，人民流亡于外，备受颠沛流离之苦，户口遂至减少。《大雅·召旻》中诗人言：边疆空虚，可想见灾情之严重。而徭役则未减轻，甚或以人口锐减之故，反而加重。人民不堪其苦，心怀怨望，既无余力，又无余财，为西周衰弱之一主因。

周之西北为戎狄所居之地，戎狄常为害于边疆。《秦本纪》言：秦仲为宣王大夫，与西戎相战，为戎所杀；子庄公得王所与之兵，破西戎。郑桓公为宣王母弟，《国语》称其以王室多，故迁其民于洛东，得虢郐所献之十邑居之。其地望在今河南新郑。周与戎狄作战，常处于不利之地位。王畿又有大臣封邑，邑归邑主治理，不便于军事行动，对外战争不利，当与制度有关。《召旻》云："昔先王受命，有如召公，日辟国百里。今也日蹙国百里。"诗人虽形容过甚，然可见国势之危急。幽王不自振作，任用非人，亦有重大责任。

西周覆亡，《国语》称：幽王宠褒姒，褒姒生子伯服，王废申后及太子宜臼，而以褒姒伯服代之。宜臼奔申，申侯召西戎伐周。《史记》称：王举烽征诸侯兵而兵莫至。其先，褒姒不好笑，王举烽火以悦之，遂失信于诸侯。故事为好事者附会之辞。申在东南，戎在西北，相距辽远，难于合作也。举烽取悦褒姒，为怪异之说。西周之亡，盖由于政治经济情状之恶劣，一造成于天灾，一由于政治腐败，一为制度上之弱点。幽王适当其时并促成之，其有重大责任自无可疑。周末一般人士之苟安，亦所以造成祸患也。西戎伐周，幽王拒战不胜，为其所杀，卿士多罹于难，戎人大为暴于周地。其东都洛邑尚称安谧，西土人士有逃至东都者。宜臼为诸侯所立，都于洛邑，是为平王，时公元前 770 年也。

王之地位　西周王为最高之统治人，自称系受天命，统治天下，故称天子。天子位为世袭，土地人民为其私产，有无限制之威权。唯敬畏天命，诗人谓天命靡常，王应修德也。实则上帝无法表现其意旨，王司祭祀反得用以辩护其行为，借以巩固其地位。祭为大事，司祭为其重要职务，军国大事以及用人行政，皆由其决定。违反其意志与命令者，则处以严刑。对外用兵，王常为师或命其卿士为将，其虐民甚者，或将激起事变。厉王时之民变，则其一例。王为世袭，为传子制。其制始于商末而确立于西周初叶，父子相传可免争位之祸。实际上，同母兄弟，父常有所偏爱，诸子各欲求立，相争仍所不免。且周贵族采行多妻制，媵妾可先生子，立长或非后妃所欲。兄弟争位，其继父而为王者，将或报复怨仇，至于杀害。立太子制乃应需要而生。《公羊传》言其标准曰："立子以贵不以长，立嫡以长不以贤。"贵指母贵，所谓子以母贵也，为传子制演进之当然结果。西周共十二王，除一例外，皆父子相传。诸侯大夫亦适用此制。其官以世袭之贵族充任，卿士尤为要官。

疆域　周地视商疆域为广大，以其所据之泾渭流域非商所有，周自周公东征，尽有商地也。东至山东半岛中部，北达今北平一带之平原，山西中部、陕西北部尚不能为其所有，西境或达于甘肃，其在今河南，南至汝水，东南则限于淮水以北之地，此西周疆域之大概也。境内尚有戎狄，戎狄为文化较低之民族，非种族不同之称。其土地可别为二：一、王畿。初为天子直辖之地，其区域为周旧地，豫西沿黄河之地及河北一部分。二、臣属之诸侯。其所占之地颇广。周之敌国，一在东南，一在西北，西北之敌尤强。

东方　西北强国之名称，先后不同，最早之古称为鬼方。王国维考证其地望，在周之西北、北方及东北一带之地，即今甘肃及陕西、山西北部。陇地旧为羌人游牧之所，羌人今为藏族，为西周患者，疑即藏人。山陕北部民族，后称匈奴，亦为游牧民族，战斗力强。周自大王以来，即与鬼方作战，小盂鼎铭记载，周之大捷获酋长四人，俘虏一万三千余人，馘数字有残阙，车马牛羊亦有所获。此事发生于何时，言者不同，要为昭王前事。鬼方强大，于此见得一二。其人生聚繁多，将再扰于周边。中叶以后周人称为猃狁。诗人一再歌咏出征猃狁之故事，《采薇》诗云："靡室靡家，猃狁之故。不遑启居，猃狁之故。"其为祸也若此，而周不能予以重创，猃狁乃待时而动。幽王为西戎所杀，其祸乃与西周相始终。

东南夷　南夷、东夷居于东南，以楚、徐为最强大，周之兵力逐渐经营。南国诗人歌咏其地之汝、汉二水，亦常言江。江为水之大者之称，诗人实指淮水。南国地望盖在汝汉之间，其南汉水中流一带之地，则为南夷，其东淮水流域则为淮夷、东夷。周于克殷之后，向南拓展土地，今有彝铭及诗可供参考。小臣语毁铭言：伯懋父以殷八帅征东国，其时当去克殷不久。彝铭尚言：王令其臣三人先后伐东国，亦有言王伐东夷者，常非一代之事。昭王南征南夷、东夷，服者二十六邦，可见其部落或国之多。周王采行羁縻政策，迄未将其征服，而有淮水流域之地。《诗·大雅·常武》歌咏征徐，盛称王师英武，徐人畏服。王师西归，徐人仍可叛乱。徐地在今江苏北部，距周太远故也。楚为南夷中之大国，周迭伐之，有彝铭为证。诗人歌咏征楚，但未言及战争。楚之实力未受损失，乃时叛，时服。周王于其叛时出师讨之。其苟安者则置而不问。然以历代经营之结果，领土颇有展拓。

社会情状　西周为封建社会，诸侯多而常相战争。城邑非敌人所易侵入，城筑于地势险要之区，或交通便利之地，或物产集中、人民众多之所。四周围之以墙，其墙以土筑成。城有悬门，敌人来犯，悬门即发，邑人登城防守。古代兵器恶劣，自下击上，常非易事，故城为安全之地。贵族居于城中，西周时，其人数不少，诸侯、卿大夫、士皆为贵族。国君或卿大夫之子孙无位可袭则降为士，士可仕为大夫家臣或为小吏。贵族生活有相当之奢侈，食品有五谷、兽肉、鱼类。周初严禁饮酒，后则视酒为交际物品，主人劝客，不醉无归。贵族宴客，据诗人记载，有乐人奏乐。国君进膳，亦奏音乐。惜其礼节繁琐，成为机械式之生活，徒借以维持其尊严而已。

士之下为农民，其田地之分配实不可知。《孟子》称周采行井田，根据薄弱，且不免于矛盾。据其所言，一夫授田百亩，收获能养五至九人，生产量并不甚高。考其原因，百亩周田约当今三十一亩而种植技术又不如今也。著者尝论井田制曰："古代人口尚少，地未尽辟。"周人克殷东征，又有相当之屠杀。其征服之地或收为王有，或封赐诸侯与卿士。诸侯受地于王，分赐其人口，一部分于大夫，作为食邑。土地为统治者所有，人民私有权尚未成立，其播种之地为统治者或地主所授当无可疑。一家播种百亩，亦不为多。其国内土地褊小，而人民众多，或亩大小不与周同者，当有违异，如《魏风》

言十亩之间，则其例也。一夫授田百亩殆不能摧行于黄河流域，而全中国一致也。著者之意见迄今尚无变更也。

农民耕地百亩，其生活情状颇为贫苦。男子播种，妻子送饭。女采桑饲蚕，缫丝染色，其红鲜明者，则为公子作裳。农事即毕，即入宫服役。田猎，狐狸献于公子作裘。兽之大者，献之于公。暇日凿冰收藏，以供贵人夏日之用。农民终年勤劳，犹有“无衣无褐，何以卒岁”之语，所食仅为苦菜。其穷苦多由于税重役苦，盖政府征收什一之田税，而布丝、工役之征，及平日贡献犹不与焉。农民遇有战争，或大工程，则苦更甚，至不能种艺黍稷，养其父母，悲怨之语，常见于诗。其人乃为事养贵族而生存，劳苦所得之酬报，全为贵族所榨取，以致家无储蓄，遇有水旱之灾，则流离逃亡，所谓壮者逃于四方，而老弱转乎沟洫也。农民下为奴隶。奴隶来源，一为俘虏，一为罪人，地位同于财产，世为主人工作，绝无自由。其时，农民购买力弱，社会经济则物物交换。所谓以有易无也。农民除盐而外，日用品当能自给，贩运货物之商人，尚无重要地位也。

家庭方面，男子为家长，地位高尊。周人轻视妇女。诗人云：“妇有长舌，维厉之阶。”足以代表其观念。贵族之视婚姻为合二姓之好，上承祖宗，下生子女，子孙相传，至于万世，死者可享受其子孙之祭祀。婚姻既不立基于爱情之上，贵族之妻妾又多，乃重视妇女之贞操，用寺人服役于宫中。妇女外出拥蔽其面，民间尚未有此习惯。男女工作于外，接触之机会颇多，婚姻亦有相当之自由。《诗经·国风》中有不少之情歌，颇足以为证也。

周人迷信鬼神，以为人间一切命运，皆由其决定。神之高尊者曰上帝，其下为百神，各有专职，皆能降人福祸。人死为鬼，住于另一世界，其生活情状同于生时。其陵墓之工程浩大，有深至十余公尺，而四壁如垂者。更环筑四阶，预备棺穴，棺置穴中，殉葬之物皆列于棺外，且有以人为殉者。其重视祭祀，乃为意料中事。祭前斋戒沐浴，静坐深思，如见闻鬼神。祭品有穿牲圭玉等。祭时尚有舞乐，贵族以地位不同，而祭乐亦有差等。祭祀所以求福于鬼神，国君遇有灾祸，求神尤为虔诚。《云汉》中所谓“靡神不举，靡爱斯牲”也。周人求福免祸，信用卜筮，征求鬼神之意向。其表示之兆，常影响大之决定。试举一事为证。殷人叛乱，周公将出兵东征，《大诰》记王告诸侯之辞称，宁王遗我大宝龟，绍天明，即命王用以卜，言其结果曰：朕卜并吉，“予得吉卜”“今卜并吉”。卜而得吉，为其用兵之主因。诸侯臣工，亦以为东征必胜也。其迷信鬼神，当不下于商人。

西周凡十二王。《竹书纪年》言其年岁曰：“自武王灭殷以至幽王，凡二百五十七年。”其所根据，今不可知。克殷之年，今有六种不同之说，当无决论其是非。《史记》纪周年代始于共和。共和以前之年岁，汉初已无可供参考之史料。西周大事除周亡而外，其发生之年，多不可知。周在西土，与西方诸国接触之机会较多。说者言周人重玉，而玉之出产地在今新疆。寺人制则受中亚民族之影响。商人分一月为三旬，周人则分一月为四分。一、初吉，自一日至七八日；二、既生霸，自八九日至十四五日；三、既望，自十五六日至二十二三日；四、既死霸，二十二三以后至晦。此王国维研究金文所得之结论。月四分制，系巴比伦所发明，周盖受其影响而然。三者皆非证据，作为建议可也。周克殷后，仿造其彝器，沿用其文字，采用其官名。西周制度影响于后世者，至为巨大，盖其接受他国文化之后而能适应需要，并创造或发展其文化也。

第五篇　东周

王之地位——五国疆域——齐桓公——宋襄公——晋文公——秦穆公——楚庄王——晋楚之争——晋悼公——弭兵之会——小国担负之一斑

王之地位　公元前770年，周平王东迁于洛邑。西土为戎人所据，尚在纷扰之中，王乃以之赐秦。秦君历久战争，驱逐戎人，而有其地。司马迁言：秦以岐东之地献周，古人已斥其非。于是周之西疆，盖不出今豫西陕县，南疆距洛邑不足百里，即为雄峻之六山，地甚荒凉，有文化较低之部落居住，东疆达于虎牢，黄河以北亦有周地，后让于晋。其土地东西长，而南北狭，面积褊小，周遂降为弱国。然王本于过去之威望，尚有相当之重要。王初亦欲行使职权，出兵戍于南国。诸侯不庭者命其邻国讨之，乃以处理失当而不为其所礼敬。郑在周东，其君于东迁初叶，为王卿士，竟以信任问题与王发生冲突，积隙深而至于战，王师大败，王亦受伤，王之威权益不行于诸侯。

诸侯违抗王命者，《左传》载有不少之事例，而王反居于不利之地位，乃不复问外事。

五国疆域 东周史料，今以《春秋》经传为最重要。其所记之事，始于鲁隐公元年（前722年），偏重于郑、鲁、齐、宋、卫国。其政治活动区域，限于今山东、河南。郑在今郑州、新郑、荥阳一带之地，其西境与周为邻，南疆邻楚，东与宋接壤，北临黄河。及晋据有虎牢，滑国遂与之为邻；东南则为陈蔡。东周初期，郑以国有英主，颇居于重要地位。鲁在山东半岛中南部，东为莒国，南为邾国，北及西北与齐接壤，西与曹卫、宋为邻。齐在鲁东北，为东方大国；及东周中叶，其领地东至于海，西达今聊城、阳谷，南为泰山，西南与鲁接壤。就其地形而论，泰山、渤海为其天然屏障，渤海且有渔盐之利；齐地为冲积平原，宜于耕种，人民多能安居乐业，进而可以争霸，退而易于自守。宋为商人旧居之地，在今河南东部，西邻为郑东境，达于今江苏彭城萧县，南迄亳县，北与戴曹为邻，二国后皆为宋所灭。卫在黄河北岸，北境达今河北省，西为晋国，东境与齐、宋、鲁、曹犬牙相错，此五国疆域之大略也。

五国地在黄河下游，除郑而外，皆商人旧地，为文化发达之区域。郑地开辟于西周末年，据《左传》所记春秋初年之大事，郑庄公为王卿士，迭伐其邻国，足称一时之雄。庄公死后，五子争立，先后相继为君。其得国者或由于外援，或得强臣之助，旧君或死于乱，或出奔邻国，或据地与新君相抗，亦有复国者。鲁凡三君，一为臣下所杀，一为邻国所害，唯一终于天年。齐共三君，二君死于祸乱，桓公与公子纠争位，强鲁杀之，始得安然为君。宋凡四君，始而让位，继则争立，成为重大之祸乱。卫共五君，嬖子州吁杀君自立，卫人假手于陈杀之，二君不得其死；国人另立新君，及死，兄弟争立，一得齐援，失国复入，其已为君者，并得周王之承认与援助，竟兵败出亡。五国祸乱可谓多矣。其时国际关系几无信义可言，友邦时而变为敌国，敌国亦易成为友邦。其战争之目的，或为报怨，或为立威，或拓展领土，或掠夺人民，或托王命征讨不贡，要多唯利是图，而所苦者则为人民。内地尚有戎狄杂居。狄谓本居于远方之民族，而应驱除者。其人勇敢善战，但为文化较高诸国所鄙视。诸国自称诸夏，其名称之由来，不可确知。戎人与诸夏常相战争，诸侯力能拒战者，则自出兵抗战，其力不敌者，则乞援于邻国。兹引一二明例：北戎侵郑，郑设伏御之，大败戎师。后数年北戎伐齐，齐乞师于诸侯，郑师救齐，大败戎师，诸侯大夫于是戍齐。齐为大国，戎师败后，而诸侯犹留兵为之防御，其强可以想见，其为患也，恐不限于二国。孔子论管仲相齐之功曰："微管仲，吾其被发左衽矣。"被发左衽为戎狄服饰，是孔子承认若无管仲，齐鲁将同化于戎狄。霸国实应时而产生，其功绩为攘斥夷狄。旧谓霸主有五，曰齐桓公、宋襄公、晋文公、秦穆公、楚庄王。五人中，襄公兵败于楚，不合于上言之条件；秦僻在西方，政治势力不及于诸夏；楚为南方大国，周人斥为蛮夷，亦不合于条件。吾人不必拘于五霸之说，唯当略知前 685 年至前 591 年中之大事。前者为齐桓公嗣位之年，后者为楚庄王病没之年。九十余年之中，列国疆域有重要之变迁，强国益强而小国益弱矣。

齐桓公　齐桓公（前 685—前 643 年在位）称霸，功在攘夷；另一方面，其会盟诸侯，则为贪其贡献之物。诸侯对于天子，贡献之方物甚多，为一弊政。及周东迁，诸侯莫肯朝贡。霸主会盟，小国迫而献其物产，霸主不居于天子之名，而得实惠，故亟亟于争夺诸侯也。桓公居五霸之首，盛为后世所称。实则其嗣位之前，齐已成为大国，桓公不过借以创造霸业。桓公初因内乱，与兄纠争立，战败援纠之鲁师。管仲时为纠臣，射公几中要害，而公知其才能，释怨使之相齐，迄于仲没。公之知人善用，为其称霸之主因。管子所言治国方略，为后人所托之制度，不适于用。《史记》言其治国先使民足衣足食，而后教之。其具体办法殆不过充分利用天然环境，而使民富。齐饶鱼盐之利，而仲更增加其生产也。政治组织，亦应有所改善。齐富强称霸，多赖其力，《论语》称其有伯氏骈邑三百，伯氏穷约终身，并无怨言。是其功业，深为齐人所知也。

桓公嗣位之初，并灭其邻国。《春秋》经传称：齐灭谭、遂，取鄣，迁阳。于是齐地益广，人民益众。民多则政府之收入多，而兵力益强。桓公初与鲁、宋、卫、郑作战，未有重要之成功。有先为敌国而变为友邦者，亦有先为友邦而转成敌国者，后皆奉齐为盟主。齐自桓公中叶以后援助诸夏，拒抗戎狄，并无侵夺其土地之野心，而为其邻国所信也。初，前 661 年，狄人伐邢。邢为小国，今邢台为其旧墟。狄人所居之地，盖在今山西东南山地，兵力甚强。邢不能敌，齐出兵救之。明年，狄人大败卫师，卫余民奔逃。齐出兵戍曹，阻狄师东下之路。狄人转而攻邢，齐会诸侯之师救邢，迁邢人于夷仪，并为之筑城，又城楚邱以封卫。燕在北方，受山戎之害，齐出师伐之，颇有所获。其时，楚向北方伸长其势力，一再伐郑。前 656 年，齐会诸侯之师侵蔡，蔡溃遂南伐楚。楚遣使来盟，桓公率师北归。就上事实而论，齐师未能击败狄人，伐楚未有功绩，楚灭与齐会盟之国，而齐限于交通，无法救之，戎为周害，齐遣管仲平戎于周。其势力所及之地，限于今山东及河南、河北各一部分。盖古交通困难，出军远征，给养既为问题，又非其国人所愿也。齐为霸国，迭与邻国会盟。会盟可别为二：一、兵车之会，指其用兵诸侯出师助战；二、衣裳之会，所谓寻盟修好也。二者合计数近二十。会有盟约，古书所言颇有出入。《公羊传》称阳谷之会，为大会，并言其约曰："无障谷，无贮粟，无易树子，无以妾为妻。"此前 657 年事也。障谷、贮粟，不利于邻国，本于互助之原则，当不许其发生；后二者旧为周制，时已破坏，而桓公欲予以维持，实际上未必有效。桓公内宠甚多，后且造成祸乱，则其一例。公没，国乱，兵力始衰然；以地广人多之故，齐仍为大国也。

宋襄公 宋襄公（前 650—前 637 年在位）嗣位八年，齐桓公始死。襄公以庶兄目夷贤而有才，用之为相，治理国政，兵力渐强。及齐内乱，襄公以诸侯之师伐齐。三传所言之故事不同。齐孝公得其援而为君，但未出师助宋。余疑襄公初殆利用其击败强齐之威而欲称霸，致为齐所恶也。襄公第一次会盟诸侯，而执滕君。第二次会盟，《左传》称：公使邾人执鄫子，用以祭祀，襄公复出师伐曹。其合诸侯也，与会者尽为小国，齐、鲁皆未与会。楚方伸张势力于北方，诸侯畏之。襄公求诸侯于楚，诸侯朝贡；亦楚所欲。楚王诱执襄公，出师伐宋；旋以无损于宋，释之。襄公怨楚，出师伐郑。楚师伐宋救之。二军将战，楚兵众多，轻宋前进。襄公未能利用事机，予以迎击，至于大败；旋因伤没。于是楚之势力大张。鲁不堪齐师之进扰，遣使如楚，乞师伐齐，则其例也。

晋文公　晋地初甚狭小，在汾水之东，文公父献公并灭其邻国，领土始乃广大。献公没后，祸乱迭起。文公得秦援助，始得为君（前636—前628年在位）。其时，晋地在今山西者，为汾水下流一隅之地，古人所谓不出平阳一府也。其河外之地，仅为今河南陕县。晋地表里山河，人民限于环境，刻苦耐劳。其东北二方与狄人为邻，常相战争。晋人习用干戈，勇于作战，强国之基础，业已树立。文公流亡于外，备受辛苦，即位之后，整理内政，又得向外经营之机会。初王室内乱，襄王出奔，文公出师勤王，王赐以河内之地。由是晋地益广。其时，楚师一再伐宋，宋公请救于晋。前633年，文公伐楚之与国曹、卫以救宋，而楚仍不撤宋之围。宋人告急，文公得齐、秦之援师，更设法怒楚，二军战于卫地城濮，楚军败退。斯役也，晋兵车七百乘，士卒凡七千人，楚军人数当亦不多。战争之结果，诸侯多服于晋。楚自经营北方以来，未曾挫败，而独败于城濮，晋之威望高于齐矣。

晋败楚后，伸长势力于河南南部，山东半岛诸国皆为晋之同盟国。文公许曹、卫复国，二国领土则较前削小。晋献楚俘于国，王赐赏甚厚，乃合诸侯盟于践土，周王亦至。据《左传》所记之盟约：一为尊王，一为诸侯相亲。俄而复会诸侯于温，天子应其召至，王室之地位并未提高。其时，邻近楚之诸侯唯许尚未服晋，郑伯怀有二心。晋以诸侯之师围许，许为小国，史未言楚出师救之。其君当求成于晋。郑近于晋，前630年，晋秦出师围郑。秦距郑远，围郑乃应晋请。郑以国势危急，乞盟于穆公。穆公不愿晋有郑地，留兵为之防守而归，晋亦退师，郑患晋师复至，求和于晋，文公许之。楚自城濮战后，不能与晋争霸。晋为诸夏盟主，而狄人尚为害于边邑，乃增加军队，与之作战，但未能将其驱逐于远方。所可惜者，晋秦为婚姻之国，文公为君，颇赖其力，竟以利害冲突，由友邦而为敌国，常相战争。文公没，子孙守其遗规，仍为霸主。晋初以公子争立，及内乱迭起之故，不容群公子留于国中。

文公出亡于外，从者多才能之士，返国遂处于重要地位，政权渐归于大夫矣。

秦穆公 秦初为西周畿内之诸侯，及周东迁，秦有西周旧地，为一大国。秦君复并灭其邻国，疆域益广。于是秦有渭泾肥沃之平原，北为高原，南为秦岭，潼关在东，黄河为秦、晋本部之天然屏障。东南多险，敌人不易侵入。西为戎人旧壤，秦人常与之战，造成强悍之风气。其所缺乏者，则为才能之士。穆公（前659—前621年在位）称霸，多由于信用异国贤能，内政应有改革，惜史未有记载耳。秦至穆公，国势益强，更向外拓展领土。穆公夫人为晋献公女，秦晋为婚姻之国。献公死后，其大夫为乱，杀二幼君。公子夷吾求入，许重赂秦，秦、齐立之，是为惠公。晋请缓赂，致成嫌隙，二国之邦交转恶。穆公起兵伐晋，大败晋师于韩，获惠公。晋人忠于国君，征缮勤而甲兵益多，立惠公子为君，穆公乃许晋成。惠公死而质子逃归，秦怨之甚，以师纳文公于晋。秦晋相攻，秦虽处于有利之地位，然除得河东地外未有所获。文公立而晋益强，秦晋以利害冲突之故转为敌国矣。

穆公不听谏言劳师袭郑，途中为郑商人所知，未有所成；师还，晋人御之于殽，大败秦师，获其三帅。后二年秦复伐晋，败于彭衙。穆公欲复其再败之耻，增修国政，重施于民。晋及诸侯之师伐秦，以为报复，更增加秦人之怒。明年，秦师伐晋，济河焚舟，晋师不出，南渡黄河，封殽户而还，遂霸西戎。此《左传》所记之故事也。秦地僻处西方，向东经营，限于河山之险，晋人扼守险要，则秦师难于前进。晋地广大，人口众多，秦晋相战，秦常处于不利之形势，其不能争霸中原者，势也。秦霸西戎，古书或言其益国十二，或言其灭国二十，真相要不可知。穆公没，殉葬者有子车氏之三子，皆秦之良，国人哀之，为之赋《黄鸟》。秦以良人侍奉死君于地下，而置人民于不顾，宜其不能胜晋也。

楚庄王 楚于西周时为周人之强敌。《史记》称其先祖为周所封，居于丹阳，当不足信。古地以丹阳名者甚多，楚所在地，今有三说，要皆出于附会。西周初叶之彝铭，数言伐楚。周王经营南国，其地望在今河南西南部，其南为南夷所居，楚为其强国，其地望盖在汉水中流肥沃之地。楚都于郢，后人言在江陵。鄢为楚别都，与郢相近。顾栋高言：鄢地，在襄阳府宜城县西南，若郢果为江陵，则鄢、郢中隔大山，相距过于古人所言之千里。余疑郢亦在汉水中流，近于襄阳。古书言襄阳发现楚王墓，获有不少之遗物，其事未有详细记载，致吾人不能视为强有力之证据。楚逐渐据有今河南西南部，进而与郑接壤，更向东拓展领土，并灭不少之国，东至皖北。大别山，古为蛮夷所居，且为交通之梗，楚未能逾越高山而南。其向北发展，乃为事理之当然。

楚于庄王嗣位之前，统治之领土有今湖北、河南、安徽各一部分。其疆域之广大，列国中莫之与京。庄王（前613—前591年在位）称霸，颇赖其父祖经营之力。庄王嗣位之初，国中祸乱迭起，幸皆平定。又遇大饥，山居之夷人，迫而出外掠食。蛮夷与楚为敌者，皆乘机伐之。楚之内忧外患交至，形势严重，庄王起兵拒战。蛮夷初以楚不能师，及楚师至，或惧而散归，或再请服，或为楚所灭。此为非常事变，而庄王谋而后动，处理得宜，为其胜利之主因。蔿敖为王信任之亲臣。楚之官制与诸夏不同，令尹为佐理国政之长官，蔿敖官至令尹，即世所称孙叔敖也。其政绩多不可知。《左传》言王推行之要政凡三：一、任用贤能，加惠于民；二、政有常经，民能安居乐业，使之而民不困；三、师旅编制有法，军队不戒而严。此皆含浑之辞，然舍此外，无可知者。庄王之事业，则为争诸侯于北方，而楚成为霸国也。

庄王整理内政而国益强，国际形势亦于楚有利。其时，晋君弱臣强，国力耗于对秦作战；对于同盟诸侯，唯责求其财赂，于是诸侯近楚者，多怀二心。前608年，楚师、郑师侵陈，及宋，晋会诸侯之师伐郑，楚师往援，晋人不战而退。郑有所恃，侵宋大获，俄又背楚即晋，庄王迭出师伐之。前595年，楚围师陷郑都，郑伯肉袒牵羊以进，王许之盟。晋出军救郑不及，中军帅荀林父欲还，而其佐不可，乃渡河南进。晋卿意见不一，军令不行，指挥不一，又不备战，为楚师所败，渡河而北，损失惨重。此世所称邲之战也。楚师胜晋，威望大增，晋暂不敢与之争诸侯矣。邲战之前，楚伐陈，灭之为县，王听谏言复陈，乡取一人以归，谓之夏州。楚又伐陆浑之戎。戎居于王畿南之山地，王因至洛，观兵于国疆；至是，兵力益强，欲伸长势力于河南东部，伐萧灭之。

萧属于宋，宋出师赴援，又杀过境而不假道之楚使。庄王起兵围宋，宋人力守，而城中缺粮，王许宋和。鲁受齐人之侵扰，乞师于楚，欲以伐齐，而王值死，未能出师。楚之势力强大，亦齐所畏也。

晋楚之争 晋败于楚，犹不失为北方强国，其邻国仍奉为盟主。晋畏楚甚，不敢援宋，专力与狄人作战。狄人居于今山西东南部之山地，古书称为赤狄，潞为其强国，其君与晋通婚。其时，潞权臣酆舒无道，国人不附，晋起兵灭潞，以其君归。明年，复出师并灭其邻国，于是赤狄之地尽为晋有，勇敢善战之山民，皆为晋人。初晋与赤狄作战也，秦师侵晋，为其所败，相安者十余年，后复相攻，而晋仍胜。齐在东方，恃其强大，侵凌鲁、卫。二国告急于晋，晋出师伐齐，大败齐师。齐侯出其重器，归鲁、卫侵地以和。楚出师救齐不及，后更伐鲁，鲁惧而乞和。晋初不能与楚争胜，及国力恢复，再争诸侯。晋楚之师相遇，其执政皆不欲死亡其战士，避免主力战争，各有不战而退之事例。会晋释放楚囚，借以求成于楚。楚王遣使报之且请修好。宋大夫华元善于二国执政，促成会盟。前579年，晋楚遣使盟于宋国，不相侵害，同恤灾危，无壅道路。盟约本于旧有之思想，晋楚利害冲突非有深切之谅解与诚意，和平当难持久。楚先违盟北侵郑、卫。前576年，郑服于楚，晋以诸侯之师伐之，楚师救郑，二军战于鄢陵，楚师败绩。晋威复振，原足以伸长势力于南方，不幸内难作，而君不得其死也。

晋悼公 晋卿杀君，迎立公子周，是为悼公（前573—前558年在位）。公欲振作，《左传》言其逐不臣者七人；而主使弑君之强臣，反不与焉，仍得掌握政权，公室自此益卑。公即位之初，任用贤能，治理庶政，人民颇受其惠。其时，边区戎人请和，公许其请，乃以全力与楚争霸。秦为楚之与国，晋与之战，不胜；但未影响其对外政策。悼公争霸，常伐楚之与国；楚亦伐晋与国以为报复。宋、陈、郑遂深受兵祸。楚师纳宋叛人于彭城，留兵戍之，宋出师围城，楚伐宋救之。晋侯应宋之请，出师往援，两军相遇，楚师引还，彭城请降。郑介于大国之间，其君德楚，不忍背之。晋以诸侯之师城虎牢以逼之，郑乃请服。陈近于楚，其君叛楚，晋以卒戍之，然以路远之故，陈复降楚。陈降楚而宋服晋皆受地理之影响而然。晋楚出师争郑，郑人不堪其苦。晋之策略，则欲惫楚，分师伐郑，以疲楚师。楚果不能争郑，当可谓为军略成功。实际上，吴崛兴于东南，迭兴师伐楚，楚分兵拒战而不能兼顾北方。史称悼公复霸，岂以诸侯朝晋者多欤？

弭兵之会 悼公壮年病没，平公年幼，嗣位，政出权门，公室益弱。大族互相忌嫉，栾氏多怨，为执政所恶，祸至覆宗。楚内政不修，兵力耗于对吴作战。晋楚威望皆不及前，臣下亦无喜功好事之人。宋郑地当南北之冲，晋楚争霸之所必争。华元合晋楚之好，不幸归于失败，至是国际形势转变，和议易于召集。宋大夫向戌乃倡弭兵之议，向戌盖受华元影响而有此议。《左传》称：其善于晋上卿赵武、楚令尹屈建，提出建议。史未言其具体计划，据吾人所知，弭兵非废军备之谓，乃合晋楚之好。大国不侵伐小国，小国服于大国而不相害。其时，小国深受战争之害，弭兵为其急切需要。晋国许之，楚亦同意，小国皆无异议。前546年夏，十四国会盟于宋。诸侯之从晋楚者，议定交相朝见，齐秦则为例外及盟，楚人衷甲争先，晋卿让步。夫和会之成败，常视有无谅解及妥协之精神解决问题。楚人不顾信义，唯利是视，会盟之不足恃，为赵武所知，而竟苟安于现状。

诸侯交相朝于晋、楚，楚之所得多于晋国。小国国君、大夫朝于大国，多所馈遗，途中往来及居处等费，为一重大担负。向时朝贡一国，今有二国，费用增加一倍。小国领土若能保全，又无兵革之祸，出重大代价，尚无不可。时人批评向戌之倡弭兵，由于求名。吾人现勿论其动机若何，而弭兵会盟实古代人类有价值之尝试。其计划较华元更进一步，中原无大规模战争凡十数年，宋、郑未受兵祸，则受其赐。彼因弭兵而轻视武备者衰弱灭亡，乃其自取。盖好勇逞斗，为人类之天性，人类本于自私自利之心理，遇有机会常欲以武力解决，故自卫疆土之军备，应有相当之充实也。晋国衰弱，由于内政，于弭兵何尤？

小国担负之一斑 霸国之争，诸侯实欲小国为其私属。小国朝见制之成立为齐桓公以后之事。朝见例有馈遗，所谓贡献方物也。霸主贪得财物，以之责望小国，兹引郑事为例。晋人征朝于郑，郑大夫公孙侨称其君简公嗣位（前565年），即往朝于晋；明年，南朝于楚；后二年，又朝于楚。及楚不竞，郑尽其土实，重之以宗器，以朝于晋。前555年，简公朝晋；后二年，又朝，且曰："不朝之间，无岁不聘，无役不从。"十数年中，郑伯朝于晋楚者五。朝聘须有礼物，公孙侨所谓"尽其土实"也。鲁国之于晋也亦然，其臣言之曰："职贡不乏，玩好时至，公卿大夫相继于朝。"其他小国，亦莫不然。土实之数量，史无明文，当为小国之重大担负。郑曾以晋币重为患。弭兵之会，鲁使臣违命增加担负，左氏称：孔子非之。公孙侨尝相郑伯如晋，尽坏馆垣，以纳货财。输晋货物之多，于是可见。行者盖有千人。小国以大国伐之而乞盟者，所出之货财，当必更多；盟后大国出师，须出兵助战。小国供应大国之需索，当必榨取于民，其希望则为保全领土而已。实际上，霸国亦不能予以切实保障也。

第六篇　东周（续前）

大夫专政——公孙侨——楚灵王——晋宋诸国——吴之兴亡——越之崛兴——文化区域之扩大——封建之破坏——享受之不平——战争情状之一斑——农民之苦——工商——社会之不安——家庭生活

大夫专政　前六世纪中叶，诸夏政治情状已有重大之变更，即政权归于大夫而国君徒拥虚名也。《论语·公冶长》云："崔子（杼）弑齐君。陈文子有马十乘，弃而违之。至于他邦，则曰：'犹吾大夫崔子也。'违之。之一邦，则又曰：'犹吾大夫崔子也。'违之。"陈文子所适之国，皆政出于大夫，此封建制度演变之当然结果。楚、秦偏于一方，其采用之制度不同于诸夏，故未成此现象。大夫专政可分为两类：一、同姓或公族大夫；二、远支或异族大夫。前者有鲁、郑诸国，后者则推齐、晋。无论其为同姓、异姓，凡居于执政地位之卿大夫，无不握有政权也。其造成之原因，则为政治制度本身上之弱点。封建制度之下，天子、诸侯、大夫各有土地、人民。国君统治之地、人民多于卿大夫，原可行使政权。迨至后世，国君常以土地封赏其爱子亲臣，于是直辖之地益小，乃恃臣下之贡赋为经常用费。其弊之极，国君几无土地、人民。封建思想立基于亲属关系，而实违反人类之天性。盖宗族姻戚之情谊，历时久而益疏远，子孙唯欲夺取政权，而至残杀也。人事方面，国君妻妾众，而子亦多，常爱少艾之后妻，而欲立其子为嗣，或废嫡立庶，以致演成家庭之惨剧。公子有徒众或大夫为援者，将起而为乱，甚者祸及数世，大夫有因之夺得政权者。幼主嗣立，亦常增加卿大夫之权，以政事常由其决定也。大夫既得政权，往往设法保持禄位，忌嫉争夺遂为常事。晋国法云："始祸者死。"所以维持国内之治安，减少大夫之自相杀害。其弊之极，则国无是非曲直，政治将益黑暗。诸大夫相忍既久，祸乱一旦爆发，将至不可收拾之情状。郑鲁诸国祸乱较早，故国君非认识其境遇而安于现状者，将不能久于其位也。

公孙侨 大夫专政，其中当有不少才能之士。向戌为宋名臣，前已言之。郑公孙侨亦为杰出之士，孔子称其"有君子之道四焉，其行己也恭，其事上也敬，其养民也惠，其使民也义"。其言当有事实为之根据。《左传》记郑公族一再为乱，而罕氏厚施于民，民心归之，罕氏乃握政权。其时，罕虎（即子皮）执政，平定内乱，公孙侨（即子产）一再出奔，皆为其所止，更授侨以政。侨亦公族，幼时议论国政，多如其所言；及长，善于辞令，应对诸侯，颇有功绩，又有战功。郑伯曾赐之六邑，而侨仅受其三。其治郑也，深赖罕虎维持之力，所谓"虎帅以听，谁敢犯子"也。二人相得之深，虎之家事，亦听其言而行。侨对于大族多取敷衍免事之态度。盖非如此，将遭其反对，或酝酿而为祸乱也。

公孙侨治国,《左传》称其"使都鄙有章,上下有服,田有封洫,庐井有伍"。此为笼统之辞，而实施方案则不可知。其目的盖使政府之组织严密，增加土地之生产，且使上下有别也。行之一年，国人以为不便；比及三年，作歌颂之。郑人议论政治得失于乡校，子产不许毁之。其所持之理由，则欲以之为师，所谓“其所善者，吾则行之；其所恶者，吾则改之也”。然于国家大政认为必当推行者则不顾人民之反对。作邱赋，则其明例。邱赋盖为增加人民担负之田税。其时小国朝贡晋楚，费用增加。楚王有并吞邻国之野心，郑当有所储积，以备非常。其为时人所非者，尚有刑书。刑书为公布之法令，人民得知其行为犯罪与否，官吏处罚罪人亦有所依据，为政治进步之象征；然与传统思想不合。此前 536 年事也。郑事大国，未有二心。子产知国安全视国中之警备而定，从未废弛边防。其与大国交涉，以善于辞令之故，常居于理直气壮之地位。《左传》记其文辞甚多，但未必为其所作。子产为政二十二年（前 543—前 522 年），国内鲜有祸乱，亦无外患，固杰出之政治家也。

楚灵王　宋、郑各有伟大之领袖。晋政权操于大族，其执政之上卿，与卿大夫之位相去无几。对于大政，诸大夫之意见不一，上卿将采取让步或妥协之方法，内部不能统一；大夫唯利是图，自不能有为。故自宋盟以来，对楚唯事让步，吴为晋之与国，楚之不竞，吴有力焉。弭兵之会，吴未与盟，晋楚言和，楚得以其全力对吴作战。晋对楚未有反对之表示，亦从未予吴援助也。其时，楚灵王（前 540—前 529 年在位）颇欲利用机会，扩展领土。灵王名围，初为王子，贪而无信；后为令尹，羽翼益盛，而王幼弱孤立于上。围缢杀之，而自为王。灵王与晋会盟，仍在晋先。晋与国以盟约之故，往朝于楚，而王心犹不足。前 538 年，合诸侯于申，陈、蔡、宋、郑、许、徐、滕、顿、胡、沈、小邾、淮夷与会。诸国皆楚兵力所及，其地较远或亲晋者则未与会。王曾求诸侯于晋，晋虽许之，而固非其所愿。楚、吴久为敌国，灵王以徐贰于吴，而执其君；复以诸侯之师伐吴，吴旋出师报楚。二国相攻者数年而楚不胜，转而经营陈蔡矣。

陈有内乱，灵王出师围陈，灭之为县。楚为减少政治上困难起见，大规模迁徙新得土地之人民，其结果若何，史无明文。后三年，楚诱蔡侯，执而杀之，出师围蔡。晋侯遣使请蔡，而楚不许。楚师灭蔡亦以其地为县。陈、蔡赋皆千乘，于是楚地益广。王以其弟弃疾有功，命为蔡公镇守新地。王好女色，大兴土木，营筑伟大之章华宫，并以亡人实之，民不堪命，叛乱遂在酝酿之中。前530年，王以伐吴未有大功，而徐为吴与国，出师围之，以惧吴。天寒雨雪，士卒疲惫，而王不肯旋师。明年，丧职之大族及失望之大夫起而为乱，召出亡于外之王弟返国。蔡公与之盟而叛王。陈蔡新为楚灭，其国人存有复国之思想，起而助之。叛人据有楚国，使告于围徐之师曰："先归复所，后者劓。"众遂溃散，王自缢死。楚师为吴追击所败，丧其五帅。楚人以灵王未死，夜相惊扰。弃疾用以杀其二兄，自立为王，是为平王。王封陈蔡，复迁邑，保境安民，不复争诸侯矣。

晋宋诸国 楚灵王盛时，晋人不能援助其与国，而为诸侯所轻。及楚内乱，晋欲恢复其声望，乃有不可不示威之说。前529年，征会于吴，而吴使不至，乃治兵甲车四千乘以示威，合诸侯于平丘。周大夫及齐、鲁、宋、卫、郑、曹、莒、邾、滕、薛、杞、小邾十二国君来会，晋侯为盟主。十三国君会于一地，当为盛大之会盟。《左传》称：齐有二心，晋恫吓之，始肯听命。鲁国以侵凌小国不得与盟，上卿为晋所执。斯盟也，晋大夫有向诸侯取赂者。晋为盟主，已成强弩之末，袭夺戎人土地，竟不择手段。诸夏各国政治情状，亦殊恶劣。专政之卿大夫大为祸于民，宋乱尤其明例。宋大夫与宋公相攻，各乞援于外国。晋、齐诸国，出师助公，击败大夫，楚遣使迎叛大夫。斯乱也，首尾三年，宋赖诸侯之力，始能平乱。鲁、郑国君无权，卿大夫执政。尚有介于宋、鲁之间者，当无叙述之必要矣。秦在西方，不得与闻中原之事。吴、越在东南，政治情状异于诸夏，相继崛兴，争霸于中原矣。

吴之兴亡 吴地在长江下流，蛮夷所居，土地未尽开辟，人民勇敢善战。初无强敌侵扰，生聚日繁，乃拓展领土，逐渐成为大国。《左传》言：申公巫臣报怨于楚，自晋使吴，教其作战之法；子狐庸为吴行人，通于上国。吴地僻远，人才缺乏，诚为事实。其时，楚地与吴接壤，常相战争，互有胜负，楚灵王一再伐吴，迄未有所成功。平王嗣位初年，安抚人民，后虐民信谗，杀害忠良，伍员奔吴。吴楚相攻，楚数不胜，而平王又死，子昭王年幼，令尹专政，政治益为腐败。而吴王阖庐（前514—前496年在位）则为英明之主，任用才能，亲爱其民人，民乐为之用。阖庐伐徐，灭之，欲西伐楚，伍员请分三军，扰于楚地，以罢楚师，然后三军继之，吴王从之。楚始疲于奔命，而令尹犹求货于蔡唐，致为二君所恨，请吴伐楚。前 506 年，吴师、蔡师及唐侯伐楚，此为大规模之用兵。吴师乘船溯淮西上，舍船于上流，步行而前，深入楚地，楚师拒战不胜。冬，二军战于柏举，楚师大败，吴师追之，五战及郢，昭王出奔。

楚师虽败，而国为大国，君犹存在，其臣申包胥乞师于秦。秦师援楚，楚散卒从之，军势复振。吴师胜楚而骄，纪律弛废。吴王弟归而自立，越复起兵入吴。吴王与秦楚之师拒战不胜，始行归国攻取之城邑，复归于楚。二国怨仇益深。吴再伐楚，大胜。楚惧而迁都，整理庶政，国遂安定。阖庐报越，率师伐之，败伤而死。子夫差嗣位，以复仇为念。不及三年，伐越败之，乘胜深入。越王勾践退保会稽，遣使乞和。吴王许之，转而经营北方，以陈初不从吴，伐之。楚王救陈，死于途中，其师不战而退，陈乃乞盟于吴。蔡侯导吴入楚，为楚所怨，楚常围蔡不下，吴迁蔡人于其地。夫差既服陈蔡，进而伸张势力于山东半岛。其师远征徙众运输粮食之供给，皆为问题。乃城邗沟通江淮。鲁畏吴，请服；而齐不徒，吴王伐之。齐人杀其君以说吴，吴舟师自海上攻齐者亦败，夫差乃还。齐以鲁服于吴，伐之。吴遂大举伐齐，鲁师会之。大败齐师。夫差乘其战胜之威，合诸侯于黄池，与晋争为盟主。初，越王勾践存有报吴之心；至是起兵袭吴，大败守兵，获吴太子。夫差自黄池归国，不能报越而与之和。楚师伐吴，亦不能报。其师久劳于外，而国力大耗矣。前 473 年吴为越所灭。

越之崛兴　越为吴之南邻，地望在今浙江北部，为河流冲积地。其南及西南部，多为贫瘠之山地。其人部落而居，未有严密之组织，不能大为越害。《史记》叙述越事，始于允常。允常为勾践之父，与吴相怨伐。勾践继父为王（前 496—前 465 年在位），初败吴师，后败于吴，而以重器、美女献吴，以求成。吴王许之，勾践心存报复，卧薪尝胆，厚抚其民。越之强大，乃由于任用贤士，促进生产。史言越王自耕，夫人自织，则其明例。其任用之范蠡、文种，皆非越人，而王能举国以听，当为英明之主，政治应有改进。其时，吴主杀害忠良，劳师于外，耗其国力。而越人则从事于休养训练，乃袭吴都。吴人一再战败，国力益弱。勾践复起兵灭吴，尽有其土地人民。《史记》言越之强曰："越兵横行于江淮东，诸侯毕贺，号称霸王。"勾践更伸长势力黄河流域，干涉郲、卫内政。初郲君无道，为吴所废，勾践复立之为君；又以其无道，执之改立其子。卫君辄在越，越出师纳之。卫人拒战，颇多死伤，乃赂越人，而严守备以纳公，辄不敢入。卫立新君，而奔于越。鲁哀公亦欲以越力逐其强臣，事不果行，而奔于越。越力足以易鲁卫之君，终以受赂而止。越初为蛮夷国，人才缺乏。勾践于灭吴后，不能容其贤才，其亲信大夫多为鄙夫。此其子孙不能袭其余威，而保持霸业也。

文化区域之扩大　上为春秋时期之大事，吾人读后发生之印象有三：一、文化区域之逐渐扩大。东周初年，《春秋》所记之国，限于黄河下流一隅，渐而区域扩大，西至西周旧壤，南至汉水、淮水，北至于燕。后，吴越崛兴，展至江浙一带之地。政治中心区域则在黄河下流。列国所在之地，今为山西、河北、河南、山东、陕西及湖北、安徽、浙江各一部分。列国疆域初甚褊小，户口亦少，后乃兼并其弱小之邻国，拓展土地，国益大者兼并之国益多，二者交相影响，大国实兼并之结果也。国小兵力有限，兵车初为二三百乘。城濮之役，晋国方面，兵车七百乘，春秋末年，增至四千乘，为一明显之事例。诸夏境内尚有不少之蛮夷戎狄，渐而为其所同化。国与戎狄接壤者，兵力常强，以戎狄善战，其邻国非能拒战，将不能维持其生存也。列国组织比较严密，人口密度稍高，又互相援助，故能胜利向外开拓领土也。文化发达之国，人才较多。秦与吴、越偏处于一隅，其任用之贤能，则多来自他国。

封建之破坏　二、封建之破坏。封建制之特征当为阶级政治统治者常借阶级维持其利益，而祸患亦由阶级而生。王公大夫各有土地、人民。王公土地大于大夫，然以分封之故，而益削小。大夫食邑，则无分封诸子之例。食邑及耕地之人民为其所私有，其所居之地位既为地主又治国政。大夫往往欲增加其食邑，以田邑多而收入益多也，耕于其地之农民皆其私属，男子有战争服役之义务，富而得众，人情之所欲也。大夫食邑，以士治之，为其家臣，家臣唯应忠于其所事之大夫，兹引一例为证。鲁季氏家臣南蒯，叛而失败，奔齐，尝侍齐侯饮酒。公曰："叛夫。"对曰："臣欲张公室也。"大夫韩哲曰："家臣而欲张公室，罪莫大焉。"韩哲之言表现其时之政治思想。大夫专政乃为自然之趋势；更有厚施于民或结援于外者，于是根深蒂固，而国君反无权矣。封建制遂在摇动之中。

享受之不平　三、贵族庶人享受之悬殊。贵族世袭其官位，其子众多而无官位可袭者，降而为士。其生活之享受全决定于阶级之尊卑，服用之衣冠、应有之妻妾、享受之音乐等，莫不皆然。不唯生人如此，对于死者亦然。祭祀之舞乐，天子八佾，诸侯六佾，大夫四佾，士二佾。葬礼则天子七月而葬，诸侯五月，大夫三月，士逾月。葬期之不同，由于古人以为人死为鬼，生活无异于生时，葬礼故极隆重。位益尊者坟墓之工程益大。遇有日蚀，贵族救日。《谷梁传》云："天子救日，置五麾，陈五兵，五鼓；诸侯，置三麾，陈三鼓；大夫击门；士击柝。"救日尚以阶级不同而异，他可想见矣。贵族之奢侈生活，乃由于榨取于民，其生活因社会之进步而益奢侈。其为先时所无者，尚有宴会、赋诗。赋诗所以言志，孔子教子及门人习《诗》，一再言其重要，盖受时代影响而然。庶人以其劳力所得事奉君长，并服从其命令。其下奴隶多由战争而得，生活殆同于牛马，专为贵人服役而生存者也。

战争情状之一斑　战争祸乱之多，更为吾人熟知之事。国际战争多由于侵夺土地与财货。其时小国众多，本于人类之天性大凌小强欺弱，而成不安之现象。其国内之祸乱，一由于制度之不善，一由于人事之不臧，上已论之。战争时用兵车，一乘有甲兵十人，作战宜于空旷平坦之地。兵器以铜制造，不甚锐利。作战之前，卜于先君，然后发命誓众。激战之时，尚有礼焉。试引晋楚鄢陵之役为证。晋大夫郤至，三遇楚王之卒，见王必下，免胄疾行。王遣使赠之以弓，郤至免胄受弓，并致谢词，三肃使者而退。晋大夫栾鍼见楚令尹之旌，谓其曾言晋之勇臣；好整以暇，请于晋公，摄而饮之。公许之。行人执榼，往饮令尹。令尹受而饮之，免使者而复鼓。郑伯从楚，颇濒于危，晋大夫韩厥不肯追而获之。郤至亦不肯伤郑伯，且曰伤国君有刑。左氏所言，若有所本，则战争实为儿戏。其所记之战争故事，类于此者尚多，余疑其非虚构。宋襄公谓：“君子不重伤，不禽二毛……不鼓不成列。”亦同于此。吾人当知战争无岁无之，而决定大国命运之大规模军事行动，则数甚少。晋楚争霸，常彼进此退，全军而返。故其杀人尚不甚众也。

农民之苦 人民于斯现状之下，受祸深重。一家数口，耕种于狭小之地。政府有粟米、布缕、力役之征。布缕之征，史无明确之记载；粟米之征，初为什一，后鲁增至什二，犹感不足，尚有加重之意；力役之征，则为服役，其种类有筑城、修路、造屋、造墓及兵役等。贤君于农隙时，使民为之，暴君则不之顾。战时，农民征调为卒，有应霸主之召而远去其本国者，痛苦益甚。不幸死伤，妻子亦无抚恤。齐大夫晏婴估计农民之担负曰：“民参其力，二入于公，而衣食其一。”力指税源之本源而言，政府有二，而民余一，其结果则宜礼敬之老者，犹不免于冻馁也。年饥，人民辗转流亡或死于沟壑。明君有发仓禀救济者。如不肯为，而任大夫为之，则国君将失人心。农民久受压迫，乃视穷苦为当然之事，惟自怨自恨而已。人民不堪其苦，间亦起而为变。此为非常之事，自不能多，农民诚驯服懦弱之良民也，其人非无力量，特以未有组织而无表现之机会。

工商 工商业稍有进步，而工人、商人并不甚多，乃居于重要地位。工指称专门技术人才，如铸造铜器之工匠等。普通建筑，则征农民为之；精致工程，则由专门工人为之。其社会经济情状初不能供养多数工匠；春秋末期，则有改善。货币初仍西周之旧习，沿用贝铜，人民往往以货易货。农民以实物纳税，小国贡献大国，亦为土物。迨至前五世纪初叶，铜为交换媒介物之用渐广，其单位为锊，或以钧计，产量不敷市场上之流通。时为农业自给社会，人民收入有限，生计困难，当无余力购买侈奢物品。商市盖为按期聚集交易货物之所。大商贩运之物，多为贵族服用之奢侈品，及人生日用必需之物，故与贵族常有往来。郑商于时颇有势力。弦高犒师救国，尤为后世所称。初，秦穆公会晋师围郑，与郑盟而留卒戍之，既而出师袭郑。郑商弦高将市于周，遇之，伪托君命以乘韦及牛十二犒师，并遣人乘遽告郑。秦师以郑有备而还。

就故事而论，商人之营业当甚发达。郑地为交通孔道，便于贩运。其先君赖商人之力，开辟郑地，与之订约，予以保护，而不强贾，子孙亦能遵守也。春秋末年，商业以社会之激变而益发达。陶朱公以贸易起家，孔子弟子端木赐（子贡）以商致富，皆其明例。富商之地位当甚高也。

社会之不安　人民生计困苦同于马牛生活，其孔武有力并不肯坐而待毙者将为盗贼，各国皆有盗贼，人数应有相当之多。《论语》记鲁执政季康子（季孙肥）患盗，问于孔子。孔子曰："苟子之不欲，虽赏之不窃。"孔子严词斥责，当以其贪而无餍，多取于民，人民所余无几，一遇饥馑将铤而走险或流为盗贼也。贫穷为盗贼滋多之主因，国内祸乱与对外战争更滋长其势力。农民入伍，常增加其家人生计之困难。其战败分散，不得回归乡里者，更易为盗。盗贼既多，政府颇难维持境内之治安，尤以乡村为甚。宋人献玉故事，可以为证。宋人得玉，献于大夫乐喜（子罕）。乐喜不受，献玉者稽首而言曰："小人怀璧，不可以越乡，纳此以请死也。"此当本于经验之语，乐喜不能否认，而暂为之保存。盗贼势力强大，贵族至假其力杀其所恶之人。治国者乃以严刑维持境内之粗安。不求其本，自不能有解决之办法也。

家庭生活　时人家庭生活，就古籍所记之故事而论，殊为恶劣。贵族多纵情于色欲，尤以男子为甚，道德观念至为薄弱，妇女则处于被压迫之地位。《左传》所记关于婚姻之故事，余曾别之为三：一、父为子取妇，而以女美，自取为妻；二、子于父没后而以父妾为妻；三、朋友互相易妻。色欲为人类之天性，奇异之配合，各时代所难幸免，特不如春秋时代之盛。然自周初掠妻而论，婚姻已有相当之改革。读者应知，时代不同，男女之道德观念亦各有别，此非为时人辩护，乃欲读者认识社会进步也。其时，贵族采行多妻制，位益尊而妻妾益多。诸侯嫁女，同姓国常以女为媵妾。多妻制度下之家庭，往往演成惨剧。父子兄弟相杀，或成数世之乱。自婚姻思想而言，妇女专为生育子女。贵族家多妻妾，防范颇为周至，渐渐成为男女有别之礼教。民间婚姻，尚有相当之自由，唯须有媒耳。不媒而嫁，渐为人所讥矣。男子服役出征，妇女迫而从事于劳作，养育儿童、纺织布匹，则其平日应为之事。

时人深信鬼神，以为宇宙间之一切自然现象以及人类祸福无不有鬼神为之主宰。祭祀为求福之有效方法，天子亲耕，王后亲织，皆为祭祀之故。鬼神生活同于世人，其时，阶级森严，鬼神亦分阶级。天子诸侯大夫士所祭之神鬼不同，不应僭越，非其应祭之鬼神而祭之，鬼神亦弗能福。神之最高者曰上帝，余统称为百神，诸神中惟社神、稷神与民接近。社供奉土神，稷为谷神，故为社会所重视。贵族注重死后之生活，至杀人殉葬。其祭祀也，除牺牲、玉帛而外，尚有用人者。然其例不甚多，且为识者所非。祭时有鼓乐歌舞。社祭为民间大事，近于后世之神会。大军出征，先祭于社；凯旋而归，至社献俘；遇有水旱之灾，亦祭于社。时人为避祸求福之计，用卜筮以达鬼神意志。巫觋亦传达鬼神之意。识者对于迷信渐鄙弃之，当为思想进步之表现。

自周东迁迄于春秋末叶，诸夏疆域向外发展，蛮夷之国亦附托于圣贤之后。列国政治组织、传统思想，均在摇动之中，经济制度亦有不少之改变，文化视前已有相当之进步矣。

第七篇　战国

战国——三国之疆域——变法之趋势——魏文侯——韩昭侯——吴起相楚——商鞅之变法——田氏篡齐——燕之形势——中央集权——称王——臣下之地位——土地之开拓

战国　战国时代起于何年，古人意见不同。著者曾以前 453 年为战国之起始。其年，晋四卿相攻，而余韩赵魏三家，三国雏形于是成立。陈氏在齐，握有政权，篡位仅为时间问题。秦、楚、燕为故国，七国形势具成于斯年也。时代以战国见称，可见战争之激烈，参战人数之众多，所谓争城则杀人盈城，争地则杀人盈野也。其时，大国为秦、楚、魏、韩、赵、齐、燕七国，后世称为七雄。战国中叶，尚有不少之小国，如鲁、宋、郑、卫等。小国领土完整，自主其内政，后除卫外，皆并于强国。更就七国而论，秦、楚、燕立国已久，君皆一姓世袭；韩、魏、赵系由晋而分之新国；齐陈（即田）氏篡位，得国年代先后不一。吾人不必牵强合于字义，惟以战国为一时代，起自前 453 年，终于前221年，共历二百三十二年。

三国之疆域　“晋国，天下莫强焉”，系魏（即梁）惠王告孟子之语，用于春秋时，尚不可非；时至战国，则不适用。盖晋未分时，地广而兵多，于外患迫切之际，将以全力作战。秦先未能伸长势力于中原，此为其一主因。魏曾有争位之乱，韩赵伐之，大败魏兵。韩欲分魏为二，曰：“魏分为两，不强于宋、卫，则我终无魏之患矣。”赵不听而罢。苟魏分为二国，军力减小，号令不一，其不强于宋卫为极可能之事。及晋分为三国，自主其政治，各欲拓展领土，乃以利害之冲突立于对敌之状态，甚至出兵相攻，而自耗其国力。及秦兵东出，魏先受祸，韩、赵未曾予以援助，则其明显之事例。魏地河东、河内，皆在黄河北岸。河东指今山西西南部，旧为魏之根据地，都邑在焉。河内为今河南省黄河北岸一带之地，北达漳河。二地为韩上党所隔，幸有河岸狭地交通。上党与韩往来，亦取道于此。其统治情状，则不可知。当魏盛时，黄河西岸尚有其土地。及魏丧地于秦七百里，徙都大梁，于是魏亦称梁，其地在今河南东部，何时为魏所有，史无明文。其地北临黄河，西至今荥阳，南与楚接壤，东邻为宋。宋后为齐所灭，魏因齐乱，取宋故地。此其疆域之大略也。魏地非完整一块，分散不易保护，对于作战，遂居于不利之形势。

韩地一在黄河南岸，一在北岸，南岸地甚狭小；西邻为秦，南邻为楚，皆为强国，韩可据险防守；东邻为郑，则为小国，终为韩所灭，韩地始广，堪以本部称之。其在河北之地，则为上党一带之高地，然非生产之区，与本部不相连接，交通之路若为敌国阻隔，则与韩断绝矣。就其土地而论，韩本部北临黄河，自郑州以西，其平坦之区，仅有沿河狭小之地，稍南则为贫瘠之高地。境内东有嵩山，西有殽山，西南又有雄大之熊耳山脉，肥沃之耕地，自不甚多，人民之生计，颇为困难。秦韩毗连之界线甚长，但为山区，军行困难，秦兵攻韩，须出函谷关而东。楚为南邻，自败于秦，不能大为害于韩也。赵初为弱国。《史记》称：三家分晋，赵地最广。赵之南境临漳河，与魏相望；北境在今河北省者，限于保定以南；其在山西，灭代而始达于其北部；东与齐为邻国；东南一隅与韩上党接壤；西南与魏地相连。其领土广大，始于并灭中山国，得地方五百里。

变法之趋势　三家自大夫而为国君，齐田氏亦由大夫而为诸侯，是七国中篡夺君位者，共有四国，封建制度之弱点当为新君所深知。其先，秦、楚采行之制度，不与周同，无类似国君世袭之卿大夫，国中祸乱较少。战国时代，政权集中于国君，乃当然之结果。庶人初无受教育之机会；孔子始倡有教无类之说。其弟子学有成就者，为极贫穷之颜回，于是风气一变；凡创一学说者，往往广聚徒众，受教育之人士既多，其中自有不少之人才。国君擢用贵族者，现可擢用奔走求官之贫士。战国时代之环境，乃与春秋不同。国君擢用才能之士，并欲变法图强者，颇不乏人。魏文侯、韩昭公、楚悼王、秦孝公皆其例也。兹略言之于下。

魏文侯　文侯（前445—前396年在位）好学，尊礼贤士，任用不少才能之士，李克、吴起尤负盛名。《史记》称“李克尽地力”，《汉书》则称李悝当系一人。克为文侯所信，对于军国大政，知无不言。其为后世所称之尽地力，据《汉书》所记，地方百里，凡九百万亩。除山泽邑居三分之一，为田六百万亩。治田勤，则亩益三斗；不勤，损亦如之。百里之增减，为粟一百八十万石。余曾斥为不合实际之计划，疑为后人所附会。《汉书》称克发明之平籴，亦有疑问。其尽地力之结果，魏国富力增加，兵力颇强。吴起善于用兵，自负其才，求为鲁将，而鲁认其妻为齐人，疑之。起乃杀妻，后入魏为将。起与士卒共甘苦，攻城有功，文侯命为西河守以拒秦，秦兵不敢侵境。魏用贤能之故，于新兴之三国中最为强大。

韩昭侯　韩为弱国，其强盛则在申不害相昭侯之时。不害初为郑之贱臣，好刑名之学，郑亡亦不得志；及昭侯立，以其学干之。昭侯信之，昭侯八年（前351年）用以为相。司马迁作传，仅以笼统之辞，叙其功业曰：“内修政教，外应诸侯，十五年。终申子之身，国治兵强，无侵韩者。”韩不被兵之原因，多由于国际形势之变迁。秦方变法自强；魏与赵、齐作战；及魏败于齐，秦军乘机攻之，得地以和，皆无余力侵韩。昭侯且能事大国也。方魏盛时，昭侯往朝于魏，则其明例。此或出于申不害之建议，申子为一政治家，当能认清韩之国力，而有适当之应付方略也。

吴起相楚 楚为南方大国，其在战国初年之大事，以史鲜有记载，不为吾人所知。时越为东南大国，但以人才缺乏，日就衰弱，二国盖常战争。楚悼王颇欲整理内政。吴起与魏新君不协，去魏入楚。悼王闻其贤能，以之为相，其年当为前382年或前383年。《史记》言起治楚曰：明法审令，捐不急之官，废公族疏远者，以抚养战斗之士。遂为宗室、大臣所怨，王死起而杀起。吴起相楚，约有一年，推行新法之期太短，基础尚未巩固，起死而新法亦废，故无重要之影响。

商鞅之变法 变法功效昭著者，首推秦之卫鞅。秦为大国，风俗强悍，惟少才能之士。其俗：君死，以贤臣殉葬。孝公父献公令止从死，为一重要改革。公欲经营东方，徙都于栎阳（今临潼）；二次伐魏，史皆言其胜利。前362年，献公卒，子孝公立。孝公年富力强，以秦僻在西方，下令求贤以强秦。卫鞅负其才能不得志于魏，闻之入秦，孝公与之语而悦之。鞅欲变法，说公独行，以成大功者，不谋于众也。朝臣反对变法之言论皆为鞅所驳斥。孝公以鞅为左庶长，定变法之令。其推行之要政有三：一、什五之制。什五略同于后世之保甲，保甲盖鞅所创，借之严密民间之组织，而使民互相监视为奸贼者。二、奖民生产。秦人父子、兄弟同居，存有依赖之心，鞅奖其分居自立，更劝民耕织，使之增加生产，人民衣食有余，而政府亦可增加税收，以备战争之用。三、奖军功。奖民勇于对外作战，宗室以军功定其属籍。其所涉之范围颇广，执行当有困难，而孝公听信卫鞅，鞅乃推行新法，毫无顾忌，处罚犯法之宗室大臣，甚至太子犯法，刑其师傅。庶人议新法者，迁之于边。新法推行十年，功效大著。《商君列传》云："道不拾遗，山无盗贼，家给人足，民勇于公战，怯于私斗，乡邑大治。"

《史记》所言，盖有所本。民为盗者，常由于经济情状恶劣。增加生产，改善人民之生活状况，常能减少匪盗。且自什五制实施以来，盗贼不易有容身之地也。秦人本以勇敢著名，而新法又奖励其作战，于是秦兵益强。其他改革尚有迁都、设县、整理土地、统一度量衡，兹分别言之。一、鞅以秦都简陋，筑宫室于咸阳，而徙都之。咸阳土地肥沃，形势扼要，宜为新都。二、鞅并小都乡邑为县，全国凡三十一（一作四十一）县。县置令、丞，新县视前行政区为广大，其长官由国君任命，执行其命令。三、鞅整理经界。其目的在便于政府之征税，且使有田者必须纳税也。班固附会其事，称鞅破坏井田。井田为儒家之理想田制，即或有之，久已破坏矣。四、度量衡统一，便于政府、人民，后始皇帝推行之于全国。秦既富强，因魏败而出师攻之，袭取魏将，魏割地以和。鞅以功封于商，亦称商鞅。前 338 年，孝公卒，鞅以旧怨为秦所杀。而主持之新政，仍无变更，秦遂强于邻国。

田氏篡齐 齐为大国，于春秋末年政权归于其臣陈氏。陈氏一再弑君，进而诛杀异己之大夫及公族之强者；并以广大之地为封邑。其地大于齐侯之食田，更使其家人为都邑大夫，陈氏遂有齐国。陈氏一作田氏，二字古可通用，后其子孙迁齐侯，令其食一城以奉先祀。前 386 年，田氏始为诸侯，其初政事多不可知。前 356 年，威王嗣位，《史记》记其大事较详。威王（前 356—前 320 年在位）为一英主，其任用者有驺忌、田忌等。驺忌为相，人不能欺。田忌善于用兵，数立功绩。齐乃为东方强大之国。

燕之形势 七国中，燕在北方，史鲜记载其国中大事。其疆域在今河北北部，其地初未开辟，文化较低，而与戎狄为邻，常相战争。前七世纪，燕困于山戎，齐桓公救之，戎人退走，燕当获得其一部分土地。燕本弱国，至战国而为七雄之一，其演变之史实，虽无记载，要为兼并之结果。其北有东胡、山戎，部落而居，勇敢作战。司马迁言其“各有君长，莫能相一”。燕人较有组织，盖其胜利之原因。燕之南邻为齐、赵二国。燕齐分界在滹沱河中部，及其下流燕赵分界则在易水。燕之西境与赵代地相接，其地高峻，交通阻塞，军行困难，二国战争多在其东平原。燕北筑长城，东北界至辽东，东至于海，颇有渔盐之利。大体而论，燕之领土多在长城以南，疆域虽不甚广，然多肥沃之平原。唯非诸夏之中心区域，文化犹未发达。国内缺乏人才，户口又不甚多也。

中央集权 列强采行之政治制度，皆为中央集权制，春秋末年之政治现象，为世袭之卿大夫专政。孔子为政于鲁，欲强公室，而归于失败，其尊君思想则未为之稍变。惜其主张倾向保守，而时政之恶劣乃封建制演进过程中不易避免之状态，故非政治组织变更，则积弊将不能改，而君仍无实权也。孔子没后，社会变化剧烈，儒家始趋于积极。公羊释经，言讥世卿，则其一例。政治家若卫鞅、吴起等，无不欲提高君权。此应环境需要而生之主张，亦迎合国君之心理。余尝论其原动力有二：一、旧制度造成之祸患。封建制度之下，国君大夫皆为世袭，各有土地、人民，不过面积大小及人口多寡之不同耳，卿大夫利用时机，外结强援，渐而夺取君权。其情状尤劣者，异姓大臣亦得利用其势力，而至夺取君位。韩、赵、魏之建国，田氏之为齐君，皆其明例。国君鉴于前事，将不愿其复演于将来，而有所改革矣。二、新制度施行之功效昭著。秦、楚无类似国君世袭之卿大夫。秦穆公任用之贤臣，皆来自异国，其子孙则未仕至高官。楚灭国后，以其地为县，其长官称公或名之曰尹，由王任免，须对王负责并服从其命令。其国中之祸乱，视诸夏为少。秦于卫鞅变法时，归并聚邑等为县，列国亦先后实行。于是县制成立，而为中央集权政治矣。

称王 国君决定政事，成为政治中心人物，其地位之高贵，为事理之当然。七国土地之广大，户口之众多，为前所未有，国君之威权，亦因而扩大，乃不满意于旧称，而欲称王。王自西周中叶，成为诸夏共主之称。僻远之国，其君亦称王于境内，然与诸侯无异。时人囿于传统思想，则以王高于公侯。楚旧称王兹不必论，六国称王，则在战国中叶。《史记》所记，先后不一。前四世纪中叶，魏、齐皆为强国。魏惠王初年，伐其邻国，兵力甚强，诸侯畏之；中年以后，东败于齐，西欺于秦，魏始衰弱。威王败强魏之兵，国威大振。二国先后称王以令诸侯。其次称王者，为秦韩燕三国；赵为最后。武灵王谓："无其实。"令国人称己为君后亦称王矣。强国之君称王，而地丑德齐，莫能相尚，名称虽改，国际上并无重要。其尤强者，乃欲称帝。称帝不能行使威权，亦不过名称之改变而已。王在国中，为其臣下所畏，维持尊严之威仪，日盛。王临朝时，盛服佩剑，坐于殿上。朝臣遵守礼节，不得有失常度。殿有宿卫之兵，警戒保卫。余于《中国史》第一册论集权制之利弊曰：

> 集权制度之主要优点有三：一、政权集中，法令统一，一切政治改革，凡为国王所主张者，皆易进行。二、军权集中，便于召征调遣军队，应付紧急事变，或对外作战。三、国内之祸乱减少。春秋之世，弑君夺位者，例不胜举；战国时，虽有其例，而数字则大减少，皆君权进步之征。其弱点则国君位为世袭，贤有才者，则为国家之幸；其昏庸者，任用群小，兵败地削，人民深受其害。尤有进者，专制太严，人民对于政治毫无表示意见之机会，一切将唯官长之言是听，其生命财产将无有效力之保障，对于社会亦无创议之能力。行之既久，成为上下两截之社会，人民对于国家，将不能认识其责任与权利，视其存亡淡然，漠关于心，更散漫毫无组织。此中国所受之恶劣影响也。

臣下之地位 大帝国之雏形，树立于战国之世。其时，游士众多，其人为平民，奔走求官，迎合国君之意向，不过贪得富贵。苏秦谓其家有负郭之田二顷，将不出而游说，则其一例。其不得官者，或为达官所养。孟尝君田文等之食客，多为穷而无所归之游士，鸡鸣狗盗之徒杂于其中，常为国君及大臣所轻视。当时，卿相多出身于游士，臣下地位之降低，乃当然之事。孟子在齐告宣王谓：齐无世臣，王无亲臣，昔者所进，今日不知其亡。又告王曰："君之视臣如手足，则臣视君如腹心；君之视臣如犬马，则臣视君如国人；君之视臣如土芥，则臣视君如寇仇。"其主张与当时之环境事实相去悬远。孟子言：齐臣去位者，则君搏执之，又极之于其所往，是深恶之而欲绝其生路。臣下之地位殊为低劣，乃政治制度演变之结果也。其先，诸夏之卿大夫皆有食邑，为其专政之一因素。孟子所谓"万乘之国，弑其君者必千乘之家；千乘之国，弑其君者必百乘之家"也。国君对此当有应付之办法，否则其地位犹不甚巩固也。改革之困难，则为货币之量数不敷社会上之流通。政府征收粟米布匹，不能发给臣下货币，乃予以田里。田里见于《孟子》，赵岐注为"田莱及里居"。田莱当为征税之田地，政府盖以其收入作为官吏俸给。孟子记齐宣公欲居己于国中，而以万钟之粟养其弟子，是政府发给之粟当有定额。田里之大小，应以官位之尊卑而定。世家食邑，由王官治之。陈戴为齐世家，孟子言其盖禄万钟，盖当为其食邑。王驩为宣王幸臣，尝为盖大夫，其归王统治，可无疑问。魏文侯弟成，以贤见称，史称其禄万钟，魏制当同于齐。

另外，封建思想犹未尽除。国君对于功臣及其亲爱之子，亦常封以土地。秦孝公之封卫鞅于商，齐王之封田婴于薛，赵武灵王之封子章为安阳君，皆其例也。然皆不能传至数世。兹引《战国策》所记，赵左师触龙与太后问答为证。左师公曰："今三世以前，至于赵之为赵，赵王之子孙侯者，其继有在者乎？"曰："无有。"曰："微独赵，诸侯有在者乎？"曰："老妇不闻也。"左师言其原因为"无功"，乃有为而发，余尝论其尚有二因素焉：一、封地治理不与古同。周制对于食邑有统治之全权，家臣、农民知其主而不知有公室。至是国君对于封地征收地税，赵奢事可为一证。奢初为吏，收租税，而平原君赵胜家不出。奢杀其用事者九人。胜怒，欲杀之。奢以委婉动人之辞说其守法。胜以为贤，荐之于王。胜为贵公子，三为赵相，封有城邑，封邑仍须出税，故奢得以违法抗税而杀其用事者。夫有土地征税权者，往往握有其地之行政实权。其演变之结果，自与周制不同。二、封地与国土之大小，悬殊太甚。强国领土之广大，为前古所未有，而封邑并不甚多，所占之面积殊形褊小，财力兵力不如国王远甚，而王且有监视及征税权，其敢抗命或叛乱者，终亦败亡也。

土地之开拓　七国成为强国，固由于政治制度之变更，而领土之广大，亦为构成现状之因素。七雄中楚地最大，时人称为方五千里，一由于兼并其邻之小国；一由于驱逐或杀害蛮夷之君长，而有其土地人民。齐、燕、赵、秦亦莫不然。杂居于内地之夷狄，皆同化于诸夏。楚，初为蛮夷，自伸长势力于北方以来，文化大有进步，灵王且言其祖曾为周臣。列强向外发展之结果，则中国民族活动之根据地大于前古。商周土地，《孟子》言其盛时不过千里。春秋初叶，山东半岛东部尚为夷人所居，而齐逐渐夺取其地，其东境始达于海。河北为戎狄活动之区域，齐燕尝受其威胁，幸赖其邻国或同盟国之援助，而始将其击败。戎狄既不能胜，其各部落又不合作，齐、燕乃得树立大计，蚕食其土地，同化其人民，河北始为汉人耕种之土地。其西山西，晋初占据汾水下流一部分，后灭其邻国而渐强大；其东北二边，皆狄人所居之地，经历无数战争而始变为晋地，赵氏灭代，更深入北方。

其在西方，秦有西周旧地，而与戎人为邻，常与之作战，逐渐向外开拓领土。其北境盖达于陕北高原。《秦始皇本纪》言：迁罪人于临洮，其西疆当达于甘肃南部。秦之南境，为秦岭山脉，山脉高大，为交通之阻碍。秦初限于天然形势，未能向南开拓；战国初叶，方始进据南郑，作为经营之根据地；后遂灭蜀，四川一部分始为中国领土。楚在春秋之世，向外发展，灭国多而地益广，深入河南腹地及淮水中流之地。淮水流域为东夷之根据地，西周经营不止一世迄未能有。其南蛮夷之地，更非周政治势力之所能及。吴越之名见于古籍，始于春秋中叶，皆附托于中国圣贤之后。其地后并于楚。楚在长江上流，是否达于南岸，犹为问题。战国时人已知洞庭及其他地名，则为事实。夫知地名不足为统治之佐证，长沙，汉时犹多称王之蛮夷，即使楚有其地，亦不能为有效力之统治。湖北，北有大别山，阻隔与河南之交通，楚不能有湖北之大部分，限于天然之形势也。要之，列强向外发展，树立大帝国之基础矣。

土地开拓，人口亦有增加。春秋之世，荒地犹多。宋郑之间，有广大之瓯脱地；晋秦迁陆浑之戎于周室之南，常亦为荒地；晋侯赐姜戎以南鄙之田，为狐狸所居、豺狼所嗥之地，戎人除其荆棘，驱其狐狸、豺狼而居之，皆其明显之事例。荒地须待人力经营，始能生产五谷。人民之重要常过于土地。男子有纳税、服役、出征之义务，人口多者，政府之收入及军队之战斗力皆有增加，国君无不欲其人民加多。其时之伦常观念及宗教思想，皆足以促成早婚及人口增多之趋势。战国之世，遂有人口过剩之问题。苏秦盛称魏民之众，田舍庐庑之多，而无刍牧之余地。《孟子》言：齐鸡鸣狗吠相闻，达乎四境。七国中，秦楚地广人稀，土地分配尚无不足；燕、赵地边胡，辟地虽尚不难，然数被寇扰，人民难于安居乐业。列国制民之产，多不足其仰事俯畜。人民不能赡养其子女，遂有溺女之风，韩非所谓“生女则杀之”也。

战国之世小，国多处于无足轻重之地位，惟宋有图霸之企图。其事在战国后期，兹姑不论。小国介于大国之间，竭力以事大国以求苟安，犹恐不能免焉。其国君、有司，多从事于聚敛，而深为人民所恨恶。战国中叶而后，小国除卫而外，皆并于大国。其时，周王土地褊狭，已丧失其政治上之地位，然以习惯关系，其命令尚有礼节上之重要。韩、赵、魏之为诸侯，田氏之为君，皆求得周王之承认，而为合法之政府。战国中叶，周王地位日弱，土地分而为二，盖受外来势力之干涉。二周后皆为秦所灭。

第八篇　战国（续前）

秦惠王——齐之强大——合从——连横——秦昭王——养客之风气——列国之情状——秦灭六国——文化区域——武备之进步——人民之生活——家庭生活

前四世纪中叶，为魏极盛时代。惠王（前 370—前 335 年在位）赖其父祖经营之力，国势强盛，数以兵伐邻国，而徒耗其国力，多树敌国。魏兵后为齐师所破，损失惨重。时齐威王在位，《史记》言之曰："于是齐最强于诸侯，自称为王，以令天下。"齐虽胜魏，然不能乘其战胜之威，拓展土地，时机反为卫鞅所利用。鞅诱执魏将，袭破魏军。事出于魏人意料之外，城邑无备，惠王迫而割地七百里以和，更迁都避秦。秦出微末代价，得有广大土地，实一重大胜利；进而以河东新地为根据，经营今山西西南部矣。齐、秦为东西强国，一经营成功而一失败，兹分别叙述于下：

秦惠王　前 338 年，秦孝公卒，子惠文君立，后称王为惠王。王之功业，为开拓领土。秦北有义渠，西南有蜀，皆戎狄之国。义渠贪于货财，常扰秦边。惠王出兵伐之，得二十五城，为一大胜利。蜀为秦邻国，而兵甚弱，秦因其乱伐之，其君惧而降秦，更号为侯，秦为之置相。后数年蜀相杀侯，秦诛相而并其地。秦之大欲，则为东征，成立霸王之业。惠王出师伐魏，蚕食其河东城邑，山西西南部遂为秦所并；更进而扰于河内。于是韩之上党、赵之边城，皆近于秦。黄河之南，韩地与秦接壤，秦自函谷关东征，韩为必经之孔道。宜阳为韩西陲重镇，秦后出兵取之。秦东南地与楚接壤，二国邦交初甚亲善，后楚怀王为六国从长，为秦所恶，怀王贪于土地，为秦所欺。秦楚相攻，楚兵大败，丧失不少之土地，而秦益强，此秦昭王事也。

齐之强大 齐威王病卒，子宣王嗣立。宣王亦为英主，招聚贤能之士。孟子自魏至齐，称王犹足以为善；遇灾，孟子请发粟救民，王即从之；孟子言其治都大夫不恤人民，王直承认其过，当为明辨是非之君。齐兵力甚强。其北邻燕有内乱，初燕王哙信其相子之，效法尧舜之禅让，奉子之为君，而反为臣；子之不忠于王，又无才能，国内扰乱。宣王出师伐燕，史称燕兵不战，城门不闭。齐师历时五十日，据有燕地。孟子称燕人以为拯己于水火之中，箪食壶浆以迎齐师为其胜利之原因。齐人竟杀其父兄囚其子弟，毁其宗庙，迁其重器，此足以激动燕人反齐之情绪。燕人果起而叛齐矣：立太子为王，是为昭王。二国遂为敌国。宣王没，子湣王嗣。湣王喜功好事，常伐其邻国。会宋康王图霸，虐用其民。前286年，齐灭宋。湣王益骄，多树敌国。后二年，燕赵合兵击之，齐几覆亡。

合从 秦齐为暴于邻国，邻国力不之敌，合从之议遂起。合从旧谓六国联合对秦作战，而韩非则曰，从者，合众弱以攻一强也。《史记》称诸侯害齐湣王之骄暴，皆争合从与燕伐齐。是诸侯伐齐，亦为合从，当以韩说为是。合众弱以攻一强，本于人类之天性，人欲维持其生存，力不能御外侮，常纠合家人或同志与之抗争。政治家乃运用之于国际战争，小国受大国威胁者，因而联合，与大国抗争，以求最后之胜利。其困难则各国之利害不同，彼贪于一时之利，而不切实合作者，计划即归于失败。要之，合从乃应需要而生。

《史记》称苏秦倡之，然其所记之说辞与行事，不合于当时之情状，学者遂疑苏秦之有无。《史记》称，苏秦周人，初说秦惠王，王弗之用，困而返家；前 334 年，北说燕文公合从之利，文公信之，资助其往说赵肃侯，更说韩、魏、齐、楚之君，皆欣然从之。其计划则六国从亲以摈秦，秦兵必不敢出函谷关，以害山东诸侯。

六国互助之方案，系战国末年策士之纸上计划。前 334 年之先，秦未出兵函谷关以害诸侯，其所取者则为魏地。秦攻韩、楚，事属可能。其时，赵有魏、韩为蔽，燕、齐去秦更远，秦尚不能为害于三国也。《史记》称：从约既成，苏秦投书于秦，秦兵不敢出函谷关十五年。秦方攻魏河东，无绕道出关之理由，为策士昧于地理知识之辞。《楚世家》称：怀王十一年（前 318 年）苏秦约从，以王为从长。六国攻秦，至函谷关，不胜。《六国年表》则作五国，皆与《苏秦列传》所叙之经过不相合；在位之国君，亦非燕文公、赵肃侯。吾人姑不论苏秦约从为前 334 年，抑前 318 年之事，而六国仍未改善其邦交；秦兵东伐三国，其邻国亦未释嫌助其抗战。其时，政治道德犹未充分发达，国君唯利是视，从约维持长久，当为困难之事。合从不利于大国，为秦所知。荀子称：秦諰諰然常恐天下之一合而轧己。其言盖发于秦帝业将成之时，而其君臣犹患合从，其前将必更甚，故其破坏从约不遗余力。其后，言抗秦者，皆倡合从。合从见于古籍，凡五六次，除一次外，皆归于失败。

连横　合从利于小国，连横则利于大国。横一作衡，韩非称：连横为“事一强以攻众弱”。其说倡于张仪。仪为游说之士，时人言其“一怒而诸侯惧，安居而天下息”；仕秦为相，为之东出游说，破坏从约，说诸侯事秦。弱国事强，须服从其命令，强国处于主动地位，政策由其决定，军事指挥归于统一，益处于优利之形势。弱事强者，原欲保全其土地之完整，而强国不过借以夺取其邻之土地而已。张仪欺楚，则其明例。楚怀王为六国从长，深为秦人所恶。秦欲伐楚，而患齐楚相亲，张仪说怀王与齐绝交，秦予楚地六百里。王贪而信之，遂与齐绝，遣使入秦受地，而仪言为六里。怀王怒其见欺，起兵伐秦。秦兵拒战，大败楚师，取得汉中之地。怀王怒，悉起国中兵袭秦，深入秦地，至于蓝田。秦兵拒战，楚不能胜。韩魏闻其相持，遣兵袭楚。楚兵惧而归国，益处于不利之地位。韩事秦颇诚，终亦为秦所灭。

秦昭王 六国不能合作，秦乃蚕食邻国之地，于是疆域益广而兵益强，此为昭王（前306—前251年在位）时事。昭王年少嗣位，太后与闻政事，以舅魏冉为相，诛杀其兄弟宗室之不服者。冉举白起为将，其开拓之领土：一、黄河北岸之地。秦攻魏河东，先后陷其蒲阳、曲沃，会以诸侯合从，与魏一二城邑以和，旋复取之，魏反失其与国之援助。魏兵数败，其王迫而献其故都安邑，河东之地，尽为秦有。于是秦地与韩上党及赵地为邻，进而断绝上党与韩往来之路，出大军攻之，志在必得。而上党吏以地归赵，赵王受之，秦赵相攻，相持于长平（高平县西）。秦不能胜，施用反间计使赵王以赵括代名将廉颇。昭王以白起为将，括非起敌，为秦军所围，军中缺粮，迫而降秦。起坑杀降卒，赵人先后死者，史称四十五万。秦许赵和，攻取上党，俄复发兵进围赵都邯郸。诸侯有出师援赵者，秦军不胜而归。二、黄河以南之地。初，秦取宜阳，韩以伊阙为重镇，驻军守险。秦方北攻魏地，南与楚战，与韩和亲，使韩出兵攻楚，韩边暂得无事。后国际形势改变，秦复出兵，陷韩边境要城，与周接壤。西周畏逼，谋合从拒秦，昭王出兵攻之，西周君惧，尽献其邑。秦侵韩地，未有重大之发展，限于地形故也。秦在东南对楚作战，则有重要之胜利。楚新灭越国，尽有吴越之故地，疆域最为广大，竟以人事之不臧而致兵挫地削。怀王仍无一定之国策，时而合从，时而事秦，致引外兵而国益衰。昭王诱怀王会盟，留之。楚立顷襄王，与秦和亲。时人讥为事仇，要非得已；后复合从，为秦所攻。秦将白起沿汉水而东，其地未有防御工程；秦师进展甚速，东陷鄢、郢。顷襄王东逃，以陈为都，楚益居于衰弱之地位矣。昭王经营之结果，赵几不国，楚失国都，韩王入朝，委国听命，帝业之成仅为时间问题。王没，子孙继续经营东方。

养客之风气 魏迁都避秦，新都大梁，距河东辽远，指挥不易，遣军赴援，亦有困难。边将以一隅之力，拒强秦进攻之师，自无幸胜之理。魏兵屡败，其王或割地乞和，或与诸侯合从，或违约事秦，致为诸侯所攻。国中无人，更无一定之国策，杰出之士，唯一公子无忌，魏王封为信陵君。无忌谦和下士，礼敬贤者，门下食客三千。养客时为风气，齐田文为孟尝君，赵公子胜为平原君，楚黄歇为春申君，与信陵君，而四皆以养客称著于世。秦相邦吕不韦，亦有不少之门客，养客数千人，为前古所未有。客多穷而不遇之士，士指受教育者而言，为社会上一新阶级。其贤而能者，常为国君所厚遇，大师更为其所礼敬。时君求贤之殷急，足以促成士之增加。其穷而不得志者，乃为食客。食客盖少有为之士，然颇忠于其主。无忌得客死力，魏王疑之，不敢委以国政。及秦军进围邯郸，赵请救于魏，魏将奉命观望不前。无忌矫命为将，率精兵八万而前，楚亦出师救赵。秦兵不胜而去。后秦伐魏，公子为魏上将军请救于诸侯，赵、燕、韩、楚以兵来会破秦军于河外，追至函谷关而还。此为合从以来之第一次胜利，然未能削减秦之实力。公子竟以谗毁，病酒而没。

列国之情状　韩为秦邻，受祸初不若魏之深重；国都先为阳翟（今禹阳），后灭郑而都于郑（今新郑）。其西部山地与秦为邻；西北一隅，虽为平地，然有坚城要塞，足资防守。其上党以魏地为屏障。韩王不知辅车相依之势，积极援助其邻国。及上党危急，韩复予秦宜阳近地二百里，于是秦地达于阳城。秦复取之，更并取周地，韩乃尽力事秦。昭王卒，韩王衰绖入吊祠，执礼甚卑。赵初以韩魏为屏障，亦未予二国以援助；武灵王下令胡服骑射，兵力始强，灭中山而有其地，乃为强国之一。会秦尽有河东，与赵地接壤，二国时而相攻，时而言和。昭王欲得赵和氏璧，而不肯以城易之。赵使蔺相如竟能完璧归赵。秦王赵王会于渑池，赵亦不屈于秦。赵之人才，以此时为盛。后，赵败于长平，由于赵括徒读父书，不善为将，而王误用之也。秦兵围攻邯郸，赵赖魏、楚之援，始得不亡。燕以赵弱，出兵伐之，为赵将廉颇所破。楚国方面，郢都不守，及秦师西归，收复一部分失地；顷襄王再与秦和，遣太子为质，其傅黄歇同往。太子旋闻父病，变服逃归，父死为王，是为考烈王。王以歇为相，封为春申君。后，秦围赵，楚应赵请，出师救之；更伸张势力于东北，灭鲁得地方五百里，楚势复强。黄歇以秦侵略不已，约六国合从，奉楚王为从长，齐独不应。五国出兵攻秦，至函谷关外，秦师败之，楚之威望大受损失，黄歇固不善用楚也。

齐燕距秦辽远，互相战争。初，燕昭王复国以报齐为事。齐湣王方挥兵于外，灭宋而益骄，多树敌国。燕与赵相亲，燕君臣知魏欲得宋地，不肯出兵助齐。前 284 年，燕赵出兵击齐，大破齐师。燕将乐毅更率燕兵，乘其战胜之威，长驱直入，陷齐都临淄。湣王仓皇走莒。司马迁记伐齐之国，先后不一。《乐毅报燕王书》言二国。《荀子·王霸》篇称："及以燕赵起而攻之，若振槁然。"为一明证。楚、魏攻齐，盖在齐兵大败之后，取其所欲之地。楚达目的，且出兵援齐矣。燕兵入齐，存有报复之心，为害滋甚。齐人抗战，莒、即墨二城不肯归降。会王死，乐毅不容于新王。即墨守将田单乘燕将不备，夜以火牛进攻，燕兵惊逃，追击败之，齐城遂皆叛燕。湣王太子即位，是为襄王，入临淄听政，时前 279 年也。齐人由是恶其邻国，不肯与闻合从之谋，诸国亦无余力攻齐。燕在北方为七国中之弱国，及齐复国，燕之国力亦大耗损。燕、赵之关系尚称亲善，迨赵败于长平，燕未援之，后且出师攻赵，而为廉颇所败。六国残害，何竟至此。

秦灭六国　六国不能合作，予秦王政统一之机会。王十三岁即位，尊吕不韦为相邦，委以国政。其时，秦地广而兵力益强，复蚕食诸侯地不已，致韩、魏、赵、卫、楚合从击秦，秦出兵应战。此为最后一次之大规模合从，参与者皆秦之邻国。卫为小国，亦恐为秦所并，而与四国联合作战。秦方以远交近攻为策略，齐、燕距秦甚远，不肯合从。合从不能胜秦，关外诸侯势将为秦所并。会秦内乱迭起，其邻始得延长数年之命。韩在秦东，秦欲东征，患韩断其交通之路，视为心腹之疾。前 230 年，谓韩合从，起兵灭之，以其地为颍川郡。秦更出师伐赵，赵王乞和。前 228 年，秦王称赵背约，遣将王翦伐之。赵王信谗，杀其良将李牧，致为秦所破。明年，秦获赵王。赵公子嘉称王于代；后六年，为秦所灭。秦据赵地，与燕为邻。燕太子丹畏逼，遣勇士荆轲入秦刺杀秦王，事败。秦军击败燕师，陷燕都蓟，燕王逃居辽东。前 222 年，辽东陷而燕亡。其先，秦师伐魏，魏君臣坚守大梁，秦将引黄河之水灌之。前 225 年，魏亡，秦以精兵伐楚。楚时都于寿春，尚有广大之疆域，惜朝中无人，复有内乱。及是，秦军伐之不胜，王以王翦为将，出兵增援。王翦大破楚师。前222年，楚地尽入于秦。山东诸侯唯齐独存。前221年，秦师自燕攻齐，直趋临淄，齐王请降，于是中国归于统一。余于《中国史》第一册论其重要曰："七国纷争，生民涂炭。而今中国统一，人民可得安居乐业，固一伟大之功业。更自政治演进之迹而论，远古人民部落而居，继而嬗变为封建制度。封建崩溃，逐渐成为中央集权制。秦王更灭六国，开拓领土，中国成为统一之大帝国，实从古以来所未有。后世受其影响者，至深且巨，其功业当不可忘。前221年（始皇二十六年）固中国史上之重要年岁也。"

秦灭六国，非偶尔遽然之事。荀子入秦，盛称其民吏士大夫与朝廷之合于古；四世而胜，非幸也。规模立于卫鞅，后无重要之故变。秦王为不世出之英主，勤于政事，听从谏言。王曾下令逐客，楚人李斯亦在逐中，上书谏王，王即除令，复李斯官。逐客系应宗室大臣之请，乃鉴于其为祸于秦也。实则秦在西方，文化较低，才能之士不及邻国之多，富强由于任用异国之人才。卫鞅、张仪、魏冉诸人，各有大功于秦，皆非秦产。为秦开渠之郑国，亦非秦人。秦人勇敢善战，本于作战之经验，易为能将，白起、王翦皆生于秦。秦有良将，而异国人尚有仕秦为将者。其时，我国文化实已沟通，予仕于异国者莫大之方便。秦战斗力强为其胜利之一因素。其邻戎狄，皆善骑马，骑兵作战当非步兵之所能及，秦深受其影响。张仪言其骑兵曰："秦马之良，戎兵之众，探前趹后，蹄间三寻腾者，不可胜数。"秦骑非韩、魏诸国之所御，确然无可疑者也。

文化区域　人才影响一国之强弱。文化发达之区域，为今河南、山东。儒家之孔孟、道家之老庄、墨家之墨翟、法家之韩非皆生长于其地，秦任用之政治家，亦多来自其地。山西及河北南部亦有不少之人才。燕在北方，人才则感缺乏，昭王报复强齐，由于任用异国之才能乐毅，则其一例。昭王擢用毅于宾客之中，立之于群臣之上，不谋于父兄而以之为亚卿。后，燕遣人秦之荆轲，则为卫人。秦能任用异国之士，而燕有一乐毅，竟不能终其用，故一为强国而一为弱国也。其时，治人者以政治制度之改变而益尊，享受因社会之进步而益厚，更有暴敛于民、为其奢侈用者。墨子称：时君“暴夺民衣食之财，以为宫室台榭曲直之望、青黄刻镂之饰”。官吏之俸因而提高，仕为县令者，富厚足使子孙累世乘车。孟子尝称：堂高数仞，榱题数尺，食前方丈侍妾数百人，我得志而“不为”。穷士仕为卿相，固有以富贵骄其妻妾者，此岂其奔走求官之一原因欤?

武备之进步　七国战争唯求杀敌致果，损失之重，屠杀之惨，为前古所未有。墨子称，大国伐无罪之国，曰：“入其国家边境，芟刈其禾稼，斩其树木，堕其城郭，以湮其沟池，攘杀其牲牷，燔溃其祖庙，劲杀其万民，覆其老弱，迁其重器。卒进而柱（当作极）乎门，曰，死命为上，多杀次之，身伤者为下。”孟子言杀人盈城盈野，同于墨子所言之屠城。兵器应时需要，颇有进步。初，远古以石骨制造兵器，商周以铜为之。战国初叶，铁之用始广，以铁制造兵器，锐利过于铜兵器。胄甲亦有所改善。攻城有新造之云梯。兵器既有进步，非经历长期训练之士卒，不善用之，专门化之士卒，应时而起。魏之武卒则其一例。荀子言其“以度取之，衣三属之甲，操十二石之弩，负服矢五十个，置戈其上，冠轴（胄）带剑，赢三日之粮，日中而趋百里，中试则复其户，利其田宅”。据此，武卒力强技精，善于作战，政府予以权利，成一阶级。

防守之术亦有进步。守者以城为主要之防御工程。城以户口之增加，及工商业之进步，而益发达。孟子言“三里之城，七里之郭”，盖指普通城郭而言。国都、郡治、大县，当视之为大。城有门出入，便于稽查与防守也。城外掘有河沟，时人称之曰池，亦有利用天然河渠者，使敌人不易攻城也。城中储有粮食，敌兵至，则城闭门，兵卒登城拒守，城中男子须出助战。攻者死亡较多，乃常不择手段，或引水灌城，或穴土而入，或缚柱施火。公输般制造云梯，为攻城之新武器。守圉之器亦多，故攻城非有重大之代价，常不能陷。乃为报复雪恨之计，多所屠杀。时君防御外患，常于边区筑造长城以限戎马之侵入。七国相攻，长城不足为强有力之防御物，以其长而防守不易也。堡垒颇能阻止敌兵之深入。二军战于广大之平原，死伤重多，而史所记之数字则令人难以置信。张仪称：魏卒约三十万；韩卒悉起，不过三十万。而白起九伐韩魏，《史记》言其三次斩杀之数：一、伊阙之战，斩首二十四万；二、攻魏华阳，斩首十三万；三、攻韩陉城，斩首五万。三战斩杀四十二万，超过二国军队之半。其他六役及别将所杀之数，尚未计入，而数字竟若此之巨大，当为策士浮夸之辞。要之，战争虽极残酷，而死亡者数不及策士所言之甚也。

人民之生活　战争增加人民之痛苦，统治阶级之奢侈费用，亦榨取于民。孟子言其同于强盗之夺取财货。其税收为布缕、粟米、力役之征。孟子称：征三者，父子不能相保。实则三者并征，为时已久，农民所余无几，一遇凶年饥馑，则老弱转乎沟壑，壮者散于四方。孟子一再言之，当为实录。治人者唯以严刑，强民服从其命令。人民困苦之另一原因，则为生产事业之发达不及人口增加之迅速。户口时大增加，时人以之为言，韩非且视为祸乱之主因。人民增加，土地不敷分配。孟子称：时君制民之产，不足其事父母养妻子，乐岁终身苦，凶年不免于死亡，救死而恐不赡。其具体建议，则一夫授田百亩。百亩所能给养之人口，不过五至九人。滕君接受其意见，而人民有未得地者。若有余地，列国之君，何不救其民免于死亡也。工人、商人，则处于比较优利之地位。工人以社会之进步，及王公贵人之奢侈生活趋于专门化，技术益为精巧。公输般尤为时人所称，尝为楚造新兵船以破越，造云梯以攻城，为王所尊。其以工业起家者：一为倚顿之盬盐。后人称其在今解县制盐。盐为人生必需食品，内地制盐当减少自海岸运盐之费用。盐价低廉，销路通畅，当能致富。一为冶铁之郭纵。自冶铁术发明以后，耕种工具以铁造成者，锐利而耐久。用途既广，需要殷切，当能博得大利。普通工业以制造武器为最发达，各有专门工匠为之。制造宫室、舟车及贵人衣服用具者，亦多专门工人。社会组织趋于发达，进入于分工合作之状态矣。

春秋末叶，商业已有相当之发达。及至战国，大国地方数千里，交通大有进步；且以土地开辟之故，户口加多，万户之邑，常见于古籍，市场之需要，过于先时。其时，货币流通之量数渐有增加。相传货币之制造始于春秋，以铜为之；至是，鼓铸渐多，然仍不足供给需要，乃沿用周初以铜为币之制。大贾因得购买大批货物之资本，其货转运贩卖于他地，获利当必甚厚。其人数当不少，而史则鲜记载。吕不韦、白圭见于古书，非以其为巨贾，乃以他事而史载之也。不韦为阳翟大贾，家累千金，后视秦王政父为奇货，为之奔走运动；仕秦官至相邦。白圭善于治水，自称功过于禹。《史记》称其善于“治生”，主张“人弃我取，人取我与”，此颇近于买贱卖贵之大囤商，又能薄食节衣，与僮仆共甘苦，遂雄于财，而为治生者所祖。富人家有僮仆，盖始于封建制破坏之起始。奴隶之来源，初为俘虏与罪人。富人家中之僮仆，殆购买而得。贫民生计困难者，常出卖其子女。奴隶为主人工作，只得恶衣恶食，生活无异于马牛。贫民不安于命运者，则为盗贼。盗贼颇多，报仇成为风气，更增加社会之不安。

家庭生活　生活未有改善，而礼教思想则益发达，男女遂失自选配偶之机会，婚姻专为生子、传后、祭祀祖先而已。儒家之礼，男女授受不亲，婚姻须待父母之命、媒妁之言。其由恋爱而成夫妇者，则斥为“钻穴隙相窥，逾墙相从”，父母国人皆贱其行。所可异者，儒家反对不媒而娶，彼国君宫有妇女千人，卿相侍妾数百，皆未必有媒，何置而不问？不幸其思想觉为强有力之礼教，王公卿相之家庭生活，盖无幸福可言，以其姬妾太多，宠爱时有转移，影响太子废立，或为大祸也。其幸而免者，则宫中之阴谋，及爱憎悲惨之故事，则所难免。妻妾多者，自非家庭之福。庶人经济宽裕者，亦可买妾。其时，贞操观念尚未发达。春秋之世，姓氏之别甚严。姓为先世相传之族号，氏为新立之族号。女子称姓，礼教不许男女同姓为婚，后因事实上之困难，国君不能遵守。及至战国，姓氏之别紊乱，婚姻少一障碍。

宗教思想不若前人迷信之深。思想学艺则于下篇言之。兹引《中国史》第一册一段以做结论，其言曰：“综观战国政治社会嬗变之迹，实将结束远古以来之政治制度而另为一新时代。其能成功者绝非一人一事之力。政治思想之演进、经济制度之改变、工商业之发展、新知识之利用、新军器之发明等，直接、间接莫不予以相当之助力。顾人类倾向于保守，安于故旧之境遇，国君大夫更以权利及利害冲突之故，欲以武力保卫其疆土，大规模之战争当难幸免。战争为统一中国必有之代价。其可非议者，则战胜之国多无远见，士卒常为暴于新得之土地，抗战之力量，因而加强。秦以优胜之兵力，登用异国之贤能，野战攻城几无不胜，犹历百余年之经营，始灭六国。大帝国之创始可谓难矣！”

第九篇　先秦学艺

学艺之发达——孔子略传——孔子学说——子思——孟子——荀子——老子——庄子——墨子——法家——文学

学艺之发达　自春秋末叶迄于战国，为我国政治、社会、经济情况之一剧变时代。学艺以环境之变迁，与古不同。先知先觉受其影响与刺激，创为学术，以求解决人生困苦之境遇。其前非无思想，特未能贯彻其主张而为精深之说明，成一学说也。儒家倾向于保守，其思想之泉源则本于古代之观念与信仰，而益以合理化之解释与说明，成为有统系之学说，则其一例。道、墨、诸家，亦受前代思想之影响。其时，学派甚多，《汉书·艺文志》分为十家，而称其可观者，只有九家，目为九流。其分类多而不扼要，盖学说未能蔚然成一统系或有精深之理论者，则不能常一家之称。九流中卓然成一学派者，儒道墨法四家而已。兹略叙述各家领袖之行事及其学说之要旨于下。

孔子略传　孔子为儒家之始祖，名丘，字仲尼。古书或称其生年为鲁襄公二十一年（前552年），或作二十二年。其先祖为宋贵族，因乱徙居于鲁。孔子生不久而父死，家境中落，自言其生活曰："吾少也贱，故多能鄙事。"十五岁始志于学，时人称周礼在鲁，因有多读古籍之机会，三十而学已有成就。其为学也，信而好古，凡有所长者，皆视之为师。为学之时，生活未有改善，迫而为吏，但不久去职。及学有所成就，开始教授生徒，以博学多能见称。凡自行束脩以上者，未尝不教诲之。于是门人渐多，收入殆能维持其家人之生活。前501年，出而为官。初为中都宰，境内大治；进而为司空等官。会齐、鲁二君会于夹谷，孔子为相有功，乃为君所亲信；欲强公室，堕三家都邑，而政策不行。值齐归女乐，执政受之，三日不朝；孔子去鲁，时前497年也。孔子自信心强，欲如周公平治中国，尝曰："苟有用我者，期月而已，可也，三年有成。"乃周游列国，欲有所遇，而道终不能行，备受艰苦，遂有归意，将专心于教育事业。前484年，孔子以鲁迎而返国，去鲁凡十三年。孔子老而为学不倦，自言其为人曰："发愤忘食，乐以忘忧，不知老之将至云尔。"其所谓学，偏重书本之知识，以《诗》《书》《礼》《乐》《春秋》《易》教其弟子，后人称为六艺。六艺为固有学问，孔子教其弟子，当有选择，后世遂有删正六经之说。晚年好《易》，又整理鲁史旧文，后世所谓修《春秋》也。前479年，孔子病殁。

孔子学说　孔子自言其学曰："吾道一以贯之。"其弟子曾参之解释则曰："夫子之道，忠恕而已矣。"其言所以晓喻尚未升堂入室之同学。一贯之道以仁当之为最相宜。仁为道德之最高原理，求其实现，不出修己、治人之二途径。修己为忠，治人为恕。曾子之解说殊为确当。孔子进而适用之于政治，其主张则为以德化民。其弟子记师言曰："其身正，不令而行；其身不正，虽令不从。"信如其说，一国治平之责任，全在统治者之修身。政令、刑罚不惟处于次要地位，而且使人心恶化。理想政治则为"无为而治"。其言曰："无为而治者，其舜也，与夫何为哉！恭己正南面而已矣。"其所处之环境则与其思想相背驰，国君多不能行使职权，而政出于大夫及其家臣，弑父与君为常有之事，孔子改善政治之主张则为"正名"，君、臣、父、子，各守名位，则可安定社会之秩序，国家治平矣，但不免视事太易耳。

孔子具有救世之志愿，知其不可为而为之。隐者桀溺尝以此讥孔子。门人子路以告，孔子怃然叹曰：“鸟兽不可与同群，吾非斯人之徒与而谁与？天下有道，丘不与易也。”其伟大之精神，于此毕见；然终不能如愿以偿。其贡献不在其政治活动，而在教育上及学说上之成就。其在教育史上之功绩，一、为保存古籍。孔子以六艺教其弟子，弟子更传授其门人，辗转传习，六经遂传于后世。二、开聚徒讲学之风。孔子之前，平民无受教育之机会。孔子教人不问其为贵族、庶人，凡持菲薄之礼物而求教者无不予以教诲。弟子学成者，更教授生徒，士乃异于前古，为一新阶级。其学说上之贡献则以仁为一贯之道，而以忠恕为仁之方，求其实现于政治社会，成为深湛之学说，支配后世者二千余年。其指示修身之道，亦精审而不可易。另一方面，孔子思想倾向于保守，以远古为黄金时代，偏于虚渺。其教弟子也，注重古典礼仪，而疏忽新知识之探求，以致后世陋儒以传经为职任，牵拘礼文，几无生气，不能有益于国家，反为政治、社会进步之阻碍也。

子思　《史记》称：孔子弟子盖三千人，身通六艺者七十二人；颜回以贤见称，不幸短命而死。其弟子职业，以传授生徒为主要，亦有出而求仕，或为贵人治丧，或司相礼，或从事于货殖。其正传弟子当推曾参，相传《大学》为其所说。其主旨则说明一贯之道。其为正统派之著作，当无可疑。其后，子思、孟子、荀子，皆为儒家大师。子思名伋，为孔子之孙。《史记》言其“尝困于宋”。孟子称鲁君知其贤而礼遇之，然不能用；又称其仕卫寇至不去。《史记》称《中庸》为其所作。其文字显为后人所增改，其贡献乃树立儒家之自然哲学。子思依据天人合一之思想，说明道之本源实出于天。其说之主意：性为天所赋，率性同于遵从天赋，亦即为人之道。换言之，天道即人道，人道即天道。子思称之曰“诚”，更进而以为宇宙间之万物本性为诚，人苟能充分发达其本性，将无往而不合于道。事实上，殊不尽然也。

孟子　孟子名轲，为鲁贵族之后，其书言其“自齐葬（母）于鲁”，当为鲁人。《史记》称为邹人，盖以其墓在邹也。孟子幼受良好之家庭教育；

及壮受业于子思之门人；学成，教诲弟子。从之行者，常数百人。前 336 年，孟子见魏惠王，说其施行仁政。魏新败于齐、秦，惠王不听其言。王没，子襄王嗣立，孟子以为不似人君，当即去魏。俄东入齐，齐宣王遇之甚厚。孟子知无不言，及道不行而去，犹有依依不舍之意。《史记》称其与弟子作《孟子》七篇。然书称其门人为子，恐非孟子所书。全书七篇非尽孟子所作，中有门人所增改或篡入者。孟子学说深受子思之影响，以人性为善。其主旨以人之口耳目之官能相同，人心亦同，皆好义理。故其言曰："人性之善也，犹水之就下也。"此用演绎法而得之推论。孟子亦用归纳法证明其说，谓人乍见孺子将入于井，皆有怵惕恻隐之心，为其本性之发现，进而推论：人有恻隐、羞恶、辞让、是非之心，"恻隐之心，仁之端也；羞恶之心，义之端也；辞让之心，礼之端也；是非之心，智之端也。人之有是四端也，犹其有四体也"。四端为人性所固有，触机即发，不待教育而能。凡不待学而能而知者，孟子谓为良能、良知；其为不善者，则由于自暴自弃，及环境之恶劣也。自今论之，人性果为全善，物欲应无从产生。孟子又常言仁义，反对新奇之说。其政治主张则行仁政，使民衣食足而养生丧死无憾，民心归之，可王天下；其暴虐于民者，则众叛亲离。"民为贵，君为轻"为其当然之推论。然其政论之实质，仍为贵族政治，人民未有推翻政府之权利也。

荀子　荀子名况，字卿，赵人。初学于齐，学成教授生徒。《史记》称其"最为老师""三为祭酒"。《荀子》言其入秦，见昭王及其相范睢，并记其问答之语。范睢相秦，在前 266—前 255 年。入秦为何年之事，则不可考。《荀子》又记其与临武君议兵于赵孝成王之前，王与临武君皆善其言。孝成王在位，为前 265—前 245 年。其返国也，疑在王之中年。后，荀子适楚，楚相黄歇以为兰陵令。黄歇相楚，在前 262—前 238 年。入楚，盖在歇相楚之中年。歇死，荀子废死于兰陵。吾人所知者，惟此而已。荀子学问渊博、思虑周密，蔚为战国末年之儒家大师。李斯、韩非皆其弟子，西汉经学家以荀派为最有势力。荀子观察当时之政治社会，以为人之性恶。其言曰："人之性恶，其善者伪也。"伪指人为，犹工人斲木而成器，木同于人性，不加工则不能成为器物，自不得称之为善。久亦犹是，其本性为恶，必俟人为修饰（伪）方能为善。人为指教育与修养而言，二者足以矫正性情，使人为善。其成就之深浅，将视功夫而定，圣人乃积伪而成。荀子重礼，而礼系圣人所制定。其功用可以矫正人类之恶性，谋求天下之治平也。自今论之，人性为恶，将不知其为恶，不能有向善之志愿；圣人将无法产生，更何能制礼。此其学说之弱点。荀子对于心理亦有研究，颇能说明其状态与作用。其所言之论理学，于儒家中亦最为进步。

儒家自孔子而后，偏重礼教，流于支离琐屑。唯孟子、荀子能阐扬孔子之教理。孟子发挥孔子学说之主观方面，树立仁义之标帜；荀子阐扬孔子学说之客观方面，注重礼义。二人对于儒学各有贡献。其最大之弱点，则为胸襟褊狭不能容物，凡与其意见不合者，即遭其诋毁，甚者欲其消灭。孟子排斥杨朱、墨翟之学说为无父无君，同于禽兽。荀子排斥墨学，则为望文生意之议论。其《非十二子》篇，竟攻击子思、孟子。孟子理论之出发点虽与之不同，而最后之目的，则仍相同。孟子阐扬性善，主张复性；荀子阐扬性恶，主张化性，目标固相同也。实则人性有善恶二方面，二子各见其半也。

老子　道家之学问家当推老子、庄子。其先，尚有杨朱为道家之先驱，其学说盛行于孟子时代，惜不传于后世。古书称其思想在保全个人之天性与生命不为外物所诱惑，而能自然发展，亦不愿其受人为之斵伤。及至老子，主张无身。庄子更进一步，主张同人我齐生死。由是老庄继承杨子之理论，更将其扩充与阐扬，杨子之声名后遂为老庄所掩。老子学说盛行于西汉，而司马迁为其作传称其姓李名耳字聃，楚苦县人，尝为周守藏室之吏，孔子适周，问礼于聃。故事之疑点甚多：苦为陈县，陈时尚为独立国。周室东迁，复遭祸乱，文献丧失殆尽，其官为世袭，仕周当有疑问。孔子问礼为战国时人所创，不足信也。《史记》又称其去周至关，应关吏之请，著书言道德之意，五千余言而去，亦多附会之辞。《史记》称：楚老莱子“著书十五篇，言道家之用，与孔子同时”。又称：“周太史儋见秦献公，或曰儋即老子，或曰非也。”汉时老子已有三人，而《老子》一书究为何人所作，实不可知，就其内容而论，则为战国时代之著作，书成当在孔子之后、庄子之前。

老子言道，道为宇宙本体，又为万物之本。本体与事物之现象不同，即超越相对境界，又无时不在，无地不在；然非吾人五官所能感觉，吾人将据直觉，而以其为虚无。实则天地万物皆从本体发生。其虚无思想，一经扩充，即主张抛弃一切礼法。其理由为，吾人当超脱有限之现象界，以求合于无限之本体界；抛弃专讲智慧之虚伪世界，而返于纯朴之原始时代。婴儿天真烂漫，世人欲求合于道，当复归于婴儿状态。圣人倡言之仁义礼法，徒增进世俗之纷扰。其思想适用于政治，则主张无为、自然。老子以为废除政治制度、礼乐、刑法，任其自然则国即可治平。老子言其理想社会曰："小国寡民，使有什伯之器而不用，使民重死而不远徙。虽有舟车，无所乘之；虽有甲兵，无所陈之。使民复结绳而用之，甘其食，美其服，安其居，乐其俗。邻国相望，鸡犬之声相闻，民至老死，不相往来。"此为无为政治之极致。其主张破坏一切文物制度，而返于原始社会。原始社会固无若此之理想环境，乃对时代而发也。

庄子　庄子名周，蒙人，尝为漆园吏，盖为贫而仕。蒙为宋地，后并于魏。《史记》称"其学无所不窥，然其要本归于老子之言"。楚威王闻其贤，欲以为相，遣使厚币迎之，庄子不应。辩者惠施，为其至友，其书数记其论谈之事。惠死，庄子言其失一良友。吾人所知者，惟此而已。庄子本体论大体上同于老子，其说明更为精密，谓：道"无所不在"，以道为宇宙本体，为万物之本源也。更运用之于人生哲学，而以生死为例。庄子以其为现象界中相对之关系，吾人若能超脱现象界，而与本体界合一，则生死差别将不存在。庄子初尚重视死生，后渐悟其无差别，以为人生若梦，人常有梦，醒后方知为梦。世人于大觉之后，将知人生为一大梦。由生变死，同于由一状态变为另一状态。吾人对生无所用其喜怒，对死亦然。于是庄子人生思想，进而成为生死如一之哲学。不惟生死如一，人物亦应平等。此为道无不在论之当然结果。其思想视老子更为彻底，老子尚谈政治，庄子则未论及。

墨子　墨子为墨家之元祖，名翟，为我国富于创造力之伟大思想家。司马迁仅以二十四字记其一生，且不能为肯定之语。或言墨子生于宋国，或言鲁国，今无直接证据，殊不能决定。其生卒年，皆不可确知。墨子活动盖在公元前五世纪末叶及前四世纪初年，即孔子以后，孟子以前也。其学说渊源，言者不同，要为后世附会之说。其思想中之一部分虽为古人所有，而墨子将其发展，成为有统系之学说，谓其富于创作性固无不可。墨子热心救世，而时战争惨酷，倡言非攻、兼爱之说；又创为防守器械，研究守城之技术。公输般为楚造云梯，将以攻宋。墨子闻之，自齐入楚，行十日十夜而至郢，说王罢兵；更与般斗械，而般不胜。其弟子三百人，持其守圉之器，入宋助其防守，楚遂不攻宋。墨子自苦为义，其故人劝而止之，墨子则以天下莫为，应益努力为之。其人格之高尚、服务之精神，实历史上伟大之人物。孟子诋毁墨子尝曰："墨子兼爱，摩顶放踵，利天下为之。"其言原为责之，而墨子牺牲精神，于此毕见。我国史上实少毫无自私自利之思想而如墨子为人者。墨子欲行其道，所至之国有宋、鲁、楚、齐，皆无所遇，越王欲封以地，而墨子以道不行，亦未往越。其弟子深受其师人格之熏化，皆服从其指挥，成为强有力之组织。墨子死后，其团体仍有领袖，即世所谓钜子也。

墨子为改造社会之思想家，以求人民幸福为目标，主张"兼爱"。兼爱为爱人若己，爱人之亲，若己之亲，所谓爱无差等也。其理由为乱起于不相爱，人能相爱，则祸乱之根源可得除去。其言曰："视人之国，若视其国；视人之家，若视其家；视人之身，若视其身。是故诸侯相爱，则不野战；家主相爱，则不相篡；人与人相爱，则不相贼。……君臣相爱，则惠忠；父子相爱，则慈孝；兄弟相爱，则和调。天下之人皆相爱，强不执弱，众不劫寡，富不侮贫。"此兼爱之效也。墨子适用其主义倡言"非攻"。战争妨碍农事，使民不暇治其生产事业，杀害无辜之人民。墨子谋求人民幸福，故力反对战争。其时，国君卿相讲求宫室、衣食，享受音乐、雕刻、建筑、烹调之乐，夺民衣食财用为之。墨子主张"节用""非乐"，欲民皆能丰衣足食。厚葬耗费财物，甚至杀人为殉，墨子主张"节葬"，实有见地。儒家主张三年之丧，墨子以其妨害事业，主张积极从事于生产。其政治主张则"尚同""尚贤"。

墨子以人各异义，致成祸乱，宜选天下之贤可者立为天子；更选贤者为三公、诸侯等官。此其理想计划，而选立之方法，则无说明。贤者为政，应予以高爵、重禄，并任以处理之权。其改善社会之方案，全在人为“尚贤”为其当然之结论。墨子又尚鬼神，以为一国皆信鬼神，则上下不敢为非，国易太平；不信鬼神，则作恶者将无忌惮。其说同于宗教家之口吻。墨子实一救世之思想家与实行家也。

法家　儒家尊奉尧舜诸人，欲使社会返于黄金时代；道家主张破坏文化制度，成为无为之世，皆不适宜于时代之需要。墨家刻苦太甚，理想高而难行。后起之法家，则根据剧变之社会趋势，树立理想；更据现实，谋求社会之改革。法家以韩非为最重要。非为韩公子，初学于荀子，善刑名法术之学。非盖博览群书，而能融会贯通，采取诸家之长，而自阐扬其主张，卓然成一学派。其时，韩国益弱，非数上书，劝王变法自强，而王不用。后王闻秦攻韩，遣非入秦，说秦王存韩。非至秦，上书说王，为李斯所谗毁。王下非狱，死于狱中。《史记》称非口吃，而善著书。其学说深受儒道二家之影响，而又综合实行政治家之主张，及其治国之法术，成为法家之大学问家。我国法观念成立，盖在战国中叶。韩非之法治论，以性恶为出发点。其师主张以礼矫正人性，韩非则主张用法。其观察人类行为，全谋自身之利益，父子之亲、夫妇之爱，皆各为其利益。近世人口增加，过于生产事业之发达，致“事力劳而供养薄，故民虽倍赏、累罚，而不免于乱”。其推论则治国惟有用法而已，法之功效远过于教诲等。韩非又言人君治国之术，主张人主宜虚静自持，不令臣下知其好恶而能有所逢迎，庶能进用才能之士。凡登用者必求其尽职。不尽职者，固应受罚，而越职立功者，亦应治罪。以有司各尽其职，则国治平；越职将乱法也。人主更宜察其臣之行为，而防其奸；赏罚由己，则群臣服威而利其赏。

综就韩非之学说而论，其观察社会现象至为深刻，惟皆偏于恶劣方面。其所言之术，全为国君驾驭其臣之法，国君之威权提高，地位益尊。法家思想乃反映时代之趋势，中国不久成为专制帝国，而秦王政自称皇帝也。其言父子犹用计算之心相待，惟用法可以治国，实则恶劣现象之造成，多由于生计之困难，贫民自救其死，尚恐不赡，自不能兼顾其所亲爱之人。此乃违反人性，政治家不设法救济贫穷，或改善其生活情状，则酝酿之祸乱，终有爆发不可收拾之日。其所处之韩国，见逼于秦，有不可终日之势，而王不听非言，亦无适当之处置。非乃坐视宗国之削弱，而无奈何，发为忿激之言论。思想常为社会现象之反映，吾人读《韩非子》者，必当知其所处之境遇也。

文学 散文诗歌之传于后世者，始于西周。其前，商人典册不传于后世，《盘庚》三篇虽为较早文字，然非当时记录故也。《周诰》为西周文字，相传为史官所记，文有一定之体裁。彝器铭文亦多与之相类。余疑编记诰文或彝铭之史官为一阶级，幼受训练，长为史官。其纪事也，本于成法，其文虽无甚文学上之价值，然为西周之宝贵史料。东周之世，散文未有长篇著作。《春秋》保存史官所作文学之大部分，其文体与前不同，渐有自由变化之趋势。《论语》成立稍迟，而为文之技术，视前益有进步。及至战国，运用文字之技能，有重大之发展；而著作之量数，亦大增加。思想家阐扬其主张，常用铺张排偶之文或设比喻，或为寓言之故事。吾人读其文者，深明其旨，并感觉其饶有文趣。散文始有文学上之价值。叙事清楚、说理明晰，而文辞畅达之作家甚多，其中当以庄周之文辞最为美丽。其文设譬说明，变化莫测。读之，令人感觉其为有天才之作家。

古时存于今者，以周诗为最早。周诗以颂成立为早。周颂尽为一章，未有意境，韵或不叶，为诗之雏形。大、小雅及国风颇有进步，其成立之年代，先后不一。其中亦有文句简单而无意境者。战国之世，诗歌未有重要之著作，惟《楚辞》尤为我国文学之上品。其天才作家当推屈原。屈原名平，为楚宗室，任为左徒。怀王初信任之，后信谗疏之，致为秦所欺，兵挫地削，客死于秦。屈原眷顾楚国，系心怀王，而忧愁幽思作为《离骚》。顷襄王复信谗言而迁屈原，屈原自投汨罗以死。《离骚》歌咏其怀才不遇，深思郁结，想入幻境，辞句美丽。他如《九歌》则为民间之歌。后人仿其体者亦称楚辞。

综上事实而论，儒道墨三家，各为蔚然独立之学说。孟子曰：“逃墨必归于杨，逃杨必归于儒。归，斯受之而已矣。”孟子时代，三家成为鼎立之势。及道家思想进步，不谈政治，其徒渐少。战国末叶，儒墨并称，当为盛行之学说。韩非树立法家思想。《汉书·艺文志》所列举者，尚有名、阴阳、纵横、杂、农、小说六家。实则除名家稍有贡献而外，皆难视为独立之学说。名家原为研究论理学之学问家，不幸未有积极之建设，而反流为诡辩家也。自诸家势力消长而论，墨家学说不合于强国之兼并政策，其徒为主义奋斗而死者亦众，渐不能与儒家抗衡。儒家常为统治者辩护，法家更积极主张扩张君权，二家易与国君接近。其胸襟皆太狭隘，不能容忍异己之学说，为我国学说未能继续发展之一因素。文学家之伟大作品常赖天才，战国之世实有天才之作家也。

第十篇　秦

始皇为人——皇帝之尊严——官制——疆域——关中之经营——驰道——法令制度——文字——思想——安宁人民——北筑长城——南征——兴土木——始皇死——秦之覆亡——覆亡之主因

始皇为人　秦王政统一中国，成立从古未有之大帝国。初，前259年，王生于赵都邯郸，后八年返秦；十三岁嗣父为王，政事决定于太后及相邦吕不韦。国中数有祸乱，乃以严刑立威。王年稍长，益留心国政，其聪明才力渐使不韦有所忌惮；并能平定叛乱，免不韦职，时二十一岁也。王壮年亲政，有并灭六国之雄图，又虚心纳谏，尊用才能之士，前221年统一中国。王之劳苦过于常人，及为皇帝，仍极勤于政事，从无自逸之思想。方士言其不可求得仙药曰："天下之事无大小，皆决于上。上至以衡石量书，日夜有呈，不中呈，不得休息。贪于权势至如此，未可为求仙药。"此为非议，而始皇之勤劳，于此毕见。泰山石刻铭文言：“皇帝不懈，于治夙兴夜寐。”琅邪台石刻称其“忧恤黔首，朝夕不懈”。铭文与方士所言相互证明，皇帝知其责任而勤劳至此，我国史上实无几人。

始皇决定政事可得为所欲为，然常征求臣下之意见，处理大政。盖一人之知识经验有限，大政苟不从长计议，将或病民误国也。《始皇本纪》记其诏下群臣议者共有四事，兹引其一为例。秦灭六国，采行郡县制。始皇三十四年（前 213 年），置酒咸阳宫，博士七十人前而为寿，仆射周青臣称颂威德，始皇悦之。博士淳于越进言，皇帝不封子弟功臣为枝辅，缓急无以相救；青臣面谀，以重陛下之过，非忠臣。始皇下其议。初，中国统一，群臣请封子弟功臣，李斯力排众议，独言不可，始皇从之。郡县制行之九年，成效昭著，为政府确定之政策，乃以越言复下吏议。其态度之谨慎、乐于接受忠言，远过于后世之君主。越斥青臣面谀，是在群臣之前言皇帝之过。若在后世，将为大不敬，罪至不测，即仁厚之主，亦或将治越罪，而始皇淡然视之。李斯复奏，有持前议。始皇对于治国大计，往往先交群臣论其得失。大臣以其讨论之结果上奏。其与众议不同者亦可单独奏言。然后，皇帝审其所议做一最后决定。其所决定者就当时情状及流行之思想而论，多为英明之处置。

皇帝之尊严　始皇统一中国，其地位之高尊，过于先时。王时为国君之尊称，自七国称王以来，渐不为人所重。秦昭王尝自称帝，而诸侯不肯尊之，复去帝号。始皇并灭六国，不慊于王号，令群臣议定尊号。群臣请称“泰皇”，改命为“制”，令为“诏”，自称曰“朕”。王改“泰”为“皇”，采用帝称，号曰“皇帝”，余如群臣所议。帝为有天下盛德之君，皇作形容词用，有光辉盛大之意，始皇合而为一名辞。后人称其自谓德兼三皇，而以为号，乃附会之说。命令二字习用已久，沿用亦影响皇帝之尊严。朕为代名辞，古人上下皆得称朕，皇帝称朕，他人始不得用。皇帝制称：以行为谥，是子议父，臣议其君，废去谥法，自为始皇帝；后世以二世、三世计算，至于万世。此亦所以提高皇帝之地位。其君臣宴于宫中，犹能自由对语，或面陈皇帝之非。

官制 秦代官制，《史记》未详记载，惟称汉沿秦制，官名少所变改。实则官名虽同，而职权则以环境之嬗变，先后常不一致。兹据《史记》之片断记载，叙述秦之官制。据琅邪台石刻所记之从驾大臣，其侯爵有二：一曰列侯，一曰伦侯。列侯爵高于伦侯。封侯为秦旧制，吕不韦为文信侯，食邑十万户，则其一例。据此，始皇封立之侯，当有食邑。战国时，君侯虽有食邑，仅得食其税租，而政权则归于王。秦侯当亦如此。石刻所记之列侯：一为王离，一为王贲。离为王翦之孙，袭爵为侯。贲为翦子，以功封侯。铭文所记伦侯三人，史未记其功业，始皇优待功臣，重用其子孙。侯不为丞相，丞相分置右、左二人。后二世用宦者赵高为丞相，乃有中丞相之称。丞相佐治国政，位尊权重。其下为卿，卿为旧官，各有专职。统一后，政事繁重，人数当有增加。而石刻所记仅有二人，当有留于咸阳办理庶政者。卿下有五大夫二人。大夫旧为周官，位次于卿。五大夫为秦爵之一，位居第九，而铭言之，岂其所司重要邪？汉时御史大夫为帝亲臣，职近于后世之秘书长，位次丞相。班固言为秦官，而汉因之，铭文并未提及。大夫下为博士。博士七十人，与闻政事。秦王主兵之官，《史记》未有说明，惟称二世时，将军冯劫与丞相进谏。将军应为主兵之长官，而《汉书》称为太尉。岂郡置尉主兵，而遂以中央主兵之官为太尉邪？

地方官为两级制，上者曰郡，下者曰县。郡之面积大小悬殊，边地设郡较多：一由于边防重要；一由于并灭赵、燕，而未变更其行政区域。《史记》称“郡置守、尉、监”。其下，县之组织史无说明，后人言置令、尉、丞。郡守、尉、监之职权及其关系，史无说明。据吾人所知之事实而论，守为旧官，为一郡最高之长官；尉、监则其属吏。班固称：尉佐守典武职甲兵。监之所司则无说明，要不外佐守治政，兼稽察郡属诸县之吏治。令为一县长官，韩非言其待遇之优厚，过于古代之王，秦制当亦如此。尉丞皆令之属官。其下则以地方人士充任。长官由皇帝任命，执行其制诏，及公布之法令；并谋人民之利益，维持治安等。人民之登用、官吏之考核，皆以史料缺乏，不可确知。

疆域 始皇统治之疆域，琅邪台石刻云：“六合之内，皇帝之土。西涉流沙，南尽北户，东有东海，北过大夏，人迹所至，无不臣者。”始皇并灭六国，尽有其土地。北边以匈奴为害，遣将伐之；三十二年（前 215 年）略取河南地；明年发兵南取陆梁地，为桂林、象郡、南海三郡。此《史记》所记之史实，当有说明之必要。战国时，燕东北境达于辽东地，尽为秦所有，史称其长城东起辽东。长城今起山海关，辽东古为空泛地名，临榆一带，亦称辽东。近人谓秦长城达辽东半岛，并无可信之根据。《史记》言秦东至朝鲜。汉初，其地望在今辽宁省东南部及朝鲜北部。此其王卫满经营之结果，其前将更狭小。至朝鲜，不过秦与之为邻而已。北境限于长城以南，其缘边诸郡皆沿燕赵之旧。陕北为蒙恬所开拓，所谓河南地，汉人称为新秦中，当在今长城以内。《史记》又称秦师渡河，取高阙等地。长城在黄河北岸者，今为宁夏甘肃一部分。长城西起临洮，临洮指临近洮水之城邑而言。其西段至嘉峪关，乃汉武帝所筑。古人称大夏在太原晋阳县。秦地当北过大夏，则无可疑。北户即《史记》所言之北向户。楚地或达于今湖南北部，秦有楚地，湖南为最南之土地。后人称北户为安南北部。其时，秦师尚未南征，何能至此。其他附会之说，皆不足信。其东境临海者，有今河北、山东、江苏及浙江一部分。此秦统一初年疆域之大略也。

《史记》称二十六年（前 221 年），始皇分天下为三十六郡，但未列举郡名，致后世言者不同。王国维为文考证，列举郡名；进而称三十三年（前 214 年），设桂林、象郡、南海三郡，又北拓地为九原郡；二世时，置陈、东海二郡，凡四十二郡。以前七国地望言之，秦地六郡，曰：巴郡、蜀郡、汉中、陇西、北地、上郡。取于胡越者，亦有六郡，曰：会稽、闽中、南海、桂林、象郡、九原。楚有八郡，曰：南郡、九江、泗水、东海、长沙、薛郡、黔中、陈郡。赵有八郡，曰：太原、上党、巨鹿、云中、雁门、代郡、邯郸、河间。燕有五郡，曰：上谷、渔阳、右北平、辽西、辽东。韩魏七郡，曰：河东、三川、东郡、颍川、南阳、定陶、砀郡。齐有二郡，曰：齐郡、琅邪。凡四十二郡。王氏又疑秦于齐燕地增置六郡，合计四十八郡。推论有不少可议之点，其明显者，郡多在边地，盖便于防御外患，内地置郡，是否若王氏所言之多，为一问题。其尤严重者，长沙、闽中是否如后人所言之地域而为秦郡也？兹以长沙为例，汉末长沙国有今湖北南部及湖南北部，凡四万余户；汉初，只二万余户，半为蛮夷，君长称王。秦时，当必更甚。

巴蜀为秦西南地，经营始于战国之世，始皇放逐罪人于其地。二郡在今川北及成都平原。平原为肥沃之盆地，而秦迁人多不愿往。汉人当不甚多，而地未尽开辟。巴蜀因大巴山而得名，地在川北，川东距之太远，乃逐渐经营之结果。黔中非今贵州湘西一带之地，盖距汉中不远。南郡地多蛮夷，长沙更甚。其南，史称陆梁地，后为三郡。秦亡，赵佗据其地，为南越国。自长江上流而下，南岸多未开辟，北岸户口并不甚多，淮南则较发达。东越、闽越、秦亦不能为有效力之统治也。要之，秦郡多在黄河流域，人口以其为最多；淮南则渐开辟，中国大规模之经营南方则始于始皇。南方之开辟，系长期经营之结果，而基础则立于秦。

关中之经营　始皇治国之思想，颇受儒家之影响，自知责任，不肯自逸，复主张以德化民，欲其富足。儒家提倡之礼教，始皇且欲严厉推行。兹举一二明例，说明其欲改善人民之生活。始皇嗣位初年，韩水利专家郑国，说秦凿泾水溉田三百余里。渠成，溉田四百余万，皆亩收谷一钟，钟为六石四斗。其地为冲积平原，土地肥沃，但以缺水成为荒地，一旦有水灌溉，其所含之植物营养料，多于耕种之地，生产量当必甚高，秦量且少于今日所用之量。于是秦益富强。及中国统一，关东户口太多，而关中地广人稀，尤以巴蜀为甚。始皇曾迁罪人于其地，一次四千余家。至是，《史记》称其“徙天下豪富于咸阳，十二万户”。户就五口计算，凡六十万人。咸阳久为王都，户口当已不少，盖无容六十万人之房屋，岂始皇迁之于关中而司马迁称为咸阳邪？后取匈奴之河南地，又徙十二万户于边邑。此所以解决人口问题，且防御外患也。

驰道　秦地广大，内外信息之传递，贵能迅速。战国时，大国地方数千里，交通非有重要之改善，则中央集权政治将遭遇严重之困难。其改善之情状，惜无记载文献。及始皇分天下为郡县，国内军国大政皆决定于皇帝。促进交通发达之需要当为其所认识。平定中国之次年，即治驰道。其碣石铭称“夷去险阻，地势既定”，则道路之建筑，乃化险阻为大道也。汉人言秦驰道曰：秦“为驰道于天下，东穷燕齐，南极吴楚，江湖之上，濒海之观，毕至道广五十步”，工程之浩大可以想见。始皇出巡，大臣从行，护卫之士甚多。驰道必甚宽大，车驾过后，当许人民使用。要之，驰道便于信使之往来，促进中央地方政府之关系，有助于民间行旅运输之发达，当为伟大建设工程之一。

中国既为统一之国家，法令制度之当统一，毫无可疑。其先，儒墨二家之学说盛行，政治主张皆大一统。其弟子散居各国，颇促进文化之统一。秦灭六国，关东各国旧制有与秦异者，始皇乃推行秦法于全国。兹言其重要者于下：

法令制度 战国之世，七国成文法数有增加，并渐趋于严密。秦灭六国，推行秦法于新得之土地，颇为有效，皇帝制诏同于法令，会稽石刻铭严禁淫泆，则其一例。制度推行于全国者，有车轨、度量衡、货币等。《史记》言秦与六尺且曰：“车同轨。”车为交通工具，各国所制之车，初不相同。车之重量集中于车轮，易于毁坏道路。秦令车皆同轨则路可特别建筑，令其坚实，便于车行也。春秋时，各国度量衡不一。卫鞅划一秦之度量衡，并强制执行。始皇推行秦制于关东，《史记》所谓：一衡石丈尺也。秦尺长约英尺十分之九，里当为英里四分之一。石或斛之容量为一立方英尺四分之三，重四十五磅。石为一百二十斤。斤约有一磅五分之二。秦亡，汉沿用其制。秦之货币，班固于《汉书·食货志》称币分二等：一黄金，黄金为上币，以溢为单位；二钱，“文曰半两重如其文”。其鼓铸之量数，不敷全国之流通而时人仍多物物交换也。

文字 我国文字源出于商周。秦居西周旧地，沿用其文字。及战国之世，关东异形字渐多。秦灭六国，统一文字为不容缓之要政。汉人称秦所用之文字为小篆。许慎于《说文解字·序》称李斯等作小篆曰：“斯作《仓颉篇》，中车府令赵高作《爰历篇》，太史令胡毋敬作《博学篇》，皆取史籀大篆，或颇省改所谓小篆者也。”实则小篆先于斯等作书而成立，传世之秦器上之文字，皆可为证。许慎谓史籀为周宣王太史籀，曾著大篆。大篆系沿商周之旧。世有史籀，不过如许氏所言斯等之作小篆。斯等之工作略近于后世之法帖，所以便利关东人士之学习，收同文之功效。相传隶书作于秦史程邈，许慎言：始皇使邈作小篆，其言先后歧异。隶由篆笔画减省而成，亦自然演变之结果。始皇统一文字，则大功告成。

思想 先秦诸子倡言一说，儒家大师不能容许异己学说之存在。韩非进而以微妙之言、上知之论、商管之法、孙吴之书，皆为无用；而为明主所必禁。其积极主张，则为统一思想。二家学说于时颇有势力，李斯乃实行其主张。其事之起，由于封建郡县之争论。博士淳于越请复封建，始皇下其议，李斯奏言：古不足法，诸生不师今而学古，非议时事，“如此弗禁，则主势降乎上，党与成乎下”，“请史官非秦纪皆烧之；非博士官所职，天下敢有藏诗书百家语者，悉诣守尉杂烧之”，“若有欲学法令，以吏为师”。李斯以为民间藏有书籍，为“非法教”之主因，别黑白而定一尊，困难即可解决。其建议影响学说之进步者至巨。焚书不能改变儒生之意见，而反增加其恨恶。后世儒生常以此为始皇之罪，但仍主张焚烧异端之书。民间之书焚烧，而宫中之书盖未焚毁。令下，民仍有私藏者。其明年（前212年），方士卢生等讥非始皇，后亡去。始皇使御史案问为妖言之方士，坑其犯禁者四百六十余人。其人皆望星气、求仙药之术士，而后人称之为儒，岂其服饰相同邪，方士创为怪诞之说，靡费巨款，其死殊不足惜。始皇平日信之，当有责任。始皇又信邹衍五德终始之说，以周为火德，秦代周兴，当为水德；旗帜尚黑，改黄河曰“德水”。

安宁人民 始皇所为，多因时制宜之举措。统一之初，颇欲安宁人民而欲国为子孙万世之业。兹引举二三事例为证。初灭六国，丞相王绾以燕、齐、楚地远，治理不便，请立诸子为王，以镇抚之。始皇下其议，群臣皆以为便。独李斯奏言不可，略称：周初封立诸侯，其后相攻如仇雠；今为郡县，厚赐诸子功臣，易制天下，为“安宁之术”。始皇从之，其见解实高于时人。郡县非创于始皇，特始皇用之于广大帝国。郡县制优于封建制，行之减少不少之祸乱，称为“安宁之术”，吾人当不能予以否认。七国初以战争之故，各建筑坚固之城郭以资防守。碣石铭云：“初一泰平，堕坏城郭，决通川防，夷去险阻。”秦之堕城去险，以示不复用兵；决通川防，既减少水灾，又利于灌溉与交通，为惠民之政。其可附言于此者，尚有收兵器而销毁之。初，始皇收聚六国兵器于咸阳，贾谊《过秦论》称其铸兵以为金人十二，以弱天下之民。此为《史记》所本。其先，兵器以铜制造；战国时，改用铁造。铁铸之兵器，锋利远过于旧兵器，国君有销铜兵制造器物者。其时，已至铜铁交替时代，始皇以铜铸成铍鑪金人当无可非之处。金人重量，古书所言不同，后为董卓所销毁。亦有言其未尽销毁，而有为苻坚所毁者，真相不可尽知。

北筑长城　国中安宁，始皇以为祸患或生于侵扰边境之戎狄。战国时，大国境内之戎狄，多已同化。燕赵边境，与匈奴为邻。其人以游牧为生，善于骑射，常为边患。燕赵筑长城防之。秦北边亦筑长城。秦灭燕赵，北边益广，当驻兵防其入寇。三十二年（前 215 年），方士奏录图书云：“亡秦者胡也。”始皇使蒙恬发兵三十万北击之，此为附会之说。《蒙恬列传》则与之异，略称：秦并天下，“使恬将三十万众，北逐戎狄，收河南，筑长城，延袤万余里”，“暴师于外十余年”。恬传所记较近于真相。秦所筑之长城，《匈奴列传》称：“因边山险堑溪谷，可缮治者治之。”司马迁尝游长城，记其所见曰：“吾适北边，自直道归，行观蒙恬所为秦筑长城亭障，堑山堙谷，通直道，固轻百姓力矣。”据此，长城为恬所筑，当非燕赵之旧。长城之内，徙民居于新之土地，更驻兵于要邑，谨烽火以备胡人之袭击。城为古代防守之利器，胡马不能冲入自下仰攻，非有重大之代价不易陷之也。

南征　始皇出兵南征，《淮南子》称其发卒五十万，分五军前进，三年不解甲弩；又凿渠通粮道，竟为越人所败，乃发适戍以备之。故事可疑之点甚多，《史记》未采其说。《秦始皇本纪》云：“三十三年（前 214 年），发诸尝逋亡人、赘婿贾人略取陆梁地，为桂林、象郡、南海。”陆梁初未见于古书，《高祖功臣侯年表》有陆梁侯，称其得“自置吏，受令长沙王”。其地当距长沙不远。新得之三郡皆蛮夷旧壤，地险林密，潮湿多雨。秦人所居，盖为冲积平原、交通便利之区域。其僻远或山林之地，则为蛮夷所居，非秦政治势力之所能及。无论若何，中国经营南方，则始于秦。其为我国疆域之一部分，基础乃立于秦，始皇之功，不可没也。

兴土木 咸阳为秦国都，城不甚大。及中国统一，政事益繁，官署之组织扩大，官员数有增加，宫殿当不敷用。秦工人技术不及东方，建筑物当亦不如。至是，可令关外工人入秦建筑宫殿。《史记》称：秦每破诸侯，辄仿造其宫殿。时方对外作战，始皇盖不愿大兴土木，即或有之，规模亦不能大。统一之后，始皇东出巡游，行宫遍于全国。《史记》称关中离宫三百，关外四百余。三十五年（前212年），始皇以咸阳宫小，营作朝宫于渭南上林苑中，即世人盛称之阿房宫。秦亡，工程犹未完成。建筑材料多运自远方，工人七十余万，分作阿房宫及郦山寿陵。始皇没，二世暂罢官工；葬后诏令复工，后为项籍所焚毁。始皇又好神仙，欲得不死之药，信方士怪诞之说，遣徐市等率童男女入海求之，费以巨万计，终不能得；求古仙人，亦无所遇，终坑其有罪者四百余人，始皇可谓善于补过矣。

始皇死 三十七年（前210年），始皇东巡，左丞相李斯从行，少子胡亥请从，始皇许之。东至平原津而病。始皇未立太子，长子扶苏颇有才能，奉命监蒙恬军于北方。《史记》称其谏坑儒所致，颇有疑问。及始皇病甚，令赐扶苏书，与丧会咸阳。中车府令赵高行符玺事，未以书授使者。而始皇死于沙邱，李斯秘不发丧，惟胡亥赵高等知之。高尝教胡亥书与法令，后曾犯罪，蒙毅治之，当死，始皇赦之，并复其官。毅为恬弟，为始皇所信，位为上卿。及始皇病，使毅祷于山川，未返而始皇死。赵高欲立胡亥，李斯从之；乃诈为书赐扶苏、蒙恬死，立胡亥为太子。扶苏自杀，胡亥闻而大喜，至咸阳发丧，自立为二世皇帝，以高为郎中令，亲信用事。高恶恬兄弟，谗之。二世竟赐之死。

秦之覆亡 二世嗣位，信任阴谋奸贼之赵高，而徒以严刑立威，疑诸公子及大臣不服其为君，杀公子十二人、公主十人，财物尽入于官，相连坐者，不可胜数。公子高惧祸及己，上书称：先帝待之甚厚，“请从死，愿葬于郦山之足”。高为二世之兄，竟不能自全，出此下策，抑何可哀。胡亥大喜，“赐钱十万以葬”，此《李斯列传》所记之故事，而《始皇本纪》所言则与之异，略称六公子戮死于杜，公子将闾昆弟三人，囚于内宫，二世令其自杀，将闾自言无罪，兄弟皆呼号流涕，迫而自杀。吾人限于史料，不知其真相。无论如何，二世杀其诸兄则为事实。赵高总揽大权，知宗室大臣怨己者众，恐其毁己，说二世不见大臣。二世居于深宫，赵高侍从，军国大事皆决于高。二世元年（前 209 年），陈胜起兵为乱。初，秦发卒北戍渔阳，陈胜、吴广当行，天雨失期，法当斩，起而为乱，诈称：公子扶苏、楚将项燕，自沛郡蕲县徇地；比至陈，人数大增；郡县苦秦吏者，皆欲应之。胜遣将分兵徇地，六国旧地遂在混乱之中。胜遣将西击秦，秦将章邯拒战，破之。其复西上者，亦败。秦军乘胜而东。胜为其下所杀，距其起兵为时六月。魏、楚、齐、赵、燕据地反秦者犹众，章邯击败魏、齐之兵，又败杀楚将项梁，引师围赵。楚将项籍统军援赵，数败秦兵；而章邯所部尚有二十余万，竟以赵高害己之故，胜负皆死，诈以秦兵降楚将。刘邦取道武关，深入秦地，秦事遂不可为。

祸乱之起，由于民不堪命，政府应即除去民间所苦之虐政，或可早平祸乱。而二世方急治阿房宫，聚狗马无用之物；又杀害其将相。其右丞相冯去疾、左丞相李斯、将军冯劫谏称：关东群盗并起，皆以戍漕转作事苦，而赋税重大。请止阿房宫作者，并减省四边戍转。三人鉴于时事之严重，合辞奏请，以为能有所成。二世大怒，下三人吏。去疾、劫自杀，斯为二世所杀。二世前杀蒙恬兄弟，后杀将相三人。其人皆杰出之士，朝廷上无出其右者。赵高乃为中丞相，以宦者故也。于是国中事无大小，皆决于高。相传高以鹿为马，验察二世左右，因事诛杀其言鹿者。事之有无虽不可知，而高固可为所欲为。其时，章邯围赵，恐为高所谗害，惧而降楚。秦之覆亡，二世、赵高各有重大责任。项籍率大军而西，刘邦亦自武关攻秦。赵高以二世责之，惧祸，使其党与为乱，逼令二世自杀；并谓秦应改号称王，立二世兄子婴为王，欲于受玺时杀之，与刘邦分王关中。公子婴杀高，灭其三族，为秦王四十六日而刘邦兵至霸上，迫而出降，时公元前 207 年也。

覆亡之主因 秦之覆亡，一由于胡亥之愚痴，一由于赵高之专横，负有盛名之将相，皆被杀死，章邯迫而降楚。秦兵败于外，而国中祸乱迭起，刘邦逼近咸阳，智者不可为谋，勇者不能为力矣。人民铤而走险之主因，则为徭役赋税之苛重。始皇统一中国之初欲使“黎庶无徭，天下咸抚”，后则役苦税重。徭役为旧有制度，其先国小，人民早出服役，晚可归家；地方千里，则多困难。徭戍于数千里外之边地，则始于秦始皇治驰道于国中，巡游四方，侍从之供给、行宫之建筑、阿房宫之经营、郦山陵墓之建筑，无不需用巨大之经费。其北筑之长城，尤为浩大。汉人言其运粮，“率三十钟而致一石”。计其所费，凡用粟一百九十二石，方致一石于目的地。凡此边防工程及开拓之新地，后人所得之利益，远过于时人。时人担负一切费用，自不胜其苦而思乱也。祸乱初在楚地。楚地广人稀，距秦甚远，统治不易，为群盗聚集之所。汉人称秦法严酷，不过供狱吏为非耳。其政治组织不尽适宜于新环境，无可否认者也。

秦灭诸侯，历百余年，而始成功。始皇统一，迄于子婴出降，历时凡十五年，祸乱三年而亡。祸乱起于所忽，猝然作难，响应者众，以致防不胜防，而成不可收拾之局势。始皇初堕坏城郭，乱起，郡守、县令多不能守城。人民助吏守城者，刘邦、项籍皆会坑之。此为盗贼残酷性之表现。秦亡，而屠杀益为残酷。兹引《中国史》第二册一段，以做此篇之结论。其言曰：“秦亡，汉沿用其制度。群雄举兵不过利用时机，而欲取而代之，原无改革救民之心。其人多为盗贼，吾人自不能以此责之。彼囿于成见之书生，讥议始皇，并抹杀其功业，则吾人实难接受其意见。始皇并灭六国，十数年中国中未有内乱，人民除税重徭苦而外，尚能安居乐业。始皇礼敬寡妇清（以矿致富），尊显乌氏倮（以畜牧致富），其欲民富，殆无可疑，乃因建设多而工程大，为人民所恶。祸乱既作，人民所受之痛苦，过于其在秦时，吾人所当深切认识者也。”

第十一篇　汉高祖

刘邦入秦——项王之威权——祸乱之复起——社会制度之变更——汉郡——诸侯王——列侯——天子之尊严——三公——九卿等官——法令——南方诸国——匈奴

刘邦入秦　初，群雄起兵反秦，扰乱之区域除韩而外，多非秦势力所及，楚、魏、齐、赵、燕皆自立国。其称王者，或为六国之后，或为部将所推，或豪士起兵杀秦官自立。其基础犹未巩固，部将常叛，兵为乌合之众，故为秦军所破。章邯攻赵，为项籍所破，惧而降楚。籍将大军西行入关，刘邦已自武关入秦矣。邦，少而无赖，家贫不治生产，后为亭长，尝至咸阳，见秦宫殿不胜羡慕；既而坐法出亡为贼，及陈胜起兵，其从已数百人。项梁先世为楚名将，起兵于江东，统之北上。邦往见梁，梁益以兵。梁败死后，邦率数万士卒攻袭河南城邑，不下者辄引兵去，辗转取道武关入秦。邦数诱说秦将，然后乘其不备袭破其军；次于霸上，遣使约秦王出降，秦王从之。刘邦西入咸阳宫殿，仓廪未受损失，自以为当王关中，禁士卒为暴于民间，军粮以仓廪之充实，无须征之于民，亦不受民献。邦以秦法严酷，与父老约法三章：杀人者死，伤人及盗抵罪，余悉除去秦法。此乃要结人心之临时办法，邦后据有关中，未有守其诺言。事实上，社会组织益趋复杂，法令应需要而增多，约法三章或可行于组织简单之社会，而不适用于领土广大之国家。刘邦欲王于关中，遣兵防守函谷关。无纳诸侯兵并征兵以自益。

项王之威权 前207年冬，项籍率诸侯兵破关入秦，军次于戏，欲击刘邦，赖籍季父解说始已，邦往谢籍，恐为其下所杀，不辞而去。籍旋引兵至咸阳，多杀人民，害秦降王，烧其宫殿，收其宝器、妇女而东。其先，曾坑杀秦降卒二十余万，秦人大为失望。项籍既握实权，尊楚怀王为义帝。怀王、楚后，为项梁所立。籍复强其迁都，使人杀之，自称西楚霸王，王九郡都彭城，乃以余地分封诸将。楚地尚有九江、衡山、临江三王。魏地一部分并入于楚。秦地分为四国，以刘邦为汉王，王巴、蜀、汉中郡。有卒三万，慕从者亦有数万。项王三分关中，王秦降将章邯、司马欣、董翳。三人深为秦人所恶，刘邦则为人心所归。赵分二国，一曰赵，二曰代。燕为二国，曰燕、辽东。齐为三国，曰齐、胶东、济北。魏为二国，曰西魏、殷。韩为二国，曰韩、河南。合计凡十九国。其封有三县及十万户者，尚未计入。封建制度之恢复，全为环境势力所支配。初陈胜败死，说者称其失败由于不立楚后，而自称王。项梁竟信其说，求立楚后。既而韩、魏、齐、赵四王，亦为前王之后；富于野心之豪杰，亦欲据地称王。时事之演变充分证明，六国后之为王者，皆无功绩显著于时，徒以贵族血胤而居于臣民之上，历时稍久，自不能维持其地位，将相之有才能者，将有取而代之之思想。项王所立诸侯，既非其同姓，又非其姻亲，特以一时之利害，服从其命令。诸王就国皆自主其内政外交，将视利害乱定其与国，大乱遂在酝酿之中。

祸乱之复起 诸侯中不满意于项王之举措者，有刘邦、陈馀、田荣三人。刘邦僻处秦岭之南，心怀怨望。陈馀为赵将军，与赵相张耳齐名，以不从入关，项王封以三城，而立张耳为王，馀愤恨不平。田荣初为齐相，不肯出兵援楚救赵，故不得王，亦怨项王。陈馀遣使说荣出兵，助其袭击张耳。荣从其请，张耳败走，馀有赵国，迎立前王歇复为赵王；馀为代王，以王弱而留赵傅之。田荣复发兵巨击项王所立之新王，又杀其故王，尽有三齐之地。燕分二国，项王以前燕王为辽东王，而王不肯就国，为新燕王所杀，复为一国。齐在楚北，为楚兵力所及之地。项王出兵伐齐，田荣败走，为下所杀。楚兵为暴于齐，齐人相聚叛之。荣弟横收聚散兵，与楚抗战。其时，汉王已定关中，率诸侯伐楚，入于彭城。项王闻而还师，齐乃复国。初，刘邦居于汉中，将士吏卒多欲东归，邦亦不欲居于僻远之地，听信萧何之言，拜韩信为大将军。信善于谋略，能忍小忿；至是部署将准备出兵，约七八万人，其势锐甚。前206年秋，汉兵出褒城北袭关中，攻取三国之地，势如破竹，距其就国仅历三月耳。项王限于交通，无法击汉，令郑昌为韩王，将兵居于韩地，距塞汉兵东进之路；而自引兵击齐。明年，汉王统军出函谷关，河南国降，郑昌亦降；另遣兵出武关，据有南阳一带之地，关中则留萧何治之。汉王于新得之地，改置郡县；旋复降魏、破殷，东与项王争夺天下。项王欲待破齐后击汉，而汉兵已入彭城，乃从间道归，击汉军，大破之。刘邦西逃，楚兵未即追之，因得收聚散兵。九江王叛楚，亦楚军不进之一原因。

汉王聚集大军固守荥阳，项王虽胜，而汉仍处于优利之形势。从汉诸侯于彭城败后，复与楚和亲。汉王遣韩信渡河击魏，平之。赵以张耳在汉，与楚和亲。韩信伐之，陈馀聚兵应战，败死。韩信乘其战胜之威，遣使约燕降汉，燕王从之。汉王于信攻取新地，辄使人收其精兵，南诣荥阳。于是汉地广而兵益众。楚之与国，唯齐为大。初田横复定齐地，立兄子为王，复与楚和。其时汉兵固守荥阳，项王求战不得，侵夺其运粮之甬道。汉军乏食，刘邦使人诈为王驾出降，而与数十骑乘间逃去。项王闻其在宛，引兵而南。汉军不与之战，军不得西上。会盗魁彭越扰于梁地，汉王拜为将军，越乃助汉，大为楚害。项王败越，复攻汉王于成皋。汉王败而渡河入赵，令张耳守赵，遣韩信击齐，而以精兵南援成皋。其作战之策略，则固守不与楚战，另遣兵入楚与彭越合作，绝其粮道，以困楚军。韩信将兵而东，汉王又遣使说齐叛楚，田横许之。韩信袭破齐师，齐乃乞援于楚。项王遣将赴援，为信所败。彭越又烧楚粮，项王亲往击之，令将固守成皋，而将不听，致楚军大败。项王闻而还师，汉军复守险不出。楚汉战争数年，死亡惨重。楚补充之士卒日少，军粮更为严重之问题。项王以韩信之力足以决定楚汉之命运，使人说其三分天下，而信不从。彭越又为楚心腹之疾，项王乃许汉和，中分天下，归汉王家人。楚汉约成，士卒皆喜，国中将无战事，人民可得安居乐业。项王罢兵东归，汉王听其谋臣之计，进兵追之；期约韩信、彭越击楚，而二人兵不至，汉军又为项王所败，复坚壁自守。汉王许益信封地，并以梁封越，更诱楚臣归汉。汉王五年（前202年），汉王与诸侯兵击楚。项王军壁垓下，众可十万。韩信将三十万众，击败楚军。项王困于垓下，夜闻楚歌，惊而谓汉已有楚地，溃围南驰，楚军遂败。项王为汉骑所追，自杀于乌江。项王恭敬勇捍，为汉王所不及，唯太重视爵、邑，而不为急功好事者所附。重用其亲友故人，为其失败之一因素。项王固豪杰之士也。

社会制度之变更　汉王灭楚而为天子，为事理之当然。诸侯请上皇帝尊号，汉王不许，而诸侯固请，遂即皇帝位。余于《中国史》第二册论其事曰："此为匹夫为帝之始，前古所未有也……商周稍有可信之史料，而最高之统治者全为贵族，其所用之卿大夫亦为世袭之贵族……其礼乐车服及日常享受之生活，皆远过于平民。平民无上进或为贵人之机会，为一明确之事实。周末政治、社会、经济制度有激烈之改变，平民始有受教育之机会。才能之士遂处于重要之地位，仕至卿相，而国君仍为世袭，其夺位或篡国者，非贵族则不可能。秦并六国，向之贵族降为庶人，秦亡，其贵族亦全消灭。此为社会制度重大之变更。群雄之初起兵，犹欲立六国之后……战事进行之际，贵族子弟未有战功，亦无统治才能，渐而不为时人所重。项王所封十八国王，唯韩、魏、代三齐六国之君，为前王或宗室之后，占全数三分之一。汉王即帝位之年诸侯王七人，唯韩王信为韩庶孽，占总数七分之一。其余六人，唯吴芮曾为秦吏，余皆平民，甚者贫乏无以自存，其尤下者，则流为盗贼，英布、彭越是也。"要而言之，新制度之产生，常非一朝一夕之故。刘邦之为天子，值逢时机而已，代价则极重大。初群雄攻城略地，人民拒守而城陷者，常不免于诛杀，即史所言之屠城也。二军作战，军粮财物将必征取于民。士卒多为壮丁，史未记其死伤数字。然就片断记录而言，章邯所破诸侯兵约近百万，围赵之役，双方死亡应有相当之重；项王复坑杀降卒二十余万；汉王起兵破降诸侯，死亡之数全不可知，其东入彭城所部五十六万，及为项籍所败，死于水者十余万人；楚汉相持于荥阳、成皋，死亡更为惨重；韩信所杀诸侯之兵，亦数十万。垓下之战，楚军十万，死于战者八万，汉兵死亡当亦不少。余曾估计直接死于战争者，盖逾三百万人；间接死者，数必更多。壮丁不足，更以老弱运输军粮，致土地荒芜，而死于饥饿者甚多。户口减少，盖占总数百分之七十。

汉郡 刘邦既为天子，不欲变更政治制度，乃行郡国并行制。郡县制之优点，深为刘邦所认识，封立王侯非得已。《史记·汉兴以来诸侯年表》称：汉有三河东郡颍川南阳，自江陵以西至蜀，北自云中至陇西与内史，凡十五郡，而公主列侯颇邑其中。司马迁未曾列举郡名，所指者常为河东、河内、河南、东郡、颍川、南阳、南郡、巴、蜀、陇西、北地、上郡、云中、内史十四郡。汉中、上党见于纪传，则未言及。据此汉凡十六郡。后以云中属代，为十五郡；旋复云中郡，罢东郡、颍川，为十四郡。汉郡先后不同，十五郡则历时较久，故司马迁以之为言。班固称高祖置二十六郡，则不足信。就今地名而论，汉初直辖地为陕西、河南大部分，甘肃、四川、湖北、山西各一部分。高祖初都于雒阳，后徙都长安。丞相萧何营造宫殿，颇为壮丽。高祖又强本弱末，徙六国后及豪杰名家于关中，凡十余万口。《史记·货殖列传》称："关中之地，于天下三分之一，而人众不过什三，然量其富什居其六。"其言当有相当之根据也。

诸侯王 封立功臣为王国，非高祖之本意。其视经营之土地人民为产业，欲其为子孙万世之业，乃本于疑忌之心而杀功臣。功臣为王者，据有广大之土地，自主其国政，并有可用之兵，故为其所疑而欲去之也。其所立之王国有七：一、楚王韩信；二、淮南王英布；三、梁王彭越；四、韩王信；五、赵王张耳，耳时已死，子敖嗣立；六、燕王卢绾；七、长沙王吴芮。诸王中以楚王韩信功高多才，深为高祖所忌，乃先失国。高祖以韩地扼要，徙韩王信王代，而以其地为郡。信为匈奴所攻，不胜降之。张敖帝婿，高祖遇之如奴。其臣怒欲杀帝。事发，敖降为侯。彭越为人所告，帝遣使掩捕越，赦为庶人，旋为吕后所杀。英布惧而亦反，帝亲督兵与战，败之。于是异姓诸侯王唯燕及长沙尚存。长沙蛮夷居半，地盖吴芮之所经营，又潮湿气重，非北方人士之所愿居。卢绾与帝同里，幼相亲爱，壮从出入，亲信过于萧何，故得为王；后亦惧罪，不敢应召入京，帝遣将击之。帝更立南武侯织为南海王。织为部落酋长，汉不过予以名义。异姓诸王，次第翦灭，高祖立宗室子弟代之，以为将能比隆周室。诸子未成年留养于京师，帝命相国代治其国。其地大者，或五六郡，连城数十。王至壮年，皆自亲政，置百官，宫观僭于天子，乃为祸乱之因素。

列侯　国之小者曰侯，一作通侯，或称列侯。帝初封大功臣，其余争功未得行封，有谋反之意。帝听张良之言，促丞相急定功行封。《史记·高祖功臣侯年表列举》所封之功臣一百三十七人。司马迁序曰：“天下初定，故大城名都散亡，户口可得而数者十二三，是以大侯不过万家，小者五六百户。后数世，民咸归乡里，户益息，萧、曹、绛、灌之属，或至四万，小侯自倍。”户口增加不尽由于民归乡里，而多由于安居乐业，生殖众多也。萧、曹诸人，皆高祖功臣，而为大侯。列侯食租税，岁率户二百。千户之君，收入二十万钱。封爵之誓曰：“欲国以永宁，爰作苗裔。”不意百年之间，功臣子孙陵夷衰微，为侯者只有数人。其下有关内侯得食税如侯而已。王侯得自置吏将士有功者进爵。高爵应有田宅，然以人众之故，有不能得者。帝下诏严责长吏，其效果若何，则不可知。

天子之尊严　高祖即天子位，诸子为王，功臣各有赏赐。天子地位益高，为演变之当然结果。其宫殿壮丽，冠于全国。帝父太公尚在，帝往朝之，犹遵父子礼。太公臣说：如此，威重不行。太公于帝往朝时，拥篲迎门，却行。帝惊而下扶之，太公言：不可以我乱天下法。帝尊为太上皇，秦死人之尊称也。太公如此，家人当必有所顾忌。帝平日不拘礼节，其召见郦食其于传舍也，踞床，使两女子洗足见之。九江王英布归汉入见，帝方踞床洗足。此皆称帝以前之事，为帝自不能变更其常态。将相与之相处，当亦如此。《史记》称："群臣饮酒争功，醉或妄呼，拔剑击柱。"儒生叔孙通知帝患之，请定朝仪。帝令朝臣往从之习礼，七年（前200年）采行。诸侯王莫不肃敬；设席置酒，朝臣无敢欢哗失礼者，帝乃知皇帝之尊。

三公 高祖信用之长官，皆乡时之军吏。汉代官制沿秦之旧，丞相为最高之行政官，后称相国，位在诸侯王下。惠帝废相国而置右左丞相二人。吕后虑大臣为变，诏梁王吕产为相国。相国之位高于丞相，所以辅幼主也。吕氏亡而相国废。后置丞相一人，初以列侯有功者任之；后儒生亦可仕至丞相。丞相居百官之首，课其殿最，奏行赏罚，谏说皇帝，匡其不逮；并保举官吏、受理郡守计簿等。其职权之行使，常视其才能、所处之境遇及与其君之关系而定。汉初，丞相多有大权；景帝以后，徒拥虚名。丞相职权先后不同，其属员当有增减也。御史大夫位居丞相之次。御史掌文书，在帝左右，备其咨问，兼治文书，因得与闻国事。其长官曰御史大夫，其主要职务则传转诏旨、监察百官。兹引一二事例为证。周昌为御史大夫，高祖欲废太子，昌廷争之，且曰："陛下虽欲废太子，臣期期不奉诏。"昌素口吃，期期乃形容之；不奉诏，则诏无法传于国中。其所居之地位，略近于后世之秘书长，拟定诏策，并由其将诏传于丞相，其与皇帝接近之机会较多，而易为其所信。及中书谒者出纳王命，御史大夫传达之权为其所夺。课考地方长吏，乃为其主要职务。凡遇国家大事，皆与丞相议之，共同受郡计簿。御史大夫多由九卿或郡国守相升任。丞相出缺，常由其升补。太尉治理军政。高祖初与项王作战，自将大军于外，太尉徒拥虚名。吕后时，太尉节制警备京师之南北军。后恐其死后，不利于诸吕而夺其兵权。后事演变之结果，太尉复主兵政。文帝嗣位，复夺太尉兵权，太尉后废。武帝末年，诏霍光为大司马大将军，受遗诏辅少主，大将军之威权至重。元帝以后，皇帝庸弱，大将军以外戚或亲信大臣任之，于宫中决事权力，常在丞相之上。丞相、御史大夫、太尉为朝廷最高之长官，时人称为三公。三公初非官名，而为长官之尊称。西汉季年，始为法定官名，而以大司马、大司徒、大司空当之。大司马即专政之大将军，大司徒系丞相之改称，大司空旧为御史大夫。其上太傅，位高而无实权，当不足论。

九卿等官 三公下为九卿。卿为古官，九卿犹言众卿，初与三公对举，御史大夫以下之长官，皆得称之；后乃以朝廷九长官为九卿也。九卿：一曰奉常，后更名太常，掌宗庙祭祀、陵邑，又为星相、卜筮等学问之集中地。其所属博士，教授生徒，太常遂亦主持考试。二曰郎中令，武帝更名光禄勋，职司禁卫宫殿，有可供调遣之卫士；又有议论政事之大夫，为其属吏。三曰卫尉，职掌卫护宫门之卫兵。四曰太仆，掌车马。五曰廷尉，掌刑辟监狱。六曰典客，后更名大鸿胪，掌诸侯朝见封爵之礼，兼管归顺之蛮夷。七曰宗正，后更名宗伯，掌录宗室亲属及犯重法之宗人。八曰治粟内史，后称大司农，管钱币粮谷。九曰少府，司天子之奉养，为其亲臣，宦者、掖廷等官，皆归其管理。其地方政治，则为郡国并行制。郡沿秦制，其长官曰守，后改称太守。郡下为县，万户以上者，长官称令；不足万户者，曰长；边地有蛮夷者为道。此地方政府之组织大纲也。其长官之待遇，颇为优厚，而秩低者，则极菲薄。其秩俸为钱谷两给制。长官出身，汉初皆为军吏，后渐登用儒生。亦有纳赀，或以技能、军功、恩荫为官者。

法令 汉代法令，初亦本之于秦。高祖入关，与民约法三章，过于简单，不适于用；及与项王争夺中原，非法重威严，将不能继续大规模之战斗。其推行之法，当为秦法。班固于《刑法志》称：萧何取秦法之宜于时者，“作律九章”。秦法不传于后世，九章法亦复散失，致吾人不知其真相。同时，皇帝之诏策亦为法律之一来源。时人言：三尺法出自人主，前主所宣示者为律，后主所公布者为令，为一明证。令应环境而生，所以纠正时弊，历时既久，不免前后不同，非典之者，不能遍睹，奸吏因得弄法受财。编纂法典为汉中叶以后之要政，但终未有编订之企图。刑罚见于《汉书·刑法志》者，颇为残酷，盖为原始社会之遗存。其种类有大辟、肉刑、苦役、笞、流等。每一种类有不少之名目，如大辟有斩、腰斩、弃市之类。杀人例在冬季。汉初耕地有余，人民衣食丰足，犯法者少。其后户口大增，生活渐难；更以对外用兵征发，增加其担负，贫民犯法者众，而刑罚益严矣。

南方诸国　高祖为帝，统治领土视秦为小，精力多耗于诛灭异姓诸王，其仅存之王国唯一长沙国。末年，封织为南海王，以亡诸为闽粤王，立故秦吏赵佗为南越王。初，高祖封吴芮为长沙王。后赵佗覆文帝书称：南越西北有长沙，其半蛮夷，亦称王。长沙境内之蛮夷众多，部落酋长有自称王者，佗言当为事实。吴芮旧为番君，其地为山越居住之区域。吴芮遂渐经营其地，降服越人，长沙国之成立，盖其经营之结果。高祖封以广大之地，而实多为南越国之领土，非其所能有，汉不过承认其为王而已。其立南海王、闽粤王，殆亦不过如是。南越旧为始皇开拓之新地，赵佗仕秦，为南海郡龙川令。及中原大乱，南海尉任嚣病且死，召佗，令行南海尉事。佗以法诛秦所置长吏，而以其亲信代之；更起兵击并桂林、象郡，自称南越武王，自主其国政。高祖于灭楚后，以佗地予长沙国而其王不能有，佗称王如故，高祖无如之何。十一年（前196年），道使陆贾立佗为南越王，诏称：佗治其地甚有文理；秦所徙之中原人士故未耗减，越人相攻亦止。此言佗治南越有功。北方迁入不若土著之众多，南越王直接统治之区域，当不甚广。佗厚待汉使，受封称臣奉约，然仍自主其内政，一如往日也。

匈奴　长沙、闽粤、南海、南越皆汉藩属，高祖树立经营南方之基础，当可谓之成功。汉初，外患则在北方。长城以北，地为高原，距时季风发源地太远，雨量少而土壤贫瘠，气候又冷，植物生长之时期较短，农业自不能发达。人民生长于此天然环境，往往从事于畜牧事业，食肉饮酪，体壮多力，善于骑射，常为患于中国北边。秦汉时，称为匈奴。始皇遣兵逐之，而北建筑长城。及中国扰乱，秦戍卒逃归，匈奴乘势南侵。其君长曰单于。汉初，单于曰冒顿。冒顿颇有才能，东破东胡，西败月氏，南并楼烦、白羊河南王，更侵燕代，悉收复秦所夺地，成一大国。其大臣皆为世袭，以左右贤王为最高，各有土地臣属。其在外作战，各私其所获之财物，以俘虏为奴婢。然无大志，故未利用时机，大伸长势力于中国也。高祖既定中原，而匈奴仍掠夺人民财物于边邑，乃徙韩王信于太原以北以备胡。信数为匈奴所攻，又为高祖所疑，惧降于匈奴。七年（前 200 年），帝北击信破之。信走匈奴，与冒顿合谋攻汉，汉兵击之。匈奴诈败，高祖进至平城。汉军多为步兵，又无御寒之设备，堕指者什二三。冒顿以骑兵攻击汉军，汉军死亡惨重。高祖困于平城七日，用谋臣陈平计始得归国。其事秘而世不知，此司马迁于《陈平世家》所言，当属可信。冒顿亦未乘胜占领汉城，唯数侵扰代地。高祖遣使和亲，奉宗室女妻冒顿，而厚赠以礼物，匈奴始少为寇。

总上事实而论，高祖无所凭依，竟能于三年之中入关降秦，更与项王争夺中原，四年灭楚而为天子。其为帝也，共有八年，精力耗于诛杀异姓诸侯王，及对外用兵。其推行之政策，则欲巩固皇帝之地位。而使其经营之产业，为其子孙万世之业。其观念若是，自不能为人民谋求幸福。其为人也，不学无术。其政治制度甚至官名、宫名，皆沿秦旧，任用之大臣皆为军吏，当不能望其有所改革。另一方面，帝有坚决之意志、勇敢之精神、指挥之能力，临大事决大疑颇能审辨利害，而有适当之处置。其知人善用，亦其成功之一原因也。

第十二篇　惠帝至景帝

政治现状——吕后专政——诸吕之乱——文帝与大臣——重农业——减刑罚——礼遇大臣——短丧——七国之乱——政治上之改革——封建制度之失败——户口之激增——游侠之风——对外之关系

政治现状　高祖于十二年（前195年）病没，太子盈嗣父为帝，是为惠帝（前194—前188年在位）。惠帝之为太子也，母吕后无宠，高祖宠爱戚夫人，欲立其子如意，赖大臣力谏而止，乃立如意为赵王。惠帝嗣位，年十六岁，尊母为皇太后。世人之相亲，莫过于母子。汉世重孝，子常不愿违反母意。吕后于高祖时诛杀韩信诸人，与闻政事，惠帝则无政治经验，吕后决定政事、握有大权，为事理之当然。其时，朝中制度鲜有变更，大臣皆前有功之列侯，不学无识，自不能认识政治社会上之需要，而有所改革也。且值大乱之后，户口大减，耕地有余，人民丰衣足食，大臣自以为无改革之必要。自思想而言，道家无为而治之政治哲学最为盛行。无为而治本为传统思想，孔子曾以为言，表示人君以德化民，而民从之之意，为正统派之解说。道家主张抛弃礼法制度，而返于纯朴之原始社会，树立其无为之新学说。法家亦以无为为最高原理。秦汉之际，道家思想颇有势力。秦之覆亡为儒法二家一部分思想实践之失败。深谋远虑之士鉴于前事，接受道家无为之学说，固其所也。兹引曹参事为例。

参为高祖将，以功封侯，为齐相国，至齐召长老儒生，问以安集百姓之法，诸儒所言不同。参无法定其是非，闻盖公善治黄老，厚币聘之。黄老指黄帝、老子，其成仙故事为方士所盛称也。盖公应参之问，答称："治道贵清静而民自定。"参用其言，相齐九年，齐人安集，时称贤相。惠帝二年（前193年），汉相国萧何病死，帝以曹参代之。参遵前相约束，法令一无变更。其用人也以忠厚诎于文辞者为属吏，罢去深刻欲求声名者；更日夜饮酒，有欲谏者，辄饮以醇酒，使不得言而去。其舍后园近吏舍，吏饮酒高歌，园吏恶之，请参往游，欲其按治醉吏，而参反取酒坐饮，歌呼与之相应。帝怪相国不理政事，使参子归谏其父，参怒而笞之。及参入朝，惠帝让之，参免冠谢曰："陛下自察圣武，孰与高帝？"帝曰："朕乃安敢望先帝乎？"参曰："陛下观臣能，孰与萧何贤？"帝曰："君似不及也。"参曰："陛下言之是也。且高帝与萧何定天下，法令既明。今陛下垂拱，参等守职，遵而勿失，不亦可乎。"惠帝称善而罢。

上为极端之事例，参为相国不治政事，更不能望其决定政策。惠帝年壮，方恣于情色，史称其深受刺激而然。初，吕后修报旧怨，囚戚夫人，并召赵王如意入朝。如意将至长安，惠帝自往迎入宫中，同居共食，吕后不得杀之。会帝晨起出猎，王少未起，吕后使人鸩而杀之，更残害戚夫人为人彘，帝见而惊哭成病，遂纵于淫乐，不听政事。此《史记》所记之故事，不无可疑之处。惠帝为中庸以下之主，太后因得行使政权而益无所顾忌，削弱宗室，欲其母家之地位与刘氏相等。七年（前188年），惠帝病死，年始二十三岁，纵于酒色为其早死之原因。其皇后张氏系其姊所生之女，太后欲其重亲故也。汉世婚姻亦常不问行辈。皇后无子，而后宫美人所生之皇子已有六人，太后取其一而杀其母，令皇后养之以为太子。帝死，太后哭之无泪，丞相请拜后侄为将，居南北军，诸吕入宫居中用事，其哭始哀。

吕后专政　太子即位，年幼，吕后称制（前 187—前 180 年），大小政事概由其决定。帝年稍长，闻其母死，口出怨言。吕后恐其壮而为变，幽之，诏称其久病昏乱，其议代之。朝臣奉诏废而杀之，立惠帝子弘为帝。太后称制如故；欲立诸吕为王，而格于故事。初，高祖刑白马誓告国中，非刘氏而王者，天下共击之。太后临朝以之为问，借以验证诸大臣之意向。右丞相王陵以高祖誓盟为对，太后闻而不悦。左丞相陈平等转言无所不可，太后始喜，乃夺陵相。大臣尽为阿意曲从之人，太后乃立其侄吕台为吕王；台死，更以其弟产为梁王；又立吕禄为赵王，台子通为燕王。诸吕侯者，时有六人。太后疑忌大臣，以酷吏侯封监之。《史记》称其刻轹宗至，侵辱功臣。其时，右丞相陈平无权，左丞相为辟阳侯审食其，食其为后幸臣，居相位而不治事，监宫中如郎中令，大臣皆因之奏请决事。陈平忧思不知所出，乃交欢太尉周勃。

诸吕之乱　吕后于八年（前 180 年）病甚，拜赵王吕禄为上将军将北军；以梁王吕产统南军。二人握有兵权，可防大臣为变也。太后旋死，少帝以吕产为相国，禄女为皇后，于是政权、兵权归于禄、产，列侯群臣莫自坚其命。齐王肥子章，时在长安，封朱虚侯，妻为吕禄之女，兄襄嗣父为王。章遣使说兄起兵西诛诸吕，而己与大臣为应。齐果发兵，琅琊王刘泽应之，而兵为齐王所夺。齐王遗书诸侯，称讨“不当为王者”。吕产闻变，遣将灌婴击之，婴反与齐连和。禄、产欲发难，而多顾虑，犹豫不决。二人分将南北军，周勃不得入军门主兵。大臣强人绐说禄归上将军印，而以兵属太尉；请产归相国印，与大臣盟而之国。此为解决问题之一法，无奈大臣机诈无信。禄受其欺，欲以兵属太尉，使报吕产及诸吕老人，其意见不一。而禄以为无事，出而游猎。会使者西归，具以东方事告产，说其急入宫定大计。事为大臣所知，周勃以为事急，命主符节者持节矫纳大尉入于北军。其时吕禄已解上将军印，而以兵授太尉，故周勃入将北军未受阻碍。陈平使人告卫尉，毋入吕产殿门。产不知禄去军，至未央宫而不得入。勃予刘章卒千余人，遣之入宫卫帝。章击产，杀之。大臣患产难制，及闻其死，以为事已大定，悉捕杀诸吕，遣使告齐罢兵。斯变也，刘章功为最大，欲迎立其兄为帝，不成。

文帝与大臣 诸吕既灭，大臣安然保其禄位，然犹顾虑少帝为诸吕所立，将来或有报复之举，谋立诸王中最贤者为帝；以高祖子代王恒仁孝宽厚，母家谨良，议定立之。王母薄氏无宠，封地北边，王以贤称于时也。大臣遣使召迎代王为帝；王臣皆言汉臣诈不可信，惟中尉宋昌劝王勿疑。王遣使往见汉大臣，使请王行；王使宋昌先行观变，然后南行。群臣拜谒称臣，周勃跪上天子玺符，王辞谢。大臣固请即天子位，始乃许之。刘章弟兴居，请入除宫，载少帝出。大臣奉法驾迎王入宫，夕即帝位，是为文帝（前 179—前 157 年在位）。文帝夜拜宋昌为卫将军，镇抚南北军；以张武为郎中令，行殿中。二人旧为代臣，侍从入京，兵权归于文帝，其心始安。斯夜有司杀少帝及其三弟，为汉初皇室之一惨剧。文帝大赦天下，赐民爵牛酒，酺五日；有功诸臣益封、赐金有差。唯刘章兄弟功高赏薄，心怀怨望。

文帝为勤俭爱民之主，在位二十三年，宫室、苑囿、狗马、服御，无所增益；尝欲作露台，召匠计之，费值百金，帝以百金为中户十家之产，遂不肯筑；所幸慎夫人衣不曳地，帏帐不得文绣；治其寿陵，亦崇尚节俭。府库大有羡余，乃减轻人民担负，令郡国无献，并迭减免赋税。文帝鉴于前事，不甚信任大臣，罢去太尉。周勃以功任右丞相，而不知其所司，惧祸及身，谢病去官，后复为相。及帝诏列侯就国，而归者不多。明年，诏丞相率列侯之国，勃遂免相就国。列侯居于长安，为高祖所定之制度，恐其为乱故也。及中央政府之地位巩固，诸侯王奉命唯谨，祸乱反起于留住长安及为长官之列侯。问题先后不同，制度应有改革，说者称：贾谊首为此议。谊言古制，文帝则欲解决现时之政治问题，诏以邑远运输费重为言，当亦为其变更制度之原因。勃就国后恐诛，常被甲令家人持兵，有告其欲反者，帝下廷尉治之。俄又赦之，复其爵邑。刘章与弟兴居后皆封王，然不得志。其为人也，志大无信，敢于犯上作乱。刘章早死，兴居王于一郡，闻帝出伐匈奴，起兵为乱，能王之于广大之国乎？后世讥文帝刻薄，而诸大臣之欺诈行为亦有以促成之也。

重农业 文帝惠民之政，首为谋求农民之利益。汉为农业社会，耕种为其生产事业，人民衣食所资，帝重农业。前元十三年（前 167 年）诏“除田之租税”，赐天下孤寡布帛絮各有数。帝曾定法令：年八十以上，月赐米一石、肉二十斤、酒五斗；九十以上，增赐帛二匹、絮三斤。养老之政受古制影响而生，为惠民之新政。其劝农也，亲耕以供粢盛；又率群臣耕以劝民；县官贷民种食，而民未还及还而不如数者，诏免其罪。帝后遣谒者劳赐三老、孝悌、力田帛各有差。三老以乡镇中年高德劭之人充任，孝悌、力田则无须说明。遇有水旱之灾，帝即诏丞相等议商佐民之法。其时，人口增加，耕种之土地益广，谷价降低。汉初，米石曾值万钱，至是贱至数十钱，限于市场之需要、运输之困难故也。对于农民，当为不利之事。

减刑罚　减轻刑罚，亦为文帝之惠政。汉沿用秦法，有收孥相坐律。史称：吕后时，废之；旋复采行。文帝嗣位，诏朝臣议废收孥令，而大臣不欲有所变更，覆议不便。帝诏责之，有司始肯奉诏，除收孥诸相坐律，此汉书所记之史实。但后犯大罪者，仍有族诛或夷一族之制。惜帝未能贯彻主张，终始如一也。刑罚惨无人道，肉刑当为其一，其种类有断趾、黥、劓、宫刑。文帝诏除肉刑，由于孝女缇萦之上书。其父坐法当刑，缇萦悲泣随父至长安上书，言：死者不可复生，刑者不可复属，愿入为官婢以赎父刑。帝悲怜之，诏废肉刑。大臣议定：当黥者，髡钳为城旦舂；当劓者，笞三百；当斩左趾者，笞五百；当斩右趾者，弃市。新法视旧律为重，笞至三五百者，率不能活，不死亦为残废。文帝有仁民改革之心，而大臣则为鄙夫。景帝始定棰令，减少笞数。文帝又废宫刑，但未有何影响于后世，限于环境故也；帝又诏除诽谤、妖言之罪。其他惠民之政尚有免官奴婢为民，及除关无用传。关吏稽查出入，有传者始得通过；无用传，则交通益便。

礼遇大臣　文帝待遇大臣，除所疑忌者外，殊为优渥。贾谊好言古制，说帝礼敬大臣，引古刑不上大夫为证。其言系对周勃下狱事而发，其理由则大臣初为帝所礼敬，一旦下狱，狱吏亦得辱之；榜笞髡囚非待大臣之道。士自小吏仕至大臣，平日必恭谨事上，忠于职守，或功绩昭著，一为人所告发，即下廷尉治之，是十数年或二三十年之功，不如人之一言。贾谊论其非待大臣之道是也。文帝颇然其说，亦勇于改过。大臣犯法不忍加诛，而强其自杀，后遂成为故事。大臣下吏，多即自杀，徒为野蛮制度。司马迁称：张武等受赂事觉，帝弗下吏，而发御府金钱赐之，以愧其心。史未记其经过，致吾人不明真相。自政治道德而论，大臣应廉洁奉公。文帝不问其受赂，殊失政刑；然下之吏，则同于杀之，不免刑法太严。中郎署长冯唐尝言：边将上功，文吏以法绳之，一言不相应，赏即不行。且曰："臣愚以为陛下法太明，赏太轻，罚太重。"小知小察，有害于政，当为事实。与其因偶尔失检而诛大臣，无宁置而不问。张武等受感化，文帝亦得保全有用之人才，其处置自不可非。

短丧 后元七年（前 157 年），文帝病死，享年四十有六。帝曾言其夙兴夜寐，勤劳天下，忧苦万民，证以平日思想行为，当为事实。帝有痼疾，身体弱而不能支持也。帝受道家思想之影响，视死为自然现象，遗诏短丧。儒家言三年之丧，汉初，帝没，其嗣位者强民奉行，深使人民不便，为帝所知，乃毅然有此改革。文帝死后，群臣议，称"德莫盛于孝文皇帝"，尊为太宗，郡国立庙。皇太子嗣位，是为景帝。

七国之乱 景帝（前 156—前 141 年在位）三十二岁嗣位，遵守文帝之遗规，颇能休养生民；然受晁错之影响，刻薄寡恩。错学刑名之学，为太子家令，有知囊之称，数上书言事，文帝虽不尽听从其谋，固奇其才。至是，景帝拜错内史。错常数请间言事，而所言辄听。丞相欲借事杀之，而不可得。错迁御史大夫，前元三年（前 154 年）请削诸侯土地，致成七国之乱。七国以诛错为名，帝与错议。错本于法家兵权不可下移之说，请帝亲征而已，居守为帝所疑，后为人所谗，为帝所杀。错死，战争继续进行，七国兵败，于是，汉帝直属之土地益广，威望大增。中央政府之军力，非诸侯合从之所能胜，为一明显之事实。诸侯边郡，更为汉所有，大国不过十余城，小侯不过数十里，遂不足以复为祸乱矣。

政治上之改革 景帝对于宗室刻薄寡恩，其待遇周亚夫亦足以为证。亚夫为周勃子，统军平定七国之乱，然为帝家人所恶。会帝废太子，亚夫进谏，为帝所疏。帝欲立皇后兄为侯，亚夫言其无功，帝默然而止。后匈奴王降，帝欲侯之，而亚夫不可，帝遂不用其谋。亚夫为丞相，及言不用，乃谢病免。帝召之食，而不置箸，致不欢而散。会亚夫子买御葬物，帝下亚夫吏。吏责问之，亚夫不对。帝怒召诣廷尉。吏侵之益急，亚夫不食而死。景帝一朝，丞相五人，二人欲行使职权而不得其死。帝欲独断独行，自为丞相也。对于政治制度，并无重要之改革，唯改易官名耳。其差强人意者：一、改定赃法官。吏买贱卖贵，皆犯赃罪，物收没入官，吏视所犯轻重定罪。仕为官者，旧为军吏，纳赀者亦可为官。旧令：赀算十以上乃得官，后人解说不同。余疑丁税有贫富之差，贫者一算，富者数有增加。十算始有为吏之资格。景帝以其限制太严，改令赀算四得为官。贫士受新令之影响而为官者，数有若干，今不可考。二、慎刑法。帝严禁吏为奸，令平疑狱。既而诏称：有司所不能决之疑狱，移送廷尉；谳后而理不当者，不得以谳人为有罪失。欲治狱者，务从宽也。疑狱复谳而所谳者理不直，亦不为罪，是予人民上诉之机会，为我国司法上之一改革。帝又诏减笞数，改三百为二百、二百为一百；又定棰令，长五尺、宽一寸，以竹为之，并平其节，笞臀不得更人。于是笞者得全。三、劝奖农业。帝本于传统之思想，“欲天下务农蚕，素有蓄积，以备灾害”；又以户口增加、耕地不足，许民自狭地徙于宽大之区域。要之，景帝遵行其父文帝之遗规，不失为有道之君。后元三年，帝死，在位凡十六年。

封建制度之失败 自惠帝嗣位，迄于景帝病没，凡五十三年，为治平之世，其政治问题则为如何削减诸侯王之势力。初高祖翦灭异姓诸侯王，而以子弟宗室代之，各有广大之土地，以为谊为家人，可成辅车之势，缓急当能援助。而后事之演变，竟与其初意相去悬远。天子诸侯非立于平等之地位，天子有无限制之威权，得自由处置诸侯之领土，任免其大臣，订立限制王权之法令，甚或以其有罪而杀之。诸侯未有保障，兵力、财力皆远不及中央政府，人才亦不之如，合从又不可能，历时久而益处于次要地位，演变之当然结果也。高祖所封诸子，多未成人，大权握于相国。相国由天子任命，倾向于扩展中央政治势力。于斯现状之下，爱子不能保全，固其所也。赵王如意，则其一例。国王生命尚无保障，其领土政事，汉廷更得自由处置。会齐王肥来朝，惠帝与之燕饮，如家人礼。肥，高祖微时外妇所生之子，惠帝兄也。吕后怒，欲杀肥，赖帝救之，始免。肥恐，献城阳郡于太后长女，乃得归国，此为侵夺诸侯土地之起始；后，更夺齐地，封立二国。封建制度不能维持，已一昭著之事实。后事演变之结果，高祖三子不得其死；惠帝死后，诸子先后为王；诸吕王者三人；太后长女之子亦得为王。及文帝嗣位，新立之诸王或诛或废，土地尽入于汉，复以前夺齐、楚地归之。

文帝应朝臣之请：立皇太子，并封诸子为王。乃封宗室，立赵王遂弟辟为河间王，朱虚侯章为城阳王，其弟兴居为济北王。河间为赵地，城阳、济北，皆为齐地。齐、赵时为大国，文帝分裂其领土以王其弟，既可削减其国力，又得厚待宗室及有功者之名。帝三子封王，各有广大之土地。贾谊为帝筹划治安之策，请多建诸侯而少其力。文帝分赵为二，齐为三，盖受其影响而然。谊并请益帝子封地，以防祸乱。是以亲防疏，离间其兄弟家人，十数年或二十年后，亲者将又疏远，徒散播不安种子，而促成其为祸乱。诸王心怀怨望，尤以刘章兄弟为甚。章死，兴居为乱，兵败自杀。后数年，淮南王长谋反。长于帝为弟，入朝称帝为大兄，勇有材力，骄恣不用汉法。会谋反事觉，帝诏置之蜀地。途中，长不食死。帝三分其国，立长三子为王。会齐王病死无后，帝立其弟六人为王，皆肥子也，合城阳计之，共为七国。吴为大国，其王濞为高祖兄子，善治其国。吴太子入朝，侍皇太子，饮博争道，为其所杀。濞怨望不朝，帝赐以几杖。楚亦大国，为高祖少弟交之封国；及其孙戊嗣位，骄横无礼。诸侯王之势力已不如前，文帝尚疑忌而严防之。

景帝听信晁错之说，诸侯有罪者，削其支郡；更令三十章，诸侯欢哗。错奏言赵、楚、胶西三王罪过，削其郡县。吴王濞恐削地及吴，约诸侯举兵。前元三年（前154年），吴王起兵，胶西、胶东、甾川、济南、楚、赵六国响应，为汉军所败，王皆自杀。景帝诏以多杀为功，且曰："斩首捕虏比三百石以上者皆杀之，无有所置。敢有议诏及不如诏者，皆要斩。"无辜之吏民受害者，当必不少。七王家人之未死者皆为官奴婢，土地尽入于汉，中央政府之威权大为增强。汉廷更为预防祸乱之计，管理诸侯之法令益严；王官由朝廷派遣者益多，王所自除者，尽为小吏。汉廷任命之长吏违反王意，而王无如之何；甚者上书告发王短。汉廷大臣往往请治王罪，更以污秽不堪之故事，议论诸侯王于朝廷，而斥为禽兽行。此实有失帝王之尊严，更非待宗室之道，况未必实有其事，而笞服其臣以证实之邪！列侯于七国乱时，忠于天子，从军作战，事变境迁，帝乃省列侯之国令。

户口之激增　政治趋于中央集权，入于进步之途径。社会则以户口继续增加，渐为严重之问题。初，汉于大乱之后，户口大减，财力不足，政府采行之政策，则欲人口增加，土地开辟。高祖奖民生子，产子者勿复事二岁。事为徭役，最为人民所苦，产子者免役二年，当为重大之奖励。惠帝进而使女子早婚，年十五以上至三十而不嫁者，五算。汉人岁出一算，为一百二十钱。贫民收入有限，深以为苦。女子至法定年龄而不嫁者，增至五算，当为重大之担负。自法令而论，女子年未十五，即当出嫁。妇女年在三十内者，生产力强。我国伦常观念以无子为不孝，为父母者皆欲其子早婚，故民间婚姻常早，法令且欲女子于发育未全时出嫁。惠帝之张皇后，婚时殆不过十二三岁，景皇后母仪天下，而以身作则邪。十数年内，人口数字当有重要之增加，荒地亦多开辟，人民丰衣足食。后渐成为问题。文帝崇尚节俭，府库充实，一再加惠于民，迭诏奖民农桑，而民食仍有不足之虞。诏称："以口量地，其于古犹有余。"乃由于人口之有隐瞒，而帝不知也。其时，谷价低廉，颇有谷贱伤农之现象。景帝遵行其父之遗规，劝民农蚕。汉至景帝，治平数十年，肥沃耕地之人口密度增加，一遇水旱之灾，即有饥寒之虞。景帝于嗣位之初，许民徙于宽大之地，人口已为问题矣。

游侠之风　汉帝方欲扩张君权，而游侠之士于社会上有擅作威福之势力，当为其所深恶。游侠盖起于战国之世，其时，游士生计困难，有知己而擢用之者，往往愿为之死。汉初此风未革，季布则其一例。布任侠，为项籍将，楚败，高祖求之，布赖大侠朱家之力，得免于死；且至尊贵，朱家遂不之见。《史记》称朱家所藏活豪士以百数。"其人言必信，行必果，已诺必诚，不爱其躯，赴士之厄困"，为其盛称于世之原因。文、景时，剧孟以侠显名，《游侠列传》称，七国乱时，周亚夫至雒阳，见孟喜，曰："吴楚举大事，而不求孟，吾知其无能为已矣。"天下骚动，宰相得之，若得一敌国云。大侠之威权地位于此可见一斑。景帝受法家影响，凡阻碍或削减其权力与威望，或迹近与国君争权者，皆杀之无赦，自不能容忍大侠。《史记》称其遣使尽诛此属，侠风气并未改变，以造成游侠之社会、政治因素依然存在，而继起者尚多也。

对外之关系 汉自平城败后，对外不欲大规模用兵，采行保境安民之政策。其邻国南为南越，北为匈奴。吕后时，南越与汉不能维持亲善之邦交，赵佗发兵北攻长沙国，汉军赴援，病者甚多，师久无功，文帝嗣立，二国罢兵。帝擢用佗从昆弟，并修治其先人冢，遣使南行，诏其通，使如故，毋为寇灾。佗愿奉诏，长为藩臣，并献珍物，南方遂无兵革之祸。北方则匈奴为害滋甚。初，高祖与匈奴和亲；吕后时，冒顿遗以傲慢之书，而不能报，匈奴为害于陇西。文帝复修和亲，赠与之物甚多。前元三年（前 177 年），匈奴右贤王入居河南地，大为边害。文帝书责单于，遣军出征，会内乱而止。明年，单于书言右贤王败约，罚之西征，败灭月氏，降二十余国，复请和亲。文帝许之，厚遗匈奴。会冒顿死，子嗣，文帝遣宗室女妻之，而匈奴寇边不已，曾逼近长安。文帝发兵，严之备，并欲亲征，为皇太后所阻而止。匈奴岁入为寇，文帝患之，再请和亲。单于许之，但无遵守信约之意。汉军对于入寇之匈奴，迄未能迎头痛击，予以相当之损失。匈奴虏获之人畜多于和亲之所得，宜其继续为害也。景帝嗣位，遣大臣前往和亲，邦交转而亲善；末年，匈奴又常盗边，然与文帝时相较，则祸稍轻。

汉兴至景帝没时，凡六十余年。诸帝自高祖而后以文帝为最伟大，其勤俭为民之心，非后世国君之所能及。六十余年之中，政治问题，内则分削侯王之土地并减少其权力，外则防御匈奴。汉土地人口多于匈奴，财力更非其所能及，但以边地辽远，及作战技术不同之故，而匈奴反居优利之形势，汉乃处于被动之地位，而遂多所损失。削弱诸侯，则汉郡增多，而兵力益强。诸侯地小，而管理监视之法益严。其影响所及，则中央政府巩固，无内顾之忧，武帝因得以全力对外作战也。

第十三篇　武帝

养士风气之丕变——取士之方——汉与匈奴之关系——西域之经营——通西南夷——灭南越——徙越人——并朝鲜——十三州——农民生活之一斑——财政之困难——政府之收入——刑罚与叛乱——晚年之境遇

养士风气之丕变　景帝病没，太子彻立，是为武帝（前140—前87年在位）。帝年十六，以明年为建元元年，是为年号之起始。其祖母太皇太后窦氏、母王太后，皆得与闻政事。窦太后自景帝即位，意见常能左右政治；至是，朝政无不奏之，王太后为其儿媳，不敢违其意。及死，王太后亦得干涉朝政，但不若窦太后之专。帝年已壮，亦欲自行决定国事也。其时，大臣好养宾客，客忠于所事之主，而不知有天子。齐辩士蒯通尝说韩信叛汉，其自辩护则称：跖狗吠尧，各为其主，当时，独知韩信非知陛下。则其一例。武帝深恶臣下养士，大将军卫青答属将招请贤者之请曰："自魏其、武安之厚宾客，天子常切齿。彼亲附士大夫，招贤绌不肖者，人主之柄也。人臣奉法遵职而已，何与招士。”此本于见闻之言，魏其、武安争养宾客，为武帝初年之事。齐人主父偃学纵横之术，不遇于诸侯，入京见青，青数言之于帝，而帝不用。偃以资用困乏，上书自荐，朝奏而暮召见，官拜郎中，一岁四迁，尤其明例。

大臣养士之风日渐衰微，而诸侯所养之宾客犹众。梁孝王为景帝母弟，有功，据膏腴之地，窦太后赏赐不可胜计。王召延豪杰，自山以东，游说之士莫不毕至。王求为汉嗣，不得；怨发言反对之汉臣，使客杀之，宾客自为天子所恶。淮南王安、衡山王赐于武帝时皆好宾客。安以过削五县，深以为耻，与客谋乱，客言不可，王流涕而止；事发，诛者数千人，而冤者甚众。衡山王旋为汉吏所告，汉为之置吏二百石以上。王怒，与宾客谋反，事发自杀，家人皆死，与王谋者族诛。二王地小又无兵权，长吏皆汉所置，不过因其失望而与所善宾客谋商，借宣泄其不平之气，并未有所行动，而竟成此大狱。武帝为严防诸王交结宾客之计，作左官之律，设附益之法。左官谓仕于王朝者，不得官于汉廷。附益盖取《论语》厚敛于民而富私家之义，其法今不可知。汉臣更不得与诸侯王往来，受其赂遗者，将致不测之罪。新法实施而后，诸侯之宾客益少。

取士之方　于斯情状之下，才能之士自愿奔走仕于汉廷。汉之得人，以武帝时为最盛。班固云：“儒雅则公孙弘、董仲舒、倪宽，笃行则石建、石庆，质直则汲黯、卜式，推贤则韩安国、郑当时，定令则赵禹、张汤，文章则司马迁、相如，滑稽则东方朔、枚皋，应对则庄助、朱买臣，历数则唐都、落下闳，协律则李延年，运筹则桑弘羊，奉使则张骞、苏武，将帅则卫青、霍去病，受遗诏则霍光、金日磾，其余不可胜记。”班固所列诸人多出身微贱，武帝擢而用之，可谓知人。其取士之法有三：一、微举。高祖曾诏求贤，文帝数诏举贤良方正、直言极谏之士，但未成为定制。武帝嗣位，诏举贤良，更创为新制，令郡国举孝廉各一人；又诏贤良对策。诏下，郡守有不奉行者，帝令朝臣议之。朝议：不举孝，为不奉诏，当以不敬论罪；不察廉，为不胜任，当免官。帝可其议。于是郡守莫不奉行。帝征吏，民有当世之务、习先圣之术者。后遣博士循行国中，谕其举独行之君子。州郡又奉令察吏，民有秀才、异等，可为将相及使绝国者。武帝用人不求全责备，礼聘衰老之文人学者，当足以鼓舞时人，而有相当之影响。二、访察。帝策问征举之士，亲览其对，尝擢下第之公孙弘为第一。上书自言为帝擢用者，有主父偃、东方朔等。审察文辞，为帝察士之一法；亦有审察其行为而重用之者，霍光、金日磾皆其明例。光自郎仕至光禄大夫，出则奉车，入侍左右二十余年，甚见亲信。晚年，帝欲立少子为嗣，令其辅政。日磾本匈奴王子，以父不降，没为官奴养马。帝以其行动异于常人，拜为马监，后迁光禄大夫，为汉名臣。武帝接触之人虽不甚多，然已尽其力之所能为矣。三、其他。汉初为吏者或以赀补，或以荫任，或以技能进身，或以军功任职，武帝继续行之。要之，人才之养成非一朝一夕之故，武帝值逢其时，并能充分运用制度，选用才能之士。其人各得发展之机会，亦云幸矣。

汉与匈奴之关系 汉至武帝，中央政府之巩固，有如磐石之不可动摇，乃利用其国力对外作战，并开拓领土。其时，匈奴为汉之邻国，武帝初与匈奴和亲，遗之甚厚，而匈奴仍为边患。元光二年（前 133 年），汉屯兵三十万于马邑，诱单于深入，起而攻之；另遣将取其辎重。事败，匈奴遂绝和亲，大为害于边境。元光五年（前 130 年），武帝遣卫青等各将万骑，分道出击匈奴。汉军初无经验，损失重大而所获甚微，后则胆壮而技渐熟，颇有所获。卫青于八年中出塞五次，胜利均在攻击匈奴西部。汉得朔方，自远方运输军粮，费极昂贵，山东咸被其劳。大军凯旋而归，府库为之空虚。汉军斩杀数万，而匈奴之战斗力犹强。其作战之计划，则北去汉边，欲极疲汉军而击破之，但仍乘间盗边。元狩二年（前 121 年），帝拜霍去病为骠骑将军，出征匈奴。去病系卫青姊子，从青出征，善以少击众，以功封侯；至是，将万骑西行，深入虏地，大获而归。帝复遣将与之出征，独去病深入，逾居延海至祁连山，所获多于前役。西部为浑邪、休屠二王所居，为汉所破，恐单于诛之，降汉。休屠王中变见杀，浑邪王以四万众降，西北边地遂无胡寇。汉徙关东贫民于河南新秦中，减北地以西戍卒之半；分徙降人，居于边郡，分其故地为武威、张掖、酒泉、敦煌四郡。匈奴之在东方者，仍为边患。元狩四年（前 119 年），帝发军北征，卫青、霍去病各将一军，而勇敢之士皆属去病。去病欲当单于，而单于精兵遇青部于漠北，两军激战，死伤相当。单于以汉兵犹强，遁去。汉军亦归。去病未遇劲敌，绝沙漠而北封狼居胥山，临翰海，捕获七万余人而归。两军出塞，马十四万匹，入塞者不满三万匹，士卒死者数万。财匮，战士颇不得禄。斯役也，为汉军之重要胜利。匈奴远遁，漠南遂无王廷。汉度河，自朔方以西至令居，往往通渠置田。

匈奴远去汉塞，武帝转而经营南方；及南方已定，复出师北伐，师行二千里，不见匈奴而还。帝亲至朔方，遣使告单于来战，不战则臣服于汉。单于不听，唯请和亲，如故约。汉廷公卿欲其臣服，单于不从；更议商单于入汉及遣太子为质事，亦无所成。二国互留使者以为报复。会匈奴内乱，汉将出塞迎其降者，竟不得归。光禄勋徐自为于五原塞外，筑城障列亭，屯兵卫之。匈奴破坏新筑之城障，又寇于酒泉等地。其时汉新诛大宛王，武帝意气方盛、诏言复仇。天汉二年（前 99 年），汉将李广利出击匈奴，为其所围，所部三万人死者十之六七。李陵出居延北，败降于匈奴。后二年，汉大发兵出塞，步兵多于骑卒，仍不能胜。匈奴转盛，一再扰边，杀掠吏民。征和三年（前 90 年），李广利奉诏将兵七万出征，败降，得还者千中一两人耳。单于遗书于汉自称强胡、天之骄子，欲汉如故约和亲。武帝遣使报之，不再出兵矣。匈奴骑兵驰射之技，非汉兵之所能及。汉军出塞，军食之运输，最为严重之问题。另一方面，汉文化之高为匈奴所羡，单于好汉财物，厚待汉将及使臣之降者；汉以宗女妻之。汉人、匈奴固同为黄种也。

西域之经营 汉与匈奴作战，互相胜负，其通西域，则如愿以偿。初，武帝闻月氏为匈奴所破，而欲复仇。月氏始居于今甘肃西部，败而西至中亚。帝募能使月氏者。张骞以郎应募，建元三年（前 138 年）西行，道经匈奴地，为其所留；后西走大宛，历康居而至大月氏，其王无报复之意，不得要领而迁；途中复为匈奴所得，俄亡归汉。及浑邪王降，骞请招乌孙居之，与之和亲，以断匈奴右臂；并招大夏诸国为臣。帝乃以骞为使。骞至乌孙，其王不肯迁徙。骞使人至大宛诸国，说其事汉。元鼎二年（前 115 年），偕乌孙使者归国，西域诸国遂与汉往来。顾其路远，逾越沙漠，非常人之所愿往。使者多为外国所恶，或禁予食物以苦之，或攻劫之。汉因出兵伐其近汉为暴之国。西域地多沙漠，人民居于水草之地，或引雪水溉田，户口不多，遂成小国林立之现象。其民少者一千余人，兵无训练，器又恶劣，汉军胜之，原为易事。其时，乌孙与汉往来，献马千匹，请尚汉公主。汉以宗室女妻之。帝闻大宛有善马，产葡萄、苜蓿，遣壮士千金求之。其王不听，又怒汉无礼杀之。太初元年（前 104 年），李广利奉命率军西征。途中，小国不肯给食，汉兵饥疲不堪，败而引退，广利上书请且罢兵。武帝禁其东行，且以诸国将轻汉，大发兵西行。转运粮食者，人徒相连蜀。广利兵多，复西行，进至大宛，围攻宛都。其贵人杀王，献马请降。汉立贵人前善遇汉使者为王，罢兵东归，小国闻而遣子弟入朝为质。前后四年，始得罢兵，所得不如所失远甚。

通西南夷　张骞初请自西南夷通大夏。夷人在蜀西南之山地，部落而居，不相统属。唐蒙前使南越，上书称：蜀之牂牁江可通南越，请通西南夷以制之。帝从其言，使蒙通夜郎。蒙发卒数万治道，以财物诱其酋长，为之置吏，称其地为犍为郡。蜀人司马相如言：邛筰等近蜀，可置郡县。其酋长贪汉赏赐，请置吏故也。为置一都尉、十余县，属蜀。其时，巴蜀人士治通西南夷道，转运粮食不堪其苦。夷人数叛，吏发卒诛之，悉巴蜀租赋，不足供给费用而罢。及张骞归自西域，请自蜀通身毒。武帝从之，遣使入滇，莫能通。后，南夷杀汉吏为乱。汉兵诛之，以其地为牂牁郡。其邻闻而请服，其不听命者，发兵灭之。新置七郡，犍为、牂牁、益州，均在南方，为南夷旧居；西设越嶲、沈黎、汶山三郡，为西夷旧地；其北武都在今甘肃。新设之郡时称初郡。《史记》称："以其故俗治之，毋赋税"；故郡担负其费用。初郡时时小反，汉发吏卒诛之，"间岁万余人，皆仰给大司农"。夷人多居山地，户口不多，其归降为民者，仅其中之一部分，改设为郡，当有夸大喜功之意。后，七郡并而为五，户口仍少。

灭南越　武帝久有并灭南越之意。初，赵佗建国称王；及死，其孙胡立，会闽粤侵扰，汉出兵援之。胡遣太子婴齐入侍。婴齐娶樛氏女，生子名兴；及胡病，归国嗣父为王，立妻为后，兴为太子。婴齐没、兴立，母为太后。太后初与人通，帝遣之为使，谕兴入朝，比诸侯屯兵于边以胁之。使与后私，后劝王内附，而相吕嘉不从。后欲诛嘉，而王不可，相持未发。汉遣兵往，嘉遂起兵为乱。元鼎五年（前 112 年），武帝出兵十万，分三路进攻。汉军陷其要塞，资其船粟向番禺而行。降者赐以印绶，令其相招。守兵皆降。吕嘉夜与徒出亡，被杀，粤地遂平。汉分其地为九郡。

徙越人 长江以南，为越人旧居。吴王濞反，遗书诸侯言其事南越三十余年；其王、君分其卒助战。南越即《史记》所言之东越，其王曾发兵助吴。吴王兵败逃往东越，越人杀之于丹徒。丹徒为今镇江无锡一带之地。汉初，当有越人居住于山地也。越人部落而居，强酋称王，小者称君。东越又称东瓯，其南则为闽越。武帝初年，闽越进攻东越，汉应东越之请，出师救之；未至，而闽越兵退。东越王请内徙，帝处其众于江淮之间。此盖一部落之北迁。后三年，闽越南攻南越，武帝出兵讨之。闽越王守险，其弟余善杀之请和。汉另立王，而余善威行于国，乃立为东越王。汉伐吕嘉，余善持两端。嘉平，汉屯兵于边，将欲攻之。余善知之，袭败汉军。武帝命将督师，分四路进攻，一军自海道而往，余皆步行，有为越兵所败者。而海上之师非越人始料所及，惧而杀王请降。武帝以东越狭、多阻，闽越悍、数反，诏军吏将其民徙处江淮间。

并朝鲜 东北方面，武帝并灭朝鲜。据《史记》所述之故事，燕人卫满亡命，聚党居于塞外空地，稍役属蛮夷，兵力渐强而地益广，创为朝鲜国也。满死，传子至孙右渠。武帝曾招降东北夷人，设苍海郡；旋复罢之。史称其靡款甚巨。及汉平定南方，转欲经营朝鲜，遣使往谕右渠内附。右渠不从，遣贵人送汉使至浿水，汉使竟杀其贵人。武帝拜使者为辽东东部都尉，右渠发兵杀之，遂成战祸。汉军分道进攻，一出辽东，一渡海而往，皆不能胜。帝复遣使往谕，右渠请服，献马馈粮，众至万余。汉将疑之，战祸复起。汉将不和，师久无功，武帝必欲取之。朝鲜将士惧而归降，地入于汉。武帝分为四郡，曰真番、临屯、乐浪、玄菟。其所在地史无明文，盖在今辽宁省东南部及朝鲜北部。乐浪郡则在朝鲜，以有汉墓为证也。

十三州　武帝开拓领土，疆域广大。其先好事者托为古制、创立九州之说。武帝受儒书之影响，又欲因时制宜，于元封五年（前106年）置十三州。《武帝纪》云："初置刺史，部十三州。"《地理志》云："武帝攘却胡、越，开地斥境，南置交趾，北置朔方之州，兼徐、梁、幽、并，夏、周之制，改雍曰凉，改梁曰益，凡十三部。"部指刺史监察区域，州部当可互用。汉儒以《禹贡》为夏制，其九州曰：冀、兖、青、徐、扬、荆、豫、梁、雍。武帝改易雍、梁名称，而仍为九。汉人以《周礼》为周制，其九州曰：扬、荆、豫、青、兖、雍、幽、冀、并。《周礼》少徐、梁而多幽、并，合计十一。所谓夏周之制。凉、益地多武帝所开辟，岂其易名之故欤？合交趾，凡十二州。其一州究为司隶抑为朔方则不可确知。刺史秩六百石，为监察官。朝廷据其报告，黜陟地方长吏，是欲其为急功好事之人，庶能当鹰犬之任也。

农民生活之一斑　土地开辟，而边郡数目并无重要之增加，内地则于数十年内增至三四倍焉。人口集中于黄河下流之地。汉为农业社会，农民收种常视雨量而定。关中雨量较少，田赋收入不足以供给朝廷之费用，乃引渭穿渠，便利漕运，近渠之民，得以溉田。赵中大夫白公作渠，引泾水，溉田四百五十万亩。民赖其利，所谓白公渠也。开凿之渠尚多，皆所以备旱也。关东则黄河为害，《史记·平准书》称：武帝中年，"山东被河灾，及岁不登数年，人或相食，方一二千里"。政府发仓廪赈之，不足；募豪富人相贷假，亦不能相救。乃徙贫民七十余万于关中新拓之地。此为我国史上有计划之大规模移民。农民耕种技术于武帝晚年始有进步，以搜粟都尉赵过之功为多。田地生产量有增加，而剩余之粟则无运销之市场，农民生活情况仍不易有所改善。况其无田者多耶！其尤贫者，则沦为奴婢。

财政之困难　武帝劳民伤财者，尚有二事：一、多所好。初，帝喜田猎，自击猛兽，驰骋于耕地，大为民害。后于元鼎四年（前113年），游幸河东，为立祠求福也。其守不意车驾猝至，供给不办，惧罪自杀。嗣后十九年，出巡十五次，甚者一年两次。其留于长安之年，由于对外战争及国有乱也。其游行之地，北至北地九原，西幸陇西，南迄长江，东至海岸，尤以至海岸及泰山为多，欲求遇仙人也。此本于方士之说。方士创为神奇之故事，栾大尤敢于大言。帝拜为五利将军，数月封侯、佩六印，赐甲第、僮千人、车马器物等，又以女妻之。后以其方不验，杀之。凡此求仙，靡款甚巨。二、大兴土木。其出巡也，修筑离宫、驰道，建筑桥梁，无不需款。方士言仙人好楼居，帝筑高楼、广大宫室，其工程尤巨者，当推建章宫。帝又经营寿陵，不遗余力。其储藏物之丰富，过于祖考。合军费等计之，政府收入，自不足用。

政府之收入 初，武帝嗣位，廪庾皆满，库有余财。汉沿秦制，田税征收十五分之一；后减为三十分之一，而受其惠者，常为地主。又有稿税，为饲养牲畜之用，疑为武帝所创。高祖初因秦制，有卒更、践更、过更之赋。古者正卒无常，人迭为之，一月一更，是为卒更。其不愿自为，而月出二千钱，雇贫者为之，是为践更。人须戍边三日，诸不行者，出钱三百，官给戍者，是为过更。更赋为民之重大担负。此外，尚有算及口钱，皆创于汉。算为成人之丁税，口为未成人之丁赋。年二十七钱。武帝经营四夷，陈藏钱尽，赋税已竭，犹不足以奉战士。其解决财政之方法，一、卖官鬻爵。纳赀为官，不始于武帝之世。武帝则充分予以利用，置武功爵十一级，募民纳奴婢为郎增秩，开入羊为郎之例。或言世家子弟与富人以博戏为事，帝命征诸犯，令相引告，名曰："株送徒，入财者得补郎。"司马迁讥为"选衰"，乃卖官之当然结果。二、造新币。汉初许民铸钱，后以钱轻，始有禁令。武帝时，鼓铸者多，专为牟利，流通于市者，皆为恶货币。帝恶富人不助国，与公卿议造新币以赡用，并摧浮淫兼并之徒，乃以白鹿皮方尺，缘以藻缋为皮币，值四十万。诸侯朝觐、聘享，必以皮币荐。更杂铸银锡为白金，分为三品：上品值三千，中品值五百，下品值三百。又令县官销毁旧币，铸三铢钱。人民盗铸者众，五岁中，死者数十万人，其未发觉诛杀者不可胜计。帝下赦令，史称："赦自出者，百余万人，然不能半自出。"可谓多矣。政府改铸五铢钱，复造恶货币，而民不用，乃禁郡国铸钱，专令上林三官司之；及铸钱多，令天下非三官钱不得行使，废销前所铸钱，输其铜于三官。于是盗铸者少，货币归于统一。

三、创行新税。商人于货币变更时，积货逐利，所获甚多。公卿请算轺车、贾人缗钱，于是定为法令：凡取利者，各以其货物自占，率缗钱二千而一算；手工自造而出卖其所余者，率缗钱四千而一算；轺车一算，商人轺车二算；船五丈以上一算。匿不报告及报不实者，罚戍边一岁，资财充公。有告密者，以其半畀之。贾人及其家属不得置田。敢犯令者，没入田僮。史称：法令实行，告遍于天下，得民财物以亿计、奴婢以千万数；田，大县数百顷，小县百余顷；宅亦如之。由是富人不敢储蓄矣。四、经营商业，政府为增加收入之计，专卖盐、铁。二者为人民所必需，势必出重价购买也。政府又榷酒酤，其为大宗收入，亦无可疑。后，更扩大范围，买贱卖贵，此为桑弘羊之建议。弘羊贾人子，工于心计，利析秋毫，为帝所亲信。其目的为平定物价，史所谓“平准”也。大司农以政治力量买贱卖贵，使物价无涨落之悬殊，对于国计民生，实有利而无害，唯商人处于不利之地位耳。武帝应弘羊之请，许吏入粟补官，民得入粟赎罪等，山东漕运遂增至六百万石。官营商业，亦大获利。于是民不益赋，而国用饶。

刑罚与叛乱　武帝采行之新税制，除平准、榷酒而外，多可非议。人民不堪其苦，轻于犯法。政府乃以严刑多杀以立威；改定法令，以酷吏张汤、赵禹之属主之。法令增多，事例尤甚，简文盈于几阁，典者不能遍睹。狱吏因得为奸，多杀无辜之人。朝廷奖励官吏恶狠，宽厚不多杀者，常坐软弱罢免，终身不用。酷吏坐法免者，尚得复用。武帝方榨取于民，非法严威重，将不能达于目的，实则构成犯罪之环境更甚于前，刑罚终不能维持治安也。其时贫民相聚为盗，尤以南阳、楚、齐、燕、赵贼盗为多。大者数千人，擅立名号，攻取城邑：小者数十百人，劫掠于乡里。武帝遣吏治之，犹不能禁；更遣使衣绣衣、持节、虎符，发兵击之，多者斩首万余级，并以法诛其与之往来通饮食者；余盗逃亡，复聚党守险，乃作沉命法以治之：官自二千石至小吏不发觉群盗，觉而捕治不如法者，主者皆死。《史记》称：畏诛隐盗，当所不免。然为小盗，故未成为大乱也。

晚年之境遇 武帝晚年，家庭惨剧尤使其失望与悲哀。帝颇放纵于声色。初，皇后陈姓，为其姑女，骄贵、无子而妒，闻卫子夫大幸，恚而几死者数矣，坐祝诅事被废。子夫初为讴者，入宫，尊宠日隆，生子名据。帝立为皇后，据为太子。及卫后色衰爱弛，帝之宠姬多以娼见。太子长通宾客。帝信左右皆为蛊道诅之，皇后亲属坐巫蛊事死者甚众。朝臣江充与太子有隙，时治巫蛊事，于太子宫掘得木人。太子惧而收捕充等，白皇后发兵。帝令捕斩反者，发兵与太子兵战，死者数万。太子不胜，出亡自杀，皇后亦死。明年又以祝诅事，杀大臣及其家属，以其谋立李夫人子昌邑王为帝也。王为帝子，大臣谋立为太子，而告发者则过甚其辞。帝甚痛心家庭之变，自言日一食者累月，后知太子冤，灭江充宗族、党羽。其党莽何罗惧祸，竟欲入卧室杀帝。事败，帝穷治其狱，当增加其情绪之不安。后元二年（前 87 年）疾病，立少子弗陵为太子，旋没，在位五十四年。

武帝虽有不少之弱点，要为汉代伟大之皇帝。其重要之事业，无过于对外用兵。时人感受重大之痛苦，而其成就之功业，则垂于后世。时人乃为后人担负一切费用，至于流亡。夏侯胜于廷议时论武帝曰："多杀士众，竭民财力，奢泰亡度，天下虚耗，百姓流离，物故者半。蝗虫大起，赤地数千里，或人民相食，畜积至今未复。"其言发于宣帝初年，当必有所根据。然其子孙因其余威，或其经营之力，而无强大之外寇扰边，政治势力远达于异方，亦事实也。

第十四篇　昭帝至平帝

昭帝——废立之变——宣帝——元帝——成帝——哀帝——平帝——政治现状之一斑——人民之疾苦——祸乱之主因——匈奴之降服——西域之归顺——羌乱之平定——乌桓之臣服——向外经营之影响

昭帝　初，武帝病危，始立太子，命霍光辅政。次日，帝没，太子嗣位，是为昭帝，年八九岁。光为大司马大将军，领尚书事；金日磾、上官桀副之；丞相、御史大夫亦奉遗诏辅政。尚书初拟诏令，出纳王命，渐演变而为国家枢机，时人称为政本。光领尚书事，决定军国大政，丞相备员而已。后金日磾死，上官桀等与光争权，谋欲杀光及帝，迎立燕王旦。事泄，光尽杀其宗族、党羽，以立威。吏承其指更多所株连。丞相女婿徐仁，官至少府，坐逆意下狱死。光之威权震于国内，官吏甚至事其家奴冯子都。于是，朝臣非光属吏，即其亲友。霍氏旧居平阳奴客，持兵入市扰乱，而吏不敢禁问。昭帝在位十三年（前86—前74年在位），为光专政时代。光未废除武帝兴办之新税，惟未从事于侵略战争，军费少而府库足。时无水旱之灾，人民颇能安居乐业。政府遣使问民病苦，贤良对策皆以官卖盐、铁病民为言，政府利其收入，不肯变更；但能轻徭薄赋，予人民休养之机会，其生活情状优于武帝之世。

废立之变 前74年，昭帝病没，无子。群臣欲立广陵王胥。霍光不从，以皇太后诏：迎立昌邑王贺。贺，武帝孙，嗣王位十三年，未有失德，其臣有明经知名之士。王不听信忠言，与其臣二百余人同行；即帝位后，仍亲信之。霍光恶帝与其亲信，议商废立；议定，告知丞相。然后召列侯公卿大夫博士议于宫中。群臣先不知其事者，莫不失色，迫而从之。光与群臣俱见太后，奏言昌邑王不可以承宗庙状，太后诏：诸禁门毋纳昌邑群臣。后为光外孙，盖先已商得其同意，因令贺归昌邑。光悉杀其故臣，惟二人得免，以其前曾谏王宜敬事大将军也。贺即帝位二十七日而废。光与公卿议立新君，以前事故，不立广陵王胥。或言卫太子孙病已在民间，贤仁节俭，可为昭帝后，光从之。昭帝为武帝子，病已为武帝曾孙，以之为昭帝后，是视孙为子也。病已养于民间，为一匹夫。霍光奏请太后立之，以为绝不能夺其权，子孙亦能享受富贵也。

宣帝 病已即位，是为宣帝（前73—前49年在位）。宣帝幼坐巫蛊事系狱，为掖庭令张贺所奉养。贺以私钱供其读书，及壮，为之娶妻，许广汉女也；十八岁为帝。帝畏光甚，谒见高庙，光从骖乘，帝若有芒刺在背；及有人代光，帝从容肆体焉。政事皆先关白光，然后奏闻。光每朝见，帝虚己敛容，礼下之。其妻进位婕伃。霍光小女与皇太后有亲，公卿议更立皇后，皆心附向光女。帝诏求微时故剑，大臣知指，始白立许婕伃为皇后。故事：皇后兄弟封侯，后父广汉当封，而光称其不宜君国，岁余，始封为昌成君。光妻显欲贵小女，毒杀皇后。光纳女宫中，帝立为皇后。广汉于光死后封侯。帝力不能保其妻，又无用人之权。光女婿亲友皆居要职，握有兵权。地节二年（前68年），光死，帝始亲政。凡前受光处分之朝臣，皆言宜损夺霍氏之权。许伯（即广汉）与之接近，终乃影响霍氏之命运。帝以亲信主兵，出霍氏亲属为郡太守，并夺霍氏政权。朝臣承指，更予以难堪。霍氏恐而谋乱，帝尽杀之，亲属皆弃市，连坐诛灭者数千家，霍后亦废。光故吏诛死或罢斥者甚众。张安世位次大将军，兄贺养帝有功，亦为帝所忌。

宣帝信用之人，为前所依之史许。史谓其外祖母家，许为妻族。亲贵臣中，许伯最为帝所信。魏相反对霍氏，初因许伯上书，始得进用；及为丞相，遇有大事，上书陈说，犹言愿陛下与平恩侯等详议。平恩侯，许伯封爵也。帝鉴于前事，总理万机，令群臣上书奏事，五日一听事。自丞相以下各奉职奏事，丞相仍无权也。帝对于近支宗室，存有疑忌之心，密诏监视故昌邑王，后远徙之，并削其户。王死国除，又借事迫广陵王胥自杀，废其诸子为庶人。帝之治国也，持刑太深。太子曾以为言，可见其受法家影响之深。《汉书》称其赏罚必信也。帝承户口减少之后，颇以休养民力为事。大司农中丞耿寿昌以善算兴利，得幸于帝，尝请三辅等郡积谷，以省漕运，事果便利；更请筑常平仓于边郡，吏于谷贱时增价买入，谷贵则减价出卖，仓使谷价常平，人民称便。寿昌以功赐爵关内侯。遇有灾荒，政府救济颇力，流民还归者，吏奉令假以公田，并贷种子，又暂不出算、不给徭役。胶东相王成招来流民八万余口，帝进其秩，并赐爵关内侯。于是，郡守知其所务，以贤称者甚众，朝廷进其秩，以宠异之。帝在位时，为汉极盛时代，人民安居乐业，富力增加。制造器物之技术，颇有进步，精巧称于后世。

元帝　宣帝病没，太子嗣位，是为元帝（前 48—前 33 年在位）。元帝生于民间，年幼失母，孤峭寡欢，柔仁好儒；嗣位后，崇尚节俭，罢不急之官，在位十六年，积钱八十余万万。惜其体弱多病，无决断之才，而为宦竖所欺也。初，宣帝病危，遗诏以史高、萧望之、周堪辅政。高，卫太子妻兄子，以旧恩封侯，为帝亲臣。望之及堪皆太子师傅，为元帝所尊敬。弘恭时任中书令，石显为仆射，二人少坐法腐刑，久在宫中，善伺人主意志，明习法令、故事，又与史高相善，其言常能左右朝政。望之恶其专横，请中书改用士人，帝不能定。恭、显谮之，望之下吏自杀，堪及党羽废锢。后，恭死，显为中书令，权势益重，史称：政事无大小皆因之白决。其时儒生于政治上居于显要之位，其仕为高官者，多为保全禄位之鄙夫，丞相匡衡则其一例。衡以明经见称，史高荐之，超迁为公卿，及为丞相，不敢违失显意；元帝没，即与御史大夫奏显旧恶，致为司隶校尉所劾，惭而乞退，优诏不许，坐盗封田四百顷，免为庶人。儒生无行，横有患得患失之心，自不能守正也。

成帝 元帝病没，太子嗣位，是为成帝（前 32—前 7 年在位）。成帝幼为宣帝所爱，少好经书，宽博谨慎，后幸酒色，几为元帝所废，年二十嗣位。帝以元舅王凤为大司马、大将军，领尚书事。凤兄弟封侯，族大势盛，礼敬贤士大夫，仕者多出其门，专政同于国君。帝以刘歆通达有异才，诏见而甚悦之，欲拜为中常侍。左右谏言未白大将军，帝称小事，何须关白，左右叩头争之。帝语凤，凤言不可而止。后凤被劾，帝亦不平其专横，意欲罢之。凤上疏乞退，辞意甚哀，太后为之垂涕不食。帝诏凤视事而杀言者。凤死，帝次第进用诸舅或其子辅政，而恣情于声色。初爱许皇后，继宠幸臣张放；后见舞女赵飞燕，悦之，召入宫中，大幸；其女弟亦入宫为倢伃。皇后为其所谮而废。帝立飞燕为皇后，其妹绝幸，宫女生子者，皆为其所害。绥和二年（前 7 年），帝死。其政治改革有二：一、罢中书宦官，置尚书员五人；二、改称丞相为大司徒，御史大夫为大司空。合前置之大司马，是为三公。地方官制，改刺史为州牧。三公名称之改易，并无若何重要。州牧秩高权重，为一州之行政长官。

哀帝 成帝无子，先立弟定陶王子欣为太子。至是，嗣位，是为哀帝（前 6—前 1 年在位）。哀帝鉴于先世，禄去公室，政权外移，颇欲强立主威，屡诛大臣。是为太子也，深赖祖母傅太后之力；母丁姓，后皆上尊号曰太后。傅氏侯者六人，大司马二人，九卿二千石六人，侍中诸曹十余人；丁氏侯者二人，大司马一人，将军九卿二千石六人，侍中诸曹亦十余人。傅、丁暴兴，然帝不甚假以权势，远不及王氏之在成帝之世。王氏为官者，或以罪免官，或遣就国。政事由帝决定，唯求治太急、督促太严。丞相王嘉请帝择贤、记善、忘恶、容忍、勿责臣子以备，深切其弊。其尤恶劣者，则纵于情欲，宠幸侍中董贤，进用其亲属，为贤起第，穷极技巧，又为之起冢，工程浩大。帝赐贤珍宝，皆为上选，而乘舆服用乃为其次。凡不慊于贤者，帝即罢免其职；尝与贤宴，笑言欲法尧舜禅让。百官皆因贤奏事。帝初崇尚节俭，并欲救济贫民，限制吏民名田，不得过三十顷，奴隶亦有限额，竟以新贵不便之故，寝而不行。帝以纵欲之故，体弱多病，元寿二年（公元前 1 年）病没，年始二十五岁。

平帝 哀帝无子，及死，王太后临朝，不欲政权归于他人，招用其侄王莽，迎立元帝庶孙衎为帝，是为平帝（前 1—公元 6 年在位）。衎幼丧父，嗣位为王，母曰卫姬，九岁为帝。王太后上尊号曰太皇太后，总理朝政。太后修报旧怨，傅、赵二后不得其死，已死者发冢。诏以王莽为大司马，领尚书事。太后老而平帝幼，大权归莽。《汉书》所谓百官总己以听于莽也。莽鉴于前事，不许帝母卫姬等至京师。及帝稍长，公卿承指，请聘莽女为皇后。元始五年，帝没，无子。莽征宣帝玄孙，欲立年始二岁之刘婴，托以卜相最吉。公卿承指，奏请立为“孺子”，莽居摄，如周公相成王故事。会起兵讨莽者，不胜而死。莽以国中不敢再有所动，始建国元年（公元 9 年），自称皇帝。说者称西汉亡于初始元年（公元 8 年），实则平帝即位大权即归于莽，其篡汉自立，不过国号之变更而已。

政治现状之一斑 汉季九十余年，政治制度颇有变更。其最明显者则丞相无权，办理例行公事而已。公卿一再坐不礼遇丞相免官，丞相之地位迄未提高，以其不能行使职权，徒有虚名也。长官治理例行公事，天子所是者承指附和；所非者议定其罪，从容取禄，对于国事民生皆无裨益。汉自武帝以后，实无伟大之政治家或杰出之人才。其主因凡三：一、专制政府下之恶劣势力，政治全无是非，惟以皇帝之意志为决定。二、褊狭之教育不易养成有用之人才。三、职业之种类太少，为官者存有患得患失之心理，重视习惯故事，不易有所改革也。其与先时不同者，丞相十人而儒生六人，乃尊崇儒术之结果；公卿议论政事，狱吏决狱，常附会于经义。汉世儒生依据星象术士之说，以为灾异与人事有关，乃天所以示警。成帝时，有星变，以为人君当之，然可移之于相，成帝因强其丞相翟方进自杀。此实骇人听闻之事，竟附会于经义焉。

人民之疾苦 汉末，社会问题益趋于严重。贡禹于元帝时，以明经絜行征为谏大夫，上书论皇室及贵族奢侈，造成人民大饥。其悲痛之言曰："今民大饥而死，死又不葬，为犬猪食。人至相食，而厩马食粟，苦其大肥。"禹以责任归于国君，元帝听信其言，崇尚节省，终不能转移风俗。禹言其老贫，妻子糠豆不赡，僮竖衣褐不完；有田一百三十亩，应征时，卖百亩，以供车马。禹有田百余亩，家有僮竖，犹自言贫；卖田百亩，以供费用，虽曰路远，而实奢侈太甚。奢侈成为风气，以之为非之儒生，尚陷溺其中。统治阶级之奢侈生活，无不榨取于民。哀帝时谏大夫鲍宣上书言：国家空虚，用度不足，吏为残贼，人民流亡，盗贼并起。且曰："民有七亡。阴阳不和，水旱为灾，一亡也；县官重责，更赋租税，二亡也；贪吏并公，受取不已，三亡也；豪强大姓，蚕食亡厌，四亡也；苛吏繇役，失农桑时，五亡也；部落鼓鸣，男女遮迣，六亡也；盗贼劫略，取民财物，七亡也。七亡尚可，又有七死。酷吏殴杀，一死也；治狱深刻，二死也；冤陷亡辜，三死也；盗贼横发，四死也；怨雠相残，五死也；岁恶饥饿，六死也；时气疾疫，七死也。今贫民菜食不厌，衣又穿孔，父子夫妇不能相保，诚可为酸鼻。陛下不救，将安所归命乎？"

七亡，天灾仅占其一；七死亦然。人事不臧，为贫民死亡之主因。鲍宣分析详尽。吾人读宣文后发生之印象，一为政治黑暗，一为社会不安。官吏之榨取，水旱之为灾，已足以成此现状，而经济势力更促成之。汉为农业自给社会，富贵之家视田地为安全之投资，并有优厚之利息。于是，田地为豪富所兼并，造成富者田连阡陌、贫者无立锥地之现象。贫民出卖其妻子，或自卖为奴婢。奴婢、田地均为财产，得辗转贩卖，人命同于牲畜，自不能为官吏所注重。贫民死亡，无人掩埋，至为狗彘所食。其强有力者，则流为盗贼，大乱已在酝酿之中。哀帝初年，师丹辅政，深知时局之严重，奏请限制民田奴婢。廷议：诸侯王、列侯得名田国中，在长安之列侯、公主名田县道，关内侯、吏民名田皆不得过三十顷；诸侯王奴婢二百人，列侯、公主百人，关内侯、吏民三十人；贾人不得名田为吏；诸名田、畜奴婢逾限者，皆没入县官。限制虽为消极禁令，不能增加生产，或解决民生问题，而固有价值之试验。惜哀帝竟以董贤等故，不肯推行。

祸乱之主因　祸乱之造成，由于户口增加过于生产业之发达。汉人结婚年龄甚早，其伦常观念本自儒家，以有子承宗继后为孝。女子出嫁，多在身体发育之初，生产力强。苟其衣食有余，婴儿营养充足，疾病有医药治理，则人口之增加，当甚迅速。富贵之家，妻妾多而子孙亦多。贫民或无力娶妻，但妇女可以再嫁，故无子女者，数盖不多，贫穷对于人口之增加，并无决定性之影响。汉自昭帝以后人口继续增加，宣帝末年，已至无可再加之情状，而生产事业，则无重要之进步，乃为社会不安之因素。兹据《汉书·地理志》所记郡国户口数字，做十三州户口表于下：

十三州户口表

州	户	口
司隶	1 519 857	6 682 602
并	707 374	3 321 572
凉	382 636	1 517 573
豫	1 341 866	6 944 353
兖	1 565 478	7 877 431
青	959 815	4 191 341
冀	1 133 099	5 177 462
幽	937 483	3 993 410
徐	1 150 238	5 241 242
扬	710 821	3 206 213
荆	668 597	3 597 258
益	972 783	4 548 654
交	215 448	1 372 290
合计	12 265 495	57 671 401

上表所列之总数，系计算而得，稍异于班固所言之数字。《地理志》称：此为元始二年（公元 2 年）之户口。汉之疆域自郡县而论，北达长城，西迄

敦煌，东北有今辽宁及朝鲜各一部分。长江流域，自汉淮二水以南，则户口渐少，长江以南，荒地益多。今以三河流域论之，黄河流域户口约占全国百分之七十五，长江流域占百分之二十三，西江流域占百分之二。黄河流域为汉族发展之根据地，于此得一确证。户口最多之区域，为今河南、山东，其地为冲积平原，文化最为进步；边郡限于地形、土壤、气候，开辟之地不广，而户口仍少。长江流域，徐、益之户口较多。淮南之地，犹多荒芜，武帝一再迁越人于其地。长江以南，除一小部分而外，多未开辟；去江益远者，更为化外之地。西江流域开辟之地，多在冲积平原，而蛮夷甚多也。自户口均数而言，每家凡四点六人，当有以多报少之弊。每家以五口计算，全国当有六千余万人，集中于黄河下流之地。饥馑死亡之惨状，乃如贡禹所言，天灾更增加痛苦。黄河以淤泥多而数决口，元帝建昭三年（前 36 年）之灾尤重，史称其泛滥兖、豫，流入四郡三十二县，水居地一千五百余万亩，深者三丈，坏败官亭、室庐约四万所，当为非常之灾。治河乃为急务，政府唯塞决口，增高堤防而已，黄河仍时为害。人民于此现状之下，犯罪者众，民变亦时有所闻。

匈奴之降服 汉季对外关系，以武帝之经营、士卒之力战，威望高于其邻国。其人口之众多、财力之充裕，更非其邻国所能比拟。匈奴世为边害，宣帝时亦请臣服。初，匈奴徙居西方，兵力犹强，其单于以作战疲苦，常欲和亲，归汉使之不降者苏武等。宣帝初年，汉大发兵击匈奴，所获不多。匈奴与乌孙作战损失惨重，遂大虚弱；俄而国中乱作，五单于争立，自相杀害，其部落酋长有降汉者。甘露元年（前 53 年），呼韩邪单于兵败，降汉，入五原塞，请参与正月旦之朝会。宣帝发骑迎之，单于朝见，汉待之甚厚，许其居于塞下，出兵助诛其不服者；运粮赡之，单于兵力复振。其政敌郅支单于惧而西迁，匈奴复为一国。汉与之盟，盟约言：和亲相助。既而汉使杀郅支于西域，呼韩邪复入朝，娶汉女为妻，深感汉恩；及死，遗训子孙，勿受降人，其后世颇能遵守。其贵人欲降汉者，汉亦不受。单于间入汉朝贡，要之，武帝曾于长城外开拓广大土地，然限于环境，未能利用。宣帝以之居呼韩邪所部，汉在长城以内，匈奴则在城北。六十年内北边未有寇患。

西域之归顺　匈奴西为西域，其地诸国曾属匈奴。及汉征大宛，后威振于西域，小国惧而入贡。汉使至西域者益多，其国王或不堪供给使者之苦，或贪夺其财货，有辱杀汉使者。汉使富于权略，有立功于绝域者。其成功由于为诸国地小、人少，士卒有限，武器恶劣，三五人始当一汉兵也。傅介子刺杀楼兰王则其一例。介子偕勇士、齐财物至楼兰，诈言赐王。王喜，与之饮而醉。介子使勇士杀王，另立新王，声称汉兵方至。其贵人惧，听令。新王请汉屯兵，汉遣司马卒吏士四十人，镇抚其国。西方大国，时推乌孙，初属匈奴；后其王与汉相结，汉妻以宗室女，曾应其请，出兵击匈奴。龟兹杀汉使，汉发诸国兵击之，其王闻而请服。车师叛汉，汉吏击破其兵。其时，匈奴于西域北道，尚有势力；及其内乱，其在西方之王降汉。汉置都护，镇抚诸国。会郅支单于争国不胜，逃往康居，诸国畏之。副校尉陈汤擅发兵击杀郅支。汉之政治地位，益形巩固，然实得不偿失。汉廷本于柔远人之意，赏赐朝贡国之物，多于其贡物之所值；其遣子入汉者，汉厚养之也。

羌乱之平定　汉西北境与羌地接壤。羌人为藏族，居于高原，以游牧为生，善于骑射。其人部落而居，常相战争。先零于诸羌中，为一强大部落，其酋长请北渡湟水，畜牧于荒地。湟北为汉所有，羌人渡湟，郡县禁之不得，乃因冲突而生怨恨。诸羌谋欲为变，匈奴复利诱之。至是，羌酋乞援于匈奴，而事为汉所知。宣帝遣使行视诸羌，杀先零不顺之酋长及羌人千余。降羌闻而亡去，与先零相合，进扰汉地，杀害官长。汉军战败，损失颇重。宣帝以老将赵充国督师讨之。充国将万骑至边，坚营固守，招降羌人。帝以充国不敢应战，大发兵西上。有请深入击羌者，充国上书论其不可，而朝议不从。充国仍持前议，招降不少之羌人。帝以运输军粮徭役苦重，会闻充国病，命将副之，出兵击羌。充国则请屯士卒耕种，收获之谷可益积蓄，而大省费。帝许其请。同时，又许他将击羌之请。汉兵出而斩获颇众，充国所降者，数亦不少。帝诏罢兵，独留充国屯田。明年，乱平，汉置金城属国以处降羌。惜未改善其生活状况也。

乌桓之臣服 匈奴西迁，或由于乌桓之兴起。乌桓为游牧民族，古人称为东胡。秦汉之际，服于匈奴。及匈奴为汉所败，乌桓起而叛之，并为害于汉边。汉兵出塞击之，运输军粮备极艰苦，未能予以重大之损失，惟发罪人屯守辽东。其根据地自当时情状而论，盖在今辽宁西部及热河附近。昭帝后，史鲜记载乌桓。惟《汉书·匈奴传》称：王莽辅政时，汉使令乌桓酋勿献财物于匈奴，是乌桓已服于汉也。其时，匈奴宾服，西域入贡，西羌叛亦不胜，汉有余力防守辽东之地，乌桓岂有所惧而臣于汉欤？

向外经营之影响 西南方面，汉自武帝以后，不再并夷人土地。初郡夷人常起为乱，政府以兵力平之，往往得不偿失。初郡户口无几，有归并或放弃者。汉末疆域除西域属国不计外，视武帝时稍小。开拓领土，贵能利用。初郡归化之人民不多，土人本于恨恶之心理，及利害之冲突，常因偶尔事故，造成祸乱。政府劳民费财伐之，结果不过诛杀叛人，维持乱前之现象。内地人民，不惟未得实惠，反而增加担负。另一方面，汉人经营远方，亦有重大之影响于后世。西域植物种子先后传于我国，佛教亦自其地传入。学者谓《史记·历书》所言之历，及武帝太初历，皆受西方影响。其言虽乏证据，要为可能性之建议。我国工艺技术亦有传入西域者。汉以宗室女嫁于异国，汉将降于匈奴，单于亦妻之以女。汉人匈奴通婚，时为常事，二族固同为黄种也。

第十五篇　王莽

专政之经过——惠民之政——称帝——官制之变更——驭下之严厉——大规模之改革——六管——货币政策之失败——对外战争——天灾与盗贼——晚年之境遇——覆亡——功罪之评议

专政之经过　汉世皇太子嗣立，尊其母为皇太后，太后常得干与政事。王莽专政，至于篡汉，深赖成帝母王太后之力。初，成帝以元舅王凤辅政，诸弟封侯，为王氏专政之始。莽，太后侄，少孤。其群兄弟皆将军列侯子，崇尚舆马、声色、逸乐。而莽独因父兄早死，折节为恭俭，从名师勤读，被服如儒生，事诸父有礼，诸名士皆盛称之。成帝贤莽，复以太后之言，追封莽父为侯，莽嗣爵为新都侯。王氏侯者九人，亲属居于显要之位。莽旋进位大司马辅政，其节操愈谦；以财振施宾客，推荐贤士大夫，声望出于诸父之上。辅政一年，而成帝死。哀帝嗣位，王氏失势。莽奉诏就国，颇能杜门自守；

子获杀奴，即责令自杀。吏上书讼言莽冤，贤良对策称莽功德。帝征莽入京，然不之用。莽在京岁余，而哀帝死。

王太后于哀帝死后入宫取帝玺绶，遣使召莽，并诏“尚书、诸发兵符节、百官奏事、中黄门、期门兵，皆属莽”。尚书为政之本，兵符用以发兵，节所以昭信，中黄门、期门兵为皇帝之侍卫，于是政权、兵权皆归于莽。太后更以莽为大司马，领尚书事，迎立平帝。帝幼，太后临朝称制，委政于莽。莽修旧怨，杀害政敌，援用其党，朝臣皆其亲信。汉季大司马主政，士之欲富贵者，往往奔走门下。太后临朝，莽于王家最以贤称，深为太后所信，其威权为诸父所不及，士大夫之为莽用原不足怪。会益州塞外蛮夷进献白雉，好事者称为成王时之瑞祥，而以莽比周公，公卿盛陈莽之功德，请赐号曰安汉公，益户畴爵邑。太后从之。而莽固辞，但请赐赏共同定策之大臣。太后许之，更以年高不欲过问庶政，诏称：封爵乃闻，他事由安汉公决定。莽鉴于前事，禁帝母入京。子宇恐其为患，使人为变怪以惧莽。事败，莽兴大狱，言宇与管、蔡同罪，自比于周公。莽以女为皇后，自号宰衡，位在诸侯王上，三公对宰衡言事，称敢言之，其去皇帝，不过一间而已。

惠民之政　莽握政权，颇欲救济贫民，数以家给人足为言。莽素崇尚节俭，至是遇有水旱之灾，辄菜食以表示其同情及谋救济之意。太后受其影响，衣无花纹之帛，减损御膳；又省所食汤沐邑属大司农，别计其租入，以赡贫民。莽上书称：愿出钱百万、献田三十顷付大司农，助贫民。朝臣从而效之者二百余人。顷之青州大旱，蝗虫为害。朝廷使捕蝗，民捕蝗诣吏受钱，免其租税，病疫者舍空邸为置医，赐死者家人钱，募徙穷民于边郡，又起贫民宅于长安。莽为增加生产之计，设官劝民农桑，效果则不可知。莽遇士大夫亦厚，有司选举，不得论及赦前罪过；老而致仕之长官，给与故禄三分之一，终其身；治辟雍，为学生筑舍万区，为前古所未有。乃益博士员经各五人，其先只有一人；又广征通一艺之士，儒生莫不视为盛事。其筑明室、灵台，亦为儒生所欲。及成，群臣颂功，吏民上书请赏安汉公者，前后四十八万余人。太后加莽九锡。莽以国中无事，系其德化所致，四夷中羌人尚未归化，遣使诱其酋献地内属，置西海郡。既而平帝疾病，莽效周公请以身代。帝死，元帝世绝。莽选宣帝玄孙婴为帝，年始二岁。

称帝　莽权力同于皇帝，泉陵侯刘庆迎合其意，上书称：成王年幼，周公居摄。今帝富于春秋，宜令安汉公行天子事。群公奏称：宜如庆言，会平帝没而罢。至是有献符令者，文曰：告安汉莽为皇帝。太后斥为巫罔，而力不能禁其不为，乃称：符令所言系“摄行皇帝”之谓，“其令安汉公居摄践祚，如周公故事”。莽遂服天子，启冕黻，南面，朝群臣听政事，出入警跸，皆如天子制，名曰摄皇帝，称刘婴为孺子。莽假借名义，居于最高之位。宗室颂其功德者多非得已。及莽将代刘氏，宗室之权利势将丧失。安众侯刘崇首先起兵，讨莽兵败而死。群臣承旨，言摄皇帝权轻，致刘崇谋逆，宜尊重之，以镇海内。太后诏莽朝见，称“假皇帝”。其先，称臣也。明年，东郡太守翟义起兵，立宗室刘信为天子，聚众十余万。莽抱孺子告祷郊庙，仿造大诰，以安人心；遣使宣称返政之意。更出大军东征，三辅空虚，盗贼大起。会翟义败死，诸将还击盗贼，灭之。莽更以为获得天人之助，谋为真皇帝矣。

官制之变更　广汉人哀章时学于长安，诈为符命，言莽为真天子，辅佐十一人，自列名姓于其中。莽得其书，御王冠，谒太后还，坐未央宫前殿，诏言：钦承天命，即真天子位，国号曰新。遣使求传国玺，太后涕泣与之。莽以符命尊后为新室文母太皇太后，封孺子婴为定安公。莽为天子，自谓受命于天，若不得已者然。汉时，儒生蔽于天人相感之说，常以灾异解说政治事变。莽深受其影响，又信鬼神，乃以符命为真，据之决定用人行政，盖陷溺于迷信而不自知也。其所设之四辅、三公、四将，为十一公，系据哀章所献之符命，其中八人为莽亲信，余为哀章、王兴、王盛。哀章以献符命为公，兴、盛亦其所书，而朝中并无其人。莽求得同名者十余人，而言二人合于卜相，自布衣而为长官。兴，故城门令史；盛，则以卖饼为生。公下为卿。莽置九卿，或更改汉官名称，或为其所创，分属三公。每卿置大夫三人，一大夫置元士三人，凡二十七大夫、八十一元士。又置六监，郡县官名亦皆变更。其名目多于汉代，大部分系据后人伪托之书。其变更之名，使人难于记忆，岂用圣世之官名，即为圣德之世耶？莽又信儒家国无二王之说，改称汉诸侯王为公，降四夷王号为侯。

其地方官制，尤为复杂。莽为宰衡时，以汉十三州不与古合，汉地广大，不可为九，请以经义正十二州名分界，以应正始。后莽改为九州，称：周有东都、西都，新亦如之，其以洛阳为东都，常安为西都。常安即汉长安。诏文继称：州从《禹贡》为九，爵从周氏有五，诸侯千有八百，附城之数如之。公，地方百里，众一万户；侯伯，方七十里，五千户；子男，方五十里，二千五百户；附城则地益少。受封者，凡二千余人。莽以汉宗室之为诸侯者，数为叛乱，遣使授诸侯及蛮夷君长新室印绶，并收汉印绶，因强汉诸侯悉上玺绶为民。其新封之诸侯，面积户数皆有规定，然为纸上计划。其地方高官首推州牧，其数凡九。公作州牧，侯作卒正，伯作连率，子作属令，男作属长，皆世其官。其无爵者，郡称大尹，县为宰。其制乃折合封建、郡县制而成，无如诸侯多而郡数少，乃分大郡为小郡，更以古有五服，分九州为五服。其后，改易郡名，一郡甚至五易其名，吏民或不能记，每下诏书，辄系其故名。其后乱作，莽诏言效法其祖黄帝，置前后左右中大司马之位，赐州牧为大将军，郡卒为正连率，大尹为偏将军，属令长为裨将军，县宰为校尉。其名目之多，徒见其官制之混乱。

驭下之严厉　莽为帝后，严防其臣下，以为用人行政赏罚之大权，不可旁落于人，亲信大臣乃至不得其死。凡言大臣过失者，辄拔擢之。公卿入宫，属吏数有限制，太傅平晏从吏过宫门，仆射苛问不逊，从士系之，莽怒发车骑围太傅府，捕士杀之。大司空士夜行，亭长问其符传。士以策击之，亭长斩士，亡去，郡县逐之。莽言亭长奉公勿逐，大司空斥其属士以谢。晚年信用宦官，政事皆自决定。《汉书》言：莽治理政事，“常御灯火至明，犹不能胜”。尚书因是为奸寝事，上书待报者，连年不得去；拘系郡县者，逢赦而后出；卫卒不交代，三岁矣。莽时五十余岁，欲以衰弱之身，总管一切，致成此现象。莽方以制定礼乐为要政，尽心力而为之。史称“公卿旦入暮出，论议连年不决，不暇省狱讼，冤结民之急务。县宰缺者，数年守兼，一切贪残日甚”，亦一原因也。

莽之家庭情状，亦颇恶劣。即位前，二子不得其死；及为摄皇帝，群臣请封其子，乃封安为新举公，临为褒新公，兄子光为衍功侯，孙宗为新都侯。会光以其私怨，请嘱吏杀人。事发，莽严辞责光，光与母自杀。始建国元年（公元 9 年），莽即帝位，立妻为皇后；以安年长荒忽，立临为皇太子。后皇孙宗自画容貌，被天子衣冠，刻三铜印，辞意不善。其舅家前以罪徙合浦，宗私与之交通，事发按验，宗自杀。其姊妨为卫将军王兴夫人，祝诅其姑，杀婢以绝口。事闻，莽遣使切责，其夫妇自杀。地皇元年（公元 20 年），大风为灾。莽以临为太子所致，并称：其为太子，久患疾病，所居宫室又为风所破坏；临有儿而称太子，为名不正。近时灾旱，百姓苦饥，咎于名不正，其立安为新迁王，临为统义阳王。皇后先以子孙数被杀害，涕泣多病，莽令临侍养。临通于莽曾幸之侍者原碧，二人共谋杀莽。及临贬号为王，出居外第，闻母病困，书言不能保全，莽见而大怒。后死，不令临会葬，收原碧杀之，临亦自杀；安旋病死。初，莽于哀帝时就国，幸侍者三人，生二男二女留于国中；及安病甚，始遣使迎之入京。莽时六十有七，犹据符命，征求淑女于郡国，立史氏女为皇后，聘礼黄金三万斤，车马珍宝以巨万计，嫔妾一百二十人。其时，盗贼群起而莽犹纵于淫乐焉。

大规模之改革　王莽为人，虽有可议之处；然有救民之心，其改革计划足当政治家而无愧色。汉自宣帝以来，户口增多，疆域虽称广大，而户口仍集中于黄河下流之地。据《地理志》所记全国户口数字而论，黄河流域人口多于长江、西江流域，将近三倍。前者耕种之土地，不及今日之广大；耕种之技术，亦不若后世之进步。而耕地所出之食物，给养四千余万之人口，当有困难。贫民恶衣恶食，犹不能得饱暖，遇有凶年，常致饿死，穷苦遂为汉末社会之严重问题。儒生数以为言，其人以为民之穷困，一由于皇帝官吏之奢侈生活，一由于官吏与民争利。二者虽有相当影响，然不如所言之甚。与民争利，指官吏经营生产事业，或贩运必需品之类，更有私自牟利经营生产事业者。贡禹曾请：近臣家无得私贩卖，违者免官削爵，不得仕宦。元帝不肯采行。其时，田产为最安全之投资。达官贵人无不争购良田，使其奴婢工作，出卖其余布、余粟。其兼并之结果，贫民遂无立锥之地，沦降为奴婢；或为人佣做佣工，尚有自由。奴婢同于财产，可辗转贩卖。为其主人工作无异于牲畜也。奴婢之待遇，常视其才能容貌，及主人之性情而定，不得其死者，数当不少。成帝、哀帝皆欲有所改革，但无所成。王莽秉政，施行小惠，而时未有大灾，人民尚能安居；及为天子，始为大规模之改革。始建国元年诏曰：

> 今更名天下田曰王田，奴婢曰私属，皆不得卖、买。其男口不盈八，而田过一井者，分余田予九族、邻里、乡党。故无田、今当受田者，如制度。敢有非井田圣制、无法惑众者，投诸四裔，以御魑魅。

诏以土地为公有，故曰王田；奴婢为人，异于马牛，政府不承认其与主人之关系，故曰私属，皆禁买卖。禁卖奴婢，所以限制其来源，久则自行废止。农民耕地一家百亩，为儒家之理想计划。实则土地有肥瘠之异，生产量不同；黄河流域之地，不敷每家之分配，故非大举徙民，则无法求其实现。莽不许买卖田地，田逾限者，予其族人，无田者授田。授田为一幻想，分田非豪富所欲，新政推行，当多窒碍。莽后诏曰："诸名食王田皆得卖之，勿拘以法。"名田指吏民购置之田地，食田盖为封地，诏许其出卖，为减少实施新政之一有效举措。出卖者，多为富贵之家，地价，当必甚贱。然与分予相较，则易为人接受。关于奴婢，莽初无将其解放之意，来源断而需要犹殷，价当上涨，违法卖买者众。莽赦其罪，后令上公以下诸有奴婢者，率一口出钱三千六百。汉制奴婢算钱二百四十，莽增为十五倍，蓄奴婢者无利可图，为减少奴婢之一方法。后盗贼大起，莽欲废除新政。实则盗贼之起，非由于改革，而别有造成之原因也。莽更奖励生产，令有田而不耕植者出三夫之税；城郭中宅不树艺者，出三夫之布；浮游不事生产者，出夫布一匹。不出者罚作工役，县官食之。其效果则不可知。

六管　王莽受《周礼》影响，欲安定物价，立五均官于长安、洛阳、邯郸、临甾、宛、成都，皆户口多而商业发达之大城。后遍设于各郡。五均评定物价，民出卖物而不售者，以本价买之，毋令折钱；物价贵过平价者，则以平价出卖政府所贮之物；市价低于平价者，听其买卖。凡卖货物者必报告于官，除其资本，计其赢余，而以所获什一为贡。其不报告，或报告不实者，尽没取其货物，并罚作劳役一年。物价稳定，富贵兼并之家及豪富巨商，无利可图，《汉书》所谓“民怨”者，即其人也。莽又下六管之令。六管为盐、酒、铁、名山大泽、五均赊贷、钱布铜冶。盐铁久归政府专卖。酒先许民卖买，莽令官作酒卖之，郡设酒士一人，督察酒利。名山大泽初为豪富者所专利，莽始设官司之。钱自汉中叶以来，由政府鼓铸发行，莽沿用其制，而大增加货币之种类。五均上已论之；赊贷指贫民贷款以治生产事业，除其费计所得，受息毋过岁十一，亦为五均所司。五均赊贷专谋贫民之利益，其实施情状，则不可知。其时小吏禄薄，为奸致富者众。莽乃明六管之令，每一管下，添设防禁科条，犯者死罪。后盗贼大起，始欲废之。

货币政策之失败　货币为六管之一。汉季货币量数不敷市场之流通，贫民盗铸犯罪者众，朝臣有请罢钱不用者。王莽好古，遂变更币制。居摄时铸造大钱，一当五十。又造刀钱：一称契刀，一当五百；二称错刀，一值五千，与五铢钱并行。奸民盗铸牟利者众。及为天子，诏罢五铢及刀钱，另铸小钱，重为一铢，与大钱并行；旋更造金银、龟贝、钱布之品，名曰宝货。钱分六品：金一品，银二品。龟分四品，贝分五品，布分十品。布为钱币之一，以铜锡造成。合计二十八品，不便于记忆。史称“百姓愦乱，其货不行”，盖为事实。新币多为恶货币，龟、贝易于破碎，不适于用，民贪利，铸钱抵罪者众。莽乃令行值一小钱与值五十大钱；龟、贝、布属且寝。既而复申金、银、龟、贝之货，罢大小钱，改作货布。金银为贵金属，沿用之。龟、贝不合于货币之条件，人民不愿使用。货布重二十五铢，当二十五货泉。货泉重五铢，枚值一钱。货布亦恶货币也。莽数变更币制，鼓铸恶货币，徒使物价高涨，增加贫民之痛苦。犯罪者众，莽以严法治之，终不能有所改善。

对外战争　新政失败，由于复古思想之浓厚。对外战争，更促成新室之覆亡。汉末四夷归附，边邑无事。莽为天子，进而干涉匈奴之事，致成怨恨，匈奴复为边害。边郡自呼韩邪降后，数十年内未受兵灾，防务废弛，民畜被掠者不可胜记。莽宣布匈奴罪状，发卒三十万，十道并进以讨之。其计划不适于用，转运粮食尤为艰苦之事。士卒先至者，屯于边郡，俟全军准备就绪，始出。吏士无所事事，故纵为非，而内郡愁于征发，民有流亡为盗者，大军终未能出塞。会单于病死，其弟咸立。咸主和亲，遣使告边。莽先杀其子登；至是，遣使往贺，并厚遗之，请送还叛人。单于从之，后知登死，复寇于边。然其规模不大，边兵减少。咸立五岁而死，弟舆嗣立，贪利赏赐，复与新和亲。莽欲另立单于代之，舆怒发兵为寇。莽大募士卒，欲攻匈奴，而兵终未出塞。后莽被杀，汉使至匈奴。单于言其“出兵击莽，空其边境，令天下骚动思汉，莽卒以败，而汉复兴，亦我力也”。其言虽涉夸张，而寇掠影响之巨大，亦为不可否认之事实。

乌桓臣服于汉，又事匈奴。单于曾以其酋不予以皮布税，遣使责而辱之。乌桓北为秽貉，高句丽为其强国，初属于汉。莽伐匈奴征发其兵，致成叛乱，乃诱杀其侯，更名高句丽为下句丽，秽貉仍为寇于边。其在西方，莽诱羌酋献地，致成祸乱。羌西地为西域，汉置屯官于其地。莽秉政时，不问官吏处置之失当，唯以诛杀以立威；及为天子，遣使至西域，尽改其王为侯，授以新室印绶。使之侍从众多，小国供给甚苦。莽旋拜甄丰为右伯，当出西域。车师后王闻而欲亡入匈奴，被杀。王兄率众降于匈奴。新吏亦杀长官，降之。后莽出兵西征，亦不能胜，西域遂不服属中国。西南夷时以句町王邯为强大。新吏以邯不服改号，诱而杀之。王弟起而作乱，州郡击之不胜，叛者益众。莽遣将往击，而士卒疾疫死者十六七，益州虚耗，更出兵伐之，仍不能胜。要之，王莽对外全为失败。其影响所及则缘边之郡县，皆大虚耗；调兵防守，军粮运自远方，于是国用不足，横敛于民。奸吏因而致富，人民愈苦。

天灾与盗贼　天灾促成新室之覆亡。汉末，黄河大为民害。莽秉政时，广征能治河者，而言者意见不同，工程又极浩大，终未兴工。莽为天子，方患旱灾，黄河之水量减少，史少记载河灾。后世称河于始建国三年（11 年）决于魏郡，为有史以来黄河之第二次改道。惜班固未详记载，致吾人不知其真相。旱为大灾，则为确定之事实。莽于地皇元年（20年）诏云：“即位以来，阴阳未和，风雨不时，数遇枯旱，蝗螟为灾，谷稼鲜耗，百姓苦饥。”灾情尤以关东为严重，贫民至食人肉。明年复有旱灾，贼盗增多。莽开诸仓赈贫，赦免盗贼，其不尽解散者，则诛灭之；又遣使教民煮草木为酪、作食，弛山泽之禁。其时，关中旱情较轻，蝗自东方飞入，蔽天盖日。流民入关者数十万人，死者十之七八，壮者沦为盗贼，以饥寒穷愁而起。初欲于岁熟归还乡里，众至万数者，犹无尊号，亦无旌旗，又不略取城邑，惟劫掠求食而已。莽不认识真相，令长官严敕属下并力除贼，其妄言饥寒所为，辄捕众议罪，更遣将督大军讨贼，徒增加人民之担负。又以遮击将欲解散之贼，降贼惊而复叛，旬日之间，更十余万人。官军数战不利而贼益多，其渠帅之欲望转高，局势益为严重。

晚年之境遇　大乱将发之际，王莽之才不足为适当之处置，而方崇尚礼节，效仿西周经营雒阳。及盗贼大起，营筑明堂、大庙；顷之，更崇大其制度，广征工匠。莽以黄帝为太初祖，其庙宽东西南北各四十丈，高十七丈，余庙半之，以铜为榱，饰以金银，雕文穷极百工之巧，费至数百巨万，卒徒死者万数。岂媚于鬼神，以求福邪？旋立皇后，聘礼多，而从嫁者至一百二十女。其前后所为，判若二人。盖莽先与名士甄丰等旦夕谋议朝政，及为天子，疑忌大臣，丰竟不得其死。莽左右无人横有成见，独断独行，以致个人之弱点暴露无遗。人至风烛残年，记忆力弱，了解力低，当疑惧之时，应付事变，往往失其常态也。

覆亡　初，荆州乱起，汉宗室刘缜举兵讨莽不胜；与贼帅合作，数败新兵。地皇四年（23年），诸渠帅共立刘玄为帝。莽大赦贼众，并以兵力杀其不解散者。玄兵攻下昆阳诸城，莽发郡兵百万讨之，会于雒阳者四十二万，余在途中。兵多，指挥困难，反将偾事。大军将南击宛。宛，玄之根据地也。路过昆阳，守兵欲降，不得；又不能逸出。会缜弟秀将数千人来援，莽统帅轻之，令诸将勿动，独将万人出战，不利，诸将不敢援之。秀乘胜逐敌，昆阳守兵复出助战。大军以主将一死一逃而乱；会大风雨，皆散归本郡。斯役也，汉兵以少击众，又得天时，人民以为天欲亡新复汉，思想一变。莽官无法维持治安，亲臣且欲共劫莽降。关中豪士起兵讨莽者，皆自称汉将，争先攻入长安，莽竟为其所杀。

功罪之评议 王莽自立为帝，凡十五年而新亡。余于《中国史》第二册论之曰："后世以其篡位，及其覆亡之速而诋毁之；实则篡位仅为皇帝之易姓，而与民众之利益无关。惟皇帝有无才力，始乃影响国事人民。吾人常以民众之利益为前提，而不必以篡位为立论之出发点。莽有中国，而复失之，其处理失当为一原因。而困难之症结，则人口太多，非当时开辟之土地所能维持其生活，加以生产事业握于富豪之手，贫富不均，大祸久在酝酿之中。旱灾饥馑促成其爆发。祸乱既起，政府失其威信，人民不肯遵守法令，收拾殊为不易。国中非有伟大之政治家，则悲惨之屠杀流离死亡，盖难幸免。儒家之教育及汉代之政治，不易产生伟大之政治家。汉末人才缺乏，为一事实。莽为境遇知识所限，初固尽其力之能为救济贫民，我国史上如其人者，尚不甚多。即以篡位而论，对于刘氏宗族力欲保全，而刘氏之为侯者，一再叛乱，始免诸刘为民，其附事之者，仍居高官。后世篡位者，若刘裕之辈，远不及其尚有人心。其制作之九锡，亦为后世谋篡者所仿行。惟莽才能不足以应付非常之事变而失败也。"上文尚称公允，故引用之，以做此篇之结论。

第十六篇　光武帝

大乱之复起——全国之扰乱——关东之平定——陇蜀之经营——死亡之惨重——朝官——诸侯——地方官制——仕途——祸乱之防范——奴婢之待遇——对外关系——光武之评论

大乱之复起　王莽败死，系豪士、贫民暴动之结果。王宪尤有大功，众至数十万，为刘玄将所诛。隗嚣据有凉州大部分，拥精兵十万，刘玄征之而嚣即至。赤眉聚众数十万，其渠帅亦应召而降。时人以为汉之复兴，系得天助，国内从此太平矣。实则严重之社会问题并未解决，且当祸乱初定之时，政府失威信。起兵者多居高官，不得意时将召聚旧部为乱。贼众于荒年之后，无以为生，仍从事于劫掠。农民不能安居，耕种收获之五谷，不能为其所有。其结果则土地荒芜，人民无食。此非莽死而刘玄代为天子所能解决。玄为庸才，其举措之乖谬，及推行政策之失当，反而煽动大乱之复起也。

玄初亡命为盗，志在财物。刘缜兄弟则与之异，其宾客仍为劫夺财物。缜初战不胜，与贼合作，击败官兵。贼帅与玄相善，立为天子，而缜反对无效，遂成嫌疑。玄即帝位，建元更始，刘氏中唯二人居于高位，而余皆贼帅。缜与弟秀各有大功，更始借事杀缜。其所据者仅有一隅之地，幸豪杰响应，杀其牧守，用汉年号，以待诏命，旬日之间，遍于天下也。玄迁都洛阳，以刘秀为破虏将军，行大司马事。更始二年（24 年）春，迁都长安。初，新亡，唯未央宫焚毁，宫女钟鼓、帷帐、舆辇、器物犹在也。诸将掠夺财物，戴贱者之冠，衣妇人之服。更始王其功臣，其人多出身庸伍，所谓“资亭长贼捕之用，而当辅佐纲维之任”也。玄纵于酒乐，时局恶劣与时俱增。玄遣使者持节巡抚州郡。使者往往滥用威权，亡命之徒仅以同乡之关系，一朝可为长官。《刘玄传》称：“诸将出征，各自专置牧守，州郡交错，不知所从。”可见政治情状之恶劣，乱因而大起。《光武纪》言更始二年之情状曰：“是时，长安政乱，四方背叛。梁王刘永擅命睢阳，公孙述称王巴蜀，李宪自立为淮南王，秦丰自号楚黎王，张步起琅邪，董宪起东海，延岑起汉中，田戎起夷陵；并置将帅，侵略郡县。又别号诸贼铜马、大肜、高湖、重连、铁胫、大抢、尤来、上江、青犊、五校、檀乡、五幡、五楼、富平、获索等，各领部曲，众合数百万人，所在寇掠。”

其先，尚有王昌之乱。昌诈称成帝子，赵大豪立之为帝，史称“赵国以北，辽东以西，皆从风而靡”。刘秀方巡行河北，时适在蓟，而蓟应昌。秀狼狈南逃，幸有郡守出兵助之。真定王刘扬聚兵十余万，秀深结之，娶其甥郭氏为妻，乃攻昌都邯郸。更始出兵助之，城陷乱平。秀焚吏民与昌交通文书，于是冀州吏民乐为之用。冀州为国中户口众多之一州；幽州缘边诸郡，有著名之马队，皆为秀所有，为其削平群雄之一原因。更始以秀有功，立之为王，征之入京。秀不应召，并杀其任命之长官，盖鉴于祸乱之大起，而欲争天下也。其时，据地自主之群雄，均有为帝之思想。滋扰于黄河流域之盗贼，或以山川土地为名，或以军容强盛为号，或以浑名见称。其渠帅各有党羽，劫掠之区域益广。际此群雄逐鹿之时，非才能者，将无成功之希望也。

全国之扰乱　铜马贼时自青、兖侵入冀州。刘秀亲督师击之，绝其粮道而不与战，贼食尽，夜遁，追击破之；降者，封其渠帅为列侯，其众犹不自安，乃轻骑巡行，以分配诸将，战斗力由是增强。会赤眉别将与大彤、青犊十余万滋扰，秀击败之；更袭杀更始将于邺，而并其军。幽、冀二州尽为其所有，遂公然反抗更始矣。秀平冀州诸贼，乃应诸将之请，即皇帝位，是为光武帝（25—57年在位）。群盗中，时以赤眉为最强大。其酋樊崇西攻长安，更始驻大军于洛阳防守。更始三年（25年），赤眉出间道西至华阴，立刘盆子为帝，击败拒战之兵。刘秀复乘其危出兵，取其河东。更始兵败于外，君臣意见不协，至相攻击。叛臣引赤眉入京，更始请降，旋为贼所害。隗嚣于长安乱时，返其故居，拥地自立。张掖属国都尉窦融为吏所推，行河西五郡大将军事，各同于独立国。赤眉居于三辅，迄未改其劫掠之习惯。汉中贼延岑乘机北上，屯于杜陵，亦欲扩张势力。光武闻知赤眉西入长安，诏封更始为王，遣大军渡河围攻洛阳不下，招而降之。帝徙都洛阳，遣将下其邻邑，驻重兵以待赤眉出关。

赤眉据有长安，人民不敢入城，城中饥饿而死者众。贼帅乃约束其部下，三辅翕然，民归长安。贼复大掠，焚宫殿而去，北出遇雪，转而西上。为隗嚣所败。光武将邓禹与赤眉争据长安不胜，延岑与赤眉战亦败。其时，人民不能耕种，饥至相食，城郭皆空，白骨蔽野。赤眉掠无所得，建武三年（27年）东归，众犹二十余万。帝遣将冯异据守，复亲统兵邀其走路。赤眉饥不能战，迫而归降。关中则在纷扰之中，豪士据城者甚众。延岑势最强大，自称武安王，拜置牧守。冯异入关破之，岑走南阳。异击杀抗命之豪士，尽有三辅之地。光武向外发展，幽、冀复有盗贼滋扰。五校、檀乡兵力尤强，皆先后败降。太守为乱者，亦不能久。真定王刘扬方欲为乱，见杀。于是幽、冀大定。

黄河以南，刘永据有梁地，自称天子。永初起兵讨新，后诣洛阳，归顺更始，封为梁王。及乱复起，永发兵攻陷邻郡。董宪据有东海郡，张步北有齐地，永欲其助邑，拜为高官，遂得专制一方。李宪据淮南称帝。宪初为新吏，平贼有功，乱时自主同于一国，乃上尊称也。董宪、张步初皆豪士，各于乱时据有土地。荆州原为盗贼滋长之所，更始大臣有复归故地为盗者。其先，大盗去而小盗广聚党羽，亦为渠帅，分据南阳、南郡城邑，兵力、财力皆有限制。群雄中，地广兵强者，首推公孙述。初于益州为吏；乱时，据有蜀郡，兼领益州牧。更始遣兵入蜀，为其所败。述自立为王，都于成都。益州未受兵祸，人民安居乐业。述更自为天子。隗嚣自长安亡归其故邑天水，复聚其众，自称西州上将军，境内安堵，三辅士大夫多往避乱。嚣以西伯自居，未曾利用其精兵，兼并城邑。汉定三辅，颇赖其力。凉州西部为窦融所据。卢芳诈称武帝曾孙刘文伯，自为西平王，据有安定与西羌、匈奴和亲，单于数出兵助之。

关东之平定 群雄割据自疆域户口而论，光武为最强大。赤眉降时，其疆域西达三辅，南临南阳，东至今河南东部及山东边地，北至长城，东北迄于辽东，乃其逐渐经营之结果；更欲讨伐群雄，成为统一之大帝国。刘永方据睢阳，其地平坦，无险可守。荆州贼渠土地小而兵力弱。建武二年（26 年），光武出兵南征荆州，东伐刘永。汉将东陷酸枣、封邱，遂去睢阳不远；更下其附近城邑，进围睢阳。永惧而出逃，其部将来援，战亦不胜。既而睢阳人叛而迎永，汉军围之，城中食尽，永出亡，被杀。部将立其子为王，兵败东归董宪。宪以一隅之地，当强汉之兵，自无幸胜之理。会汉将庞萌叛而与之合作，势力转盛。帝亲征败之，宪、萌走入山中，旋复据城邑，建武六年（30 年）始平。汉将进攻李宪，其都城舒以无援而陷，扬州诸郡始归于汉。汉地既与齐接壤，光武遣将进攻张步。步败归降，东方归于统一。荆州战争，初以汉将叛与贼合，久而无功。帝亲出征，渐而击败劲敌。秦丰降而被杀，田戎兵败西亡入蜀，荆州亦平。长江以南，诸郡皆降。

陇蜀之经营 建武六年春，光武尽有关东之地，转欲经营陇、蜀。部将数上书言蜀可击，帝示隗嚣。嚣书称不可，竟成敌国。嚣先归顺更始，几致被杀。其下以往事为说，复以杀使、劫物，致成更深之嫌疑。帝西幸长安，遣军假道伐蜀。嚣军拒战而胜，又与蜀连和。汉军旋复进攻，嚣乃处于不利之势；九年（33 年），病死；明年子降。初，窦融闻帝伐嚣，率五郡兵来会。至是，凉州尽为汉有，光武遂以全力对蜀作战。其时，公孙述称帝，备百官公卿，军政费浩大，国用不足，鼓铸铁钱。述初出兵援嚣，及凉州平定，汉大发舟师攻蜀，更遣军出武都。武都入蜀，山高路险，行军不易；溯江西上之师，已有重大之胜利，深入敌境，逼近成都。述亲出督战，重伤而死，其下以成都归降。益州平定，时十二年（36 年）也。群雄相继灭亡，唯卢芳尚为寇于边郡。汉屯重兵于边，筑亭候、修烽火、厚赏士卒。于是守固而人心益振。芳战不胜，亡入匈奴。十六年（40 年），遣使请降，帝立为代王。后，芳惧而复叛，出亡匈奴。

死亡之惨重　中国纷扰十数年，受祸惨重者，初为户口繁密之诸州，盗贼抢劫，田地荒芜。史称“黄金一斤，易粟一斛”，关中仅易豆五升。冯异经营关中，士卒采食果实以充饥。饥民或食果实，或食草木，或食野谷，其饥饿而死者甚众。饥贼常以人为食，兹引一事为例。琅邪魏谭为饥贼所获。人民为贼所缚者，尚有数十，以次当烹。贼以谭谨厚，令其主炊，复恐其逃去，暮辄缚之。贼有哀之者，密解其缚，嘱其急去。谭曰：“谭为诸君爨，恒得遗余。余人皆茹草莱，不如食我。”贼义而免之。以人为食，时为通常之事。将士每至一地，无不劫掠财物，吴汉为将，所部尤为暴横，南阳为帝家乡，而汉亦不之顾。臧宫入蜀，连屠大城。耿弇为将，平郡四十六，屠城三百。屠杀死亡，致成野无烟火之现象。光武减省官吏，十置其一。吾人虽不能据以推论人口死亡百分之九十，而死亡之估计，则有百分之七八十。中原人士有避难于凉、益及长江以南者。凉、益人民死亡，后亦有相当之惨重。人口增加过于生产事业之发达，为祸乱根本原因，残杀竟至于此。光武令兵屯田故而其军粮无虑，亦其所以战胜也。

朝官　光武于十二年内统一中国。统一减少人民之痛苦，为一伟大事业。帝曾就学长安，受儒学之影响，深信谶文，常欲据以决事。官制本自汉末，帝鉴于王氏之专权，不甚信任大臣，三公徒拥虚名。其先，大司马录尚书事者，权力过于丞相，吴汉为大司马在外作战，而调遣军队及作战计划，则由帝决定。后改大司马为太尉。大司徒原称丞相，久已无权；大司空亦然。后以不合于经典，皆去大字。三公不为天子所信，乃以循常习故者充任。太傅位为上公，职掌教导天子，光武以后，尊荣益甚，然亦无权。而权则在外戚，太傅承指白事太后而已。光武不信三公，朝臣朱浮谏言其弊，曰："即位以来，不用旧典，信刺举之官，黜鼎辅之任，至于有所劾奏，宜下三府覆案，便加免退，覆案不关三府，罪谴不蒙澄察。陛下以使者为腹心，而使者以从事为耳目，是为尚书之平，决于百石之吏。故群下苛刻，各自为能，兼以私情容长，憎爱在职，皆竞张空虚，以要时利。"

浮言切中常弊，而帝不欲改变政策。一人总揽政权，限于精力，乃以使者为心腹。州牧之权益重，郡守、县令之黜陟，视其一言。天子不易有所平反，唯以严刑立威。其于大臣也，一事之咎，一言之失，或为其所疑，或不合其意者，即受诏责，甚者罪至于死。大司徒坐事死者甚众，范晔于《后汉书》有"难居相位之叹"。帝既多疑，不欲功臣拥众京师，罢其兵权，以侯就第。列侯中唯邓禹等三人，与公卿参与大政。远方贡献珍甘，帝先遍赐列侯。列侯安享富贵，亦无过失，故无诛谴。三公无权，尚书遂为要职。尚书出纳王命，批阅章奏，为天子近臣，渐而得其信心。帝严监之，而仍有擅作威福者。后，尚书之权益重，所谓"选举诛赏，一由尚书"也。其秩为六百石，而三公九卿威权反在其下。三公不得治政，而名义上仍为国中最高之长官。天子责以理阴阳、顺四时，遇有灾异后且免官就国。九卿沿西汉之旧，亦失重要。

诸侯 汉行郡国并行制。王莽复古，建国益多。更始先封宗室六人为王，后立异姓功臣为王，非汉旧制。光武即位，宗室封王者后降为公侯。及统一功成，吴汉一再请封皇子，帝令朝臣议之。群臣议称宜封皇子，乃封皇子十人为公；后二年，皆进爵为王，各食一郡，唯东海王越兼食二郡。越系郭皇后所出，初为皇太子，后废，越亦逊位，奉诏兼食鲁郡。公主各有食邑。王国长官除特诏许可者外，皆朝廷所置。王无政权，衣食租税而已。其下为列侯，初皆功臣，大者四县，后独胶东侯贾复食六县。县之面积、户口不一，六县或未必大于四县也。小侯计户为封，少者数百户，岁食租税，以所封之户数为限。列侯居于京师，虽有归国之例，然为具文；后有罪者，始遣就国。自政治实状而论，郡重于国，为中央集权制。

地方官制　汉代疆域广大，由于武帝之开拓。畿内置司隶校尉，州设刺史。刺史秩卑而权重，王莽改为州牧。东汉初未变更，十八年（42年），始复刺史。刺史为监督官，其言郡守、县令不胜任者，故事先下三公案验。光武不复委任三公，而以刺史报告为决定，其权力因而提高，有统兵出征边夷者。其后，祸乱迭起，刺史有为贼害者。朝廷于祸乱之州，以中二千石为州牧，其权益重。州下为郡，郡置太守一人，唯京都洛阳称尹，皆二千石也。郡下为县、邑、道，有蛮夷者曰道，邑为公主所食汤沐邑，而县为数最多。令长皆沿旧制。光武初以州牧为耳目，郡守、县令有纤微之过，必见斥罢。朱浮书言其弊，帝令廷臣议之。其意见多同于浮，牧守代易，始少于前。

仕途　光武起自南阳，将相多其故人亲友。并州牧郭伋尝言：选补众职，宜简天下贤俊，不当专用南阳人。《伋传》称帝纳之，而南阳人仕为长官者，已不少矣。列侯封地传之子孙，其未封侯而至高官者，可荫其后。其为国死，或有义行者亦得如此。纳赀入仕，东汉初叶尚不甚多。其主要仕途则为选举与辟召，二者皆有悠久之历史。选举一称察举，由天子下诏兴办，或为贤良方正或为直言极谏之士，或为孝廉等，皆由诏定。东汉据郡国人口比例，选定人数，其成立盖在中叶。郡国率二十万口，岁举孝廉一人；四十万二人；多则类推；不满二十万，二岁一人；不满十万，三岁一人。边郡限于人口，应选者少。改令缘边各郡口十万以上，岁举一人；不满十万，二岁一人；五万以下，三岁一人。于是选举成为入仕之要途。辟召指士以才力或德行显著，而为统治者所知，召用而尊显之之谓。其制始于西汉，至东汉而用益广。世家子弟及有名之儒生，皆易于入仕。

祸乱之防范　大臣中骄横无道者，当为宗室外戚。光武时，其人皆遵礼守法。光武初无大志，及为天子，自奉甚俭，朝礼亦甚简单。马援奉隗嚣命见帝，帝亲迎之，笑作戏语。援称其“恢廓大度，同符高祖”。及统一功成，尚与功臣宴语饮酒，此其过于常人之处。大臣违诏与犯法者，则不肯恕其罪。大臣交通宾客，诸侯养聚游士，皆有碍君权之发展，并为政治上不安之因素。帝诏有司申明阿附蕃王法，后更捕杀王侯宾客，其思想则臣下惟当守法，忠于职守而已。其疑忌太甚，防范太严，反足以促成叛乱，尤以降人为然。樊崇降而以谋反诛死；张步降而徙居洛阳，后率妻子欲逃入海；卢芳降而惧祸复叛，皆其明例。更始降将叛乱；亲信有功之将军，有与贼合兵者；降酋众已解散，犹不顾生命危险而作乱。朝臣桓谭尝言其原因曰："臣谭伏观陛下用兵，诸所降下，既无重赏以相恩诱，或至虏掠夺其财物。是以兵长渠率，各生狐疑，党辈连结，岁月不解。古人有言曰：天下皆知取之为取，而莫知与之为取。陛下诚能轻爵重赏，与士共之，则何招而不至，何说而不释，何向而不开，何征而不克？"

帝不肯接受谭之意见，盗贼仍为患于民间。帝伐隗嚣，曾因其为乱，驰归征之。十六年（40 年），郡国大姓以政府核田增加其担负，怨而与兵长、群盗并起，所在攻劫、杀害长吏。郡县出兵讨之，即行解散；兵去，贼又屯集，尤以青、徐、幽、冀为甚。此为严重之事变，不善处理，将为大规模之祸乱。帝令郡国：听群盗自相纠擿，五人共斩一人，即除其罪；吏坐逗留、回避、故纵者，皆勿问，听以禽讨为效；牧守令长坐不收捕界内盗贼，及畏懦捐城委守者皆不以为负，但以获贼多寡为殿最，惟罪其蔽匿者。其用意一为分化盗贼之势力，一奖励官吏多所捕获。政府之威信昭著，军队之战斗力强，行之当能有效。其善后问题，则为如何解决降贼之生计。其时，户口少而荒地多，办理善后，未为困难之问题。政府徙其魁帅于他郡，使与其徒党隔绝。彼能安居乐业，亦无他欲望矣。惜帝不肯早听桓谭之言，能弛祸于无形也。

奴婢之待遇 光武生于民间，深知奴婢之痛苦。奴婢同于财产，得辗转贩卖于市，为其主人工作，稍违其意，即受杖责，命运悲苦，待遇恶劣，诚人间地狱也。王莽欲废除奴婢制度，以祸乱起而作罢。光武亦欲改善奴婢之待遇，惟不若王莽之彻底，岂鉴于推行之困难邪？《光武纪》称：帝于十三年（26—38 年）中，诏免奴婢为庶人及改善其待遇者，凡九。庶民、奴婢身份不同，主人杀奴婢者减罪，炙灼奴婢，成为习惯。帝诏，论主人如律，免受害之奴婢为庶人。据诏书所言，奴婢之来源：一、购买而得，下妻为变相之婢，属之；二、犯法为官奴婢；三、被掠之人民。释放之官奴婢，史未记其人数。奴婢免为庶人之数字，亦不可知。史称：官吏私买奴婢者，至受处分。诏令之宾行，当无疑问，惜其子孙未能继续推行也。其惠民之政尚多，如遇灾免民田税；廪给高年鳏寡孤独等；老幼妇人从坐，非不道与诏所名捕者，皆不得系；女徒出雇山钱，许其归家。帝又本于爱民之心，诏：郡国毋献异味。其时，厚葬成为风气，帝诏告臣民薄葬。其陵制地二三顷。帝没，遗诏称："如孝文皇帝制度，务从约省。"

对外关系　光武统治土地，初除北方边郡而外，凡前汉直接治理之郡国，皆为其所有。匈奴拥立卢芳，帝遣使厚遗单于，而单于骄慢不逊。汉击卢芳，匈奴为之报复，深入河东，州郡不能拒战，乃徙幽、并边人于内郡，匈奴更徙居塞内。汉增兵严为之备，而祸益亟，边郡无复宁岁。会单于忌杀贵人，其王比欲归汉，又值旱灾，赤地数千里，草木尽枯，人畜死耗大半，单于始乞和亲。帝遣使报之。比率所部四五万人归附，以大父依汉得安，袭用其号，曰呼韩邪单于，是为南匈奴，时二十四年（48年）也。次年，南北匈奴相攻，北匈奴不胜。南匈奴居于云中，遣子入侍，汉厚赐之，并运转米粮、牛羊给之。会南单于兵败，汉徙之居于西河，出兵卫之，冬屯夏罢，习以为常；更分徙南匈奴部众于缘边诸郡，为侦逻耳目。北单于惧而遣使乞和亲，汉亦与之往来。于是，民得安居矣。东北为乌桓、鲜卑居住之所。乌桓乘中国乱时为害于边，其游牧之地在今察哈尔、热河一带。汉出师伐之不胜，乃赂以币帛，并厚赐其入朝之酋长，而封之为侯王君长，令其招降同种，为汉侦候。后数十年，乌桓未为边患。鲜卑初未见于古书，《后汉书》称其在辽东塞外，不常通于中国。其游牧地在辽东以北，盖为铁岭附近之地。数为边患，光武为之增兵，防守，辽东太守曾败其入寇之兵，更招降其大人，而厚其赐赏，岁费钱二亿七千万。

西羌居于今青海、甘肃大部分，陕西、四川各一部分，从事于游牧，以勇敢善战著称。隗嚣待之甚厚，因发其众与汉相拒。嚣死，地入于汉，汉吏不善抚之，致成边患。其部落强大者，首推先零，数为寇掠。汉将击之，降者甚众，徙居之于天水、陇西、扶风三郡。羌人虽败而兵力尚强。西州旧壤，东汉初年，尚能统治也。益州边地，蛮夷多而叛乱时起，皆为汉兵所平。荆州亦多蛮夷，南郡、长沙、武陵等地，皆其明例。其时，武陵夷特盛，酋长为杰出之士。汉将一再督兵击之，皆无功绩，后许其降，还师。荆州南为交州，蛮夷更多，官吏从未设法改善其生活。光武时叛乱大起，汉兵击而败之，徙其归降之渠帅于武陵，交州始定。要之，东汉初年之外患以匈奴、鲜卑、乌桓为烈；西羌次之；南蛮又次之，以其人数不多，又无骑兵故也。汉兵平定南方，尚非难事；应付北方之外寇，则多困难。凉州地与西域接壤，小国遣使朝贡，请设都护。帝以中国新定，不许其请。

光武之评论 光武自平民而为天子，初曾入太学读书，其大臣亦颇好儒。帝于中国尚未统一之时，即兴太学，厚赐博士弟子，又表彰气节，擢用贤士；晚年，起明堂、灵台、辟雍等。惟信谶记，是其所短。帝鉴于往事，亲总万机，大军在外作战，计划亦由其拟定；勤于政事，始终不懈。《光武纪》称：“每旦亲朝，日仄乃罢，数引公卿、郎将讲论经理，夜分乃寐。”皇太子承间说其“颐爱精神，优游自宁”。帝曰：“我自乐此，不为疲也。”当为事实。中元二年（57年）病没，享年六十有二，在位三十三年，庙号世祖。其为人也，虽有一二可议之处，而固我国史上伟大之皇帝也。

第十七篇　明帝至质帝

明帝——章帝——和帝——安帝——顺帝——梁冀专政——太后听政——选举制——户口分布之情状——北匈奴——羌乱——西域

明帝　明帝嗣父为帝（58—75年在位），幼甚聪明。其兄弟争位，皆交结宾客，广求声誉。光武遣诸王就国，并杀其宾客，以巩固皇太子之位；病时，诸王皆在洛阳，及死，太尉赵熹典丧，横剑殿阶，扶下诸王，以明尊卑。藩国官属入宫殿，初与朝臣无别，熹表奏：谒者分别。并令诸王就邸，“唯朝晡入临”。梁松时统卫兵，予属吏大权，警备非常，有“见非，勿有所拘”之令。明帝母弟荆欲为祸乱，则其一例。后，荆不得其死。楚王英以交通方士，迫而自杀，朝臣及英宾客冤死者甚众。其坐事削地之王，尚有二人。帝对于诸子，唯欲其安享富贵，岁给以二千至八千万钱，不得与闻国政。帝防范外戚亦严，贵戚莫敢犯法，而“诏书切切，犹以舅氏田宅为言”。其弱点则为性情褊急，好用小慧，以耳目所发为明；并以小吏、宦官为耳目，致大臣数被诋毁，近臣尚书以下，亦常受辱。官吏从事于苛察，而反为害于民也。

明帝幼受儒家之教育，完成其父所筑之辟雍。及成，帝祀光武于明室，登灵台以观物变，临辟雍行大射礼与养老礼。此皆本于儒家思想，徒为繁文缛节，对于国计民生并无重要。其出游巡，亦奉于儒家之说，在位十八年，巡狩六次，并征诸侯来会，实为劳民伤财之事。其伟大功业，则为治河。黄河于平帝时败坏，迄未兴工治理，东汉初年雨多，河复为害。光武欲修堤岸，而言者称今民少地广，新被兵革，民无余力而罢。于是河无堤防，东侵之地益广，沃肥之低地，同于湖泊，兖、豫人民怨望。永平十二年（69 年），帝遣使者王吴治河，王景佐之。景善治水。史称发卒数十万治河，河自荥阳东至海口，长千余里，景度地势筑堤，一年功成。帝巡河诏云："今既筑堤理渠，绝水立门，河汴分流，复其旧迹。"门谓断绝河汴合流之工程，言其功用同门，将水关闭也。河水流于新道，水深而流畅，力足以挟泥沙而东行。帝诏置河堤员吏，以时修理，并令滨渠土地给予贫民，诚我国史上伟大工程之一。其时，边郡无事，人民尚不甚多，乃诏：边人徙居于内郡者归还；并赐装钱，人各二万。又徙罪人于边。许其妻子同往，附名籍于边县；后更优待妻之家人以奖励之。此为增出边郡户口之一有效方案。

章帝　永平十八年（75 年），明帝病没。其为帝也，勤于政事，崇尚节俭，病时遗诏：无起寝庙，藏神主于母更衣别室；陵置吏卒数人，供给洒扫，勿开修道；敢有兴作者，弃市。当为不易多得之天子。皇太子嗣立，是为章帝（76—88 年在位）。章帝幼受良好之儒家教育，年始十六曾在曲阜说经。帝非马皇后所出，而后抚育劳悴，过于所生，帝亦爱之如母。及是，后进位皇太后，与闻政事。其家人居于显要之位，富有资财，问候其起居者，至车如流水马如游龙。后没，马氏失势。皇后窦氏有宠。兄宪居于要职，至以贱值夺公主田园。事发，帝切责之，皇后毁服深谢始已。帝虽为外戚所蔽，然为聪明有为之天子。尚书承旨决事，不敢有违。然能鉴于往事，颇崇尚宽厚，诏去毒刑；许前坐藩王狱，徙于边郡之家，还归本郡。帝读儒书，本于儒家思想，常出巡狩，乃以国用不足，复置盐铁官。好名复古，不知古今环境之不同，及后人伪托之古制，贸然行之，徒病人民而已。其惠民之政，当推救济贫民。遇有灾荒，则诏勿收田租刍稾，并令有司以见谷赈给贫民。复以其往返领谷，有碍农耕，令核其尤贫者，计所贷一次予之；流人欲归故乡者，郡县给食，听止宿官亭。又诏：以上林禁苑田与贫民；后许无田之民徙居肥饶之地，赐给公田，为雇耕佣，借与种饷、田器，勿收租五岁，除算三年，其后欲还本乡者勿禁。其实施情状，今不可知。内郡户口增加，土地不敷分配，则为事实。帝诏：诸怀孕者，赐胎养谷三斛，复其夫勿算一岁，以减轻贫民之担负。婴儿无父母亲属，及有子不能食之者，亦令有司廪给。于是人口增加过于生产事业之发达，复为严重之问题。

和帝　章帝病死，窦皇后无子。梁贵人有子，后谮杀贵人而养其子。至是，嗣立，年始十岁，是为和帝（89—105 年在位），尊窦皇后为皇太后。太后以帝年幼听政，诏其兄宪供养两宫，宿卫左右；以太尉邓彪为太傅，录尚书事，百官总己以听。彪仁厚委随，为宪所喜，故居此职。宪在宫中与闻政事，进用大臣。史称其有所为，辄令彪奏白，无不许可。宪弟亦居于亲要之位。宪能进用贤士，公卿阿附唯恐不及，刺吏、守令多出其门，尚书仆射至以忤意自杀。宪旋以罪求击北匈奴以自赎。永元元年（89 年），汉军及羌胡兵出塞。大败北匈奴。宪拜大将军，位次太傅，高于三公，旋归洛阳。三年，复征北匈奴，又大破之，单于西逃，宪之威名大盛。帝恶其专横，隐与亲信宦官议商诛之。及宪班师还京，帝遣使收宪印绶，迫令自杀。其党羽多死。和帝年始十四，竟能诛杀权臣，其谋虑之深、计划之周、出动之速，有足称者。中常侍兼钩盾令郑众，与谋有功，迁官封侯。宦官用事，始自郑众。帝颇崇尚节俭，留心民事。晚年，始南巡狩。其前十数年中，皇室用费，当大减省。又令太官勿复受献。帝在位十七年，亲政凡十三年，遇有灾荒，无不有恤民之诏。据诏书所载，贫民生计困难，一由于蝗害，一由于水灾，蝗害二见，水灾较多。其造成之现象，则人民流离，死亡惨重也。政府救济灾民，减收田租，或给种子或与廪食，或开放离宫园囿，恣民采取果实，或开放山林、川泽，或诏郡国给食所过流民。其有贩卖者，矜免其税。汉人深信天人相感之说，灾异乃天所以示警。遇之，帝辄延问公卿政事得失，或求直言极谏之士，借明了民间疾苦，亦沟通上下之情之一法也。

安帝　元兴元年（105年），和帝病死。其皇后初为阴氏，不得其死；后立邓贵人为皇后。帝有二子，长曰胜，少曰隆，皆非后出。至是，邓后称胜痼疾，废之不立；立隆为帝。隆生始百日，是为殇帝，太后临朝听政。明年帝死，胜为和帝仅存之子，当立。太后商于其兄邓骘，迎立清河王庆子祜为帝。祜，章帝孙也，时年十三，是为安帝（106—125年在位）。太后专政，安帝徒拥虚名，朝臣以之为言者，即致不测之祸。后从兄康惧有后祸，托病不朝，为宫人所谗，致免官绝属。太后亲信大臣为其兄弟，实则皆为庸才。骘以贤称，太后处置军国大事，当征求其意见，因得推荐亲信之士大夫。骘尝出征叛羌，大败而还。太后反重赏之，惟知其家人，而不问其才能与功过也。后颇崇好节俭，遇有灾害，无不下诏赈济贫民。其推行之政治，则本于儒家之思想，如诏举明经之士，续封功臣之后，设学校传授宫人与邓氏子弟，强令小吏行三年之丧，又亲自决狱。此皆与国计民生无关。其时，严重之问题，则水旱之灾迭至，而户口已大增加，贫民无食者，竟至相食。政府又以全力与羌人作战，致寇贼纵横也。

建光元年（121年），邓太后病死。安帝在位已十四年，其怨望诸邓，为事理之当然。诸邓免官就国，多不得其死。帝乳母王圣与闻国事，其女伯荣出入宫中，受赂为奸，政治益坏。皇后阎氏甚见宠爱，无子，妒杀皇子保母而立保为皇太子。后兄弟皆居显位；复以前杀太子母，心不自安。太子乳母与属官，又与王圣不协，共谮太子。帝怒，废为济阴王，朝臣争之不得。其时，帝年三十，仅有一子，竟以虚构之辞废之；又信用宦官。宦官先为侍中、中常侍者，人少。邓太后称制不接公卿，而以阉人为常侍，小黄门通命两宫，由此权倾人主。宦官李闰与王圣相结，帝封闰为侯。小黄门江京以前迎帝于邸，亦封侯。延光四年（125年），帝南巡狩，阎皇后从行。帝死于途中，皇后与兄显商于宦官，诈言帝病，驰驱入京，然后发丧，迎立章帝孙北乡侯懿为帝。太后称制，阎显辅政，诛杀异己之大臣，王圣亦下狱死。显无才能，嗜酒常醉，不孚众望。懿立二百余日而死，太后欲另立帝。中常侍孙程等十九人为变，迎立济阴王为帝，捕杀阎显。

顺帝　济阴王为帝，是为顺帝（126—144 年在位），年始十一，政权归于宦官、乳母。孙程新立大功，与闻政事。乳母宋娥，亦纳贿干政。大政往往决定于一人之毁誉而不问事之真相。吏民上书，帝置之不问，兹引一事为证。宁阳主簿诣阙诉其县令，积六七年，书百上而不省。主簿不堪在京久待之苦，上书曰："臣为陛下子，陛下为臣父。臣章百上，终不见省。臣岂可北诣单于，以告怨乎？"此实骇人听闻之政治现象。帝年稍长，颇放纵于情欲，欲立皇后，而贵人有宠者四人，欲探筹定之。朝臣谏言不可，乃以梁贵人为良家子，立为皇后。后父商渐居于显位，而为宦官所忌，谮之于帝并陷害中常侍曹腾。帝不之听，谮者竟矫诏缚腾。帝知其事，诛之。帝平日放纵其为非，成此现象，当为昏庸之主。宦官无子，帝许其以养子为后袭爵。其宗族家人求官者益多，受赂请托，为祸益烈，致盗贼群起，久始平之。

梁冀专政　顺帝病死，梁皇后无子，先以虞美人子为皇太子，嗣位，是为冲帝（145 年在位），年仅二岁。太后临朝，大权归于后兄梁冀。冀少为贵戚，暴戾自恣，太傅李固与之不协。其时，盗贼大起，至掘发顺帝陵墓。冲帝嗣位百余日病死。李固以清河王蒜年长而贤，说冀立之。而冀不听，迎立渤海王子缵为帝，年八岁，是为质帝（146 年在位）。太后听政如故。梁冀为后亲兄，居大将军位，与闻政事，其意见多为太后所接受，益专横为非。质帝少而聪慧，尝朝群臣而目冀曰："此跋扈将军也！"冀毒而杀之。固与司徒、司空致书说冀，立君宜访公卿。冀召公卿列侯，议商所立。三公言清河王贤，又最尊亲，宜迎立之。而冀隐欲立章帝曾孙蠡吾侯志。太后欲以女弟妻志，值志在京也。曹腾夜往说冀立志可长保富贵，冀然其说；明日复会公卿，言立蠡吾侯。李固坚持前议，冀说太后诏免固官，迎立蠡吾侯，是为桓帝。

太后听政　东汉自光武而后，迄于殇帝，嗣位之君为时益后，而死亡益早。

光武在位三十三年，享年六十有二。明帝在位十八年，四十八岁而死。章帝在位十三年，三十三岁而死。和帝在位十七年，二十七岁而死。殇帝二岁而死。安帝非和帝子，在位十九年，三十二岁而死。安乡侯在位数月而死，史未记其年龄。其兄顺帝嗣位，年始十一，侯年当必更小。顺帝在位十九年而死。冲帝二岁为帝，质帝八岁，皆不久即死。诸帝早死，除婴儿及被毒死者外，史未记其得病之由。其婚姻太早，当为一因素。皇帝纵于情欲，宫女因而增多。皇后色衰而爱弛者，往往不得其死。所可异者，东汉皇后多未生子，影响皇室及政治者颇巨。妒为妇女常情，皇后无子，常妒杀生子之贵人，宫闱之内，直为人间地狱。汉人以皇后母仪天下，位次于皇帝，达官大族常欲纳女宫中，视皇后为大尊贵。皇后生子本于子以母贵之说，当为皇太子也。

太子嗣父为帝，尊母为皇太后。其年幼者，则太后听政。东汉不信任大臣，皇子、王孙不得与闻政事，又无摄政法令，太后临朝，遂为事理之当然。太后亲信母家，重用其兄弟家人，既为人情之常，亦为环境所促成，以其居于宫中，不与朝臣往来，一旦听政，势必听信家人之言，并重用之也。家人居于显要之位，本于患得患失之心，将尽其力之所能为，以保全其利禄与安全；废皇子而外求君，亦所不顾，乃祸发于其所防。外戚之家鲜有能保全者，盖外戚所恃者唯一太后；太后听政，非皇帝之所欲，久则积嫌益深，乃于太后死后，处分其家人，甚者与亲信之宦官相结，诛杀权臣。东汉用人，以察举、辟召为要津，权臣握有用人之权，士大夫出于其门，常至高官，公卿多为其党，天子自不愿与之协商也。另一方面，宦官专权亦由于太后听政。太后本于礼教，不欲与士人多所接触。邓太后重用宦官，则其明例。宦官居于宫中，深知皇帝太后之性情，投其所好，渐而得其信心，听从其言也。

选举制 东汉政治情状益趋于恶劣，复仇行动更增加政治上之不安。儒生解释《春秋》谓：大复仇人民相杀，国法荡然，生命财产皆无保障。汉代政治组织殊不健全，缉捕罪人常不能获，政治令人失望。其唯一贡献，则为选举制度之成立。选举为登用贤才之一法。世家子弟与儒生常居于优利之地位，上者修名求官，下者贿赂请托，然无较善之办法代之。及根据人口选举，郡国及边郡人士各有入仕朝廷之机会，下情可以上达。而边郡人士所读之书，亦同于内郡，为促进我国文化统一之有效方案。选举由地方长官办理，历久弊当难免。阳嘉元年（132年），顺帝以尚书令左雄之请，诏令：被举之孝廉，须年满四十；并各就所长，先试之于公府，复试之于端门。于是郡守畏栗，莫敢轻举。久复成为具文。要之，选举制之实行，未能多得才能之士，褊狭之儒家教育、风气之恶劣，皆与之有关也。

户口分布之情状　政治黑暗促成祸乱，而户口增加，耕地不敷分配，则为祸乱之根本原因。东汉之世，淮水汉水以南之荒地，未尽开辟；长江以南，为王侯坐法徙封之所。江南设置郡县已久，而刺史视渡江为畏途，多不视察其地。淮南尚有不少之森林，蛮夷犹多。九江郡多虎，为害于民。其太守宋均言："江淮之有猛兽，犹北土之有鸡豚。"荆州、南郡江夏亦多虎狼为害，蛮夷迭起为乱。其南，蛮夷益多。西南夷内附，汉稍得其土地，而治理仍与内郡不同。西方边郡，大受羌害，汉放弃其一部分土地。北方长城以北，则非汉人之所愿居。兹据《续汉志》所载户口数字，列十三州户口表于下：

州	户	口
司隶	616 355	3 106 161
并	115 011	696 765
凉	102 491	419 268
豫	1 142 783	6 179 139
兖	727 302	4 052 111
青	635 885	3 709 803
冀	908 005	5 931 919
幽	396 293	2 044 602
徐	476 054	2 791 683
扬	1 021 096	4 338 528
荆	1 399 394	6 265 952
益	1 525 257	7 142 028
交	270 769	1 114 444
全国	9 336 695	47 792 403

上为顺帝永和五年（140 年）全国户口之总数，视西汉末年户少三百万，口少九百余万。其原因一由于隐瞒，二由于流亡，三由于祸乱。黄河流域户占总数百分之五十六，视前减少百分之十九；长江流域户占百分之四十一，视前增加百分之十八；西江流域占百分之三。黄河流域八州户口，以豫州为最多，冀州次之，兖州又次之，最少者则推凉州，视西汉不足三分之一。并州更甚，存者户约六分之一；司隶减至一半以上，由于羌乱也；兖州户口大减，由于盗贼之滋扰。长江流域益、荆、扬三州，户口颇有增加，开辟之土地较广。徐州则为盗贼久扰之地，死亡众多，户口降居末位；扬州亦深受其害也。要之，汉人耕种之区域有限，贫民之衣食困难，或流离死亡，或降为奴隶。其孔武有力者，则铤而走险，致盗众贼多。政府益严其法，一人犯罪一宗坐之。徐、扬多所屠杀，则其明例。贫民为减轻其担负之计，有溺死婴儿者。然其违反人类之天性，非万不得已，殆不肯为，当不能解决人口过剩之问题。东汉人口盖以和帝末年为最多，其后，死于祸乱者数已不少，而问题犹未解决。其土地之广大、户口之众多、财力之雄厚，犹远非其邻国所及也。兹略言其与邻国之关系于下。

北匈奴　南匈奴于光武时归附，汉给其岁费一亿九千万。北匈奴惧而遣使和亲，汉不遣使报之。北单于离间之计不售，乃于明帝时数为寇于边。朝廷患之，遣使报聘。南部贵人怨汉欲叛，请北部出兵迎之。事为汉所知，北匈奴不得志而去，更为害于边郡，河西城门昼闭。汉大发兵击之，北部远徙，汉将无功而还。南匈奴则人口增多，马羊蕃殖，战斗力增强，掩袭北部，颇有斩获。章帝章和二年（88 年），北匈奴大乱，南单于上书言：北单于兄弟争立相攻，诸部多欲内附；彼与诸贵人议商，宜出兵讨伐并为一国，令汉家长无北念。其作战计划则聚兵于河上，分三路前进，并请汉兵助战。书上，值和帝新立，窦太后听政，窦宪主张出兵。而三公九卿则持异议，宪不之从。执金吾耿秉亦请出兵。太后拜宪车骑将军，耿秉佐之。明年，发国中精骑及羌胡伐北匈奴。南匈奴凡三万余骑，而汉军仅及其半，乃以匈奴为主力军，进攻北匈奴，激战于稽落山。北匈奴大败，溃散，其单于遁走。汉军追击，斩首万余，获牲畜百余万头，降者三十余万。宪登燕然山，刻石铭功。此役也，为汉对外用兵以来极大之胜利。

窦宪班师归国，以北匈奴犹众，遣使说其单于归降。单于许之，会闻汉军入塞，改遣其弟入朝。宪怒，遣归其弟；永元二年（90年），亲屯凉州。南单于利其覆亡，遣将分道袭之，夜围王廷。北单于仓卒遁走，弃其妻子、玉玺。南部连胜，降者益多，精兵至五万余人。窦宪原许北单于入朝，及其再败，转欲灭之；明年，遣将围攻之于金微山，大破其众。单于西逃，诸部贵人不能尽去，其弟请降。宪请立为北单于，朝廷从之。会宪被杀，北单于逃去，汉将诱而杀之。北庭无主，更有自立者。南匈奴迄未返其故居，其首倡大谋之。单于病死，国中祸乱迭起，南部遂不复振。北匈奴破亡，为汉重大胜利。不幸善后之处理不善，致漠南未入版图，后为叛人游牧之所；漠北仍为北匈奴余众所有也。匈奴东为乌桓、鲜卑。光武召降乌桓大人，其愿留者，居之于缘边诸郡，为汉守塞，并助击北匈奴。汉亦厚遇鲜卑，岁给钱二亿七千万，鲜卑为之保塞。及北单于远逃，漠南地空，鲜卑徙据其一部分，匈奴余众十数万附之。由是鲜卑转强，为害于边，汉兵迄未能予以重创也。

羌乱 西羌为祸转烈，以烧当部为最强。其先，史称先零传至烧当而复强，子孙因以为号。光武平定陇西，羌人入寇，汉军迄未能报复。明章二帝之世，其祸益甚。和帝诏征西将军刘尚将精兵讨之。羌酋惧而出塞，汉军追击，死伤惨重，遂不复追。尚坐畏懦，征下狱免。汉兵既无长期作战之准备，又无增强战斗力之计划，处于被动之地位。仓卒调聚大军，欲败强敌，自非易事。羌人势强，由于诸部解仇、合兵，汉官则以离散诸部为得计。永元十三年（101年），羌酋自相杀害，烧当扰边，为汉兵所败，降者六千余人。汉复置西海郡县，广设屯田。田在湟水肥沃之地，而气候雨量均不宜于耕种；后诸羌叛而罢之。其叛由于羌骑不欲远征，而诸郡发兵遮捕，或覆其庐舍，致诸羌起而为变也。邓隲督军往讨，为烧当酋滇零所败。滇零自称天子，东犯赵魏，南入益州，百姓死亡惨重。朝廷再遣将伐之，仍不能胜，乃徙边郡民于三辅以避之。滇零病死，汉与烧当作战，仍未能胜。统将任尚听信识者之言，以步兵无益于事，改置骑兵，战事始有转机。汉骑钞击，颇有斩获，匈奴助战，大破烧当。更募降羌，刺杀强酋，其乱始已。范晔称十余年间，军费用至二百四十余亿；并凉二州为之空虚。政府未能改善羌人生活，不久而乱复起。初顺帝诏徙民各归旧县，广增屯田于湟中，羌酋畏逼，复于永和五年（140 年）结合为乱也。朝廷遣名将马贤击之，不胜，贤与二子皆死。羌势益盛，侵扰之地益广。汉将赵冲抚剿兼施，颇有所成。冲后战死，羌亦衰耗，降者五万余户，陇右复平，此冲帝永嘉元年（145 年）也。用费八十余亿，死者白骨相望，仅得苟安耳。

西域　明帝取伊吾地屯田，复通西域。汉军俄入车师，向西伸张势力，复置都护等官。其长官遣属吏班超使西域，至鄯善其王初礼敬而后疏之。超知北匈奴使者新至，夜与从吏三十六人攻使营而杀之，其王惧而请服。明帝诏超为军司马，出使西域。超至于宾，诈杀其巫，王惧，降汉。龟兹恃北匈奴为援，尝破疏勒，立其国人为王。超知疏勒不服，劫缚其王，改立故王兄子忠为王，疏勒归汉。会焉耆攻没都护，车师围攻汉吏，龟兹亦发兵攻疏勒，章帝不欲劳师远征，诏超归国。而疏勒、于真皆不欲超去。超亦欲立功于绝域，复还疏勒，诛杀叛人，旋发兵击莎车；疏勒王又叛超，复定疏勒，降服莎车。其时月氏据有印度西北，成一大国，求汉公主不得，永元二年（90 年）出兵七万攻超。超知其运粮困难，收谷坚守以拒之，其帅乞和。时北匈奴为汉所破，诸国畏惧，龟兹及其与国皆降，和帝拜超为都护。惟焉耆王以前隙不服，超发诸国兵讨之，杀王。于是五十余国皆服，和帝诏嘉其功，封超定远侯。后数年，超归国，任尚代之。大月氏方伸张势力于天山南路，诸国叛汉。值羌乱大起，汉无余力经营西域，诏罢都护。后复经营西域，而基础仍甚薄弱。顺帝时内乱外患交至，西域复叛。

长江以南未开辟之地犹广。官吏虐取于民，常致祸乱，兹引一二事例为证。武陵蛮夷纳税甚少，其太守请比汉人，增其租赋。尚书论其不可，而帝弗听。其冬，蛮夷以多贡而反。益州阆中板楯夷，勇敢善战，亦以赋役重而叛乱。政府于平乱之后仍无建设，蛮夷生活情状一无改善，祸乱之原因仍然存在，故祸乱时起也。

综之，汉为大国，于其极盛之世，武力业已不竞。光武晚年，太子问以兵事，帝不之告。盖受儒家影响且欲休养人民也，士卒乃无严格之训练，常以罪人充之；能战之兵，多为归顺之羌胡。任尚久与羌人作战，不胜，初犹不知骑步之势不敌。东汉政治偏于维持现状，实少伟大之政治家也。

第十八篇　桓帝至献帝

桓帝——灵帝——党锢之祸——黄巾之乱——董卓之乱——献帝——袁绍雄踞河北——曹操之活动——徐州之祸乱——荆益之情状——曹操专政——北方之平定——南征之失败——刘备据有益州——刘备之失败——三国之成立——死亡之惨重——外患

桓帝　桓帝嗣位（147—167 年在位），由于梁冀之力，时年十五。梁太后犹临朝听政，后数年以病归政。冀以定策功，增封三万户，得举茂才，官属倍于三公，子弟封侯，妻孙寿封君。冀听信妻言，夺诸梁在位者，以示谦让；重用孙氏宗亲。孙氏为长吏者十余人，无不贪横。冀嗜财为非，视之更甚。官吏贡献，皆先输其精者于冀，天子次之。冀广求珍物，大起宅第，史称其苑囿将及千里。桓帝以其有援立之功，待以殊礼，入朝不趋，剑履上殿，谒赞不名，朝会与三公绝席，十日一入，平尚书事，机密大事，皆待其决定。

宫卫近侍为其所置，百官迁召，皆先诣冀谢恩，后至尚书。冀所恶者，往往不得其死。桓帝为昏庸之君，贪于淫乐，博采宫女五六千人。梁皇后为冀之妹，渐而失宠，忧恚而死，帝始恶冀专政为非。延熹二年（159年）密与宦官单超等图冀，御前殿下诏捕之。冀与妻自杀，宗亲皆死。公卿二千石死者数十人，坐故吏宾客免黜者三百余人，朝廷为之一空。

梁冀之诛，宦官单超、具瑗等五人有功，同日封侯，世称五侯。单超早死，四侯贪污纳赂，皆富于财，大起第宅，穷极技巧。其兄弟姻戚宰州临郡者，皆为民蠹，范晔称：民不堪命，起为盗贼滋蔓，常由于恶劣政治。水旱之灾，更促成祸乱之爆发。其时，户口多而内郡土地不敷分配，农民耕于褊狭之地，仅免其家人于冻馁，一遇凶年即无以为生。《后汉书·桓帝纪》迭称饥民相食。其流离死亡者当必不少，于是壮者铤而走险。贼酋势强者，创立名号，或称真人，或称皇帝，或称皇帝子，或称太上皇帝，或称太初皇帝，或称太上皇。其无名号者，数亦不少。政府用兵讨之，连岁不定；外而蛮夷为寇，兵费浩大、府库空匮，帝假公卿俸禄、王侯租税。有司禄少，势将纳赂。而皇室费用，则仍有增多。帝诏国亩敛十钱，耕地姑作七八万万亩，收入增至七八十亿，而民苦矣。

灵帝 桓帝病死无子。窦皇后上尊称曰皇太后，临朝听政；与父武协商，迎立章帝玄孙解渎亭侯宏为帝，是为灵帝（168—189年在位）。武拜大将军居禁中，决定政事；一门三侯子弟皆居显位。武与名士甚善，征起用之。太傅陈蕃欲诛宦官，因日食上书，请罢斥宦官，退绝帝乳母赵娆及女尚书。武白太后，请诛贪暴之宦官，太后不尽从之。宦官先行发难，诈称武欲废帝、劫夺太后玺书，遣使者捕武。武拒战不胜自杀，宗亲皆死。陈蕃亦为宦官所杀，征用之贤士，或诛死或免官。灵帝不知事变之真相，而以宦官新立大功，与之同享富贵。其时，帝年尚未成人，及长，唯放纵于情欲，采女至数千人，为人昏庸同于桓帝。其臣面对其"何如桓帝"之问，曰："陛下之于桓帝，亦犹虞舜比德唐尧。"董卓尝曰："每念灵帝，令人愤毒。"皆可为证。政事乃以宦官言为决定。帝尊张让为"我公"，赵忠为"我母"，二人皆中常侍也，亲之如父母，宦官自无所畏忌也。帝贪而无厌，自蓄私藏。郡国贡献时，须先输道行费于中署，始得上达。其敛财之法尚有鬻官。其榜卖官爵也，富者先行入钱，贫者到官后倍输，有因中常侍阿保以求通达者，三公亦须出钱。羊续为守，清廉至不能养其妻子。后帝欲拜续为太子尉，时拜三公者，例输钱千万，令宦官督之，名曰左驺。其所至，辄得厚赂。续坐之于单席，举缊袍示之曰："臣之所资，唯斯而已。"左驺白帝，遂不用续。卖官为有利可图之投资，得官者将多取于民，势致促成祸乱。会南宫灾毁，帝令亩税十钱，修筑宫室；强买材料，十给其一。地方长吏迁除，皆责助军费修宫钱，大郡二三千万。当之官者，先与宦官商定钱价，然后出京，输钱不足额者，甚至自杀。贪者则以官致富。

党锢之祸 宦官乱政，士大夫羞于为伍，进而为其政敌，为事理之当然。东汉时，太学发达，学生多至三万。其人入京求学，为中产阶级或世家子弟，在其本郡有相当之势力；学成归者，易于入仕。其在太学也，国有大事或征询其意见。其好活动者，除上书奏请而外，尚有聚众请愿之事例。冀州刺史朱穆，发赵忠父墓，收其家属。桓帝罚穆为徒，太学生数千人诣阙讼之，帝遂赦穆。仕不得志之公卿，乃与之相善；河南尹李膺尤为太学生所称，于是互相标榜，讥议异己，原欲借以求官，而宦官反居于显要之位，乃深恶之。宦官欲提高其社会上之地位，愿与名士交结，附之者无不贵显。而名士则多予以难堪，其偏激之行为终成党锢之祸。其祸先后二次，第一次由于李膺之杀张成。成善推占，教子杀人；遇赦，李膺杀之。其徒上书，告膺等养太学游士，交结诸郡生徒，共为部党，诽讪朝政。宦官证实其说。桓帝诏郡国逮捕党人，收执膺等。其供辞所连及者二百余人，逃者购捕。窦武上书极谏，尚书亦为之言，乃诏出膺等于狱，时永康元年（167 年）也。党人放归田里，禁锢终身。其徒标榜其领袖，为之创立号称：上为三君，次为八俊，再次为八顾，又其次为八及，下为八厨，凡三十五人，其贤名益高。会桓帝死，窦太后临朝。其父武辅政，引陈蕃为太傅，征用名士李膺等。武、蕃旋为宦官所杀。灵帝听信其言，禁锢名士，双方处于利害冲突之地位。建宁二年（169 年），第二次党锢之祸遂起。其事由于督邮张俭与中常侍侯览为仇。俭为八及之一，览深怨之，证实俭等为党人，将为祸乱也。灵帝下诏捕俭等，俭自逃亡，李膺等被捕者百余人，皆死于狱中。合徙废禁锢者六七百人，其宗亲尚未计入。亦有赖宦官张让之力而获全者。初让母丧，独名士陈寔往吊，让甚德之故也。后黄巾乱贼起，党锢之禁始解。徙者归其故郡，而国家之损失大矣。

黄巾之乱　祸乱之势力潜伏已久，政府以武力平乱，并未认识耕地不敷分配，致贫民衣食困难，铤而走险也。汉人重视鬼神，民间迷信深痼，妖巫一再起兵，而风俗迄无变更，终成张角之乱。角初以符水、咒语治病，广收弟子，百姓信之；转相诳惑，十余年间众至数十万，分置三十六方。方，犹将军之号，大方所部万余人，小方六七千人。利用流民为害，又与宦官交通。中平元年（184 年），角谋起兵，事泄，乃令诸方同时举兵，皆着黄巾为识。角自称天公将军，弟宝地公将军，弟梁人公将军。其所在地，长吏多逃，诚所谓旬日之间天下响应也。灵帝命将屯兵严守要害，大赦党人，唯张角不赦，遣将讨之。官军进攻邻近京师之城邑，初战不胜，后得援兵破之。冀州为贼根据地，出征之将，战不能胜，一再易人。会角死，弟梁代为渠帅，大败。梁死，死者八万余人。张宝尚有十余万人，旋亦败死。据史所记，黄巾贼死于战者，约二十万人，官军亦有相当之死伤。祸乱起后，政府失其尊严，人民易于为乱，黄巾余众犹滋扰于各地也。灵帝尚敛民钱，以修宫室，贫民走险者益众，郡长吏数为贼所杀，朝廷乃以九卿出任州牧，刺史之权亦因祸乱而提高。

董卓之乱　祸乱方兴未艾，值灵帝病死。其先，何皇后生子名辩，不慧。王美人生子，名协，帝生母董太后养之，号曰董侯。协幼聪明，帝久不立太子，当为意未能定。皇后兄进握有重权，史称帝病甚时属协于宦官蹇硕，硕为上军校尉故也。帝死，硕谋杀进，奉协为帝，而进严为之备。辩乃嗣立，时年十七，愚痴不能理政，何太后临朝，何进辅政，诛杀蹇硕。其下劝进诛杀宦官，进白太后，太后不从。进弟苗又受宦官赂遗，而为之间。进招猛将入京，以胁太后。宦官因进入宫杀之，进所部将士攻宫捕杀宦官，张让强帝及协北逃，及兵追至，宦官皆死。朝廷之威信大受损失。何进所招之猛将又将入京，祸乱当所难免。其时统兵诸将以皇甫嵩及董卓所部为精强。嵩平黄巾有功；卓部羌胡，以善战著称。灵帝曾诏卓为并州牧，而以所部委嵩。卓不肯从；至是，将兵入京亲往迎帝，帝恐怖涕泣。卓与之语，帝不能答；与其弟协语，协年九岁，能道祸乱之事。卓以为贤，遂有废立之意。卓既入京，京中士卒归其统制，自为司空，召集公卿议商废立，公卿不敢违反其意，更胁太后策废帝为弘农王，立协为帝，是为献帝。卓复杀何太后。废帝、杀后，为汉鲜有之事，卓有部下为之效力，故可为所欲为。

献帝 献帝（189—220年在位）嗣立，年幼孤立。卓为太尉，俄更称相国，入朝不趋，剑履上殿，司徒、司空皆其擢用之人。卓颇好名，进用时贤，待以不次之位，追理窦武、陈蕃诸人之冤，复其爵位，并擢其子孙。其所亲爱之人并不居于显位，惟所部羌胡贪于财物，大为民害耳。范晔于《后汉书》更以恶意解释其所为，铸钱则其一例。汉季五铢钱不敷流通。灵帝修筑宫殿，铸造铜人、黄钟等物，铸钱之铜益少，货币缺乏成为严重问题。卓坏五铢钱，更铸小钱，熔化洛阳、长安铜人、钟物等为之。其时，朝廷命令尚能行于国中，卓新任命之州刺郡守甚多。其人与卓初无关系，乃听侍中周珌之言，以为贤才而进用之。初平元年（190年），东方州郡起兵讨卓大会于酸枣，推渤海太守袁绍为盟主。牧守所部，多为乌合之众，互相疑忌不能合作，逗留不敢进攻。卓初不知虚实，徙都长安，不欲以洛阳资敌，尽徙其人民，焚毁建筑物，发掘陵墓。诸将西攻之者，多为其所败。卓益无所忌惮，进位太师，在诸侯王上。其至长安也，服饰近于天子，百官郊迎拜揖，家人居于显位。卓与公卿往来，尚书令王允诈为恭顺，卓以为心腹，迁为司徒兼尚书令如故。允密谋杀卓，潜结其部将吕布为内应。三年（192年）杀卓，尽灭其族。卓在长安之部曲失其领袖，不敢为乱。

卓大军时方东为害于陈留、颍川，及知卓死，无故惊扰。卓婿牛辅时为统帅，惧而出逃，为其左右所杀。其下校尉，唯欲保全其生命，若朝廷善为处理，则祸乱可免。不幸王允多杀凉州人士，而卓部能战之兵，皆凉州人也。

卓将李傕、郭汜遣使入京乞赦，而允不许诸将率军西行，卓旧部应之，攻陷长安，大掠财物，多所杀害。允死，吕布出逃。李傕等皆为将军，各欲专政，大乱方酝酿之中。马腾复将兵至。初，腾与韩遂为乱，朝廷无如之何。董卓诱之以利，说其共谋山东，二人从之。兴平元年（194 年），腾将兵入朝，有所请求。李傕主持朝政，不许其请。腾怒攻之，未有胜负。韩遂闻而率众援腾，傕援兵亦至，腾遂大败，将其余众西归凉州。其时，关中徭役繁重，关东州郡鲜有贡献，以一隅之民力，兴大工程，人民之担负奇重。李傕等部更为害于人民，马腾之战历有时日，人民所受之痛苦益深。战区农田，多致荒废。关中雨量较少，旧赖河渠灌溉，非时加修浚，则水常不足用，战时无法顾及，致成荒年。谷价一斛值五十万钱，人民相食，白骨委积。会卓旧部相攻，或迎帝入营，或质留公卿，战争连月，死者万数，乃听和解，许帝东还洛阳；傕复出兵追之，卫军大败。帝乞援于贼，旋复为追军所败，余众不堪一战。帝自陕夜渡黄河而北，幸于安邑，东行历时六月，备极艰苦。关中以天灾人祸之故，死亡惨重。

袁绍雄据河北　关东诸州，情状亦极恶劣。袁绍起兵，谋另立帝，自无忠于汉室之思想。诸将讨卓者除孙坚小胜而外，无不大败，其调发人民强令出其所有供养军士，而徒增加其痛苦。后事之演变为祸益烈。袁绍地少，威胁冀州刺史，以州让之。时人称冀州带甲百万，谷支十年。绍颇任用才能之士。北与公孙瓒战，瓒初奉诏北讨乌桓，破黄巾贼三十余万；因事怒绍，自幽州起兵攻之，互有胜负。战事持久，军粮缺乏，士卒疲惫，百姓逃亡，田地荒芜，瓒终不胜而退。幽州牧刘虞有惠政于民，为瓒所杀。虞属吏起兵攻瓒，并诱乌桓鲜卑为援；绍又攻缵，缵后为绍所平。绍境内盗贼众多，勇于作战，但以不能合作之故，终为绍所破灭，绍乃据有黄河北之大部分土地。

曹操之活动　青州黄巾贼为乱，值当群雄聚兵讨卓。官吏征发，人民不堪其苦，逼而从贼，贼势大盛。史称其入兖州者，众至百万。州郡各欲保境，不相援助。贼杀刺史，兖州无主，吏迎曹操为刺史。操有才能权术，于灵帝末为校尉，及董卓专权，弃官东归，旋起兵讨卓，不胜，复东归招兵。其军纪律严明，刑赏必信，失败所以增加其作战经验，旋击败东郡盗贼，自为太守。至是，得州兵援助败降黄巾，收其壮者为兵，遣散余众归农，于是操有兖州。其遇旧吏也，颇为严峻，人怀不安。会徐州刺史陶谦属将杀害操父，夺其财货。操起兵伐之，多所杀害，攻陷之城，无复人迹。值陈留太守张邈等叛，迎吕布为兖州主，操还军击之。陶谦庸才，不敢追击。操时仅有三城，乃以全力攻布；复得袁绍之援，始能转败为胜。其年旱灾谷少，民至相食。布败操，遂复有兖州户口，财力皆大损耗。

徐州之祸乱　徐州先无匪乱，曹操、袁绍曾安置其家人于其地。操以父怨，多杀徐州人士，陶谦乞援于刘备。备，汉宗室，少孤，家贫，后从讨黄巾，以功为尉，旋弃官去，复入宦途，而官仍不甚高，故未能据有土地。其部兵虽不甚多，而战斗力强。备应谦招至徐，谦俄病死，其属吏奉备为主。曹操、吕布方争兖州，不能过问。袁术据有淮南，出兵争夺徐州，战不能胜，诱请吕布袭备。布新败归备，竟出兵袭败备军。备南逃广陵，士卒饥至相食，请降于布。布怒术未履行条件，迎备为豫州刺史，屯于小沛，自为徐州刺吏。术不能得地，患备、布相结，出兵攻备，布救之，始各解兵。布为骁将，善用骑兵，曹操目之为虎然，然为反复无常之小人。术为世家子弟，仕至虎贲中郎将，诛宦官有功；及卓专政，出奔南阳。讨卓兵起，长沙太守孙坚杀害长官，归附于术。术兵抄掠南阳，欲攻荆州不胜；转而经营淮南，自领扬州，欲取徐州，不胜；长江以南之地，亦非术有，而术竟欲称帝。

荆益之情状　荆州初有贼乱，袁术不知利用时机，取而有之，乃为刘表所得。表奉诏为刺史，招诱贼渠，袭取其众，或招降之；贼平，治兵于襄阳。孙坚奉术命南攻刘表，欲夺荆州，为表将所杀，南阳遂亦归表。表能维持境内之治安，北方人士避难于其地者甚众。荆州西为益州，灵帝时盗贼为乱，太常刘焉奉命为益州牧，平定叛乱，俨然为一州之主；及卒，州吏奉其子璋为刺史，璋优柔不断，不能禁其部兵为暴于民。大姓与州吏起而为乱，璋兵破之，益州复定。张鲁奉其祖所倡之道教，得刘焉之助，据有汉中。亦叛璋独立，然能保卫其民，关中人民徙居其地者数万家。盗贼从事于劫掠者尚多，全国皆在扰乱之中。

曹操专政　兴平二年（195年），献帝东归，都于安邑。州郡贡献者少，帝至食枣梠；遣使与李傕言和，傕始归还公卿、宫人、乘舆、器服。明年，帝归洛阳。其宫殿先为董卓所焚毁，修治之宫室未成，帝住于故中常侍赵忠宅。百官或无栖身之所，尚书郎以下，或至饿死。侍卫诸将中，董承最为帝所亲信。承力不足以有为，潜召曹操护驾。操统军至洛，朝见天子，廪给公卿以下，自领司隶校尉录尚书事；又以洛阳残荒，请帝幸许。建安元年（196年），献帝迁都于许。操为司空，行车骑将军事，政事由其决定。帝血气方刚，不甘徒拥虚名，密诏董承杀操。事泄，承为操所杀。承女时为贵人，帝以其有孕，屡请免之，而操不听。伏皇后与父完书，欲其图操，皇后后亦为操所杀。宿卫兵皆操党姻戚，朝臣言时策者，多见诛戮。操尝以事见帝，帝恶其专曰："君若能相辅则厚，不尔，幸垂恩相舍。"其言出操意料之外，失色而出，遂不复朝请。操更自为丞相。伏皇后被杀之次年，帝立操中女节为皇后，宫中事无大小，无不为操所知。

北方之平定　自献帝迁许，迄于赤壁之战，曹操以全力统一北方。其时严重问题，则为若何筹得军粮。自乱起后，人民锐减，耕地荒芜。操募民耕地，给以耕牛。民持官牛者，官得六分；有牛者，与官平分。政府之地位，同于地主。行之数年，仓廪皆满，故能统一北方。其土地初为兖、豫二州，出兵经营南阳，未能据有其地。其在东南，则有重大之胜利。其时，袁术自上尊称，置公卿百官，与徐州吕布时而相攻，时而和亲。布畏刘备之逼，攻之，备西归操。操使备至沛防布。建安三年（198年），布攻备，操亲赴援，大破布兵。布困守下邳，部将执之，出降，徐州郡县皆下。袁术数与操兵相攻，无不失败，江淮间大为虚耗。术欲取道北往青州，为刘备所阻。术死，其庐江太守率众降操。据有南阳之张绣亦降。朝廷西遣使者诛杀李傕，命侍中钟繇镇守关中。马腾、韩遂皆遣子入侍。于是，操地广而兵益强。

刘备畏操且欲图之，叛据徐州，为操所败，北归袁绍。时绍据有幽、冀、青、并四州，地广兵强，绍能任用才能之士，惟矜愎自高，短于从善。操强非绍所愿，疑忌而生嫌隙，积久成为怨恨。绍有机会而不知用，建安五年（200年），始起大军南进。北军多骑，南军多步。绍军至官渡合战，操军不利，坚守营壁。绍约刘表出兵，而表不应，汝南县邑有叛而应绍者，绍遣刘备将兵助之。二军相持，操食少、卒疲，处于不利之形势，遣军钞焚绍之运粮。会绍粮车大至，操留军守营，亲将精兵往击。绍遣军往攻操营，营不得下；粮车又为操所焚。绍将有降操者，军心大乱，绍弃军渡河北遁，其众八万降操，为操所坑。刘备略据汝南，操还军击之，备南依刘表。后二年绍死，长子谭与少子尚争立，操起兵伐之。二人合作，操未能略取其地而退。会二人争据冀州而战，谭降于操。操军攻邺陷之，冀州遂为操有。谭据青州，复欲扩展势力，操击杀之，青州尽降。并州于邺下时，归降。其刺史高干复叛，为操所平，幽州郡县亦降。河北四州皆为操有。初，乌桓居边，绍善待之，至是尚兄弟归之。建安十二年（207年），操袭乌桓，杀其单于，降者二十余万。尚等出奔辽东，为其太守公孙度所杀。四州之经营，历九年（199—207年）而始平定。

南征之失败 北方既定，操转而经南方。刘表据有荆州，坐失进取之机会；有一刘备亦不能用。建安十三年（208年），操亲南征。值表病死，众奉其少子琮为嗣。长子琦则为江夏太守。琮闻操兵将至，听其属吏之说降操。刘备自樊南行，欲至江陵，为操轻骑所袭，败于当阳，东至夏口，与琦合兵，所部不过万余人，拒战，当无幸胜之理。遣其谋臣诸葛亮往结孙权，共抗操兵，权据江东，系其兄策经营之力。策为孙坚长子，袁术以其父旧部归之。策治军严明，渡江与扬州刺史刘繇作战，败之，据有江东诸郡，更置长吏，后为其仇所杀。弟权代之，信用周瑜、鲁肃诸人，经营山越，所居之地设置郡县。于是，耕地增加而兵益强。及操南伐荆州，鲁肃奉命吊丧，因说刘备合力拒操。备遣诸葛亮东下。权决定抗战，以周瑜为将，统精兵数万西上，与刘备连合拒操。北方士卒不利舟楫，冬，操军次于嘉鱼县之赤壁，初战不胜，退于江北。联军次于南岸，瑜将诈降，纵火焚毁操船，延及岸上营落，火烟蔽天，人马烧溺死者甚众。操引军北还。联军西陷江陵，权拜瑜为南郡太守。备表刘琦为荆州刺史。

刘备据有益州　荆州为孙刘所欲。刘琦旋死，其下推备为荆州牧。备力不足以与权争地，东往见权，商借荆州。权妻以妹并许其请。备有土地，遂成三国鼎立之基础。荆州西与益州接壤。刘璋庸才，初有归操之意，及操北还，与备连好。建安十六年（211 年），闻操将伐汉中，遣使迎备入蜀，欲其北伐张鲁。备统军入蜀，有取而代之之意。璋后知之，令诸将勿复与通。备怒攻之，荆州兵更西上赴援，益州城邑多降。十九年（214 年），璋亦出降。备自为益州牧，任用贤能之士，蜀人归心焉。益州北为关中，操以马腾子超及韩遂等不服，出兵讨之。历久战争，超等大败，西走凉州，关中始定。后超败于凉州，出奔汉中，俄归刘备，韩遂亦为操将所破。二十年（215 年），操亲征汉中，张鲁战败，归降。其时益州已为刘备所有，操以远征疲惫、粮运困难，自引兵归，留将夏侯渊屯守汉中。

刘备之失败　备、操各得土地，孙权索荆州不得，袭取三郡。备引兵东下，将以武力解决。会闻操入汉中，复寻盟好，改分荆州之地。备归益州，而操已北还矣。权攻操地不胜，操引兵攻权亦无大功，乃复修好。刘备与操有不两立之势，边将争夺土地皆无大功。二十四年（219 年），备亲统兵进攻汉中，杀夏侯渊于定军山。曹将固守待援，操亲将兵南至汉中。备敛众守险，不与之战。操以粮运困难，求战不得尽，徙汉中民于三辅，引军北还。刘备遂有汉中。同时，备将关羽自荆州北伐。羽有虎将之称，善抚士卒。刘孙以争夺土地，发生争执。羽驻荆州，不肯与权通婚。及羽北伐，大胜黄河南岸，豪士应之。操欲迁都避羽，以谏而止。权遣将西袭荆州，守将降之。羽率众南退，而部卒以其家属安全皆不欲战，逃亡几尽，羽遂为权所杀。刘备出兵报复，舍舟陆行，全以步兵作战，结营于崎岖之山地，致为吴所败。方权以全力与备作战也，恐魏袭之，遣使奉贡；及其战胜，不再应其责求。魏起兵伐之，临江而还。三国之疆界，于是定矣。

三国之成立　初，操迎天子都许，自为丞相，政事由其决定。丞相旧居京师，而操居邺，政令乃自邺出。献帝命操子丕为五官中郎将，为丞相副，当为操意。后帝策操为魏公，并加九锡，诸将皆受魏官号。二十一年（216年），帝进操爵为王。其未称帝者，盖于多所顾忌。操性躁暴、多疑，好以严刑立威，置校事稽察群下，毁操者往往不得其死，故人为其所杀者，数亦不少。然颇能用才能之士，并不问其遗行。二十五年（220年），操死。子丕嗣为魏王；不及一年，迫献帝逊位，自为天子。刘备闻之，自立为帝。后孙权亦自为帝。

死亡之惨重 大乱二十余年，黄河流域始乃平定。士卒盗贼，皆民间之壮丁。官吏征发民粮，同于盗贼之劫掠，所谓“稽迟则夷灭宗族”也。时人称讨卓之役，众钞略于荥阳、河内，致人民死者且半，此可证明战区死亡之惨重。攻城屠杀人民，时为常有之事。操有“围而后降者不赦”之令。其征服之地赋税视汉时为重。盗贼滋扰之区域，田地荒废，加以蝗虫为灾，农作物为其所食，灾情益为严重，饥贼至掠人为食。人民相食者，亦所难免。官吏维持境内治安，使孑遗之民耕种，当有大权，地方官常多所诛杀。避乱徙居于边郡及长江流域者，数亦不少。人民少而战争不息，士卒时有逃亡，乃重其法，亡者罪及妻子，受聘礼之女，尚未与夫相见者，亦应弃市；后始减轻为官奴婢。徭役之重，亦远过于汉。人民生存，全为服役。贫民家无余财，生子无以相活，率皆不举。其死于疾疫者亦众。要之，饥荒疾疫、苛税、流亡、战争、屠杀，造成汉末户口之大减。仲长统言：死亡人民，多于东汉初年，“名都空而不居，百里绝而无民者，不可胜数”。蒋济奏称：魏地民数，“不过汉时一大郡”。虽或言之太甚，而死者盖约百分之八九十，剩余仅为百分之一二十。全国人民不足一千万，诚人类之悲惨史也。

外患 汉季外患以西羌、鲜卑之祸为烈。段颎、皇甫规、张奂与羌作战，各有功绩，为时名将，而叛羌仍时为患。桓帝尝问平羌之计于颎，颎主讨之。其计划：骑五千、步一万、车三千辆，三冬、二夏，足以平之，费用约五十四亿。其见解与规、奂不同，为一勇敢之军事计划。帝用其言，拜之为将。建宁元年（168年）春，颎将兵万余，齐十五日粮，掩袭先零羌，破之获生畜二十八万，为东汉从未有之大捷。夏，颎复轻兵击羌，一再败之，余众四千落，散入汉阳（天水）山谷间。明年，颎又讨羌，所至皆捷，所获甚多，分置降人于边郡，羌乱遂平。用费四十四亿，军士死者四百余人。盖汉轻骑袭击，事出羌人意外，成功之速，过于其所豫计。羌人不敢扰边者，凡十数年。黄巾乱起，降羌叛而为乱者，不久即平。鲜卑精骑为时所称，常寇于边境。桓帝时，其酋长檀石槐英勇有才，诸部畏而服之，推为大人，兵马甚盛。范晔称其尽有匈奴故地，大为害于北边。张奂一再击之，皆无大功。朝廷封之为王，欲与之和。而檀石槐不受，为寇益甚，分其地为三部，各置大人。幽、并、凉三州均受其害。灵帝中叶，遣将及南单于分三道出塞击之，其三部大人率众逆战。汉军三万骑，死者十七八，亡其辎重。檀石槐更寇于缘边诸郡，后数年死，祸始少。

东汉之覆亡非一朝一夕之故。其统治者自和帝以后，多为庸才，桓、灵尤为昏庸，所负之责任更为重大。献帝年幼嗣位，已至无可挽回之境遇。朝廷上无伟大之政治家，政治环境亦不易于产生；时人自不能认识社会经济问题，而能有所补救，乃听其演变而为大乱。东汉极盛时代，力不能平定羌乱，亦不知其失败之原因。段颎以轻骑作战，处于主动之地位，战无不胜，诏称其功有“洗雪百年之逋负”之文。此可证明政事多在人为，而汉实无人也。

第十九篇　两汉学艺

学术工具——学术之不发达——董仲舒——刘安——王充——保存古籍——统一文化——两汉风气之不同——郑玄——司马迁——班固——科学——散文——司马相如——诗歌——美术

学术工具　自始皇统一中国迄于汉亡，学术工具有重要之进步。纸之发明，及文字趋于简易，皆其明显之事例。《后汉书》称纸系蔡伦所发明。伦为宦监，造器物，用树皮、麻头及敝布、鱼网造纸。纸之发明，非偶然之事，乃逐渐改进之结果。真纸始于和帝元兴元年（105 年）造成。于是书籍之传抄益便，影响人类知识之传播、文化之保存，为我国伟大贡献之一。文字为事物之符号，由象形而益趋于简单。汉人所用隶字，系由篆字演变而成；由隶字更演变而为楷书。相传东汉时王次仲作楷，盖同于世传李斯之作小篆。文字书写便利，既省时间，又增加书之产量，读书、为文视前益便，笔墨亦有进步。社会环境更与前不同，帝国疆域之广大、户口之众多、政治组织之进步、财政收支之巨大，皆为前古所未有。内乱外患视封建社会既大减少，人民安居乐业，亦为时较久。学艺应有相当之进步，乃竟不如吾人之希望，尤以学说思想为甚，其原因至为复杂，兹略言其要者于下。

学术之不发达　儒家倾向于保守，不能认识古今环境之不同，本于其所受之教育往往是古非今，更不能容忍违道非圣之异说。学说之进步常赖公开之讨论、自由之研究。儒家排斥异端之思想，有碍于自由研究学说之精神，或阻碍其发达，为无可讳言之事实。其人信奉师说，不敢稍违；对于非其所素习之儒书，亦不容其并行于世。今文学家反对古文典籍，则其一例，此为儒家本身之弱点。汉人迷信深痼，亦为学说发达之一阻力，怪诞之方士创为神奇之故事，并谓可得不死之药。秦皇、汉武皆信其说，设法求仙，靡款甚巨，终无所得。然在社会上之势力依然存在。阴阳、五行、星象、术数之学因益发达，天人有感之说遂为汉人所深信：灾异星变皆与人事有关，乃天所以示儆人。可据之豫言后事，谶纬之学于是产生。谶为寓言，纬乃说经义之著作，杂有术数之言；其后，附会者神其说，遂与谶合。纬书后经焚毁，其一二散见之遗文直同于痴人说梦。士大夫之精力时间多耗费于此，自不能于学说上有所贡献。

黄老思想流行于汉代，亦无新建树。黄帝为方士所盛称，《史记·封禅书》记载其所言之故事。老子为《道德经》之著者。黄老并称，盖以二人皆成仙也。西汉之世，信道家之说者，《史记》载有不少之例。道家于战国末年，尚有一部分势力，有以其道传授生徒者。汉于大杀之后，人心欲得安慰于休养，道家之主张，益为时人所欢迎。张道陵所倡之道教亦因环境而生。惜道家未有伟大之思想家，不过反复称述前人之说。佛教据《魏略》所言，于西汉末年传入我国。佛陀之省称为成道先觉了解真理之义，今指释迦牟尼，佛教即其所说之教法也，初自印度传入中亚，自西域而入我国。佛教徒附于黄老，为人求福，故与黄老并称。汉人称其道崇尚无为，亦合于老子之教。高僧渐而开始译经。汉人所重者非其高深之思想，佛教故未发生重要之影响。秦汉思想家实少杰出之士，其比较重要者，则为董仲舒、刘安、王充数人而已。

董仲舒 董仲舒为研究《春秋》之学者，景帝时为博士，弟子甚多。武帝嗣位，举贤良凡三次，对策皆据《春秋》，论述天人之道。其第三书请罢黜百家，尊崇儒学。其先，大臣已请：罢归贤良之习申韩等术者。不许异己学说之并行，为儒生共同之意见。武帝拜仲舒为江都相，后为胶西相，皆不甚得志。仲舒深信天人相感之说；进而求《春秋》所记灾异与人事之关系，据之议论时事，获罪几死；然仍不改变其主张。其学说以天为万物之本，人为万物之灵，人体与天相类。其言曰："小节三百六十六，副日数也；大节十二分，副月数也。内有内脏，副五行数也；外有四肢，副四时数也。乍视、乍瞑，副昼夜也。乍刚、乍柔，副冬夏也。乍哀、乍乐，副阴阳也。心有计虑，副度数也。行有伦理，副天地也。"更以政治组织亦应象天；进而适用其说于伦理，谓：道出于天，千古不易。其理论除三纲五常外，并无新颖见解。三纲取诸阴阳之道，为君臣、父子、夫妇；五常则为仁、义、礼、智、信。前者合于三才，后者合于五行。全由迷信而生，后竟成为定说。

刘安 道家思想家，西汉时当推刘安。安封淮南王，雅好琴书，博洽能文，广致宾客，坐事自杀。安初与宾客讲论道德，辑之成书，后世所谓《淮南子》也。自大体而论可目为道家之书。其宇宙本体论，同于老庄，以本体为道。道始于一分为阴阳，阴阳和合而生万物；唯人得其精气。安复受天人合一之说谓：头圆象天，足方象地，四肢、五脏等物，皆合于天；天有风雨寒暑，人亦有取与喜怒。此同于董仲舒之见解。其论生死，谓：人生最高目的在求与道合一；能实现者，须无为、自然，超然物外，与宇宙合为一体，适情而行，将置生死于度外。其说出于老庄，为当时之流行思想，并无新颖之见解。安富于政治欲望，又好方士神仙之说，自不能发扬光大道家之学说也。

王充 儒家自武帝后，于政治上有莫大之势力。道家思想则流行于民间。扬雄调和二家，自成一家之言：仿《易》作《太玄》，其思想则本诸老庄；又仿《论语》作法言，则为儒家之说；又受阴阳五行说之影响，对于学说遂无新颖之见解与贡献。王充于谶纬盛时，著成《论衡》，排斥阴阳五行神仙怪诞之说，当为非常之士。充，东汉初人，好读书，曾学于太学，学成返里，教授生徒，尝为郡吏，与太守不合，去官，著有《论衡》《养性书》，唯《论衡》传于后世。其思想本于老庄，而立论则同于《淮南子》。略谓：气为宇宙本体。气生阴阳，由其化生万物，人与万物同于气，其差异由于所禀受之气不同。其论人性，并无新颖之见解。其推崇黄老则过于其尊孔孟。道家主张自然，扩充即为命运论。充以世人之富贵、贫贱、贤愚、夭寿等，皆本之于命，不可强求。对于当时天人相感而生之灾异及鬼神力能祸人之说，则加驳斥；更进而言世无鬼，有鬼乃人思念或存想所致。此其思想之大略也。自今论之破除迷信，全为常识，其思想本诸前人，实无建树，亦难目为伟大之思想家也。其学说迄未减少迷信之势力，汉末始有剧烈之变化。徐干为其重要之先驱思想家。干幼聪明好学，善为诗文，其所著之《中论》以儒家思想为议论之出发点；对于神怪之说则以有验无征破之。其言曰："事莫贵乎有验，言莫弃乎无征。"思想上得一解放。其始倡于一二人，而渐成为强有力之学说矣。

保存古籍　汉人思想虽不甚发达，然对于我国文化有伟大之二功绩焉。一曰：保存古籍。初，秦焚烧书籍；汉初沿用秦律，尚有挟书之禁，惠帝去之。收藏之古籍，渐而流传于世。政府求书，藏于秘府，其书聚而复毁，流通不广，未有重大之影响。书籍多赖学者之力保存。儒家久握教育权，其人尊奉孔子，以《诗》《书》《礼》《乐》《春秋》教授生徒，称为六艺，亦称六经。说者称：古无《乐经》。《尚书》系伏胜所传，凡二十九篇，以隶写成，是为今文《尚书》。古文《尚书》出于孔壁，不传于世。今传之古文《尚书》系晋人所为。《诗》为韵文，便于记诵。《易》为卜筮之用，秦未焚烧。《春秋》乃孔子所修，为儒生所重。《礼》为战国至汉诸儒之说，皆未散失。及古文《尚书》《周礼》《左传》等书，次第发见，诸儒本于门户之见，反对其立于学官。东汉之世学者往往兼通古文之典籍。后世所称之十三经皆成立于汉。经书之保全，汉儒实有大功。先秦诸子，传于后世，亦赖其力。

统一文化　二曰：统一文化。初，秦令民奉吏为师，其实施之情状今不可知。汉初，边郡人士无受教育之机会。景帝末，文翁为蜀郡守，以地僻陋，有蛮夷风，选小吏敏捷有材者十余，遣诣长安，从博士受业，供给其费用。博士本于秦制凡七十人。武帝改置五经博士，初为七人，后增至十四人。博士专习一经或讲说一家之说。儒生于时掌握教育权，受教育者皆当读经。儒家自武帝后于政治上颇有势力，易于为官，所谓取青紫如拾地芥也。公孙弘以儒生为丞相、封侯，应时需要，奏请为博士置弟子五十人，二千石选可者，诣太常受业，予以优待，其学有成就者，得入仕途。其先生徒应出束脩，而武帝应弘之请，博士弟子当可免费。后应需要，弟子额数增多。王莽曾为学生筑舍万区。东汉时，太学学生增至三万余人。太学由博士弟子演进而成，为国中最高学府，为一国文化所寄托。其学生来自全国，学成归郡或仕为郡吏，或教授生徒，或应辟召。太学学生增加，而所读之书相同，儒家伦常观念成为全国民间道德之标准。我国为文化统一之国家，基础之树立虽不始于汉代，而汉人促进其发展、巩固其势力则为明显之事实。名儒广收生徒，亦有相当之功。东汉时，其弟子常至千人，著录者一万余人。著录盖为慕名而列于门墙之弟子。儒家教育，可谓盛矣。

两汉风气之不同　两汉儒生多治今文典籍，好言灾异，董仲舒则其明例。其人专习一经，甚者不能尽通；兼通二经者，则数不多；通五经者，唯有一人。东汉得书较易，经师兼通数经者成为常事。非其聪明才力过于前人，乃其所处之时代不同，文具、书籍，皆视前便利，风气亦不同也。其专心研究，孳孳不息，有足多者。东汉古文家之势力较盛，其人深信谶纬，仍未脱阴阳五行家之影响，而附会之甚，亦不让今文家独美于前。盖限于时代不能脱离其势力也。大体而论，古文家迷信色彩不及今文家之深重，则为事实。其为学也，注重训诂。训诂所以求得原文之真义，认识经典之真面目为研究学问之初步。若止于此，则流于支离琐屑。古文家之时间精力多耗于解释文字，不能进而阐明儒学。尤有进者，西汉经师鲜有撰述，东汉则著作丰富，其写成数十万言者，数并不少。论者称其过于前人之原因，为风气益开、性灵渐启，实则经师勤于工作及文具进步亦有关系也。

郑玄　郑玄为汉季伟大之经学家，集训诂学之大成，生于顺帝永建二年

（127年），家贫为乡啬夫，不乐休归，常诣学官。父怒之，而不能改其所好，遣之入太学受业。玄师事名儒，所习之书范围颇广，今古文并重。玄通其所学，以关东无可从之师，入关师事马融，在其门下三年，犹不得见。玄不肯去，诵读未尝怠倦；一得见融问以疑义，辞毕东归。其时，年过四十，从师学习十余年矣。玄返里养亲，而弟子渐多；会党事起，而遭禁锢，益专心经学；禁除，不应选举辟召，自言其志曰："念述先圣之元意，思整百家之不齐，亦庶几以竭吾才，故闻命罔从。"玄无入仕之意，唯从事于著作，声誉高而弟子益多。北海相孔融敬玄，屣履造门，为之特立一乡，曰郑公乡。俄玄避难于徐州。复还本郡，已至风烛残年，犹以其书与学不传于后世为虑，志趣可谓高尚。袁绍时在河北，遇之以礼，朝廷以安车征为大司农，玄以病乞还。建安五年（200年）病死，享年七十有四。玄享高寿，以研究学问为终身事业。其所著之书繁多，不尽传于后世，吾人自无法知其内容与价值。自其所存之经注而论，其学以古文学为宗，兼采今文家说。其笺《诗》行，而今文三家《诗》皆废；《尚书》注行，而今文欧阳、大小夏侯《尚书》废；《仪礼》注行，而今文大小戴《礼》废；《易》注行而诸家说废；《论语》注行，而齐鲁《论语》不行。其说本于心得，参酌今古文家之说，树立比较公允之见解，于是士大夫翕然从之。王肃反对郑学，无非出于个人之好恶，博取高名而已。肃以晋武帝外祖之故，其学立于学官，而郑经注犹为较善之本。要之，经籍赖汉人保存。十三经中，汉人注有六经，魏晋人亦注六经，唐玄宗注《孝经》。近人谓：魏晋人注，不及汉人。魏人不轻信纬有足多者。汉人所注六经中，《诗》及三《礼》出于郑玄，可见其成就矣。

司马迁　汉代史籍为后世所称，《史记》《汉书》皆其明例。《史记》为司马迁所作。迁生于景帝末年，父为太史，幼受良好之教育，壮而游于四方。初仕为郎中，奉使巴蜀，凡其所至之地，无不访问其风土人情，及关于达官要人之故事。父死后三年，为太史令，得见秘籍。方从事于修史，后遭李陵之祸。陵败降匈奴，迁为之言，下狱，受宫刑。其忍辱而不死者，以书未成，文采不显于后世也。后为中书令，仍不改其初志，死年今不可知。《史记》起于五帝，终于西汉中叶。迁利用其能得之史料，尽心力而为之，其贡献不在其创立纪传书表之体，而在记秦代汉初之史迹，既为宝贵之史料，又为优美之文字。先秦纪传同于账簿式之记载，且多抄自他书，甚者误解原文，而致纰谬。其言秦汉之际之史迹，则迥然不同，《陈涉世家》《项羽本纪》，皆其例也。其叙述汉初之大事，颇为详尽，吾人虽不尽知其史料之来源，而其形容逼真，非有所本及知其底蕴者则不能为。说者称迁遭刑，发为怨诽之论，其所指者，则为封禅、游侠、货殖诸篇。史贵叙述真相，古人多信鬼神。平准、货殖诸篇，为宝贵之经济史料；游侠于社会上占有势力。若皆去之，则所谓史者范围极狭，后人将不知整个社会情状。迁才识高于常人，后人妄加猜测，徒见其陋而已。

班固　《汉书》叙述西汉新莽大事，其著者班固（32—92年）幼受良好之教育，善于为文。父彪欲续《史记》，迄于汉末未成而死。固续作之，为人所告，收系于狱。会事得理，明帝见其文而奇之，诏其续成。固专心为之，历三十年而书成。合纪表志传计之，共一百篇。范晔于《后汉书》记其成书及被杀之年，书系固作，未有问题。乃晔于《列女传》称，其八志及天文志未成，而固卒，和帝诏其妹昭续成，书出，多不能通，马融从昭受读，又诏融兄续继昭成之。二说自相矛盾。《列女传》所记之故事颇有疑问，当以《班固传》为是。其作书之计划与彪亦不相同，当非彪之旧作。固坐窦宪党羽系狱，死于狱中。《汉书》体裁自大体而论，仿自《史记》，惟名称不尽相同。后世以《史记》为通史，《汉书》为断代史，或推崇断代史而贬通史，或盛称通史而毁断代史。其所持之理由自今论之，皆非知言也。

科学　汉人迷信深痼，又无自由研究学术之风气，自无科学原理之发明。实用科学本诸经验，尚有进步之可能。比较进步者：一为科学仪器。张衡所造之浑天仪及地动仪，尤负盛名。衡善机巧，尤精于天文阴阳历算，仕为太史令。其所作之浑天仪，史称其妙尽玑衡之正。其所造之地动仪可验地震方向，及其所在，合契若神。倘如《后汉书》所言，当为极重要之制作，何竟不传于后世，岂文人形容之辞太甚邪？二为医学。医药至汉大有进步，医书《本草》

始见于《汉书》，盖汉人所著；《素问》托于黄帝，《玉海》称为汉人张机所作。机为伟大之医学者，而史籍并无其名。《四库全书总目》称：机撰《金匮要略》。且《郡斋读书后志》称："机，南阳人，尝举孝廉，建安中，官至长沙太守。"此书"上卷论伤寒，中论杂病，下载其方并疗妇人"，自宋以来，医家奉为典型，与《素问》《难经》并重，得其一知半解，皆可以起死回生。《难经》盖亦汉人所作。我国医术本诸经验医书，乃积古经验而成也。

散文　文学至汉变化益多，有散文、骈文、辞赋、诗歌等。文字之优劣，常视用者之技术，善为文者，用字确当，形容逼真，并无勉强之处，所谓出于自然也。其成功一由于天才，一由于了解力，一由于技熟。作者更应有热烈之情绪，或高尚之思想，而将其所怀，发为文章，成为美丽感人之作品。此为伟大文学家不易产生之主因。秦汉承战国之后，受诸子影响，或为议论文，或为记事文，或为说理文。说理文不甚发达，议论文亦无显著之进步，惟记事文以司马迁之运用，颇有发展。迁报友书言，其受宫刑之辱而不死，恐没而文采不显于世。此可见其自信心强，其文采亦有过于人者。其所作之秦汉英雄纪传多饶有文趣，兹引《项羽本纪》一段为证：

项王即日因留沛公与饮，项王、项伯东向坐，亚父南向坐，亚父者范增也。沛公北向坐，张良西向侍。范增数目项王，举所佩玉玦以示之者三，项王默然不应。范增起，出召项庄，请曰："君王为人不忍，若入前为寿，寿毕，请以剑舞，因击沛公于坐，杀之。不者若属皆且为所虏。"庄则入为寿，寿毕，曰："君王与沛公饮，军中无以为乐，请以剑舞。"项王曰："诺。"项庄拔剑起舞，项伯亦拔剑起舞，常以身翼蔽沛公，庄不得击。于是张良至军门，见樊哙。樊哙曰："今日之事何如？"良曰："甚急，今者项庄拔剑舞，其意常在沛公也。"哙曰："此迫矣，臣请入，与之同命。"哙即带剑拥盾入军门，交戟之卫士欲止不内，樊哙侧其盾以撞，卫士仆地。哙遂入，披帷西向立，嗔目视项王，头发上指，目眦尽裂。项王按剑而跽曰："客何为者？"张良曰："沛公之参乘樊哙者也。"项王曰：

"壮士，赐之卮酒。"则与斗卮酒。哙拜谢，起立而饮之。项王曰："赐之彘肩。"则与一生彘肩。樊哙覆其盾于地，加彘肩上，拔剑切而啖之。

上为鸿门会宴之一段，司马迁记其经过用字不多，而会宴情状活现于纸上。其叙诸人言谈与行事，皆恰合其身份，如见其人。行文之妙，有如绘声、绘色，读之饶有兴趣，同于后世之小说，固记事文之上品也。其时，辞赋益为发达，散文受其影响，渐趋于排比铺张。班固所作之文，整齐同于骈文，为后世骈文之先驱。习骈文者，常读固文，并盛称之，无庸引例为证矣。

司马相如 汉人重赋，赋为文体之一，为美丽之文学，言物、论事无不为细腻之形容与描写，即旧所谓赋者，铺也。汉赋受《离骚》之影响，而更有所发展，为赋极盛时代。其伟大之作家当推司马相如。相如，成都人，于景帝时为吏。会梁孝王来朝，其宾客多善为文，相如见而悦之，以病免官，客游于梁数岁，文益进步。会孝王没，相如归蜀，家贫无以自业。其友王吉时为临邛令，为之延誉。富人卓王孙，有女文君新寡，相如诱之，文君归心焉。王孙初不肯分与之财。相如卖酒，而与妻操贱役，王孙不得已，始与文君财物，乃为富人。武帝读其赋而召之为郎。后奉使巴蜀，太守郊迎，卓氏以为荣，多与之财。相如口吃，常有消渴病，又饶于财，不乐与闻国事，益得专心为文。其赋存于今者不足十篇，《子虚》《上林》尤有盛名。相如在梁，深受枚乘影响。乘善为故事，化之问答，联属而有意义。相如运用其作法，若一气呵成，其天才甚高也。其赋"绮丽朴茂、刚健柔媚，兼有各种风韵"，允称汉赋第一大家。其后扬雄、班固、张衡等皆承其风，而益趋于靡丽，开骈四俪六之先声。辞赋影响散文者颇巨，其描写山川而使其成为有价值之记叙文，则其一例。

诗歌 诗歌注重音律之谐和，初无一定之规则。《诗经》为最早古诗之总集，其句多为四言，汉人奉为典型。仿之者多不足观，以其过于整齐，缺乏变化之妙；且其字数太少，发表复杂思想，常苦不足也。民间歌谣，则取音节和谐，使闻者欣然悦耳。歌句时有增改，而益优美。武帝爱好民歌，设立乐府。乐府同于后世之教坊，为民歌之征集所，供天子娱乐者也。西汉季年，益为发达，其歌有不少之杰作。其写成定本，当出于曾受教育之人士，渐而成为风气，仿作者益多。其不能歌唱者，亦称乐府，或为新乐府焉。要之，乐府诗歌，由简单而益趋于复杂。描写之技术，由天真烂漫而细腻深刻，其影响于诗者颇巨，诗体则自四言变为五言。后世以五言诗创自苏武、李陵。二人之诗盖后人所伪托。古诗十九首为何人所作，今不可知。汉人作五言诗者，不过偶尔为之，而传于世者，当为其精品，历时久而不知其作于何人也。五言诗盛于汉季，曹操父子三人，皆为名家。操诗保存乐府音乐，而又悲凉慷慨。其子丕、植，皆天才甚高之文学家。丕诗有不朽之价值。植为天才诗人，尝言古曲多谬误，异代之文不必相袭，欲独立创为文学。其见解既高，而才亦足以创作，其诗故不为乐府所拘。其先，植度优闲生活，交游广而宾客多，其诗表现娱乐豪侠之情绪；入魏后，几获大祸，环境全非，诗颇表现其哀痛之意。植诗意真挚，情谊缠绵，其描写之事物，无不深刻而极细腻。吾人读其诗者，无不爱其一往情深，缠绵悱恻，此其伟大之成功，亦其天才之表现。其四言诗，亦为后人所盛称。天才高者，固不受诗体之束缚与限制也。世所谓建安七子，其文学史上之地位，实不及曹氏父子也。诸人中王粲天才甚高，然不能创新歌。陈琳之《饮马长城窟》，亦为世所称，余无论及之必要矣。

美术　美术进步，可见工艺之技术、贵族之崇尚及一般人士之生活状态。秦汉宫殿，据史所记，宏巍高大且极美丽，不幸尽毁于乱。其幸存之瓦当，常为好者所珍视。汉画不传于后世，唯于石刻中，尚仿佛见得一二。以石刻先绘画而后刻之也。其艺术遗物多发见于汉墓。享堂、碑阙为墓之一部分。享堂又名墓庐，供展墓享奠之用。其壁石大抵皆刻图画。存于今者，以孝堂山祠为最古。东汉时益多，其规模宏大、雕刻精美者，当推山东嘉祥县东南武宅武氏祠之石壁画。其石阙及墓前石狮子，犹完整无缺。阙在门之两厢，左右成对。在庙路前之石狮，建立最早，制造精巧。阙及祠之壁石，皆刻有图画。其所刻者，有古帝王、孝子、刺客、列女等故事，及神人、奇禽、异兽、车骑、人物、楼阁等。其刻法为阳刻，即像凸出也。孝堂山祠则为阴刻。

刻画分布之区域颇广，黄河流域姑置不论，四川、云南皆有汉墓发见，亦有刻画焉。

综而言之，秦汉大帝国树立中央集权制。其开拓之领土，虽不能为有效力之统治，而其基础则立于斯时。大一统之思想于是实现。秦汉为农业社会，四邻之国文化较低，乃不愿接受外来思想，故佛教传入初附于道家方士，而未产生若何重要之影响。儒家自武帝以来，政治上之地位增强。其人幼受褊狭之教育，知古而不知今，全为传统思想所支配，一代学说遂不发达，其功绩则统一我国之文化。文化工具时有进步，复以环境需要，受教育之人士增加，其所习之文字同，所读之书同，信奉之师说又同，东汉已为文化统一之大帝国矣。

第二十篇　三国

三国称帝——魏文帝——明帝——司马氏之专政——诸葛亮——蜀之微弱——吴国大事——三国之亡——三国疆域——官制——人民之负担

三国称帝　曹丕篡汉，刘备、孙权亦先后称帝，所谓魏、蜀、吴也。初，丕与其同母弟二人争为嗣子，久始得立，深受家庭影响，疑忌之心迄未泯除；父死，即欲称帝，汉献帝迫而逊位。丕为文帝，胸襟狭隘，颇纵欲娱乐；对于朝臣，一事之咎、一言之失，或忠言不顺其意者，常处以死罪。刘备称皇帝于成都，国号曰汉，后人以其建国于蜀，称为蜀国；及死，其下尊为昭烈帝，后人称为先主。先主无尺寸之势，奋斗而为国君，为一人杰。孙权据有江东，亦改建年号，为独立自主之国，229 年称帝。

魏文帝　魏凡四十五年（220—265 年），其第一君曰文帝，防范宗室甚严，又鉴于东汉女主、外戚之祸，诏禁太后与闻政事。魏代，后族无辅政者，

“曹氏自好立贱”，后族卑微，朝臣轻之；其后，政权归于权臣，外戚更无专政之机会。文帝改革，尚有三事：一、诏勿以灾异劾三公；二、禁复仇，汉世复仇成为风气，大乱之世，人民相杀者众，子孙若皆复仇，成为无法纪之国家，诏以为禁，为政治进步之表现；三、禁民“妄相告”，所以安定人心，免其诬陷也。

明帝 226年，明帝嗣父为帝。初以生母见害，父子不协；父好文学，而子重经学，罢斥浮华之士。明帝减轻刑罚，予乞恩者传递文书之便利，奏上，多蒙矜免，惟谋反及手杀人者不能乞恩。惜帝太恣于声色之欲，所选宫人之多，文帝犹不之及；又劳民费财，大筑宫室。其大臣司马懿统军作战，除不能胜蜀而外，所向有功；久掌机密之亲臣，皆与之善。239年，帝病甚，立子齐王芳为太子，以其年幼，欲诏叔父燕王宇为大将军，辅政。宇以限于先帝之令，谦辞。亲臣谗其不堪大任，请用曹爽代之，并请速召司马懿，懿方出征辽东也。帝意不定，最后从之，以爽为大将军，与司马懿辅政。

司马氏之专政 爽为宗室，辅政；进用名士何晏等，夺司马懿权。懿称疾，阴蓄死士谋乱。爽信其将死，不为之备。249年，帝谒陵，爽兄弟从行。懿起兵为变，胁太后罢爽。爽无自全之策，固为庸人，党羽皆死。都督扬州诸军事之长官谋立长君，懿知而执之，穷治其事，悉杀其党。懿死，长子师辅政。天子久拥虚名，因谋收复政权，事败，致兴大狱，亦为师所废。师迎立明帝侄髦为帝。255年，镇东将军毌丘俭等以身受国恩，起兵于淮南讨师，渡淮西行。师自将大军拒战，遣将往袭其根据地，复绝其归路，叛军遂败。

乱平，司马师死，弟昭代之。257年，淮南复乱。其大将军诸葛诞与前叛人相善，疑惧不安，倾财施舍，养死士数千人。昭遣使劳军，言及禅代，而诞不从，朝廷征为内官，惧而起兵，乞援于吴。昭以事变严重，将兵奉帝及太后东征，复征师会于淮北。魏师初战不利，而援兵益多，吴将后至者败逃，叛将死而淮南平。淮南防吴，为精兵所在之地，故乱迭起。昭归京师，魏帝不堪其逼，以为不免废辱，发宿卫僮仆讨之。其臣驰而告昭，昭为之备。帝死于军中。昭迎立燕王宇子奂为帝。历五年而晋代魏。

诸葛亮　初，蜀先主病笃，召其臣诸葛亮属以后事，至称：嗣子可辅则辅之；不可，君可自取。亮泣而言其尽忠辅之。先主敕太子禅：事亮如父。亮先隐居南阳，安贫乐道，先主三至其庐，始得见之，问以当世之事，所对悉合机宜，出而为之驱驰。先主称帝，亮为丞相，录尚书事，辅太子留守成都。禅即帝位，益州边夷叛乱，蜀、吴关系尚未改善。亮先遣使聘吴，结为与国；后，亲征叛夷，夷败而归顺，出供官赋。227年，亮率大军北驻汉中。其时，魏边防弛懈，将军魏延请将万人越秦岭而北，直袭长安，亮以为危，不从；明年，西攻凉州，三郡应之，关中响震。魏明帝西镇长安，遣将拒战，蜀军不胜，三郡复失。亮徙魏民千余家而还汉中。其先后伐魏五次，皆无大功，多以粮尽而归。汉中为军事重镇，地小民少，不能供给军粮，其一部分运自成都平原。相传大车系亮所发明，资以运输军粮；种类今有增加，其初，车以人推之，行于山地，备极艰苦。其军利于速战速决，而魏据城固守；其撤退也，未受损失，当为指挥有方。惜少冒险进取之精神，且当魏盛之时，众寡不侔，攻守异势，故未能有所成。其治国政绩过于其为统将，其思想本诸法家，以察察为明，赏罚本于至公，政治、军事皆有规模。其胸襟光明，并能以身作则，为其不为人怨之主因。其忠事后主，始终如一：魏臣致书说亮举国称藩，亮严词斥之；晚年，不辞劳瘁，全为兴复汉室，诚所谓“鞠躬尽瘁，死而后已”也。其人格之高尚、情谊之真挚、忠君忧国，时人未有出其右者。

蜀之微弱　亮死，后主据其密表，以丞相府长史蒋琬为尚书令，俄迁为大将军，录尚书事。琬为人好善，不肯以谤言罪人，旋以尚书令让于费祎。祎尝奉命使吴，应对不辱使命，为孙权所器，为蜀名臣。蒋琬出屯汉中，后主进其位为大司马，大政由其决定，后数年还蜀；及死，帝以费祎为大将军。魏大举攻蜀，不胜而退。祎复屯汉中，为降人所杀。董允继握政权。三人皆亮擢用之人，相继执政，亦能行使职权。后主欲多采女，允不之从。后主爱宦官黄皓，允数责之，皓不敢为非，位不过黄门丞。允卒，皓始豫闻政事，操弄威权。蜀臣陈寿于《三国志》称，蜀亡由于皓之“奸险”，当必有所根据。

蜀将姜维亦有能名，数率偏师伐魏，互相胜负；又征服叛乱之边夷。费祎死后，维大举伐魏，初败魏师，后魏将邓艾御之，始不能胜，并有相当之死亡，遂为国人所恶。艾为人杰，谋略较优，且攻守异势，劳逸不同也。维以功业不立，心不自安，黄皓意欲废之，不敢复还成都。朝中无人，后主从事于娱乐，又妄改防守边地之计划，乃为魏所并。

吴国大事 三国中，吴立国最久。孙权晚年疑忌大臣，信用校事。校事同于特务，始为曹操所立，吴亦仿之，用以稽察其臣罪过。权妻妾多而子众，子为父爱常视其母宠爱而定，妃嫔年长色衰乃影响其子地位。嫡庶之争、太子废立遂为吴国大事，大臣因而受祸。其时，吴蜀和亲，订成盟约，共同对魏作战。吴与魏战，互有胜负，胜利多由于施用诈谋，但未获有土地。吴恃长江之险，水师较强。252 年，权卒，太子亮立，年幼，大臣诸葛恪辅政。恪罢校事、原逋责、除关税，国人悦服。会吴出兵攻魏，值逢大疫，死亡者半，迫而退师，致怨黩兴，恪为吴宗室所杀，国中祸乱迭起。魏有淮南之乱，吴出兵伐之，皆不胜归。亮亦为权臣所废。权臣立权子琅琊王休为帝。帝忍小愤，杀其权臣，聪明才力足以有为，不幸所用非人，未有成就；唯欲偃武修文，足民衣食，人民颇安居乐业也。及魏大举伐蜀，吴出兵伐魏援蜀，而后主已降，吴军复退。吴新失与国，交趾又叛，休值病死，太子年幼，大臣议立贤能之长君，迎立权孙皓为帝。

三国之亡 三国相较，魏地大而兵多，人才推其最盛。司马懿固为人杰，其二子承继父业，能用其众，谋臣、大将如钟会、邓艾皆一时之杰。会博学多能，为司马氏谋臣，算无遗策；艾数败蜀兵。263 年，司马昭遣大军伐蜀，使邓艾出攻姜维，遣别将断其归路；钟会率大军南袭汉中。维兵数败，又闻钟会深入汉中，还而固守剑阁，会不能克。艾自甘肃南部山径前进，行无人之地七百余里，突入蜀境。其守将不意敌至，惧而归降。后主亦不据险固守，遣将与冒险深入之孤军作战，败而请降。维部四五万人奉命降于钟会，于是蜀亡。魏主初封昭为晋公，蜀降，诏拜昭为相国，俄进其爵为王。昭立子炎为世子，副贰相国。265 年秋，昭死，炎嗣相国、晋王，冬即帝位。蜀、魏亡，而吴主皓不知振作，忌讳既多，又好酒色，宫女增至数千，犹遣宦官外出取女，广筑宫室，杀害贤良，复立校事，监视其下。其人民役苦，死亡众多，农桑普废；将士复以防地广而劳苦，国中祸乱迭起，交趾之乱，最为严重，晋自海上援助叛人，八年乱始平定。吴将叛而降晋者时有所闻。279 年，晋大举伐吴，所向皆克；明年，皓降，中国归于统一。

三国疆域 东汉凡十三州，曰：司隶、豫、兖、青、冀、并、凉、幽、徐、扬、荆、益、交。黄河流域之八州及长江流域之徐州，皆属于魏。荆州北部户口较多之郡县，扬州之九江、庐江，亦为魏地。魏、吴地界颇难划定，大体而言，长江在吴疆域之内，魏地则在江北。吴地不限于江南，江北亦有其地。魏、蜀接壤之地，在今甘肃南部及秦岭一带，其地多山，易于防守。魏之西境达于西域，北境迄于长城，东北达于辽东半岛及朝鲜北部。史称：魏有五都，洛阳为中央政府所在，政令所出之地。曹操晚年，居于洛阳，文帝经营宫殿，明帝更大兴土木，洛阳益形发达。

吴地初为扬州江南之地，为会稽、吴郡、丹阳、豫章、庐陵五郡，在今江苏南部及浙江北部之大部分，安徽南部、江西北部各一部分。其僻远之地则为山越所居。权命将平定其滋扰为乱者，而越人群居之地尚未归顺。《三国志》记吴将常与之作战，贺齐、诸葛恪最为有功。齐迭平会稽为乱之越人，设立县邑，选出精兵万人，转讨上饶（江西东部）越人，分其地为县；后讨平安徽南部山越，分其地为六县，名曰新都郡。会吴郡余杭民为乱，齐讨平之，分余杭地为县。后，江西东部山越为乱，齐讨平之，择其精壮者为兵，次为县户。山越所居之区域，今为江西、安徽、江苏、浙江毗连之山地，其山以在皖南者为高峻。吴将所平者，多为交通较便之区域，越人仍时为患。234 年，诸葛恪请为丹阳太守三年，可得甲士四万；权从其请。恪令所属长吏各保疆界，归化越人屯居，然后遣将守险，不与之战，候其谷熟，纵兵芟刈。越人饥而出降，皆抚慰之，徙居外县；敢执拘之者，辄斩以徇。于是越人多降。恪选其壮者为兵，自领万人，余分给诸将。237 年，山越平定，以其地为耕地，人为兵民，国力益强。扬州西为荆州，其南部后为吴有，交州亦然。权分交为二州，曰广州、交州。吴都秣陵，改称建邺。

刘备初据荆州西南部，后入蜀夺取益州。汉中旧为益州属郡，曹操攻取之；后，备往争，操尽徙其人民而退，汉中乃为备所有。备将关羽北攻襄阳；师退，地复归魏。荆州又为吴所夺，先主唯有益州。其南边郡为蛮夷所居；后叛，诸葛亮平之，然其统治情况未有重要改善。自蜀地势而论，北有秦岭，东北有大巴山，西北为高原，西南为夷人所居，其东与吴地接壤；蜀地以成都平原为最肥沃，古人称为天府之国，但其区域并不甚广，交通以高山湍流之故，颇感不便，对于政治、军事皆有不良之影响。成都时为大城，为蜀所都。

三国争夺郡县，力不能有之土地，常徙人民而去。其时，户口少而土地有余，得民耕种则生产之五谷增加，妇女纺织，户须出布或绢，男子有服役或为兵之义务。户口增多，对于财政、国防皆有裨益，掠夺人民，成为常事，边境乃无居民，攻者往往野无所掠。时承大乱之后，复以战争频繁、税重役苦之故，为中国史上户口最少之一时期。魏地旧为户口众多之区域，而时人言其户口不如往昔之一州，或言其当汉盛时之一大郡。据七世纪所作《晋书·地理志》所记：晋平吴时二百五十一万户；蜀降，益州不足三十万户；吴国约有七十万户，是旧魏地应有一百五十万户，占全国总数百分之六十以上。黄河下游久为中国文化发达之区域，故魏国人才最盛。曹操迭令举才能之士而不问其遗行，才能之士亦多能展其才。吴国所用者虽多长江以北之士，而江南尚有不少英杰。益州开拓较迟，汉时始有文学之士，教育犹不发达，故感人才缺少，户口少而财力不足。蜀兵约十数万人，吴二十余万，魏五六十万，三国中，魏最强大也。吴有开拓土地之功，增设新郡县甚多，荆州蛮夷之地，亦有开拓者。夺地尚非难事，其难则为同化其人民，非历悠久之时间常不能成功也。人民少而利用水力，杜预发明水碓，用以舂米，至晋，其用甚广。

官制 三国初叶之主，均能行使威权，决定大计。魏明帝从事娱乐，恶公卿进谏，不欲其知后宫人数，所谓“国家不与九卿为密，反与小人为密”也。专制帝王不知责任，固易至此。孙权初知人善用，晚年变更常态，功臣竟有以嫌疑迭受责让、愤恚而死者。刘备重视义气，关羽为其共患难之将士，待之情若兄弟；后羽为吴所杀，先主不顾一切，伐吴报复，则其一例。国君家庭环境对于政治常有重大之影响，曹丕为帝，诸弟封王，实同于丧失自由之政治犯，为其明例。三国官制，大体上本于汉代，而运用之实际状况则不尽同。魏太傅、三公皆沿汉制而无实权，增设之太保亦然；惟都督中外诸军事、录尚书事之大将军，权为最重，后以权臣任之。九卿更居于次要之位。东汉尚书权重，演变而为行政官署。中书乃专司文书诏令，初称秘书，文帝改为中书，其长官曰监令，与闻机密要政。其为先时所无者，尚有校事，专察群僚之过失，后始罢之。吴以丞相为最高长官，然不过治理庶政。其重用校事，颇与魏同。校事于吴，初盖典理文书，渐而为孙权所信，因得报告群臣之短而擅作威福也。

蜀君臣相得之深，魏、吴皆不能及。先主与诸葛亮情好深密，尝曰："孤之有孔明（亮字），犹鱼之有水也。"后主嗣位，政事概决于亮。蜀地小、税少，设官不多。亮于北伐时，《表》言：现任侍中、侍郎皆志虑忠纯，为先帝所简拔。且曰："愚以为宫中之事，事无大小，悉以咨之。"侍中、侍郎皆天子亲臣，而位并不甚高，机密大事咨之，是无御史大夫等官。亮出，丞相府长史及尚书令皆为要职。亮没，录尚书事之大将军几同于丞相，政权集中，指挥统一，便于作战也。督或都督为军事行政官，都督边州者，其权尤重。吴大将甚多，因有上大将军之设。魏将独当一面，有监军监之。吴、蜀皆有监军，但不如魏权之重。纷扰之世，牧守常有大权。应时而设之官，尚有典农。典农督屯田之士民耕种，专为增加生产、储积军粮也。曹操设之，魏后令诸典农皆为太守。其下都尉，则为令长，郡县因而增加。吴、蜀分设之郡县亦多。官士之法，汉为察举、辟召。大乱之后，世族迁徙流亡，郡国选举有不少之困难。魏尚书陈群创九品官人之法，其法自选举及月旦评演进而成。月旦评为汉末名士核论乡党人物，每月辄更其品题之称。州郡各设中正品士，就其所在之地，别为九等，定其高下也。吴、蜀人才较少，长官子孙出仕，常居于优利之地位。

人民之负担　户口大减，物力艰难，官吏之待遇菲薄。魏吏有着新衣、乘好车者，谓之不清。其时，地多无主，曹操兴屯田，政府同于地主，屯民同于佃户，征租当其生产量百分之五六十，视汉田税增加十五或十八倍焉。民耕私有田者，亩税四升，户出绢二匹、绵二斤，其税视前亦有增加。吴、蜀以养兵及战争之故，税亦苛重；徭役更使民不堪命，贫者至生子不育。其时，货币不敷流通，吴、蜀使用恶货币；魏曾令民物物交换，谷、绢成为市易之媒介物。要之，祸乱之世，人民常苦也。

第二十一篇　西晋

疆域与户口——改革——官制——军制——人才之缺乏——长官之奢侈——人民之痛苦——羌、氐之祸——武帝之家庭——祸乱之迭起——怀帝——愍帝——天灾之严重——北方之扰乱——流人之乱——死亡之一斑

疆域与户口　280年，中国复归于统一，九十年之混乱告一结束。东汉十三州，晋增为十九州，或沿蜀、吴之旧，或晋所新设。黄河流域或华北凡十一州，长江流域或华中六州，西江流域或华南二州。此其大略而言，其中有介于二流域者。著者论其户口，则就诸郡所在，分别计之。《晋书·地理志》称：平吴时，户二百四十五万。著者据诸郡户数计算而得之数则为二百五十一万。就其分布而论，华北凡一百三十五万户，占全国百分之五十七点七；华中九十九万户，占百分之三十九点六；华南六万户，占百分之二点七。户口少而耕地有余，原易成为治平之世，惜政治腐败，未能予以

利用也。

改革 武帝在位二十五年（265—290年），幼受良好之儒家教育，为帝年方三十，勤于政事，乐于听受谏言，自言其克己为政。其善政影响人民生计者有二：一、崇尚节俭，皇室费用减少；二、约法省刑，魏末修正《刑书》，本于刑宽禁简之原则，268年公布施行，史称“天下便之”。惜帝不能认识古今环境之不同。其采行封建制，封宗室二十七王，受邑多者四万户，少者一千七百十户；皇子、皇孙封邑五万户，有多至八万户者，与《地理志》所言体制不合。王国长史由朝廷任命，武帝特诏诸王自选令长。公、侯封爵，《晋书》先后所言不合。其时，户口大减，行之当有困难。实际上，王公居于京师，徒有国名，土地既未分割，国中亦无军队，治理同于郡县，何必多此纷扰！令长虽可由其选任，而朝廷仍行使监察权。王公封邑以户计算，所谓食租税也。诸王禄多，居于显位，握有重权，乃为祸乱之本。

官制 官制沿汉、魏之旧，复受儒家影响，益形复杂。丞相旧为最高之行政长官，魏、晋以丞相或相国篡国，武帝废之。其后，居此官者，皆为权臣。太宰、太傅、太保时称上公，以疲耆者充任，稀入朝见。太尉、司徒、司空为汉三公，亦为闲官。大司马、大将军原为一官，后别为二，皆上公也。晋皆设之，是为八公。其下为卿，九卿毫无实权，武帝以其不信任者居之。尚书遂为政事之本，分三十六曹，统理政事，其长官曰令，威权高于三公。三十六曹系逐渐添设所致，于是国中政事无不在其管辖之中。中书乃司天子文书，其长官曰监令，典理机密文件。中书监有迁尚书令者，以为失势而至怅怅。侍中在帝左右，亦朝臣之所欲得。时人称侍中总门下枢要，盖以其侍从天子，掌居门下，由仆役而演变者也。

军制 晋代魏兴，由于司马氏为大将军，都督中外诸军。京师系政治中心，重兵所在之地。中领军统领宿卫，尤为要职，必以亲臣为之。在外，持节假黄钺之大都督为最尊之统帅，节制诸军；次为都督一二州诸军事之长官。其时，士卒出于士族，古代男子有服兵役之义务；及社会进步，武士变为专门职业，人民不愿戍边者，出钱由官雇人为之。羌胡善于骑射，东汉雇用其归顺者为兵。

汉季之乱，群雄广收盗贼作战，其人久历戎行，富有作战之经验，与征发之农民相较，强弱相去悬远，士卒成为特殊阶级，即史所称之士族也。士族专服兵役，父死子嗣，其无妻者，政府为之选配。275年，武帝以将士应娶者多，诏家有五女者，免其徭役，是为将士配偶计也。兵不足用，老者犹不免役；平吴之后，边兵大减，始许老疲归休。士卒保卫统治阶级，而所受之待遇颇为恶劣：承平时，政府给以田地令其耕种，并自供给其家人衣食；持官牛者，官得生产量之六分，士得四分，士有牛者，与官半分，士卒不堪其剥削，甚至生子不育。法严禁其逃亡，亡者罪及家人。后，帝诏州县去兵，然未实行；其国中可用之兵既少，壮丁更无人愿为兵者。

人才之缺乏　武帝自魏臣而为天子，其佐命元勋，多为贪于权利之鄙夫，帝厚遇之，臣下无所忌惮，至于纲纪废弛。其时，严重之问题首为人才缺乏。武帝封宗室功臣，擢用其子弟。其人生长于富贵之家，不知民间疾苦，徒以父祖之庇荫而居于显要之位。寒士非有贵人或名士为之延誉，常不易进身。贤士无法表现其才能，实国家之损失。九品中正制之产生，亦与之有关。其选举法行之于魏，晋沿用之：郡置小中正，州置大中正；小中正分别士之高下，上报大中正，大中正为本州人，以公卿至一省郎吏有德才者任之，为朝官之兼职，以人才集中于京师，得就近访察也；并据报告，品题士及已为吏者。吏部尚书据以进士，并黜陟官吏焉。事实上，州郡之士中正不能一一识而品高下。其解决之法有二：一据属吏报告，一列大族之子弟于上品。前者实行将有不少之困难，中正乃与世族相结，时人所谓“上品无寒门，下品无势族”也。其品士之标准，依据儒家之道德观念。士因一时失检或为人口实者，将致终身废黜，当为社会上之损失。其先，名士不得其死，生者畏祸，不言时事，转而崇尚清谈，亦为朝中无人之一原因。

长官之奢侈　官吏待遇菲薄；统一后，收入增加，长官俸给视前优厚，而小吏仍难维持其家人之生活。其时，朝臣奢侈成为风气，上公何曾，则其一例。曾服用之物穷极绮丽，膳食滋味过于王者，一日之食，费至万钱，犹曰：“无下箸处。”其子劭，亦极豪奢，衣服玩好至为精美，食尽四方珍异，一日之供以二万钱为限，时人称："太官御膳，无以加之。"钱之购买力高，而浪费至是。达官、贵戚有以争豪富为事者，其财富及费用之来源，多由于贪污、贪财受赂成为习气，贤者犹不能免。武帝知之，复置而不问。时人鲁褒痛世疾俗，著《钱神论》以刺世，钱诚通神，事无钱而不行也。官吏除纳赂而外，尚有经营生产事业或侵夺民财者。其无忌惮，武帝亦无若何，更无改善之计划。

人民之痛苦 设官治民，而官反为民蠹，晋户口视汉大减，而置吏反多于前，人民生存徒为供养官吏，抑或可哀。政府奖励人口增加，273 年下诏：女年十七而犹不嫁者，使长吏配之。新法较汉加重算钱为严酷，竟干涉人民婚姻之自由。其时，土地分配有余，《晋书·食货志》云："男子一人占田七十亩，女子三十亩。其外丁男课田五十亩，丁女二十亩。次丁男半之，女则不课。"此为纸上计划，未曾施行。其田制可别为二：一、私有田，每亩征粟四升；二、官田，屯耕之士卒所得无几，至不能偿种。时人言农民务多而工不修，生产反而减少。其户口迄无重要之增加，以其榨取于民之政策使其无人生之乐趣，或愿早死，或溺弃子女，其身体以饮食营养之不足，亦易于病死。时人常以乐岁终身苦，一遇凶年即无衣食为言。识者归咎于官，人民则为长官服从，或尽其所有，供贵人奢侈费用。此实近于部落酋长政治。晋为统一之大国，政治道德太低，基础甚为薄弱也。

羌、氐之祸 西晋盛时，关中即有羌、氐之祸。其地承大乱之后，户口甚少，政府徙归降及战败之氐羌居之，而不改善其生活习惯，羌人先起为乱。秦州刺史为时名将，兵败而死；凉州刺史俄亦败死，武帝有"忘寝与食"之诏。后宿卫小将自请募勇西讨，亲往武库挑选兵器，遂平凉州之乱。而羌、氐问题依然存在，不久乱将复起。侍御史郭钦于平吴时，请徙杂居于西北诸郡之戎夷于荒而服之地；后，太子洗马江统作《徙戎论》，建议远徙杂居于境内之戎狄，论者称其计划不行而致祸乱。实则其时政府无强制执行之力量，勉强行之，即将促成大乱。《徙戎论》发表于惠帝之世，国力已不如前，更难求其实现。

武帝之家庭　内忧外患隐伏，嗣君若为中主，辅以贤臣，国事或不致于败坏。太子愚痴，不堪承受父业，忠臣讽告而帝不欲废易：一、本于儒家之思想。二、由于杨皇后之爱情。帝好色，掖庭宫人将近万人，后病时，恐幸姬立而太子不安，请以从妹为后；新后无子，视太子若其所出。三、由于爱太孙遹，而欲其为君。遹为太子长子，幼而聪慧，武帝爱之，常置左右，言其当兴我家。太子不慧，受制于妃贾氏。妃多权诈，遹非妃所生。皇后父杨骏居于权势之位，请谒公行。290年夏，帝病笃，命其叔汝南王亮与骏夹辅王室。亮于宗室中，年高望重，曾为宗师。而骏恐其失权，皇后令作遗诏以骏辅政，亮避祸出京。

祸乱之迭起　太子嗣位，是为惠帝（290—306年在位）；尊杨皇后为太后，立贾妃为皇后，子遹为太子，杨骏辅政。皇后忿怨太后，与杨骏不协。诸王不得与闻政事，亦皆怨骏。骏为防范之计，多树亲党，统领禁兵。291年，卫将军楚王玮奉诏围攻骏府，骏党皆夷三族，太后后亦见杀，皆贾后主持也。贾后欲收时望，以汝南王亮辅政，亮鉴于前事，请遣诸王还藩。玮以为憾，又以亮欲夺其兵权，谗毁之于贾后，祸乱复起。贾后专政，擢用其家人姻亲；300年，废太子遹为庶人，旋复害之。太子卫将说赵王伦起兵。伦为帝叔祖，以谄事权贵为皇后所亲信，为人贪而无厌。起兵以复太子仇为号召，侍卫应之，废杀贾后，诛其亲族及用事之大臣；自为相国、都督中外诸军事，亲信皆居于显要之位，封侯者至数千人，政事决于嬖人，滥用威权，多杀无辜之人；301年，自为天子。惠帝族弟齐王冏镇守许昌，起兵讨伦，传檄国内，时人目为义举，所在响应。冏为乌合之众，战不能胜，坚垒自守。武帝子成都王颖在鄴应冏，大败伦兵，渡河前进，西入洛阳，诛伦；遣军助冏，击败伦部。斯役也，兵兴六十日，死者十万人。

惠帝复位，冏以首倡大义，辅政。颖怀异志，不肯留于洛阳。宗室河间王颙镇守关中，初助伦而复叛之，为冏所恶。冏既辅政，沉于酒色，任用亲昵，祸乱又在酝酿之中。302年，颙表陈冏罪，诡称奉密诏讨之；约颖为应，并会长沙王乂废冏。乂，武帝子，为人果断有才，虚心下士；时在洛阳，攻冏，杀之。惠帝诏乂为太尉，都督中外诸军事。朝政就鄴咨询于颖。颖实庸才，恃功骄奢，其遥执朝政也，百度废弛，又惮乂在内；颙亦恶乂，合兵讨之。乂守洛阳，将士愿为之用，数破敌军；唯士卒无法补充，粮路且绝，乃发奴为兵，强民服役。于是公私俱困，米石万钱，乂终败死。斯役也，死亡惨重，过于先时。颖、颙合作，全出于一时之利害，朝廷威信损失，地方长官遂自由行动矣。

颙遥执政权，惠帝密诏刺史讨之。关中乱起，颙将掠于洛阳，西还长安。乱平，颙表颖为储副，帝立为皇太弟，诏其辅政。颖尽杀其所忌，以亲兵为宿卫，幽废羊皇后。304年秋，朝臣起兵，帝得自主，亲出讨颖。诸军十余万集于安阳，为颖所败，帝为其所获；颙将复入洛阳。幽州刺史王浚交结鲜卑大人，不平颖之所为，又以其害己，召用鲜卑骑讨颖，击破其兵，乘胜至鄴。颖与帝南奔洛阳，备极艰苦。颙将劫帝西幸长安，士卒妻略后宫，分争府库，积储遂尽。颙事朝政，废颖而以豫章王炽为皇太帝，诏宗室东海王越为太傅辅政。越少有令名，讨颖之役为大都督，军败南奔东海。颙诏其辅政，越不之应；关东尚非其势力所及之地。

祸乱迭起，以下犯上者，成为常事。越起兵讨颙，兵势日强。颖部将聚众为盗，滋扰于黄河下流之地。统兵之将逐去刺史者，事例更多，渐成割据之势。306年，颙迫而向越请和，忽又变计。越军攻破潼关，西入长安，迎帝东返洛阳；越为太傅，辅政。冬，惠帝暴死，其为君也，始不能保太后，继不能保太子、皇后，立羊皇后，复废者三，终不能自保。历史上，昏暗之君无过于惠帝。无能而居高位，既为自祸，亦为民害。祸乱之范围，时益扩大。讨伦之役，战地百姓不能耕种。颖表言其创痍、饥饿、冻馁，请发车运粟十五万斛，以赈饥民。王浚败颖及讨颙迎驾之役，皆赖鲜卑骑之助战。鲜卑大从事于劫掠、屠杀。士卒不敷用时，则征发壮丁，未成年之男子亦须服役，耕地多致荒废。粮价上涨，关中斛米售至万钱，演成人相食之惨剧。天灾继至，夷狄乘之，晋事遂不可为。

怀帝 太弟炽嗣位，是为怀帝（307—313年在位）。炽初冲素自守，后渐居于要职。及为天子，越恶其听政。帝每宴会，辄与群臣“论众务、考经籍”，近臣皆称美之；然非雄才大略之英主。朝廷时无可用之兵，流人、盗贼所在滋扰。刘渊举兵于惠帝之世，国号曰汉，兵力渐盛，据地益广。晋军与之作战，处于不利之势。君臣一心，能否平乱，犹不可知；而越以朝政不尽由其主持，率兵入京，杀帝亲臣，帝不能救，至于流涕。越乃用其所亲，以兵为宿卫。其时，汉将逼近洛阳，京中缺粮。越欲避难于外，假讨渊将石勒为名，率军东出。《怀帝纪》言京中情状曰：“宫省无复守卫，荒馑日甚，殿内死人交横，府寺营署并掘堑自守，盗贼公行，枹鼓之音不绝。”死亡多由于饥荒，越力不能平乱，忧惧病死。其众为石勒所袭，死者十余万人，闻者丧气。311 年，京中饥甚，人至相食；百官流亡者，十之八九。帝谋迁都，而事已迟。汉军逼近洛阳，帝以城不能守，西往长安，为汉将所获。

愍帝　晋国无主，关中长吏奉秦王邺为皇太子。邺，武帝孙，于洛阳陷后避难南行，故吏奉之，自武关西入长安。及怀帝见害，邺继帝位，是为愍帝（313—316 年在位）。关中于祸乱后情况恶劣，《晋书》言长安城曰：“城中户不盈百，墙宇颓毁，蒿棘成林。朝廷无车马章服，唯桑版署号而已。众唯一旅，公私有车四乘，器械多阙，运馈不继。”其时，据有一方者，皆不赴援。石勒诸人方大为害于关东，诱杀幽州牧王浚。荆州祸乱正亟，关中亦有叛乱，汉将刘曜攻扰城邑不已。316 年，进围长安，城中粮食断绝，斗米值金二两，人相食，死者大半。帝遣使请降，318 年被害。

天灾之严重　愍帝降而西晋亡。汉创于匈奴贵族刘渊，其人数不多，竟使晋亡；非渊有超人之力，乃造成于政治积弊，天灾更促成大乱之爆发也。据《晋书·五行志》所记，自晋统一，迄于怀帝失国，三十二年之中，水旱之灾各十三次，灾情程度不同，而永嘉四年（310 年）之大灾反未列入。《怀帝纪》称：斯年，“幽、并、司、冀、秦、雍六州”大蝗，食草木、牛马毛，皆尽。《五行志》称，其前一年“大旱”，“河、洛、江、汉皆可涉”。此为非常之灾，严重为前古所未有，水浅可涉，事属可能，蝗食植物，为吾人习知之事，食牛马毛则为鲜有之事。人民无法维持生活，杂居于内地之胡人情况亦苦。其先，302年，并州饥，官搏胡人，卖之为奴，途中饥病而死者众。并州之灾，帝纪及《五行志》皆未提及。晋吏虐待胡人，胡人当引为恨；及灾情转重，区域益广，流人就食于他乡，有起为乱或应贼者。大乱乃造成于天灾、人祸也。

北方之扰乱 初，刘渊称帝，迁都平阳，遣将王弥、石勒攻晋，欲取洛阳，功未成而死；子聪即位，攻陷洛阳，其势益盛。鲜卑善于骑射，时为匈奴劲敌。其酋长猗卢寇于太原，并州刺史刘琨力不能制，以五县居之。猗卢自称代王，为琨所用。王浚尝败石勒，亦赖鲜卑之力。石勒寇掠豫州，造船欲攻江南。会两三月不止，北归攻取襄阳为根据地，诈降袭取幽州，复西攻刘琨，据有其地。汉将曹嶷经营齐地，众至十余万。二人各据一方，隐有独立之意。刘聪则从事于淫乐，修筑宫殿；族弟曜攻陷长安，关中遂为汉有。

流人之乱 长江流域益州先有流人之乱。初，流人数万家入蜀，前氐酋李特与焉。刺史欲用为爪牙，据地独立；复恶其强，杀害其弟。特怒，攻陷成都。朝廷封特为侯。新刺史统军入蜀，催促流人北归，属吏搜索其财物。特以流人怨而复为乱，击败官军，攻陷郡县，南攻成都，与蜀人约法三章，自称州牧。蜀人保险结坞，城邑皆空。特子雄后陷成都，益州渐定。其东荆州，出兵援蜀；县吏张昌聚党徒为乱，诸流人及避戍者从之。其势盛时，有荆州大部分及豫、徐各一部分，复将伸长势力于湘州；其所置牧守皆盗桀小人，而以劫掠为务，终以人情离散，为官军所平。其后，复有流人之乱，长吏强其北归乡里，起而为乱也。其乱不止一次，领袖先后不同，皆为官军所平。扬州亦有叛乱。广州地远，非朝廷势力所及，强有力者得自为刺史或迎拒刺史也。

死亡之一斑 综上事实而论，西晋季年，国中几无安居乐业之地；灾情之重、屠杀之惨，北方过于南方。兹引时人之言，以便有所证明。307年，并州刺史刘琨表言其见闻曰："臣自涉州疆，目睹困乏，流移四散，十不存二，携老扶弱，不绝于路。及其在者，鬻卖妻子，生相捐弃。死亡委厄，白骨横野，哀呼之声，感伤和气。"后以战争之故，其幸而存者，饥羸无复人色，刺棘成林，豺狼满道。此不过广大区域之一例。未有战争之地，则赋役繁重，中原人民或北依鲜卑，或南徙荆、扬；及大乱起，盗贼益多，筑坞自守者，亦杀人越货矣。

西晋之大乱酝酿已久，政治组织之不健全、军队战斗力之低弱、官吏之贪墨、士大夫之清谈误事、人民经济情状之恶劣、戎狄杂居于境内而增强其恨恶报复之心理，皆足以构成祸乱。惠帝之昏愚、贾后之险诈、诸王之相杀，更促成之。后人以一切责任归于诸王，而漠视经济势力，当非公允之论。晋人遭遇非常之灾，人民为生活所驱使，铤而走险。流人之乱，固其明例。石勒为盗于内郡，亦促成于饥荒。于斯期内，国中政治家若有适当之处置，减少祸乱之延长与扩大，非不可能；不幸，一切听命于天，而致死亡惨重也。

第二十二篇　东晋

江东情况——南下之北人——元帝——明帝——苏峻之乱——桓温——秦晋之战——叛乱之迭起——刘裕——国君之无权——官制——政治之废弛——疆域——户口——税制——兵制

江东情况　西晋末年，司马懿曾孙琅邪王睿为扬州长官，移镇建邺，击败其不服者，地渐广而兵强。王以盟主自居，不奉愍帝诏旨。扬州旧为吴地，晋灭吴后，徙吴将士于北方或长江北岸。《晋书·地理志》称：扬州三十一万一千四百户。不及东汉中叶三分之一，然与北方相较，比例尚不为少。朝廷初不进用吴人，士大夫当深失望，世家子弟无仕宦之机会，变为地方豪士，家有部曲。部曲近于后世所称之家兵，知其主人而不知有官吏，其力之强，足以平定祸乱。四世纪初叶，扬州三次叛乱，皆周玘等所平。

扬州未有大规模之屠杀，人民受害远不及北方之惨重。其在北方，刘聪、石勒方从事于战争，屠杀、焚烧、劫掠，所至常为废墟。统治阶级无法应付，方兴之大乱，而欲避居扬州，江东为其心目中之乐土。王敦以才能显名，初为扬州刺史，颇有威望，琅邪王之有江东，颇赖其力。敦从兄导素与王善，潜有推奉之意，为其司马，与闻军谋，移镇出于导计。建邺在长江之南，交通便利，愍帝易其名为建康。其时，王之威名不著，移镇后，吴士未至。导以为患，盖以创业于江东，非得地方贤士大夫及豪族之拥载则多问题也；设法引之见王，王擢而用之，吴士由是归心。吴中大族初自视甚高，而王亲信则为北士，政权归之。南人政治势力削减，尤以豪族为甚。三定江南之周玘竟欲为变，元帝严为之备，乃愤怨发病，死时语子曰："杀我者诸伧。子能复之，乃吾子也。"伧为鄙贱之夫，为南人斥北人之称。后，其子起兵而族人反对，其徒始散。族人不能合作，诸豪族又相残害，皆政府之利也。

南下之北人　北人南下，史未记其数字，《王导传》称："洛京倾覆，中州士女避乱江左者十六七。"中州谓北方诸州，士女谓仕宦之家，《传》言南下之多，颇涉夸张，士大夫之家乡观念深重，复以贪恋田产，非逼于生死之大祸将不肯行，其有职守者，非形势危急则不能行；及乱大起，所在盗贼滋扰，田野荒芜，南行途中尚有不少掠人为食之盗贼，其幸而至南方者，名士犹不免于饿死。南下后为困难之事，非人数有相当之多、有组织而力足以自卫者，常难达于江东。陆行不易，有少数自海道南下者，南渡所以避免不幸之命运。幽、凉二州为安全之区域，人民亦有前往避难者。

南行人数兹据《晋书》做一估计：刘弘为荆州刺史，其《传》称：流人在荆州者十余万户，羁旅贫乏，多为盗贼。张昌乱时，流人与避戍役者从之，为弘所平，流人仍有来荆就食者。其人多为壮丁，行径同于盗贼。后，政府强送关中流人还乡，流人四五万叛乱，巴蜀流人东下者亦数万家，流人十余万户当为事实。南下之士大夫，荆州不及扬州之众多，建康为江南之政治中心，为逃亡官麇集之所，流人数亦不少。琅邪国人从王渡江，数近千户，立县居之；他州人士过江者，侨立郡县或立侨州。其后，郡县分设益多，或在江南，或在江北，保存原名，徒为纪念。流人多在今扬州、镇江一带，以其为交通要地，运河可资往来也；荆州流人多住于襄阳附近之地，荆、扬合计，盖逾一百万人。其人可别为二：一、士大夫；二、庶民。名士生于名门望族者，多居于显要之位，成为统治阶级。庶民为通常人民，南逃全为免死，其人新至南方，若无可依之亲友，又不能自食其力，势将沦为奴隶。北人降为奴隶甚多。豪族为其利益，常隐藏户口以为私属。余姚令山遐到县八十日，出口万余，则其一例。士大夫之为官者仍度其奢侈生活。政府对于流人，初无救济之方案，唯不征收赋税，亦不令其服役。时人称为“白籍”，以纳税服役之户书于黄册，而侨居之民书于白册也。政府以其不久将归乡里而优待之。南人担负一切政费而生活愈苦，亦非公允之处置。

元帝 琅琊王之创业由于南、北士之拥戴。初，王为安东将军都督扬州、江南诸军事，移镇建邺，攻取扬州北部；江州刺史不服，为其所败，地亦为其所有。荆州在江州之西，形势扼要，户口多而兵力强，其刺史不善绥抚流人，以致祸乱迭起；其最后叛乱，王敦遣将平之。敦曾为王属吏，旋为扬州刺史，王命为左将军，专司征伐。上流乱平，荆、湘二州归王统治，交、广亦为王所有。《晋书·地理志》言其疆域曰：“江南所得，但有扬、荆、湘、江、梁、益、交、广，其徐州则有过半，豫州惟得谯城而已。”实则梁、益时为李雄所据；王有六州，扬、荆最为重要，户口众多；江由扬州分设，湘系荆州划分，土地未尽开辟，复受祸乱之影响，荒凉殊甚；交、广地远，蛮夷叛乱时起，政治基础犹甚薄弱。六州及徐、豫一部分系逐渐经营之结果。317年，王称晋王，备百官，立宗庙社稷于建康，四方竟上符瑞，大臣上书劝进；明年，称帝，是为元帝（318—323年在位），后世称为东晋。

元帝以建康为国都。建康旧为吴都，曾筑宏大之宫殿，元帝移镇，事在307年，距吴亡二十七年，宫殿、官宅当有存者，修葺或可敷用。帝颇崇尚节俭，未尝经营宫殿。其戚为母筑屋过制，帝“流涕止之”。时值大乱，物力维艰，皇室费用节俭，当有利于民生。帝亦能听直言，改其生活习惯：初耽酒废事，后终身不饮。但无知人之明，所谋不成，反使王敦为逆。其时，王导主政，王敦主兵，时人有“王与马，共天下”之说。帝渐恶其专制，听信亲臣刘隗之言。隗欲崇上抑下，多所奏劾，帝亲信之，疏远王导。敦自荆州上疏论其不可，原不过欲维持其门户。帝视为有无君之心，用宗室为湘州刺史，以亲信出镇合肥、淮阳二镇，皆去建康不远，其兵杂有扬州僮客，为内战之准备。敦致书说隗："戮力王室。"而隗复书不逊。322 年，敦自荆州率兵东下，疏请杀隗，帝不欲受制于下，不从。敦表辞益激。帝怒，下诏亲征，召外兵入援。王敦所部为国中精兵，江东大族复为之用，上流皆不敢动。导居京中，虽不参与敦谋，而维持门户之心不下于敦。敦兵至而王师大败。敦有废立之意而导不从，乃杀异己之大臣，加王导尚书令，帝忿恨而死。

明帝　太子绍嗣位，是为明帝（323—325 年在位）。王导辅政。明帝幼甚聪明，及为太子，帝有夺嫡之意，以导谏而止，故明帝信导，君臣相得。敦讽朝廷征己，帝为手诏征之。敦驻于京城附近，自领扬州牧。其下劝之为逆，而谋为帝所知，敦乃为乱。帝闻其病，言其已死，宣布其罪状，使导讨伐违命之将士，文武诸官为敦用者，一无所问，士卒从敦者，许其归家，不归者改善待遇，同于宿卫。此欲不战解散敦众，而诏文不易传达，仍以军事决定胜负。叛军前进，王师袭败其前锋，敦闻而病剧，俄死，其众丧沮，江南豪士来援，军势复振。值临淮内使苏峻勤王，所部尽为精兵，击破叛军。帝遣将追击其余党，平之。诏广州刺史陶侃为荆州刺史。侃曾于荆州平乱，颇有才能也。

苏峻之乱　明帝削平大难，为一英主，在位三年而死。帝初鉴于大臣重视门户过于忠主王室，任用宗室、外戚。王有典禁兵者，皇后兄庾亮为时名士，任中书监，竟与之争权相恶。帝病，不见群臣，亮以宗室有异谋，排闼见帝，流涕言之。帝诏亮与王导辅政，俄没。皇太子五岁嗣位，是为成帝（326—342 年在位），尊皇后为皇太后。后临朝称制，政事决于其兄。时人以遗诏为亮所作。荆州刺史陶侃、豫州刺史祖约以其褒进大臣而不及己，怨之。亮复杀宗室，其党有北奔苏峻者。峻自青州率部曲南渡，以功除临淮内使，平定王敦之乱，拜历阳内使，有精兵万人。亮以其异己，征为京官，举朝谓为不可。峻求居于荒郡，亦不可得；327 年作乱，遣使北结祖约。约原保卫北境，出兵助之，其势日盛。亮不知兵，自信太强，拒绝江州遣兵入卫之议，大乱遂成。

历阳今为安徽和县，地在江北，距京师不远。苏峻部将渡江进攻，亮出兵拒战，不胜。峻将精兵万人，渡江直趋京师，其势锐甚，攻陷京师，纵兵焚掠，改易朝臣，政事由其决定。会石勒南侵，击破祖约所部，叛军之势稍衰。庾亮西奔江州，其刺史邀荆州刺史陶侃同赴国难。侃将西军六万，乘船东下，直指建康，初战不胜；会峻轻敌被杀，军事始有转机。329 年，乱平。京城为墟，人民流离，京中供给全恃江州；复由王导辅政，为政但问大纲。后，侃以年老告休，亮为荆州刺史，权势复重。导死，亮弟冰执政，勤于职守，擢用后进，说帝以母弟为嗣，谓外有强敌，宜立长君也。成帝从之。

桓温 342 年，成帝死而弟立，是为康帝。庾冰辅政，弟翼代为荆州刺史，镇武昌，欲率兵北伐，徙居襄阳。冰请出为之援，拜江州刺史。344 年，帝卒，太子二岁嗣位，是为穆帝，褚太后听政。冰、翼相继病死。大臣何充先曾请立太子，太后视为亲臣。充佞佛，辅政少有建树，唯以桓温英略过人，荐为荆州刺史；及卒，朝中益无主持大计之人。361 年，穆帝病死，太后诏成帝长子丕入嗣，是为哀帝。365 年病死。太后诏其弟弈入承大统。弈在位六年，为桓温所废，是为废帝。国君享年不永，朝中又无贤能之臣，桓温乃握重权。

荆州西为蜀国，蜀主李势微弱。346 年冬，温率师西征，上表即行，乘胜深入，逼近成都。李势悉众拒战，大败；明年春降。益州为晋所有，距其建国三十年矣。朝臣忌温，引名士殷浩与之相抗，而徒败坏国事。349 年，后赵主死，国乱。太后父统军北伐，大败。明年，后赵权臣弑君自立，大杀胡人，鲜卑、羌、氐乘机而起，为晋恢复中原之好机会。温请北伐，朝廷不报，忿而东下，都中人情震骇；上书言为奸人所间，不胜悲愤。朝廷方依殷浩荡平中原，浩统军北上，大败而归。晋复遣将北伐，亦惨败归。晋军三次失败，损失重大，任用非人，徒自耗其国力，及桓温北伐，北方形势已大改变。

354 年，温攻关中。氐酋苻健时据其地，国号曰秦。晋军击败拒战之兵，逼近长安。秦采行芟苗清野之策略，温以军粮不继回师。羌酋姚襄降晋复叛，为害于黄河之南。温击败之，进至洛阳而归。鲜卑据有黄河流域之北部，国号曰燕，蚕食晋地。369年，温统步骑五万伐燕，乘胜深入，以缺粮而退，致为追骑所败。其部将据寿春叛者，燕、秦出兵援之，皆为温败，城亦克复，温固善于用兵也。温归，废其主而立新君，是为简文帝。朝臣谢安称：帝“为惠帝之流”，唯“清谈差胜”。温权势过于天子，谢安见之而拜，其家人皆居显位。简文帝欲禅位于温，以谏而止。遗诏称：国事一禀之于温，如诸葛亮、王导故事。372年，帝死，太子十岁嗣立，为孝武帝。明年，温死，弟冲代领其众，尽忠王室。

秦晋之战 370年，秦灭燕而北方统一，秦王苻坚有一中国之雄图。晋大臣于温死后，知其国势之危，同心卫国。谢安辅政，桓冲出镇避之，不以失势为恨。秦将逾越秦岭，乘胜南取益州，转而经营襄阳、淮南。朝廷防其南侵，遣前温将出镇襄阳、冲为荆州刺史、谢玄监江北诸军。玄曾为温属吏，富有军事经验，以叔父谢安之举荐而居要职，募练精兵。秦军南陷襄阳，其攻扬州者为谢玄所败。桓冲出兵攻秦，亦有所获。苻坚以为非起全国之兵，不能灭晋；383年，出兵八十余万，取道淮北南下。晋军拒战者七八万人。秦军先锋数败晋兵，会晋将袭败秦军，乘胜前进，两军战于安徽北部淝水之南，未有胜负。秦军逼淝而阵，晋军不得北渡，遣使说秦统帅退师以备一战。秦帅欲于晋军渡水攻之，麾军退却，而后军以为前军败退而奔。秦帅驰骋掠阵，马倒被杀，大军混乱。晋军进攻，遂大败之，收复失地；后出兵攻秦，且欲拓地，但未成功。

叛乱之迭起 晋无外患，内忧渐起，名臣相继病卒，孝武帝溺于酒色，委政于母弟道子。道子嗜酒，群小窃弄其权，官以贿迁，用度奢侈，民不堪命。帝没，太子嗣位，是为安帝，愚痴不辨寒暑，道子之权益重。外戚惧祸者与荆州刺史相结，东、西举兵以讨佞人为名。道子杀佞人为说，复树党以自卫，俄而祸乱再起。道子世子元显讨之，外戚死而扬州平。荆州仍不罢兵，以桓玄为前锋。玄为温子，尝候道子而为其所辱；居于荆州，以雄豪自处，士庶畏之过于州牧，朝廷力不能制，利其自相攻击，玄遂夺取荆州，东据江州。

扬州方有寇贼，朝廷无如之何。

扬州供给朝廷费用，外戚之乱方平，孙恩之乱又起。恩家世奉天师道，一称五斗米道。恩叔父习有秘术，愚民敬之如神，后谋聚兵为乱，被诛，恩逃入浙江沿海岛屿。人民受其煽惑，苛重之赋税更增加其不安。恩聚亡命自海上进攻，戕杀地方官员，浙东贼党应之，旬日之间，众至数十万。扬州承平已久，令长闻风逃奔。朝廷遣将讨之，恩战不胜，虏二十余万口入海。恩有船只往来，复登陆为寇；但为勇将刘裕所破，转而扰于沿海、沿江之城，亦数为刘裕所败，其势渐衰。恩死，余众推其妹夫庐循为主。

刘裕　方孙恩之为祸也，桓玄疏请讨之，朝廷不许。元显总理朝政，恃其才能，敢于诛杀。军兴，国用不足，自司徒以下，日给米七升。元显更多方聚敛，发奴客为兵，谋讨桓玄。玄知其谋，402 年率兵东下，檄数其罪，入京杀之。明年，进位相国、楚王，俄自称帝，国号曰楚，大封宗室功臣，颇欲改革时弊。名将刘裕家居京口，与其党人定谋，同日袭据京口、广陵、历阳、京城。404 年春，举兵京口，广陵为其所据，精兵所在地也，夺取建康、历阳则未成功。裕攻建康，玄兵败，西往荆州，出军东扰不胜，威令不行，为下所杀。其族人部将仍继续作战，明年始平。乱后民力艰难，政治权力不能达于远州。益州兵叛，军吏谯纵称王；庐循南据广州，朝廷授为刺史，皆其例也。

刘裕巩固其政治势力，多杀玄党。会南燕为害于淮北，裕起兵伐之；410 年，陷其都而尽有其地。庐循闻裕北行，悉众进攻，势如破竹，逼近京师。裕将兵归，击败强敌，遣将自海道袭取其根据地番禺。循西攻江陵，不胜。裕复大破其众，循南行败死。斯役也，为大规模之战争，与裕举兵之豪士或败或死，裕独成功，遂以兵力翦除敌人，所用皆其亲信。413 年，复取益州。时，后秦内乱，复收纳亡人，裕出大军伐之。417 年，后秦主降，朝廷进裕爵为宋王。裕欲称帝，受谶影响，先行废立；420 年，讽晋末帝禅位，帝欣然同意，于是晋亡。

国君之无权　东晋一百零四年，共十一帝。元帝建国，明帝平乱，尚为吾人所知，余帝则无功业可言。时人言其政治曰："晋主虽有南面之尊，无总御之实，宰辅执政，政出多门，权去公家。”其造成之主因有二：一、皇帝冲幼与无能。明帝后，皇帝九人，十五岁以下嗣位者三人，十五至二十四岁者四人，惟二帝年长，一五十二岁即位，一三十三岁，皆权臣所立，才能不足有为也。太后听政，权归于辅政之大臣。晋主天资多在中人以下，简文及安帝之愚，上已言之；废帝、孝文帝亦异于常人。痴愚盖由于遗传，中人受教育者常能发展其才能，晋帝未受良好之教育也。二、辅政大臣中有不少才能之士。王导、谢安盛称于世，桓温、刘裕皆为人杰，公卿多其亲友，反对之者将为其所排斥，握有兵权者更可为所欲为，辅政成为习惯，非英明之主，盖不能破藩篱而有所变更也。

官制　政治制度沿用西晋之旧，唯疆域小而财力有限，设官不多。三公行使职权，常视其与天子关系而定，兹以王导为例。导为司空，初得元帝信任，国中政事无不与闻，后帝信谗，司空徒拥虚名。王敦进导位为司徒，明帝平乱，进导位太保，司徒如故。帝亲臣时为宗室、外戚，各有重权。成帝嗣位，中书令庾亮执政，导官位如故。宗室与亮争权，或被害，或见废，导不能救。后，导辅政，帝见导，每拜，常幸导府，拜其夫人。正月且朝，导入，帝为之起，赐胙于导，曰：“毋下拜。”导重门户，唯欲维持政权，不肯登用贤士辅导天子，其亲信用事者，多为擅作威福之小人。陶侃欲起兵废导，而亮不可；后，亮亦欲黜导，以朝臣论其不可而罢。亮据上流，干涉朝政，导内不平也。太尉旧为主兵之长官；东汉变为虚荣，授予外官；东晋沿用其制，权臣有拜太尉者。居大司马者亦为权臣。司徒、司空兼任侍中或录尚书事，常有大权。侍中为天子近臣，得有陈说意见之机会；尚书自东汉以来，成为行政官署也。中书专司诏令，其长官为天子亲臣。成帝初年，政事决定于中书令庾亮，固由于太后信用其兄，亦其地位使然。九卿所司则为尚书所夺。

刺史为一州长官，握有重权。汉时，刺史为监督官；魏时，刺史职权同于州牧，盖当乱时，非权重不能绥靖一州，边州置都督诸军事。东晋沿用其制，刺史拥有强兵者常加都督一州或数州诸军事之称。非此，不能防御外患，乃成内轻外重之势，而祸乱常起也。刺史下为太守，其为一郡长官由来已久。其时，疆域小而户口少，郡地户口皆少于汉。东汉南阳一郡五十余万户、二百四十余万口，此为国中最大之郡；通常言之，一郡常逾万户。东晋一郡或不满五千户，尚远不及汉时一大县也。郡下为县，大者置令，小者置长，皆同于前；唯户口减少，县有不满千户者。豫章太守范宁疏请并合郡县，改善吏治，而朝廷仍无所改革。

政治之废弛 自人才而论，士大夫承清谈之余风，多不振作。识者深斥浮华，然不能转移风气，士大夫清谈者视政事为俗事，处理政事即为俗人。王导、谢安辅政只存大纲，实则敷衍维持现状而已。庾翼言王导时政治曰："时有行法，辄施之寒劣。如往日偷石头仓米一百万斛，皆是豪将辈，而直打杀仓督监以塞责……江东事去，实此之由。"长官欲有改革如翼者，实无几人。谢安于大敌入境，遣谢玄拒战。玄入问计，安夷然答曰："已别有旨。"既而寂然。玄不敢问，使人重请，安命驾出游，以棋为乐，至夜始归。桓冲闻而感叹其将败事。玄败强敌，由于幸运，非安有何谋略也。政治废弛亦由于人才缺乏，士之进用唯以门第为衡，所谓"据上品者非公侯之子孙，则当涂之昆弟也"。王导、谢安各欲维持门户而已。此亦促成于元帝之新令：初，帝欲得地方大族之拥载，远方孝廉、秀才至建康者不应策试，即得除吏；既而令其试经，若不中科，则选举之刺史、太守免官。长官不敢选举，朝廷用人唯取世族也。

疆域 东晋初有六州，荆、扬最为发达。其北界时有不同，大体而论，晋以汉水、大别山、淮水与其邻国为界。汉水流域以襄阳为重镇，驻有重兵。汉、淮之间，大别山在焉，晋军北伐或胡人南侵，从未有逾越高山前进者，乃为其天然屏障。淮水区域，时以寿春为重镇，皖北近于建康，晋人经营北方，常以其为根据地。桓温北伐，晋地颇有开拓。苻坚统一北方，晋新得之土地复行失去，襄阳且为秦夺。秦败，晋恢复失地，乘机深入黄河流域；但后败退，新得之土地多复丧失。刘裕平南燕，有今山东半岛；灭后秦，有黄河以南及关中肥沃之地，为晋地最广大之时期；不久，复多丧失。益州初为独立国，后为桓温所平。苻坚出兵取之，坚败，地复归晋。后，谯纵据之，为刘裕所平。益州人才缺乏，武备不竞，且去建康太远，未能增加晋之国力。

交、广地多蛮夷，切实治理之区域仍属有限。

户口　280年，荆、扬旧地共七十八万户，距东晋建国凡三十七年。其间，祸乱迭起，加以饥馑、疾疫，户口盖无重大之增加。及中州大乱，士民南下避难；后赵侵入淮南，人民迫而南渡。淝水战后，北方混乱，其人士有掠至江东而沦为奴婢者，朝廷遣散俘虏，并赎出其卖为奴婢者，襄阳、淮南各立一县居之。北人侨居江南，免去税役；南人则有纳税、服役之义务。政府收入减少，乃行土断法，使侨人纳税，行之有三次：

一、341年，侨人就所居编户，纳税同于南人。

二、364年，桓温执行侨民编户，并禁藏户。宗室王匿五户，几致大祸。

三、413年，刘裕施行土断，以其家居晋陵（镇江），侨人居其地者不在断例。

其第一、第三次行之，当不及第二次之有效也。

《晋书》未记东晋户口，就片断之史料而论，户口无甚增加。桓温尝言全国户口“不当汉之一郡”。晋末，其臣谓，今江右区区，户口不盈数十万。盖指纳税者而言。户口减少之原因有三：

一、战祸与徭役。东晋除外患外，有不少之祸乱，增加人民之死亡。桓玄之乱，江州为二军交战之所，后经卢循之扰，其都督刘毅表称人民情况曰：“男不被养，女无匹对，逃亡去就，不避幽深，自非战殚力竭，无以至此。”战祸减少户口，徭役病民，亦不下于战争。范宁疏曰：“古者使民，岁不过三日，今之劳扰，殆无三日休停，至有残形、剪发，要求复除，生儿不复举养，鳏寡不敢妻娶。”可为明证。

二、凶年与溺婴。晋人遇有水旱之灾或至相食，生子不能养而弃之者，时为常事。《晋书》称，吴兴太守孔严褒奖二家，为一明证：一、妇人于年荒时卖其子以活夫之兄子；二、兄弟二人，妻各有孕，弟远行未归，会遇饥荒，不能两全，弃其子而活弟子。此实可悲之故事，父母爱其子女，为人类之天性，弃之，乃受经济之压迫，死亡率当必甚高。其幸而成人者或劳苦早死，遇有疾疫，死亡常重。

三、隐匿与逃亡。人民不堪赋役之担负，逃亡者多，兹引《晋书》一例为证：海陵县界地名青蒲，四面湖泽，皆是菰葑，为逃亡所聚，长官出军讨之。时值大旱，军士纵火，菰葑尽燃，亡户窘迫，悉出自首，数近万户。更有避贼为僧者。时佛教发达，贫民为僧，僧多，服役之户口益少。

税制 东晋户口不多。其时，长江流域未尽开辟，建康、武昌尚有猛兽为害，僻远之山区仍有山越居住。荆、江、扬三州于承平时，盖逾七十万户，其平均人数视古为多，以间有采行大家庭制也。湘、交、广三州蛮夷犹多，益州并入计算，当约一百二三十万户。政府采行干泽而渔之政策，徒使纳税之户口减少。晋沿用魏制，亩征粟四升。330年，度田取十分之一，亩税米三升；362年减为二升，取十五分之一。后，征王公以下口税米三斛，更增为五斛，唯免在役之人。户岁输绢三匹、绵三斤，女及次丁为户者半输。力役之征，民尤苦之。运输军粮或远至千里，运米及绢入京，费亦甚巨。其不用货币者，由于钱不敷用。初，吴铸大钱，一值五百、一千；吴亡，民间平卑其值用之。元帝建国仍杂用旧钱。豪族铸钱，量亦不甚多。钱荒问题迄无解决之方。

兵制 户口消长，影响国势之强弱。南人体质不及北人之强壮，能战之兵常在襄阳、京口，多为侨人也。通常言之，其兵士为一阶级，所谓士族也。其数有限，士卒不多，政府至以衰老之人充任。东晋沿用旧制。时人对于兵之观念益低，称士族为兵家。兵之来源：一、兵家。其数盖有十余万，民以罪谪为兵者，旧例不相袭代，竟以兵不敷用，强其世世为兵。二、流人。流亡者新至一地，衣食困难，政府常募之为兵。三、罪人。罪人为兵，由来已久，秦汉用以对外作战；东晋，人民犯罪即沦为兵家。四、僮奴。僮奴为兵，晋有不少之事例。其根本问题则为士卒待遇恶劣，生活穷苦，平日又少操练，战斗力低弱。侨人应募为兵，待遇或有改善。京口为晋末名将、精兵之所出。兵有能将指挥，亦可转弱为强也。

东晋一代，政治上未有建设；士大夫苟安于现状，全为门第着想，自不知其责任。桓温为杰出之士，竟为士大夫所忌妒，而不能展其才。时人多无恢复中原之思想，何能望其成功，所苦者人民而已。

第二十三篇　五胡之盛衰

内徙之胡人——刘渊——刘聪——刘曜——石勒——石虎——冉闵——李雄——前燕——前秦之强大——苻坚之政绩——南征之失败——后燕——关中之叛乱——后燕之盛衰——南燕——关中之情况——北方统一——惨状之一斑——文化之同一

内徙之胡人　中国自统一以来，领土、户口、财力之巨大，非其邻国所及；而对羌胡作战，多处于不利之势。羌胡深受高原气候、雨量之影响而为游牧民族，善于骑射也。中国若有英杰之士为其领袖，击败强敌亦非难事；但政治上之弱点、社会上之积弊，迄无改革。东汉对于扰边之羌人，初不能为有效力之迎击，惟徙边民于内地以避之；力强击败羌人，则徙降人于内地，从未改善其生活或与汉人之关系。降人受豪民之欺辱，有冤无法上达。汉末大乱，户口锐减，耕地有余，匈奴自边塞徙于内郡，河东、上党皆有其部落；

鲜卑后亦乘机南移。胡人杂居内郡盖近一百万人。

胡人非种族不同之名称，乃其风俗习惯不与华同，为文化较低之民族。晋人以防范羌、氐为言，而乱则始于匈奴。五胡沿用已久，谓匈奴、羯、氐、羌、鲜卑。初，北匈奴单于西逃，史称鲜卑进据其地，匈奴余众以其风俗相同，奉其大人为主，故《后汉书》间称鲜卑为北匈奴，其人同为黄种也。羯为匈奴之一部，居于并州北境。鲜卑自三至六世纪，为北方强大之民族，其名始于东汉，西汉则言乌桓，盖乌桓居于东北，鲜卑更在其北，其人旧称东胡；史前遗存之骸骨，专家言其同于华北人，其同为黄种，当无可疑。氐、羌之名，由牧羊而生。其人居于今甘肃、青海及四川西北部。专家称：甘肃掘发之古代骸骨同于西藏种，藏人为东方种，即所谓黄种也。五胡属于黄种，同于汉人，古人间有混用之者。西晋，氐、羌乱，朝臣奏疏称为鲜卑，则其一例。唐人所作之《晋书》称，后赵乱时，杀胡羯二十余万，“高鼻多须”之汉人有滥死者。其所本今不可知。汉世匈奴、鲜卑盛时，势力达于中亚，所部或杂有白种人。唐领地广大，与中亚高鼻多须之外人接触，可为所言，实则鼻、须非辨别种族之标准，吾人不能据以推论。北匈奴败而西逃欧洲，其后胤匈牙利人则属于黄族也。后人称，五胡建立十六国。实则新建之国不止十六，亦有汉人创立者。古书所列诸国，不尽相同，其称前、后、南、北等名，悉后人所加，其疆域、国力不同，吾人固不必一一述之也。

胡人杂居于内地，其领袖钦慕中国文化，政府则不推诚待之，刘渊为一明例。渊从名师学习经史，精于骑射，初不过欲为名臣，晋武帝尝欲用之，一再为谗者所毁。谗者亦称其才今无其比，徒以非我族类之故而不得用。渊自感觉其为匈奴，心不自安。石勒为上党羯人，壮健多力，精于骑射，家贫岁饥，生活艰苦，最后为吏所缚，卖而为奴。贩卖胡人，盛行于晋初，武帝曾诏禁之。凶年，胡人无以为生，官吏不设法救济，反而缚卖之为奴。胡人遇有报复之机会，势必起而为乱。

刘渊 大乱造成于人事之不臧，天灾更增强其势力。310年，北方大旱，《晋书》称：蝗食尽草木、牛马毛，为历史鲜有之灾。农民壮而多力者起为盗贼。刘渊起兵之初，所部有限，战斗力亦不甚强；其后竟成大祸，由于诸盗魁之归降，为之攻城略地也。初，匈奴降汉，其贵人冒姓刘氏，居于北边；曹操徙之，分为五部，以刘豹为左部帅，居晋阳，在汾水之滨。子渊少以才称，父死为帅，治部属有方。成都王颖镇邺，表为将军，监五部军事，渊留于邺。其时，晋宗室为乱，五部密议奉渊兴复邦业，遣使告之。渊归，五部起兵，上渊大单于号。其根据地为今山西西南部。304年，渊以己为汉甥，国号曰汉，自称汉王，广事招诱，归降者众，自言其兵“一当晋十”。

刘渊建国，官制本于西汉，以有功及亲信为三公；后以疆域广而兵强，改称皇帝，变更官名，置大司马、大司徒、大司空，下为九卿。自东汉以来，公卿权为尚书所夺，渊亦置尚书令，诸子、宗室居于显要之位。渊年已老，初无积极进取之计划；后听臣说，始大发兵攻城，尽有今山西南部，徙都平阳；大盗归顺，鲜卑亦有降者，其势增强，欲取晋而代之。晋于宗室乱后，盗贼大起，全国入于纷扰紊乱之状态。渊遣将南攻洛阳，不下；310年病死。

刘聪　太子和立，诸弟各拥强兵，以聪最有才能，立有功绩，官位最高。和信谗言，欲杀诸弟，战于都城。聪杀兄，自为天子；遣将王弥、刘曜、石勒攻晋。王弥少好游侠，从贼为乱，算无遗策，大为害于青、徐；后兵败降汉。曜为渊之族子，少孤，为叔所养，善于骑射；及渊建国，居于显位。石勒起自群盗，善于用兵。大军进攻洛阳，怀帝出降。汉将西降长安，俄复失之。晋吏拥立愍帝，后愍帝亦降。晋并州刺史刘琨据有晋阳，依赖代王猗卢为援。代多马兵，战斗力强也。王弥、石勒扰于晋地，勒之行径同于流寇，为晋大害，后据幽州，并取晋阳，然未尝入朝见聪。王弥有据青州自主之意，隐欲图勒，反为勒所杀。弥将曹嶷据有齐地，同于自主之国。聪地视前广大，广立后妃；晚年，皇后益多，婢女有姿色者亦为皇后。大臣谏者罪至于死。聪忌其弟，听谗杀其亲信部属五千余人，徒自削减国力。

刘曜　初，曜闻乱，自称皇帝；乱平，徙都长安，改国号曰赵，后人称为前赵。319年，石勒怒曜所为，自称赵王，是为后赵。曜乃专力经营关中。其时，氐、羌强酋据地自主，同于国王；秦州、凉州非赵势力所及。曜攻氐、羌，败而降之，徙其远离旧居。氐、羌以曜残杀，起而为乱，羌众应之。曜下令大赦，招降十余万人；又击败强酋，徙降众二十余万于长安，远酋亦称藩请服。秦州为今甘肃南部，为晋宗室所据，曜攻取之，遂西营凉州。先是张轨为凉州刺史，威望甚著，闻洛阳饥乏，贡献甚多，遣五千骑赴援。及中原大乱，避难于凉州者众，轨置郡居之。凉州用缣布为货币，人民不便，轨复用汉钱，民赖其利。及死，二子相继为主。曜平秦州，出兵西征，凉州主遣使称藩，贡献马、羊及诸珍物，曜因授为凉王。凉州既服，曜遂东与石勒争夺中原。

石勒据有燕、赵，以招降靳准部属事与刘曜不协，积嫌而为敌国。潼关以东沿黄河之地为交通孔道，曜将屯守其东，勒据洛阳，成为相峙之局势。曜方经营关中，勒亦攻取东方，及关中统一，勒已据有关东，形势变而战争起矣。初为侵夺土地之冲突，演变而为主力战斗。328年，刘曜击败石勒养子虎军，进攻洛阳。勒统军赴援，双方各以全力作战，胜负将决定其命运。曜饮酒昏醉，出而督战，不胜，坠于马下，为敌所擒，军溃；明年，太子被获，前赵遂亡。

石勒 勒初降于刘渊，为之招抚胡人，渊以其众配之，乃为寇于河北，众至十余万；集衣冠人物为君子营，引张宾为谋主，遣将略地于幽州，两次为鲜卑骑所败；寇于冀、兖，所向有功，转而扰于豫南，有雄据江汉之志；会遇大疫，北归。东海王越讨之，途中病死。勒两次大败晋军，尽杀所获之公卿。汉陷洛阳，勒欲造船南寇江东；会大雨三月，军士饥疫，始乃北归，攻据襄国为根据地，遣将略取郡县。王浚出兵及鲜卑骑讨之，为勒所败。勒袭杀浚，幽、冀遂定。勒令州郡阅实民户，户赀二匹、租二斛；更经营兖、豫，复败刘琨，据有其地，自称赵王，立宗庙、设百官。勒不识字，常令儒生读史而己听之，论古得失，常有正确之判断。其官制异于前代，以张宾为大执法，专总朝政，所部胡人甚多。勒以“胡”为讳，称为“国人”；遣使巡行州郡，劝课农桑，鼓铸恶货币，时方建筑宫殿，兵费又多也。人民用绢已成习惯，不愿行使新币。勒出绢市钱，中绢匹值一千二百钱，下绢八百；民间买卖则中绢四千，下绢二千。其提高钱之购买力，终仍无效。

勒于政治无新建树，对外用兵则常胜利。石虎奉命经营北方，降服鲜卑，遣散流人归其本邑。晋将祖逖方以恢复中原为己任，河南堡壁多归降之。鲜卑既降，勒统兵南进，时逖已死，弟约统其所部，惧而退于寿春。勒以疫归，遣石虎攻取山东半岛；复出兵南征，祖约败而南奔历阳。其时，晋有苏峻之乱，幸刘曜出兵，与勒从事于决定性之战斗也。曜败，凉州主称藩；勒徙氐羌十五万家于司冀，黄河流域复归于统一。勒即皇帝位，徙都于邺，其宫殿之建筑颇为宏大；又以洛阳为南都。333 年，勒死。

石虎 初，勒令虎善辅新君，及死，太子畏其逼而让位，虎不肯受，父子专政，兼握兵权。勒子起兵讨之，皆为虎所杀，虎更杀君自立，荒淫废政，广筑宫室。史称其夺人妻女十万盈宫，妃嫔争宠相害。父子亦无爱情，太子至谋杀父。虎好田猎，猎场为肥沃之耕地，人民伤害禽兽，罪至于死。其神志清时，颇能辨别是非，兵力亦足以平定内乱。虎以边将降秦，335 年，遣大军南侵：一军南至历阳临江而还；一军围攻襄阳，以饥疫而退。鲜卑于晋乱时，入居长城以南，地广兵强，先虽归降，而后复为害，其强部有二。虎遣将击之，一部请降，一部击败赵军，以赵多步而鲜卑多骑也。人民不堪税赋之苦，有私为僧者。虎以汉人称佛为胡人所奉，诏许汉人为僧，佛教益形发达。

冉闵 349 年，虎死，诸子争立相杀。养孙闵本为冉姓，勇力绝人，长于谋略，平乱有功，新君诏其辅政。闵以不得为太子，起兵杀之，立新君而复幽之；以胡人不为己用，下令杀之，死者二十余万。350 年，自为天子，国号大魏。虎子在外称帝讨闵，胡人据州郡者应之。二军相攻，北方大乱。《晋书》称："徙户及诸氐、羌、胡、蛮数百余万，各还本土，道路交错，互相杀掠，且饥疫死亡，其能达者，十有二三。诸夏纷乱，无复农者。"迁人以氐、羌为最多。氐酋苻健率父众十余万入关，国号曰秦，是为前秦。晋先北伐，大败而归。冉闵乞援于晋，晋不之应。唯雄踞东北之鲜卑能为祸福，其王慕容儁颇有才能，曾败赵兵，及赵大乱，攻蓟，陷之，以为国都。其时，冉闵据有赵地之大半，政敌已死。352 年，儁南略地，闵率骑兵拒战，轻敌锐进，为儁所获，将士或降于儁，或降于晋。儁有黄河下流之地，国号曰燕，是为前燕。

李雄 中原扰乱，晋偏安于江东，益州为李雄所据。初，雄父败死，部将推之为主，攻陷成都，304年称王，俄称帝，遣将北取汉中，南降宁州，东陷巴东，尽有汉益州之地。境内无事，人民安居乐业，赋税颇轻。史言："其赋男丁岁谷三斛，女丁半之，户调绢不过数丈，绵数两。事少役稀，百姓富实。"军费时为重要支出，国无内乱、外患，军费大减；百姓富实，则以大杀之后户口少而耕地有余，成都平原地肥而灌溉易，植物之生产力高而收成多也。雄在位三十一年；死后祸乱迭起，末主势不恤国政，獠自山出，大为民害，其地未开辟者犹多。桓温伐蜀，347年，李势降而蜀亡。温有恢复中原之志，北方大乱，为北伐之良好机会，朝廷疑忌不用，固晋之不幸，亦温所以失望也。

前燕 慕容儁获冉闵，据有其地。晋以闵将归降，伐燕而败；俄复战又败。燕北伐丁零于长城之北，获马十三万匹、牛羊百余万，降者三万五千。儁攻取并州，欲西征秦而病死。太子暐立，迁都于邺。燕军南侵，陷黄河以南大城，晋衮州守将退至淮南。369年，桓温大举伐燕，数败其兵，深入河北，去邺不远。暐惧，欲逃。秦应燕请，出师援之。晋军粮运不继，复以秦师将至，南退为燕骑追击而败。斯役也，燕行清野之策，收入减少，士卒亦多死亡。燕许秦割地条件，不肯履行，乃为战争之口实。秦陷洛阳；370年，大举攻燕，大败燕军，东行攻邺，陷之，获暐，尽有燕地。前燕战争多而政治基础尚未巩固，一败遂至覆国。

前秦之强大 秦为苻健所创，其入关也，击败豪士，略定关中，352年称帝。俄桓温自南阳伐秦，败其兵于蓝田，乘胜逼近长安，欲收其麦为粮；而健清野以待之，并以游军断晋粮道，温引军归。健治民也，薄赋敛、省刑法，关中称治；及死，子嗣，无道，为从兄坚所杀。坚闻隐士王猛博学知兵，召与之语，大悦，委以重任。猛受法家影响，主张尊君抑臣，贵臣豪横不法者即行杀之，于是百官震肃，诸将为乱者不久即平，国内无事，田畴修辟，府库充实，国势强盛。会晋、燕构兵，燕军屡败，乞援于秦，并许割地，秦出师赴援，而燕不肯割地，遂为敌国。苻坚出兵东征，降其洛阳；明年，大举伐燕，一军北攻晋阳，以王猛为统帅，一军取道洛阳。秦军渡河东行，陷晋阳，燕军四十万赴援而败。猛乘胜直趋邺都，围攻，下之，州郡皆降。燕二百四十九万户、九百九十八万人皆为秦有。北方统一，由于一战而胜，人民未深受祸，边区自主者，先后为秦所平，凉州亦降。初，秦建国，凉兵攻之，败归。国内复有祸乱，凉主荒于声色，不理政事，秦军伐之，凉主请降。于是秦地西通西域，遣将吕光西讨不服之国。代在秦北，平定诸部，会叛部乞援于秦，坚出大军伐之，代王兵败而降。秦分居其部众于边地，东北夷人亦降。

苻坚之政绩　苻坚受儒家思想之影响，怀柔远人，军败见获或归降者皆免其罪。其平关东，史称其徙豪杰及诸夷十万户于关中；其政策为分散降人而减少其势力；其危险则一旦遇有非常之事，大乱即可发生。盖人不欲去其家乡，其迫而迁徙者，仍思还其故居，领袖可藉以号召为乱也。纳降减少无辜人民之死亡，降者不唯生命安全，且得为官，乃仁者所为。彼归降者，由于力弱，仍有报复之心，秦弱遂欲叛之。坚复以关东地广民众，分氐人十五万户于诸方以镇之，于是兵力分而势弱，集中不易，遇有强敌，易为其个别击破，危机乃伏于此。坚崇尚节俭，听信谏言；治国，开山泽之利，劝课农桑。关中雨少，坚发三万人于泾水上流，通渠引水以溉冈卤之田，人民深赖其利。史称其修筑道路，傍树槐、柳，“二十里一亭，四十里一驿”，以利行人；又奖儒学，广增学宫，亲临太学考试经义，复令将士修学，置博士、教授、宫人、宦者。

南征之失败　秦晋初有不少之冲突，及北方统一，秦地广而兵强，采行攻势。晋军坚守要城，攻守异势，强敌不易陷之。秦先攻取益州，但未利用上游之地沿江东下，或为大规模之准备，主力战争乃在汉水、淮水流域。两军攻守，互有胜负。坚欲统一中国，不顾群臣之谏阻，383年，起全国之兵，谋一举灭晋。晋军拒战，淝水之役，秦帅死而军乱，晋军追击，秦军大败，死亡惨重。坚在后方，闻风声鹤唳，以为晋军追至，狼狈逃归，威望大受损失。丁零降人为乱，欲自徙地北归，慕容垂应之。初，垂为燕名将，谗人毁之，惧而降秦；至是，秦军溃败，唯垂一军独全，请北还拜墓。坚子丕镇邺，不善遇之；遣垂往击叛人，命将监之。垂杀监而叛，其族人在赵、魏者起兵应之，关中之乱亦起，北方遂在大乱之中。晋师北伐，以掠取人民财物为主，更增加北方之痛苦。

后燕 慕容垂遣使说丕西归，以邺还之，不得；久攻邺而不下，丁零叛将初奉垂为盟主，后以求官不得，密谋应丕，事泄被杀。其兄子欲与丕为内外之势，为垂所败，转而北走。垂引师追之，且欲藉此纵丕西归。丕乞援于晋。及垂复至，晋将援丕，数败垂兵，但以不能与丕合作，终为垂所败。丕失晋援，丁零又去，西奔并州，冀、幽为垂所有。其地为攻守之战场，农民不得耕种，家有余谷者，尽为士卒所掠。丕众曾就晋谷，垂军士饥而多奔中山，幽冀人至相食。垂更经营青、兖，据有关东大部分，自称皇帝，国号曰燕。后人称为后燕。

关中之叛乱 垂既起兵，故燕王弟泓为北地长史，闻而亡去，收聚诸马牧鲜卑，有众数千，屯于陕东，击败秦将，有据关中之意，所部则欲东归。坚遣子为帅，降羌姚苌为司马，讨之。秦帅不听谏言，要敌归路，鲜卑力战，秦兵大败。其先，燕宗室慕容冲起兵于山西南部，兵败，渡河奔泓；泓兵益盛，不欲东归，叛人杀之，奉冲为主，自相署官。秦兵击之，不胜，冲进逼长安。人民不堪其苦，筑堡自保，有以兵粮助坚者。冲大为暴于关中，史称："民多流散，道路断绝，千里无烟。"坚兵败，385 年，出亡，太子将妻子奔晋。史称：谢安率众救坚，秦盖乞援于晋也。

初，羌酋姚苌降秦，为将有功；及主将败死，惧祸出奔西州，豪族推为盟主，屯于北地，羌胡降者十余万户；又与慕容冲连和，厉兵积粟以观时变。长安不守，坚臣多降于苌。苌获坚，害之。慕容冲忌苌，击之，为其所败。冲部鲜卑欲东归，而冲不行，为下所杀，三辅大乱。苌乃出兵据有其地。386 年，称帝，国号大秦，是为后秦。其疆域尚不甚广，以凉州非其所有，坚族孙登犹据有雍州一部也。并州亦有战争。初，苻丕去邺，人据晋阳；会知父死，称帝，所据一隅之地。燕宗室慕容永方据河东，称藩于垂。丕不许其假道东归，与之战而大败南奔，为晋将所杀。苻登闻而称帝，其与姚苌作战也，互有胜负。苌死，太子兴立。登悉众攻之，兵败而死。

后燕之盛衰　后燕为北方强国，其主慕容垂年近七十，以邺受祸深重，徙都中山，命太子宝决定政事。其时，慕容永新胜，称帝，有众十万，是为西燕。394 年，垂统大军伐之，永败被杀。垂更略地河南，经营齐鲁。晋琅邪诸郡长吏皆委城走。于是，燕有黄河流域下流之地。惟魏王拓跋珪为燕大敌，其先世称代。珪英武有才，于坚败后起兵击败其邻部，兵力甚强，改国号曰魏。垂遣太子伐之，大败，士卒生还者十之一二。垂亲征魏，陷其都平城；病归，死于途中。宝嗣帝位，诸子忌嫉，宗室各怀异志。魏伐燕并州，乘胜进攻中山。宝悉众出战，大败；国内复有叛乱，北奔，为下所杀。子立，复遭家难，以为世人皆不可信，惟以严刑治之，终为其下所杀。其叔父平乱为君，纵情于女色，虐用其民。407 年，将士杀之，奉宝养子云为帝。云复姓高氏，慕容氏之统遂绝。

南燕　初，慕容宝北奔，宗室慕容德镇邺，魏师围之不下而退。其时，中山已失，邺受威胁，德率军民徙于滑台，设置百官。其国中祸乱迭起，德出征时，叛吏以城降魏。德乃东行，降兖州北鄙诸县，严禁劫掠，百姓安之；东取青州，都于广固，400 年，自称皇帝。齐为沃土，人民众多，有渔盐之利，时受战事影响，人民逃免税役。德遣使巡检隐实，增加税收，费用于是乎足。晋值桓玄专政，其臣有北归者。德死，太子超嗣位，颇好田猎，不恤政事，以晋内乱，出师南侵。409 年，刘裕伐之。超战不胜，请割地、献马以和。裕不之许，督师围攻广固。明年，城陷，齐地悉平，后人以南燕称之。

关中之情况　姚兴于关中纷扰之际，嗣父为帝，败杀苻登，散其部众归农，击败氐酋乱者，出兵攻取河东。其时，晋乱迭起，秦军攻取其黄河以南之城邑。及刘裕专政，兴归晋一部分土地，盖以裕为人杰，不欲与之构衅，且地户口不多也。晋叛人谯纵据蜀，称藩于秦。秦无外患，转而经营凉州。凉州初为吕光所据，后自称王，是为后凉；晚年信谗，多杀无辜，叛者据地自主，又遇旱灾。史称：人相食，死者大半。其地土旷人稀，不尽宜于耕种；游牧人部落而居，强酋同于一国，更增加政治统一之困难。凉州形成割据，共有五国，常相攻击，侵夺其邻土地。姚兴复西伐其邻国，有为之兼并者。小国之幸存者，后亦为强国所灭。夏为关中强国，地在陕北，尚不与焉。夏创于匈奴右贤王后赫连勃勃。勃勃初兵败逃奔于秦，姚兴拜为朔方边将；后起兵叛乱，自称天王大单于，国号大夏。勃勃善用骑兵，兵器制造精巧，为后秦大患。

姚兴初年，对外用兵常能胜利，后受佛教影响，待遇降人过于优厚，致成叛乱。戎狄酋长畏威而不怀德，往往兵败而降，力强而叛。其时，魏兴，领土与河东接壤，二国初维持亲善之邦交，后以嫌疑出兵相攻。魏多骑而秦多步，秦居于不利之势；崇尚佛教，更增加财政上之困难。太子泓无经世之才，其弟与之争位，见杀；泓立，诛其党与。国中叛乱时起，军力为之减弱，夏主乘机入寇。晋秦关系时益恶劣，416 年，刘裕统军伐秦，秦将多降。泓弟于大敌深入之时为乱，扰乱人心，复分军力。明年，潼关不守，秦事遂不可为。晋军逼近长安，泓降，秦地为晋所有。刘裕南归，关中地俄为夏所夺。

北方统一 后秦覆亡之年，北方尚有六国：关东二国，关中四国。六国中，魏最强大，夏次之。关中兼并之结果，俄而成为二国：一曰夏。夏主赫连勃勃据有长安，患魏袭之，不敢迁都。二曰北凉。其地在凉州北部，后灭其邻国而地不甚广。勃勃为人“凶暴好杀”，及死，子嗣，兵败于魏，为其所灭。北凉于 439 年为魏所灭。中国东北部时为北燕，其国中祸乱迭起。中卫将军冯跋杀其主而拥立高云，云复为其幸臣所杀。跋平乱后自称天王，都于昌黎，国号曰燕，后人称北燕。跋惩罚贪污，劝民农桑，与邻国和亲，独未与魏通好。魏军伐之，以其有备而还。跋死，子嗣；436 年，为魏所灭。北燕、北凉亡而黄河流域复归统一。

惨状之一斑 中原扰乱百有余年。东晋偏安于江东，南渡之士大夫历时久而视之同于故乡，经营中原多非晋人之意，其所得黄河流域之土地旋复失去。晋与北方诸国之关系常立于敌对之地位。羌胡称藩于晋者，乃其力弱时之权宜办法；汉人创立之国亦然。东晋一姓相传，视北方祸乱为少。胡人虽受我国文化之熏陶，而残杀好乱之性迄未改善。汉人立国于北方者，视之不相上下，岂已成为风气耶？！祸乱既多，人民死亡惨重，土地荒芜，饥寒而死者众。壮者不愿坐而待毙，相聚自卫，演变而为堡壁，性质同于坚固之小城，常在形势之地，攻难而守易。其领袖亦常劫掠财物，情况近于部落社会。政府强时，堡壁服从其命令，而渐归于淘汰。淝水战后，慕容垂攻邺，史称：军饿，人至相食。苻登与姚苌作战，杀敌则食其肉，亦造成于灾旱。人民死亡，更不可计。

文化之同一　胡人文化较低，久慕中国文化。其建国于北方，采用中国制度，汉主固不必论，石勒礼遇士族，其姓原为贼酋所给，竟与晋人大族认宗，恶人称之为胡，设太学于襄国，简用明经、善书史者，使将佐子弟就学，亲临考诸生经义，又令郡置博士。石虎亦重儒学。慕容氏久住于东北，其主崇尚儒家教育，同于汉人。苻坚幼受儒家教育，后广修学宫，亲临考太学学生经义。姚兴颇奖进儒学。凶暴如赫连勃勃，亦受汉人影响。其国号大夏，则本于《史记》匈奴为夏后氏之说。胡、汉通婚，时为常事，历时久而种族之界域渐将泯除。五胡、汉人同为黄种，乃混合而为中国民族。士大夫避难于江东，南方文化有明显之进步。时值大乱，人心不安，乃欲求得精神上的安慰，此为佛教发达之一原因。佛寺之建筑、佛像之雕刻、壁画之传入等，对于中国文化乃有重要之影响。

第二十四篇　宋

南北朝——宋武帝——文帝——祸乱之迭起——宋亡之原因——官制——疆域与户口——土地之开辟——人才之缺乏——货币

南北朝　东晋偏安于江东；五胡建国于北方，其疆域广而兵力强者，统治期间均不甚长。儒生持正统论者皆以东晋为正统。晋亡，南方为宋，北方为魏；宋、魏相峙，为南北朝之起始。宋五十九年而亡（420—479 年）；南齐继之，二十三年而亡（479—502 年）；梁继之兴，五十五年而亡（502—557 年）；陈兴三十二年，为隋所灭（557—589 年），是为南朝，凡一百六十九年。北魏建国于 386 年；历五十三年，统一北方；534 年分裂为东、西二魏。共一百四十八年。东魏十六年而亡（534—550 年），西魏二十三年而亡（534—557 年）。事实上，二魏皇帝徒拥虚名，特权臣未夺其位；亦可谓魏亡于 534 年。北齐篡代东魏，二十七年而亡（550—577 年）；北周代西魏二十四年（557—581年），国为隋文帝所夺。合北魏而言，是为北朝。隋灭陈，中国复为统一之大帝国。儒生仍以南朝为正统。其说于民国之前犹有势力。吾人研究历史，则淡然置之，以其未有一定之标准，常不能自圆其说，且史学之贡献不在正名，而在能有新成就。兹叙宋代大事于下。其他诸代则分述之于第二十五至二十九篇。

宋武帝　刘裕起自贫民，应募从军，以功擢而为将；及桓玄篡晋，起兵讨之。其先，天旱，人民疲于转输，文武困于造筑，致成民间“父子乖离、家室分散”之现象，宜响应之者众也。裕平玄乱，朝臣惮之，所谓威禁内外，百官皆肃然奉职也。裕出兵平蜀，击败妖匪余党，杀害政敌，北灭南燕，西平后秦。420年夏，刘裕篡位称帝，国号曰宋，是为高祖武帝（420—422年在位）。武帝深知民间疾苦，崇尚节俭，颇欲有所改革。严重之问题则土地为权门所兼并，人民不能保其产业。山湖川泽亦为豪强所专利，小民薪采鱼钓，皆需出款。裕下令禁之，造福于贫民不浅；又鉴于东晋不用宗室，致国为权臣所夺，乃立诸子为王，家人多居于显要之位。其弟道怜素无才能，所为鄙拙，尝为荆州刺史，畜聚财货，常若不足；去镇时，府库为之空虚。裕得子晚，诸子犹未成人，宠爱者已居方伯之任。京口距京城不远，形势险要，帝令非宗室近戚，不得居之。上流荆州，户口多而兵力强，令诸子为其刺史。此本于家人相助之思想，以为其经营之产业，可传之无穷也。其时，维持门户之思想盛行，大臣爱护其门户，远过于尊君。帝以为其家人当亦如此，而后事之演变，竟与其希望相违反。祸乱常起于诸王之争夺帝位。

文帝　422年，武帝病死，太子嗣位，是为少帝。大臣三人受顾命辅政，不协于帝所为，阴谋废立，先杀其弟次当立者，后更杀帝，迎立武帝第三子荆州刺史为帝，是为文帝（424—453年在位），年十五岁。初使者西上迎帝，威仪甚盛，乃杀其兄之一辅政大臣。帝引见之，恸哭，问其二兄死状，更悲号呜咽，侍臣莫能仰视；使者流汗沾背，归而为自全之计；二人居内，一为荆州刺史，配以精兵，终皆为帝所杀。帝用名将檀道济，为其成功之原因。其亲信大臣则为旧在荆州之属吏，王华尤为重要。然不得专政，自谓才力不得尽用，叹曰："宰相顿有数人，天下何由得治！"数人可互相牵制也。帝诏其弟参赞机务，凡其所陈，无所不可。弟谓兄弟至亲，不存君臣形迹，私置僮部六千余人，朝臣多其党羽；会帝病，其徒欲奉之为君。病愈，帝诛其党，弟亦不免于祸。他弟代之者，小心谨慎，奉行文书而已。文帝心犹不安，疑忌诸弟；更不愿兵权归于臣下，大军在外作战，方略由其拟定。六世纪初叶，《宋书》作者沈约谓："攻日战时，莫不仰听成旨。"檀道济威望甚重，竟无辜见杀。史称："道济见收，脱帻投地曰：'乃复坏汝万里之长城。'"其左右心腹，并经百战，诸子又有才气，皆死。后，魏兵南侵，帝始悔其杀之。文帝为宋贤君，沈约论其善政曰："纲维备举，条禁明密，罚有恒科，爵无滥品，故能内清外晏。"晚年，帝欲废太子劭，议久不定。453 年，劭起兵为乱，成为家庭之惨剧。

祸乱之迭起 劭幼好读书，尤爱弓、马；及长，亲览官事，延接宾客。及魏兵南下，建康震骇，劭总统水军，善于抚御，以才能见称，至是为帝。史称其博访公卿，询求治道，薄赋轻徭，损诸游费，田苑山泽有可弛者，皆假贫民。唯杀其所宿恨者。乱闻于外，劭异母弟骏方统大军伐缘江蛮夷，能将沈庆之归其调遣。劭密诏庆之杀骏，而庆之反请骏讨劭。劭败，被杀；宗室遇害者甚多，并牵涉无辜之人。骏即帝位，是为孝武帝（454—464 年在位）。骏素不慧，为君全赖沈庆之之力；好酒，每有宴集，在坐者皆令沈醉；大臣进谏或违其意者，不免于祸，常轻辱之，以为欢笑，令宠奴杖击群臣，又杀宗室。其叔荆州刺史原为庸才，闻帝与其诸女淫乱，怒而起兵据有荆、江诸州，兵败见杀。其弟叛者，亦为其所平。帝以为乱逆由于诸王强盛，疑忌杀之。大臣惧祸，不敢私相往来。帝又大营宫殿，增加人民负担，沈约称其"尽民命以自养"，斥为"桀纣之行"。及死，太子子业立，是为前废帝，大臣始敢娱乐，盖庆其不死也。中书舍人出纳王命，政权归之，诏敕施行，由其决定，以居此位者为先帝所信任，威行内外已久，辅政大臣徒拥虚名。废帝欲有所为，常为其所禁制，怒而杀之；更信群小，荒淫无度，杀害大臣。宗室、朝臣皆以不保首领为虑。帝诛其谋叛者，疑忌益甚，杀害其弟子鸾则其一例。

子鸾为父爱子，赐死时十岁，谓左右曰："愿身不复生王家。"同生弟妹并赐死，情状备极悲惨。又，帝将尽杀诸叔，会为左右所杀。

帝死，系其叔湘东王彧亲信密结其左右所为。彧即帝位，是为明帝（466—472年在位）。孝武诸子年幼在外任刺史、太守者，皆由长史主政，闻变不受朝令，另立新君，四方响应，朝廷唯有丹阳、淮南诸郡。帝以宽仁待人，诸军帅有父兄子弟同逆者，任用不疑，授以禁兵，故能平乱。其疆域视先时为小，以叛人引魏兵入境，丧失淮北及豫州淮西地也。帝好鬼神，多忌讳，犯者罪至于死；复以军旅不息，岁遇饥荒，府藏空竭，百官减低禄俸，帝仍务为奢侈，国内骚然，民不堪命。及死，太子立，是为后废帝，年始十一；尚书令袁粲、护军将军褚渊辅政。宗室举兵自江州东袭京城，为平南将军萧道成所败；俄复有反者，亦为道成所平。道成威望渐高，官位益重。帝好出游，以杀人为乐。朝臣谋废立者，为其所诛，牵及无辜；道成惧不能自保，使人杀之，迎立其弟，是为顺帝，政权归于道成。袁粲忠于宋室，为其所杀。荆州刺史举兵东讨，兵败而死。道成进爵为王，479年，篡位。

宋亡之原因　宋亡之速，一、由于皇帝之无能力。武帝、文帝为宋贤君；孝武、明帝多为桀纣之行为；少帝与二废帝尚未成年，喜怒无常，倘如《宋书》所记之故事，诚所谓"善无细而不违，恶有大而必蹈"也。萧道成废立之后，大权在握，顺帝年幼，何能有为。齐之代宋，殊为易事。

二、由于宗室之叛乱。宋封皇子为王，或诏其辅政，或出任刺史，年幼而任方伯者不胜枚举，大权握于长史。其原意以为家人缓急可以相助，不意政治野心与利害冲突反而造成祸乱。王去天子一间，若起兵成功，属吏将为台辅，固人情之所欲也。宋代六十年，叛乱以宗室为最多。萧道成之能专政，非其对外作战有何功绩，乃由于平定宗室之乱。彼无能而多欲者，居于高位，反为他人造机会也。

三、由于维持门户之观念。时人忠君思想薄弱，唯欲维持其门户，弑君以求自安，并不为人所非。其力不能自为者，至说他人为之。彼能废立者，权力当在国君之上，更何乐而不为国君。世家大族保全其权利，亦欣然拥载之也。

官制 官制沿东晋之旧。三公徒为虚名，其兼侍中者，则为天子近臣，有进言之机会，为天子信任者，建议将为其所接受，乃能左右朝政，故其权力常恃其与天子关系之疏近而定。尚书令与仆射旧为处理政事、握有实权之行政长官。中书令掌诏令，亦为要职。吏部尚书掌选举，为显要之位；孝武不欲威权在下，置吏部尚书二人，以轻其任。尚书以上之官，当亦无权。事实上，政刑复杂，非一人之聪明才力所能胜任，腹心耳目不得无所委寄，中书舍人乃为威尊权重之官。初，魏置中书令监，典尚书奏事，晋沿用之，置舍人一、通事一，东晋合为一官，称为通事舍人，掌呈奏案章；后，省。宋初复置，乃为出纳王命之官，而于文帝之后，掌握政权也。宗室内居显职，外任方伯，同于西晋，亦常造成祸乱。余多同于前代。

疆域与户口 宋代疆域以武帝时为最广大，长江流域尽为其所有，东北达于山东半岛，北至黄河，其南岸城邑，为其所有。少帝嗣位，魏兵南侵，河洛之地为其所夺。宋军一再伐魏，皆不能胜，魏兵且于450年，南至瓜步，临长江而归。孝武帝世，疆域益蹙。以州而论，西晋全国凡十九州；及中原大乱，司、冀、雍、凉、青、并、兖、豫、幽、平诸州沦没。东晋初有扬、江、荆、湘、交、广，徐州仅有过半，豫州唯得谯城；后，灭蜀而有梁、益、宁三州。晋末领土广大，宋代晋兴，尽有其地。《宋书·州郡志》称：宋“分扬州为南徐，徐州为南兖，扬州之江西悉属豫州，分荆为雍，分荆、湘为郢，分荆为司，分广为越，分青为冀，分梁为南、北秦”。

《州郡志》列宋二十二州，后失青、冀、徐、兖及豫州淮西，乃置侨州。其名号屡易，境土数分，而地益少。户在五万以上者，仅有五州：

一曰扬州，户十四万，口一百四十五万；

二曰南徐州，户七万，口四十二万；

三曰江州，户五万，口三十七万；

四曰荆州，户六万，口二十六万；

五曰益州，户五万，口二十四万。

南徐州原为扬州之一部分，江州旧属扬州。荆州户口之大减，由于划分之州太多，郢、湘、雍三州，旧皆属于荆州也。益州距京邑太远，隐瞒殊甚；荆、扬诸州，隐瞒亦在所难免。全国户约九十万，视先时为少，固由于祸乱之多、屠杀之重，而隐瞒逃避税役，亦一原因，兹引孝武时事为例。帝坏诸郡士族以充将吏，士族逃亡，政府以严刑禁之，仍不能止，乃用军法从事，得便斩之。于是亡者奔窜山湖，聚为盗贼，人数当不少。死亡之惨重、生计之困苦，致民不愿娶妻，生子每不敢举，时人所谓杀人之日有数途，生人之岁无一理也。天灾、病疫亦为减少人口之有效势力。464 年，扬州诸郡大旱，甚者米一升值钱数百，京邑亦至百余，饿死十六七。此《宋书》本纪所言之辞，其时钱之购买力颇高，数百钱非常人之所能得。《五行志》所载病疫，例不胜举，死亡当亦甚重。文帝遇灾，省费用，开仓廪以赈民。孝武帝末年置旱灾不问，沈约所谓“病未半古，死已倍之，并命比室，口减过半”也。

土地之开辟　宋地虽不甚广，然有开辟新土地及同化夷人之功。长江以北，初视江南发达，其山地仍有蛮夷，大洪山一带于宋时开辟，则其例也。汉代，荆州以南阳郡最为发达，户口亦其最多。其南郡县尚无若何重要，襄阳成为重镇，乃汉末之事，其邻近之地，未尽开辟。大洪山在其东南，为蛮夷所居。其西汉水，古称沔水。文帝时，缘沔诸蛮大为祸乱，官军初战不胜，将军沈庆之奉命讨之，擒七千人；进攻，又获万余口。俄而蛮人报复，大为寇扰，阻梗水陆交通，庆之掩讨破之，降者二万口，又与他将平定诸山蛮，获七万余口。郧山蛮最为强盛，亦为庆之所平。此《沈庆之传》所记，合计擒降者逾十四万人，死者数当不少，而仍有未归化者。雍州刺史复遣庆之大举伐沔北诸山蛮，即大洪山区也。诸军八道俱进，大破之，降者五万三千余口。其不服者，后讨降之。所获诸蛮皆移京邑，以为营户。于是襄阳以下、汉水东北一带之山地，开辟始广。土地之开辟、蛮夷之同化，常为长期之经营。

人才之缺乏　户口多寡影响国力之强弱。宋代户口不多，政治家亦少。二者于时并无相互密切之关系。其人才缺乏之主因，由于士族专政；而出身寒微之士常无法进身也。晋末人才较盛，中多寒微之士，乃附刘裕而起，后则末有登用之机会。选士之法仍为九品中正，世官之家处于优利之地位，不肯与寒士往来。寒士握有重权而欲与之交游者，常受其轻辱。孝武帝母路太后颇豫政事，其侄琼之超居显职，居处与帝子相等。其宅与世家公子王僧达并门，尝盛车服卫往谒之，僧达故轻辱之。琼之诉于太后，太后怒，请帝罪之。帝曰："琼之年少，自不宜轻造诣。王僧达贵公子，岂可以此事加罪！"通事舍人握有重权，其谒名家子者，竟不得坐。北士南渡迟者，南士以伧荒遇之，亦不得贵显也。

货币　人民经济情状恶劣，上已言之。货币不敷流通，民间有用绢者，匹值钱二三千。武帝曾禁丧用铜钉，盖欲增加钱之鼓铸，然仍无补于事。前废帝铸二铢钱，形式转细，人民仿造益小、益薄，无轮廓，不磨炉，同于剪凿者。朝廷更应沈庆之请，通行私铸钱，劣钱益多，一千钱长不盈三寸。其大小称此者，谓之鹅眼钱。其更劣者，入水不沉，随手破碎，钱轻铜少，购买力低，物价以钱计算，因而大增。明帝禁用劣钱，复禁民铸，官亦废铸，唯用古钱。钱荒复为问题，对于商业既有不良之影响，对于人民生计，亦不利也。

第二十五篇　齐

齐高祖——典签之威权——武帝——明帝——齐亡——人民之苦

齐高祖　萧道成家本低族，先祖于晋时过江。道成幼受良好之教育，长为将有功。及魏并淮北，淮南孤弱，道成奉命镇守淮阴，迁南兖州刺史，以久为将之故，富于谋略，所部士卒战斗力强。明帝病危，以袁粲、褚渊辅政。渊善于道成，荐之，始得与闻政事。宗室两次叛变，皆为道成所平，威望日隆。后废帝猜忌，尝欲杀之，为母所止。道成为自全计，以废立商于袁、褚，而袁不可。道成不顾，使部将王敬则与侍卫连结杀帝，召大臣入宫，议立新君。王敬则拔刀胁众，迎立顺帝，粲等"失色而去"。道成威权已立，兼总军国大政，布置心膂，与夺自专，褚渊又与之相结，袁粲阁手仰成而已。会荆州刺史举兵，粲与宿卫将士相结，约期共讨道成，褚渊以其谋告之。道成先杀异己之大臣；后以全力应付西军，败杀其政敌，进位齐王，479年称帝，国号曰齐。其为帝之易，为前古所未有，实促成于环境。士大夫自晋以来，多无大志，亦少牺牲服务之精神，唯欲家人安享富贵，所谓维持门户也，忠君思想自甚薄弱。齐之代宋，褚渊、王俭各有功绩。渊卖君欺友，时人为之语曰：可怜石头城，宁为袁粲死，不作褚渊生。王俭为宋世族之贵公子。初，道成欲引时贤参赞大业，夜召名诗人谢朏，屏人与语，而朏无拥戴之言。王俭知指，请间说其为帝，道成引为知己，俭乃为之尽力，促其早日篡位。处士何点谓其《齐书》已竟，赞云："渊既世族，俭亦国华，不赖舅氏，遑恤国家。"渊母、继母皆宋公主，妻亦公主；俭母公主，妻亦公主，故点讥之也。世家对于国君易姓，漠然不关于心，甚且为虎作伥。明哲自好之士，从无积极之行动，自不能有何效力。强有力者常易萌生为君之思想，南朝祸乱之多，此为其一原因。

萧道成为帝，是为齐高祖（479—482年在位）。其先家境贫寒，为帝后自奉仍甚俭薄，常曰："使我临天下十年，当使黄金与土同价。"宫中不用金银为饰，价当低落。其时，府库鲜有余财，淮水流域复有魏兵侵扰，政府于边城聚兵防守，运输军粮，费用无不出之于民。崇尚节俭，当减少人民之负担。道成在位不足三年，政治上未有建树。官制沿用宋制，三公仍无实权。居高位者，或为患得患失之小人，或为惜身保妻子之庸夫，或为多所顾忌之宗室，用非其人，亦难行使职权。中书监、尚书令、侍中旧为显要之官，而在齐世，亦失重要，以其对于居显位之士大夫不轻信任也。其亲信用事之人则为出身寒微之武夫，或为忠心事上之寒士，兹引二事为证。寒士荀伯玉初为属吏，忠勤尽心，大见委信。太子专断朝事，左右擅权。伯玉密奏其事。帝怒，几废太子。伯玉益见信用，掌军国机密，威权至重，每出休，"轩盖填门"。后遭母丧，成服日，帝亲臣二人共载吊之。五更出，车未到丧宅二里许，王侯朝士已盈巷，至下鼓犹不得前，司徒褚渊、卫军王俭俱进，继后方得前，又倚听事久之。帝遣中书舍人"断哭止客，久方得吊"。比出，二人饥乏，气息惙然，切齿形于声貌。明日入宫，便云："臣等所见二宫门及斋阁，方荀伯玉宅，政可设雀罗。"续复言："外论云，千敕万令，不如荀公一命。”帝仍信之不疑。其官位虽低于渊、俭，而权则在其上。王敬则又其一例。敬则母为女巫，出身微贱，为道成死党。帝欲废嫡，太子赖其力而获安，可见其关系之密切。其人或曾与之同生死，或尽心力事之，其信任用之，为事理之当然，亦人情之所同也。

典签之威权　高祖鉴于前事，以为宋亡由于诸王之叛乱；然若废封建制而不用，宗室无权，将如东晋，国为异姓所夺。乃权衡利害，采取折中之方案：管理诸子甚严，但仍封之为王，用为方伯，诸王在外不得处理政事，以典签监视并干涉其所为。签即公文之摘录事由标签，以便检查。典签为文书之吏，由来已久；齐时其权始重，以天子近侍任之，专主诸王府事。帝第四子“少有武力”，为帝所爱，封长沙王，授为豫州刺史。王欲处理政事，辄为典签所裁制。典签所为，显系奉命。王执典签，杀之。帝闻而大怒，“手诏赐杖”，是帝欲维持典签制度，赐杖使诸王知所警戒。太子左右擅权僭侈，为帝所知，即宣敕诘责，收其左右杀之，太子几至废黜，可见其不姑息溺爱也。

高祖病死，太子赜立，是为武帝。赜初仕宋为吏，将兵讨叛人有功；齐兴，立为皇太子。高祖凡十九男，尤钟爱太子同母弟嶷，曾有废立之意。其兄弟相忌而成嫌疑，事所难免。嶷事兄恭敬、尽礼，史称其后为武帝太子所毒死。武帝禁诸王读异书，五经之外，唯看《孝子图》而已。诸王年未三十，不得畜妾，而帝后宫万余人，犹以为未足。诸王在京，例置捉刀，左右四十人。长沙王自外私载数百人仗还都，有司投之江中。武帝闻而大怒，将治王以法。嶷于御前稽首泣谏，始免于祸。诸王不在京城者，用典签治之。典签为朝廷任命之官，为诸王属下；而一方之事，悉以委之，并得入京谒见天子，报告政事。刺史之美恶，出于其一言。由是威尊权重。武陵王为江州刺史，性烈直不可忤，典签入京语人曰：“今出郡易刺史。”武帝据其报告，遂内征王。南海王子罕戍琅玡，欲游东堂，而典签不许；还而泣谓其母曰：“儿欲移五步，亦不得，与囚何异。”诸王不得自专，虽征衣求食，亦须咨访之；若典签不在，则不可得。时人因称典签为签帅，刺史反而无足轻重。其后，明帝诛杀宗室，悉典签所为。诸王既死，其权削减，威极而衰也。

武帝　武帝嗣位（483—493年在位），凡大臣前不与之接近者，多为其所诛杀。其亲信用事之臣为旧曾为其属下之寒士，或为其宠幸之人。中书舍人之权尤重，居此官者，出纳王命，进而与闻政事。其时，中书舍人四人各住一省，谓之四户，以茹法亮等任之，总握重权，势倾朝廷，四方饷遗岁数百万。法亮尝语人曰：何须求外禄，此一户中，年办百万。王俭以贵公子位居高官，而权势殊不之及。后因天文有变，极言中书舍人专权徇私，上天见异，祸由四户，而帝仍不能改。俭语人曰："我虽有大位，权寄岂及茹公？！"旧人居于权要之位，有广求财物、贪而谗杀无辜者。

武帝为人刚毅有断。六世纪初叶，《南齐书》作者萧子显言其深存政典，文武授任不革旧章，明罚厚恩皆由上出。当为可信之记录。又言其以富国为先，不喜游宴，则为溢美之辞。其宫中妇女多至万余人，为其一例。帝聚钱五亿，库中金银布帛不可胜计。其免逋城钱为一善政。初，晋、宋旧制：受官二十日，辄送修城钱二千。宋末军役大起，受官者万计，兵戎机急，尚书令以下乃不输送。朝廷追求二十年中之逋欠，文符督促，所在扰乱，帝始除之，百姓欣喜，其钱乃官取之于民也。《南史》称：宋世"州郡秩俸及杂供给，多随土所出，未有定准"。帝从弟嶷之请，规立定格，亦为惠民之政。其时，国中未有祸乱，亦无大灾，农民生活当稍改善。

明帝　武帝以太子早死，立长孙为太孙。及病，皇子子良奉诏入宫侍奉，太孙间日问疾。帝疾甚，子良属吏欲矫诏立之，会帝复苏，欲使子良辅政。子良推举尚书左仆射萧鸾。鸾，高祖侄，幼为其叔所养，恩情过于诸子。帝死，鸾奉太孙嗣位，是为郁林王，颇好游乐。子良以争位之嫌，郁郁忧死，政权归鸾。王亲臣为其所杀，心甚不平，将欲杀鸾；大臣为鸾耳目，反而先为其所杀。鸾迎立王弟为帝，是为海陵王，俄复杀之。高、武诸王官于外者，皆为典签所杀。在京为鸾所忌者，亦死，凡三次大杀诸王。其辜负厚恩，深受良心责谴。史称其于诛杀之前日，焚香祈祝，藉以减少精神上之痛苦。鸾自为帝，是为明帝（494—498年在位）。帝幼贫约，仕宦不易其行，至是，仍崇尚节俭；并以为世人皆不可信，使其心腹在外，采听流言，大臣出怨言者，无不诛死。

明帝在位四年，多所诛杀；本于疑忌之心，简于出入，将南则诡言西，将东则诡言北；唯信用其侄遥光，诛赏大政常与之谋。为帝初年颇欲改革积弊，诏称：邑宰俸禄薄微，土贡劳费，自今悉罢。为其一例。但以对外作战之故，人民之负担并未减轻。495年，魏大举南犯，内外戒严。敌退，诏称：雍、豫、司、南兖、徐五州遇寇之家，停今年税调，其与虏交通者不问其罪。此可见战区之广、损失之重及人民与魏人往来者之众也。政府调遣军队、运输粮食，无不增加人民之负担，国力因而大耗。497年，魏兵进攻沔北。雍州时为侨州，在今襄阳一带，驻有重兵，竟不能胜。明年，诸郡相继败没，帝遣军赴援，援军亦败。魏侵淮南，势亦张旺。齐所恃者则为坚城。守兵据城，敌军攻之，非有重大之牺牲，则城常不易陷。此为魏兵不能深入之一原因，而齐民苦矣。

齐亡　帝死，遗命六大臣辅政，皇太子宝卷嗣位，是为东昏侯（499—501年在位）。其父于病时诫之曰："做事不可在人后。"中书舍人时握重权。中书旧掌机务，明帝不信任大臣，诏命不关中书，专由舍人。舍人时以寒士充任，渐而得主信任，握有大权，口称诏敕；东昏侯之杀大臣，皆其所为，方伯亦怀不安。江州刺史、南兖州刺史先后叛乱，为豫州刺史萧懿所平。叛人有引魏兵南侵者。懿以功授尚书令，弟衍为雍州刺史。雍州据汉水上流，兵马甚强。衍料京中将有祸乱，聚兵储粮，先为之备，遣使说懿起兵；而懿不听，忠而见杀。朝廷出兵讨衍，衍说荆州助之。东昏侯弟宝融为刺史，尚未成年，长史萧颖胄握有兵权，故衍计得售也。二萧合兵奉宝融为帝，是为和帝。颖胄镇守荆州，衍统军东下，围攻建康，东昏侯为下所杀。颖胄值死，衍遂无所顾忌。502年，和帝逊位，齐亡。

人民之苦　齐疆域视宋初为小，以宋末内乱，丧失淮北之地，迄未能恢复，齐所有者仅为宋之余地。西北以秦岭与魏为界，其东则以汉水、淮水为界。齐户口数字，史无记载。据现存之史料而言，人民受战争、税役之影响，生计颇为艰苦。皇子萧子良称：户口集中之地在缘淮、带江数州之地，并视先时为少。其原因有三：一、报告不确。户存而文书已绝，人在而托已死，停避而云隶役，身强而称疾病，成为风气，更有冒入勋簿或行货求位者，得之则身份异于平民而役入矣。二、僧众。佛教发达，僧尼数多，时人谓其填街溢巷，或抱子井居，竟不编户，迁徙去来，公违土断也。三、役苦。人民避役，凡可为者，无不为之，甚至自残躯命，生育不举。其先征役责成郡县，宋孝武遣台使督征。台使滥用威权，侮折守宰，人民更苦。齐武帝始废除之。人民避役，服役者少，负担益重，政府谋欲有所改善。其采行之法有三：一、设官检察逃户。时人称其所得动以数万。二、严稽黄籍。武帝谪报告不尽不实者戍缘淮十年，曾致民变，始乃废之。三、奖民生子。武帝诏：民产子者，蠲其父母调役一年，赐米十斛；新婚者蠲夫役一年。此皆为增加人口之有效方法；不过，为服役纳税而已。

其时，赋税可分为三：粟米、力役、布缕是也。田税沿用旧制，布缕亦然。丁税则重于前。浙东五郡，丁税一千，致民质卖妻儿。纳税须付大钱，民间大钱须二易一；布之官价亦不利于农民。祸乱起而民更苦。史称：齐末，内乱外患交至，扬州、南徐州役至三人取二，远郡则令输米免役，人各五十斛。输米既毕，复强其就役，乱世人民诚不知死所也。

第二十六篇　梁

萧衍之起兵——文人治国之道——宗室之误国——武帝之为人——侯景之乱——元帝——梁亡

萧衍之起兵　萧衍举兵，原为自卫，成功则成帝业。衍博学多才，初为皇子宾客，后为将有功，授雍州刺史。其地为北人流寓之所，自东晋以来，即为军事重镇。衍有强兵，以为朝廷政出多门，将致祸乱，说兄懿为自全之策，懿不之从。衍召诸弟西上，潜造器械，多伐竹木，密为舟装之备。及懿见杀，朝廷出兵讨之，衍闻而举兵。其军力有限，遣使说荆州长史萧颖胄起兵。颖胄请衍共奉刺史宝融为王，衍从其请。宝融立，是为和帝。501 年春，衍发自襄阳，大军沿汉水而下，郢州为朝廷固守。衍战不利，会荆州之兵来援，军始复振；大败来援之兵，郢州遂降。此为决定性之战争，江州刺史惧而请降，大军东下，未有战争，直趋京城。守军出战不胜，502 年，将士斩东昏侯出降。萧颖胄病死之信息又至，军政大权皆归于衍。其故人沈约劝之代齐，其议发于和帝东入京之前。帝至建康，俄即逊位。衍即帝位，国号曰梁，是为武帝（502—549年在位）；欲保全和帝，沈约言不可贪虚名而得实祸，和帝见害。逊位之君不得其死，自东晋而后成为风气，其事始于刘裕，相沿迄未能改也。

文人治国之道 武帝善于诗文，喜用文人，常于宫中令近臣咏诗，为佳诗者，易于迁官。文人长于咏风歌月，既无实事求是之心，更无为国为民之志。梁代诗文发达，而政治上实无人才可言。武帝鉴于士大夫多为身谋，卖主求荣者比比皆是，颇欲改变风气。东昏侯死，大臣多署名于降书，言其罪恶，帝礼敬其不肯为者。沈约说衍篡位，以为独有佐命之功，可居显位，而帝迄不肯拜为台司。亲臣受约嘱而为之请三司之仪，帝亦不许，但加鼓吹而已。约后忤旨，惧而失足，跌于户下；病，梦和帝剑断其舌，召巫视之，巫言如梦。约呼道士，奏章于天，“称禅代之事，不由己出”。帝知其事，怒而数遣中使谴责，约惧而卒。其言行如是，自不为帝所礼，不过阿意而取富贵。帝不信任大臣，参与机密者尽为顺从之文人，徐勉则其一例。勉善为文，初为书记，勤于职守；后迁居要职，参掌军事，夙夜忙碌，经数旬始一还宅，“每还，群犬惊吠”，深为帝所信。勉贵显以来，三十余载“不营产业，家无蓄积，俸禄分赡亲族之穷乏者”。自勤劳、廉洁而言，为人称述，然于政治则无建树，徒司文书。在其下者，善窥人主意向，曲意阿谀而已。文人欲炫其才，常于不知不觉之中，掩护其短，不肯接受不同之意见，厌恶人之评议，而成刚愎之人，徒为害于政也。

宗室之误国 士大夫常欲维持其门户。武帝亦受环境之影响，信用其家人。其兄弟除懿外，皆为庸才。其举兵东下也，弟镇守襄阳；梁兴，欲其富贵，原为人情之常；但不辨贤否，委以重任，徒为害于国。帝封弟宏为王，505年诏为都督，统诸军侵魏。宏懦无能，大军溃散。帝不治罪，反迁其官。妾弟依势杀人，藏于宏府，吏不敢捕。京中每有窃发，辄以宏为名。后，帝出宫捕获刺客，供称系宏所使；泣而责之。宏第拟于帝宫，后庭数百千人，皆极国中之选；所幸爱妾，服玩侔于东昏侯妃。帝闻其库室百间，疑藏有铠仗，幸其第而启室检视，尽为财物。其库三十余间，藏钱三亿余万，余屋满贮布绢等财物。宏又夺民田宅，致其失业。有作《钱愚论》讥之者，其文甚切，宏深病之，聚敛稍改。宏又与帝女私通，共谋弑逆；事发，帝秘之，仍授宏为显官。此皆《南史》所记之故事，其财货之来源，史无记载，盖不出于掠夺与受赂也。

帝得子晚，初养宏子正德为子，及子生而正德还本。正德自谓应居储位，心怀怨望，出奔于魏，自称“被废天子”，不为魏人所礼，复行逃归，武帝“泣而诲之”。正德多聚亡命，于黄昏时杀人于道。会大军北伐，正德为将，弃军委走，诏称其“狼心不改，包藏祸胎，志欲覆败国计”，定罪而复赦之，用为地方长官，所至民不堪命，由是黜废。正德阴谋异图，降将侯景将反，与之通谋。正德诈言运空船迎荻，实济景渡江。帝初不知，命其将兵防景，而反引景入城。正德欲为天子，与之约曰：“平城之日，不得全二宫。”城陷，“率众挥刀欲入”。景先使其徒守门，事不果行。正德所谋不遂，复欲叛景，为其所杀。梁之覆亡，宗室自有重大责任，武帝任用非人，亦有应得之咎。

武帝之为人　武帝共有八男，长子名统，是为昭明太子。太子幼受良好之教育，善于为文，精于佛学，为人仁孝有礼，壮年病死。帝立其弟纲为太子，余皆封王。一子豫章王综自谓东昏侯子，母曾为其妃也；尝为统帅，弃军逃魏，致大军溃归。一子邵陵王纶曾权摄南徐州事，轻险躁虐，多所杀害；出逢丧事车，“夺孝子服而衣之，匍匐号叫”。事闻，为帝所责。纶取一老公短瘦类帝者，奉以为君，自陈无罪，更剥褫捶之，又作棺送葬。帝闻而以兵征之，免官削爵，俄又复爵。纶复犯法，免为庶人。后，帝以其能诗，授为刺史。此可见其溺爱之深。诸王忌嫉不能相容，后成悲哀之惨剧。居高官者不以才选，而以血胤关系为进行之标准，国何能治。自帝为人而论，博学通籍，尤长佛典，晚年至佛寺说法，听众万余人；爱惜生物，祭祀牺牲以面代之；勤于政务，孜孜不怠，冬月四更即起，燃烛批阅公文，执笔触寒，手为皴裂；遇有死罪，常哀矜涕泣，然后可奏；日止一食，豆羹粝食而已；身衣布衣，一冠三载，一被二年，五十外便独宿；平日未尝听乐，遇小臣如见大宾。此皆其优德，而晚年政治益为恶劣，要由于任用非人，贪污剥削成为风气。朝臣奏言时事，有直言积弊而无顾忌者。其言曰：

> 今北边稽服，戈甲解息，政（正）是生聚教训之时，而天下户口减落，……郡不堪州之控总，县不堪郡之裒削，更相呼扰，莫得治其政术，惟以应赴征敛为事。百姓不能堪命，各事流移，或依于大姓，或聚于屯封，盖不获已而窜亡，非乐之也。国家于关外赋税盖微，乃至年常租课，动致逋积，而民失安居，宁非牧守之过欤？东境户口空虚，皆由使命繁数。……今天下宰守所以皆尚贪残，罕有廉白者，良由风俗侈靡使之然也。……故为吏牧民者竞为剥削，虽致赀巨亿，罢归之日，不支数年，便已消散。盖由宴醑所费，既破数家之产；歌谣之具，必俟千金之资。所费事等丘山，为欢止在俄顷。

帝读而大怒，严词责之。是帝不愿闻过，亦不欲改善政治，朝臣不敢再进忠言矣。梁臣颜子推因乱出亡于北齐，其《家训》为世所称，偶尔言及梁事，皆为可信之记录。《家训》称：梁武帝父子爱小人而疏君子，士大夫皆尚褒衣、博带、大冠、高履，出则车舆，入则扶侍，郊郭之内无乘马者；朝臣偶有乘马者，举朝以为放达，尚书郎乘马，至被纠劾。朝臣从无拨土耘一株苗者，力田皆令僮仆为之。贵族子弟无不熏衣、剃面、傅粉、施朱。士大夫乃“肤脆骨柔，不堪行步，体羸气弱，不耐寒暑”。朝臣受弹劾者，子孙弟侄皆诣阙三日，露跣陈谢；子孙为官者，自陈解职，“子则草屩粗衣，蓬头垢面，周章道路，要候执事，叩头流血，争诉冤枉”。诸宪司弹人，其轻系身死者，皆为怨仇，子孙三世不相交通。此可见弹劾之不易运作，朝廷无法选用才能之士，亦不易黜去不肖。朝臣平日养尊处优，体力、精神皆不足以应付事变。侯景举兵，梁事遂不可为。景数帝十失，多为用人失当之事。梁之覆亡当由于积弊太深，至景乱而爆发也。

侯景之乱　侯景初曾为盗，鲜卑人也，善于骑射，为北魏权臣高欢部属，驭军严整，不爱财物，将士乐为之用，拥众十万，专制河南。欢死，不肯为其子用，请降于梁。梁初与魏战不胜，转而维持亲善之邦交，边境相安。武帝出兵援景，以侄渊明为帅。渊明庸懦，兵败，为东魏所获，景亦退于寿春。帝得侄书，复与东魏言和。景驰启固谏，而帝不从，惧而谋乱，与正德密相连结。548 年，景起兵南下，正德以船济其渡江。江南久无兵革之祸，人不习战。景部精兵攻台城，台城谓帝所居宫城，久而不下，乃纵兵士杀掠。诸王位居方伯者，意志不同，唯邵陵王纶将兵自京口赴援，不幸为景所败；余多置其父之存亡而不顾。明年，援兵益重，其将帅自相疑贰，迄不能统一作战也。城中缺粮，帝许议和，诏援兵退。景后背盟，攻城陷之。帝膳食为其裁抑，549 年，忧愤而死。

景奉太子为帝，是为简文帝，军政大权皆归于景，乃赦北人为奴婢者，冀得其用，朝命行于一隅之地。又遇大饥，七世纪所作《南史》言其惨状曰："父子携手共入江湖，或弟兄相要俱缘山岳。芰实荇花，所在皆罄，草根木叶，为之凋残。虽假命须臾，亦终死山泽。其绝粒久者，鸟面鹄形……待命听终。于是千里绝烟，人迹罕见，白骨成聚如丘陇焉。"灾情至此，祸乱尚在进行之中。缘边长官有举州北降者，北齐得有广大之土地，复大举南侵。西魏亦出兵侵夺梁地。江州非景势力所及，扬州尚有举兵者。景以严刑立威，多所诛杀；遣将西上江州，刺史迎降。上流以荆州刺史湘东王绎兵力为最强。其兄弟叔侄五人各据州郡，争欲为帝，从事于内战，败者乞援于外国。西魏利用时机，夺其土地。湘东王战胜其家人，雄踞上流。551 年，侯景袭陷郢州，西上，为西军所败。其统帅王僧辩乘胜追之，所向克捷。景返建康，先废立而后称帝，国号曰汉。

元帝　湘东王绎博览群书，下笔成章，出言为论；唯性猜忌，尝杀其妻子，对于兄弟侄辈更无所爱。方侯景之为乱也，绎即有自主之意。王僧辩东下，问曰："平贼之后，嗣君万福，未审有何仪注？"绎曰："六门之内，自极兵威。"僧辩请其遣人为之，绎遣使沉其家人于水。绎遇将士无道，常以喜怒为予夺，一言不合，即治其罪。其平侯景也，由于一战之力。552 年，王僧辩东下，景兵败死。江州刺史陈霸先亦有功绩。霸先于大乱时，举兵自广州北至山西南部，刺史遏之而不能阻其自由行动也。其时，僻远之地，豪士据地劫掠者所在皆是，霸先击败拒战之兵，以赣南为根据地，兼并土酋之兵，势力强而北进，平定江州，所部甚强，绎授为江州刺史。斯年冬，绎即帝位，是为元帝（552—554 年在位），都于江陵。其臣属多荆州人士，不愿东下。建康宫室于乱时焚毁，西军虏掠之甚，执缚人民，袒衣者犹不能免。史称其驱逼居民，以求购赎，号叫之声，震响京邑。其行径直为盗贼。

梁国力大耗，北齐集大军于淮南，操练舟师。西魏进攻川北，长吏以城降之，魏军乘胜而前，攻陷益州，其刺史方统大军东下争国也。元帝防御敌国，使王僧辩镇守建康；对于西魏，初取和亲之策，西魏攻取益州，系应其请，后渐失和。帝侄詧为雍州刺史，兵败乞援于西魏。襄阳人旧为荆州人士所畏，又得魏援，其进攻江陵，当为易事，元帝犹不知其危险。湘州刺史王琳所部精强，帝忌其得众，出为广州刺史，遂无兵可用。554 年，魏军大举南侵，萧詧会之。江陵大震，内外戒严。帝征兵赴援，皆以路远不至，江陵陷而帝被害。

梁亡　魏克江陵，江东之地犹完整如故。王僧辩、陈霸先以国中无主，定议奉元帝子方智为梁王。555 年，王自江州入居建康朝堂，僧辩辅政。会齐遣兵送萧渊明来主梁祀，僧辩拒战大败，迫而纳之，议定以方智为太子。渊明渡江，入京称帝，僧辩为大司马、扬州牧。陈霸先时为司空、南徐州刺史，于京口举兵，西袭建康。僧辩被杀。霸先奉方智为帝，是为敬帝；年始十四，政权归于霸先。镇将不服者，为其所平。556 年，齐大军渡江，进攻建康，霸先败之，其政治势力始大巩固。557 年，敬帝逊位，梁亡。萧詧于江陵陷后，旧地襄阳为魏所夺，魏以江陵予之，地小力弱，为魏附庸，后人称为后梁，自不能视为独立国也。

第二十七篇　陈

陈霸先之起兵——陈之建国——国中之情况——文帝——宣帝——后主——南朝之武力——社会经济情况之比较

陈霸先之起兵　梁末大乱，军粮、用费无不取之于民。散兵溃卒大为害于民间，或沦为匪盗。胜兵从事于焚掠，系人勒赎，城邑为墟。朝廷命令不行于州郡，豪杰各据地拓展势力，构成割据之形势。七世纪所作之《陈书》所谓郡邑岩穴之长，村屯坞壁之豪，资剽以致强，恣陵侮而为大也。北齐、西魏出兵侵夺梁地，边将惧而以地降，宗室复引外兵入境，于是益州、雍州、荆州为西魏所据，长江上流之地，不复为南朝所有；北齐大军自北而南，深入淮水流域，长江北岸之地尽失。人民深受战争之祸，负担苛重。陈霸先创国，为一艰苦之事。霸先初为小吏，南至广州，合练士马千人，讨蛮夷之不服者，以功封侯、迁官，为人富于谋略，兼有野心；后监始兴郡。郡在广东南部，今为曲江，为交通要道，风气强悍。霸先厚结其地豪杰，广召勇敢之士，谋讨侯景；北据江西南部，扩充兵力，击败其不服者，平定江州，元帝授为刺史。

王僧辩督军东讨侯景，军中乏食。陈霸先分军粮三十万石给之，率甲士三万人、强弩五千张、舟二千只会之。侯景败死，霸先建有殊功，镇守京口。及元帝遇害，齐以兵送萧渊明还主社稷，僧辩辅政。霸先起兵，袭杀僧辩，迎立敬帝。其统治之地有限。僧辩部将官于外者，存有报复之心；其婿起兵于吴兴，邻郡助之。霸先率兵东伐。上流地方长官应敌，并乞援于齐，以京师空虚，率兵奄至城下。霸先闻而卷甲还都，值齐援军渡江而南。霸先遣水军断绝其江上接济，烧齐船千余艘，获米数千石。齐将连战不胜，遣使乞和。霸先许之，齐兵北归；遣将讨平叛人。齐主以劳师无功，诛杀和议北归之将士；出兵南征。556年春，齐兵十万渡江，集中于芜湖；俄自芜湖东下，逼近京邑，其军粮自江北运来。霸先遣水军断绝其粮道。齐军缺粮，杀马、驴为食，采取攻势，侵至京城东北。会夜大风雨，平地水丈余，齐军昼夜坐立泥中，悬鬲以炊，疲困不堪，又不得饱。霸先进攻，大败之。其役也，为重大之胜利，陈之建国基础由是确立。

陈之建国　霸先根据地初不及东晋扬州之广大；其西江州为王僧辩部将所据，会其部下为变，以州内附，土地始有拓展。霸先遣将出镇江州，史称其“定南中诸郡”。南中为江州南部，时为南江州也，据地自主之豪帅甚多。《陈书》称：是时，南江酋帅并顾恋巢窟，私署令长，不受召。朝廷未遑致讨，但羁縻之。此种现象迄于陈之中叶，始行改变，“定南中诸郡”之语，不过表现朝廷权力始达于其地。朝廷于多事之秋，仍以羁縻为政策也。江州南为广州，其刺史原与陈霸先不协，遣军逾大庾岭北进。霸先遣将平之。江州西为郢州。其时，湘州刺史王琳拥有强兵，忠于梁室，郢州为其势力之地。霸先遣将西征，为琳所败，长江中流已成一国。557年冬，陈霸先称帝，国号曰陈，是为武帝（557—559年在位）。其统治之领土，于南朝中最为狭小。武帝初无凭依，亦无大功，竟能利用时机而为天子，不可谓非杰出之士。乱世居高位者，常遣其亲属入京，寓有为质之意。江陵之陷，霸先子侄入周；及齐将请和，又遣其家人入齐。陈氏居于江南，原非大族，族人为僧者，亦令还俗为官。为帝后，子尚在周。帝信佛颇虔，幸大庄严寺舍身，群臣表请还宫；又设无碍大会，舍乘舆法物，群臣备法驾迎之还宫。无碍大会一作无遮大会，为佛教盛大之法会，欲免祸求福也。其先，梁臣郭祖深疏言："都下佛寺五百余所，穷极宏丽。僧尼十余万，资产丰沃。所在郡县，不可胜言。道人又有白徒，尼则皆畜养女，皆不贯人籍，天下户口几亡其半。"梁季死亡惨重，僧尼当有死于乱者；而好佛之风气迄未改变，僧尼几占户口之半，盖于陈时犹然。其政治制度沿前朝之旧，三公无权，中书舍人为帝亲臣，威尊权重。

国中之情况　制度未有改善，一由于武帝之才不足为因时制宜之处置；一由于祸乱孔亟，方以全力作战也。武帝击败齐师，而江北城邑仍为齐之领土。齐聚大军于淮南，武帝诏将总督水、步众军防之。明年，陈将北袭合肥，焚齐舟舰而归。齐无水军，当不能为患也。其在上流，王琳大败西征之兵；及闻陈兴，立梁宗室为帝。其兵力盛时，达于江州；其南部归陈之酋帅，有与之通谋者。琳所居郢湘，逼于强周，与之维持正常之关系；然当其兵东下作战之时，周兵乘虚攻其城邑，乃乞援于齐。齐人限于交通，接济自有相当之困难。琳所部善战，陈以重兵防之。其国中叛乱，时有所闻，政府自无余力考虑改革也。国少才能之士，亦一原因。武帝尝诏言用人曰："文官则用腹心，武官则用功臣。"用人取士若此之偏狭，自不能得士也。559年，帝死。为人自奉甚俭，赏赐将士从不吝惜。其先，子昌在周，帝遣使入周修好，请归其家人。周送昌归，行于途中，太后秘不发丧。会京中乱起，郡臣以为国中不可一日无君，值帝侄蒨还都，定议奉之为帝。太后不从，其党威胁大臣，强太后出玺，迎蒨嗣位，是为文帝（560—566年在位）。昌遂见害。拥戴新君者以功进位。

文帝　文帝沈敏有识，初为吴兴太守，平乱有功；及陈代梁，武帝封立为王。会西征王琳之军大败，诏其入卫，更命其将兵备琳；至是，入京嗣位。文帝起自民间，遭遇不少之艰难，深知人民疾苦，颇尚节俭，勤于政事。其臣姚察言之曰："入承宝祚，兢兢业业，其若驭朽。加以崇尚儒术，爱悦文义，见善如弗及，用人如由己，恭俭以御身，勤劳以济物。”其言虽涉夸张，而文帝为陈贤明之君，固为事实。其兵力尚强，对外作战，颇能开辟土地。初，王琳闻帝嗣位，以为有可乘之机会，自江州大举东下，陷据芜湖。齐出兵会之，京中人心不安。帝遣名将御之，配以精兵。双方各以全力作战，胜负将决定其命运也。西军主攻，东军力守险要，阻其东下。决战之日，风不利于琳军，其船高大，行驶不便，致多为陈军所焚毁；登岸者复为陈军所杀，至于大败。齐军援之者亦败，王琳及其主奔齐。郢州内附，陈地始达于长江中部。俄而，周将袭取边城，直趣湘州。文帝遣将督军西上，败周水军，收复巴陵。周军北归，其征服之湘州复归于陈。江州等地，豪帅据郡为乱者，皆兵败见杀。朝廷命令始行于境内。陈之基础巩固，文帝有力焉；晚年，国中无事，人民安居乐业。

文帝用人，颇以宽大为怀。王琳之据郢湘也，士大夫多为之用。及琳败亡，帝诏称衣冠士族预在凶党，皆原宥之；将帅战兵亦免其罪，随才铨用。其逃亡于外者，帝许还朝，量加录序，此为保全贤能，亦为增强政府力量之一法；又诏大臣进举贤良，并就所知者擢以不次之位。人民之苦，为帝所知；王琳败后，诏免服役者夫妇三年，于役死者复其妻子，又诏通减军粮三分之一。文曰：

> 自丧乱以来，十有余载，编户凋亡，万不遗一，中原氓庶，盖云无几。顷者，寇难仍接，算敛繁多……今岁军粮通减三分之一。尚书申下四方，称朕哀矜之意。

诏发于560年，距侯景举兵凡十二年。其间，混乱普遍于江南。屠杀、饥馑构成死亡之惨重。军粮之需要孔亟，政府多方榨取于民，势所难免。军粮额数，史无明文，其为新税抑由旧税所改，皆不可知。其为人民之重大负担，则无可疑，故诏书将其减少。人民受战事影响，有迁居异地者。为增加岁入之计，令侨民编入黄籍，纳税、服役同于其地人民，既足以裕国库，又可减轻贫民一部分之负担，亦为重要之改革。其时，农桑为主要之生产事业，帝诏守宰勤课农桑，民尤贫者，酌给种子。

宣帝 566年，帝死，太子嗣位，是为废帝。其叔父顼与大臣奉遗诏辅政。顼居尚书省掌握政权，大臣谋欲去之，反而为其所杀；更翦除异己之方伯。太后诏废帝为王，以顼入承大位，是为宣帝（569—582年在位）。其时，帝年近四十，备尝人事之艰苦；为帝颇赖毛喜奔走之力。喜初为其属员，与之共同患难，并为之策划；帝除为给事、黄门侍郎兼中书舍人，官位虽不甚高，然为天子近臣，居此职者，常有大权。喜典军国机密，史称其"勤心纳忠，多所匡益"。帝所用者，多其亲故，盖鉴于大臣叛乱之多，而以其可信也。远官于外者，帝讽其送质。朝中贤能之臣自必不多，一二抗直之士不事权贵近臣者，不得迁官。子弟宗室乃居于方伯或权要之位。帝在位十四年，国内祸乱较先时为少，人民无兵革之苦。帝奖励农业，垦荒者不问田亩多少，悉依旧蠲税。旧例何时所立，现不可考。帝谋增加耕田，实施当无可疑；诏又减轻一部分欠租。

宣帝颇欲拓展领土。其邻国为北周、北齐，互遣使往来，不相侵害。周、齐时为敌国，攻击不已。齐内政不修，军败于外；南疆与陈隔江相望，并收容陈之亡人。573年，宣帝欲北伐齐，公卿互有异同。名将吴明彻决策请行，宣帝诏其都督征讨诸军事；统军十余万发自京师，数败守兵，缘江城镇相继请降。大军北进，击败齐之援军，攻降之城邑益多。齐主遣王琳将兵拒战，琳战不胜，固守寿阳。明彻引水灌城，城中士卒死者十之六七，而援军犹逡巡不前。陈攻取城，为其重大胜利。后，周灭齐，宣帝欲取徐、兖，诏明彻北伐。明彻数败周兵，其将固守徐州待援。周遣大军入淮，遏断陈军归路，陈军溃败，明彻为周所执。斯役也，大军不返，器械、军储丧失殆尽，国力大耗，陈益不競。帝遣将守淮，安置淮北人士之南归者。周复出兵南侵，进围寿阳，所至皆不能守，淮南之地，尽没于周。会周权臣杨坚专政，其边将有以地内附者。隋代周兴，北方统一，强弱之势益形悬殊。

后主 宣帝没，太子叔宝嗣位，是为后主（583—589年在位）。其弟一为乱欲杀其兄，一专政获罪，乃不信任家人与大臣，重用东宫旧人与宦者。

中书舍人为其旧人，司掌机密，外有表启皆由其呈奏。尚书令江总善文，望重一时，后主初与之为友，以其善饮并投其所好也。总自叙云：“官陈以来，未尝逢迎一物，干预一事。”而后主委以重任，宜其败也。后主好酒，善于为诗，乐与文士往来，即位后纵情于女色。其皇后无宠，起高阁居其宠妃。其下积石为山，引水为池，植以奇树，杂以花草，以宫人有文学者为女学士。游宴时，使之与江总等赋诗赠答。此虽文雅之事，然怠于政矣，其臣于狱中上书言时政曰：

> 陛下顷来酒色过度，不虔郊庙之神，专媚淫昏之鬼；小人在侧，宦竖弄权，恶忠直若仇雠，视生民如草芥；后宫曳绮绣，厩马余菽粟，百姓流离，僵尸蔽野；货赂公行，帑藏损耗，神怒民怨，众叛亲离。恐陈南王气，自斯而尽。

此以亡国责任尽归于后主，实非公允之论。隋、陈国势相去悬殊，寡不可敌众，弱不可胜强，陈之覆亡当非一人一事之咎，特后主未尽其力。其溺于嬖宠、惑于酒色，自有责任也。隋文帝以陈收纳其叛人，扰乱其边疆，做大规模之军事准备；588 年，诏其子晋王广为统帅，率诸军南伐。史称“自巴蜀沔汉下流至广陵，数十道俱入，缘江镇戍，相继奏闻”。诸道并出，所以分散陈之兵力也。明年，隋将贺若弼自广陵济江，南至京口，攻陷南徐州；隋将韩擒虎自采石渡江，陷南豫州。两路并进，逼近建康。若弼西至钟山，击败拒战之兵，进攻宫城。擒虎入城，后主避入枯井，为隋军所执，陈亡。江南偏安二百七十年，其功绩为开辟领土，发达南方文化；然而祸乱太多，人民苦矣。

南朝之武力 自刘裕篡晋，迄于陈亡，凡一百六十九年，南朝武力不及北朝。鲜卑汉化，渐失其战斗能力；然与南朝相较，犹为能战。自南北户口而论，北朝地尽耕种，南朝尚有未开辟之地，户口远不及北方之盛。其时，国家武力与人民失去联系，人民除纳税、徭役而外，非犯罪或应募为兵则无服兵役之义务。强迫从军亦非战斗之主力。户口多寡乃与一国之武力无关。

北周改善制度，增强兵力，为政治家才能之表现。诸国则苟安于现状，唯听环境势力之支配。江南气候不及北方，梁时，有荐吴中名士顾协于朝者，武帝问其年，荐者答为“三十有五”，帝曰：“北方高凉，四十强仕，南方卑湿，三十已衰，如协便为已老。”南人体弱，时人以气候为决定性之因素。北人居于南方者，同受地理环境之影响，而体力较南人为强。南人寿命较短，时人视为确定之事实。其造成之复杂原因，史无记载；其中有享高寿者，史亦未有说明。北人以“南人怯懦”为言，南人有见马嘶而震骇，以为虎者。事实上，东晋豪族有勇敢善战之人，乃受政治势力之摧残及风气之转变而为将领之人才益少，至梁世而极。综就二百七十余年之趋势而论，北方贵族与南方豪族共同拥戴司马氏而为东晋，其能战之将则为低级南下之北人及早期汉化之土人，淮水流域为低级北人所自来，古人称其地为西楚。江南豪族，上已言之。刘裕楚人，托于彭城刘氏。六世纪北人所作《魏书》称：二萧为楚。萧道成为将门之子，萧衍父祖为将，皆淮水流域南徙之寒门。陈霸先之先世更微。四君皆低级之北人，利用时机而为天子。刘裕起自贫民，豪族之士附之兴起，宋世犹有能将，齐则视之逊色，盖无擢用、甄别之方。寒族之士既无法进身，北来之贵族亦仕不得志也。梁武帝信用其家人，一再偾事。梁末，侯景、王僧辩皆北来降将。侯景乱时，朝廷诏令不行于边区，蛮族酋长驱逐地方官而割据之。陈霸先于江西南部扩张兵力，其地时为边区，史未记其部将父祖地位者，皆蛮酋也。新来之北人，陈亦用之，三十余年之政局赖以支持。要之，南朝无增强其兵力之计划，其统治阶级无伟大之政治家，亦其所以见并于隋也。

社会经济情况之比较　南朝文化高于北朝，其详见于第三十篇。文化为政治、社会经济之反映。魏为大国，起自部落社会，后虽模仿中国，解散其部落而为州县，然未能贯彻行之；尔朱荣为一酋长，其地自魏初保持其旧俗，迄于魏末，则其一例。就解散之部落而言，其残余遗迹犹有存在。南方汉化较早，又受北方贵族南徙之影响，发展乃与北方不同。士大夫为文甚为虚心。颜之推《家训》谓江南文制欲人指摘其病累，随即改之，“山东风俗不通击难，吾初入邺，遂尝以此忤人，至今为悔”。此可见北士痼疾之深，为其文学不进步之原因，其一般经济状况亦不及南方也。宗法社会犹有强大之势力，太原王懿于东晋南奔，《南史》传云：“北士重同姓，并谓之骨肉，有远来相投者，莫不竭力营赡。若有一人不至者，以为不义，不为乡邑所容。”懿闻太原人王愉在江南贵盛，远来归之，愉接遇甚薄。是江南之风气迥异于北方。梁武帝亦称：伧人好不辨族从。南人同乡、同族之观念皆不甚强。

江南家庭制度较北方为优，《颜氏家训》称：南方不讳庶孽，妻死之后，士大夫多以妾媵为妻，家少兄弟相争之耻。北方侧出之子，不预人流，势必重娶，至于三四，母年有少于子者。兄弟饮食不同，后妻惨虐孤遗，离间骨肉，伤心断肠。父没，涉讼，子诬母为妾，弟黜兄为佣。此其亲身之见闻，祸根起于重嫡，重嫡为宗法社会之象征。七世纪所作之《北史》载有不少家庭之惨剧。裴植，南人降于北朝，《北史》记其为州官数岁，“以妻子自随，虽自州送禄奉母及赡诸弟，而各别资财，同居异爨，一门数灶，盖亦染江南之俗也。论者讥焉”。植所行，为南方之小家庭制，北人盛行大家庭制，乃为其所讥。实则，小家庭视大家庭为进步。南朝边区保有同居共产之风俗，以其地之经济不甚发达也。北方犹然，税之征收，以户为单位，亦其造成之一原因。鲜卑初无男女不相亲近之礼教，北方受其影响。《家训》称：邺下风俗专以妇持门户，求官诉屈；南方妇女则为礼教所束缚，略无交游。北方妇女织纴，南方则不之及。大体而言，北方士大夫率躬行俭节，江南则颇奢侈。至于农民，南北皆甚苦也。

南朝沿江缘淮之地，户口最多，以舟楫往返之便利。其大城为货物集中及分散之中心地，商业发达也。北方河流少而交通不便。农村为自给社会，盐为人生必需之物，为政府所专利。魏末，朝臣请弛盐禁，奏曰：“今伪弊相承，仍崇关廛之税；大魏宏博，唯受谷帛之输。”伪弊系指南朝，其货物交流，政府后受关廛之税，魏则为农业社会，收入全为农产品也。七世纪唐人所作《隋书·食货志》称：自晋渡江，凡货卖奴婢、马牛、田宅有文券，率钱一万输四百入官，卖者三百，买者一百；无文券者亦百分收四。江南市场成立盖早于东晋，买卖有相当之发达，征收百分之四之税或始于晋，南朝沿而不废。钱为交易之媒介物，江南用之。魏初无钱，孝文帝始诏用钱；495 年铸钱，京师及诸州郡镇皆通行之，内外官禄皆准绢给钱，绢匹为钱二百。钱之制造不敷市场之流通，魏无大量产铜之地，更受限制。其需要殷而供给不足，购买力甚高。此皆证明北朝经济之不发达。南朝文化、社会经济皆较进步而覆亡者，由于政府不能配合运用，增强其战斗力。南朝亡而文化制度仍有重大之影响于隋、唐也。

第二十八篇　魏

道武帝——太武帝——孝文帝之家庭——禄制之颁行——授田之计划——迁都

道武帝　南朝国君数易其姓，北朝为魏，一姓相传，凡一百七十余年。其人属于鲜卑，与汉人同为蒙古族，特以言语及生活状态之不同而汉人称为胡人。魏主拓跋氏，自附于黄帝之后，初为部落酋长，以兼并而为强大之部落，史称其盛时，“控弦之士二十余万”；与曹魏和亲，遣太子为质，是其力弱，不能与魏相抗。晋世和好如故。及中原大乱，徙于并州北部，国号曰代，与晋长吏维持亲善之关系，数出兵助战，晋帝封其主为代王。后代以内战之故，听命于石勒。赵末乱起，代王复征服诸部。苻坚统一北方，出军伐代，代王拒战大败，坚使部落大人分摄其国事。及中原混乱，代臣拥戴王孙珪为王。珪遭遇国破家亡之祸，备尝艰苦，以为祸常起于肘腋，对于臣下不甚信任，养成残酷之性情、好杀之习惯；为人精于骑射，有果断之毅力、指挥之才能，旋改国号曰魏，是为道武帝（386—409年在位）。道武血气方刚，富于进取，迁都平城。其人民多以畜牧为主，产生勇敢之骑士，所部战斗力甚强也。

道武先平内难，臣服其邻诸部大人。其时，慕容垂据有黄河下流之地，珪得其援助，击败其政敌，由是魏归于统一。珪北伐西征，所向无不胜利，并有得后燕之助者，后以不肯献马而与之绝。395年，燕大军攻魏，道武统兵拒战，燕军惧而南归，为魏追骑所败，降者多为其所坑杀。明年，慕容垂亲帅大军伐魏，逼近平城，会病南返，死于途中。于是珪无勍敌，自称天子，将大军南征；所向郡县，守令或弃城去，或请归降，唯中山与邺固守不下。魏军粮不继，劫掠犹不足食，有说其食桑椹者。时值大疫，“人、马、牛死者十五六”，将士皆思北归，道武不许，陷中山始归。诏“大军所经州郡，皆复赀租一年”，并“除山东人租赋之半”，灾情当必甚重。留将镇守新得之地，所谓置军府以相威慑也。徙吏民百工技巧十余万口以实平城，诏给“新户耕牛，计口受田”。其地耕田不多，史未记其分配。平城户口增加，过于生产事业之发达，一遇饥荒，粮食供给常为严重之问题。其营造宫室、宫庙，为之工作者皆其所迁之技巧工人，其规模制度本于中国。帝与汉人接触，羡慕其文化，其立太学、置五经群书博士、增生员三千人，皆其明例。其功业仍为武功，邻国高车强大，帝统大军袭而破之。刻石纪功而归。后秦与魏不协，帝大破秦军，皆其大者。晚年，服药性躁，喜怒乖常，多所诛杀，致人情危惧，政事废怠。

太武帝　409年，道武为子所杀，其兄连合诸部大人，讨杀乱者，自立为帝，是为明元帝。在位十五年，为魏令主，曾受儒家教育，好读史传，然仍不废武事。柔然为漠北强国，士卒善于骑射，魏人恶之，称为蠕蠕。帝以其南犯，亲征之，柔然始退。魏方与后秦和亲，刘裕西征，魏未积极予秦援助。秦亡，晋、魏接壤。帝于刘裕死后，大举夺其黄河以南之地。及死，太子焘嗣位，是为太武帝（424—452年在位）。太武母先赐死。初，道武欲立太子，先杀其母，谓汉武帝将立其子而杀其母，不令妇人与闻国政，遂为故事，为魏野蛮、残酷行为之表现。太武十五岁为君，崇尚节俭，食不二味，所幸妃嫔，衣不兼彩，常谓财为“军国之本”，用以赏赐勋绩之家而不及其爱宠；临敌，不畏矢石，善于指挥，知人善用，故所向有功。柔然数为寇于边，太武遣将伐之，大获而归；但非决定性之胜利，柔然仍乘隙入塞也。魏西邻为夏，其主赫连勃勃新死，太武将轻骑袭之，大获；俄复攻之，大破其军，陷其都城，遣将西据长安。战争历五年，夏始为魏所并，死亡惨重，人民流离。太武“赦秦、陇之人，赐复七年”，可想见灾情之一斑。魏与北凉接壤，其主事魏恭顺，而魏不容其自主，出兵灭之，地入于魏，羌人多服。魏更伸张势力于西域。北燕在魏东北，太武并取其地，于是北方统一。

宋、魏以争河南地而失和。魏兵身壮力强，善于骑射；宋少良马，野战不能与魏争锋。宋失地后，国中乱起，力不能报；文帝励精图治，有北征之雄心，而与白面书生议商。450年，宋兵北伐，败归。太武将兵南征，铁骑所至，宋军望尘奔溃。幸城为防守戎马之利器，宋将固守大城，魏兵攻之，死伤多而城不下。其南进也，不赍粮食，唯以抄掠为资。过淮，民多窜匿，抄掠所得不能供给全军，致人马饥乏，临长江而归。时人言其残害，古今未有。太武徙宋民五万余户于北方。其治国也，唯以严刑立威，果于诛戮，虽大臣亦无所宽假，事后多所悔惜，终未能改其性情。其亲信用事之大臣则为崔浩。浩为名士，长于谋略，为北方之高门第。士大夫之仕于魏者，皆浩所荐。浩信天师道，与道士寇谦之往来甚密。太武受其影响，信奉道教，摧残佛教。浩后为其所杀，甚矣哉！难为其臣也。452年，帝为左右所杀。太子早死，大臣平乱，迎立皇孙，是为文成帝。诏复佛法，与民休息，严禁长吏与商贾勾连、虐民，又诏被卖之男女还家。在位十四年死。

孝文帝之家庭　太子弘嗣，是为献文帝（466—471年在位），年始十二。权臣专政，太后密定大计，诛之，临朝听政。帝幸道坛，亲授符箓，本于救世之心，广集名医，远采药物；民有病者，遣医就家诊视，所需药物由医给之，此为前古未有之惠政。其时宋乱，将士降于魏者甚众，魏无乘机南下之意。柔然犯塞者为其所攻，并设六镇防之。帝受道教影响，壮年有遗世之心，禅位于五岁之太子名宏，自称“太上皇帝”；后为太后所害。太子即位，是为孝文帝（471—499年在位）。父死，十岁，幼为太后所抚养，尊为太皇太后。后复临朝听政，忌帝聪明，尝于寒月单衣囚之，又曾杖之数十，朝中事无大小，皆由其决定。太后多智，果于杀戮，威振内外，用事之大臣多为内宠，小有疑忌，便见诛杀。后死，帝始听政，在位二十年矣。帝初不问政事，养成读书之习惯，精通五经，博涉史传百家，善谈老庄，精于释义，好为文章；中年后之诏旨，皆其所作。其羡慕中国文化，鄙弃鲜卑旧俗，为事理之当然。贵族受其影响，读书者渐多。魏受中国文化影响，不始于此时，其程度先不甚深，孝文使之加强，欲其同于汉人也。

禄制之颁行 孝文亲政之先，国中有不少之叛乱。魏之政治组织不甚严密，尤以地方政府为甚。初，道武解散诸部，史称其分土定居，不听迁徙，其君长、大人皆同编户，是改变游牧生活而为郡县，长官当多擢自酋长，犹存部落遗迹，无俸则为其一例。官吏势将多取于民，或受贿赂、贪赃犯法，成为风气。其祖曾诏：犯赃十匹以上者死罪，仍不能禁。贫民无以为生者，流为盗贼。473年，孝文诏称："县令能静一县劫盗者，兼理二县，即食其禄；能静三县者，三年迁为郡守。二千石能静二郡上至三郡，亦如之，三年迁为刺史。"时魏犹无禄制，诏所谓禄，盖指办公费言。政府奖励官吏平盗，条件不为不厚，而各地叛乱并未减少。其根本原因则政府赋税苛重，人民耕种所得，乐岁仅能免于饥饿。兹于《魏书》引征二例为证：一、473年，十一州镇遭水旱之灾，相州民饿死者二千八百四十五人。二、483年，冀、定二州饥，帝诏郡县为粥于路以食之。定州刺史上言：九十四万七千余口为粥所活。冀州刺史奏言：七十五万一千七百余口得活。人民死于饥饿者，当必不少。不甘饿死之壮丁则铤而走险，此叛乱所以多也。

问题严重至此，孝文于太后听政时即欲有所改革，484年，诏班制俸禄。俸禄非出于国库，乃新取之于民。诏称："户增调三匹、谷二斛九斗，以为官司之禄。"均预调为二匹之赋。其先，官吏取之于民未有定数，而诏加以限制，其仍受赃者则严惩罚，诏所谓"赃满一匹者死"也。诏下后四月施行，内外百官受禄有差。帝命使者纠按贪污，贵显外戚亦不宽纵。大臣犯者自杀于家，守令坐赃罪死者四十余人。大臣有言其不便请依旧废禄者，太后诏群臣议之。议者称：饥寒切身，慈母不能保其子，给禄则廉者无滥，贪者劝慕；无禄则贪者肆其奸，廉者不能自保。废禄之议乃止。后，宗室二王坐赃当死，群臣为之请恕，太后不许；孝文免其死，犹削夺官爵、禁锢终身。法令严厉执行，司察苟有所闻，无不纠告。史称赇赂殆绝，当属可信。晚年，帝以国用不足，减禄四分之一。

授田之计划 救济贫民，问题较为复杂。遇饥荒，帝令酌免岁赋，或开仓赈恤，或给以衣食，此皆本于故事为治标之法。其根本问题则贫民多无耕地，或耕于偏狭之地，不能维持其家人生活也。477 年，帝以“去年牛疫，死份大半”，诏官“督课田农”，令其加勤。且曰：“一夫制田四十亩，中男二十亩，无令人有余力、地有遗利。”其时，耕地为地主所有，田地为其私产，政府未有广大之土地给与农民，又未没收或收买地主之田地，所谓“一夫制田四十亩”，徒为纸上计划，贫民生计一无改善。朝臣李安世鉴于农民饥困流散，疏陈均田。均田本为儒家思想，儒生常以其为长久治平之术。孝文深然其说，485 年下诏均田，“遣使者循环州郡，与牧守均给天下之田”。男子受露田四十亩，妇人二十亩，奴婢依良丁，有一牛者受田三十亩，多以类推，限止四牛。老者免受，死者还田，奴婢及牛随有无以还受。初受田者，男给二十亩桑田，为其世业，身终不还，恒计见口有盈者无受无还，不足者受种如法，盈者得卖其盈。此均田法之要款。官吏未夺地主之盈田转受不足者，未起纷扰。政府时无公田分给贫民，诏言之受田方案，徒为其文。帝后诏罢禁苑，以地赐与贫民，得其惠者，数不能多。授田依据丁口，而时户口报告全不足信，史称：隐冒之甚，有三五十家始为一户者。486 年，朝臣请立三长，其法：五家立邻长，五邻立里长，五里立党长；并改课调。太后言其可行，诏立三长，定名户籍。帝亦未据以分配耕地也。

迁都 490 年，太后病死，孝文益得依据儒书进行改革。旧臣不学无术，对于改变旧俗，常有难色。帝乃亲信自南朝入魏之刘芳，国戚大臣至有不平之色。帝建明堂、太庙，行养老之礼，并欲魏人接受中国文化，改变其生活，终乃决心迁都。帝以平城苦寒，为戎马产生之区，无漕运之路，迁都中原则通运四方，至一新地，居于汉人环境之中，旧俗易于革除，便于文治也。诸大臣田宅、财产多在平城，徙都当为重大之损失。人类富于保守性，常视习惯为自然，久居于苦寒之地，反以气候温和之区不适宜于人生。帝与旧臣言及迁都，无不反对。493年，魏大举伐齐，步骑三十余万，渡河至洛阳，而雨不止。帝戎服将出，群臣固谏，乃曰：苟不南伐，当迁都于此。时宫室犹未经营，小住于邺，明年还洛。旧臣不愿居洛，至许其冬居南而夏居北，仍有欲为乱者。事发，牵涉之人甚多。皇太子恶河洛暑热，亦欲奔代。迁都困难至是。帝以洛阳无马，置牧场于河阳，畜戎马十万匹。

魏迁都后，代人南迁者，诏复其租赋三年。迁者居无一室，食无储粮，当不免于失望。孝文方议兴礼，值南朝亡臣王肃入朝，帝与之语，恨相见之晚，朝仪文物，多其所定。帝自改姓为元，大臣皆改胡姓，上至朝服，下至妇女服饰，无不仿效汉人。朝廷上，禁说胡语，犯者罪至免官。帝行养老之礼，巡狩各地，问民疾苦，求天下遗书，为群臣说礼。其加惠于民，则为改长尺、大斗，依周制班行国中也。帝慕华风，与门第甚高之士大夫接触，受其影响，雅重家族，以北方五大族为衣冠所推，纳其女以充后宫。会弟娶于隶户，帝深责之，下诏为诸弟聘室，皆世族之女，凡前所纳者，降为妾媵；所用，多世族子弟，命定诸州士族。审定之结果，影响一族人士之仕途及其社会上之地位，其臣有不顾一切而力争之者，用人唯取门第，时人已有非议，其朝实少才能之士。南士王肃、刘芳皆居于显位，实不足语政治建设。《魏书·王嶷传》称："嶷性儒缓，委随不断，终日在坐，昏睡而已。"明察者多见杀，而嶷得自保。时人为之语曰："实痴实昏，终得保存。"此孝文时事，才能之士反多见杀，宜其朝中无人也。代人南迁之后，安于现状，并于河洛购置产业。旧都趋于荒凉，非居于河南者之所愿往；有罪徙边者，亦多逋亡。孝文初诏，一人逋亡，阖门充役；俄听大臣罪不相及之谏，复行废去，而问题迄未解决。边地兵户窘困，酝酿而为大祸。孝文晚年，欲统一中国，一再南伐，迄无决定性之胜利；499年，南伐，病死，计划多未完成，固魏之损失也。

第二十九篇　魏（续前）

宣武帝——国事之败坏——北边之乱——魏之覆亡——魏之旧俗——疆域——政治情况——税制

宣武帝　孝文帝死于外，弟从驾南行，秘不发丧。太子应征即位，是为宣武帝（500—515 年在位）。其官属多疑叔有异志而密防之。辅政大臣六人互相争权，诸叔亦相忌嫉。帝信谗言，诛杀其叔，任用幸人，政治益形恶劣。其时，南朝祸乱迭起，边将据淮北城镇降魏。魏将攻取汉中，疆域益广；不过值逢时机，非帝能有武功也。中年，帝死，太子七岁嗣立。其生母胡氏异于通常妇人：魏制，生太子者死，妃嫔祈祝皆愿生诸王、公主，而胡氏独言愿育冢嫡。生子杀母，为野蛮行为。魏南迁后，汉化之程度渐深，非人道之旧习惯根本动摇。宣武雅好经史，尤长释氏之义，不愿出此。事实上，魏建国百年，嗣位之天子无一生母存在；太后虽非生母，然居于尊严之地位，仍为朝臣所畏服，有诛杀权者而握大权者。杀母所以防母后之专政，而祸仍不能去，宣武始不杀太子生母也。

国事之败坏　太子为帝，是为孝明帝（516—528年在位），年幼不能听政，朝臣争权相杀。嫡母太后欲杀帝生母，赖领卫兵长官保卫得免，俄亦进位太后，遂临朝听政。魏以亲王为三公，三公徒拥虚名，门下实握政权，《魏书》所谓“政归门下，世谓侍中、黄门为小宰相”也。侍中、黄门初皆太子侍臣，渐而得其信心，有进言之机会，所言且易为天子接受，乃为显官。胡太后擢其有德于己者官居门下，总领宿卫，史称其专朝政，权倾一时，当为事实；后以其迭为朝臣所劾，出为外官。其亲信用事之大臣，唯从事于奢侈生活，用费无不取之于民，政治贪污益甚。岂魏初居于苦寒之地，风俗尚称朴素，迁都后习染汉人习俗而大奢侈邪？抑累世强盛而民力有余邪？廉洁自好之士亦不能改善环境。魏之强大，赖其勇敢善战之骑士，奠都洛阳后，文弱同于汉人，而奢侈过之，遂不愿复至塞北。其固有之素质与精神全然丧失，已入于衰微之路。其尤使人骇异者，羽林军公然为乱于京都也。初，大臣张彝上书，请抑武人，“不使预在清品”，为羽林军所怨。军人立榜约期屠害其家，初至尚书省诟骂，求彝长子为尚书郎者，不获，“以瓦石击打公门”，无人敢问，更“以杖石为兵器”，持火直造彝第，曳之堂下加以捶挞，纵火焚屋。彝长子救父，“拜伏群小”，而羽林军“投之于烟火中”，彝亦重伤垂毙。此为重大事变，朝廷斩其凶强者八人，“即为大赦，以安其心”，于是国纪荡然。

胡太后听政，颇多内宠，辅政之大臣为帝叔父，太后幸之。后妹夫元义官为侍中兼总禁兵，恃宠骄恣。卫将军刘腾旧有德于太后，权倾内外，皆为辅政大臣所裁抑，心怀怨望。520年，二人为乱，擅杀皇叔，幽禁太后。孝明帝年始十一，义遂专政。史称“义为外御，腾为内防”，政无巨细，皆由其决定。其在外举兵讨之，或于内谋杀之者，尽为其所杀。所用则为贪残无耻之徒，影响社会道德之低落。彼求官者，全为其个人或家人之奢侈生活，得官之后，即纵情于声色之欲，原无足异，不过为政治社会将崩溃之征象而已。魏兵初为鲜卑善于骑射之勇士，及征服诸部与邻国，亦收其骑射善战者为兵，杂有丁零、胡羌诸部，是为斗兵。汉人则为步兵，同于军属，无足轻重。中叶，环境改变，魏兵之战斗力降低；迁都而后，腐化之成分增高，羽林军至无军纪。其时，内乱外患交至，魏兵战多不胜。太后利用时机，复行听政。其严重之政治问题首为平定叛乱，若再稽延，范围将益扩大，难于收拾。太后并不留心及此，听政特不过为其个人之享受。其年将近四十，犹事修饰，数出游幸；其臣谏之，仍不能改。内宠专政，势倾内外。太后以帝年渐长，恐知其所为，凡帝爱信者，辄以事去之，母子之间遂成嫌隙。六州讨虏大都督尔朱荣有举兵入洛、内诛嬖幸、外清群盗之意，上书请南授相州，其地有贼为乱也。太后不许；及其复请，乃谋离间其左右。荣知而大恨。帝恶太后幸人而不能去，密诏荣举兵内向，以胁太后，大乱遂成。

北边之乱 荣初为山西北部之部落酋长，所部皆北方之骑士，杂有归降之盗贼与亡命。初，魏帝以北边为重，简亲贤为镇将，配以高门子弟，其人既得仕宦，又得复除，皆欣慕为之。迁都后，旧门防边，号为府户，役同厮养，一生升迁不过军主。其同族迁洛者为清流上品，在镇者则为清途所隔，遂多逃亡。政府乃禁镇人浮游于外，少年不得从师，长者不得游宦。边任益轻，镇将皆为凡才，专事聚敛。奸吏犯罪配边者，更为之指纵。政以贿成，边人无不切齿。识者主张改镇立州，分置郡县，免府户为民，许其入仕，朝廷不许。会柔然主阿那瓌降魏复叛，朝廷出大军追之，一无所获。边人见而益轻中原之兵，谋为叛乱者增多。523年，乱作，攻杀镇将，华夷闻风响应。

初，魏置六镇于北边，时人言其东西不过千余里。六镇去平城不远，所以保卫之也。迁都后，边人保存其旧有之生活习惯，善于骑射。其人受苦已久，响应为乱，数败官兵，攻城掠财，所过夷灭。朝廷遣军往讨，为其所败，始改镇为州，藉以挽回人心，惜时已晚，无济于事。魏主乞师于柔然，阿那瓌出兵赴援，迭破乱民，降者二十万人。朝臣请安置降户于恒州北部，别立郡县，予以赈济。朝廷不从，令其就食于今河北省，情状同于乞活，遇有机会当复起而为乱。且当乱后，壮丁好勇逞斗之心益强，祸乱易于复起，奈朝廷不善处理何！俄而，边民复起为乱，攻没郡县，定州降户亦反。葛荣为其渠帅，击败官兵，自称天子，国号曰齐。降户所在为乱，黄河以北之地入于混乱之状态。尔朱荣隐有大志，招聚豪杰之士，所部骑兵战斗力强，数败贼兵，官拜六州讨虏大都督。528 年，荣应密诏举兵内向，太后及其幸臣杀帝，别立幼君。荣兵南进，不战而入洛阳，迎立宗室，是为孝庄帝；沉太后及幼主于河，杀百官二千余人，有称帝之意，置帝于幕下，杀其兄弟。帝请禅让，荣左右意见不一。荣四铸金印不成，以为不吉，复奉孝庄为君；政权归于其党。时葛荣兵力益强，南下掠食，众号百万，所至残掠，乱者益多。流民十万余户反于青州，势力亦强。尔朱荣乃亲率精骑，出讨葛荣，一战破而擒之，降其余众，分散数十万人，安置各得其宜，固一时之杰也。关中氐酋为乱，长吏为其所败，势大张旺，据有关中之地。关东汝水一带，群蛮大起，大者万家，小者千家，各称王侯，屯据险要，道路不通。魏臣南逃入梁者，武帝颇厚待之，出兵纳北海王元灏于魏。魏方东攻青州，梁兵乘虚攻入洛阳；灏自为帝，但其实力有限，又疑梁兵，魏兵归而灏败。

关东叛乱渐次平定，政府统治区域视前为小，收入益少。其榨取于民也，甚于先时。盗贼滋扰之地，掠取民食、民财，攻城略地，多所屠杀。人民不能安居耕种，死于饥饿流亡者多。《魏书·地形志》曰：“正光（520 年）以前，时惟全盛，户口之数，比夫晋之太康，倍而已矣。孝昌之际（525—527 年），乱离尤甚。恒、代而北，尽为丘墟；崤、潼以西，烟火断绝；齐方全赵，死如乱麻。于是生民耗减，且将大半。”太康为晋武帝年号，全国二百五十余万户。魏之户口倍于西晋，疆域则不及其广大；黄河流域户口增多，而仍有隐瞒。《魏书》称：魏中叶，朝臣奉旨检括五州隐户，出十余万户；末年，隐瞒益甚。户口增加过于生产事业之发达，常为祸乱之主因。魏为农业社会，人民多，而耕地不足，为盗贼蜂起之根本原因，饥荒更促成之。屠杀之惨乃如《魏书》所言。尔朱荣既平定关东，遣将西讨关中，大败叛人，关中渐定。

尔朱荣新立大功，官拜大丞相、天柱大将军，居于晋阳，遥制朝政；女为皇后，宫中之事，尽为其所知。帝勤于政事，亲理冤狱，荣闻而不悦；复以用人争执，嫌疑积深。530 年，荣至洛阳，帝于宫中杀之，下诏大赦。尔朱氏为方伯或统军于外者，皆谋报复，引兵向洛，帝兵败而遇害，北方复成大乱。尔朱氏另立新君，竟为贪墨，为民所恶，高欢举兵讨之。欢初为盗，后为荣将，以才能为其所知，官至晋州刺史。尔朱氏败于北部尊长，赖欢力而获胜，乃以六镇鲜卑归其统治。欢终不为之用，531 年冬，举兵讨之。明年，尔朱氏聚大军攻欢，为其所败。其败亡之速，以部将有忠于魏而不为之用也。

魏之覆亡 高欢战胜，迎立孝武帝。帝好武事，有兴复魏国之雄图。其臣贺拔岳平定关中尔朱氏之余党，授关西大行台。其时，尚书省称中台，置于外州或一区域行使政权者号曰大行台，初司征伐，统治其区域内之州县，后则兼管民政，为一地区之最高统治机关。宇文泰为其长吏。帝增强其侍卫，以岳拥有重兵，与之相结；出其弟胜为荆刺史，欲依其兄弟以敌欢，欢利用其下杀岳。岳部奉宇文泰为主，帝拜为关西大都督，欲依为援。534 年，欢起兵南向，朝臣或与之通谋，或争权偾事。帝奔长安，是为西魏；诏宇文泰为丞相，复与之有隙，致为泰所鸩杀。泰立宗室，是为文帝。帝初以强果见称，及为天子，认识其所处之环境，苟安于现状，在位十七年死。子嗣不及三年，为泰所废；泰立其弟，557 年，逊位于周。西魏凡二十四年而亡。魏帝徒拥虚名，不过以宇文氏尚未篡位而已。高欢另立新君，是为东魏；一君在位十七年（534—550 年），其所受之屈辱不下于西魏之君。欢以洛阳距西魏地近，迁都于邺，邺去其所居晋阳较近，便于统治也。洛阳四十万户奉命迁徙，史称其“狼狈就道”，财产损失极为巨大。时人常言：高欢造反。欢闻而恶之，执臣礼甚恭；及死，世子澄当国。帝欲杀之，而反为其所幽。未几，澄弟洋代之执政，550 年，篡位。

魏之旧俗 上为魏代大事，其国君多中年而死：一由于服药，自戕其生命；一为早婚，其婚姻之早为先时所鲜有。魏故事：将立皇后，必令其手铸金人，成者为吉，不成则不得立。此为解决妃嫔争位之一法。北方旧俗以铸金人成否，为事之吉凶成败。尔朱荣之未称帝，则由于四铸金人而不成。国君死后三日，其服用器物概行烧毁，百官及中官号泣临之。其思想以为人死之后，魂魄于另一世界度其生活，需用其生时所用之器物也。杀人殉葬时为常事。妃嫔从王死者，史未记载，然可于《魏书》传中见得一二。有为帝亲臣者，及死，帝命其妻曰："夫生既共荣，没宜同穴。能殉葬者，可任意。"妻迫而自缢，则其一例。及魏汉化程序渐高，始改变惨无人道之风俗。

疆域　魏地初在塞北，为游牧之乡；后并诸部，侵入中国，统一北方。其领土虽尚不及前秦之广大，而国力之强大、基础之巩固，则非其所能及。魏北境与柔然为邻，柔然为游牧民族，逐水草而居，当无所谓边界；大体而论，漠南多属于魏。其东北与高丽为邻。魏极盛时，西疆达于西域，青海一部分为其所有。其在中原，初限于黄河以北之地，渐而向南伸长其势力，关中南达于秦岭，东限于汝山一带之地；其东淮水流域及山东半岛大部分，则为南朝土地。太武南征，临江而返，其所陷之城邑，复归于宋。宋乱，淮北之地始入于魏。其后，魏越秦岭，南据汉中；川北剑阁以北，亦为其所有。其东限于大别山，再东则以淮水为界。大别山高峻，为蛮夷所居，隔绝南北之交通，魏始经营其地。七世纪所作之《北史》称：蛮酋归魏，为东荆州刺史，朝臣韦珍为使，与之招慰蛮人。"珍至桐柏山，穷淮源，宣扬恩泽。"淮源旧有祠堂，蛮人"恒用人祭"。珍令以酒脯代之，群蛮从之；招降七万余户，置郡县而返，为一明证。南朝防守之要镇，西为襄阳，东为寿春。据《魏书·地形志》所记：魏州一百有七。一州之土地、户口，常不及汉代之一郡，设官多而徒增加人民之负担。

政治情况　魏自部落酋长演进为大帝国之天子，其旧有制度不免简单，不适于用。魏主初无重大之改革，其政治组织不甚严密，运用亦不灵活。兹引二事为例：一、道武季年，刑罚严峻，臣下以微过得罪者，多见诛杀，惧而逃匿；太子亦逃亡于外。二、魏制，户征税调，量数颇重，民隐瞒三五十户而为一户。魏主渐而采用中国官制。国君决定军国大政，大臣不过贡献意见。亲臣为其所信，常握重权，中书门下乃为显官。魏初，官无俸给，有功者赐以奴婢、杂畜。奴婢为其主人生产，牲畜为其财物，皆游牧社会之遗存。朝臣生活殊苦，而廉洁者尤甚。名臣高允久在朝廷并蒙宠待，而家甚贫，唯有"草屋数间，布被缊袍，厨中盐菜而已"，常"使诸子樵采自给"。于斯情状之下，贪残者众，尤以地方官为甚。孝文始定百官禄制，严禁贪赃。其后，贪污成为风气。吏部至公开卖官：大郡绢二千匹，次郡一千匹，下郡五百匹。为官须出巨大资本，当视为利益优厚之投资，得之者将必榨取于民也。魏刑罚严酷，《魏书》言其任刑为治，蹉跌之间便至夷灭。然仍不足为治，由于不求其本，此不过表示其野蛮陋习未尽革除而已。

税制 魏统治阶级多为贵族及世家子弟，南士北亡者后颇为其所重。人民唯当纳税服役。汉末，曹操令户出绢二匹、丝二斤，以为户调之起始。户之调查，较易于口，尤以乱时为甚，渐而演变至以户为征税之单位。十一世纪史学家司马光所作之《资治通鉴》言魏常赋曰：

> 魏旧制：户调帛二匹、絮二斤、丝一斤、谷二十斛；又入帛一匹二丈委之州库，以供调外之费；所调各随土之所出。

《魏书》称：孝文初年，诏河南六州户出绢一匹、绵一斤、租三十石。绢、绵少而谷增加，或所以解决军粮之不足。及班百官俸禄，诏增调谷，为官司之禄。后，立三长，民调复有变更，"一夫一妇帛一匹、粟二石，大率十匹为公调，二匹为调外费，三匹为百官俸，此外复有杂调"。民初愁苦其重；行后，史称课调省费十余倍，上下安之。盖一区应征之额数由新出之户平均负担，而调反轻也。租调外，尚有徭役。征税服役以户为单位，不论人口多寡，大家庭常处于有利之地位。其后，杂税益多，官吏以大斗、长尺、重秤多取于民。朝臣奏言之曰："官吏贪污，致令徭役不均；发调违谬，箕敛盈门，囚执满道。"政治成此现状，宜魏覆亡也。关于货币，魏人以帛为交换之媒介物，孝文帝始造五铢钱，而国内并无铜矿，钱币铸造不敷市上之流通。奸民乃造轻薄之小钱，致物价上涨，民以为病。绢价初定一匹二百钱，后则随小钱多而上涨，钱反不及绢较稳定也。

北魏之政治经济情况颇为恶劣。其统治者原为部落酋长，自不免瘠民而为个人或家族人之享受。孝文帝之变法，所以改除其积弊，兼有为民之心；然太偏于理想，而未认清现实。其均田计划之未能实行，则其一例。政府组织尚未严密，户口调查徒为具文，三长行后，隐冒者犹多也。政治积弊非一人所能廓清，继体之君又为中下之主，自不能继续进行。于是，问题益为严重，酝酿久而成大祸。

第三十篇　北齐

高欢之建国——高澄——文宣帝——齐之衰弱——政治情状——齐律

高欢之建国　魏为鲜卑，北齐统治阶级亦为鲜卑。史称：高欢祖为汉人，然累世居于北边，习染鲜卑风俗甚深，重鲜卑而轻汉人；子洋自以其为鲜卑人。魏帝接受中国文化，孝文帝改易其风俗，使生活习惯同于汉人，子孙尽失鲜卑所长，复有汉人之短，至于覆亡。高欢起兵，将帅多为鲜卑人士，所部士卒，亦为鲜卑百战之余，以为保全其风俗，子孙可长有其经营之产业。齐为鲜卑得意时期；事实上，其文化水准太低，劣根性之势力未受教育及伦理影响而减少，得意时遂心所欲，所行所为多为罪恶，过于汉人所谓“禽兽行”。鲜卑伦理观念不同于汉人，而齐固为国史上之一黑暗时代也。

齐之建国系高欢之力。欢家贫，体壮多力，富人娄氏女见面爱之，数致财物，因娶之为妻。初为“函使”，往来洛阳，尝为长吏所笞辱；又见宿卫为乱，以为大乱将起，广交宾客。及北镇人为乱，欢与其党司马子如、侯景从之作贼，展转归于尔朱荣，渐而得其信心，参与军谋。后，荣侄兆德欢援之，誓为兄弟。其时，六镇人二十余万流亡于今山西，不堪陵虐，“大小二十六反，诛夷者半”，犹为患不止。欢奉兆令统之，以其地灾旱，请率之就食山东。兆许其请。欢至冀州，养士缮甲，激鲜卑为乱，讨尔朱氏，大败其军，迎立孝武帝；功成，统兵还邺，以其地为军事重镇也。

孝武不欲受制于权臣。高欢起兵入洛，诸举兵讨之者皆败。欢据有魏地之大半，迁都于邺；以晋阳为根据地而自居之，重兵在焉。欢为丞相，军国政务皆归于相府，魏帝徒拥虚名。欢之精力多耗于统军作战，击败扰边之胡酋；与西魏迭相攻击，死亡惨重，但非决定性之胜负。欢起自盗贼，据有中原之大部分。宇文泰据有关中，自土地、人民、军力、财力而言，皆不及东魏之强，因而常处于防守之地位。古代战争，攻城难而守城易，高欢未有大功，此为其一原因。其举兵也，非有救国为民之心，不过取尔朱氏而代之。其故旧出身寒微，皆贪财好货，部下鲜卑亦以劫掠为事。欢居晋阳，留其亲旧四人于邺辅政。四人骄盈不法，与夺任情，“求纳财贿，不知纪极，生官死赠，非货不行”，盗取官物毫无忌惮，贪污成为风气。欢属吏请治犯罪之文武。欢言：天下贪污，习俗已久；若不相假借，督将恐归关中，士子将归江东，人物流散，何以为国？宜少待之。此不过为其推辞，终未绳之以法也。

高澄　欢居于高位，妻妾颇多，家庭之不幸事件一再发生：弟乱其后宫，受杖而死；世子澄通于父妾，为婢所告，欢杖澄、幽之，怒而与娄妃隔绝，将易世子。澄使人求救于司马子如。子如见欢，言其子亦通父妾；妃为结发之妻，常以父母家财奉夫，欢前微时被杖，背无完皮，妃昼夜供侍，后复备受贫困，恩义当不可忘；一女子如草芥，况婢言未必可信。欢使子如更鞫，子如反其供辞。欢悦，召娄妃及澄。妃遥见欢，“一步一叩首”，澄“且拜且进”，父子、夫妻相泣，复如初。此为饶有兴趣之故事，鲜卑贵人之家庭丑事，于此得见一二。澄数为父所杖责，竟敢淫于父妾，得意时将更放恣纵欲而无忌惮。其兄弟诸人莫不如此。欢唯欲其经营之产业传之子孙，以澄为大将军，领中书监。旧制，尚书、门下二省皆为要职，尚书总理政务，门下掌理机要。自魏末以来，门下之权尤重。至是，移门下机要归于中书，文武赏罚皆禀于澄。澄自尊大，擅作威福，用其亲信为御史中丞，奏劾大臣，毫无顾忌。司马子如至以罪系狱，削去官爵。547 年，欢死；侯景镇守河南，据地以叛，兵败奔梁。西魏乘机伸长势力，得有不少之城邑。澄复与梁和，致成侯景叛乱；遣将掠取江淮之北，获二十三州，又出兵攻陷颍川，西魏新得之于东魏也。549 年，澄朝魏帝于邺，方与亲信谋篡，会为其下所杀。

文宣帝 澄死，弟洋捕杀群盗，秘不发丧。洋貌陋而外若痴，为宿将所轻，澄亦轻侮之。然颇能断，父尝令诸子各理乱丝，洋独抽刀斩之曰：“乱者须斩。”魏帝初以澄死，威权将归于己。会洋将往晋阳，入宫谒帝，戒备森严，帝始知其不能相容。洋至晋阳，大会文武，言辞敏洽，改善不便之政令，亟欲篡位；母言不可，商诸勋贵，亦持异议。洋不之顾，篡位称帝，国号曰齐，是为文宣帝（550—559 年在位）。文宣在位十年，其先后所为判若二人。嗣位之初年，留心政治，以为驭下，其臣违反宪章者，虽密戚旧勋，亦不容舍，内外祗肃，莫敢为非，更增强其军队之战斗力。其兵初皆鲜卑，高欢谕其保护汉人，不可侵之，语汉人则言鲜卑为之击贼。《魏书·地理志》称：六镇旧地为齐禁旅所出，户口之数不得而知。朝廷以人知其户口，将知其兵多寡而不公布数字也。文宣简练禁兵，欲以一当百，期其临阵必死，谓之百保鲜卑；又简华人之勇力绝伦者，谓之勇士，以备边要。是汉兵居于辅助或次要之地位，而齐斗兵必为鲜卑或胡化之汉人也。其西邻为魏。先时，高欢、宇文泰相攻，战区及其附近之地多废，各于边境筑城储粮，驻兵防守。攻城时为艰苦、牺牲重大之事，双方皆不愿为。其南邻为梁，大乱起而入于混乱之状态。齐夺梁地，伸长势力于江淮间，南渡归于失败。长城以外为游牧民族畜牧之所，初以柔然为强，高欢、宇文泰各遣使结之为援。欢厚币聘其主女为妃，降意事之。及突厥兴起，柔然为其所破。北边部落为齐害者，有库莫奚、契丹；山胡居于并州西部山地，亦为民害。文宣亲征库莫奚于代，大胜，获杂畜十余万；明年，远征契丹，大破其众，获杂畜数十万头，又破其别部。其讨山胡也，先后皆胜。柔然败于突厥，余众扰边者，亦为齐所败。

文宣初为英明之主，中年始为暴虐之行。史称其于554年改变常态：其年，出讨山胡，都督战伤，其什长不前赴救，帝命刳其五脏，使九人分食，肉及秽恶皆尽，遂行威虐。其饮酒过多，神志不清，为其暴虐之一原因；其受遗传及家庭环境影响之程度，则不可知。其父兄好色，上已言之。兄先通于父妾；父死淫于蠕蠕公主，其生时聘之为妻也；又通于弟妇。文宣后亦淫于澄妻；史称："高氏女妇无亲疏，皆使左右乱交之。"文宣常捶挞嫔妃，甚至杀之；更手刃朝臣于宫殿之上。其无道事实，史有不少之记载。其母娄太后以其酒狂昏颠，尝举杖骂之。帝言：嫁此老妇与胡。后怒，遂不言笑。帝欲其笑，自匍匐以身举状，坠落于地，颇有所伤；醒而惭恨，举火将自烧死。后惧而持挽，强为之笑。帝设地席，命人执杖，脱背就罚，且曰："杖不出血，当即斩汝。"后前抱之。帝流涕苦请，乃笞脚五十，然后衣冠拜谢，悲不自胜。故事同于戏剧，帝戒酒一旬，复如初矣；晚年，不能饮食。

齐之衰弱 太子敏慧好学，后深受刺激，气悸语吃，精神昏扰；559年，父死，即位，尊娄太后为太皇太后，母为皇太后。初，杨愔居于显位，政事由其处理，颇能有所匡救。及文宣病甚，以演、湛二弟亲逼，诏异姓大臣辅政。大臣请去二叔，帝不之许，乃议出为刺史，而事为娄太后所知，亦不果行。二叔捕杀辅政大臣，军国大事由其决定。560年秋，娄太后下令废帝为王，以演入承大统，是为孝昭帝。帝为文宣母弟，聪敏有识，深沉能断；轻徭薄赋，勤恤民隐，为齐令主。561年病死。疾时，以其子尚幼，诏弟湛入嗣，手书告之："宜将吾妻子置于一好处，勿学前人也。"当深有所悔，废子不立，所以保全之也。

湛为娄太后幼子，先与孝昭定谋，诛杀执政；兄死，为帝，是为武成帝（561—565年在位）。武成亦不肖子，唯好酒色，多取人女；逼通于文宣皇后，及有孕，后杀胎儿，帝怒杀侄，以为报复，更裸而挞后；终日酣饮，朝事委任幸臣。和士开为宠信用事者之一，倾巧便僻，言语鄙亵，尝说帝曰："自古帝王，尽为灰烬，尧、舜、桀、纣，竟复何异。陛下宜及少壮，恣意作乐，纵横行之，即是一日快活敌千年。国事分付大臣，何虑不办，无为自勤苦也。”帝闻而大悦。士开曲求物誉，乐与世家往来。诸公颇为子弟干禄，富商大贾填于其门，贿赂公行，朝政日坏，幸名将斛律光犹在。周师伐齐，皆不胜而去。565年，帝以灾异迭生，听从臣下之言，传位于太子，自称太上皇帝，军国大事仍由其决定，宠幸乱政如故。569年，病死。

太子纬嗣位为帝，年始十岁，是为后主（565—576年在位）。其嗣位初年，朝政由和士开决定，母胡太后并与之通。后主幼为陆媪所鞠养，太后与之结为姊妹。王大臣请出和士开，太后不听；复行强请，致为士开所谗杀。后少子恶士开为人，起兵杀之。陆媪之权势转盛，子亦为显官。史称其母子卖官鬻狱，聚敛无厌，每一赐与，动倾府藏。宫中自太后以下，皆受令陆媪指挥。朝臣无行者附之，谗杀斛律光，是自为周去一勍敌。朝中无人，宦官、胡儿、歌舞人、见鬼人、官奴婢等滥得富贵者，殆将万数。嬖幸娱侍左右，一戏之赏，动逾巨万。府藏空竭，使之卖官取直。由是守令率皆富商大贾，竞为贪纵，赋繁役重，民不聊生，遇水旱之灾饥饿而死者甚众。齐与邻国仍时有战争，陈取淮南之地，齐不能报，陈后出兵侵入淮北。周主有统一中原之雄心，以齐主无道，大举伐之；577年，大败齐师，乘胜而前，有如破竹之势。后主欲南奔陈，为周所获，齐亡。

政治情状 齐凡二十七年，其国君无一年至四十者，时人归之于命，而实由于戕贼。半开化之人，不知其责任，吾人亦何必责之！鲜卑为统治阶级，用其语言，鲜卑语乃为齐人所重。鲜卑轻侮汉人，称为“汉儿”，唯当奔走事之或出税养之。高洋为帝，妻为汉人，将立为皇后，而勋贵言：“汉妇人不可为天下母，宜更择美配。”洋不之从。后，辅政大臣与皇叔争权，娄太后称其母子不能“受汉老妪斟酌”，仍寓轻视汉妇之意。文宣亲臣汉人有言“宜用汉，除鲜卑”者，后以事被杀。帝追思前事，称此语即合死。齐帝重用鲜卑，至不能容意见不同之朝臣，此可见鲜卑政治上之势力。其治国规模，本于前代，乃汉人产物也。其长官有太师、太傅、太保、司徒、司空、太尉等，徒拥虚名而已。其握事权者，初为中书，高澄为中书监，军国大权皆归于中书省是也。高洋为尚书令，即位后，政权移于尚书省。史称：杨愔"及居端揆，权综机衡，千端万绪，神无滞用。自天保五年（554年）以后，一人丧德，维持匡救，实有赖焉"。其官初为尚书右仆射，后为尚书令，尚书权重至此。齐末，门下省转为要职。和士开诸人初皆侍中也。要之，皇帝为政治威权之泉源，凡能进言或为其所亲信者，无论其官位若何，皆有威权也。齐幸臣居于显位，人数之多，为前古所未有。士大夫仍钻营求官，皇帝视之同狗。宋游道为尚书左丞，以敢言为长官所谗，文宣将杀之。杨愔曰：畜狗求吠，"今以数吠杀之，恐将来无复吠狗"。遂得不死。和士开盛时，朝士多附事之，甚者为其假子，与富商大贾同在昆季行列。士开尝疾，医云须服"黄龙汤"。士开难之，一士乃先服之，无耻何至于此！齐主常杖朝臣；后，权臣亦杖挞朝士。幸臣常詈朝臣云："狗汉大不可耐，唯须杀却。"士愿为官者，不过贪于禄位，安望其治民邪？

齐律　律令初沿用魏制，文宣命修魏律为齐律。律在中国，包括一部分政治制度及民法、刑法；历时久而文益多，先后矛盾，在所不免，更有因环境变迁而无法施行者，奸吏乃得舞文为弊。修纂律令为时要政；但非专家主持、经历相当时间，则难成功。齐律于564年完成，其关系人民生计者，当为田制与税制。史称其令民十八岁受田输租调，二十充兵，六十免力役，六十六还田免租调。一夫受露田八十亩，妇人四十亩，奴婢依良人；牛受六十亩。大率一夫一妻调绢一匹、绵八两，垦租两石，义租五升；奴婢准良人之半。牛调二尺，垦租一斗，义租五升。垦租送台，义租送郡，以备水旱。此系撮要之辞，当有不少遗漏之点，致吾人不能认识真相。田制系损益魏孝文宣布之田制而成，人民受田视之为多。田为私产，政府若何授之？其时，户口调查不尽可靠，更难实现。齐季，政府方榨取于民，法令为纸上计划而已。史称齐税繁重，民不堪命，则较为可信之记录。

北齐为黑暗时代。文宣尝问其臣杜弼："治国当用何人？"弼曰："鲜卑车马客，会须用中国人。"骑兵善战，为鲜卑所长，处理政治问题，则汉人较有识见。统治者徒以武力居于领导之位，毫不知其责任，唯用严刑立威，瘠人以自奉，宜其覆亡也。其先，鲜卑出有不少杰出之人物，后虽力欲维持其政治权益，而实已至衰弱时期，所行所为，徒表示野蛮而已。

第三十一篇　北周

宇文泰之据关中——领地之扩大——制度之变更——宇文护之专政——武帝之功业——周亡——高门第之演变

宇文泰之据关中　魏季，边人之乱造成大规模之屠杀，其领袖皆勇敢善战之鲜卑，且多英杰之士。其人初无机会表现其才能，乃于乱时奋斗，历久居于领导之地位，代价至为重大，亦由于社会制度之不良。祸乱之一结果，魏地分而为二，曰东魏，曰西魏。其影响于南朝者，梁武帝纳叛将侯景，致成大祸，陈代之兴。其在北方，周代西魏，系宇文泰经营之力。初，泰父子从贼为乱，父死，泰转为葛荣部将。及尔朱荣击败葛荣，泰免于死，从荣出征。泰与贺拔岳有旧，从岳西征关中，有功。岳授关西大行台，泰为其左丞，兼领司马。后，岳为部将所杀，其人为一庸才，不即收抚其众。岳部未有所属，遣使告泰。泰新授夏州刺史，闻而驰至，尽有岳众；讨杀叛将，以府库财物赏赐士卒，而无所私。将士大悦，关中乃为其根据地。魏帝入关，为泰所害。

泰迎立文帝，专政如故；以其诸子尚幼，擢用其婿典领禁军，用其侄为镇将于外。文帝苟安于现状，未致事变。其子嗣位，以泰杀其亲臣而欲除之，反为其所废。泰立恭帝，而威权益重，不居天子之名，而久行使其权。其位初为丞相，都督中外诸军事；后依《周礼》设官，为太师、大冢宰。名位不同，而实质则无变更。

泰地初为秦陇，南限于秦岭。陕北及陇西高原不甚适宜于耕种，泾渭平原较为富庶之区域；但以祸乱之迭起、死亡之惨重，户口大减。自国力而论，关中远不能及关东；自地势而言，则便于防守，黄河为天然国界。周弱齐强，周防齐人渡河，每届冬季河冻，辄使人捶冰。后，齐弱而周强，齐人防周亦然。其在黄河之南，二国接壤，唯沿河一带之地平坦，为东西往来之孔道。其南则受高山之阻隔，不便于军事行动。周地距时季风发源地稍远，风力弱而雨少，常致凶年，人民苦而负担重。所幸者，关中风气强悍，人民习于兵事，边区与羌胡接壤，边民善于骑射。泰军战斗力甚强，军败，广募豪右以增军旅。关中旧为出将之地，泰亦能用其众也。高欢为其勍敌，各据一方，互传檄言其政敌之罪状，处于不两立之势。战争十余年，互有胜负，死亡惨重。战区为今河南西部、山西西南部，人民流离失所，军粮运自远方，税重而役尤苦，始暂采取守势。城为防守之利器，所谓攻者自劳，守者常逸也。攻城常多死亡。高欢晚年亲统大军围攻河东一城，志在必取，士卒死者十之二三，竟不能下，则其一例。明年，欢死，二国仍有战争。侯景叛时，泰出兵助之，进取颍州；俄而，地复为东魏攻取。西魏力弱，无如之何。

领地之扩大 侯景入梁，造成南朝之大乱，宇文泰始有拓展领地之机会。初，景围攻建康，梁司州刺史率兵勤王。司州为侨治之州，地在汉东，其属郡归降于泰；及刺史还州，降郡复叛。泰遣将往攻，刺史赴援，大败，始为西魏所有。其时，梁内乱外患交至，而武帝子孙犹出兵自相残杀。泰乃经营汉中，进而以为根据地，南取益州。其刺史方出兵东与其兄绎争位，绎请泰伐之也。泰遣大将南进，守将不战而降。魏兵深入，攻陷成都，益州为魏所有。元帝引狼入室，尚不知其所处地位之危险，遣使请据旧图划定疆界。魏使至梁，待遇不及齐使之厚，其侄萧詧复愿引兵为导。554年，泰遣大军南伐江陵。城陷，元帝见害，官民没为奴婢者十余万。泰立詧为梁王，居于江陵，其旧有襄阳之地为魏所夺，江陵驻有魏兵防守。于是，西魏有长江上流，并伸长势力于江南，始为大国。

制度之变更　宇文泰之成功，多为机会。其据有关中，由于贺拔岳之见害及叛将之无能，其开拓领土，则由于梁室之祸乱；然能把握时机予以利用，当为豪杰之士。七世纪中叶所作之《周书》论其为人曰："知人善任使，从谏如流，崇尚儒术，明达政事，恩信被物，能驾驭英豪……诸将出征，授以方略，无不制胜。性好朴素，不尚虚饰，恒以反风俗、复古始为心。"其言虽不免于浮夸，要有所本。泰幼未受良好之教育，崇尚儒术，不过利用以号召。其亲信用事者，首推苏绰。绰为关中人士，其地教育不甚发达，士大夫倾向于保守，以关中为西周文化发达之旧地，周公制礼，为太平盛事，而欲仿行之也。绰为大行台左丞，参与机密，所引荐者常至大官。泰推心委任，出游时"预署空纸以授绰，若须有处分，则随事施行，及还，启之而已"。泰受其影响，以汉、魏官繁，命绰依《周礼》改制，未成而卒；改令卢辩成之。辩为儒生，承绰遗意为之。556年，六官制成，泰令行之：一、天官府，长官为冢宰；二、地官府，长官为司徒；三、春官府，长官为宗伯；四、夏官府，长官为司马；五、秋官府，长官为司寇；六、冬官府，长官为司空。六官视汉中央官署有不少之并省，文官数乃减少。其地犹不甚广大，收入少而政事亦不甚繁。武官与地方官，新制未予以变更。其后，六官制颇有损益；周末，更随意改变，史所谓"朝出夕改，莫能详录"也。泰每有诰诫，绰辄仿周诰文体。其文非常人所能了解，不过欲得守旧士大夫之拥护而已。

关中地瘠人少，宇文泰之兵不多。其居高位初由于诸将之拥戴，自无夺其部兵之意，相处甚安，诸将乐为之用。其困难则方从事于大规模之战争，而兵力不足，补充更为问题。东魏败兵被俘者，不肯为西魏所用，甚至起而为乱。泰乃利用关陇之人力整军，颇表现其政治才能。关中风气强悍，旧为良将、精兵所出之地；自氐、羌杂居以来，骑射之风气殆盛于前。魏以门第及家产为分别户口之标准，定为上、中、下三等，每等再分为三，共为九等。豪右为六等以上之人，其家可能有马。泰为权臣，不欲兵属于天子，乃计划其鲜卑化，恢复兵为部落制，属于酋长，可听其指挥。泰分别诸将功之高下，定为二类，名称沿用魏初部落酋长，以之为其后，以尊荣之。汉人为统将者，改其姓为鲜卑姓，部将则用其统将胡姓为姓。统将名曰柱国大将军，为鲜卑部落之酋长。其先，有八柱国，泰为其一，位总百官；一为魏之宗室，徒为虚位。余六人分掌禁旅，各督二大将军；每大将军统开府二人；开府各统一军，共二十四军，即世所谓府兵也。统将死，泰以其亲信代之，渐而转移其兵权归己，以增强其实力。其兵，一部分为鲜卑，关中召募者则为高门第之子弟。其人以战斗为职业，受有训练，编户自相统属，犯法者不由县官治罪。其后，泰子武帝改军士为侍官，除其县籍，由是得免赋税。其改革使部落化之府兵，直接归于天子管领，军士之地位提高，享受优厚之待遇，训练益严而战斗力增强。军制改革经历数十年始告成功。宇文泰之视北齐贤愚，不可同日而语。汉人亦乐为之用焉。

宇文护之专政 泰死，世子觉嗣居其位，年始十五。泰侄护初为将有功，泰亲信之，委以家务；及病，托以后事。护名位素下，得功臣之援助始得辅政；以觉冲弱，欲早代魏，讽魏帝禅让。557年，觉即位，是为闵帝，国号曰周。大臣不服，有图护者。事败，护多杀以立威，威权日盛，谋臣、宿将附之，政事由其决定。闵帝性刚，不欲受制于权臣，听信亲臣之说，欲除护而为其所知。护出帝亲臣为外官，帝欲召还，以护泣陈而止。其党谋商于帝，将因群臣入宴，执护杀之。事泄，护诱捕其政敌，遣入幽地，杀之。闵帝在位不足一年，以宫中有护亲信，将密谋告之；而谋护者犹不之知，护乃先发制人也。迎立泰长子毓，是为明帝（557—560年在位）。明帝博览群书，善于属文，曾为刺史，昭著政绩；嗣位已至壮年，而护犹总揽政权。后二年，护始表请归政。帝许其请，始得亲揽万机；军旅之事，专委于护。护专政已久，实不欲放弃政权，请其归政者，多不免祸。帝亲理政事，自非护之所欲；其聪睿有识，尤为护所忌惮。护密令膳夫进上药食，帝因寝疾而死，遗诏弟邕嗣位。明帝在位不足四年，其治国也，以宽仁为主，放还远配之家，免魏宗室子女没入为官奴婢，释放敌境被掠之人民。其政治沿用旧制，唯改称都督诸州军事为总管也。

邕为泰第四子，幼聪敏为父所异；明帝嗣位，召为大司空，参与朝政。性沉深，有远识，非有所问，常不肯言。此为明哲保身之法，故不为护所忌；嗣位，是为武帝（561—578年在位）。恭己于上，政事由护决定。初，宇文泰创立府兵，直属于丞相府。泰死，诸军归护统治，凡有征发，非护书不行。护第屯兵禁卫，盛于宫阙，事无大小，皆先断后闻。武帝迎合护意，诏其都督中外诸军事，五府总于天官；自处深自韬晦，对护极其恭敬，于宫中见之，常行家人礼。护谒太后，太后必赐之坐，帝则侍立于旁。护久握政权，附之者居于显位，多为贪于权势之小人。诸子恃其父势，贪残为暴。其管治之下，官吏多蠹政害民也。

外交方面，时有相当之成功。周、齐久为敌国，武帝初叶，二国未有军事行动。周得梁地，国力增强，但不善于水战，尝纳降将，拓展领土，为陈所败，丧失其在江陵以南之城邑。周、陈俄复遣使往来。齐国力不及文宣之世，政治情况恶劣，远过于周。周、齐各欲结援强邻。北方强国，初为柔然，西魏帝、高欢皆娶其主女为妃。及柔然败于突厥，余部南归于周者，突阙遣使求之，周恐得罪强邻，将其交出。齐又出兵击败奔逃之余部。其合作之基础薄弱，唯利是图，固无所谓信义。突厥强大，周聘其主女为皇后。齐患二国相结，遣使重币求婚，其主意为之动，留周使而不遣。周遣重臣前往，责以大义。突厥国中值有灾异，以为天谴，其主始遣女行。武帝立为皇后，于是突厥为周与国，北边无侵扰之祸，戍兵减少，得以全力对齐作战；突厥亦出骑兵助战，当为外交胜利，宜周人重视之也。563年，二国出兵自长城伐齐，深入至于晋阳。突厥劫掠，齐受重大之损失。齐主恐敌再至，归护母于周，以通好。突厥闻而复请伐齐，护恐其疑而生变，许之。明年，护率大军伐齐，不胜而归。二国复遣使修好。

武帝之功业　护伐齐不胜，遣兵援陈叛将，亦败，威望颇受损失。其任用之僚属复为害于民，犹贪恋权势，不肯归政。572年，武帝于宫中杀之，其亲臣尚之不知。帝诏杀护子及其用事之人，国中未有叛乱，可谓处置得宜。帝亲总万机，励精图治，服用崇尚节俭。史称其“布怀立行，皆欲逾越古人。身衣布袍，寝布被”，拆毁华丽宫殿，严禁雕文刻镂，后宫嫔御十余人而已。皇室用费大减，固利于民亦有益于国也。帝“劳谦接下，自强不息”，尤勤于练兵习劳，并能以身作则。其“校兵阅武，步行山谷，履涉勤苦，皆人所不堪”，而帝行之若素，军士战斗力强。史称帝明察少恩，乃帝用法严正之一解释。人无贵贱，皆应守法，法无差异之别，严格执行，当为政治进步之征象。帝功首为统一北方，其菲衣恶食，缮甲治兵，原为伐齐。齐主恣行无道，群小擅权，杀害名将，国势益弱。575年，帝统大军分道东征，围攻黄河北之齐重镇，陷其外城，值有疾而归。其别将所下三十余城亦弃而不守。明年，帝复大举伐齐，取道山西，齐主率大军赴援。二军激战，齐兵稍退，齐主惧而北走，致军大溃。周师乘胜而前，齐将帅降者相继，其在并州拒战者亦败。武帝率军趣邺；577年春，一战破邺。齐主南奔，为周追骑所获，于是北方统一。

武帝伐齐，声言救民，战事解决迅速，人民未受重大之损失，齐地为周所有。《周书》称：得五十五州、一百六十二郡、三百八十五县、三百三十万二千五百二十八户、二千万六千八百八十六口。州郡于西晋以后，区域小而增设益多。齐地南至淮北，西以豫西河东与周为邻，为旧关东之地，于魏末大乱之后，户口尚不为少，而隐瞒者仍多。高欢曾检无籍之户，得六十余万。齐初强豪兼并，《隋书·食货志》称其户口隐漏益多；旧制，未娶者减少租调，阳翟一郡，户凡数万，籍多无妻；有司劾之，文宣反以为生事，由是奸欺益甚，户口租调，十亡六七。北方为大家庭制，每家平均只有六口，亦不足信。周之户口视齐为少，亦有隐瞒逃税之弊。平齐之年，武帝诏行《刑书要制》。《要制》规定：“正长隐五户及十丁以上、隐地三顷以上，皆至死。”法严乃鉴于积弊之深重，而欲为有效之改革也。行之不及一年，帝死。嗣君缓和反对者之意见，下诏废之，可见实施之困难。其先，或未能普遍实施也。北方统一，战争减少，人民徭役亦转轻，当为伟大之功业。

北周统一北方，国大兵强。陈初未及利用时机，侵夺淮北之地；后，不自量力，出兵攻取淮北，几至全军覆亡，淮南之地为周所夺。武帝有统一中国之雄图，平齐之后，练兵仍不稍懈，并与士卒共劳苦。其伐齐也，见军士有跣行者，亲脱靴赐之，小惠足以鼓励军心。每宴会将士，帝亲执杯劝酒，或手付赐物；见之，能言其名；战时，亲在行阵，故能得士卒死力。其计划欲先平突厥，然后南征，以为一二年间，中国可复统一。不幸，其死太早，一无所成也。帝受儒家教育，尝亲讲《礼记》，遵行三年之丧，本于卫道之心，初定儒为上，道次之，佛为下，后且禁道、佛二教，毁其建筑物及神像。此为专制帝王专断独行之事，而社会人士并不赞同，死后，禁令即废，徒见胸襟狭隘，劳而无功也。578 年，突厥入寇幽州，略杀吏民。帝亲北伐，五道俱进，发关中公、私驴马从军，途中得病而死。太子名赟，颇有失德。亲臣言之，武帝严加管教，选贤士为其左右，而太子仍少长进。亲臣复以为言，帝以次子亦不才，余子皆幼而罢。太子嗣位，果败坏其国家。

周亡　赟嗣，是为宣帝（579 年在位）。即位首阅视宫人，逼为淫乱，广采国中女子，以充后宫。皇后多至五人，名号时而改易。复从事于奢侈，“所居宫殿，帷帐皆饰以金玉珠宝，光华炫耀，极丽穷奢”；国典朝仪，率意更改。其父亲信大臣，先后被杀。叔父负有重望，并有大功，帝疑忌杀之。后更嬉戏无道，恐群臣进谏，常遣左右密察其所为，稍有乖违，辄治以罪，公卿以下皆被楚挞。其笞人率以百二十为度，名曰“天杖”。后妃嫔御，虽被宠嬖，亦多被杖。于是内外恐惧，人无固志。《周书》论周之覆亡曰：“斯盖宣帝之余殃，非孺子之罪戾也。”当为公允之言。帝亲臣为内史上大夫郑译。译先导其为非，为武帝所除名。皇后父杨坚不安于内任，从译乞为外官，将行，会帝不豫，诏其侍病；及帝病危，译欲坚为冢宰，自为大司马，矫诏以坚辅政。斯日，帝死。

579 年二月，太子衍六岁嗣位，是为静帝。杨坚自为左大丞相，假黄钺都督内外诸军事。译为其属吏，颇为失望。坚有不臣之意，初托辞招五王入京，防其为变，不肯遣之归国；更以亲信代刺史忠于周者。相州总管尉迟迥举兵讨坚，旬日间，关东州郡多起应之，聚兵十余万，声势浩大。汉水流域之边将及益州总管皆起兵讨坚。幸精兵多在关中，宿将不堪宣帝之虐，有怀贰心者。坚为汉人，汉人居要职者，多为之用。坚有才能，知人善用。敌方尉迟迥虽为旧将，然已昏耄；余人皆为庸才。坚出大兵东征，尉迟迥败死，党与皆平。边将东奔于陈，益州亦平。周宗室谋杀坚者，皆为其所杀。坚地位巩固，政权、兵权归之。581年春，静帝逊位，周亡。

鲜卑之名，始称于东汉，强大于其中叶；及中原大乱，一部分徙居于长城以内之地，吸收汉人文化。燕、魏、齐、周之统治阶级皆鲜卑人也。大体而论，其兴亡如出一辙。创国之初，皆勇敢善战，尤以骑兵见称；贤者多欲改易其旧俗，不肖者常大为害于民。其人居于黄河流域，与汉人相较，则数不多。其能统治土著人民，全由于武力；居于中国既久，环境社会与前不同，渐而失去优越之势，人于衰老之状态；同化于汉人，成为中国民族之一部分。自今观之，由弱转强或由强变弱，常决定于统治者之行为及其推行之政策也。

高门第之演变 北朝政治大事，叙述于上三篇。其社会制度为先时所无者，当为门阀制之盛行。通常以为行于南方，实则其在北方，于政治社会上亦有势力。其始盖在东汉末年察举制行，郡守所选举之秀才、孝廉常为儒生，世家、大族居于优利之势。名士更结党标榜，李膺不与常人往来，士为其所接见者，谓之登龙门。九品中正便利大族子弟之入仕。晋受儒家思想之影响，立封建制，重用功臣。蜀、吴士大夫难于擢用，其幸而进用者，朝中无人为之奥援，不易居于显位。此皆足以增强大族政治上之势力，演变而为高门第。北士过江者，王、谢二族居于显要之地位。谢氏先世于西晋，犹非达官。初期之官门第不尽皆居显位之家。北朝卢氏为名门，其祖卢玄官位不高。《魏书》论之曰："卢玄绪业著闻，首应旌命，子孙继迹，为世盛门。其文武功烈殆无足纪，而见重于时，声高冠带，盖德业儒素有过人者。"此可为一明证。男子若为名士，虽出自门第最低之兵家，高门第之士大夫亦愿与之往来，或平等相待，或与之通婚。女子如有闺门礼法，亦可与高官厚禄及高门第者通婚，古书载有不少之例证。西晋如此，东晋初叶犹然。综就吾人所知之事实而论，初期之高门除高官厚禄外，尚有才德、礼法、家学、名士诸条件。

东晋建国，兼用南、北名士。北士为天子亲臣，渐而握有政权，成为最高之门第，倾向于保持其已得之权利。北方名门南渡迟者，迄不能获得其应有之地位，甚至被斥为“伧燕”，不能仕为高官。吴中名士渐亦失势，沦降而为寒门。王、谢世为显官，有子孙年未三十，即望为宰相者，不得则生怨望。南方大族之社会地位多造成于政治势力，至宋而登峰造极。其为官者，非本身之有才能，唯赖祖先，有斥为恃枯骨者。齐世，其势渐衰，御史中丞为弹劾之官，王氏向不充任，而王僧虔为之。六世纪所作之《南齐书》称：王氏分支居京城者，官位微减；后，僧虔为会稽内史，不理中书舍人，而至免官，皆可为证。世家子弟自高其地位，不与寒士往来，寒士居于权势之位，或具同僚仕谒之者，至受其轻辱。如客坐而主人呼仆移去其所坐之位，致客失色而去。世族自相婚姻，或与皇室通婚。达官族稍低者为子求婚于高门第，常遭其拒绝。世族名门享受优厚之待遇，不忠于国，又不为民服务，但受传统思想之影响，社会地位犹未动摇。陈亡，其存在之因素与环境始行消失。

北朝高门第之基础不同于南朝之赖依政治，势力较为巩固。魏统治黄河流域，采行中国政治。其官人用九品中正制，大族居于有利之地位。其先，世族于西晋亡后，虽有入仕为官者，而地位殊不显要；复以易代之多，祸乱时作，备受流亡之苦，至魏始有较长期之和平。门第高者常赖其家法，社会人士亦礼敬之。卢玄之家，上已言之，为其一例。清河崔氏为北方之官门第，魏臣崔㥄以籍地自矜，尝窃言高洋为“黄颔小儿”。洋囚㥄，将杀之。㥄托其友，请以孙女妻洋亲臣之子。亲臣为之言而得免。史称其一门婚嫁皆衣冠美族，吉凶仪范，为当时所称。娄太后为子纳㥄妹为妃，敕其使曰：“好作法用，勿使崔家笑人。”婚夕，文宣帝举酒曰：“新妇宜男，孝顺富贵。”㥄跪对曰：“孝顺乃自臣门，富贵恩由陛下。”故事证明：崔氏之为高门第，由于家法，低族与之通婚者，视为大荣。其人代表中国之礼教社会。魏孝文帝羡慕中国文化，与之接近，进而崇尚门第，诏定士族之高下。其原为高门第之旧族，即为高门；其仕为高官者亦为高门，其人杂有原非高门第之汉人而与鲜卑有关者。鲜卑功臣皆侵略中国之酋长，其后胤文化水准犹低，专以其居高官者为高门。帝奖其贵人与高门之汉人通婚，纳大族女于宫中，又为其弟聘之为妃；诏定诸州士族，多所升降。众议以薛氏为河东茂族，帝言其先蜀人，不可入郡姓。其族人薛宗起时为侍臣，执戟在殿下，闻而出次抗议，且曰：今不预郡姓，何以生为？碎戟于地，乃许其请。郡姓争论至为激烈，以其决定将影响族人之入仕及其社会地位也。朝臣宋弁主持其事，史称其好言人之阴短；不在高位之大族，其意所不便者，因而毁之；旧族沦滞、人非可忌者，为之申达。弁以好恶为取舍，深为时人所恶。帝方依据门第大选内外群官，朝臣非之者曰："若欲为治，陛下今日何为专崇门品，不有拔才之诏？"帝曰："苟有殊人之技，不患不知。然君子之门，假使无当世之用者，要自德行纯笃，朕是以用之。"此其辩护之辞，拔才殊非易事，其用人之标准，诚所谓"以贵承贵，以贱袭贱"。朝臣论其非曰：朝廷每举人才，"则较其一婚一宦，以为升降"，"夫门望者，是其父祖之遗烈，亦何益于皇家。益于时者，贤才而已"。反对帝之计划者，不止一人；高门第亦有主张用人唯才者，帝皆不听。朝中缺少人才，为魏衰弱之原因。此非孝文之咎，其先，亦无求贤才之法，特帝未尽其力改善耳。

北齐为鲜卑暴横时代，虽沿用中正选士法，而士大夫实居于次要地位，有谄事贵人以求官者。高门于社会上之地位，则仍如往日。宇文泰以当时高门除鲜卑及关陇李姓而外，皆在关东，恐高欢以山东郡望召致其所用之汉人，改士大夫关东郡望为关内郡望，有功之诸将尽改其郡望。鲜卑人原在河南者亦皆改之，其人已为部落，当不及汉人之重要。其用人也，听信苏绰之言，反对采用门第制，改郡望为其多虑，对于政治，并无重要。其后，北方统一，关东高门依然存在。及中国统一，南朝高门之政治地位削减，而北方大族之社会地位则未动摇。唐初以政治力量谋削减其势力，未有功效。可见其根深蒂固，社会势力常非政治力量一时所能铲除也。

第三十二篇　魏晋南北朝学艺

文化区域——清谈——佛教之思想——儒学——道教——史书——科学——文学——美术

文化区域　220年，曹丕篡汉；589年，中国复归于统一。三百六十九年中，西晋统一只二十四年，当为祸乱最剧烈之时代。其文化中心初为洛阳，大乱起后，名士多避乱于江东，建邺为集中地，成为文化最进步之区域。北方士大夫或往凉州，保存文化之一部分。山东旧为礼义之乡，教育发达，乱后余风尚存。淮北为南朝所有，文化亦较进步。北魏典章制度之模仿中国，皆受其地士大夫之影响。崔浩为北方最高之门第，南士王慧龙奔魏，浩弟知其为江南世族，以女妻之。浩数向诸公称其美，有奏其嗟服南人、讪鄙国化之意者。齐臣王肃入魏，与孝文帝之相得，犹诸葛亮之遇先主。南士为北人所重，以其代表之文化较高。孝文帝尝与南使谈论，重之，顾侍臣曰：江南多好臣。东魏与南朝通好，南使至邺，史称：邺下为之倾动，贵胜子弟盛饰聚观，礼赠优渥。西魏文化发达不及东魏，南士入其国者，更为其所重，至改变其文风。

清谈　道家之学说流行于世，至魏晋而益盛，乃时人对于儒学不满意之表示，亦促成于政治之黑暗，名士多见杀害，存者避免无谓之灾祸，转而谈论。清谈初为表示其对于政治之态度，承继后汉之品题人物而为抽象之议论，造成于曹操、司马氏之专政。曹操执政，箝制言论，目清流为浮华，更恶其议论政治。士大夫转而由实际政论变为抽象玄理之讨论。司马氏专政，朝臣或名士不愿与之合作者，辄诛三族；合作为官，时称名教之士。消极者则讲老庄之学，崇尚自然，以山林为乐，以表示其反抗态度。二派主张不同，乃以圣人名教及老庄自然为讨论之中心问题。居高官者以名教与自然不冲突为辩护之术。其结果则一面做官，一面清谈，居官以不亲理政事为高，敷衍苟且而已。清谈之风相沿迄于东晋，其范围则为玄道，所谓剖析妙理也。

道家主张调和儒道二家之思想，以孔子为最大之圣人。其学问家于魏时，首推何晏、王弼。晏少以才秀知名，好老庄言，居官为司马懿所杀。弼幼慧察；十余岁，好老氏，通辩能言。何晏奇之，援引为官。晏被杀之年，弼亦罹疫而死，仅二十四岁。何晏尝注《老子》。弼言其注《老子》意旨，晏自觉其不及，遂不复为。弼天才甚高，不幸短命而死。何晏与其徒编著之《论语集解》风行于世。其注编集汉儒之说而成，补充部分则为道家思想。王弼注《老子》《周易》。《易》为儒家之书，然为筮人之思想，言天道自然，道家理论与之有密切之关系。时人以《易》《老子》《庄子》为三玄。弼之注《易》，全发挥道家之思想，说明老子之言：天地万物生于有，有生于无也。二人开通风气，至魏末而玄学益盛，竹林七贤尤为人所称。其名辞盖出于佛经，七人清谈地在黄河之北，产竹殊不甚多。其中以阮籍、嵇康声誉为高。籍恬淡旷达，借饮酒与清谈以苟求性命，厌恶儒家礼法。嵇康与曹氏有亲，不乐仕进，傲然自高。名士钟会谒之，康久不与语。会去，康曰：何所闻而来，何所见而去？会曰：闻所闻而来，见所见而去。此为清谈之一例。会引为大恨。康以其友荐之代为其官，与之书而请绝交，有“不堪流俗而非薄汤武”之语，终被杀害。二人皆发挥玄学之文学家，哲学上无新建树。刘伶于七人中最为放肆，常乘鹿车携一壶酒，使人荷锸随之，谓曰：死便埋我。其所作之《酒德颂》颇表示其放情之人生观。西晋中叶，名士益以实践老庄理论为言，颇有放荡之行为：有醉而窃饮其邻藏酒者，有戏挑邻女为其所伤者，乃为识者所讥斥。东晋之世，论者以西晋倾覆归咎于悖礼、伤教之名士，有以何晏、王弼之罪，过于桀、纣。放达之行为遂不多见，而清谈之风犹盛。王导、庾亮、谢安居于显位，皆好清谈。简文帝初为会稽王，好尚清谈，召聚名士，高僧支遁亦与其会，为东晋清谈极盛时代。嗣后渐呈衰落。其于哲学上有贡献之著作，一为时人所著之《列子》，一为向秀、郭象之《庄子注》，皆发挥道家之思想。

佛教之思想　佛教传入中国，僧徒为西域人，善星术，传针药，为汉人祀神求福，附于黄老以自存，教义宣传常赖经典之翻译。国人不通梵文，入印度求经者始于东晋末年之法显，乃由来华之高僧为之。中印文字迥不相同，思想亦非中国所固有，译文有晦涩不易通读者。四世纪高僧道安始有注释，俾文义贯通明畅。大师鸠摩罗什来华译经，大有进步。罗什幼年出家，精通经典，前秦将吕光迎之东来，遇乱留于凉州十八年，通晓中国语言文字；后应后秦主姚兴之召，401 年东至长安。兴待以国师之礼，请其译经。罗什译经三百余卷，删去繁复原文，或不拘其体制，或变易原文，故译文雅洁，迄今无人能出其上。其弟子甚多，僧肇最有贡献。肇初以佣书为业，博观群书，爱好玄学，后读佛经出家，远就教于罗什，颇有所悟。其所作诸论，深为时人所称。惜其三十一岁病死，未能成为伟大哲学家。长安为北方佛教之中心地，南方佛教中心则在庐山，以慧远为领袖。慧远为高僧道生弟子，读经有悟，刻苦精励，初居襄阳；384 年，南入庐山，建东林寺，设禅室，江南始兴禅法，又与道俗一百二十三人结成有名念佛之白莲社，为中国兴行念佛之起始。诗人谢灵运为其弟子。慧远入山后，三十余年未曾下山一次，迎请高僧入山译经。其地幽静，慧远力避权势，持沙门不拜王者之说，其徒数百人萃于一山，力事进修，与世隔绝。其学以超俗、脱尘、恬淡、无为为主旨，戒律严峻。与罗什为南北佛教领袖，二人迄未谋面，唯书问往还，互相推重而已。

最初来华之僧徒，全为译经，无人能为义解。国人对于经义不能真正了解。自魏以来，高僧皆用道教之“无”，说明佛教之“空”，此为格义。格义云者，用教外之典籍说明佛经之奥义。及译经增多，佛教乃于思想界占有势力。名士有受教于高僧者。其时，《般若》部经典最为盛行，以其阐明诸法皆空之学说也。其义解之演变有三：一、本无意。高僧依据道家有生于无之说，解释《般若》，诸法皆空为其本，体为无。二、心无意。高僧谓诸法皆空，非一切现象皆为空无，不过说明人能虚心则色相自会止息，此同于老子常无欲以观其妙之说。三、即色义。高僧称般若即色是空，绝非否定现象之存在，但以为一切现象皆由因缘和合而生。吾人认识之万物样相，无时无刻不在变化之中，绝非万物之本性；其本性不变、不易，超越人类之认识，吾人应当逍遥于玄虚之境。空之解释乃进入般若真义。今就二家思想差别而论：道家之“无”，从本体论发出；佛教之“空”，从认识论发出。佛教初未认清；其后，义解始逐渐接触佛学之真谛。罗什所译之经典益使国人深切了解。佛学既盛，有用其说解释老庄者，此由玄学时代转移而为佛学时代。民间信佛者众，僧寺大增。桓玄于晋末年称：一县数千，猥成屯落。其时，户口甚少，一县有不足一千户者，其所占比例之高可以想见。其在北朝，《魏书·释老志》称：民避役入道为僧，“猥滥之极，自中国之有佛法，未之有也”。其估计之僧尼二百万，寺三万有余。人民信佛、念佛，以其可免灾得福，并深信天堂地狱及轮回报应之说，成为中国人民思想之一部分一千余年。

儒学　儒学与道、佛学说相比较，颇有逊色，三百余年未有新建树。东汉，训诂学发达，郑玄采取今、古文说，加以折中；嗣后，学者之研究仍不出注释之范围。魏、晋著名之经注凡三：《周易》，王弼注；《尚书》，孔安国传；及杜预所作之《左传集解》是也。弼注上已言之。孔安国，汉人，其所传之《尚书》，于东晋时出现，清初学者断定其为伪撰；其后，学者称其内容与王肃言论相合，系其所为，然无证据。肃为晋武帝之外祖父，为时经学大师，其注解诸经兼采今、古家之说，惟与郑玄见解不合。其门人孔晁曾著《尚书疑问》，可能孔传为其所作。杜预仕晋，居于显位，嗜好《左传》，其所作之《集解》采取诸家之说，亦受王肃影响。王学于晋代极占势力。宋、齐不重儒学，梁复置五经博士，但无伟大之学者。北朝，魏帝崇尚经学，经师全以郑学为研究之范围。就儒学成就而言，北人学问渊博，南人清要。唐人所作之《北史》颇斥北学，盖由于接受南朝之文化也。南人经学杂有老庄思想，由于环境使然，北人则与之异，惜不能有新贡献也。

道教　道家思想之流行、佛教之发达及方士之神仙故事产生道教。张陵为其创始人，称为老子口授，为其徒者，出米五斗，子孙世习其术，以符水治病，称为天师，亦称天师道，颇盛于两晋，传布之区域甚广。其徒接受新传入天算、医学知识。北魏道士寇谦之推算七曜，有所不了，从师学习，其师尝从僧学算、医及天人合一之理。谦之采取佛教之律改善天师道法。崔浩与之善而荐之，崔氏世奉天师道。其徒注重修炼、长生之术，多精通医学，为士大夫信其说之一原因。其道重符箓，进而注重写字，南北著名之书家多与之有关。王羲之父子书法为世所称，其家世奉天师道。崔浩善书，孙恩党卢循善草隶。其先，恩兵败逃入海岛，信道之妇女以婴儿为累，不能从行，以囊盛而投之于水，谓其先就天堂，将亦从之。后，恩沉于海，其众谓之水仙。卢循兵败，自投于水，其思想本于方士，以其于渤海湾常见海市蜃楼，创为三仙山之故事。天师道乃以天堂在水中也。

道教之最高目的求长生与登仙。其从理论证明可能者，重要之书籍无过于葛洪之《抱朴子》。洪博学多识，好神仙导养之术；东晋初年，南隐于广东而殁。其书论宇宙本体，全为老庄思想，进而论证神仙之存在及成仙之可能。其方法不外内保精气，外服上药。又称：行善，鬼神佑之；作恶，罚之。其书论涉之范围广泛，言及辟谷之法、不寒之术、按摩之方、避疫病诀、照妖之镜、登山之符、择日等，可见道士活动之一斑。其在北方关于道教组织及发展方面，寇谦之颇有功绩。谦之修道，称：老君授以经诫，又得服气诸法。其经诫偏重斋醮科仪。太武帝以崔浩之言，迎入都城之东，建天师道场，集道士百二十人祈祷。谦之渐得君主尊信，利用政治力量排斥佛教，信徒大增，道教遂告大成。其徒与佛教徒争论二教之优劣，皆受重大之打击，乃妄言佛为老子化身，造为化胡经，或倡言二教一致，慧黠者模仿佛经，造作经典。道藏中，不但经典之体裁有与佛经相类，且有文句与之相同者；思想完全依据佛经，更不必论。言者称：自张陵创教以来，亡命之徒常利用而为乱。实则叛乱多造成于政治黑暗及人民痛苦。其先，东汉初年即有女巫之乱，政治、社会不能改善，祸乱常不能免，吾人不能独归咎宗教也。

史书 自魏讫隋，史书有不少传于后世。《三国志》《后汉书》为人所称，与《史记》《前汉书》合称四史。旧以其文字优美，为士大夫常读之书。陈寿为《三国志》之作者，初为蜀臣，后仕于晋，其书文太简洁，删去具体之记载，而为抽象之辞；又未作志叙述政治经济情况，为一弱点。宋文帝读之，命其臣裴松之作注。松之利用所有之史料，抄引为《注》，增加吾人对于三国时代之知识，又为研究历史者开辟一新途径。北魏郦道元所作之《水经注》亦保存甚多有价值之史料。《后汉书》之著者范晔亦为宋人，作史在433年，距东汉覆亡二百余年，其间有不少之著作，唯烦秽杂乱，使人睡而不能竟读。范晔为太守数年，成此卷帙繁多之书，乃删改诸家之书或润饰文字故也。规模仿自《前汉书》，志未成而晔被杀。晔书传世，诸家之著作皆废。其书保存史料较多，今有以其于四史中最有价值者。《宋书》《南齐书》《魏书》作于南北朝，规模仿之前史，各为一朝之记载。

科学 印度科学知识由僧侣传入中国。东汉末，天文学家称，言天体者三家：一周髀，二宣夜，三浑天。宣夜时无师说；周髀术数具在，验天多违；唯浑天得其情，汉人用其法造成浑天仪。其推算气节初有违误，后用印度新传入之历算改正。中国医学采用外来之药方、药品。清河崔氏世以医学称著，《北史·崔彧传》称："彧少逢隐沙门，教以《素问》甲乙，遂善医术。"其学传自沙门。《素问》为国内最早之医书，先称黄帝问于天师，后言岐伯对称。天师即五斗米道之天师，注重长生医学。《隋书·经籍志》医方部有《岐伯经》。印度古神医或译为耆域，或译为耆婆，医学往往托之。六世纪所作之《高僧传》中，有《晋耆域传》，称其自天竺至扶南，经诸海滨，涉交、广，北至洛阳，因乱西至长安。此可证明佛教徒初曾行医，或借医以传教。岐伯或即印度之耆域、耆婆。名医华陀精于解剖，传自印度。佛经言耆域医病，欲剖开国王之头，王欲杀之，为佛所救。印度万应药名曰阿伽陀，去阿字则为伽陀，即华陀所本，谓为最好之医生。去阿之例，尚有罗汉，原称阿罗汉也。此近时学者陈寅恪之说，颇足以供吾人之参考。《隋书·经籍志》列有不少之药书，就其名称而言，确传自印度，《龙树菩萨药方》四卷，则其一例。

文学　文受辞赋之影响，渐趋于整齐，对偶而为骈俪文。魏、晋对偶尚不甚严，较有才之作家犹有可读之作品，其后骈俪益甚，多用四字、六字相对之句，亦称四六文。文学之士多出于世族，父子兄弟常以文学擅名。梁臣刘季绰为其一例。《南史》称其兄弟及群从子侄七十人，并能属文，近古未有。其所以然者，世族居于优越之地位，既不忠心为国，又不为民服务，唯从事于文艺。其人脱离现实，文非描写生活而为骈偶滥调。无文学天才者，以训练久故亦能为之。江南山水景物美丽，生长于此环境之天才作家，亦易写成美丽文章。文至梁、陈，牵拘声韵，益为缛丽。北朝文学不及南朝之发达，后仿效其文。骈文用途不及散文之广，记事、形容贵能正确，说理之文尤当深入浅出，皆非骈文所能胜任。历史著作故多以散文写成。佛教经典更非骈文所能译出。译文注重不失本义、明白易解也。译者且多外国高僧，未受骈文训练。佛经中长篇文学作品甚多，译文颇能保全其价值；不幸，经典含有神圣之意，非常人所能得而读之，流传不广，对于中国文学，未有重大之影响。高僧为文，除译经而外，常模仿骈文，其论辩文字及高僧传文皆其明证，可见传统势力之强大。

五言诗成立于汉末，其天才作家描写艺术上之成绩极高。魏、晋诗承其余风，颇为发达。名士避祸，吃药喝酒，崇尚清谈，其诗多表现内心之悲哀，阮籍、嵇康皆其明例。籍作《咏怀诗》八十二首，读者常憾其意深晦，和愉哀怨杂集于中，盖诗为其随感随写之作，先后不同，颇有高妙之作品。嵇康之诗流露老庄思想，其所作四言诗，论者谓为四言诗之中兴，可见其天才之高。西晋诗人注意修辞，专务精巧，由天然美而渐趋于人工美，陆机可为其代表作者。机，吴郡人，父祖皆为吴之高官；吴亡，机后入洛阳为官，因晋宗室之乱被杀。时人言其才曰：人之为文，常恨才少，而子更患其多。梁批评家称其才高辞赡、举体华美，意谓其工于排偶修辞。近人称其作品徒尚形式，缺乏空灵矫健之气。古今人观念不同，评论亦异其辞。无论如何，其诗固有影响于后世。东晋末，陶潜为伟大诗人，古今未有异议。潜曾两次出佐军幕，皆弃官去，后以贫而出为县令，复不愿接见郡所遣之督邮，弃官而归，终身不仕；家贫，嗜酒，不能常得，所居不蔽风日，箪瓢屡空，常著文章自娱。其诗扫尽骈偶、古典之习气，闲散冲淡，完全凭其所感，意到笔随，无处不真切、自然。后世山林隐逸派之诗歌，皆深受其影响。

宋代著名诗人：一为谢灵运。灵运为贵族子弟，爱好山水，肆意游遨，为官不理民政，出而登山陟岭，所至辄为诗咏。其诗描写各种风物，常能各极其致；唯修句琢字偏于雕缛，与陶潜相比，有天工、人巧之别。一为鲍照。其天才甚高，作品不合于当时文人之风尚；复值宋文帝之忌才，不敢尽其才力。三百年后，其诗始受唐代诗人所欣赏。南齐诗人谢朓，作品备有清俊、富丽之长，亦工于山水诗。其时，文人有二风气：一、好用典。斥之者谓文章殆同书抄，浸以成俗，致“句无虚语，语无虚字，拘挛补衲”。二、注重声律。评论家谓：诗不被管弦，无取于声律，而时人务为精密，使文多拘忌，伤其真美。律诗为遵守一定格律之诗，以五言、七言为限，渐而成立。天才高之诗人亦能于其范围内发挥。梁之何逊、陈之阴铿所作律诗，唐诗人极力模仿，或得其神似，或发扬而光大之。杜甫咏李白诗云：“李侯有佳句，往往似阴铿。”其自言曰：“颇学阴何苦用心。”此可证明唐之律诗乃承梁、陈之余绪而继续其发展。文学批评家有不满意于新趋势而反对者，文人转而仿作乐府。梁代乐府歌辞之多，为一明证。陈后主引宾客于宫中游宴，与女学士共赋新诗，选其艳丽者为曲词，作曲调演奏。其所选之诗，有民歌化之色彩。后主作品颇有民歌之风味。此就文人所作之诗文而论。南、北民间歌曲则以地理环境及风尚之不同而迥异。南方多恋爱之曲；北方歌曲，英雄之色彩浓厚，吾人诵读之《木兰辞》则其一例。文学发达，评论家渐居于重要地位，《文心雕龙》论文诗、品论诗皆其明例。

美术　美术为后世所称者：一曰字。吾人所用之楷字，自秦篆、汉隶减省而成。唐人犹称楷为隶书。学者罗振玉研究西北发现之简文称：141 年后之竹简楷七、隶三，263 年之简全为楷书。一百二十余年中，楷字已通行于全国，沿用迄于今日。善书为一艺术，史书记载许多之书家真迹，皆不传于后世。唐人称晋王羲之书为古今之冠，迄今未有异议。南朝碑受潮湿之侵蚀及禁令之限制，传于后世之碑文拓本甚少；北朝传世之碑文甚多，习字者常奉为型模。

二曰画。相传绘画发达甚早，至东晋始有重大之进步。史称顾恺之尤善丹青，图写特妙，谢安深重之，以为有苍生以来，未之有也。其画尤以人物妙绝于时，其遗作《女史箴图卷》为中国贵古之画，历代论画之书均有记载，初藏于清宫，经义和团乱散失，现存于英国博物馆，其重要之题跋，均被截去。南朝名画家代有其人，然画不留传于后世，致吾人无法知其成就及其作品之价值。相传梁画家张僧繇所画之佛像发挥千变万化之精技。梁佛寺中之壁画受印度画之影响。论画之书于时大有增加，皆画发达之象征。

三曰雕刻。中国商代雕刻已有明显之进步，不幸未能继续发展。汉代，石刻虽有其特点，要不足与希腊相并论。南北朝之雕刻皆受佛教之影响。佛教初无佛像，后与希腊接触，佛像受其生动雕刻之刺激而仿为之。佛教盛而与之有关之美术亦传入中国。佛像之雕刻，盛于北魏，其都平城，今为大同，其西北三十里依山石所造之佛像为巨大之工程，亦为优美之石刻。后，魏迁洛阳，复于其南之石崖造像。唐初，犹继续为之，中有甚美之作品。北齐于山西太原之石山亦凿造石窟，其石有运自他地者，颇为美丽。南朝建邺附近亦有精美之雕刻，唯规模远不及北方之大。其他建筑物则受战争之破坏与摧残，无复存在。

中国经历三百余年之分裂，文化仍有进步。江南为其中心区域，不受北方文化较低民族之摧残，其贵族政治地位优于北方世族，社会上之享受及优裕之生活，当与之有关。江南地理环境，信如时人所谓“暮春三月，江南草长，杂花生树，群莺乱飞”。中原一望尽为黄土，自不能及。佛教于时为新推动文化之势力，发展犹在进行之中；至唐始为中国化之宗教。隋灭陈而中国统一。北朝武力强而文化较低，南朝武力弱而文化进步，自文化发展而言，南方文化因统一而传至北方益便，隋唐文化乃南朝文化之继续前进也。

中国通史

下册

陈恭禄 著

史学名家经典书系

世界知识出版社

图书在版编目（CIP）数据
中国通史：全2册 / 陈恭禄著 .—北京：世界知识出版社，2018.9
（史学名家经典书系）
ISBN 978-7-5012-5797-3
Ⅰ . ①中… Ⅱ . ①陈… Ⅲ . ①中国历史 Ⅳ . ① K20
中国版本图书馆 CIP 数据核字（2018）第 167757 号

责任编辑　汪　琴
责任出版　王勇刚
责任校对　马莉娜
封面设计　石　璞

书　　名　中国通史：下册
Zhongguo Tongshi
作　　者　陈恭禄

出版发行　世界知识出版社
地址邮编　北京市东城区干面胡同 51 号（100010）
电　　话　010-65265923（发行）　010-85119023（邮购）
网　　址　www.ishizhi.cn
经　　销　新华书店
印　　刷　唐山新苑印务有限公司
开本印张　710 × 1000 毫米　1/16　38 印张
字　　数　542 千字
版次印次　2019 年 1 月第一版　2020年 6 月第三次印刷
标准书号　ISBN 978-7-5012-5797-3
定　　价　98.00 元

第三十三篇　隋

隋之建国——中国之统一——户口——官制——防范——炀帝

隋之建国　杨坚篡周为帝，国号曰隋，是为文帝（581—604 年在位）。其得国也，一由于父功。其父名猛，为柱国大将军，南与梁战，东与齐战，皆有功绩，封隋国公。坚为其长子，袭封而居于显位。一由于女为皇后。初宣帝为太子时，父为之纳坚女为妃，嗣位立为皇后，虽不甚为帝所宠爱，而坚则为后父。外戚辅政为历史上常有之事，奉之辅政，名正言顺。一由于矫诏。宣帝宠用幸臣，580 年夏，病危。群小恐政权落于他人，不能保持禄位，矫诏其友杨坚辅政。坚初推让，其友告之："公若为，当速为之"；如不为，彼将"自为"。初议皆为显官，及坚自为丞相，群小皆为相府官吏，出于其意料之外。有不平而欲为乱者，文帝斥为"反覆子"；然亦承认，非其力不能为帝。

杨坚辅政之初，群情不一，将往东宫，召请公卿曰：欲求富贵者，当相随来。朝臣有欲去者，慑于卫兵而不敢动。坚征宗室诸王入京，内调总管之忠于周者。相州总管尉迟迥起兵讨之，响应区域颇为广大，胜负将决定其成败之命运。迥败之速，使犹豫不定者转而助坚，叛乱次第平定。在京诸王无权无兵，先后为坚所杀。坚将取周代之，好事者阿附其意，称天命归之。581 年春，坚自立为帝，假禅让之名，多杀宇文氏族。其为帝之易，为前古所未有，以其辅政未有功绩，调遣作战之将士皆周武帝训练而成，居于中枢，假静帝之名，不一年而为天子。

中国之统一　文帝功业首为统一中国。其统治地初为周之疆域，陈曾利用其叛乱拓地，但未成功。陈恃长江之险，事实上，上流之地已为隋有，下流以长江为界。隋人水战虽不及陈，然其濒江之人亦易练为水师。其国力、兵力皆远过于陈。陈主初不知其危险，出兵扰于隋境。文帝遣大军南征，闻陈丧而止。陈后主方以饮酒咏诗为事，收纳隋之叛人。588 年冬，文帝遣大军五十余万分路南伐，诸军皆受其爱子晋王广之节制。史称：隋军“东接沧海，西拒巴蜀，旌旗舟楫，横亘数千里”。陈军二十万人，战线若是之长，防守当非易事。明年，隋将贺若弼自广陵渡江，南取京口，西攻建康，大败陈军。韩擒虎自采石济江，袭取建康，获陈后主。其拒战者或奉诏降，或兵败就擒。二百六十九年南、北对峙之局势于是结束。其先，后梁为国附庸，文帝业已并取其土地。

文帝建国距周灭齐五年。武帝一战胜齐，以吊民伐罪为言，严禁军士为暴于民，齐之官吏多降，人民安居如故。周末叛乱区域虽甚广大，然为时不久，次第平定，死亡于战争者无几，人民受苦亦不甚重。隋并后梁之地，未有战争；伐陈之役为时甚短，死亡亦不惨重，统一之代价并不甚高。其主要原因：陈地于南朝中最为狭小，长江之险，与隋共之，小不敌大，为一事实。后主又未充分利用其国力为战争之准备，其治国之才，不足与文帝并论。文帝所用将帅又多杰出之士，陈无幸胜之理。统一之后，国中除边区而外，无兵革之祸，人民安居乐业。文帝以府兵为周所创，其将士或忠于故主，为防患于未然之计，采用汉、魏兵制。590年，诏军人“悉属州县”，垦田籍账，一与民间同；罢山东、河南及北方缘边新军府。又诏民年五十免役收庸。其先，六十始得为老，免役也。帝崇尚节俭，复以土地扩大、户口增多，收入大增，府库不能收容，乃减轻人民之税调。

户口 平陈后之善后问题，文帝未深切认识予以适当处置。隋官以南朝“刑法疏缓”，世族凌驾寒门，强民改易其风俗习惯，人民甚以为苦。豪士因民思乱，起而叛乱。史称：陈之故境大抵皆反，大者数万，小者数千，杀害官吏，朝廷遣将平乱，人民颇受其害。隋疆域广大，不下于汉，人民耕种区域且视之为大。汉代郡县长官治民，十三州为监察区。后，蜀、吴添置新州，晋复有分设。东晋以北方沦陷，设立侨州，北周亦置侨州，州数多而名称混杂。刺史为地方行政长官，其统治之地与户口不及汉之一郡，由是郡县益多。大臣杨尚希奏曰：当今“郡县倍多于古，或地无百里，数县并置，或户不满千，二郡分领。具僚以众，资费日多，吏卒又倍，租调岁减……所谓人少官多，十羊九牧”。其言切中时弊，文帝诏罢诸郡。后，炀帝罢州复郡，地方官为两级制，官少，人民之负担减轻。

隋初户口，史无明文。其先，周灭齐，得三百三十万户。《隋书·食货志》称：齐俗“机巧奸伪，避役惰游者什六七”，又诈称老小，“规免租赋”。其隐瞒之甚，可引一例为证：乞伏慧为曹州刺史，以户口簿账不实，按察得户数万；后为齐州刺史，得隐户数千。据《地理志》所记，曹州后为济阴郡，凡十四万余户；齐州后为齐郡，凡十五万余户。皆炀帝时之报告。史称：隋初至炀帝，户口增加一倍有余，其所占之比例，当不为低。此不过诸州中之一二事例。文帝以户口奸伪太多，令地方官大索、貌阅，以去诈称老小之弊；户口报告不实，负责之乡官远配；又定相纠之科。人民以政府征税以户为单位，大家庭可得避税，成为北方家庭制度。文帝改令堂兄弟以下，析籍各自为户。新法若行之有效，户口将大增加。积弊不易一旦废除，新添丁四十余万、口一百六十余万，隐瞒当仍不少也。

史称，陈六十万户。南方盛行小家庭制，陈主统治之疆域并不为小，而户不多，一由于法疏而隐瞒者众，二由于土地未尽开垦而蛮夷不服者犹多。新法推行于江南，更难有效。609年，朝臣裴蕴奏请：貌阅人丁，若有一人不实，官司解职、乡官流配；并许民相告，令被纠之家代输赋役。其办法本于先朝，而处罚视之为严。炀帝从之，得丁二十四万、口六十四万。户口报告当较可信。《地理志》称：全国凡八百九十万户、四千六百万口。视二十余年前增加一倍有余，每家平均五点二人，隐瞒之弊仍未尽除。户口以黄河下流为最多。《食货志》称：文帝以地少民众，“发使四出，均天下之田”，狭乡每丁才二十亩，老、小更少。唐人以隋沿用北齐制，一夫受桑田二十亩、露田八十亩，实则齐、隋皆未实行。户口报告不实，田地久为私产，为其重大之碍力。土地不敷分配，更为法令实行之困难。炀帝复诏天下均田，可见其前并未实施；即或行之，仍未有效。炀帝之诏，亦为具文。人口过剩问题未有切实可行之解决方案，终为隋末大乱之一原因。

官制 文帝建国，废去六官，置三师、三公，皆为虚名，旷而不补。其握政权或管理政务者共有五省，名：尚书、门下、内史、秘书、内侍。尚书总理全国政事，置令及左右仆射各一人，为其长官；下分六曹，为六部之由来。杨素为左仆射，贵宠权重。后，帝疏之，敕曰：仆射国之宰辅，不可躬亲细务，但三五日一度，向省评论大事。此所以夺其实权，亦可见其位之重要。门下长官，旧称侍中，隋改称纳言。内史省掌昔中书之事。秘书省掌图书、校书。内侍省掌宫中事务。炀帝嗣位，对于官制多所变更，但无重要之改革。文帝初鉴于周亡由于宗室之无权，重用其子，置河北道行台尚书省于并州，以晋王广为尚书令；置河南道行台尚书省于洛州，以秦王俊为尚书令；置西南道行台尚书省于益州，以蜀王秀为尚书令。行台为一方最高之统治机构，三王各为其长官，位尊威重。后，文帝太子勇被废，二王严受处分，大权归于皇帝，为中央集权政府。诸州死罪须大理寺覆决，朝廷统治州县，颇为严密。学者刘炫言其情状曰：

古人委任责成，岁终考其殿最，案不重校，文不繁悉，府史之任，掌要目而已。今之文簿，恒虑勘覆锻炼，若其不密，万里追证百年旧案……事烦政弊，职此之由……往者，州唯置纲纪，郡置守、丞，县唯令而已。其所具僚，则长官自辟，受诏赴任，每州不过数十。今则不然，大小之官悉由吏部，纤介之迹，皆属考功。

防范　集权代价重大，由于文帝疑忌太甚。帝诏总管、刺史，父母及子年十五以上，不得将之至官，后更兼及属吏；诏州县佐吏三年一代，不得连任，皆所以防患于未然。其疑忌之功臣不得终其天年者颇众。平陈后，诏武人子学文，功臣子弟各守一经。此不过欲除祸乱，非有右文之意。后，禁国史，罢太学，唯存国子学一所，弟子七十二人而已。又恐人民为乱，诏收全国兵器，敢有私造者，罪之；然难有效，兵器制造亦非难事。南方以治理不善，成为大规模之叛乱；乱平，仍有海盗，失败之盗贼亦可逃入海岛。帝禁吴越人私造大船，凡船长三丈以上者，悉没入官。文帝所为偏于防弊，不于大处着想，终于失败；晚年，执法严峻，盗边粮一升以上者斩，并籍没其家；尝以盗贼繁多，命盗一钱以上者弃市。史称：三人共盗一瓜，事发即死。后知其弊，废之。

文帝疑忌寡恩，刻薄好杀，多造成于家庭环境。父为周将，三子皆婚于显族。文帝称：二弟依妇家势，憎之，行动为其所非；父母亡后，二弟及弟妇谗之于宇文护，每入家门，“如见狱门”。坚无友爱之谊，进而以为人所争者，全为资财，用心出于自私自利。坚妻独孤氏，父有功于周，为宇文护所杀，门第、势力不及弟妇之家。史称其柔顺、恭孝，夫妇相得。坚誓无异生之子，为帝立为皇后，听信其言。后性妒，生有五子。文帝后有宠妃，后俟其临朝，杀之。帝怒而出亡，为大臣所追还。后又恶其子及大臣之有宠妾。太子勇之失宠、功臣之废黜，与之有关。第二子晋王广善于矫饰，为后之爱子，更交结帝之宠臣杨素。帝听信谗言，疑太子勇为变，废而囚之，立广为太子。第三子秦王俊以奢纵免官、就第。第四子蜀王秀以罪被囚。少子汉王谅与太子广不和；及广即位，起兵为乱，兵败、幽死。广为炀帝，后为其下所杀。

五子无一善终。文帝之死，据史所记，乃炀帝所为。604 年，文帝病于宫中，宠妃与太子侍疾，出而更衣，为其所逼，拒之得免，还而泣言太子无礼。帝怒，令为敕召勇，事为杨素所知。素告太子。太子遣人入寝殿害帝，并杀其兄。其父子、兄弟相害，为中国历史上鲜有之事例。

炀帝 广杀父为帝，是为炀帝（605—618 年在位）。少敏慧，美姿容，为父母所钟爱，颇好读书，善于属文，不欲人出其右，文人矜才者，常为其所杀。其兄弟不能相容，养成疑忌之心，对于家人，防范甚严，不如意者，辄杀害之；对于大臣亦然。其为帝也，颇赖杨素之力。汉王谅叛，素击平之，益为帝所忌。素病，帝唯恐其不死。素知其境遇，不肯服药而死。帝后语左右，谓素不死，将灭其族。此其性情，同于其父。文帝勤于政事，初无姬妾。炀帝唯从事于声色，以姬故而杀其父，为帝即与之通。《隋书》论曰："炀帝得（国）不以道，便谓人无忠信，父子之间尚怀猜阻，夫妇之际，其何有焉。"皇后不能改善其性情，其选入宫之女子甚多，亦无足异。

炀帝自恃其才，唯知纵欲，臣下谏诤或违反其意者，常不能免祸。政事不廷决，入阁之后，召其亲臣，口授方略，由其拟为敕书。宇文述为其用事大臣之一，初为其属吏，参与夺嫡之谋；及广为帝，典选举、参预朝政，并受委任。帝得远方珍味，辄遣中使赐之，使者"相望于道"。述"善于供奉""容止便辟"，富有"巧思"，数以奇服异物进献，益为帝所宠悦。史称其贵幸，"言无不从，势倾朝廷"。述性贪鄙，知人有珍异之物，必求取之，恩待富商大贾及陇右诸胡子弟，呼之为儿。诸儿竞加馈遗，述金宝累积。后庭曳罗绮者数百，家僮千余人，皆控良马，被服金玉。述之宠遇，当时莫之与比。帝亲信用事者，皆阿附曲从之小人，贪污成为政治现象。《隋书》言之曰："朝政渐乱浊，货赂公行。凡当枢要之职，无贵贱并家累金宝，天下士大夫莫不变节。"炀帝信任群小，受其蒙蔽，虽皇后亦不敢进言，言之不惟无益，反有杀身之祸，为其所知故也。文人居于天子之位，刚愎自用之祸至此。

隋都于长安，宫殿为西魏、北周之旧。长安原为大城，亦为军事重镇；然以兵祸之故，古代之建筑毁坏，西魏限于财力，都城规模狭小。文帝有迁都之意，据史所记，其欲迁都之另一原因为宫中多鬼怪，帝信鬼神，惧而避之，乃于旧都旁营新都，号曰大兴。新建之宫殿，帝以为侈，盖有相当之壮丽。关中地瘠民少，关东地肥民众，税收甚多，帝以京城仓廪尚虚，诏西自蒲陕，东至卫汴水次诸州，募丁运米，又置黎阳仓于卫州，常平仓于陕州，广通仓于华州，转相运输关东及汾晋之粟以给京城。渭水流入黄河，但以沙多，深浅不常，漕者苦之。帝诏凿引渭水，自大兴城东至潼关三百余里，名曰广通渠，由是漕运便利，关中赖之。炀帝嗣位，诏建东京于今洛阳，每月役丁二百万人，徙富商数万户居之。其宫殿材料为远方奇材异石，又求海内嘉木异草、珍禽奇兽以实园苑。此为劳民伤财之事。当文帝节俭之后，府库有余，尚或不为大害，若继续大兴工程，人民将至不堪其苦。

炀帝经营新都，心犹不足，又治江都苑囿。初，江南人相聚为乱，帝为扬州总管，镇江都；嗣位后，犹爱其地，大造宫苑。《资治通鉴》称其发河南、淮北诸郡民前后百余万，开通济渠，自西苑引水达于河。西苑为工程浩大之建筑，周围二百里。复引河历荥泽入汴，自大梁之东引汴水入泗，达于淮。又发淮南民十余万开邗沟，南入于江，渠广四十步，旁筑御道，并树以柳。后更穿江南河，自京口达于余杭。此史所记之辞，若运河南段系炀帝所开凿者，然殊不足信。河乃旧有之水道，湖泊相通，炀帝不过加以开宽，便于其行龙船。其所造之船数万，官督役严，役丁死者什四五。其南幸江都也，侍从众多，挽船之士八万余人，卫兵自行引船，骑江沿两岸行，所过五百里内，官皆献食，味极水陆珍奇。俄帝亲览全国山川之图，广求胜地，营造宫室；后将北征高丽，发河北诸军百余万，穿永济渠，引沁水达于河北通涿郡，丁男不足，役及妇人。又广筑驰道，多所巡幸，供给稍不如意，即有不测之祸。其先，突厥主与周结婚，闻隋代周，声称为之报仇，大举南侵。文帝遣将御之，发丁男修筑长城。长城为防阻戎马之利器，隋兵战斗力强，突厥亦未深入。至是，炀帝发丁男百余万修筑长城，其粮食之运输，当为艰苦之事。

炀帝奢侈、好大喜功。突厥尽有长城以北之地，军力强盛，数为寇于边。文帝采用离间政策，行之有效；其部落仍为患者，出兵击之，降者抚之。会突厥内乱，分为东、西，可汗皆请和于隋；然其军力仍足为患。615 年，炀帝北巡，东突厥大军围之于雁门，形势危急，幸援兵至而敌引去，隋之损失颇重。吐谷浑地在青海及甘肃之一部分，为西方大国，数侵扰周边；隋时，国力渐衰，奉表称藩，为其邻国所破。炀帝出师伐之，大破其众，降者十余万人，遂置郡县镇戍，徙轻罪者居之，由是往来西域之路益便。帝闻其地多宝物，遣使诱说诸国君长遣使入朝，来者啖以厚利，令其转相讽谕，四十余国遣使入贡。其在南方，炀帝平定林邑，添置三州，政府不能切实治理南州，新得之地更无重要。琉球、日本在中国之东。炀帝遣使东往"流球"，其主不从隋命，炀帝出兵击之，为暴而归。日本旧称倭国，遣使来隋，国书自称"日出处天子"，为正式通使之起始。隋对高丽交涉，则为失败。高丽地望有中国东北一部分及朝鲜半岛北部，其王初朝贡于隋，后寇扰于边。文帝遣大军伐之，以粮道不继，复遇疾疫，死亡惨重而归。611 年，炀帝北幸涿郡，聚兵一百十三万伐之；明年，进攻，高丽守城，大军食尽而归。613 年，帝复亲征，遣诸将分道攻城，而国中乱起，帝惧而班师。隋亡促成于东征，《隋书·食货志》言其影响曰：

> 天子亲伐，帅兵大举，飞粮挽秣，水陆交至。疆场之所倾败，劳敝之所殂殒，虽复大半不归，而每年兴发，比屋良家之子，多赴于边陲，分离哭泣之声，连响于州县。老弱耕稼，不足以救饥馁；妇工纺绩，不足以赡资装。

役苦，民不堪命，为群盗蜂起之一原因。帝以严刑治之，而盗益多。其平日奢侈太甚，虐用其民，更造成之。其时为农业社会，耕地之开拓不及人口增加之迅速，土地不敷分配，于文帝时已然，问题历时久而益严重。农民家无余粮，盗贼起而受祸深重，有废地不能耕者。旱灾更使饥民从贼。《五行志》言：大业十三年（617 年），"天下大旱"。人民防盗自守，屯集城堡，初剥树皮食之，渐及于叶，皮、叶食尽，煮土或捣藁为末，食之，后乃食人。隋亡固由于人事之不臧，而人口过剩实一主因。炀帝时在江都，而卫兵、侍从多北方人士，怀归思乱，618 年春，杀帝北归。其二孙为起兵者所利用，俄亦被废。

隋三十七年而亡。论者尝以隋比秦；事实上，始皇之功绩远非文帝所能比拟，其覆亡虽有相同之迹，而构成祸乱之因素则不尽相同。隋于中国史上之贡献，首为统一，不幸为时甚短，对于学艺未有重大之影响。其开通河渠，便利交通，有助于文化之统一，更促进南北商业之发达，便于农民灌溉。然有利用旧河而加以修浚者，运河则其明例。后世言隋废九品中正制，改用荐举。中正始于曹魏，沿用迄于隋初，为造成门阀之一要因。荐举即汉代之选举。文帝诏诸州岁贡三人，后诏京外官以二科举人，即志行修谨、清平干济也。炀帝始建进士科，演变而为唐之科举制。科举成立，亦非尽为隋功。论者又言：隋律轻重适宜。实则隋律损益前代法律而成，颇为严刻。炀帝曾敕修之，仍用刑严峻。专制政府，刑赏常决定于天子之喜怒也。

第三十四篇　唐高祖与太宗

祸乱之大起——中国之平定——家庭之变——太宗之内政——邻国之关系——官制——臣下之防范——兵制——税制

祸乱之大起　隋之覆亡，初由于饥民起而作乱。大旱后，复有大水，史称：河南、山东饿殍满野。炀帝诏开仓赈之，吏不时给，死者日数万人，饥民起而为盗。贼帅李密据有河南、河北各一部分，部将徐世勣曰："天下大乱，本为饥馑。"可为明证。自其性质而论，叛人可别为二类：一、盗贼。其人初为饥民，以久于作战之故，成为精兵，其渠帅据地，同于一国，窦建德、杜伏威皆其明例。建德初与贼交通，后率其徒为盗，与之同甘苦，得其死力，厚遇士人，据有河北大部分，自称长乐王，国号曰夏。杜伏威初掠于淮南，自称将军，兼并小盗，击败官军，南取历阳，渡江居于丹阳，击败其附近贼酋，尽有江东、淮南之地。

二、官吏。盗贼群起之时，炀帝留于江都，政令不行，强有力之官吏据地自主，李渊因而创国，尚有王世充、薛举、萧铣诸人。世充初为将有功，据有洛阳，称皇帝，国号曰郑。薛举为金城府校尉，举兵后，招聚群盗，兵力甚强，尽有陇西之地，自称西秦霸王。萧铣为吏，叛人奉之为主，领土西至三峡，南尽交趾，北达汉川，东至九江、鄱阳，为南方大国，自称皇帝。

中国之平定　隋季，举兵之豪士数以百计，上言诸人，不过例证而已。其强大者，尚有刘武周，地在山西北部，与窦建德、薛举皆与突厥相结，恃之为援。李渊亦遣使称臣于突厥，而厚遗之，得其兵马为助。突厥唯利是求，并利用中国之分裂，凡卑礼厚币求其援者，往往得其援助。李渊父系汉人，母系胡种。其先世居关东赵郡，祖为西魏柱国大将军。宇文泰改山东汉人为关中郡望，以绝其乡土之思，并附会其家世与六镇有关，故李氏改称陇西人，家于北边。汉人、胡人非谓不同之种族，乃文化高下之别。渊为中庸之才，恣于情色，仕隋不甚得志，亦无起兵之意。其在太原起兵，乃其次子世民所造成。其计划欲取关中为根据地，大军自太原南下，攻取城邑，遇有阻碍，终能胜利前进。其时，关中盗贼大起，渊女遣使与之连系，招降小盗。渊至长安，众至二十万人，奉炀帝孙为主；618 年，自称皇帝，是为高祖（618—626 年在位），国号曰唐。遣使入蜀，招降郡县。薛举谋取长安，出兵东侵，为世民所败。明年，双方各以全力作战。世民为帅，适疾，唐军大败，死者惨重。举方乘胜直取长安，以疾而止，俄死。其子战败而降，陇西遂平。西北五郡旧称河西，其主为唐使所执，关中之地尽平。唐有西北戎马，战斗力益强，转而经营山东。山东谓太行山以东之地，即古所谓关东也。

山东以郑、夏二国为强。郑主王世充初与李密相攻。密世家子，初为叛人谋主，事败为盗，诸贼帅奉之为主，号为魏公；袭据仓米所在之地，恣饥民往取为食；与王世充相攻，互有胜负。李渊方以全力经营关中，卑辞与密交通。密势较强，竟以内奸之故，致军大败，归降于唐。其一部分土地为郑所有，将士以其余地降唐。郑据河南，阻唐兵东下之路。夏有山东大部分，其主窦建德击败自江都北上之叛军，礼遇隋臣，以其所获财物赏赐诸将。唐降地之在河北者，多为其所夺。唐与刘武周战，武周部将勇敢善战，数败唐兵，终为世民所败。620年，世民统大军伐郑。世充拒战不胜，困守洛阳，乞援于夏。明年，建德统军赴援，至郑州之西，为唐兵所阻，军败为唐所擒。其妻率官属以地降唐，世充亦降。高祖多杀降人，夏旧臣刘黑闼惧祸起兵，自称大将军，连败唐兵；北连突厥，半岁，悉复夏之故地。兖州贼帅举齐、兖之地附之，其势益张。622年，世民督军讨之，大破其军，黑闼北奔突厥。世民南讨贼帅，黑闼借突厥兵大败唐师，旬日间，悉复其故地。唐大发兵攻之，明年，山东始定。

唐兵据有巴、蜀，自上流东下。萧铣忌杀其将帅故人，边将疑惧，作乱，铣不能制，兵势益弱。唐军数道攻铣，降之。唐更伸长势力于长江下流，杜伏威惧而入朝，留将居守。伏威不得南归，守将起兵，624年败死。祸乱始于613年，至是，中国统一。大乱促成于水旱之灾，饥民出而掠食，致成盗贼，所过劫掠一空。农民不能安耕，粮食成为严重之问题。饥贼掠人为食，贼酋朱粲为其一例。粲掠于南阳一带，所克州县，悉发藏粟充食，去辄焚其所余，迁徙无常，不务稼穑，唯以劫掠为事，人民大饥，死者如积，生者至食人肉。粲亦无粮，取婴儿蒸而食之，令军士皆食人肉，且曰“他国有人，我何所虑”，即令所掠“妇人、小儿皆烹之，分给军士，乃税诸城堡，取小弱男女以益兵粮”。此为人类之惨剧，死于饥饿，死于战争，皆甚惨重。高祖多杀降人，有延长祸乱之责任。薛举子兵败，率百官出降，高祖杀之，诛其臣数千人。河西主降而被杀。李密兵败，以为与唐有旧，归降，高祖待之甚薄；执政向其求贿，密心不平而叛。窦建德厚遇唐之宗室，及兵败见擒，妻以完整之国归降，建德为唐所杀。王世充固守洛阳，以世民许其不死而降，犹为仇家所杀，其臣死者甚重。既而高祖征建德故将，故将惧死，致成刘黑闼之乱。此足以证明高祖之处置失当，增加人民之死亡。其惨重盖不下于汉季之乱。

家庭之变 群雄平定，多为秦王李世民之功。世民幼聪明，好游戏，曾受相当教育与训练，长于文学，精于骑射。年十六，炀帝为突厥围于雁门，世民应募为骑，说主将故为疑兵，突厥解围而去；及父守太原，击贼有功，十九岁举兵为将，功名日盛。《资治通鉴》称其“前后数十战，常身先士卒，轻骑深入，虽屡危殆，而未尝为矢刃所伤”。胜利由于谋而后战，作战勇敢，并能觇敌强弱，而以精骑攻其弱处。唐取长安，关中风气强悍，旧为府兵所在地，新附之者，多为盗贼，训练即为精兵，世民统以作战，故所向无敌也。高祖以子力得国，从事于声色之好，重用投其所好之故人裴寂，则其一例。寂在太原，与高祖博弈通宵连日，以晋阳宫人侍之。帝擢寂为尚书右仆射，视朝必引与同坐，入阁延之卧内，言无不从。世民后责寂曰：“武德之时（618—626 年），政刑纰缪，官方弛紊，职公之由。”高祖所恶之人，常不得免。其三子不能相容，酝酿而成家庭之祸。

高祖长子曰建成，次曰世民，季曰元吉。唐之建国，建成有功，时为太子，颇好酒色。元吉多过失，而世民为其所忌。高祖多内宠，建成、元吉曲意事之，宠姬谗毁世民。建成使其属下招募骁勇，谋杀世民。事泄，高祖将立世民为太子，意复中变。兄弟各有党羽：世民爵封秦王，为天策上将，其府辟有才能文学之士，兼有勇将；东宫及元吉府亦有徒众，各利诱其政敌之部属。高祖听信谗言，颇处罚秦王府之属吏。秦王处于险恶之境遇；626 年夏，举兵。守宫门将常何为太子亲信，阴归于秦王。王率亲信将士七十人伏于皇宫北门，曰玄武门。其兄弟已有所知，但不知宿卫变心，入宫被杀。其部将率兵入卫，俄知其主死，散去，城中犹有战事。高祖应秦王之请，手令诸军受王处分，战事始已。长安宫殿系隋经造，处于城北，玄武门为入宫之所，宿卫在焉。唐代政治革命之成败，常决定于玄武门之胜负。世民尽杀其侄，高祖立为皇太子，诏军国庶事，无大小悉由其处决，然后奏闻。此为家庭之惨剧。太子不问余党，擢用其贤而能者。

太宗之内政　626 年，高祖禅位，太子嗣立，是为太宗（627—649 年在位）。不惟英武见称于世，文学知识亦非常人所及，其读书盖在起兵之后。其为秦王也，与才能之士相处，常受其益；为帝，聚书二十余万卷于弘文殿，置弘文馆于其侧，精选文学之士。朝臣以本官兼任学士，令其更日宿直；听朝之暇，引入内殿，讲论前言往行，商榷政事，或至夜分乃罢。帝之学问自有增益。史记其与大臣问答之辞，颇见其渊博。帝好文学，敏辩；晚年，群臣言事，帝引古今以析之，多不能对，可证明其学益有进步。《晋书·武帝纪》《陆机·王羲之传》皆帝所作，文辞不下于文人。帝爱王羲之真迹，其书当有可观。隋炀帝长于文学，太宗读其遗文，颇以为美；但以不愿闻过而受蒙蔽，致亡国、杀身之祸，帝以为戒，奖朝臣言其过失，每见人奏事，必假以辞色，冀闻规谏，阿从者常受斥责。魏征为有名之谏臣，犯颜直谏，多所匡益。文过饰非，为人情之常，甚者以忤意为辱，而帝泰然纳谏；偶尔发怒，终能觉悟，听之，实为人主所难。

太宗晚年，问其侍臣平定中夏、臣服戎狄之故，群臣称其功德。帝曰："不然，朕所以能及此者，止由五事耳！自古帝王多疾胜己者，朕见人之善，若己有之；人之行能，不能兼备，朕常弃其所短，取其所长；人主往往进贤则欲置诸怀，退不肖则欲推诸壑，朕见贤者则敬之，不肖者则怜之，贤、不肖各得其所；人主多恶正直，阴诛显戮，无代无之，朕践祚以来，正直之士，比肩于朝，未尝黜责一人；自古皆贵中华，贱夷狄，朕独爱之如一，故其种落皆依朕如父母。此五者，朕所以成今日之功也。"所言五事，四者关于用人，帝用人，本于公正无私，不限于秦府。嗣位初年，旧人皆怨。帝以衣食皆取于民，设官分职，所以为民，用人唯问贤否，贤者虽前为政敌，亦擢而用之，不肖者虽秦府旧人，亦不之用。其先，士大夫不乐仕进，官员不足，有不赴选补官者。帝强令其赴京听选。隋世，选人始于十一月，至春而罢。太宗令四时听选，此为重要之改革。选人不受时间限制，视前便利；入京人数增加，吏部选察，易于得人。帝敕宰相广求贤才，后诏朝臣各举所知为县官，帝据观察亦擢用贤者。唐之得人，以其时为最盛；文武皆有杰出之士，贤者在位，能者在职，各尽其能。其时，户口少而耕地有余。637 年，朝臣奏言：户口不及隋之什一。时距统一十数年，户口犹若是之少，显有隐瞒之弊。耕地多而人民衣食有余，史称：路不拾遗。国中殆无盗贼。

邻国之关系 唐起兵，假突厥之力。突厥据有长城以北之地，东自契丹，西迄西域，诸国皆臣服之，是为东突厥。北方起兵之群雄，称臣事之。唐欲巩固其后方，并得其兵马之援助，遣使称臣。突厥不愿中国统一，援助唐之敌国，出兵为寇。太宗嗣位，首欲增强军队之战斗力，日引诸卫将卒数百人，教射于殿庭，亲临试之，中者赏赐，将帅亦受考验。人皆自励，数年之间，悉为精锐。会东突厥颉利可汗政乱，强部薛延陀、回纥叛之；又值天灾，大饥，太宗不欲乘其危而取之，颉利仍与唐为敌。629年，太宗命名将李靖为行军总管，统军讨之；明年，击败颉利。朝廷许其降，而靖以精骑袭之。颉利不意唐兵猝至，其众溃散，俘十余万，获牲畜数十万，俄擒颉利送京，漠南之地皆降。太宗厚遇突厥酋长，至者，皆拜将军，中郎将布列朝廷，五品以上百余人，与朝臣相半，入居长安者近万家。四夷君长请帝为“天可汗”，帝从之；自此，赐西北君长玺书，皆称天可汗。唐有漠南，不善利用。薛延陀居于漠北，乘机南进。帝复封突厥，诏其居于漠南；遣使往告薛延陀，居于漠北，各不相犯。薛延陀南侵，为唐所败。西突厥部落有归降者，可汗亦服于唐。

吐谷浑为游牧社会，前为隋军所败；至唐，复强，为寇不已。太宗以李靖为西海道行军大总管，节度诸军讨之。可汗拒战不胜，悉烧野草，轻兵远奔，李靖分军两路，深入击败敌兵，大获杂畜，可汗为下所杀。太宗立入中国侍子为主，留兵数千为卫；闻其乱而出兵赴援。可汗听命于唐，入朝贡献。其南为吐蕃，据有康、藏，值名王弃宗弄赞在位，兵力甚强，遣使乞尚唐公主。太宗不许。弄赞以其为吐谷浑所间，发兵击之，大胜，掠获民畜甚多；复破羌众二十余万，进入唐境。唐出兵击之，前锋获胜。弄赞引退、请婚，太宗以文成公主妻之，二国和好。唐使王玄策入中天竺，值其王死，其臣为暴。玄策发吐蕃兵擒获之而归。西域旧附西突厥，及唐强盛，小国遣使朝贡。高昌在今新疆东部，其王曾亲入朝；后，唐以其违命，灭其国而县其地。后击龟兹，获其主归。唐在西域之威望大增。太宗厚遇夷狄，许其通婚，降者授之以官或侍卫，立功者颇不乏人。

太宗武功过于汉帝。其灭东突厥也，尽有漠南之地。其人风俗习惯不与唐同。太宗鉴于隋援突厥而可汗叛之，初不肯复其国，致地为回纥所据。大体而言，长城为其北边，东北领土初不及汉广大。西汉盛时，有今朝鲜北部。唐时，其地为高丽所据，并占有中国东北一部分。唐初，其王遣使朝贡；后，其权臣杀王。太宗亲率大军讨之。关外辽远，地未开辟，军粮运输艰苦，且地苦寒，军士须于冬前南归。高丽兵守城，唐军困于坚城之下，失败而归。太宗县其攻下之城，遣兵攻扰其边境。至子高宗，始乃灭之。南方蛮夷叛乱者俄即平定。

官制 唐官制初沿隋旧，文帝整理汉、魏以来之官制。东汉三公九卿权为尚书所夺，尚书省成为政治之枢机。隋沿用之。唐初，尚书令为最高之行政官，太宗曾居此官，及为天子，以左、右仆射为长官。太宗称为宰相，其职在使百官各得其人，而居此位者听受讼辞，日不暇给。帝敕尚书细务属左右丞，唯大事应奏者乃关仆射。仆射与闻朝政，若为天子亲臣，则权颇重。尚书旧分曹处理庶政，曹至唐称部，吏以吏部为最重要，以人才之进用，须经其选定也。余为户、礼、兵、刑、工五部，各有尚书，尚书乃治一部之长官。唐初称户部为民部，后改名称，沿用迄于清末。中书自魏、晋以来，为草定诏令之官署，其长官得与天子议商政事，威权至重。隋称内史，唐复称为中书，长官曰令，仍司诏敕。门下旧司宫中事务，其长官侍中演变为天子亲臣，与闻政事。自晋以来，其权益重；唐时，掌驳正诏敕。太宗尝曰：

> 国家本置中书、门下，以相检察。中书诏敕或有差失，则门下当行驳正。人心所见，互有不同。苟论难往来，务求至当，舍己从人，亦复何伤。比来或护己之短，遂成怨隙，或苟避私怨，知非不正，顺一人之颜情，为兆民之深患，此乃亡国之政也。

帝鉴于隋世阿附及蒙蔽之祸，有此互相检察之制。中书奉命草定诏敕，有谏正或表示意见之机会；若顺天子颜情而为诏敕，门下可驳正之。门下系公布诏敕之官署，帝因予以检察权也。论难而成怨隙，为政治上之常事。太宗以之为言，仍不能改。后，帝复谓中书、门下："比来，唯睹顺从，不闻违异，若行文书则谁不可为，何必择才也。"故事：军国大事，中书舍人各执所见，杂署其名，谓之五花判书。其先，舍人之位甚低；至宋中叶，皇帝不信大臣，其权始重。隋、唐因之，判书再由中书侍郎、中书令省审，诏敕转至门下省，由给事中、黄门侍郎驳正后公布施行。给事中旧称给事郎，高祖改易其名。太宗晚年，令名将李世勣同中书门下三品。唐制：二省长官皆为三品；同中书门下三品，遂得参与军国大政而为宰相。其地方官制亦有变更。南北朝，州大增加，其面积无异于郡；隋末，改州为郡。高祖改郡为州，太守皆称刺史，后以群盗归附，权置州郡，倍于隋朝。太宗以官多、病民，将其并省，分全国为十道。道为监察区，同于西汉之州，设按察使，检察非法，如汉刺史。缘边镇守及襟带之地，唐初置总管府，以统军戎，俄改称都督府。

臣下之防范　太宗求贤不遗余力，然不喜山东士族。其臣奏称：天子以四海为家，不当以东西为限。以帝用人有山西、山东之别，山西人占据优势。实则，山东寒族居显位者甚多，并不为帝所恶。其时，南方世族以陈亡而式微，山东士人犹崇阀阅，有门族衰而犹负世望、嫁娶多索财物者。帝诏吏部尚书高士廉定谱牒，分士大夫为九等。士廉以崔民干为第一。帝令以今冠冕为高下，先皇族，次外戚，崔民干降居第三；又禁诸世族相婚，公子婿皆取勋贵子弟。而旧族为礼法之家，社会上之地位如故，达官仍欲与之为婚，太宗不过提高其君臣社会地位，且防大臣结党。其交通宾客者，至不为其所容。中书令岑文本弟文昭为校书郎，喜宾客。帝闻而谓文本曰：卿弟过多交结，恐为卿累，朕欲出之为外官。文本泣言：老母不能离之。帝愍其意，召文昭戒之。刑部尚书张亮养假子五百人，与卫士往来。事发，亮辞不服。帝曰：亮有假子五百人，养此辈何为？正欲反耳！终杀之，皆其明例。时人皆欲官于京师，视外官为贬，太宗尝欲以功臣为世袭刺史，竟无人愿往。

兵制　太宗平定群雄，士卒勇敢善战。关中旧为府兵之根据地，隋令军人待遇一与民同。民年二十，法须为兵。唐初，广收盗贼，史称：高祖置十二军，关中诸府隶之。府殆府兵之旧，战斗力强。盗贼亦多勇敢善战之人，诸府军士当有降盗。太宗严练士卒，并广点兵，尝敕中男虽未十八而躯干壮大者，亦可并点，以魏征力谏而止。发民为兵，系沿隋制。后十年，《通鉴》称：帝置六百三十四府，关内二百六十二府，上府一千二百兵，中府一千，下府八百，每人自备兵甲、粮装，皆输之库，有征行，给之，二十为兵，六十而免。西魏府兵，六等以上之人入选，唐则八、九等皆选。唐中叶，宰相陆贽言：太宗时诸府八百余所，而在关中者殆五百，举天下不及关中。岂先后不同，抑制度时有变更？府兵出征，易得勋级；后历年不迁，为人所贱，贫民无法避役者充任，遂失重要。

税制 唐制：丁民授田一百亩，以什二为世业田，什八为口分田。此为纸上计划，抄用旧制，而未问其能否实行。丁岁输粟二石谓之租，随地所出。岁输绫绢絁各二丈，兼绵三两，布加五分之一，兼麻三斤，谓之调。用民之力，岁二十日，闰加五日；不役者，日为绢三尺，谓之庸。有事加役二十五日者，免调；加役三十日，租、调皆免，通正役不过五十日。其税以户为单位。租，自口分田而论，四十亩收粟一石，为四十而税一，视汉为轻；庸、调亦然。此为不合现实之计算。其时，田为私产，政府于大乱后，未收田地为公用，亦未计口授田。假使法令施行，耕地分配有余，一二世后，人口增加，耕地如故，丁男无法得田一百亩，均田势必破坏，贫民尚可出卖其口分地。政府不问田地分配之实际情况，亦不问其贫富。事实上，田地于农业社会为安全之投资，富者田连阡陌，贫者或无立锥之地，而纳税皆以百亩为计算之单位，何优待富人而榨取贫民若是之甚？法令不本于实际情况，徒为民害也。幸时耕地有余，人民皆安居乐业也。

太宗晚年告太子曰：“吾居位以来，不善多矣。锦绣珠玉不绝于前；宫室台榭屡有兴作；犬马鹰隼无远不致；行游四方，供顿烦劳。此皆吾之深过，勿以为是而法之。”此其自责之辞，欲子为戒，言之过甚，民固未尝以此怨之。其心不安者，则为家庭之变。其兄弟相杀，由于积隙深而无自全之术，不得已而为之。太子承乾多过失，而魏王泰聪明有宠，各有党与。承乾心不自安，与其党徒谋反；事泄，被废。帝深失望，自投于床，侍臣争前扶抱；帝抽佩刀自刺，又为其所夺，内心悲哀。帝以泰立，承乾兄弟不能保全，至于流涕；

承乾母弟晋王治仁孝，立之，承乾与泰皆可无恙，乃诏为太子，出泰于外。后，帝以治无才而吴王恪类已，欲废太子，立之，以谏而止。帝多疾病，649 年，服番僧药死，在位凡二十三年。后世言治者常推太宗之世。

第三十五篇　高宗至玄宗

高宗——武后——中宗——玄宗——太子之地位——漕运——官制——军队之腐化

高宗　649 年，高宗嗣父为帝，迄于 756 年玄宗迁蜀，为唐盛世。太宗初知太子庸弱，有废立之意，而为其舅长孙无忌所谏止，不免出于私情。高宗果为昏庸之主，在位三十四年（650—683 年在位）。嗣位之初，奉遗诏辅政之大臣窃弄威权，滥杀吴王恪。太宗以其有文武才，欲立为太子，以谏而止。无忌乃藉反狱杀之，以绝人望。反案牵涉二公主、荆王、吴王。帝泣谓侍臣曰："荆王，朕之叔父；吴王，朕兄。欲匄其死，可乎？"心中不胜悲哀，然不知其中有被诬者。后，无忌为人诬告谋反，帝泣言：元舅谋反，"使朕惭见天下之人"。亦不审问事之真相。其王皇后无子，与妃争宠，引昔充太宗才人武氏入宫。武氏时已为尼，入宫蓄发，为帝所宠；生女，后爱而弄之，及出，武氏潜扼杀之，覆之以被。帝至，惊而啼问，左右皆曰：皇后适来此。帝以女为其所杀，武氏泣数其罪，帝遂有废立之意。其情感高于智慧，自易为人所蔽。废皇后而立武氏，大臣极谏，至于涕泣，甚者，置笏于殿阶，解巾、叩头流血曰：还陛下笏，乞放归田舍。帝终不听，后立，凡谏阻者多左迁于外，次第被害，重用阿意曲纵之小人。

武后　高宗中年患风眩，头重、目不能视，百官奏事，使皇后决之。皇后聪明果断，涉猎文史，处理政事，威权渐与人主相侔，帝为其所制。664年，宫中厌胜事发，帝怒，密召亲臣议之，方草诏废后。后得报告，诣帝自诉。帝羞缩不忍，犹恐其怨怒，尽以责任诿归大臣；知后怨之，又力不能保全，大狱起而朝臣流贬者众，足使忠臣寒心。嗣后，帝每视事，后垂帘于后，政无大小，皆预闻之。《资治通鉴》曰：天下大权悉归中宫，黜陟生杀决于其口，天子拱手而已，中外谓之二圣。后，帝病甚，议使后摄国政，大臣极言不可而罢。太子奏事，不为后喜，史称为后鸩杀，更立其弟为太子，亦为其所害，后诚忍人也。683年，高宗病危，大臣裴炎受遗诏辅政，太子嗣立，是为中宗，尊后为皇太后；欲授皇后父侍中、乳母子五品官。裴炎固争，帝怒称：以天下与之，何不可？而惜侍中！太后知而诏废为庐陵王，立少子旦为帝，居之于别殿，不得有所干预；临朝称制。会扬州起兵，传檄以匡复为辞，旬日间，聚众十余万。太后遣将平之，政治地位益为巩固。裴炎于兵起时，请太后归政，竟不为其所容。更兴大狱，诛杀唐之宗室。其起兵讨之者皆不终朝而败。太宗子孙诛杀殆尽。

690年，武氏改国号曰周，自称皇帝，本其作为与经验，对于亲属、家人缺乏信心，对于大臣亦莫不然。为防范之计，留心外事，奖人告密，尝问宰相外事，对曰：臣备位宰相，有大事不敢不以闻。人间细事，不足烦圣听。遂忤旨而左迁。凡告密者，臣下不得问之，路远给驿马，供五品食，使诣行在，至即召见，廪于客馆，所言称旨，则不次除官，无实者，不问。告密为仕官之捷径，兹引一事为例。卖饼人后为仆从，以告谋反，擢游击将军，求为御史。太后曰：卿不识字，岂堪御史。对曰：獬豸何尝识字，但能触邪耳！后悦，即以为侍御史。复重用酷吏治狱，按推一人必令引数十百人。来俊臣尤为严酷，以治狱功迁官，畜无赖数百人，专以告密为事，欲陷一人，辄令数处俱告，事状如一。俊臣与其党共撰《罗织经》数千言，教其徒网罗无辜，织成反状；又造刑具，令囚诬服，不承者多死于刑；令其多引朝臣。史称，其先诛唐宗室、贵戚数百人；次及大臣数百家，其刺史、郎将以下，不可胜数；后告宰相狄仁杰与其同僚谋反，治之。仁杰承反，有司不复严备，得传书家人，言其冤状。其子持书称变，得召见。俊臣言其承反。武氏遣使视之，使者不敢昭雪。会有上变，言反狱不可信者。太后稍悟，召见仁杰等，问其何故承反，对曰：不承，则已死于拷掠矣。后曰：何为作谢死表？对曰：无之。后出表示之，乃俊臣所为。太后不罪其诈，而左迁仁杰等为县令，其冤死者多矣。及政治安定，太后渐厌告密之烦，善臣下省刑尚宽之疏；酷吏诛死，人心大慰，亦不复闻有谋反者。

拔用人才，以收人心，为武后统治全国之技术。其思想以士大夫唯求高官，擢而用之，彼将忠心图报。临朝初年，所引用之宰相窃言太后宜返政，以安人心。后得报告，不悦，称其“乃复叛我”。晚年，卧病，大臣以兵诛其幸臣，奉太子为帝。后谓其中一人：他人皆因人以进，唯卿朕所自擢，亦在此邪！可为明证。儒家受传统思想之影响，不欲妇女与闻政事。太后以武氏诸王为学官，致学校颓废。后信奉佛教，但未改善其残忍之性情。唐代考试：一曰明经，为背诵之学，不足以见才思；二曰进士科，为新考法，试以文学。太后亲策贡士于洛阳殿为贡，得人较多。玄宗所用大臣，多武后所奖进。其献赋颂求仕者，既得为官；朝臣所举者，又悉加擢用。时人言其官曰：公私聚会，绯服众于青衣，象板多于木笏也。不称职者，寻亦黜之，或加刑诛。

中宗　武后重用其家人，以诸武为王，二侄求为太子，终以大臣之谏，698年，复立庐陵王为皇太子；虑其身后，武氏将不见容，命其子女与诸武为誓，不相杀害。其宠女太平公主嫁于其侄，二姓结为婚姻，为保全武氏之一法。其将传位于太子，盖无可疑。705年，太后卧病，急功好事之大臣，举兵入宫，杀后幸臣，奉太子为帝。实则，庐陵王之复立，幸臣有进言之功。太子即位，是为中宗（705—710年在位）；复国号曰唐，诸武仍居于权势之位。中宗爱女安乐公主亦嫁于武姓。皇后韦氏复与太后侄武三思通。功臣谋去诸武，乃相次受祸。安乐公主恃宠骄恣、卖官鬻狱，势倾朝廷；常自草制敕，掩其文而请帝画可。帝笑而从之。太子非皇后所生，受其凌侮，起兵为变，兵败见杀。韦后之权益重。公主欲其母临朝，自为皇太女。710年，帝中毒而死。

玄宗 韦后召宰相入禁中，调兵屯守京城，立新君后，发丧；临朝听政。南北卫军、台阁要司皆以韦氏子弟领之。相王旦子临淄王隆基阴聚才勇之士，厚结禁军将士。诸韦将禁军者，数榜捶其士卒，禁军皆怨。隆基与太平公主以禁军为变。韦后及其党与皆死。相王嗣位，是为睿宗，立隆基为太子。太平公主功大位尊，所欲无不听从，大臣进退，系其一言。宰相奏事，帝辄问其与太平议否。公主渐与太子不协，谋易东宫。712年，帝传位太子，是为玄宗。明年，玄宗以兵尽诛公主之党，并赐主死。睿宗乃诏：自今军国政刑皆取皇帝处分。玄宗在位四十四年（712—756年），为唐极盛时代，大乱亦造成于其末年。嗣位初，尚虚心纳谏，后则意满气盛，不能闻逆耳之言。宦官高力士有功，帝所宠信，中外畏之。太子呼之为兄，将相事之，犹不敢进言。宰相李林甫专政，由于厚结帝之左右，宫中动静为其所知，因得迎合帝意，以固其宠。林甫尝召诸谏官，告其不可多言。其仍上书言事者，即行左迁，于是谏诤路绝，朝臣皆容身保位之人，国事渐而败坏。

玄宗本于经验及防患之计，严禁诸王外通大臣，臣下私与之往来者，将至不测之祸。为人善于音乐，爱好奢侈生活，国用不足，任用聚敛之臣。京兆尹裴耀卿尝言政费曰：贞观、永徽之际（627—655年），禄廪不多，岁漕关东一二十万，今运数倍于前，犹不能给。皇室用费增，而耀卿不敢明言。关中地狭民少，政府收入以山东为多。唐代征收粟米、绢布，江淮之间，船行于运河，运输甚便。黄河不便舟楫，运船溯流西上，常为艰苦之事。渭河水浅、沙多，船行更为困难。隋沿黄河要地置仓，并营造东都，为解决问题之一法。耀卿奉诏为江淮河南转运使，设仓、凿渠，三年中运米七百万斛入京，视前漕运之数又大增加。后宫赏赐无节，敛臣多取于民，贮于内库以供宫中宴赐。帝好声色，晚年不改。王皇后以失宠被废，武后侄女惠妃宠冠后宫。帝废太子、杀其二弟，皆因惠妃之谗。惠妃死后，后宫数千无当意者，乃以子妇杨氏美而纳之，号为贵妃，宠遇过于惠妃。三姊皆封夫人，赐第京师；二兄居于显位，世称五家。凡有请托，府县承迎，峻于制敕，四方赂遗，辐凑其门。从兄国忠不学无行，以聚敛骤迁显位，夺李林甫之宠，促成安禄山之祸。

李林甫为相，司马光于《资治通鉴》论之曰："上晚年……悉委政事于林甫。林甫媚事左右，迎合上意，以固其宠；杜绝言路，掩蔽聪明，以成其奸；妒贤疾能，排抑胜己，以保其位；屡起大狱，诛逐贵臣，以张其势。自皇太子以下，畏之侧足。凡在相位十九年，养成天下之乱。"帝方以声色自娱，任用非人，致国事败坏也。初，帝好大喜功，置十节度经略使于边。其时，吐蕃兵强，数败唐兵，帝用能将统重兵御之，始有转机。东北，契丹入寇，遣将严为之备。唐之精兵乃在东北、西北二边，节度经略使一称节度使，有指挥大军作战之全权，处理军粮等事，为一方最高之长官。其先，边帅皆用忠厚名臣，不久任、不遥领、不兼统，功名著者，入为宰相；番将虽有才能，犹不专大将之任。李林甫欲杜边帅入相之路，奏言：文臣为将怯弱，请擢用胡人。胡人习战而不知书也。玄宗从之。诸边节度使后皆胡人，"卒使禄山倾覆天下，皆出于林甫专宠固位之谋也"。

安禄山为勇敢善战之胡人，以慰抚降夷之功，擢而为边将，颇以才能显名。禄山狡黠，厚遗帝之左右，谀之者众；复以军功，授东北三镇节度使，拥有强兵。李林甫驭之有方。杨国忠数谗毁之，而帝不信。禄山知而潜谋为乱，厚待其部将，请以番将代汉将，玄宗许之。国忠求其反状，以事激之，又未为备。755 年，禄山举兵反，所部十五万精兵南下，河北州县望风而降，未遇抵抗渡江，转而西趋东都。守将拒战不胜，西退，吏民闻风逃散。会援军至而为战略之撤退，固守潼关。玄宗信谗，杀其统将，遣名将哥舒翰东征。翰守潼关，以为贼利速战，官军利在坚守，待诸道兵集攻之。其时，唐将出今山西，扰贼后方，连战皆捷，河北州县多已反正，禄山处于不利之势。玄宗听国忠之言，遣使趣翰出战，相望于路。翰知事败，抚膺恸哭，战果大败，潼关失守。帝惧而幸蜀，途中将士怒杀国忠，贵妃亦死。大乱仍在进行之中。

太子之地位　百年间，大事尚待说明者有二：一、太子多不得立。太宗兄弟争立，太子建成不得其死；太宗诸子争立，太子承乾被废，吴王恪几代太子，皆无论已。高宗太子二人，皆为母后所恶，一不得终其天年，一废后见害；中宗、睿宗于母临朝时，几不免祸。中宗太子非韦后所出，惧祸起兵，败而见杀。临淄王以诛韦后之功，睿宗废长，立为太子；太子以太平公主之谗，内不自安，复举兵为变。玄宗太子无罪，废而见害；复立太子，数为李林甫所毁，几不免祸。安禄山之变，太子称帝，同于玄宗之夺父位。其父子之间，盖无慈孝之存在。父之好恶，常视子母之宠爱为转移，后妃色衰而爱弛者，处于悲苦之命运，子亦遭受相同之待遇。子之于父，亦以利害决定其对策。父杀子，子谋反，乃皇室常有之事态。其造成者由于皇帝纵欲太甚，妃嫔太多。其争宠相害，真为人间地狱。武后唯欲逞志，杀其子女，毫不顾惜，为历史上鲜有之怪人，岂环境使之然邪？政变之成败，常视其能否得侍卫之赞助。武后传位太子，系宰相与禁军统将合作所致。中宗太子举兵失败，由于一部分侍卫不肯听命。玄宗先杀韦妃，后杀太平公主，皆赖侍卫之力。天子为威权之渊源，皇宫为政令之所出，举兵得侍卫拥护者常如愿以偿也。

二、妇女干政。唐母系属于胡人，建国距鲜卑盛时犹不甚远，遗风当有存者。《颜氏家训》称：北齐风俗，妇持户门，争讼曲直，造请逢迎，车乘填街衢，绮罗盈府寺，代子求官，为夫诉屈。此为鲜卑之风。唐高祖起兵，女于关中聚盗应之。太宗杀其弟，而以其妻为妃；高宗以父才人为皇后；玄宗以儿媳为贵妃，皆不正常之婚制，而时君行之，殊少忌惮。武后畜养幸臣，恬不为耻，谏臣言其多选美少年入宫供奉，有公然炫其能以自媒者，太后不以为嫌，反嘉其直；其临朝听政，与男子无别。韦后于中宗死后，临朝听政，亦为故事。安乐公主干政，为祸于国。太平公主势盛时，宰相七人，五出其门，致玄宗不安、起兵为变。玄宗鉴于往事，宠武惠妃，但不许其与闻政事；晚年，信用杨贵妃家人，而贵妃亦未干涉政事。762年，肃宗张皇后与宦官争权，谋废立太子，事败被杀，妇女干政遂告结束。

漕运　唐都于长安，以洛阳为东都。长安附近，未经大规模之屠杀，户口多而耕地不足，民多患贫。朝廷供给常赖山东之漕运。陆运艰苦，河运又多失事，山东米、绢多储运于洛阳附近之仓。天子常就食于东都，尤以饥荒时为甚。关中距时季风发源地太远，常有旱灾；车驾东行，颇为艰苦。682年，高宗幸东都，扈从之士有至饥死者。武后临朝，居于洛阳；中宗复至长安。710年，关中饥，运谷西入京师，失死什八、九，群臣请幸东都，帝不欲行，怒曰："岂有逐粮天子邪！"乃止。玄宗复以岁饥，数冒寒暑，就食东都；后，用裴耀卿为转运使，漕运增加，食米问题始得解决。政府驻重兵于西北边数十州，物资需要殷而生产趋于发达，施行和籴之法。朔方节度使牛仙客为相，推行其法于关中，政府以布交易民米，行之颇为有效。737年，玄宗以关中蓄积羡溢，诏停本年江淮运租车驾；嗣后，不复幸东都。唐中叶之疆域视初叶为广大。高宗伸长势力于朝鲜半岛，以其北部为州县；后复失之。唐灭东突厥，后破薛延陀，强者不服者，出兵袭之。三十年，北边无事。及突厥复强而数为边患，唐驻重兵于朔方以防御之；后，突厥衰，强部回纥据有其故地。唐初经营西域，及吐蕃强而天山南路小国附之。玄宗以骁将高仙芝统万骑讨之。仙芝逾今帕米尔高原，大胜而归；然不能有其地。吐蕃时为大国，诸羌降之，尽有其地，东与甘肃、四川接壤，南至印度，西至天山南路，北抵突厥，地方万余里；唐兵数为其所败，乘机蚕食土地。玄宗以名将统军御之。八世纪，西南民族南诏最为强大，据有云南之地，数败唐兵，幸未能深入。长江以南，地未尽开辟；西江流域荒凉更甚；黄河下流及江淮之间，最为发达。

官制 百余年内，官制颇有变更。唐以左右仆射为宰相，中书拟诏，门下驳正。故事：宰相于门下省议事，谓之政事堂，故仆射皆知门下省事，午前决朝政，午后决省事。高宗时，裴炎为中书令，迁政事堂于中书省。帝以黄门侍郎参与政事堂会议，谓其资任尚浅，未可与宰相同名，诏其与中书、门下同承受进止、平章事，其位为正四品。自是，外司四品以下知政事者乃以平章事为名，同平章事遂为宰相。武后称制，改易官名，实质上并无变更。中宗任命仆射，至不敢预议政事。帝命其"有军国重事，中书、门下可共平章"，始得参与政事会议，由是成为故事。专拜仆射者，不复为宰相。玄宗改政事堂曰中书门下，列五房于其后，分掌庶政，尚书省之权益削。宰相人数增多，玄宗初年，达于七人。其资望高而为皇帝信任者，常有大权。李林甫援用其党，专政十九年，为其明例。中书拟诏，门下驳正，皆演变而为宰相。高宗始召文学士草诏，时人以其于北门候进止，谓之北门学士。玄宗置翰林院密迩禁廷，以居文章之士，谓之待诏。其在院供奉者草拟诏敕，渐为要官，以其有接触天子之机会，得其信任，常握大权。其后，宰相大抵由翰林学士升任。唐初，男女之别不严，又鉴于秦、汉之弊政，太宗定制：内侍省不置三品官，黄衣、廪食，守门传门而已。武后临朝，不用宦官。中宗嬖幸多，而七品以上宦官增至千余人。玄宗恣于声色，复以高力士有功，授为左监门将军、知内侍省，宦官达三千余人，居高位者浸多。高力士盛时，将相常赖其一言而定。宦官出身卑微，得意无不为非。

唐初，全国分为十道，时遣使按察；后增至十五道，各置采访使，检察非法。京畿、都畿为两京附近之地，以中丞领之；余择贤刺史为使，乃仿汉制，视前组织较为严密。州、县未有变更。其沿边各地，先后置六都护府，其长官统治一方军队，威权颇重。后于沿边置十节度使，兵费增加。节度使得帝信任或有功者，兼领数镇之兵，并以番将充任。其先，高宗对外战争数败于吐蕃，时人言其原因：今朝廷用人类取将门子及死事之家。彼皆庸人，岂足当阃外之任。胡人勇敢善战，哥舒翰、安禄山皆以军功擢至节度使。汉将无可用之人。文官多由胥吏擢用。729年，有司奏限全国明经进士及第每年不过百人。国子祭酒奏称：流外出身每岁二千余人，而明经进士不能居其什一。人才缺乏，此为其一原因。

军队之腐化　节度使镇守边区，初由于府兵之败坏。高宗中叶，名将刘仁轨镇守百济，奏言其兵曰：臣伏睹所存戍兵疲羸多，勇健者少，衣服贫弊，唯思西归，无心展效……自显庆五年（660年）以来，征人屡经渡海，官不记录，其死者亦无人谁何。州县每发百姓为兵，其壮而富者行钱参逐，皆亡匿得免；贫者身虽老弱，被发即行。顷者，破百济及平壤苦战，当是时，将帅号令，许以勋赏，无所不至；及达西岸，唯闻枷锁推禁，夺财破勋，州县追呼，无以自存。公私困弊，不可悉言。以是昨发海西之日，已有逃亡自残者，非独至海外而言也。又本因征役授勋级，以为荣宠，而比年出征者，皆使勋官挽引，劳苦与白丁无殊。百姓不愿从事，率皆由此。其造成之原因：一、富者逃役；二、政府赏赐太薄，遇之太苛；三、政府失信于民，戍兵逾期不归。其战斗力降落，对外战争乃不能胜。后，诸府兵益苦，从军而家犹应杂徭，逃亡略尽。723年，朝廷召募壮丁充宿卫，改善其待遇，逋逃者争出，旬日间至十三万人；改称彍骑，初重练习，后亦废弛。宿卫皆为市人，故安禄山反，政府调边兵御战也。

人民于大杀后骤减，边民或逃亡四夷，或为其所掠，降为奴婢。中国安定，朝廷出币赎之。629年，户部奏言：中国人自塞外归及四夷降服者，男女一百二十余万人。突厥败降，得中国人八万。唐兴二十年，召徕流亡，不遗余力，而朝臣言其户口不及隋之什一。高宗初年，全国三百八十万户，犹不及隋二分之一，显有隐匿。关中民多地狭；时有严重之饥荒，长安、洛阳之间，死者相枕于路，人至相食。其空旷之地则在江、淮、汉水及秦岭之南诸州。高宗平高丽，得六十九万户，徙三万八千户于上言之地，历数十年而户口未有重要之增加，当由于逃移、隐瞒。721年，监察御史宇文融请加检括，乃令逃亡户口于百日内自首，逾期即加检括；以融为使，得户“八十余万，田亦称是”。朝廷虑其扰民，更改善逃户之待遇；而隐瞒者数仍不少。736年，再令逃户于本年内自首；逾限，当命专使搜求，散配诸军。恐仍无大效也。玄宗末年，全国九百余万户、五千二百万口。百余年之和平，江淮耕地增加，而户口稍多于隋，逃户之弊当未能去。政府检括逃户，全为增加收入，以供贵人奢侈用费，财政基础殊不巩固也。

唐至中叶，户口大增，开辟之土地亦有增加；而生产事业之进步，远不及人口增加之迅速。时为农业社会，农民耕种于褊狭之地，家无余粮，一遇饥馑，即成严重之灾，为政治、社会上之重大问题。朝廷唯欲多方榨取于民，以供其奢侈用费，政治道德殊为卑下；复以府兵败坏，全国精兵唯在边陲，危机业已隐伏，而任用之宰相复不得人，促成安禄山之乱。乱起，人民所受之痛苦益深。政治方面虽令人失望，而国内和平维持百余年，固足以称盛世也。

第三十六篇　肃宗至宣宗

宦官之乱政——安史之乱——诸帝——皇帝之无能——宦官之祸——朋党之祸——藩镇之乱——税制——户口

宦官之乱政　玄宗闻潼关失守，狼狈奔蜀，父老遮道请留。太子奉命宣慰，事毕将行。宦官李辅国说其不可入蜀，太子从之，以其曾为朔方节度大使。其地路近，士马全盛，乃往朔方。长安时已陷失，道路多虞，张良娣侍从，及至灵武，产子，三日起缝战士衣。太子即位，是为肃宗（756—762年在位），尊父为太上皇。其为太子也，几致大祸；妃削发为尼，兄弟皆死，当仍存有不安之心，为帝盖其所欲。太上皇北归长安，居于南宫。李辅国谗言其与外人交通，夺其马二百余匹，强其居于大内，散其亲信、左右，唯留老弱侍卫数十人。良娣进位皇后，干预政事。太子弟为其谮死，太子处于危境，幸后所生之子尚幼，太子亦能恭逊取容也。李辅国有拥戴之功，判元帅行军司马事，侍直帷幄，宣传诏命，四方文奏，由其陈达，宝印、军令一以委之；及还京师，掌禁兵，制敕经其押署，然后施行。宰相、百司非时奏事，皆因其关白。名族达官见之，至执子弟礼。朝臣为其所恶者，多不能免祸。张皇后与之争权，有隙。帝病，后召太子，令诛辅国。太子不从，后谋杀之。辅国以兵护卫太子，迁后于别宫，捕其党羽。肃宗死，后及其党被害。皇后无兵，复以事机不密而罹于祸。嗣后，皇后、宠妃于政治上居于无足轻重之地位；宦官之势力则根深蒂固。太子立，是为代宗（762—779年在位）。辅国恃功益横，公然谓帝曰："大家但内里坐，外事听老臣处置。"帝以其方握禁军，号为"尚父"而不名，事无大小，皆以其意见为决定。会其党程元振谋夺其权，密请加以裁制。帝罢辅国，以元振代之。元振专权自恣，甚于辅国，忌有大功之诸将，不以时奏，吐蕃入寇，致帝出逃。征诸将兵入援，莫有至者。帝免元振官，以宦官鱼朝恩为可信，使之总领禁兵，权宠无比。朝恩凌辱宰相，每奏事以必允为期，朝政有不豫闻者，辄怒曰：天下事有不由我者邪！强帝赐其养子紫衣。帝心不平，与宰相谋而缢杀之。其时，内忧外患交至，帝唯姑息苟安而已。

安史之乱 肃宗、代宗皆为庸主，为君于大乱之时，自不能胜任也。初，安禄山攻陷长安，其部将骄而以酒色财货为事，无西出急追之意，故玄宗安然入蜀。肃宗北至朔方。其时，贼声势张狂，西胁汧陇、南侵江汉，北有河东之半。唐东北精兵皆叛，防御吐蕃之精兵败溃，能战之兵唯朔方一镇。其在河东作战者，闻潼关陷而西退。蜀人怯弱，襄、汉、江、淮皆非精兵之产地，幸将士、官吏尚未变心，长江流域叛乱不久即平，天子制敕犹行于未失之地。江淮为唐赋税最多之区域，东都陷后，贼至睢阳，围攻久始陷城，有所畏而不敢南下，江淮获全。贼将进攻南阳，历周岁下之，南攻襄阳，不下而还。唐江淮赋税，溯江运至襄阳，然后沿汉水而上，集中于汉中附近，再由陆路逾越秦岭而至扶风，其艰苦万状。贼在关中，据有泾渭冲积平原。唐有诸州皆地瘠民贫，乃依江淮财赋供给军士，自不惜重大运输之代价。肃宗更乞援于回纥。回纥初为突厥强部，后据有其故地，臣服于唐；唐对外用兵，曾得其力。至是，回纥遣精骑四千余助战，其战斗力强于安禄山所部。

安禄山起兵，自称大燕皇帝，因病躁暴，驭下严峻，亲信用事者犹受箠挞。子庆绪惧不得立，使人杀之，距其起兵，不过年余。庆绪称帝，部将为之尽力。唐军反攻长安两次，皆不能胜。757年秋，回纥援至，军事始有转机。盖唐兵系强农民入伍，未有训练，同于乌合之众，战败死亡惨重，士气益低；回纥援至，改变全军之观念。唐军进攻长安，回纥助战，贼大败溃，弃长安东走。庆绪悉发洛阳兵赴援，战复大败。庆绪渡河北退，守邺。黄河以南之贼将或为人所杀，或请归降，亦有北走者。回纥大掠于东都。唐帅未即乘胜追贼。贼将率兵至邺，又募新兵，军势复振。史思明旧为禄山部将，亦为善战胡人，拥强兵于北方。庆绪遣使征兵，并密图之。思明囚使归降于唐。河北除相州外皆为唐有。唐治诸陷贼官严峻，又陷图思明；思明惧而复叛，由是祸乱延长。

758年冬，官军进攻，庆绪入邺固守，窘急乞救于思明，请以帝位让之。思明发兵攻陷邺南州县，不即前进，欲使唐兵懈而击其不备。唐将郭子仪以水灌城，城中无粮，旦夕将陷。官军六十万指挥不能统一，粮运受饥馑影响，复遭敌阻扰，军士乏食，思明引大军而前。明年春，两军决战，官军败溃，委弃甲杖、辎重于路。东京士民闻而惊骇奔散。思明诱杀庆绪，收其士马、州县，留长子朝义守邺；北还，自称大燕皇帝；秋间，复率兵渡河攻取洛阳。761年，贼军西进，朝义为先锋，不胜，思明怒欲杀之。朝义因部将为乱，杀父，称帝。洛阳历二军之攻守，四面数百里州县皆为丘墟。贼将皆禄山所用，与思明等夷；朝义无功称帝，不为其所服，召之，或不肯至，贼势渐衰。会代宗嗣位，复得回纥之助，762年，唐军东攻洛阳，大败贼兵，朝义北逃。唐军追击拒战之贼，其据地诸将愿听命归降，唐统帅令其复位。明年，贼将皆降，朝义穷蹙自杀。

大乱七年，主力战斗皆在黄河流域。贼仓卒退出两京，未及将其焚毁。回纥助唐，有许其大掠金帛子女之条件。长安收复，回纥欲如约。唐统帅拜于其酋长马前曰：今始得西京，若遽俘掠，则东京之人皆为贼固守，不可复取矣！愿至东京乃如约。其酋许之。回纥掠于东京，意犹不足。父老请以缯锦万匹赂之，始止。代宗复向其乞援。可汗久乃许之，亲统兵至。唐太子为元帅，见之未拜舞，大受侮辱。及下东京，回纥肆行杀掠，史称死者万计，火累旬不灭。唐兵亦以东京、郑、汴、汝州皆为贼境，所过虏掠三日乃已。比屋荡尽，士民衣纸。军费、食物多运自江淮，备极困难，费用昂贵，皆出于民。回纥可汗入唐，所见州县皆成丘墟。其地尚非战区，诗人杜甫后作之诗称：吏夜捉人，拉去抱孙之老妇应役，妇有三男为兵，二人战死。可见战祸影响之重大及人民所受之痛苦。代宗苦兵，应统帅之请，以贼降将四人分帅河北。史称：统帅恐贼平而宠衰，为之奏请。代宗唯求苟安，亦有责任。唐以回纥有功，遇之甚厚。可汗归国，部众所过抄掠，廪给小不如意，辄至杀人。唐许其市马，每马易缣四十匹，动至数万匹，空府库尚不足以偿马价。马弱多不能用，徒为重大之负担。吐蕃乘机侵夺唐地。初，玄宗置节度使防守西北，岁发山东丁壮为戍卒，屯田供粮，设监牧畜。及安禄山乱起，边兵入援，吐蕃尽取河西、陇右之地，数十州沦没。《资治通鉴》所谓：自凤翔以西、邠州以北，皆为左衽也。763年，吐蕃深入，逼近长安，代宗东逃，六军溃散。吐蕃入城，俄复西去，盖大掠而归也。唐之国力大耗。

诸帝 代宗不能有为，国中叛乱迭起。史称其政事多留滞，四夷使者及四方奏计或连岁不遣。宦官奉使，帝不禁其求取，予之少者尚以为轻朝命，乃公求赂遗，无所忌惮。帝死，太子嗣位，是为德宗（780—805年在位）。初颇改革弊政，对于藩镇不稍姑息，但以处理失宜，致成大规模之战祸。常赋不能供给军费，创行间架税、除陌钱。其法，每屋两架为间，上屋税钱二千，中千，下五百。除陌钱谓公私给与及卖买每缗五十钱入官，以物交易者，约钱为率，隐匿者罚至严重，人民愁怨。会政府征兵东征，行至京城，赏赐太薄，军士怒而作乱。德宗出逃，命将讨贼，复疑忌之，致将叛与贼合。德宗狼狈南往汉中，数年始平。山东强藩违命者，帝赦其罪，唯求一时之苟安，命令不行于藩境。帝自京城乱后，不信宿将，以宦官分典禁旅，又不信任宰相，自御史、刺史、县令以上，皆自选用，中书仅行文书。一人之聪明、知识有限，而所知之人无几，乃以小忠、小信及迎合其意者为可用，实则多为小人。禁军时称神策军，帝以亲信宦官为护军中尉统之，其权颇重。藩镇将帅多擢自神策军，台省清要亦出于其门。帝专意聚敛，宦官公然夺取民间财物，政治殊为恶劣。

805 年春，德宗病没。太子病不能言，以大臣拥戴嗣位，是为顺帝。帝居于宫中，信用其旧臣翰林学士，王叔文之权尤重。史称：大政辄先下翰林，使叔文可否，然后宣于中书，由其推引之宰相承而行之。叔文交结文学之士，颇欲改革先朝弊政；任用宿将，夺宦官兵权。宦官怒而密令属将毋以兵属人，诸将遂不听命；更拥立太子为帝，是为宪宗。自此而后，嗣位之天子多决定于宦官。宪宗在位十五年，讨伐叛藩，朝廷之威望提高；820 年，为宦官所杀。宦官时分两派：一派谋立皇子；一派以兵拥立太子，是为穆宗。824 年，帝病甚，命太子监国。宦官请太后临朝称制，太后不可，太子始得为帝，是为敬宗。敬宗在位不足三年，为宦官所杀。其党拥立之嗣君不同，强者以兵杀其政敌，迎立穆宗子为帝，是为文宗（827—840 年在位）。文宗励精求治，去奢从俭，颇欲有为；两次谋诛宦官，事皆无成，大臣反而受祸。帝病，召其亲信宦官，欲其奉太子监国。握兵权者以为功不在己，矫诏另立皇太弟。文宗死，太弟嗣立，是为武宗（841—846 年在位）。武宗在位六年，以政治家李德裕为相，颇有所为；病时，宦官定策迎立皇太叔嗣位，是为宣宗（847—860 年在位）。宣宗欲去宦官，迄未能削减其势力，嗣君之立仍决定于宦官，李氏子孙徒为其傀儡工具。

皇帝之无能　自肃宗嗣位，迄于宣宗病没，凡百有三年，共有十帝，昏庸无能者占其多数。太子继承为帝，由来已久，而唐太子多不能保其位。其幸而为帝者，亦常遇危机。自宦官决定皇位继承，太子益居于次要之位。诸王自玄宗防范以来，同于幽闭。聪明者常恐祸而自晦。宣宗明察沈断，用法无私，从谏如流，崇俭爱民，时人谓之小太宗；然初在宫中，人皆以为不慧。及文宗为帝，益自韬匿，群居游处未尝发言。文宗宴集诸王，引其发言，以为戏笑。武宗尤不之礼，宣宗盖藉以避祸。宦官领袖致仕，语其党固宠之术：以奢靡娱天子耳目，使之无暇更及他事；慎勿使之读书、亲近儒生。百余年中，唐无伟大之主，当与教育环境有关。诸帝在位最久者，不过二十年。其不永天年，由于放纵声色之欲。翰林学士有谏敬宗者，曰：先帝以酒色致疾损寿，臣是时不死谏者，以陛下年已十五故也。今皇子才一岁，臣安敢畏死而不谏乎！谏之未必肯听，诸帝酒色戕贼身体，为一事实。

诸帝早死之另一原因为饵服药石。人情之常，无不欲延年益寿，时人颇信药石之功效。太宗服药石而死，其子孙仍信道士练丹之说。宪宗服其药而躁暴，为宦官所杀，讳称药发所致；穆宗服金石之药，朝臣进谏；武宗亦食金丹，性加躁急。俄毒发死，皆明显之例证。唐帝自附于老子李耳之后。玄宗注《道德经》，诏以试士。武宗信道士之言，摧残佛教；所信并非高深之哲理而为低下长生之说，思想殊为幼稚。诸帝中较有才能者当推宪宗、宣宗。宪宗讨平淮西节度使之乱，威令行于国中。时至宣宗已不易有所建树。文宗欲除宦官，任用非人，反而受辱。武宗任用李德裕，尚有事业可言。余则无足称述。唐既衰弱，其邻国若回纥、吐蕃亦然。回纥上下皆好唐物，成为风气，兵力衰弱；九世纪中叶，为邻国所破，部落散离，可汗南奔唐边。唐赐以米、绢，而仍侵掠，乃出兵击之，降者三万余人，散隶诸道。吐蕃极盛于代宗之世，唐驻重兵防之；后渐衰弱；至宣宗时，国乱益弱。唐出兵收复河、湟之地。东北旧有奚及契丹侵边，安史乱后则无所闻。盖河北诸镇各自主其内政，得以全力对外作战，兵力甚强而敌不能深入也。西南方面，南诏犹为患于蜀。大体而言，唐至中叶，疆域并不为小，但节度使分布于国中，其兵力强者，同于独立国，中央集权政制破坏无余。兹述其政治问题于下。

宦官之祸　宦官居于宫中，深知皇帝性情，易于迎合其所好，能以小忠、小信得其信心。天子以为人之爱己或忠于己者，无过于其所用之宦官；其遭遇祸难而为之尽力者，尤易得其信任。皇帝为政治威权之泉源，宫中为政令之所出，亲信用事之宦官常握大权。唐初政变之成败，常决定于保卫玄武门卫士将领之态度，其宦官之祸甚为汉代，由于保卫皇宫之神策军归其统领。宦官握有兵权，始于李辅国之为行军司马。代宗命鱼朝恩统制禁军，复恶其专横，与宰相定计杀之，进用其党以慰安北军之心，且曰：北军将士皆朕爪牙，并宜仍旧，朕今亲御禁旅，勿有忧惧。唐宫居于城北，北军即为禁军。代宗知其力足威胁天子，自为统帅。德宗以祸乱迭起，由于将士之反叛，信用宦官，使其亲信典禁军，由是天子无权。

宦官内握兵权，其党在外或为节度使，或为监军。监军皆为宦官，得指挥军事，将帅至不得专进退；常选军中骁勇数百为牙队，自有信旗，每战军势小却，辄引旗先走，致军败溃。武宗始敕监军不得预军政，并核减其卫兵。朝廷机密事件由宦官处理，所谓枢密使也。初掌承受表奏，渐而握有重权。天子、大臣皆无实权，储君之继承、大臣之擢用与罢斥，皆由其决定。士大夫求官者，无不奔走于其门。文帝亲策贤良方正，有极言宦官之祸者。考官见其而叹服，但不敢录取。王叔文欲去宦官，反而受祸。文宗有志除之，初密商于亲信之翰林学士，擢用为相，而谋为宦官所知，诬告其谋反，受祸。后，帝亲信大臣复谋诛宦官，诈言御园石榴树夜降甘露，潜伏兵，谋杀之。百官称贺，帝令诸宦官往视。及回，见伏兵，惊而告变，引兵杀害朝臣甚众。帝言其受制于家奴，不及古代受制于强诸侯之天子，因而涕下沾襟，境遇亦何可哀。嗣后，朝臣不敢谋诛宦官。宦官产地据《唐书》所记，为今四川、福建、广东，时为边徼蛮夷区域，其姓氏不类汉人，汉化当甚浅薄。论者疑其多为蛮族或蛮化之汉人，唯知维持其利益，徒为祸于国。

朋党之祸　专制帝王不欲政权下移，无不严防臣下结为朋党。太宗擢用山东寒族，禁高门互为婚姻。其政治意义不欲其结党也。大臣结为朋党，存有私心，选举不以贤能为标准，而以其党与为转移。进用者感激党魁之恩而愿为之奔走，所谓士为知己者用也；忠于天子则为次要之事。党魁对于其徒势将多方袒护，对于异己之人则力排斥，以巩固其党之地位。天子乃为其所蒙蔽。唐世，士大夫入仕之途径，一为明经。山东崇尚礼法之世家，其子弟多由明经为官。明经演变而为帖括背诵之学，渐不为人所重，而名门旧族不易变更其所为。一、应进士科，以诗赋文章及第。新兴之族常由之入仕，渐居于显要之位，非高门第之所及。自明经出身者，鄙视新兴之士，斥为浮薄，成为相峙之阶级，易于造成朋党。唐中叶，二党之争，此为其背景。史称：

二党嫌疑成于李吉甫为相之时。吉甫为德裕父，相于宪宗初年，值试贤良方正，直言极谏。举人牛僧孺直言时事，考官署为上第。吉甫恶其言己，泣诉于帝。帝贬考官，逐僧孺。吉甫死，而德裕仍以为怨。僧孺亦欲报复。德裕颇有才能，为官于浙西，八年不迁，以为牛党排之，为怨益深；后任西川节度使，吐蕃将以险要之州归降，其前唐兵久围攻而不下，德裕受之。朝廷以僧孺议而以地及降人送归吐蕃，二党益相水火。德裕亲信以明经入仕，文宗用为御史大夫。牛党乞枢密使干涉而不得，其掌政也，由于与宦官相结。李党亦不敢反对宦官，特程度深浅之不同。牛党倾向维持现状，李党主张维持威信，讨伐为乱之藩镇，颇有成功。二党互相排挤，不择手段，凡四十年而始已。

藩镇之乱 唐于边区设节度使，予以行军作战之大权，并得统治州县，行政、财政皆在管辖之内。安史于河北作乱，唐以全国之力，不能平乱，以降将李宝臣为成德节度使，统治今河北省西南部；田承嗣为魏博节度使，统治河北省东南部；李怀仙为卢龙节度使，统治河北省东北部；薛嵩为昭义节度使，统治河北、河南接壤附近之地，后为魏博所并，即世称河北三镇。河北旧为汉族文化发达之区域，其长城附近人民深受环境之影响，勇敢善战。唐破突厥，降人有散居于边境者，风俗为之一变。玄宗重用胡人为将，安禄山用胡人裨将，以代汉将，足以改变风气。将士唯知安史，而不知有朝廷。代宗以降将为节度使，并未能改变其政治观念。河北未为战场，其兵尚能继续作战。田承嗣为安史父子立祠，谓之“四圣”。代宗遣使讽令毁之。唐史所记三镇叛将，几尽胡人。汉人胡化为之用者，数亦不少。其人留于河朔，习染胡风，长于骑射。士大夫仕不得志者，常走河朔。三镇成为独立区域。

三镇成立于代宗之世。其先，朝廷对于藩镇，已取姑息政策：节度使有病死者，肃宗遣中使往察军中所欲立之将士，授以旌旗，裨将杀节度使子，推其亲戚为主，朝廷因授为节度副使，节度使始由将士废立。后更豫置留后，或自称留后，由朝廷授以旌旗；不得者，或由邻镇代请，或起而为乱。其兵战斗力强，城坚守固，朝廷遂不能制。复于内地广设节度使，其有野心者，亦效河北诸镇之所为。德宗初年，欲去积弊，成德节度使死，其子自为留后，魏博为之代请，不得，因联合四镇为乱，各自称王。帝命淮西节度使讨之，淮西亦叛。朝廷发关中兵讨之，以赏薄而叛，德宗出奔，乃赦叛镇，专力平定关内之乱。宪宗嗣位，藩镇叛者益多，朝廷若再容忍，则管辖之地益小，乃出兵讨杀节度使之叛者。淮西久拒朝命，会其帅死，子自为节度使。宪宗讨之，用兵五年而乱平，诸镇乃有所畏。穆宗立而厌兵，复行姑息之政。武宗讨平叛镇，朝廷威权一震。节度使恃其强兵，与朝廷相抗，厚其待遇；农民则被榨取，所谓竭财以养兵也。骄兵悍卒驯至决定其节度使之人选与命运，权益下移。

税制　唐中叶，财政改革则由租、庸、调而为两税制。唐沿前代税制；大乱之后，户口隐瞒益甚，政府收入减少，军费无出，有司赋敛无复常规，各随意征收，贫民不胜其苦，率多逃匿。780 年，宰相杨炎作两税法，先计州县每岁费用而赋于民，“户无土客，以见居为簿；人无丁中，以贫富为差”。此为丁税，原谓之庸。唐以十六岁为中，二十一为丁，纳税不同，民常冒滥称中。为商者，就所在地，税三十分之一。地税分夏、秋两季征收。其租、庸、杂徭悉省。其法便于施行，初本于当时之调查，现居之户当皆纳税。后，民迁徙而簿犹未变更，逃户仍可避税，乃摊税于其邻，致驱迫俱逃。民纳税出钱，官吏多取于民，亦迫其逃亡。商人征税，实行亦有困难，税遂出于农民。后世所用之两税法，系由其演变而成。盐税岁入初六十万贯；经整顿后，增达六百万贯，占八世纪末叶一岁征赋所入之半。

户口　安史乱后，户口大减。807 年，宰相李吉甫撰《元和国计簿》称：每岁赋税，倚办止于浙江、江苏、安徽、江西、湖北、湖南、福建一百四十四万户，比玄宗盛时税户四分减三；兵仰给县官者八十三万余人，比玄宗时三分增一，大率二户资一兵。朝廷直接治理区域减小。黄河流域强藩势同割据，其赋税所入留而供养其官吏、士卒。蜀地财丰物阜，其节度使拒命，赋税、常贡不输长安。岭南距国都远而交通困难；唯广州市舶所聚珍宝有输入宫中者。《资治通鉴》称：845 年，凡四百九十五万余户。武宗统治区域视宪宗初年为广，户增至一倍有余，实则全国户口仍多隐瞒。

户口报告不确：一、由于逃户之多。818 年，朝臣李渤出使还而奏言其见闻曰：渭南县长源乡本有四百户，今才一百余户；阌乡县本有三千户，今才有一千户；其他州县大约相似。访寻积弊始自均摊逃户，凡十家之内大半逃亡，亦须五家摊税……唯思竭泽，不虑无鱼。乞降诏书，绝摊逃之弊。其逃亡户以其家产钱数为定，征有所欠，乞降特恩免之，计不数年，人必归于农。渤言尽为事实。宪宗未采行其建议。逃亡由于税重。史称：自定两税法以来，钱日重，物日轻，民所输三倍其初。轻重指货币购买力之强弱而言。其时，政府鼓铸之钱不及玄宗时六分之一，而民以钱纳税，官吏藏之公府，其流通量数不敷社会之需要，价值昂贵，购买之货物视前增达三倍。农民以物易钱，以钱交税，所输乃三倍其初也。农民以家产完税，犹不足额，迫而逃亡于外。官吏摊税，驱迫其比邻俱逃，成为严重之问题。穆宗始令两税皆输布、丝、纩，独盐、酒课用钱。此所以解决钱重货轻之弊。摊税之害，则未革除。贫民无以为生者沦为贼盗。

二、政府组织既不甚严密，户口调查又不精确。据李渤所言之数字，逃户约占户口百分之六七十，官吏且不知其所往。

三、僧侣。唐佛教发达，僧人增多，其庸调之税向不征收，生活甚为优裕。时人谓十户不能养一僧，为其明证。史称：武宗摧残佛教，僧尼为民者二十六万余人。逃避隐瞒者盖不能免。唐帝信奉道教，道士于社会占有势力，人数殆不甚少。蛮夷居住之区域，纳税异于汉人，户口未并入计算，逃户约百分之六七十，见于户籍者仅约百分之三四十。吾人据以估计，九世纪中叶之户约在一千二百万至一千六百万之间。耕地无甚增加。长江以南，刺史常为贬官，其罪重者，贬居之地愈远。名士柳宗元、刘禹锡以王叔文党，贬为边州刺史。禹锡得播州，地在贵州，宗元称为非人所居。宗元得柳州，亦为蛮夷之乡，风俗异于中州，有男女质钱、不赎没为奴婢之习惯。岭南、黔中、福建至掠良人，卖为奴婢。宗元曾为永州司马，永州今为零陵。吾人读其所作《捕蛇者说》诸文，犹见其地荒凉之甚、文化之低。韩愈以谏宪宗迎佛骨，贬为潮州刺史，至州，表言其地远恶曰：飓风、鳄鱼患祸不测，州南近界涨海连天，毒露、瘴气日夕发作……居蛮夷之地，与魑魅同群。宪宗哀而怜之，徙为袁州刺史，地在江西，亦有以人质钱之风俗。要之，文化发达之区域多为长江以北，其南则地益远而文化益低。北方之人不愿居于南方，以其地潮湿重而易得软脚病也，岭南、福建诸地更非其所愿往。人口过剩问题遂无解决之方案。

唐为农业社会，生产事业之发达不及人口增加之迅速，向有余食、余衣、余屋者，即量腹而食，惜衣如宝，度足而居，亦必不敷。一遇水旱之灾，良而懦者或死于沟壑，孔武有力者或为盗贼。宣宗之世，盗贼群起；秦岭南，妖贼言辞悖慢，帝怒甚。宰相曰：此皆陛下赤子，迫于饥寒，盗弄陛下兵于溪谷间，不足辱大军，但遣一使可并矣。帝遣使招抚，贼请降，而兵至袭灭之。此实悲惨之事态。政府失信，诛杀招降之人，贼将不敢复降。饥而为贼者，人数甚众，政府不能尽杀，徒促成祸乱之扩大。宣宗不于根本着想，唯欲以严刑多杀维持治安，终不能有效，大乱遂在酝酿之中。

政府恃兵维持治安。宪宗养兵八十余万，人民负担奇重，而将士待遇仍极恶劣。时方讨伐抗命之藩镇，以致府库空匮。穆宗嗣位，采取相反之政策，密诏天下军镇，每岁百人中限八人逃走。兵非人民之所愿为，于限内逃亡者，不复追究。每年裁军百分之八，行之数年，士卒大减，其待遇仍无改善，战斗力低弱如故。其时，神策军以宦官为将，待遇优而恩赏厚，富家子弟羡之，至赂宦官，隶名军籍，但华衣怒马，凭势使气，未尝练习武艺；后闻出征，则父子聚泣，至以金帛雇贫人代行，临敌则一哄溃散。朝廷遍置节度使，强藩各有能战之兵。魏博节度使初籍其境内壮丁为兵，使老弱耕种，数年间有众十万，选其健者五千自卫，谓之牙兵，厚其赐给，许其父子相继，世以战争为职业。其他藩镇亦有类于此者。其兵服从节度使，朝廷用之，须厚供馈；每有小捷，辄夸张以邀赏，颇有缓寇以困朝廷之意。能战之兵多在风气强悍之地。河北诸镇恃其兵强，不奉朝旨。黄河以南，蔡州、徐州亦为精兵所出。蔡州地在淮西，人民勇悍，徐州风气与之相同，皆深受地理影响，所谓地瘠民贫也。关中西北河湟之地亦出精兵，不幸陷于吐蕃。唐收复其地，已至事不可为之时。非有伟大之皇帝及深谋远虑之政治家，殆不能挽救其命运也。

第三十七篇　唐之覆亡及其贡献

唐末四帝——朝臣之责任——藩镇之情况——祸乱之起——黄巢——唐之覆亡——祸乱之惨状——种族之平等——信教自由——考试制与世族——士大夫享受之讲究

唐末四帝　宣宗欲除宦官，密商于亲信翰林学士。学士对称：若与外廷议之，恐有甘露之变；不若于宦官中择有才识者，与之谋。帝称，此为末策，试之已告失败；又与宰相议商。宰相以滥及无辜为辞，奏请："有罪勿舍，有阙勿补，自然渐耗，至于尽矣。"朝臣鉴于前祸，皆不敢谋宦官。859年，帝病，密以爱子托其亲信宦官。中尉独不同心，于帝死后，以兵迎立其长子为帝，是为懿宗（860—874年在位）。懿宗不才，不为其父所爱；为君，荒淫奢侈，性好音乐，赐赏动及千缗，又好游幸，扈从至十余万人，所费不可胜计。政治日非，官吏唯知榨取于民，内乱外患交至，在位十四年而没。中尉立其少子，是为僖宗（874—888年在位）；年少善击球，专事游戏。宦官田令孜初曾事之，有宠；及是，使知枢密，俄擢为中尉，政事一以委之，呼为“阿父”。令孜招权纳赂，除官及赐绯紫皆不关白。帝与内园小儿狎昵，尝赐乐工、伎儿，所费动以万计，府藏空竭。《资治通鉴》云：

自懿宗以来，奢侈日甚，用兵不息，赋敛愈急。关东连年水灾，州县不以实闻，上下相蒙。百姓流殍，无所控诉，相聚为盗，所在蜂起。州县兵少，加以承平日久，人不习战，每与盗遇，官军多败。

僖宗唯知游戏，祸乱迭起，一再出奔，身受不少之痛苦，人民更陷于水深火热之中。帝病，宦官遣兵迎立寿王杰为皇太弟监军国事；及死，太弟即位，是为昭宗（889—904年在位）。史官称其有英气，喜文学，有恢复前烈之志，尊礼大臣。其弱点为不知人；处理大政，又不能为适当之解决，讨伐叛镇，反而大败，朝廷之威望益低。帝为宦官所立；然为王时，尝为田令孜所辱。初，流寇黄巢之乱，僖宗幸蜀，王徒步从行，入山疲乏，不能前进，卧憩于石上，令孜趣之行，王言足痛，请其给马，令孜以鞭挟王使行，王甚恶宦官。其嗣位也，颇赖宦官杨复恭之力，以其擅专朝政，设法诏其致仕。复恭与养子书，嘱其积粟、训兵，不要进奉，且曰：吾于荆榛中援立寿王，有如此负心门生；天子既得尊位，乃废定策国老。复恭自称国老，目天子为门生，为前古未有之事。宦官以兵幽帝；反正后，祸乱迭起。904年，节度使朱全忠杀帝，迎立哀帝，年始十三；907年，逊位，唐亡。

朝臣之责任 唐末四帝：懿、僖二宗皆为昏庸之主；昭宗嗣位，国事败坏，已难有为；哀帝犹未成年，亡国当非其罪。唐之衰弱，由来已久，覆亡自非一人、一事之咎。宰相无人，亦易成此不可收拾之局势。唐自中叶以来，士大夫多以举进士科及第而入仕途。由明经科出身之朝臣尝斥进士浮薄，奏请罢之。实则于唐中叶，进士犹不敢放荡，放荡乃在宣宗以后。进士科以同年俊少为探花，使与妓女相亲爱，作诗不以为讳。其仕为高官者，不惜奔走于宦官之门，或由其推引；洁身自好者，则深恶宦官之专横。懿、僖深信宦官，少与朝臣相见，朝臣自不敢与宦官相抗衡。昭宗恶宦官专权，政事多访于宰相。宰相每有陈奏，辄引故事以抑宦官。宦官欲维持其政治上之地位，与朝臣相水火。帝复与朝臣谋去宦官，事又为其所知。其争权、憎疾之甚及互谋其安全，乃各结藩镇为援，演变而至唐亡，士大夫应有相当之责任。

藩镇之情况　藩镇情状每况愈下。强镇不听朝命，朝廷察其军中所欲立者立之；牙军力能决定节度使之人选，节度使乃为其所制。兹引二例为证：一、徐州节度使初募勇悍之士二千人，号为银刀军，常以三百余人露刀自卫，每月一更；其后，节度使多非武臣，军士浸骄，小不如意，一夫大呼，其众和之，节度使辄自后门逃去。其委曲求全者，至与之杂坐饮酒，把臂拊背，或为之执板唱歌；犒赐之费日以万计，风雨寒暑，复加劳来，犹时喧哗，邀求不已。朝廷新命节度使至，骄兵闻其性严，惮之；新使多方慰抚，骄兵终怀猜忌，赐酒食皆不历口，一旦聚噪逐之。

二、魏博牙兵力强，其节度使骄奢不法，子尤凶险，聚亡命五百余人为亲兵，谓之子将，牙兵疑之，皆不自安；子惧而易服逃出，为相州刺史，遣人至镇，运甲兵金帛交错于路，牙兵益疑。节度使惧而避位为僧，众推都将知留后事。前使子引兵至城下，新使不出战，众杀之，聚而呼曰：谁欲为节度使者？牙将罗弘信出而应之，众环视曰：可。遂立之。

二事皆在唐末，魏博久为独立区域，牙兵废立节度使，原无足异；徐州与河北不同，而银刀军之性质同于牙兵，骄暴亦相类似。朝旨不行于强镇，节度使命不行于军士，以握实权者初为朝廷，继为节度使，最后则为军士。拥有强兵并能行使职权之节度使，无异于国王。藩镇各欲扩展势力，成为割据之势；流寇之乱更加速唐亡。

祸乱之起　盗贼成为大规模之祸乱：一由于人口增加，一由于税重。官吏征税甚急，动加捶挞。时人言：民虽撤屋伐木、雇妻鬻子，犹不能足，迫而为盗。时人或言群盗半是逃户，或言天下盗贼出于饥寒。《资治通鉴》称：百姓流殍，相聚为盗。盗贼之起，固由于人事之不臧，亦促成于天灾。873 年，关东旱灾，自河南西部，东至于海，麦才半收，秋稼几无，冬菜至少，贫民食草实、树叶；明年，灾情益重，盗贼群起；又明年，关东复有蝗害，自东入关中，飞行蔽日，所过皆为赤地。壮丁不死者，势将铤而走险。其煽成大乱之另一因素，则为徐州戍卒之叛乱。南诏为寇，朝廷以徐州甲士精强，选募其军士三千南戍于今广西，约三年一代，已六年犹不得归，怒而为变，推庞勋为主，北归；所过剽掠，州县莫能御之。朝廷谕赦其罪，而地方官仍有欲杀之者。叛卒不安，不肯解散，行入徐州境，击败官军，攻陷城邑，慰抚居民，无所侵扰；由是归之者众，据有徐州。朝廷发兵讨之，调沙陀精骑助战。沙陀初属于吐蕃。吐蕃疑其贰心，欲远徙之；其酋长朱邪氏率部落三万东行归唐，追兵击之，死者大半，余众犹近万人，其三千骑诣灵州降，唐安置之于其东盐州，为市牛羊，广其畜牧以抚之，拜其酋朱邪执宜为兵马使，降人有继至者。自是灵、盐，每有征讨用之，所向皆捷。后，徙居于山西北塞，胡人不敢犯边。沙陀南下，贼众尽为步兵，战不能胜。勋死，其众或降或死；唯淮南守将据城不降，城中至杀人为食，终为官军所平。唐赐朱邪氏为李姓。江淮为唐财赋所出，乱时，运输路断，政府财政困难，榨取益急。淮北经此乱后，死亡多而元气大伤。其先，浙东贼攻陷城邑，众至数万，朝廷遣将讨之，并用吐蕃、回纥降人徙居江淮间者为骑卒以助战，始乃平之。及山东大饥，盗贼益多。874年，王仙芝起兵，遂成大祸。

黄巢　王仙芝居于地瘠民贫之山东西部，初贩私盐，因饥起兵，攻陷州县，众至数万。其同里黄巢善骑射，喜任侠，屡举进士不第，应之。其时，群盗大起，多者千余人，少者数百人，剽掠十余州，南至淮南。朝廷出兵讨之，并令乡村置武器备盗。仙芝西陷汝州，南攻唐邓；僖宗遣使招抚，以官不及黄巢而无成。仙芝南扰于今湖北境内，巢北归鲁。官军以沙陀精骑之助战，迭败仙芝，诛杀甚惨。巢自鲁南攻亳州；仙芝死而余党归之，兵势大盛，转掠于宋、汴。其别党扰于江南，迭下要城；巢亦渡淮及江，南行，引兵入浙，开山路七百里，攻扰福建诸州，如入无人之境，南陷广州。巢欲据有岭南之地，请朝廷授为节度使，而朝议不可。值大疫，巢众死者十三四，北人劝其北归，巢率众逾五岭，沿湘水北行；更溯江，西窜江陵，取道襄阳，为官军所败；东退鄂州，转掠于江南诸州，更渡江北行，所过镇戍，望风迎降。

巢渡淮而北，传檄略云：各宜守垒，勿犯吾锋；吾将入东都，即至京邑，自欲问罪，无预众人。此唐臣上奏之辞，当非原文。僖宗召宰相议商，至于泣下；命神策军东守潼关，其卒皆长安富长子雇贫民代行。巢不战而下东都，西陷潼关。僖宗弃百官南行入蜀。巢入长安，民夹道聚观。其部将谕之曰：黄王起兵，本为百姓，非如李氏不爱汝曹，汝曹但安居毋恐。其徒见贫者，施与；唯憎官吏，得则杀之。巢即天子位，国号大齐。唐都长安，用费出于山东。巢无上供，一时所得不能维持其全军六十万人，军纪渐而废弛。唐军反攻，巢率众东走。民喜，争迎官军，并以瓦砾击贼。巢复回击官军，败之，再入长安，纵兵屠杀。其兵多为步卒，力不能敌骑兵。沙陀前击贼有功；及中原大乱，其酋李克用为乱，战败出奔。至是，朝廷赦其罪，召之讨贼。时，巢粮断绝，至买人于官军以市食，号令不行；部将朱温降唐，赐名全忠。882年，沙陀兵至，会同唐兵，大败巢众。巢率众东走河南，与蔡州贼酋秦宗权连和，兵势复振，东攻大梁。其节度使朱全忠告急；李克用赴援，大破贼众，巢俄死。全忠欲杀克用，致成怨仇。巢死，秦宗权之势大张。蔡州旧为精兵产地，败贼降之，皆百战之精兵。宗权南扰于广大之区域，与朱全忠相攻，为其所获。王仙芝于874年起兵；黄巢于884年败死；889年，秦宗权亦死，全国仍在纷扰之中。

唐之覆亡　黄巢之平，以李克用之功为最，朝廷授为河东节度使。朱全忠降，僖宗授为节度使，镇大梁。全忠率部卒数百人赴镇。其地荐饥，公私穷竭，内则骄军难制，外为大敌所攻，全忠经营，成为强藩。秦宗权攻汴，全忠遣人募兵于今山东，得壮丁万人，又袭获马千匹，战斗力转强；复得外援，大破攻城之军。嗣后，宗权战皆不胜，地多为全忠所有，中州推其势力为最强大。藩镇据地自主，各专租税，黄河南北及江淮之地不复上供。史称：僖宗末年，朝廷命令唯行于陇西、秦岭以南及岭南数十州而已；后，大部分亦为节度使所据，不奉朝令。昭宗颇欲振作，募兵自强。会朱全忠请讨李克用，朝臣党附之者皆言可伐。890年，帝出师讨之，大败，杀宰相、进克用官始已。后二年，帝以凤翔节度使李茂贞不逊，遣军伐之，大败，乃应其请，赐宰相自尽。既而茂贞及其党将兵入京，谋有要挟；闻李克用起兵，始各归镇。克用围攻茂贞之党，乘胜请讨茂贞。帝恐其太盛，止之；克用引归。茂贞骄横如故，河西州县多为其所据；复恐帝讨之，引兵逼京。官军拒战败绩，帝出幸华州。

昭宗继位以来，即欲增加禁军；不幸其兵士未受训练，又无作战之经验，与强镇作战，无不失败。及事迫急，令宗室诸王将兵抚慰藩镇。华州节度使韩建竟以兵围行宫，胁帝解散诸王所领军士，召还其使四方者；复多见杀。帝深失望，俄以藩镇表请西还长安，纵酒解忧，尤嫉宦官，诸王之被害，宦官与建共同为之也；商于宰相崔胤。胤结朱全忠为援，宦官亦结藩镇。后，胤罢相，全忠论其不可离辅弼之地，帝复用之。900 年，宦官惧祸，以兵废帝，迎立太子。崔胤结其部下，诛杀罪人，帝复临朝。胤请废宦官典兵，而以兵权归于宰相，帝不之从。胤恐宦官为变，讽李茂贞留兵三千于京师，以充宿卫；复请尽诛宦官，而事竟为其所知，乃谋报复。胤以事急，遗朱全忠书称：奉密诏，令其以兵迎驾。全忠发兵西上。宦官闻而劫帝出幸凤翔。全忠夺华州、入长安，西围凤翔。李克用出兵赴援而败；茂贞拒战亦败，城中缺粮，茂贞与全忠和解。全忠奉帝还京，尽杀宦官。其出使于外者，诏所在收捕、诛之，只留幼弱者三十人以供洒扫。禁卫尽为全忠党与；忌胤，杀之。904 年，全忠强帝还都洛阳，使人杀之，迎立哀帝；907 年，篡位。

祸乱之惨状　黄河流域之祸乱，河北三镇未受影响；盗贼滋扰，亦未入境。盖其兵力甚强，善于据城防守，而为其所畏也。魏博地为河东、大梁交通之孔道，为军事必争之地；朱全忠、李克用之强弱，常视其加入何方为转移。长江流域，祸乱相仍，迄无宁日。其南为蛮夷之乡，受祸较轻。广州为国际贸易大港，阿拉伯人称：黄巢陷城，杀外商十二万，汉人死者无算。然就广大区域而言，则较北方为轻。祸乱起于人口之增加，大乱屠杀为解决过剩人口之方法，情况极为悲惨。兹引三例为证：

一、黄巢西行，官军防守潼关，其将奏曰：州县残破，人烟殆绝。巢平，时人曰：将士冒矢石，百姓供馈饷。战死、饿死什减七八。

二、秦宗权遣将四出寇掠，《资治通鉴》曰：“所至屠翦、焚荡，殆无孑遗，其残暴又甚于巢。军行未始转，粮车载盐尸以从。北至卫、滑，西及关辅，东尽青、齐，南出江、淮，州镇存者，仅保一城。极目千里，无复烟火。”军中无粮，以人肉为食，时为常事。

三、河阳节度使所部不耕稼，专以剽掠为资，啖人为食。会地见夺，李克用为山西东南部刺史，仍专以寇钞为事。自黄河北岸迄于山西南部数百里间，州无刺史、县无令长、田无麦禾、邑无烟火者，殆将十年。

长江流域，惨状亦有与之相类者。荆南地在湖北上流，于兵荒后，只有十七家。其节度使抚集流亡，通商务农，晚年殆及万户。乱前，江陵一城凡三十万户。扬州为淮南大城，户口多而物产萃聚，僖宗末年，连岁饥馑，城中馁死者日数千人，坊巷为之寥落；后兵乱迭起，扬州被围且半年，城中无食，米斗值钱五十缗，草根、木实皆尽，以堇泥为饼，食之，饿死者大半，军士掠人，诣肆卖之，驱缚、屠割如羊、豕，积骸、流血满于坊市。秦宗权将孙儒为寇于淮南，更增人民之痛苦。儒后渡江，大为害于江南，人民死亡、财产损失，皆极巨大。藩镇各欲扩展土地，从事于战争；唐虽亡，而祸乱方兴未艾也。

唐兴于 618 年，亡于 907 年，凡二百八十九年。其前一百余年为中国史上之治平时代，后百余年则祸乱繁多。上数篇叙述之史迹，偏于政治、经济方面，读者或不免于失望。另一方面，唐律有重要之影响于后世，亦吾人所应知。其律，初本于隋，务取宽大，后有增补；高宗时，复订律疏，颁行全国，遂为宋、明、清法律所本，日本亦采行之。兹言唐对于中国社会重大之贡献于下。

种族之平等　北朝为鲜卑极盛时代。鲜卑为五胡之一，承其纷扰割据之后，统一北方。四胡之杂居于中原者，已同化而为中国民族。其领袖居于统治汉人时代，已接受中国之文化。汉人、胡人为文化高下之别。汉人胡化者可称胡人，胡人汉化者可为汉人，史有明例。鲜卑于一世纪末叶，居于匈奴故地，匈奴余众皆称鲜卑，由是部落多而人众。燕为北方大国，统治阶级文化水准视魏为高。其后，魏有北方，采用中国典章、制度；孝文帝至欲变更一切旧俗。魏末，大规模之叛乱自文化而言，为保存旧俗之鲜卑反对汉化之运动。高欢祖为汉人，以家久居北塞，习染鲜卑风俗，轻视汉人。子洋自以其为鲜卑人，但立妻汉妇为皇后；弟婚于崔氏。胡人、汉人通婚已久，妄自尊大之鲜卑犹未变更通婚之习惯。宇文泰使其军队胡化，汉将改易鲜卑姓；隋、唐之祖皆西魏柱国大将军，各有胡姓。杨坚始令改回汉姓。坚妻为鲜卑人。唐高祖之母、太宗之母、高宗之母，皆为胡种。唐帝于此环境之中，未有褊狭之种族观念。杂居中原之鲜卑同化而为中国民族，乃完成于唐代。

太宗平定突厥，大臣以其久为中国患害，建议善后处置，有报复之意。帝无贵中国、贱夷狄之成见，选用大小酋长，至与朝臣相半。宿卫保护皇宫，唐以归降之夷酋领之，服务有至三四十年者；其立功于边塞之将更多。胡人精于骑射，勇敢善战，过于汉人，以恩赏遇之，其忠心事上，无异于汉人。胡人、汉人各得其用，为太宗成功之一原因。西汉，初以宗室女为公主，嫁于外国；后则不愿为之。班超经营西域，大月氏请尚汉公主，不得，出兵攻之。公主嫁于外国，已非臣下所敢奏言。太宗则以亲女嫁于邻国之君，其气魄之大，视夷人同于汉人，为中国史上所未有；其思想之进步，过于大臣。子孙沿用其政策。胡人武艺优于汉人，其为将者，唐人称为蕃将。玄宗所用有名之节度使皆为胡人。其先，蕃将犹不专大将之任，而以大臣为使以制之。安禄山之叛，由于朝廷处置失当，固与重用蕃将无关，蕃将哥舒翰则忠于国。时人亦未言蕃将“非我族类，其心必异”。蕃将于安史乱时，有为统帅对贼作战者，唐末沙陀平乱，皆其明证。河北三镇之叛将，据史所记，或为高丽人，或为契丹人，或为奚人，或为回纥人，或来自中亚之胡人。奚与契丹居于热河一带之地。胡化之汉人亦有居于领袖地位者，其人以利害结合，未有种族之歧视。唐代，胡人作宰相者甚多；初来自北魏、北周，后来之胡人，则于安史乱时兴起；日本来唐留学生，亦有为官者，可证明其无种族不平等之观念。胡人改姓者，多姓李、刘，李为国姓，刘为汉之国姓。

信教自由　唐帝李姓，以老子为其先祖，追尊为皇帝。玄宗令两京及诸州各置庙一所、士庶家藏《老子》一本，每年贡举人加试老子策，更颁御注《老子》并义疏于全国。道士以服丹药可得长生，时人信之。佛教更为发达。高僧入印度求经，不辞艰苦，相继于途，玄奘尤为世所称。玄奘（602—664年）幼从兄习佛，初居洛阳，继往长安，后至成都，游予四方，就教于各地高僧。其博闻强识为时所推重，欲赴印度探究教源，上表朝廷，未蒙批准，其求真理之诚挚，不为之沮；629年，潜出国境，经天山南路，越葱岭，入中亚细亚，南至印度，游历各地，参拜佛迹，从名师学习，在外十六年；645年回国，奉命翻译经典。太宗令召硕学沙门五十余人助其整比，其《般若心经》则随帝赴终南山宫译成。高宗令朝臣润色其所定之经，又遣人助其翻译。玄奘将死，遗嘱谓其住于宫殿，全为译经；此后，弟子宜择居于山间僻壤，切勿接近宫寺。唐尊崇道教，译经所以传播佛教之真义，而朝廷予以赞助，促其完成；对于人民信教，未稍干涉。唐初，疆域广大，政治势力深入于天山南路。回教方伸长势力于中亚，751年，唐军为其所败，异教徒遂无立足之余地，有东来者。新教之入中国者有五，兹分别言之于下：

一、景教。为基督教之一种，传于西亚。635年，其教士阿罗本携经像东来长安。太宗使宰相“宾迎入内翻经书殿，问道禁闱，深知正真”，特令传授，诏造大秦寺一所，度僧二十一人。玄宗赏赐甚厚。景教流行碑文称：法栋暂挠而更崇，道石时倾而复正。其前，遭遇士大夫之反对而处于危境也。其教士于边区传教，信者颇众。肃宗即位于西北，碑文称其于五郡重立景寺。朔方节度使郭子仪为中兴名将，信奉其教。教士精于医学，碑文所谓“术高三代，艺博十全”也。治病服务世人，亦易于传道。玄宗提高道教甚力，对于新入长安之景教，颇有赞助。

二、祆教。即波斯之拜火教。其教以火代表善神而崇拜之，日为光明之源，亦敬拜之；六世纪传入中国。唐初，敕立祆寺于长安，设官掌其祭。

三、摩尼教。其教创于波斯，集合佛教、祆教及基督教而成。唐初，传入中国。玄宗许胡人自行其法。回纥人信奉其教。唐借其兵，许建大云光明寺于诸州。其徒白衣、白冠，日晚乃食，茹荤，不饮乳酪。

四、回教。自海道及陆路而入中国。八世纪，回教传至中国西北，回纥人有改奉之者。回教之名，由此而得。其自海道来至广州，相传较早。

五、犹太教。犹太人东至广州贸易，教亦随之传入。

诸教并行而不相害，为信教自由之充分表现。儒生存有排斥异端之思想，胸襟狭窄。韩愈于其所作之《原道》攻击佛、老，建议“人其人，火其书，庐其居”。其实质同于后世义和团之主张，代表多数儒生之意见。唐初，儒学不甚发达，儒生之主张不为诸帝所接受。不幸佛、道久相忌嫉，武宗信道士之说，摧残佛教，大秦寺、摩尼寺并皆废罢。帝服金丹，自戕贼其生命，徒见行动之愚。李德裕为其宰相，亦有重大之责任。佛教于社会上之基础巩固，武宗死而逐渐恢复旧观。景教于西北仍有信徒。摩尼教秘密传于民间。祆教消灭，其在外国根据地业已失势，亦一原因。回教则未受影响。唐二百二十余年之宗教自由，固不因武宗之妄为而抹杀。广州为国际市场，黄巢至，而外国宗教亦受摧残。

考试制与世族　唐初，妇女受鲜卑影响，政治活动同于男子。自玄宗而后，注重防范，君权且为宦官所夺，遑论后妃、公主。妇女之活动，自礼法之世族立场而论，则为蛮夷之遗风。其人不愿与皇族为婚，本于儒家之说。儒家倾向于保守；接受古代制度、风俗，为其礼法之一部分，男女授受不亲、隔绝内外，皆其明例。妇女干涉政事，深为周代诗人所斥，以其不合于传统之思想也。世族遵守儒家之礼；读儒书者亦以其思想为社会道德之标准，历千余年，成为强有力之势力。鲜卑影响因政治、社会环境之变迁而渐消灭。唐初，以政治力量降低世族之地位，归于失败。高宗重修氏族志，以品位之高下为族之等别，诏禁世族互为婚姻，王妃、主婿皆取当世勋贵之家；而山东旧族社会地位如故，大臣仍与之为婚，为一明例。太宗喜用山东寒族，而朝臣观念迄无变更。张玄素辅导太子，太宗尝问其历官所由。玄素出自刑部令史，甚以为耻，将出阁门，殆不能移步，精爽顿尽，色类死灰。朝臣谏称：不可对群臣穷其门户，弃昔日之殊恩，成一朝之愧耻。太宗得奏，称其先已悔之，可见传统势力之强大。

唐至中叶，世族渐而破坏，乃进士科者拔用新兴之族所造成。进士科虽始于隋，而规模同于汉之选举。炀帝忌才，杀害文人诗文出于其上者，当不能得士。唐演变而成自行报名、投考之制度，寒门贫士由此入仕。其先，武后用人多以文学见知，玄宗大臣乃其所奖进。其得人之盛，当与新制度有关。武后重视其事，尝试之于洛城殿。代宗时，宰相用人，非登进士科者莫得进用。德宗以后，宰相大抵皆文章之士，由翰林学士升任。学士备帝顾问，拟草诏旨如中书舍人。朝廷置大学士六人，内择年长德重者为承旨。学士承旨者，多至宰相。时人言，自805年承旨学士十一人，而九参大政。进士以考试诗文为主体，不问高门、寒族，凡有文学者皆可应试，及第入仕常为显官。士大夫之初入仕，机会平等，高门第失其凭依。明经出身者多为礼法之家，请罢进士，终不能变更制度。明经为记诵之学，已不为人所重，有登科而复应进士试者。考试拔用真才，边区之士入仕同于其在内地之人，当奖励其读书及从事于诗文之写作，促成并维持中国文化之统一。门阀之逐渐消灭，犹其事之小者。高门、寒族相峙之阶级失其重要，为社会进步之征。武举亦始于武后之世。

士大夫享受之讲究　士大夫之享受至唐显有进步。洛阳为其东都，有山水之秀，名园为世所称。北宋文人李去非作《洛阳名园记》，皆唐盛时公卿、贵戚所筑。其高亭、大榭、池塘、竹树极为优美，然皆毁于祸乱。宋人研究花草之种植，除治其病，写之成书，当积长期之经验而成，至少一部分本之于唐。柳宗元记郭橐驼种树于长安西乡，迁徙之树无不成活，且硕茂早实以蕃，凡豪家、富人为观游及卖果者皆争迎取养，技术已有相当之进步。士大夫饮酒、听乐成为常事。饮茶渐为风气，其起于何时，今不可知。三世纪始有记载，初行于南方，八世纪，僧人以其使人不寐，教禅者饮之，乃传于北方。陆羽作《茶经》，国人益知饮茶。政府课以重税，其产量当有增加。唐人饮茶，不与今同：先以器具研茶叶为粉，烹之吸进。古人言七碗飘飘欲仙，以其有太重之麻醉性。日本书籍言茶者甚多，颇有助于吾人了解古人饮茶之法。今人用开水泡茶，始于明以后。茶于唐时传入西藏。十三世纪，日本饮茶者多，亦与佛教有关。饮茶解渴，其水煮后，细菌皆死，减少人民之死亡，对于人身有益，更促成瓷器之进步。

唐代文化发达之区域，虽有奴婢，然视南方边远之地已有明显之进步。柳宗元为柳州刺史，其俗以男女质钱，约不时赎，子本相侔，则没为奴婢。宗元与设方计，悉令赎归，其尤贫、力不能赎者，令书其佣，足相当，使主人归其质。其道长官行其法于他州，比一岁，免而归者且千人。以人质钱之俗，为北方所无。岭南诸州则盛行之。其北江西，亦有相同之风俗，皆文化犹低之现状。贤士之官于其地者，谋改变其风俗，为提高其文化水准之一步骤。唐代学艺之贡献则叙述之于第三十九篇。

第三十八篇　五代

祸乱之多——五代之背景——梁——唐——晋——汉——周——拥立之风气——官制——疆域——十国——人民之苦

祸乱之多　907 年，梁代唐兴；960 年，宋受周禅。凡五十三年，是为五代，曰：梁、唐、晋、汉、周，共八姓十三君。梁十六年（907—923 年），一姓三君。唐十三年（923—936 年），四君三姓。晋十年（936—946 年），一姓二君。汉四年（947—950 年），一姓三君。周十年（951—960 年），二姓三君。其时间之短促、易姓之众多，为前古所未有。其统治地区为黄河流域之大部分，余地为强有力之节度使所据，各自主其领土内之政治与外交，同于独立自主之国，有称皇帝者，共有十国：曰前蜀、后蜀、荆南、楚、南汉、闽、吴越、吴、南唐、北汉。前、后、南、北之称，皆后人所加，便于识别也。梁、唐、晋、汉、周，亦有加称“后”者。中国成为割据纷扰之局势。契丹崛兴于北方，迭为边患，进而干涉中国内政，增加其祸乱。

唐末，宦官专政，武人跋扈，士大夫自谓清流。朱全忠出身盗贼，深恶缙绅之士，一夕杀唐贬官三十余人，投其尸于黄河，使为浊流。《资治通鉴》称，全忠尝与僚佐及游客坐于大柳之下，曰：此木宜为车毂。众莫之应，有游客数人起应曰宜为车毂，全忠勃然厉声曰：书生辈好顺口玩人，皆此类也。车毂须用夹榆，柳木岂可为之。顾左右曰：尚何待？左右数十人扑杀言宜为车毂者。后唐灭梁，文人多不学之人。其先，庄宗灭燕，获其王而有其地，命书记草“露布”。书记不知其为捷书之称，书之于布，遣人曳之云。冯道自书记仕至宰相，晋高祖访以军谋，对曰：征伐大事，在圣心独断；臣书生，唯知谨守历代成规而已。武人亦曰：安定国家在长枪、大剑，安用毛锥！十一世纪，学者欧阳修著《新五代史》曰：士之不幸而生其时，欲全其节而不二者，固鲜矣。于此之时，责士以死与必去，则天下为无士矣。然其习俗，遂以苟生不去为当然。至于儒者以仁义忠信为学，享人之禄、任人之国者，不顾其存亡，皆恬然以苟生为得，非徒不知愧，而反以其得为荣者、胜数者……吾于五代得全节之士三人而已。其初无卓然之节而终以死人之事者，得十有五人焉。其言据宋道德标准而发，时人未以其不死为非。武夫专政，以喜怒爱憎为决定，何能治国！

五代之背景　八姓十三君之造成：一、由于养子之风气。养子盛于唐末，宦官握有威权者，常有不少之假子，以为人之相亲，无过于父子，养以为子，予以厚恩，将得其力。假子仕至节度使者，颇不乏人。武将常以部下勇士为养子。梁太祖（即朱全忠）爱其养子，欲立为嗣，至为子所杀，是梁待遇养子同于亲子也。后唐养子尤多，皆善战之士，号为养儿军。其一代三姓，造成于此；三帝姓不相同，无异于三代。周太祖无子，养妻侄柴荣为子，是为世宗。十国亦有养子之风：南唐主李昪初为养子，夺吴国而复姓；北汉，刘姓，其末后二帝皆为其养子。兄弟争立，为历代常有之事，养子更增多祸乱。

二、由于胡人之重用。唐末叛乱之平定，多赖沙陀骑兵之力。李克用以功授河东节度使，所部蕃汉，士马精强，东与朱全忠为仇，西与李茂贞为敌，出兵关中，僖宗惧而出狩；昭宗讨之，复兵败，杀宰相以谢。其与朱全忠相攻也，多杀无辜之人民；后，其子存勖成父志而灭梁。明宗嗣位，尝夜焚香祝天曰：臣本蕃人，岂足治天下？！世乱久矣，愿天早生圣人。帝初未受教育，颇有自知之明。晋高祖石敬塘，父始归唐，建国赖契丹之援助；嗣君不事契丹，致于覆国。刘知远先世为沙陀部人，居于太原。知远以军功为河东节度使，利用时机称帝。五代中，唐、晋、汉主皆为胡人；唯唐废帝从珂为汉人，初为明宗养子。诸帝皆不学无术，又无贤士辅之，政治处理失当，常造成祸乱。契丹援助石敬塘。敬塘称帝，称臣，以父礼事之，割让燕云十六州，岁输帛三十万匹。嗣君事之不如先时，契丹入寇，惨杀所获军士，所过焚掠，方广千里，民物殆尽。其主耶律德光灭晋，南入洛阳，广收贡献，纵其骑四出，以牧马为名，分番剽掠，谓之“打草谷”。史称：“丁壮毙于锋刃，老弱委于沟壑。自东、西两畿及郑、滑、曹、濮数百里间，财畜殆尽。”两畿谓洛阳、开封附近之地，黄河南岸及今山东西部深受其害。德光以其亲信为节度使、刺史，唯知掊敛货财；民不堪命，所在相聚为盗，多者数万人，少者千百，攻陷州县，杀掠吏民。德光引军北归，尽载财物以行，所过村落皆空。汉、周聚兵防之。北汉称臣事之，契丹出兵助其伐周，不胜，周世宗收复二州。契丹实力并未削减，仍为寇于北边。

三、由于群盗之乱。其滋扰之区域广大，加速大唐之覆亡。朱全忠旧为贼将，以归降而为节度使，击败秦宗权，拓展土地，并夺其邻镇城邑，地广而力强。设想：唐无内乱，朱全忠不过为一平民。全忠为帝，后于宫中与兄饮博，兄酒酣，取骰子击盆曰：朱三，尔砀山一百姓，遭逢天子用汝为四镇节度使，于汝何负而灭他唐家三百年社稷。吾将见汝赤其族矣！安用博为？全忠排行为三，家人称为朱三，为帝出于其意料之外。沙陀人以平贼之功，居于河东。李存勖灭梁建国，其部将后利用时机称帝。向非黄巢诸人之乱，沙陀部人绝无建国、称帝之机会。十国之主半为贼酋，或因乱而为节度使，各据地自主。兹叙述五十三年之大事于下。

梁 朱全忠初据汴州，招降贼众，广募军士，法令森严，将校战没，悉斩其所部不死之兵，又恐兵逃逸，文刺其面，逃即杀之，行之有效，战斗力增强；东取山东半岛，西伸长势力于关中，河北三镇助之，克用之兵数败。于是黄河流域，以梁为最强大。907年，全忠篡唐称帝，是为太祖。诸镇除河东、凤翔、淮南、西川外，皆称臣入贡。河东节度使李克用久与梁相攻，凤翔李茂贞、淮南杨行密数与梁战，或以利害冲突而为敌国。西川节度使以兵力经营四川，后自称帝。其称臣于梁者，仍自主其内政。朱全忠性情暴躁，诛杀无常，河北三镇有叛而降于河东者，军事渐处于不利之势，又好色，乱其臣下、家人之妻女；欲立养子为嗣，为子所杀，兄弟复争位相杀。末帝鉴于往事，疏忌宗室，不用大臣。其时，魏博兵精，帝恶其强，分为二州，其兵不愿分别其亲友，叛而乞援于河东。克用已死，其子存勖已平幽州，数与梁兵作战，互有胜负；至是，南援魏博，河北之地皆为其所有。两军各争黄河渡口，梁统将任用非人；923年，唐将袭取鲁西，转而深入，直趋大梁，末帝自杀，梁亡。

唐　存勖为将，亲临矢石，冲锋陷阵，不顾生死，灭梁系其战胜之功，是为庄宗；然未受教育，无君人之度，唯好货财，喜音律，宠信宦官、伶人，尝自傅粉墨，与伶人共戏于庭，自呼“李天下”。伶人有批其颊者曰：理天下者只有一人，尚谁呼邪？帝悦，厚赏之。诸伶人出入宫中，为其耳目，广收赂遗；当其奏事，帝屏左右问之，因得施行谗慝。宦官复干预政事，将相、大臣皆畏惮之。帝疑忌宿将，对下毫无信义，赐铁券免死者，竟诛其族，部将亦至族诛。帝遣大臣将精兵伐蜀，击败拒战之兵。乘胜深入，蜀主王衍惧而以一国归降。庄宗许其不死；后，背信杀衍及其家人，在蜀大臣为皇子所杀；又不爱惜士卒。926年，魏博戍兵以久不代，南归入邺为乱；唐军攻之，不胜，帝遣名将李嗣源讨之。嗣源受其拥载，引军而南。诸镇旧有宦官监军，皆恃恩宠与节度使争权；至是，杀宦官响应。庄宗始出金帛赐给诸军。军士负物而诟曰：吾妻子已殍死，得此何为。军心忿怒，当不肯战。嗣源进据大陆，遣军西行。洛阳兵变，庄宗为伶人所杀。距其灭梁不足四年，而国破家亡，咎皆自取。

926年，嗣源称帝，是为明宗；幼年，生活备受艰苦，为帝年逾六十，性不猜忌，改革弊政，以庄宗用宦官而丧国，诏尽诛之。安重诲旧为其亲信，复以与谋夺国，官拜枢密使。枢密使旧用宦官；五代时，为主兵之长官，兼司机密之任，事无大小，皆得专决。帝欲拜其故人为官，以重诲反对而罢；终以积嫌杀之。帝颇姑息，武力不竞；蜀叛，伐之无功，遂少用兵。史称其在位，年谷屡丰，兵革罕用；于五代，粗为小康。933 年，病死。子闵帝嗣位，听信谗言，严防明宗养子从珂。从珂为凤翔节度使，惧而叛乱。帝出军讨之，军士叛而降之。从珂乘胜，东入洛阳称帝，是为废帝；疑忌宗室。明宗婿石敬塘为河东节度使，为其所忌，936 年，惧而作乱，卑辞厚币乞援于契丹。其主德光统军赴援，击败唐兵；唐将降者相继。废帝自杀，唐亡。

晋 石敬塘为帝，改国号曰晋，是为高祖。史称其取国不顺，常以为惭；对于藩镇，多务姑息。节度使慕其所为，以为举兵即可成事，数为叛乱，皆兵败见杀。帝鉴于前事，对下守信相安；以契丹之援，割地、输帛，称臣事之。于是卢龙及雁门以北诸州尽入于契丹，皆精兵所出之地。契丹仍征求无厌，晋臣以之为耻。高祖不改政策。941 年病死。大臣以国多难，欲立长君，迎立其侄为嗣，是为出帝。出帝遣使至契丹，书称孙而不称臣。德光怒，晋臣复激以侮慢之语，遂欲入寇。边臣怀非分之想，至以国情告之。会年大饥，贫民食尽木叶，有谷复为官所括，饥饿死者数十万口，流亡不可胜数。契丹数深入为寇，多所屠杀。出帝放纵为乐，不恤士卒。946 年，德光大举南下；晋统将欲契丹立之为帝，率大军降。德光南入汴京，晋亡。

汉 契丹入主中国，风俗不与华同，无久居之意，大为暴虐。河东节度使刘知远初知出帝必败，不肯入援，分兵守其四境；且以契丹唯利货财，货财既足，必将北去，待其去而后取之，可以万全。947 年，自为天子，是为高祖，诏罢诸道为契丹收括钱帛者，并诛所在契丹。德光犹在大梁，固未实行。及契丹北归，遣军南进，所向皆克，洛阳、汴京皆下，改国号曰汉；法令严峻，稍不如意者辄死，更以兵讨节度使之不服者，建国不足一年而死。子隐帝嗣立，大臣三人辅政。会藩镇叛乱，朝廷用兵，京中人情恐惧，大臣维持治安，多行杀戮。太白星昼见，民仰视之，罪至腰斩。乱平，辅政大臣之威望益高。

隐帝为其所制，忿而杀其二人。其一郭威，统军于外，帝遣使杀之。威起兵入京，隐帝被杀。朝臣无拥戴之表示。威遣使迎立高祖侄为嗣；未至，引兵北伐契丹，将士拥立为天子，汉亡。

周　郭威出身行伍，为将有功，951 年称帝，是为太祖，国号曰周。河东节度使刘崇闻其子被害，自立为帝，遂成敌国。汉法严酷，窃盗一钱以上皆死，罪重，族诛；籍没男女犯奸皆死。帝革其弊政，罢官吏额外征收之羡余物，又减民间所输牛皮三分之二。汉禁民买卖牛皮，犯私牛皮一寸抵死。帝计田十顷，税取一皮；余听民卖买、自用，公私称便。北汉连结契丹入寇，战败而去，叛者皆平。954 年，帝死，养子荣嗣，是为世宗。北汉主闻而大举南下，契丹出兵助之。世宗亲统大军拒战。战争之始，周将有引兵后退者，势甚危急。世宗亲冒矢石督战，转败为胜。战后，不忠者伏诛，骄将悍卒始有所惧。明年，周出师伐蜀，迭克名城。南唐反周，周兵南征，战争三年，夺其淮南之地。二国以长江为限，唐称臣于周，周之国势大振。959 年，世宗亲征契丹，取其边地二州，会以病南归，死于京中。子恭帝嗣立，年幼；军士拥立其将赵匡胤。960 年恭帝逊位，周亡。

拥立之风气　五代拥立新君，本于唐末骄卒拥立节度使之故习。梁末帝起兵争位，以得强有力节度使之援助始敢发动。明宗、废帝皆由军士拥立，郭威、赵匡胤亦然。更有军士拥立而主将拒绝者，非不愿为帝，特以兵弱而不敢为。其受拥戴而为帝者，亲信将校皆为达官、要人，享厚禄，握重权；士卒亦得厚赏。兹引一例为证：闵帝讨从珂，不胜；召慰将士，空府库以劳之，许平凤翔后，人赏二百缗。从珂入京，官吏百方敛民财以犒赏，仅得六万，怒而命吏昼夜督责，囚系满狱，贫者自经赴井，乃竭内藏旧物及诸道贡献，太后、太妃至出器服簪珥，才及二十万缗，军士在凤翔归命者各得二十缗，在京者十缗，军士犹出怨言。许其大掠，亦为一法。郭威为变，许克京城，听其旬日剽掠，众皆踊跃，则其明例。易代、易君为时人习见之事，拥戴之将士各行其利，当欣然为之也。

官制　官制本之于唐。梁宦官无权；庄宗建国，颇赖监军宦官之助，遂委任之。时人以庄宗丧国，咎在宦官；明宗杀之。后，三十余年无复宦官之祸。梁宰相无权，知崇政院事之大臣则握大权。史称其备帝顾问、参谋议，于禁中承上旨，宣于宰相行之。宰相非进对时，有所奏请及受旨而应复请者，皆因崇政院以闻，得旨则复宣于宰相。其地位同于枢密使。梁亡，官废；枢密使乃为重要之长官，人选则非宦官，与唐不同。唐明宗用人至受其干涉，而官迄未废除。后汉，契丹入寇，朝议以郭威镇邺备之，有欲其仍领枢密使者曰：领枢密使则可以便宜从事，诸军畏服，号令行矣。此可见其威权之重，宰相受成命、行制敕、讲典故、治文事而已。余官无重要之变更，地方官制亦然。

疆域　五代疆域以唐初及周末为最广大。梁盛时，号令行于黄河流域下流之地，唯河东非其所有；大体而言，北境限于长城以内，西达长安以西之城邑，西南伸入今湖北西北部，南不出大别山及淮河。河北三镇，朝廷不能为有效力之治理，后皆叛而归唐。唐灭梁，尽有其地；凤翔节度使以地归唐，于是黄河流域统一。唐出兵取蜀，据有其地；明宗时，蜀复独立。晋割燕云十六州于契丹，汉地沿晋之旧。周兴，河东独立地小于汉；世宗西取蜀地，南有长江北岸，北收复割地二州；不幸早死，未完成其统一中国之雄图。初，梁以汴为根据地，以之为都。洛阳旧为唐都，昭宗东迁复修宫殿。梁帝在洛阳行郊祭之礼。庄宗都于洛阳；后历祸乱，损失惨重。其西关中，雨量较少，耕地常赖河渠灌溉，唐末失修，李茂贞据有凤翔，不能自给。关中已失重要，赋税出于东方。汴京舟车所会，便于漕运，宜石敬塘迁都于汴，而汉、周皆以为都。自地势而论，东方为根本要地，汴河北控燕赵，南通江淮，为形势之地。

十国　十国中，王建创国最早。建少无赖，屠牛盗驴，贩私盐；后从军，以功为将，在蜀为刺史，招集亡命。会蛮夷攻取邻州，建遂经营西川，攻陷成都，复取东川，东境达于三峡，北取秦岭以南之地，自称皇帝，北方人士避乱依之。建死，子衍立；唯知娱乐、游幸，疏远宿将，为唐所灭。唐命孟知祥为成都尹、西川节度副使。会唐乱，西川独立，明宗讨之不胜。知祥并取东川，俄称皇帝。唐末，祸乱迭起，汉中之地复为蜀有。知祥死，子旭立，务为奢侈。南方大国，首推南唐。其主李昪初受吴禅，后灭楚、闽二国。吴为杨行密所创。行密起自盗贼，据有淮南，遣将渡江，平定江南诸州，东境达于苏州；及死，三子相继为君，政权归于其臣徐温。李昪乃温养子，颇有才能，继之秉政，宽刑推恩，引用贤能，后受吴禅，国号曰唐，都于金陵，保境安民；及死，子景嗣立，因闽内乱，出兵攻之，有其地之大部分，乃不能于契丹北归时进取中州。会楚大乱，有乞援于唐者。景出兵伐之，有其地而复失之；西境遂达于江西，为南方大国。楚创于马殷。殷初为贼将，据有湖南北部，遣将攻取南部诸州；但与邻国作战，国力大耗，乃奖通商，充裕收入。子立后，以争位见并于南唐。闽创于王审知。审知初与兄潮为盗。潮以功拜福建观察使；及死，审知代之，梁拜为闽王。子始建国；后国中叛乱，南唐出兵伐之，其王请降，其将有据地降于吴越者。南唐地广，兵力不强；与周战而兵败，割地称臣事之。

荆南地在蜀与南唐之间，一称南平，为高季兴所创。季兴少为家僮，后为梁将，有功，拜荆南节度使。其所管十州，为邻所侵，江陵人烟减少。季兴招抚，归者渐多，以兵自固，唐封为南平王；后与之争地，季兴称臣于吴。子立，复贡于唐。其地狭兵弱；邻国称帝，荆南利其赐予，向之称臣，周时朝贡尤勤。南汉在楚之南，创于刘隐；父为将，及卒，隐领其众，平贼有功，自为节度使，据有岭南，礼遇贤士，士人有南往避乱者。隐死；弟立，称帝，国号曰汉。其地僻在南方，交通困难，非兵事所必争；不幸祸乱迭起，刑罚严酷，民甚苦之。吴越在南唐东南，创于钱镠。镠初贩盐、为盗，后为将有功，拜节度使，境内叛乱为其所平，与邻国战争互有胜负；后自称王，遣使渡海朝于梁、唐。子孙遵其遗规，颇能保境安民。北汉于周时建国，据有山西北部，复得契丹为援。其主刘崇，少无赖，尝被黜为卒；及兄知远称帝，崇留守太原。周兴，崇自称帝；与周战不胜，而仍为其强敌。

自领袖出身而论，王建、杨行密、马殷、王审知、钱镠，皆曾为盗，占其数百分之五十；李昪、高季兴为人养子，出身寒微，刘崇亦然，占百分之三十；唯孟知祥、刘隐出身较优。诸人除孟知祥外，皆出身武将或曾为贼者，尽为勇敢善战之人，以功升为渠帅，终乃建国。自地域而言，黄河流域之人居于优势。王建、马殷皆许州人，孟知祥邢州人，王审知光州人，高季兴陕州人，刘崇先世迁居太原，刘隐祖上蔡人。许州、光州、陕州、上蔡在今河南省，风气强悍，以遇凶年，起而为盗。邢州地在河北，太原则在山西。杨行密庐州人，李昪徐州人，地以长江之北，唯钱镠为杭州人。华北人士体壮多力，非华中、华南人之所及。兹引数例为证。杨行密称雄于淮南，其兵皆江淮人，史称其轻弱。兖州为梁所攻，乞援于河东。河东劲骑数千助之；及败，骑奔淮南，行密得骑，兵势益振。北方将士至南唐者，常居显位。其将皇甫晖与周军战而受重创被擒，见世宗，卧而言曰：臣非不忠于所事，但士卒勇怯不同耳。臣向日屡与契丹战，未尝见精兵如此。晖初为魏博士卒，驻防北边，唐兵之弱，可以想见。蜀为大国，人民富庶，士卒弱不能战。王建精兵皆其同乡许州人。孟知祥所部为在蜀之唐兵，多为北人。吴越兵力亦弱，欧阳修曰：钱氏兼有两浙几百年，其人比诸国号为怯弱。荆南国小兵弱，更不足道。楚、闽为南唐所灭，其战斗力当在其下。南汉亦然；幸其僻处远方而得保全。北汉为精兵所出之地，灭亡视诸国为迟。黄河流域深受饥馑、祸乱之影响，其幸而存者，常为天演淘汰之优秀分子，成为统治阶级。

人民之苦　人民于祸乱之中，死亡惨重。军士作战，全为求得财物。郭威许士卒于京城剽掠旬日；及入大梁，诸军大掠，通夕烟火四发，军士入前节度使第，尽掠其财，复以昔曾事之，一旦无礼至此，不能复见，斩其首去。吏部侍郎衣被掠去，至于冻死。部将言于郭威曰：不止剽掠，今夕只有京城耳。乃命诸将分部禁止劫掠，犯者斩之，至晡始定。他城遭乱者，当亦如此。困于围城之兵缺粮，以人为食。战区农民逃亡，田地荒芜，官吏仍括其谷。田税而外，尚有鼠耗、雀耗，皆额外之征收；又有盐、铁、酒税，罚至苛重。乱世非用严刑，民无所惧，或不肯出其所有，以供上用。族诛或一家皆死，时为常事。酷刑名目繁多，有为吾人不忍闻者。冯道事四姓十君，后世讥之，时人则称誉之。契丹主入晋，尝问道曰：天下百姓如何救得？道曰：此时佛出救不得，唯皇帝救得。人皆以谓契丹不夷灭中国之人，赖道一言之善也。其有贡献于世，自无可疑。士大夫不以丧君亡国为意，盖时代所造成也。

第三十九篇　隋唐五代之学艺

佛学之要义——儒学——学校与书籍——史学——科学——文学——美术

佛学之要义　隋建国于581年，五代终于960年。三百八十年中，隋、唐为中国强盛时代，学说、文艺皆有进步。思想方面：佛教方面，佛教为全盛时期。佛教创于印度释迦牟尼。印度哲人以肉体为一切烦恼之根源，心灵为各种解脱之基础，苦行为脱离烦恼之途径。佛初出家苦行，后别求正道，大悟得道，发见生命之真谛，以为所有存在，无恒常之中心，任何事物皆在时时变化之中，世人以我为中心，在变化无常之中感觉受毁伤之危险，而生忧惧之念，人生苦恼尽由此生；实则我由随时迁易诸缘集合而成，世间只有随时流转之诸缘，而无可以毁伤之自我，人之忧苦与对于幻影所感受之忧苦相同，若彻底认识现实之实相，则我自然消灭，吾人于流转变化诸缘之中，可获得寂静之真正生活。此为释迦主张之要点。

释迦说法，弟子未有笔记；死后五百年中，共有四次结集。其前三次，集僧众诵定佛说；后有文字记录。传入中国者，皆梵文经典，分经、律、论三类。经为佛说，言禅定，谓人修道，停止妄想，成为寂静之心境，为获得真智与认识真理之先决条件。律谓制恶、修养之规戒，克服外界之诱惑。论为佛弟子所说，发挥经旨、增益知慧。其后，释经由浅而深，由简而繁。世称繁复、深奥之说曰大乘，目其从前浅近、简单之学说曰小乘。乘谓运载，有载人类出生死之意。佛说初无大、小乘之称；五百年后，大乘理论渐出。其教理萌芽固包含于佛说之中，但树立与完成则为后世高僧之成就。佛经非出一人之手，时代不一，卷帙浩繁，意见甚至矛盾，乃成繁多之宗派。佛教传入中国，合大、小乘言，凡十一宗；二宗完成于南北朝，余九宗之理论，完成于隋、唐。玄奘翻译经典中，有小乘、大乘之别，唐代当不及后世之严。其前，偏重翻译与理解。隋、唐高僧融化外来之佛教，创造义理。学者有谓："佛教在于当时受了彻底的中国化，佛教哲学的组织或体系经了隋、唐诸大师的努力，大有青出于蓝之概。"兹略述其重要者——天台、法相、华严三宗之贡献于下。

天台宗之大成者为智顗（538—597年），初于荆州出家，就教于名僧，入陈弘道，名震一代，备受陈主之礼遇。陈亡，晋王杨广召赴扬州。晚年讲经，弟子记之，为天台宗三大著作。死于浙江天台山。其学说略谓，依据常识，宇宙万象皆为实在，仔细分析，仅为映入人心之影，可称为"假"；另一方面，宇宙万象未始无产生之根据，不能谓其全非实在，其实在超越人类意识，非言语所能说明，即所谓言亡虑绝之实存，故谓之"空"。此同于旧说。天台宗更进一步以为：空非离开假万象而存在。假因空存，万象之假不过为言亡虑绝之空作用，是以假即是空，假与空表示真实在之各一方面，合假、空二者，而成一体为中，乃真实在，宇宙间事物皆然，三者一体，故称圆融三谛。

法相宗由玄奘传入，其弟子窥基更有所发展。其学说要旨：以宇宙万物皆心所造，所谓唯识论也。其说分识为八：一眼，二耳，三鼻，四舌，五身，六意，七末那，八阿赖耶。其五识为色、声、香、味、触，由感觉而生意识，为心之统合作用。吾人所获之感觉杂乱无章，待心加以统合，方为知识。末那为自我意识，为感觉及心作用之根本。阿赖耶一名藏识，包藏前七识及客观本质所产生之种子。人类精神现象为藏识所变造，客观世界亦莫不然。其结论则藏识背后之本体乃唯一之实在，其他皆为虚幻。

华严宗完成于法藏（643—712年）。其理论略谓：小乘教说明现象界，大乘教说明本体界。同言本体：或以本体与现象对立，用本体说明现象之起源，法相宗则其明例；或以一切现象为虚幻，但其奥底仍潜藏本体，天台宗则其明例。前者以说明现象为主，后者以说明本体为主。华严宗更进一步以为，本体之理与现象之事系一体之两面，不可分离；现象之事为本体之理之作用，故离现象之事即无本体之理。此为理、事无碍法界观。本体与现象既系一体，任何个别现象皆为绝对之本体；一切现象既为绝对，不能谓其相互融通无碍。此为事事无碍法界观。吾人求一切事物之实在中心于主观之心方面时，一切现象皆可说为一心法界内之缘起，此为法界缘起论之要旨。

综上要旨而言，天台宗为实相论之极致，法相宗之唯识为缘起论之代表，华严宗则综合实相论与缘起论创立法界缘起论，为中国佛教登峰造极之哲学理论，影响宋代新儒家哲学，佛教禅宗亦有影响于后世。禅宗于哲理无新贡献，相传六世纪印度僧达摩传入中国，近时为人所疑。南北朝高僧已有“顿悟成佛”之说，其思想背景本于“人皆可以为尧舜”之义。至唐，其说大盛，以为一切经论在启发佛性，或为佛心，佛与众生为同一心之两面，佛指心悟，众生心迷，迷谓迷于自心之本性，悟谓悟到自心之实性，求悟之心为迷，故以心求心、以法求佛，皆为迷悟。超越迷悟相对之境地，自觉其实性，即为见性，亦为成佛。其理由谓：据经典学佛，是欲用迷悟对立之心成佛，唯知心外求佛，不知是心作佛，同于追逐其形之愚人，永无成佛之希望也。

儒学　佛学盛时，才能之士宁舍儒就佛，儒家无甚人才。唐考试明经科为记诵之学，不易产生思想家；进士科注重诗文，英才趋向文艺，儒学益形衰微。自发展而言，太宗以南北经籍文字颇有异同，经义分歧，命其臣颜师古统一经文、孔颖达统一经义。颜师古之祖父颜之推初仕于南朝，后仕于北朝，比较二地之本，以南本为善。师古受其影响，考订南北经本之异同，偏用南本，作为定本。孔颖达幼受教育，杂有南北学，参酌二地之经义，著成《五经正义》，偏袒南学，于是经学统一。文字异同，由于抄本之有纰缪，学者将其订正，成为比较完善之本，便于读者。学说进步，常赖竞争；各不相同之学说并行于世，为一盛事。统一经义，奉命而作，官学教课及官吏考试将必据之解说，无自由之余地，反阻碍学说之发展。自陈亡以来，学术界皆注重南学，北方学术不及南方之进步，已成定论，故为其所采用也。及唐中叶，学者不满意《正义》，有释经采用诸家之说，或发表其见解者；更有欲辟哲理研究境域者，韩愈、李翱是也。

韩愈（768—824 年）为有名之文学家，博学多闻。其推斥佛、老，本于儒家攻击异端之说，实无甚哲学兴趣。其所作《原道》略称：儒家之道德以仁义为内容，与老子抛弃仁义、内容空虚之道德不同。儒家注重社会福利，完成相生、相养之道，佛家倡弃君臣、父子，禁生养之道，以求清净寂灭。儒家遵守君臣、父子之义，广施博爱之仁，由古帝王相传至孔子、孟子，愈以道统嫡系自居。儒家荀、孟二派相峙，愈推崇孟子。孟子言心性、万物皆备于我，以及养心寡欲，为时人讨论之有兴趣问题。《原道》引用《大学》正心诚意之说，佛家治心则外天下、国家。其说开宋学之端绪。《孟子》《大学》皆宋儒所重，可视愈为道学之先驱，其论性无新建树。李翱所说视之为优，翱与愈之关系盖在师友之间。翱好佛，所著之《复性书》深受佛学之影响，略谓：人性为善为恶，全由于情。人性本静，《中庸》“天命之谓性”指性静状态而言；性动生情，恶随之生。修德须停止情之妄动，重归于本静之性。此为复性，即《中庸》所谓“率性之谓道”。其状态即《中庸》所言之“至诚”。心寂不动，非谓停止视听，乃无所不知、无所不为，心性寂然，光照一切之状态而言。五官与万物接触，心即能明辨，此为致知。人能致知，则能诚意、正心、修身、齐家、治国、平天下。其主张为渐修，以至诚为修养之极致。自今论之，其所用儒家之名辞，而意义则本于佛学，儒书《大学》《中庸》得一新解。其说仍讲修身、齐家、治国、平天下，乃儒家立场也。

道教时受政府之尊崇，但于思想上无新贡献。玄宗时，《道藏目录》编成，大体上仿自佛经。

学校与书籍　唐代，京师学校采用隋制，隶于国子监。隋文帝无尚文、奖学之意。唐之学校为统治阶级子弟而设。其入何学校肄业，全视其父祖品级之高下而定。低级学校虽许庶人子俊异者入学，要为虚名，学生人数不多。贵族子弟原无为学之兴趣；教官时称博士，无法使其上进。安史乱后，学校益衰。柳宗元《与太学诸生书》曰：仆少时尝有意游太学，受师说以植志持身。当时，说者咸曰：太学生聚为朋曹，侮老慢贤，有堕窳败业而利口食者，有崇饰恶言而肆斗讼者，有凌傲长上而谇骂有司者；其退然自克，特殊于众人者无几耳。仆闻之，遂退托乡闾家塾，考厉志业，过太学之门而不敢跽顾。学风之坏，非一时之事，学校所习之课程为应举之预备，成绩佳者，即送于礼部与试。地方学校，亦无成绩。家塾由来已久，乃为教育人才之所。

南北朝秘府藏书不多。隋文帝遣使搜访异本，每书一卷，赏绢一匹，校写既定，原本归还其主。于是民间异书间出；平陈之后，得其藏书，经籍渐备，内外阁所藏凡三万余卷。而十一世纪所著之《新唐书》称：隋书三十七万卷。唐初，有书八万卷，中多重复。洛阳降，得隋旧书八千余卷，以舟西运长安，舟覆，尽亡其书。隋抄书为正、副二本，藏于宫中，余实秘书省。炀帝限秘阁之书写五十副本，合正副本盖三十七万卷；去其复写本，则八千余卷也。太宗应臣下之请，购书，选长官子孙工书者为书手缮写，藏于内库。玄宗复广求书，著录五万三千余卷。唐学者所著之书二万八千余卷，不尽传于后世，吾人无法论其价值。其量数约占全数百分之五十三，当不为少。士大夫藏书视前益多，或自抄录，或亲刊校。得书于时不易，非好读书之人及有财力者则不愿为。著者多而卷帙增加，读书之人益多。雕版印书之法，应需要而产生。隋初，雕印佛经，敦煌石室发现之佛经，证明其为事实。唐时，蜀纸负有盛名，其末叶雕印之书，盛行于其地。九世纪末，有言在蜀阅书肆所鬻书，率为雕本者；然未通行于全国。士大夫偏于保守，纸发明后百余年，尚有沿用竹简者；印刷迟迟通行，亦由于此。雕版大兴于五代之世，以蜀为最发达。相传蜀相先贫，向人借书，多有难色；及贵，命工雕板诸书。其在中原，932 年，宰相冯道请令国子监校正九经，刻板印卖，朝廷从之。953 年，书成，共历二十一年。达官有雕印其所作歌曲，分赠于人者，其用渐广。书之产量增加，得书易而流通广；文化之传播、学说之发达，皆与之有关。

史学 唐以前之史书，皆私人所为，以其文将传世。司马迁作《史记》，与其为太史无关。班固诸人皆然。唐太宗始命其臣撰《晋书》，亲为三人作传。《晋书》前有不少之种类流行，唐人饰其文辞，或改善其组织，书成为钦定之书，诸《晋书》遂废。其文殆视前人为优。《晋书》设官分纂，间不免前后矛盾。此为主持者之疏忽，为官修史常有之弊。《周书》《隋书》皆成于众手。嗣后，一代覆亡，其史概由新兴之朝设局编修。其编著规模皆本于前史。私人著史之风习仍未废除。《梁书》《陈书》《北齐书》《南史》《北史》皆学者所作，今为正史。南、北二史分叙南北朝之纪、传，叙事多而文省，为世所称；余述一代史迹。史学方面，刘知畿所作之《史通》，讨论体裁诸问题，不出前人之范围，而少积极方面之建树。其疑古虽为后人所称，要偏于琐屑，未能成为强有力之定说。其所处时代不与今同，读其书者固当知之。唐人补注史籍，有考证、辑录之功。今通用之《史记》，有三人补注，唐有其二。前、后《汉书》之唐注，沿用一千余年。其述典章制度者，尚有杜佑所辑之《通典》。其书始自黄帝，迄于唐之中叶，分类选辑史料，举其始终；唯未辨别史料之真伪及其可信之价值，而杂然抄录，为此类史籍重大之弱点；但其所述之唐制，则为重要之史料。

科学 隋、唐设官治天文、历算之学。唐人著《缉古算经》，深晦，学之不易通晓，未有影响。史称：唐太史李淳风、高僧一行皆博通天算、历法。唐太宗令淳风造天文仪器，以铜为之，甚为精巧。一行受印度天文学影响，精于推算，玄宗命其改造新历。中国采用阴阳合历，月依阴历，气节依阳历推算，藉闰月解决其差异；但以历法不精，历年久而有纰缪，故常修历。一行更铸造浑天仪，具列赤道及周天度数，注水激轮，令其自转，一昼夜而周行一次。唐复任用外人为太史等官，制历、译算书，而历算迄无进步。由于士大夫注重文学，谋得高官，对于天算，未有浓厚之兴趣。其时，中外交通较便，各宗教僧侣来华增加，医药传入中国者增多。道士炼丹、求长生之术，对于医学颇有兴趣。真人孙思邈撰《千金方》三十卷，则其一例。

文学　中国统一，文学沿南朝之作风。南方文学之美，久为其所认识与欣赏也。唐太宗奖励文学，作家皆为华丽之骈文。王勃尤为世所称，为文敏捷，富于天才，不幸早死，有文集三十卷流传于世。其所作《滕王阁序》，后世学为文者往往读之，其描写之辞句运用不受文体之限制。学者著书、朝廷制诰皆用骈文。善为文者，挥笔起草，常曲尽事情。无论何如，形容、论理皆不及散文之真确。及唐中叶，韩愈提倡散文，骈文依然并行不废。散文一称古文，韩愈以其为古人所用，以之号召，与骈文相对抗。散文便于记事，愈前，史书之写作有用之者。文学家亦主张以经典为本。韩愈不过高倡复古文体；史称其为文欲自振于一代，务反近人所为，抒意立言，自成一家新语，后学之士，取为师法。当时，作者甚众，无以过之。其友柳宗元亦以散文见称。宗元贬官于南方也，江岭间为进士者，不远数千里而奉之为师，“凡经其门，必为名士，著述之盛，名动于时”。宗元居于边地，所作之山水游记文平淡描写，读之如入其境，为游记之佳作。韩、柳并称于后世。

唐诗人成就，视文为高。其伟大之作家当推李白、杜甫。李白（701—762年）为天才绝高之诗人。玄宗召之入京，常醉卧于酒肆。史称其沉醉殿上，引足令有权力之宦官脱靴，由是斥去。安禄山乱，皇子谋据东南独立，白在其幕下，事败，白流极边；后遇赦归。其游历之地极广，晚年，住于江南。综其一生，时而隐居，时而求仕，时而修道，时而放荡，唯求适性，倨傲狂放，不宜为官。其诗同于为人，不受约束，词句长短不一，自一字一句至十数字一句，音调和谐，深得乐府之神髓，扫去绮丽之习，充分运用民间语言与风趣。其诗乃酒后放歌，为其内心之表现，或抒发其感触，真切自然，描写之技术巧妙。乐府歌辞经李白运用，始大成功。

杜甫（712—770年）生活与李白不同，早年奔走衣食，年近四十始为闲曹小官，平日观察民生之痛苦，复自其贫苦经验认识人生；对于政治颇感失望，屡有讽刺之作及悲哀之歌。安禄山作乱之年，甫妻子寄居异县，归而视之，幼子饿死。乱作，肃宗称帝，甫往，途中为贼所获；次年，脱身至行在，任谏官；俄贬为县吏，复罢官归，寓居于今甘肃，岁饥，自负薪，掘草根为食，儿女饿死者数人。会其故人为剑南节度使，甫至成都依之。居蜀六年，复受兵灾，不得宁居。故人复为节度使，甫为其参谋，尝醉忤之，乃辞职去。会成都乱，甫居川东，后入湖北，死于湖南。甫一生愁苦，全家人饿瘦，晚年多病，对穷人发生热烈之同情心，为人有诙谐之风趣，终身在穷困之中，意兴不衰，风趣如故。其诗颇表现其特点。甫自咏其早年为学云："读书破万卷，下笔如有神。"是曾受良好之教育。作诗则用极心思，所谓"语不惊人死不休"。其诗直写其真情至性及其经验中之事物，语皆真写朴质，直入骨髓；其描写精细，技术极高；杂用白话言，不受诗律拘束；语句劲健，态度庄严，而饶有风趣。后世称其诗中有史、诗中有画。读之，信然。

李、杜后之诗人极多，有受杜甫影响，从事于文学改革者，元稹、白居易是也。二人为九世纪初叶之诗人，友谊极厚。其诗浅近，为人所欣赏，各有相当之天才。其文学主张，则"篇篇无空文……唯歌生民病"，见解不免狭隘。文学为人生之描写，人生之范围极广，不必皆为病苦；惟当以社会生活为背景，写出其经验里认识之人生而已。时人有实行其主张者，但无伟大之作品。唐人五、七言诗，初皆能唱，然过于整齐，谱入乐调，不甚适宜。及唐中叶，词乃兴起。词为长短句之歌词，与自由变化之乐调接近。通音律之诗人，初试为之，后以其流行广而郑重为之。乐工作曲，文人作为歌词，即世所谓填词。曲调因词美而为人所喜唱，易于流行。其体裁渐为文人所公认，成为新体。诗、词为娼妓所歌唱，原取其悦耳；至五代时，南唐二主所作，尤有盛名。后主李煜遭亡国之祸，入宋而感慨益深，其作品写出其真情，提高词之地位。王国维所谓"变伶工之词而为士大夫之词"也。宋词发达，乃继续前人而益进步。唐代小说于敦煌发现者，视前已有进步。

美术 美术于三百余年之中，颇为发达。字为时人所重，多赖碑石传于后世。隋、唐皆置书学博士，其职教人习书。太宗好书法，广求王羲之手迹，其于《晋书》所作《王羲之传》称其尽善、尽美，心慕手追，临终命其子以《兰亭集序》殉葬。文为羲之所作，字亦其所写，为宝贵之品，不幸埋于地下。书法经其提倡，视他艺术为发达。其臣善画者多。其后，仍有以书成名者，真迹皆为世所宝。后人以其字为模范。行书、草书至唐而盛，各有名家。画显有进步，唐置画官，为注重画之明证。唐初，阎立本善画人像，初画秦王府十八学士，后画太宗二十四功臣，又画汉至隋帝王像十三，凡一卷，尚存于世。古名画之遗品除顾恺之之《女史箴图》外，当以此卷为其次。唐中叶，著名之画家有吴道玄、李思训、王维。道玄善画巨大之壁画，兼长精细之画，山水人物冠绝于世。论者称其笔法超妙，为百代画圣。李思训专长山水画，其子颇有父风，皆善于着色。三人真迹甚少，或不传于世，唯于后人之摹本，追想其一二。王维为诗人，其画山水，随意写景。史称其山水平远、云峰石色，绝迹天机，非绘者所及。唐末，荆浩为伟大之山水画家。其论画法：丈山尺树、寸马豆人，远水无波、远人无目，为精确之言。浩至梁犹在，其弟子关仝亦有盛名。南唐、二蜀奖励美术，艺人辈出，花鸟颇为进步。唐代，寺观壁画极为发达，常出于名画家之手，尤以长安、洛阳为盛，不幸遭武宗之毁灭。其于边地幸得保存者，犹可供后人之征考，新疆及甘肃之发见，皆其明例。

唐承魏、隋之后，造像极盛，技巧发达。其石崖雕刻之佛像，分布颇广，龙门之石刻尤负盛名。龙门在洛阳之南，山势长而中断，崖石暴露于外，为雕刻之良好材料。其凿石造像始于北魏，唐继续凿造，672—675 年所造之奉先寺佛像，为龙门第一巨壮之佳作。四川广元为武后之生地，皇泽寺依山凿石造像而成，作为纪念。县北千佛崖凿造于唐。山西太原所造石窟之像，极委婉巧丽之至。敦煌之石洞像造于此时者，颇相类似。陵墓石像之雕刻，亦可见唐人之艺术。塑像为专门工艺，杨惠之尤有盛名。唐自中叶后，厚葬之风起，明器与俑埋于地下，近代发现者雕制明丽，其色与日本所藏唐器相同。日本保存甚多，且有精巧之珍品。瓷器于时已渐发达，建树赵宋名窑之基础。其锦绣织染之工，亦大进步。

唐人言：梁、陈旧乐杂用吴、楚之音，周、齐旧乐多涉胡戎之伎。其雅乐乃斟酌南北，考以古音为成，为宗庙祭祀之用；民间仍奏胡乐。琵琶、胡笳皆自外国传入。隋时，西域之乐正兴，风靡上下。炀帝所定九部乐，八部来自外国；唐沿用之。玄宗精通音律，选乐工子弟三百人为丝竹之戏，音响齐发，有一声误，帝必觉而正之。称为梨园弟子，以其所在，近于禁苑之梨园。梨园遂沿用而为优伶。歌词因曲调而产生，音乐于唐，盖有相当之发达。

自上事实而论，隋、唐为统一之大帝国，无种族歧视之观念，用人唯取其长；对于外来之思想、艺术未有排斥之成见，故各方面皆有进步，文化粲然大备。其建树之基础，尚有待后人继续发展者，可见其影响之重大。其前期百余年之和平，当为中国之盛世，人才亦以其时为最盛也。

第四十篇　宋太祖

宋之得国——内乱之平定——中国之统一——祸乱之范围——官制——入仕之途径

宋之得国　周世宗整军练士，其军队一曰殿前军，挑选壮丁组织而成，为其亲兵，战斗力强，长官曰都点检；二曰侍卫亲军，长官为都指挥使。959 年，世宗疾病，疑忌其都点检，擢用赵匡胤代之。匡胤父为将而位不显，子长，学骑射，出游未有所遇，贫困寄食于人，应募从军，以功为将。世宗即位，率师拒战北汉之军。将士有先遁、旁观者，势甚危急。匡胤力战，击败汉兵。后从征淮南有功。其陷滁州也，其父率兵夜半至城下，传呼开门。匡胤曰：父子固亲，启闭王事也。不许，明晨始得入滁。唐主畏其威，用间馈金；匡胤输之内府。其忠于天子，过于父子之爱；勇敢善战，不贪财物，皆为世宗所知。病时，诏为都点检，以为幼子可安然而为天子。匡胤出身将校，部将多其亲信故人。副都指挥使韩通统治侍卫亲军。世宗死，子恭帝立，年幼，政事决于宰相，军事多决定于通。其子谓赵匡胤得人望，劝父杀之，而通不听。

960年春，北边奏称：契丹与北汉连兵入寇。朝廷不问事之真相，诏赵匡胤统大军御之，副都点检慕容延钊先行。京中谣传赵匡胤将为天子，而朝廷晏然，不为之备。大军出京之夕，次于陈桥驿，将士聚谋欲立主帅为天子。赵匡胤弟匡义及掌书记赵普与闻其事，定议后，夜遣使驰告京中亲将。明晨，诸将扣寝门入，扶出匡胤听事，以黄袍加身，罗拜庭下，高呼万岁，拥之入京。将士拥戴，为五代常有之事，不过贪富贵与财物。匡胤约其不得为暴于京中或劫掠府库。大军入城，未遇抵抗。其时，宰相早朝未退，闻变一无办法。韩通奔归，将率众备战，被杀，妻子皆死。匡胤归署，将士拥宰相至，有挺剑而前者曰：我辈无主，今日必得天子。大臣迫而降阶拜服，乃行禅代礼。匡胤升殿，即天子位，改国号曰宋，是为太祖，在位十六年（960—976年）。

内乱之平定　太祖生于乱世，习知部将拥立天子之事，其亲身之经验更使其深切认识。天子为一国之元首，出号施令，握刑赏之大权，万民为其臣仆，为英杰之所欲，乃惧拥立成为风气。将相富贵，为人所欲，统兵之大将各有部将，可利用时机，拥立新主；既为天子，子孙失驭，求为匹夫，或不可得。皆为太祖所知，乃谋变更制度，革除五代拥立之风气，建立一姓相传三百余年之基础。其嗣位之初，政治问题则为如何减少国内之叛乱。世宗擢用之将士，有忠于周者，太祖见周宰相，流涕曰："吾受世宗厚恩，为六军所迫，一旦至此，惭负天地。"当为良心之语，诸将固有如此者。殿前侍卫二军，皆在京城，归于太祖，足以巩固其政治地位。侍卫军二将巡边，而家人皆在京中。太祖遣使谕之，许其便宜从事。二将从命，各得进官。其忠于周者，为二节度使：一在山西西南部，一在淮南。二人不能同时举兵。其在北方者，自信太高，乞援于北汉，不能与之合作，又不肯与契丹谋宋，欲以一隅之地，对宋作战，历三月败死。淮南节度使举兵，战败自杀。周将当有所畏。太祖遣使侦之，使者报告，可决定其命运，亦有处置之大权，或即杀之，或令其入朝。朝廷威望大增，节度使遵成诏旨。其奉命移镇者，治装即行。移镇后，兵非其旧部，为减少叛乱之一法。

中国之统一　太祖平定叛乱，尽有周地，于诸国之中，地最广大。黄河流域除今河北、山西一部分外，尽为宋有。北方为精兵产地，兵士体壮多力，曾受严格之训练，久历战争。太祖力谋提高其战斗力，并训练水兵，当为南征之准备。淮南乱时，其节度使向唐乞援。唐主报告于宋，藉以维持亲善之邦交。北汉风俗强悍，兵皆精锐；其主复厚结契丹为援。契丹兵强，周世宗收复二州，然未削减其实力。太祖乃先经营长江流域。南方诸国以南唐为最大，蜀次之。周与唐战，夺其淮南城邑，唐主割地请和，二国以长江为界。唐在江南土地犹广，能战之将多来自北方，战马亦宋所赐。其王李煜有文学天才，并有仁人之心，宋臣言其厚遇罪人，至不愿去狱。宋第二君太宗闻而称其宜于亡国。唐王事宋恭谨，同于藩属，然知其野心，力修战备，而兵力、财力皆不敌宋。南人文弱，且非其力所能改变。王无进取之精神，复听宋间，自杀其名将。后蜀建国，赖北方军人之力，北人为统治阶级，渐受社会环境影响，亦不能战。其主孟昶幼稚无识，任用非人。宋邻近小国除北汉外，皆贡献甚勤。太祖谋兼并其领土，不择手段，其辩护理由，则天下一家，卧榻之侧，不容他人鼾睡也。

宋拓土地，始于963年湖南之乱。其节度使起自微贱，同于国王；及死，子立，部将为乱，讨之不胜，乞援于宋。宋地不与湖南相结，出兵假道于荆南。荆南在今江陵一带之地，军士不过三万。太祖因假道取之，遣大军南下。荆南主遣使犒师，宋将宴饮使者，密遣轻骑数千倍道前进，逼临江陵，其主出迎。宋兵入城，分据要冲，尽有其地。其时，湖南乱平，宋师前进，击败拒战之兵，攻陷其大城，湖南遂为宋有。于是宋地南达长江中部，南与南汉为邻，西达巴蜀，东通金陵；长江之险，与蜀、唐共之。蜀、宋交通初限于陆路栈道。蜀驻重兵于北边，防守要害，北军难于攻入，现须分兵防守川东。南唐都于金陵，及江北之地入周，迁都于江州，以其地较为安全；后以新都不便，复还金陵。宋有湖南，江州须有重兵防守；南唐兵分，军势益弱。太祖先攻后蜀。孟昶纵于声色之欲，任用幸佞小人，遣使约北汉出兵攻宋，谋得关中之地。使者以其书献于宋。965年，宋师伐蜀，一军取道关中，一军溯江西上。

自北道行者，击败拒战之兵，如入无人之境。蜀之储粮，反而资敌。昶遣太子督师守险，行至途中，闻险失而逃归，遂决计迎降。宋师出发至蜀降，凡六十六日。

南汉地小于蜀，其主刘𬬮昏虐无道，于湖南乱时侵占其土地，复不量力，侵扰宋地。太祖伐蜀，未遑南征；970年，令南唐为书，说𬬮称臣、归湖南侵地。𬬮囚使者，复书不逊。秋，太祖命将南征，收复湖南旧地，乘胜南进。𬬮降，太祖遂欲并取南唐。李煜惧而请去国号，称江南国主，贬损制度，事宋益谨，其臣所谓以小事大，如子事父。王弟入朝，太祖留之，复积极练习水战，谕吴越练兵助战。974年，召煜入朝，煜称病不行。宋军伐之，兵船自荆南东下，攻入安徽；江南屯戍以为巡船不问，船复东行，于金陵附近运渡步兵。江南水军溯流进攻，不胜，步兵亦败，宋军逼近金陵。吴越出兵助战，江南益处于不利之形势。而金陵城坚守固，太祖以久攻城不下，南方卑湿，入秋而气候犹热，士卒染疫，欲退师以为后图；听谏而止。会润州降，而金陵势孤，煜唯恃上流之援兵。其兵十余万人，屯于江西湖口，乘船东下，欲焚宋渡船，大败溃散。975年冬，金陵陷，李煜降；历时一年有余，为宋灭南方诸国最激烈之战争。唐亡，吴越王朝贡，恭顺同于诸侯。其南福建漳泉二州，犹非宋有；978年，其主入朝，太宗留之，始以地献。同年，吴越王来朝，求归不得，亦尽献其地。

太祖经营南方，所向有功；与北汉作战，则不能胜。北汉兵强，复据城固守，以逸待劳。契丹久与中国为仇，汉王恭顺事之，常得其骑兵助战。二国相攻，互招降人。及宋灭蜀，太祖调蜀兵东下，蜀兵以受虐待，愤而作乱，扰及全蜀。乱平之次年（968年），太祖遣将进攻北汉，薄太原城下，焚其城门。契丹出师援之，宋军引归，汉兵大掠于宋边境。明年，帝亲北征，壅水灌太原城。契丹军赴援，不胜。宋人不知先浸而后涸之，则城即坏，攻城颇多死伤；复以暑雨多病。太祖闻契丹增援之兵将至，下诏班师，徙汉民万余户归，军储为汉所得，当为重大之挫败。及江南平定，帝复遣将伐汉。契丹应汉请而来援，宋师死归。979年，太宗亲征北汉，击败契丹援军，汉王归降，中国归于统一。

纷扰割据，始于唐中叶河北三镇之叛乱，演变至五代而极。宋得国二十年，始完成统一之大业。

割据非人民之意，造成于群雄之欲望，非武力不能求其统一。吾人当知战争之残酷及其代价之重大。宋伐湖南，俘获败兵，其将择体肥者数十人，令左右啖其肉，于是拒战之兵恐而溃逃。宋师伐蜀，孟昶归降，诸将除曹彬而外，皆贪夺财物；兵士放纵为非，至割民妻乳而杀之，帝闻而召兵入京斩之。朝廷调蜀降兵赴阙，优给装钱，宋将减之，部兵复侵挠之，至成大规模之叛乱。战争多杀，成都杀降兵二万七千人。宋取江南，命曹彬为统帅，帝诫其切勿为暴，且称：城陷，慎无杀戮。金陵将下，彬与诸将为誓：不妄杀一人。李煜降而江南州县皆降，独江州固守四月，城陷，尽屠其人民。北汉境内常有军事行动，人民深受其害；及太原降，太宗迁徙人民而毁其城。宋优待诸国之降王，为一盛德之事，缩短战争之时期，士卒之死亡、人民之损失皆稍减少。兵士自五代以来，杂有亡命与罪犯，政府患其逃亡，刺字于面上，其社会上地位甚低；即有天才，亦难居于显位。太宗善书；水军有篆《千字文》为五十余体以献者，帝善之，诏去黥文，隶御书院。宰相请授以官秩，帝曰：爵禄非所惜也，顾此人面痕尚在，岂称冠带乎？固请之，乃授国子书博士。士卒于此境遇中，当丧失自尊、自重之心理，常为暴于人民。

祸乱之范围 统一减少祸乱；改善政治积弊，亦为安宁之法。太祖以为祸乱：一由于节度使之权太重。节度使居于一地，管理兵权、政权，握生杀之柄，同于国王；强有力者，得利用时机而为天子。一由于禁军之为变。周世宗增强禁军，成为内重外轻之势。太祖本于经验，视其统将可能被拥立而为帝，乃谋改革。赵普为其亲信用事大臣，为一文人，参加拥立天子之谋，亦欲削减武人之权。帝初以边将握重兵，授为都点检；及事来朝，罢为节度使，遂不复置。典禁兵之诸将，皆帝故人。赵普言其皆非统御才，万一军伍作孽，彼将不能自由。帝与之饮，言为天子，终夕未尝安卧；诸将请其故。帝称：人皆欲为天子，卿等无异心，而部下欲富贵，一旦以黄袍加身，虽欲不为，当不可得。诸将请示生路。帝令其释去兵权，出守大藩，安享富贵。明日，诸将称疾，乞罢典兵，帝出为节度使。嗣后，典禁兵之将士私有部曲者，即致不测之祸。有谮殿前将养部曲百余人者，帝怒，将惧而自杀，家中有奴三人。帝问谮者，对称其所养一可敌百，竟不之罪。后，有言殿前都指挥私取亲兵为心腹者；帝怒，欲杀之。赵普谏称：亲兵必须有将；若诛之，则人人惧罪，谁敢为陛下将者？帝怒未解，普陈说愈切，帝始出为节度使。军士惟当服从命令，有所冀求者亦获大罪。帝自言其驭军曰：抚养士卒，固不吝惜爵赏；若犯吾法，惟有剑耳。

节度使权重，非帝所欲。会前代所置节度使入朝，帝宴之于后苑，讽其退休。明日，皆罢镇、奉朝请。其任命之节度使犹存，乃削其权，择文吏佐之。其先，节镇皆领支郡，太祖不欲其统摄，遇有机会或自请者，皆诏其直属，长吏得自奏事。大县屯兵亦直属于京，然旧制未能尽改。太宗始尽罢节镇所领支郡。节镇租税所入，旧用以自养，名曰留使；留州而上供者少。太祖令金帛送京，唯留其经费；又置吏掌财。唯守边诸将得管郡中之利，贸易免所过征税，并厚予赐赏。史称：边臣皆富于财，得以募养死士。其待遇固与内地节镇不同。节镇之抗命者，由于军士力强。965 年，太祖诏地方长官择兵骁勇者，籍其名，送京，以补禁旅之阙；又定为标准，时称“兵样”，分送诸道，地方官据以挑选士卒，后，须本梃为高下之等，其技精熟者即送入都，能战之兵皆在汴京。朝廷为防守边计，立更戍法，按期分遣禁兵出戍边城，由是将不专兵，兵不熟将，节镇之祸革除。士卒仆仆于道路，远去其家人，颇以为苦，战斗力减弱。地方兵时称厢兵，人数少而不习武艺，徒供差役，乡兵仅为虚名。太祖心犹不安，至以文臣为节度使或知州事。节镇之地约为一州，逐渐改镇为州，设通判于诸州，监视官吏，纠举其不称职者。凡帝所为，皆采行牵制及分权制，故宋无节镇之祸。

官制　宋代官制沿用五代旧制，实本于唐中书省，近于丞相府。枢密院为最近之军事机构，设于禁中，同掌大政。尚书、门下并列于外，长官徒拥虚名。同平章事为真宰相，乃沿唐制。周宰相兼知枢密院事，太祖罢其兼职，是不欲其权太重也。帝勤万机，征伐、刑赏皆自决定；其宰相三人皆周旧臣。

故事：宰相入见天子，命从面议大政，从容赐茶而退，唐及五代犹遵行之。三人存有形迹，每事辄具札子进呈，谓免妄庸之失，坐论之礼遂废，宰相之权益小。枢密使为帝亲臣，且当用兵之时，较有威权。964年，三相皆罢；以枢密使赵普为宰相，所言多听，威权颇重。太祖为之置副，名曰参知政事，不宣制，不押班，不知印，不升政事堂治理政事，唯于宰相后敕尾署衔而已。故事：中书有堂帖，指挥公事，普所下堂帖势重于敕命，帝令废之，宰相乃用札子。堂帖、札子为名称之改变。后太宗问其臣何故用之，大臣对称："札子盖中书行边小事，亦犹京百司有符帖、关刺；若废之，则别无公式文字可以指挥。"太宗令用札子，奏裁后，方可施行，是政权集中，皇帝总管一切政事。其先，赵普权重，太祖改令参知政事与普知印押班奏事，以分其权。其尤使帝不喜者，普为子娶枢密使女为妇也。故事：宰相、枢密使候对殿中，同止一室，帝分异之。枢密使掌兵事，宋帝严防范之。曹彬为将有功，廉洁自守，久任枢密使。太宗念戍卒劳苦，月赐白金，军中谓之月头银。有言彬得士众心，月头银系其主张，"微曹公，我辈当馁死"。帝怒，参知政事力为救解，犹出为节度使。其演变之结果，二府之权益轻。十一世纪，宋臣范仲淹曰：

> 今中书，古天官冢宰也；枢密院，古夏官司马也。四官散于群，有司无三公兼领之众，而二府惟进擢差除，循资级议赏罚，检用条例而已。上非三公论道之任，下无六卿佐王之职，非治法也。臣请仿前代以三司、司农、审官、流铨、三班院、国子监、太常、刑部、审刑、大理、群牧、殿前马步军司，各委辅臣，兼判其事。凡官吏黜陟、刑法重轻、事有利害者，并从辅臣予夺。其体大者二府佥议。

其言深切时弊，为一重要建议；但其牵涉之范围太广，与祖宗思想不合，乃苟安于现状，而无改革。三司系沿五代之制，管盐、铁、度支，户部置使掌之，号曰计相，其廪禄同于参枢。太宗分置三使，后复置使一员，总司三部。审官院、流内铨掌中下文官铨选，旧为吏部之事。三班院掌中下武官铨选，旧属于兵部。其文武上级官归二府擢选，由天子最后决定。司农、国子监等皆为旧官。审刑院创于太宗，覆审要案。群牧司地方官马。步军原属侍卫军，后以不置长官，无所统属而置司也。宰相所掌之范围狭小，军国大政不得与闻。枢密使掌兵，而殿前马、步军不得过问。职权分而天子信其总揽万机，实则政治废弛。新官署成立，旧官依然存在，官无定员、专职，“虽有正官，非有别敕，不治本司事，事之所寄，十亡二三……居其官，不知其职者十之八九”。官多而行政效率降低，乃成混乱之情况。

地方官初为郡、县二级制，府、州、军、监通称为郡。府为经济或军事要区，其数远少于州，地大民众，长官曰知府，以在京中居于显位者充任。州数最多，属县视府为少。军次之，有小至一县者。监则一县地为矿冶工业或铸钱工厂之所。太祖设通判于诸州，通判与长吏忿争，常曰：我监州也。长吏至为其所制。乃诏通判无得怙权，须与长吏连署公文，大州或置二员。史所言者为州，而府除开封外，皆置通判，大府甚至二员；军、监亦置通判。后，通判有两员处，减一员；军监之小者不置。其后，复有添置。县置令。太宗分全国为十五路，设转运使，领财赋、察官吏、审刑狱。诸路初有提点刑狱司，后归其事于转运使。其职略同于汉刺史。司马光曰：朝廷之令必行于转运使，转运使之令必行于州，州之令必行于县，县之令必行于吏民。是为中央集权制也。大体而论，宋初地方官不多，后则大增。十世纪末，朝臣王禹偁于应求直言之诏，论及冗吏曰：开宝中（968—976 年），设官至少。臣本鲁人，占籍济上，未及第时，一州止有刺史一人、司户一人，当时未尝阙事；自后有团练推官一人。太平兴国中（977 年），增置通判副使、判官、推官，而监酒榷税算又增四员；曹官之外，更益司理。问其租税，减于曩日也；问其人民，逃于昔时。一州既尔，天下可知。其言深切时弊，朝廷迄无改革。

入仕之途径 宋初，达官一为周之官吏，一为太祖故人。五代时，宰相无权，皆为文人，同于书记；武人居于显要之位。太祖削减其权，欲武人读书；又本于疑忌之心、防范之谋，乃以文人知州，所用仍多故人，甚者不问其贤否。王继勋为皇后母弟，凶恶无道，居于高官；后解职，奉朝请，以脔割奴婢为乐。一日，天雨墙坏，群婢突出，守国门诉冤。帝知其所为，削官、配流；俄命其分司西京。继勋杀食婢女，数年中至百余人，为太宗所杀，为其明例。取士则用唐制，以进士科为最重要。太祖以试官舞弊，亲临监之；所取之士，人数不多。太宗时，始大增加。进士即行授职，糊名制创始于宋，其长官俸禄极为优厚。南郊复有任子，达官之外戚、门客、门生亦可为官。此为官吏激增之一原因。

太祖鉴于前事，政治上之改革偏于消极之防范。其重文轻武之政教，有重大影响于后世。太祖重用文人，并谕后世新君：誓不杀士大夫。后世亦皆遵守之。帝好微行，并令亲信军校博访外事，不免听信谗言；幸其判断正确，而不为其所惑。严罚贪官赃吏，树立三百余年基础，固伟大之国君。

第四十一篇　太宗至英宗

太宗——诸帝——政治情况——言官之害政——冗官——武备之废弛——户口——民生之苦——邻国

太宗　太祖孝友，母病时说其传位于弟。其弟匡义参与拥立，官授开封尹，进封晋王，班在宰相之上，广召骁勇，隶于帐下；时以财物赐赏官吏。朝中大事，大臣不能进言，而请托晋王者，多能成功。976年，太祖夜中猝死，皇后欲立长子，而中使密告于王。王入宫，而后屈服，即帝位，是为太宗。有疑太祖不得善死者。太宗不欲传位于弟，然后传侄，用赵普以察奸变而兴大狱；子谏而得祸。太祖长子前已受斥自杀，当为家庭之惨剧。父子之亲过于兄弟之爱，欲其子孙相继为帝也。太宗在位二十一年（976—997年），完成其兄之计划，树立宋代之规模，功业首为统一中国；欲收复割让地于契丹，亲征及遣将北伐，皆不能胜。初信任宰相，后亲理万机，尝曰：有司常职米、盐细事，朕亦不惮劳苦。并躬亲裁断。“奉行圣旨”之宰相无休无咎，保全身家，亦为其所喜。太宗不欲为其臣下蒙蔽，遣卒潜察远方阴事，同于其兄。

诸帝　太宗死，太子恒立，是为真宗，在位二十四年（998—1022 年）。才为中庸之主，安于现状，唯以天书自娱，封禅祭神，营建宫殿，竭全国财力为之，规模宏大，后遇灾焚毁，独存一殿。其亲信之宰相，不过柔顺其意。寇准为宋有为之士，为宰相有功，不久罢去。史称由于亲臣之谗；实以寇准性刚，坚持其意见，而帝不能容之。其贤相时称二人：其一不用浮薄新进喜事之人，以为朝廷防制纤悉备具，或徇所陈请，妄有更张，则所伤多，是其处理行政依据成案故事而已。二为王旦。真宗欲封禅，恐其反对，召之饮，赐以尊酒，令归与妻孥共之；发之皆珠，遂不持异议，凡政事决定，皆迎合帝意，尝曰："我自循任政事，几二十年。每进对，上意稍忤，即蹙踖不能自容。"为一明证。议者或比之冯道云。

真宗晚年多病，政事决定于刘皇后。后养宫人所生皇子，立为太子。帝死，太子年十三嗣位，是为仁宗。皇后进位皇太后，临朝听政十一年，恩幸用事。朝臣请归政者，多罹于祸。仁宗在位四十年（1023—1063 年），其亲政也，罢免附于太后之大臣，颇纵于欲，宠爱不少之妃妾，赐赏不惜财物，但自奉尚俭，勤于政事，尝曰：每退朝，凡天下之奏，必亲览之。其中当多小事。朝臣奏请其召见大臣，宜赐座，问以大政。"若末节细务，进谷帛样、阅甲胄弓矢、点马、补试吏员，特有司之职耳！陛下何必亲决"。此固不能改变其为人。帝本于传统观念，存有疑忌之心，自不能改革。范仲淹授参知政事，条对十事，尽为改革之大政，偏于原则，难于施行；唯谋减少冗官，慎重升迁。时患吏治废弛，仲淹择诸路使者，令按举不法。其所用之三人，发吏罪，无所贷，属吏目为三虎。仁宗闻而不悦，至诫使毋效其所为。仲淹罢而虎亦去官，改革遂不可能。仁宗死，无子，先养宗室子为皇子，嗣立为英宗（1064—1067 年在位）。帝多病，忤皇太后意。两宫不和，赖大臣维持其间。帝病愈亲政，欲追隆其生父，朝臣党争不已。1067 年，帝死。

政治情况　宋兴至英宗死，百有七年，规模制度立于太祖，成于太宗。太祖采行分权牵制之政策，重用文人，后世遵守其成规，不欲大臣专权。其信任者，多为患得患失、保全禄位之文人，不敢负责。时无英主，政尚姑息，赏罚或出于一时之喜怒，或由宠佞之乞恩，使号令不信，威信丧失。其恶劣情状乃如司马光之奏曰：“胥吏讙哗而斥逐御史中丞，辇官悖慢而废退宰相，卫士凶逆而狱不穷奸，泽加于旧。军人骂三司使，而法官以为非犯阶级，疑于用法，朝廷虽特诛其人，而已停之卒复收养之。其余有一夫流言于道路，而为之变令推恩者多矣。……于是元帅畏偏裨，偏裨畏将校，将校畏士卒。奸邪、怯懦之臣，至有简省教阅，使之骄惰；保庇羸老，使之繁冗；屈挠正法，使之纵恣；诋訾粟帛，使之愤惋；甘言谄笑，靡所不至。”光言之事，皆在仁宗之世，并以责任归之，实非公允之论。其先，真宗已行姑息之政，禁兵以主将令严而谋变；朝廷调为枢密使，解其兵柄，以安反侧，君臣犹以为得计。至是，司马光以为将成北魏末年之乱。幸边区未有叛乱，而环境不同，未成大乱也。

宰相为一国最高之行政长官，原无不统，宋则分为主民、主兵、主财之三独立官署。朝臣言其弊曰：宰相制国用，从古然也。今中书主民，枢密院主兵，三司主财，各不相知。故财已匮而枢密院益兵无穷，民已困而三司取财不已。中书视民之困而不知使枢密减兵、三司宽财以救民困者，制国用之职不在中书也。乞使中书、枢密院通知兵、民、财利大计，与三司量其出入，制为国用，则天下民力庶几少宽。建议欲提高中书之权，实际上，用人、黜陟、赏罚诸权多非中书所能过闻。其不问兵事，为时已久。仁宗时，西夏反，而边祸亟，知谏院富弼言：边事关系国之安危，不当专委枢密院，乞如国初，令宰相兼枢密使。仁宗诏枢密院与宰相参议边事。宰相畏事，以诏至帝前曰：恐枢密院谓臣等夺权。会西蕃酋降而赏薄，弼奏论之，帝命以其奏送中书。弼见宰相，而宰相初不之知。弼极论之，宰相始不敢推诿。时人言枢密院、中书政出吏胥，行遣只检旧例，无旧例则事不行，宰相自不愿与闻军事。二府议商边事，其不合者，各行其是，所谓中书赏战功而枢密降约束，枢密诘修堡而中书降褒诏也。

宋代政治，人才缺乏。仁宗之世，需才最急，南北地域之限制虽已革除，而疑忌之心更甚于前。初，达官尽为北人，江西人晏殊以神童召与进士试，真宗嘉之，赏赐同进士出身。宰相寇准曰：殊，江外人。帝不之从；宠信南人王钦若，欲以为相。王旦称：祖宗朝未有南人当国者。沮之，并以其为公议。旦没，钦若为相，语人曰：为王公，迟我十年作宰相。晏殊后亦为宰相，始不问南北人。枢密使王德用、狄青之罢免，为其疑忌思想之表现。德用善驭士卒，为将有功，执法如山；仁宗用之，久典枢密院。或奏言其宅枕乾冈，貌类太祖；或称其得士心，不宜久典机密。帝出为节度使。德用献之，言者论之不已，降知随州。德用不敢接近宾客。后陕西用兵无功，契丹遣使求地，帝诏其镇抚河北。德用见帝，流涕请辞，当不胜感慨也。狄青出身行伍，与西夏作战有功，仁宗擢为枢密副使。言官三人论其不宜居高位。青面字犹存，帝敕其傅药除去。青欲留以劝士，不肯奉诏；俄率兵平定南蛮之乱，授枢密使。言官数请罢之。青得士心，小民夸其材武，遇青辄聚观之。帝病，青家有怪异，言者请出青于外。会京中大水，青避水，徙家于相国寺，行坐殿上，言官哗然。帝出青知陈州，后因御史言罢免。辅臣奏曰：御史去陛下将相，削陛下爪牙。此曹所谋，臣莫测也。仁宗听信言官之奏，罢出辅臣。

言官之害政　宋初，言官政治地位并不甚高。太宗初年，宰相专政，群臣章奏不先禀之，不得上达；言官上书，书不实封，且言：已白宰相。合门吏始受其书，并令其署状云：不敢妄陈利便、希望恩荣。此可证明言事之不易。真宗不欲大臣潜行交构，诏除机密外，不得用无名札子；非面奏公事，不得上殿。居下位而言事者，又不为帝所悦，谏官上奏者少。仁宗亲政，擢用太后时言事得罪之臣，以听谏为美德。及废皇后，谏官伏阁请对，宰相谕之不屈；明日，将廷争之。帝出其首领范仲淹为外官，遣使押之出城。朝臣以其贤，有乞与之同贬者。风气为之一变。言官初由宰相进拔，多历诋无援之人，希能进秩。1044年，帝诏自今除台谏官，毋得用见任辅臣所荐之人。此所以防蔽。实际上，言官求名，对于用己之宰相，殊不顺从其意。新诏奖其诋毁执政，言不用则有忠直之名，贬逐则名益高，乃专诋大臣；朝廷命令之出，事无当否，悉论之，必胜而后已，执政畏其言，进擢尤速；后与宰相立于敌对之地位，进而侵夺天子之权。言官论范仲淹有相材，仁宗俄命为参知政事。仲淹曰：执政可由谏官而得乎？坚辞不受。宰相、枢使为言官所去者甚多，至以进退大臣为己任，讦阴私为忠直，是非全无一定之标准，徒使大臣不安于位。英宗追尊生父，辅臣与言官意见不同，帝用辅臣建议。御史以言不用，缴还敕诰，家居待罪，帝遣使还之；对言与辅臣势难两立。辅臣欧阳修曰：御史以为理难并立，若以臣等为有罪，即当留御史；若以臣等为无罪则取圣旨。言官要挟，为前古未有之事，亦政治废弛演变之结果。言官所论，朝廷必须接受，其权将在宰相之上，直同于皇帝。英宗选用枢密副使，知诰封还手谕，帝贬出之。边将立功，帝命其同签枢密院，知诰言其不可入庙堂，帝不之从；及入枢院，御史交章论之，帝不为所动。是欲变更风气，惜早死而无效也。

冗官　宋代政治，内重外轻，大臣罢职者，出为知州；言官忤旨，出为远官。远任时为贬官，罪益重则地益远。“川峡、闽广阻远险恶，中州之人，多不愿仕其地。”太宗时，选人得远地者诉冤，坐流海岛，远官始不敢辞。官于川峡、广南及沿边者，不许挈家同行，恐其为乱无所顾念也。远官至称妻为女奴，携以之官；事发，罪至于死。后，许岭南幕职携家同行，然以交通困难，地为瘴疠之乡，非人之所愿往。宰相罢出知州，不以吏事为意，寇准所至，终日宴游，所爱伶人，或付与富室，多得赐赏；其甚者，至于荡任情，或纵劫盗。真宗以为不善，而风气不改。文人游览山水胜地，乃为常事。京朝官当远任者，率以父母未葬，不行；至有诈妄为请者。其后，达官奉命出镇，帝先问其意见，多不肯行，朝廷亦不之强，州县遂多贬累之人，贪污成为风俗。仁宗姑息益甚。陕西转运使称：州郡刺史皆猥懦老耄，县邑牧守多昏戆疲软。以责任归于宰相，以其不用正人也。

官吏增加而行政效率降低，仁宗时，视前益甚，朝臣言之者众。户部副使包拯言尤扼要，曰：臣伏见景德、祥符中（1004—1016 年），文武官总九千七百八十五员，今内外官属总一万七千三百余员。其未受差遣京官、使臣及守边人不在数内，较之先朝，才四十余年已逾一倍多矣……今天下州郡三百二十、县一千二百五十，而一州、一县所任之职，素有定额，大率用吏不过五六千员，则有余矣。今乃三倍其多，而又三岁一开贡举，每放榜仅千人，复又台寺之小吏、府监之杂工、荫序之官、进纳之辈，总而计之，又不止于三倍。真宗减省冗吏，三司总括诸路，计省十九万五千八百二人。包拯盖未计入小吏。其先，历代设官之多，未有如宋之繁冗，一由于防范而成牵制复杂之制度，一由于求官人多。时人所谓：选举之路未精，补荫之门太广，恩俸之路未塞，因缘之弊未除也。冗官徒耗国库，并为民害。自太宗以降，朝臣力请并省，而官员与时俱增，天子与辅臣诚不知其责任。范仲淹执政，减少恩荫，考核文武官，延长其升迁时期，改善选举，终遭反对，不能久于其位。

武备之废弛 军队战斗力历时久而益降低，士卒数字则与时俱增。1046年，三司使奏言：太祖时，兵十二万；太宗时，十八万；仁宗初年，四十万；至是，倍之。谏官奏言：天下兵逾百万，比先朝几至三倍。两数稍有出入。全国兵至百万，盖合禁兵、厢军、乡兵而言；皆沿先朝规模，而积弊益深，将帅尽为亲幸，所谓“今每命将帅，必先疑贰，非近幸不信，非姻旧不委”。其人不知兵事，一二知兵之武将又为文臣所疑忌，王德用、狄青是也。宋兵之不能战，原因有二：一、武器之不进步。武器偏于消极之防御，马为进取之利器，则感缺乏。设置牧官，并未增加马之产量。战马多市于西蕃。旧例：缘边诸州所市战马自三岁至十七岁者，官悉取之；及与契丹和成，改令止市四岁至十三岁者。后与西夏作战，马之来源大减，夏多骑兵，宋则步兵，战不能胜。狄青久与夏兵作战，深知骑兵之用。蛮酋为祸于西南，狄青出征，调用蕃落曾经战事之骑兵。言者称其胜利，为数百蕃骑之功。宋少可用之骑士，亦未设法增强其战斗力。

二、士卒之素质甚低。贫苦之壮丁应募入伍，杂有亡命与盗贼；罪犯亦强其为兵，甚者不问罪之轻重，辄刺为兵。战时，兵不足用，编缘边壮丁为乡兵，或升为禁军。为兵，非民所愿，河东村民避刺面逃亡，改刺其手；陕西村民或奔窜山林，或钻凿肢体。禁军月给钱粮，另有衣料，家人居于汴京，收入原可足其需要；但以折扣之故，所得有限，复因物价上涨，生活颇为穷苦。真宗以军士处役，留廪给之半赡家，多致饥寒，别给钱二百。仁宗时，朝臣言：禁旅戍边，月给百钱，得大钱裁十。军士一身之服万钱，上军月受千钱，只买得一帽，岁须二帽。“计其所受廪给，不足一身之赏，若有妻子，安得不饥冻！”承平时尚须服役，远戍之兵逃亡、潜归，讯之皆以思亲为言，此为良善之人；凶恶者则入山林为贼，或抢掠财物，捕获时，妄引同辈。其亡入敌国或蕃境者，罚至严峻，然不能止。乃诏禁军逃者缘边，经一宿捕获者斩，妻子仍没入为奴婢。其入蕃部者，厚赏购之。戎人利其财物，奴畜亡人，小不如意，则执以求赏，亡人多坐法死。秦州长官始许自归者免死，复隶军籍，由是全活者多。政府唯以重罚治军，从不筹谋其生计，改善其生活；军中疲老不堪用者，亦留而不遣。

士卒最感痛苦者，无过于远戍于边或驻守远地。蜀中戍卒一再叛乱，人民死亡惨重。仁宗时，河北戍卒几成大规模之叛乱。1044年，保州兵变，戕杀长官。朝廷发兵攻城，不下；诏其归降。后三年，贝州卒王则作乱。则妖言惑众，徒党甚多，欲于明年正月起兵河北，诸大城士卒应之；谋泄，仓猝据贝州叛。朝廷调军攻城，历六十五日而乱平。其徒于三州谋变，皆为长官所平。兵心不安，易受煽惑，当为其原因。王则乱平，禁中之变又起。亲从官四人劫兵器入宫为乱，三人为宿卫所杀，其一人走匿宫城北楼，捕得即行杀之，卒不知其所谋。盖其徒党甚多，或与王则通谋，恐其供词牵引多人也。后数月，卫士数人夜半逾屋至帝寝殿为变，幸皇后处置得宜，并召兵入卫，贼乃就擒。此为非常之事变，一再发生，政府仍无改革。禁军如此，厢军、乡兵仅为虚名。王禹偁久官于外，奏言武备不修曰：

> 江淮诸郡毁城隍、收兵甲、撤武备者三十余年。书生领州，大郡给二十，小郡减至五人，以充常从，号曰长吏，实同旅人；名为郡城，荡若平地。……臣比在滁州，值发兵挽漕，关城无人守御，止以白直代主开闭，城池既圮，器仗不完。及迁维扬，称为重镇，乃与滁州无异。尝出铠甲三十副与巡警使臣，彀弩张弓十损四五，盖不敢擅有修治。……今黄州城雉、器甲复不及滁、扬，……今江淮诸郡，大患者三：城池堕地，一也；

兵仗不完，二也；兵不习服，三也。

王氏所言，皆为事实。真宗迄未下诏整顿。其时，河北地为边区，契丹侵扰而城壁河堑之防御工程犹未积极进行。县吏乘传诣阙言之，真宗闻而色变，谓此非其所当奏言。蜀地数有叛乱，官于其地者避嫌，不敢修葺城池。宋人重文轻武，文人知州，不知武备，乃多苟安于现状。

户口　宋受周禅，户九十六万。太祖取荆南、湖南、蜀、南汉、江南，得户一百五十九万，合计二百五十余万户。《宋史·地理志》言：太祖末年，三百余万户。盖户口于十数年当有增加。太宗之世，漳、泉、吴越地入于宋，得户七十万；北汉降，得户三万五千。蕃酋李继捧以西北四州八县归宋，史未言其户数，殆不过数万。太宗统一，户约四百万。其疆域视唐为小，燕云十六州除周收复一部分外，仍为契丹所有。西北降地后叛而为夏国，宋边地且为其所夺。交州久属于中国，人口仍少，以切实统治之区域犹小，而未归化之蛮夷众多也；后，叛而自主。宋初，对于江南人尚有歧视。岭南为瘴疠之乡，贬官所治之地，犹非中国文化之区域。川南久为中国一部分，犹多蛮夷。富顺为产盐之区域，设监治之；地近蛮夷，朝廷诏监于每岁冬具酒肴，犒内属蛮酋。其南，即为蛮境。蛮叛，真宗始知泸州三月即苦瘴毒。1009年，蛮酋作乱，平之；川南长江南北广大之地乃立统治基础。宋人耕种之区域有限，边帅颇以拓土为功，“凡蜀东西夔峡路及荆、湖、广南皆诱近边蕃夷献其地之不可耕者，谓之纳土，因置州县”。时人言其所至骚然，而土地则稍增加，但远不及人口增加之迅速。

宋初，户三四百万，殊不足信。真宗初年，括河北二州逃户，得隐赋十余万，因以逃户多寡考课令佐。后三年，蔡州二千五百九逃户失赋五万余贯，逃亡成为普遍现象。三司报告：1007年，全国凡七百四十一万余户、一千六百二十八万余口。距太祖三十一年，户增一倍，每家不足二点二人，颇有隐瞒。1020年，户增至九百七十一万，由于州县严括逃户所致。仁宗时，政治废弛，户口视真宗时为少。文学家曾巩知齐州发民濬河，县初按籍三丁出一夫，巩括其隐漏，至九丁而取一。隐漏视籍多至三倍。《地理志》称：徽宗时，有户二千八十八万、口四千六百七十三万。每户二点二人，仍隐漏太多。时人奏言：仁宗时垦田二万一千五百万亩。《食货志》称：真宗末，垦田五万二千四百万亩；英宗时，四万四千万亩。仁宗时少，乃报告之不实。税重，垦田隐瞒成为常事。贫民苦税，弃田逃亡。户口繁密之区域，时推闽、蜀。朝臣言："蜀民岁增，旷土尽辟，户才有田三五十亩或五七亩而赡一家十数口，一不熟即转死沟壑。"请徙狭乡民于宽乡，计口给田。此为理想计划，全国方患户口过剩。

民生之苦 宋为农业社会，土地不敷分配，为贫穷饥饿之根本原因。宰相尝告太宗曰："臣尝见都城外不数里饥寒而死者甚众。"太宗诏言道瑾相望。真宗、仁宗之世，贫民或全家饿死。英宗时遇灾，老弱流离，捐瘠道路，妻儿之价，贱于犬豕。许、颍之间，亲戚相食，积尸成丘。此实悲哀之事，强有力者沦为盗贼。宋治盗贼严峻：得财万钱及伤人者，死；持杖而不得财，流三千里；得财为钱五千者，死；伤人者殊死；不持杖得财为钱六千及持杖不至死罪者，仍刺配千里牢城；窃盗得财为钱十千，例刺为兵。此仁宗修改之法，视前稍宽；惟京城加重。饥民劫富人窖藏粟麦者，以强盗计赃，法至于死，强梁者仍出抢食。朝臣言：强盗杀人，取其弊衣，值不过数百钱。可见民生之苦。官吏遇有大盗，或敛物献送，或望贼奔迎，或献送兵甲，或同饮宴。言者请严治之，并诛贼家族。凶贼至杀人而卖其肉，更有投尸水中者。罪恶造成于社会环境及衣食之困难。东南为宋财赋所出，时人言其民曰：大率中产以下往往乏食。杭州知州不肯绳贩私盐，曰：钱塘十万家，饥者八九。苟不以盐自活，一旦蜂聚为盗，则为患深矣。宋人记：民生子不举者众。可见其行于各地。时人斥为伤绝人理，要不知其为生活所驱使，而亦非其所愿也。

税重，增加人民之贫穷。宋都于开封，有河渠运输之便。江淮漕米岁六百万石，由汴渠入京，禁兵赖以仰给。1006 年，岁入四千七百二十万匹贯石两；1049 年，增至一亿二千六百二十五万匹贯石两。其种类分田税、专卖税及通过税等。田税沿五代旧制，亩约征谷一斗。《食货志》称其重于唐七倍。盐、茶、酒、矾为政府专卖物，收入甚巨，产户备受剥削，不胜其苦。通过税指过关纳税，钱少，许以绢代钱，官价常小，甚或不及市价二分之一，民督赋押运者，往往破产。宋至仁宗，岁入增加，支出凡二十倍于宋初。包拯奏言："祖宗之世，所输之税只纳本色。自后用度日广，沿纳并从折变，重率暴敛，日甚一日……非天降地出，但诛求于民，无纪极耳！"州县督税"临门，捕人父子兄弟，送县鞭笞，血流满身"。官吏复以低廉之价强买农民之粟与绢，称为"和买"。更有预买，时人所谓稻苗未立而和籴，桑叶未吐而和买也。

于斯情况之下，王小波起兵于蜀，遂成大乱。蜀于五代时，战争未及北方之惨重。宋代蜀而孟昶请降；将士无道，放纵士卒，降兵起而为乱。乱平，社会问题日趋严重，以成都平原地狭民稠，耕地不敷分配，贫民所得不足给繇；官吏复虐取于民，蜀饶罗纨绵绮等物，皆其所欲。富贵兼并之家，拥有广大之土地，复籴贱贩贵，以规厚利。由是富者益富，贫者益贫。993 年，蜀民王小波起兵，谓其徒曰：吾疾贫富不均，今为汝辈均之。其均产计划，今不可知；要为贫民所乐闻。其徒初仅百人，而所在人民应之，攻陷州县，杀害长官，众益多而势张旺。小波俄死，众推其妻弟李顺为帅，攻陷成都及其附近县城；更伸张势力，北抵剑关，南踞巫峡。其占据区域之广大，当由于全蜀贫民之响应。其人为乌合之众，蜀卒久有怯弱之名，顺众不敌勍旅，川北要城为宋固守，剑关以北之栈道犹通。太宗出大兵讨之：一自川北而前，乘胜攻下成都，其附近城邑仍有为顺党所据者；一军溯江西上，蜀乱始平。太宗下诏罪己；惜未调查祸乱之原因，而有所改善，唯以严刑多杀也。

邻国　宋与北邻契丹相比较，战斗力弱。二国初各不侵扰其邻。979 年，太宗取北汉，自将北攻幽、燕，大败，走免，遂互相侵扰。986 年，帝以契丹主新死，母后专政，宠幸用事，遣大军二路北伐：一军趋燕深入，以缺粮南返，致军大败，损失惨重；一军攻山西北部，复败。契丹兵乘胜南下，大掠而归；嗣后，常为边患，掠去良民数十万。1004 年，契丹大举深入。真宗召群臣议之，或请徙都避之，宰相寇准力主亲征。契丹兵攻河北大城不下，游骑深入山东；其主愿和，遣使言欲得周收复之地。真宗亲征，士气一振，然其能否击败大敌，事不可知，亦有和意。遣使往来，成立和约：宋不割地，岁给契丹银十万两、绢二十万匹，各守疆界，互不侵犯，不留逋逃罪人。和成，河北人民始得安业。仁宗中叶，宋败于夏，契丹遣使欲得其旧地，宋不之许；增给岁币银绢各十万匹两，互撤边兵，通好如故。

西夏世据夏州，唐赐姓为李。太宗时，其酋李继捧入朝献地；族弟继迁不肯入居中国，时叛时服，唯利是图，后陷灵州，为宋重大之损失，战马之来源减少。会继迁出攻西蕃，兵败，伤死，子立，奉表归款，宋厚赐之；及死，子元昊立。元昊雄才大略，西取甘肃西部，土地广大，兵至十五万；1038年，称帝，国号大夏，请宋承认，以敦欢好。仁宗怒，绝断其互市。夏兵入寇，宋兵多败，由于马、步之不敌，且防地广而兵力分，夏军集中主力，攻取一地，多如其愿。宋增边兵，遣民运粮，致府库空匮，人民困苦。文臣在边，整顿防务，而实力不足以进取，反攻大败。1044年，和成，岁赐绢十五万三千匹、银七万二千两、茶三万斤。由于力弱而欲服人，贪虚名而得实祸也。

宋在北方或西北作战，不胜；讨伐南方蛮夷，则力有余。蜀地蛮夷，上已言之。官吏调夔州路蛮夷子弟捍贼，反而寇乱。转运使召谕其酋：诏旨赦之。酋感而愿世奉贡，作誓，刻石柱立于境上；蛮地饶粟、乏盐，许其以粟易盐。屯兵旧以夔、万州粟馈之；至是，遂无转饷之劳。其别种入寇者，击而破之，获所掠汉人。湖、湘之间，蛮傜作梗，一方涂炭，七年不解，由于处理无方。南蛮曾作大规模之叛乱，攻陷不少州县，为狄青所平。太宗经营交州不胜，由于炎瘴，士卒多死也。

第四十二篇　神宗与王安石

神宗与王安石之关系——变法之阻力——改善农民生活法——商业新法——免役法——军事改革法——教育之改革——变法之评论——安石之去位——南方之经营——西北之拓地

神宗与王安石之关系　1067年，英宗死，太子顼立，是为神宗（1068—1085年在位）；年方二十，读书至日晏忘食，敬师孝友，为宋大有为之君。锐意革除积弊，与大臣言之，大臣敷衍塞责，举朝无可与言之人，唯王安石有大志，欲利民富国，致君于尧舜。安石好读书，有文学之天才，诗文卓然为一大家；为学博通古今，洞悉环境之不同，故不主张泥古，所谓“不必迹同于圣人”也。为地方官，大兴水利，贷谷便民；为相，推行之新政，先试验而后行之。安石非疏阔之政论家，乃为人民服务之政治家。其先出仕也，不求美官，放弃求试馆职之机会；知制诰时，辞馈不得，取而置院梁上。故事：词臣许受人馈，谓之“润笔”。其操行之高，诚如宋理学家陆九渊所言：洁白之操，寒于冰霜也。安石上万言书于仁宗，谓今患财不足，由于治财无道，建议因天下之力，以生天下之财，取天下之财，以供天下之费。仁宗不能采行。神宗为太子，其师韩维说书，辄引安石之言；尝荐以自代。安石友善负有时望之士大夫，士论皆盛称之。

英宗之世，安石被诏，不起。神宗嗣位，诏其出知江宁府，俄诏为翰林学士。1068年夏，安石至京，帝以政事问之，待其言为决定。明年春，擢为参知政事，以其文学、经术、吏事皆高于朝臣。安石以变风俗、立法度为先，与帝意见相同；信任之专，宰相不敢与之相抗。安石设制置三司条例司，掌经画大计、议订新法事宜。朝廷颁行青苗法，守旧之朝臣反对，帝欲罢之，安石坚持不可；帝罢免倡异议之言官，为朝中重大之争执。神宗留心政事，以察察为明。安石言帝刚健不足，朝臣仍可欺罔，反对新法。言官李常奏言：青苗流毒四海。帝令其说出违法官吏，常不能对，以欺罔罪降官。帝读其新呈之疏，中云：陛下一宫殿之费，百余万；一宴游之费，十余万。乃令大臣剥肤、椎髓、掊敛百姓。笑曰：近闻人谤如此，乃是常疏中语。其言全为诬枉，先传播于外，居心可想，帝一笑置之。免役法行，朝臣反对者众，帝意惑沮。安石曰：今每一小事，陛下辄再三手敕质问。新法当受阻碍。安石告帝：功业将不能及唐太宗，异于人见时之希望。为新法尽力者，备受言官之诋毁。安石力为之辩护，且曰：今忠邪、功罪未尽昭明，则事功何由兴起！如臣者，若欲尸禄保位可也；若欲行义以达其道，未见其可也。此为失望、沉痛之言，显有去职之意。

变法之阻力 1070年，安石进位宰相，参知政事二人皆不愿与闻新政。制置三司条例司并入中书，由司农寺主持新政，安石以亲信曾布掌之。每事与宰相议定，即令行之，参政犹不之知。枢密使文彦博反对变法，多方阻挠新政。王安石经营西北；彦博谗毁边将，及其功成，惭而去职。帝礼敬之先朝大臣，皆反对新法之领袖；有言斩其首而新法行者，神宗从无此意。安石之友，多转而为其政敌，司马光则其一例。安石重视纲纪，凡阻挠新法，或奉行不力者，皆主斥逐；对于故人，不稍宽容。士大夫不习吏事，或蔽于传统思想，或以本身利害，与新法冲突；或意气用事，诋毁新法；或广传谤语；或指使人民入京请愿。安石惩罚其有罪者，擢用少年进取之士。其人服从命令，忠实执行新法。守旧之士大夫诬罔攻之；更有求官而不如意，攻击安石者。言官于时居于重要之位，最反对新法。其诋毁大臣，或与之相抗，已成为风气；反对新法，全以意气用事。后，帝语安石曰：造言法令不便者，官员耳；朝廷但见官员纷纷，而百姓便于新法之情，无由上达。此系实情。新法颁行之初，异议蜂起；及朝廷斥逐言官，始渐改变。神宗言其革面，安石称有进步；但其潜伏之势力犹大，固未革心。兹分类叙述新法于下。

改善农民生活法　安石知鄞县（宁波），贷谷于民；令其出息偿还，即青苗法之实质，鄞人便之。宋富贵之家，视田地为安全之投资，田连阡陌。人口岁有增加，耕地不足，自耕农所获，不敷其家人一年之需要，佃农更苦。其先，寇准奏言：豪民多贷钱贫民，重取其息，岁偿不足，即平人其田产。贫民于谷贵时借贷，于谷贱时偿还，进出皆受损失。青苗法扶助贫民，1069年秋颁行。其法每年地方官放款两次，听民请贷，自一贯至十五贯，半年为期，取息二分，遇灾展期半年。初行于三路，后行于全国。安石立法谨慎，虚心接受善意之批评。反对之士大夫属于地主阶级，多方沮之，或抑法不行，或奉行不力。帝遣中使问民，还而称民皆言其便。

1069年冬，朝廷颁行农田水利法。其时，户口多而耕地不足；兴办水利，增加耕种之地。安石于鄞县起堤堰、决陂塘，为水陆之利，耕地增加。其知常州，亦兴水利。水利为大规模之建设，农民漫无组织，无人为之主办，常不能兴工。新法奖兴水利、修筑圩堤之巨大工程，县不能办者，州遣官主持；事关数州者，具奏取旨。民修水利，许其贷用钱谷修河，以淤泥肥田，增加地之生产。中官程昉兴水利，得田四百余万亩。安石称：自秦以来，水利之功无人及之。而迭为朝臣所劾，阻其成功。安石在位七年，得田三千六百万余亩，为伟大之功绩。其一二失败者，反对者夸张言之，要不能减其成就之重要性。

宋兼并之家，交通州县，欺侮愚弱，购置膏腴之地，减落税亩，至有入其田宅而不承其税者。官吏附势，不问贫民陈词，田产已尽而税籍犹在。1072 年，政府颁行方田均税法，革除积弊。其法以东西南北各千步为田四千一百六十六亩，一百六十步为一方；九月，县佐分地计量，然后计其肥瘠，别为五等定税，期以明年三月完成，揭以示民，一季无讼，即书户帖。此为土地登记，田分五等征税，各县足于旧时租税而已。凡瘠卤不毛及山林、陂塘、沟路、坟墓皆不立税。官存底账；分产典卖者，官给以契。农民之田地确定，有田地者纳税，廓清旧弊，为惠民之要政，然非短期内所能完成。

商业新法 宋赋税多出于江淮，官吏征收实物，运入京师，费用昂贵，出卖其不急需者，只得半价。大贾乘公私之急，擅轻重敛散之权而致巨富。1069 年，均输法施行于六路，皆财富之区，设官运用钱谷为资本，买卖税敛上供之物，统治其聚散与运输，平定物价，藉减轻农民之负担，大贾不能取利而国用足。行之一年，帝进主持者官，手诏嘉之，经营有相当之成功，诏称：京师仓储已丰，可发淮南上供新米出粜，以平物价。为其明证。1073 年，政府颁行市易法，为均输范围之扩大，欲推行于全国之大城。建议者言：京师货无常价，物来，富人抑价收而屯积，及来源少，价贵出售，至取数倍之息，致民腹削，请置常平市易司，买贱卖贵，物价不至腾踊，因得余息以足国用。帝从之。市易行于京师，近臣、后族皆言不便；官吏复广散谤言。安石为之辩护。帝检察苛严。安石告帝曰：使臣畏缩，不敢经制，臣以谓陛下不当扰之，使怠惰、因循，令细民受弊也。远地乃不设官，已设者亦未发挥其力量。

免役法 人民服役，常为痛苦之事，役重常至破家。神宗数诏宽役，鲜有功效。安石欲为民除千年之大害，言其议商役法，地方官体问百姓，然后立法。法成，晓谕百姓，无一人有异论，始著为令。其法：当役人户以贫富分等第出免役钱，一切募人为之，随其轻重给钱；其坊郭住户及未成丁、单丁、女户、寺观、仕宦之家有产业、物力者，旧无役亦按等第出钱；一县征收之额视雇役用钱而定，又增取二分以备凶荒，名曰免役宽剩钱。1071 年初，试行于开封，及冬，颁行于全国。新法减轻乡村穷民之负担，重取兼并之豪户，百姓皆以免役为喜。县官驱使数百家入安石私第遮诉：免役钱升降户等不公。言官论免役法不已。司农寺上书称其所陈，皆失利害之实，并举事实为证。新法行而民便之。文学家苏轼原反对免役法，为安石所恶；后司马光执政废之，轼以为便民，争之，乃根据事实改变其观念也。1074年，安石休养。参知政事吕惠卿领司农寺事，采行其弟所创之手实法，令民自报其田宅、财产，官据之定其户之高下，并许民告密，贫富皆无所隐。言者论其扰民。明年，罢之。惠卿志其弟墓云：事虽寝而诸路州县用以造簿者十已八九，而役钱卒赖以均。手实法免去户等之争议，为一良法。

军事改革法　宋兵更戍于边，神宗以其畸零不成伍，有乖纪律，且互换、差拨络绎道路，往来寒暑，公私不便，下诏废之；置将分部诸路兵，总隶禁旅，使兵知将，将练其兵。安石曾告帝曰："今士卒极窘，或云有衣纸而擐甲者，此最为方今大忧。自来将帅不敢言赈恤士卒……宜稍宽牵拘将帅之法，使得用封椿钱物，随宜赈恤士卒。"帝是之，而枢密院迟留不决。帝诏恤西北防军，而惠不及他路；唯所有士卒皆发足米。政府设监讲求制造武器，供给使用。其时，兵士减少，边地前刺义勇为兵，安石言待之不以其道，主张改善其待遇，使人以得籍名于义勇为幸；择其乡间豪杰为将校，则人自悦服也。神宗极以为然，君臣皆谋增强民兵，办理保甲。

畿县乡村寇盗充斥，保甲初为防盗，1071年一月颁行。十家为一保，置一保长；五十家为一大保，置一大保长；十大保为一都保，置都、副保正各一人。皆选主户有行止、材勇者充任。凡户两丁以上，一为保丁；两丁外之余丁，亦选其壮勇者充保丁，得自置武器，习学武艺。每一大保，夜轮派五人警盗，获盗给赏。保内犯强窃、杀人、放火、强奸等情，知而不告，论如律。居停强盗三人以上，经三日，同保邻人虽不知情，亦科罪。保甲法先行于畿县，或称民无钱买弓箭、置警鼓，且恐戍边，父子聚泣；或言民惊扰，自行伤残。安石数于帝前辩说甚苦，帝从其言。地方官立赏捕煽惑保甲之人，办理渐上轨道。帝言其善，诏奖其习武事；农隙时，试以骑步射法，一等引见授官，二、三、四等各予赏有差，风气渐而改变。1072年秋，令保丁代巡检兵上番，十日一换，月给口粮薪菜钱，"畿内盗贼为之衰，老奸、宿恶更相检察而无所容”。朝廷诏行保甲于北边三路。枢密使文彦博言柔能克刚，不当专务强兵；其言自不为帝所接受。政府令禁军教头教练大保长，三年艺成，大保长皆为教头。由是教官增加，保丁可得严格之军事训练，民兵增加，禁军、厢军减少。

马为冲锋之用，马兵战斗力强。1072年夏，诏行保甲养马法于开封府界诸县，后推行于黄河流域五路。其法：保甲愿养马者每户不过二匹，选陕西所市马给之，或领官钱买马养之，府界三千匹，五路五千匹。养马者得领钱帛，并免一部分捐税；后府界不给钱帛。属于三等以上之养户，十家为一保；四等以下之养户，十家为一社。保内马死者，十家共偿其值；社内马死者，十家偿其价之半。马用以逐捕盗贼及教练骑兵之用，养者出于自愿。京畿诸县晓谕百姓，即有千五百户投状请养马。1084年，朝廷令京东、京西两路保甲免教阅，每都保养马五十匹给价，钱十千；限京东十年、京西十五年足数，欲国中保有大批可用之战马。保甲、保马不行于南方，盖其民弱，南方气候不宜于养马也。

教育之改革　宋代政治人才缺乏，安石谓其教之、养之、取之、任之不得其道。取士以进士科为重要，试以诗赋。太学为仕宦子弟取得应试资格之所。仁宗改革，无甚功效。1071年，朝廷改科举法，罢进士以外诸科，增进士名额，试用经义、策论。经谓《易》《诗》《书》《周礼》《礼记》《论语》《孟子》。安石增置太学学官，广增生员，分为三等：初入学为外舍生，不限名额；内舍生二百人，自外舍升；上舍生百人，自内舍升，各治一经。上舍生品学优异者，保送中书除官；后稍变更，生员益居于优利之地位。神宗令各路置学官，州给四十顷，原有学田不足额者益之，多者听如故；又兴武学学校。君臣皆以人才缺乏，欲其造就人才也。安石常以变风俗、一道德为言；1073年，与其徒纂修《周礼》《书》《诗》义解。1075年颁行，帝褒赏之。太学生读之，同于教本，用以试士。安石所著《字说》，亦为时人所重。

变法之评论　安石改革宋之积弊，时人视为祖制，有“利不百不变法”之说；新法或与之利害冲突。安石尝语帝曰：大抵修立法度以便民，于大利中不能无小害。若欲人人皆悦，但有利无害，虽圣人不能如此；非特圣人，天地亦不能如此。以时雨之于民，岂可以无然，不能不妨市井贩卖及道途行役，亦不能使墙屋无浸漏之患也。其颁布之新法皆慎重考虑，有历年久而始议成者。其态度之公平，胸襟之光明，为民兴利去害，为建设性之措施；非明古今之变，审别利害，不能有此创议，并议定切实可行之步骤如新法者。安石为中国史上之伟大政治家，当无疑问。其改革范围之广大，转变国家与人民之关系，既足以增强国力，又改善农民之生活，实中国史上鲜有之事态；惜阻碍环生，计划不尽实现，执行机构犹不健全，兼并之家势力如故。其时，人口激增，贫民仍在饥饿线上，一遇水旱之灾，流离死亡之惨状，将即复见。安石兴水利、拓新地，固已尽其力之所能为；然与社会势力相比较，则殊微末也。

安石之去位　1072年夏，安石称病乞退，帝极意留之，诏旨诚挚，为历史上鲜有之文字。安石仍数以疾病、衰耗乞退，帝诚恳留之，封还其表。安石自赍表请，帝不肯视，还之，且曰：自得卿表，累日惶惑。安石不得去官。1074年，春、夏大旱，帝忧惧不安，近臣皆言市易扰民所致；两宫忧京师乱起，至于泪下。帝下诏自责，广求直言。守旧之士大夫利用而非毁时事。安石时屡求去，帝固不许。人民日有投书乞留之者。帝欲留安石于京，处以师傅之官；安石坚求去位，并许复来，帝始命其出知江宁。宰相、参知政事皆安石所荐；帝下诏法令不变，吏戾法者必罚不赦。1075年春，帝复召安石入相。安石赴阙为相，常以疾不视事；神宗用之，不若前专。吕惠卿为其所用，复成嫌疑。惠卿去参知政事，言官劾论其罪；上疏自辩，并言安石之短。安石子雱负有煽动责任。会雱病危，安石年老，独有此子，神宗特给安石假。雱死，安石悲伤不堪，求去不已。1076年冬，帝从其请。政敌称帝滋厌其所为。时传惠卿发表安石私书，有不令帝知之语；后穷治其事，一无所得，皆诬毁之辞。安石居于江宁；帝后封为荆国公，闻知其病，遣其婿往视，重用其弟。自安石去后，宰相无人，“事事皆出圣意”。帝遵守安石成规，新政一无更，所言多为安石之思想。

南方之经营　神宗之行新法，实欲富国强兵，报复前仇，开拓疆域。其时，宋无名将，兵士之战斗力则视前增强，财政亦较宽裕；其开拓土地，亦有相当之成功。长江上流，旧多蛮夷。神宗时，泸州夷叛，朝廷欲发西川兵讨之。中书检正官熊本言：兵弱路远，不如发邻州兵。并拟定平乱之策。帝听安石之荐，诏本为将，便宜治夷事。本至，以计捕杀其为乡导不患者百余人，其徒惧而愿为之用；出军攻其不服者。夷酋拒战大败，乞降，尽籍其丁土田以献；诸夷闻而皆降。神宗称其不伤财、害民，去百年之患。川南汉人旧私典买夷人田土，始许其经官印契，岁出租税。其先，陕西缘边蕃部土地，许民典买、租赁，皆增加耕地，解决人民生计也。湖南亦多蛮夷，宋人称其中部为南江，凡十六州；蛮人仇杀，有上书言其思归化者。帝命中书检正官章惇经营。惇招谕蛮徭，得洞庭湖南中部之地，蛮酋失地，非其所愿，有抗命见杀者；得户一万四千、丁七万九千、田二十六万亩。明年，惇言：南江州峒悉平，请建州县。朝廷从之。南方战争规模大者，首为安南之役。安南旧称交州，宋初，其酋叛而称王。太宗伐之，不胜。神宗中叶，交人入寇，屠杀人民，朝廷遣大军南讨。神宗不听安石之言，任用之招讨使计谋甚疏，又不听副使之言，冒暑涉瘴地，兵多死亡；虽败交兵于富良江，竟不敢渡，许其降而还。神宗深为失望。安石已去，朝中无主持大计之人也。

西北之拓地 宋、夏邦交恶劣。夏于英宗时入寇，不胜。陕北为夏地，宋以延州（延安）为重镇。神宗初年，边将招降夏人，进据绥州（绥德）。夏人报复，大举为寇。明年，宋军进攻，大败而退。边将王韶经营熙河，地在甘肃南部，则欲制夏。朝臣多方阻挠，全赖安石维护之力，得以成功。1072年，韶称：拓地千二百里，招降三十万口。明年春，进至甘肃西边，收复河州，获牛、羊甚多。辅臣称贺，帝谓安石曰：非卿主谋于内，无以成此。秋，韶将兵南攻，击破其不服者，诸州皆降，军行五十四日，涉千八百里。吕惠卿言其所拓地曰：西直黄河，南巴蜀，北接皋兰，幅员逾三千里，招抚蕃族三十余万帐，当为重大之胜利。1081年，西夏内乱，神宗欲一举灭之，五路出兵，于冬进攻；陕北、甘肃苦寒，军粮运输艰苦。夏人固守灵州，钞绝宋军饷道。宋兵经久训练，战斗力强，夏兵拒战皆败；惜宋无统帅，指挥无人，诸将争功忌嫉，复以天寒、绝粮，士卒多死，诸路军入塞，损失颇重，惟中官李宪出熙河之军，复古兰州城，未深入而无损失。陕北夏地一部分为宋所据；次年，于米脂西北筑城，夏兴兵三十万取之。神宗悲愤不食，殆以国中无人也。夏又起大军围兰州，不胜而退；其寇于他地者，亦败。夏主遣使乞还侵地以和，神宗不许，宋于地固有所得。对辽则有所失，辽请勘定河东界地，历久交涉，宋让数里之地于辽，东西则数百里。时人未有异议，当以和平解决为得计也。

王安石之变法一为解决民生之痛苦，一为富国强兵。新法之推行，获有一部分之成就；冗兵减少，民兵增多，战斗力增强，财政整理后，库有余财，仓有余粟。解决民生，首为增加耕地，开拓疆域，兴办水利，皆有效力之方案。去差役、兴市易，各有创办之需要；然欲用以摧残兼并之家，则功效微末，市易且不能发挥其力量，教育之功效更不易立见。安石尽其心力为之，其不能成功者，更非他人所能为。其创立之新政，若免役、青苗、保甲、保马及经义取士，曾行于后世，名称虽有变更，而实质则相同也。

第四十三篇　北宋之衰亡

旧党下之政治——司马光之执拗——财政之困难——言官之害政——党内之争——旧党之失败——新党之报复——新党之领袖——徽宗之失德——蔡京之所为——人民之痛苦——北宋之亡

旧党下之政治　1085 年，神宗中年病死；长子煦九岁，大臣立为皇太子，嗣位，是为哲宗（1086—1100 年在位）。祖母太皇太后高氏垂帘听政，妇女所受之教育有限，性情偏于保守，其先，反对市易至于泪下，听政遂欲变更新法。临朝八年，迄无归政之意，大臣无一奏请还政者。布衣上书论之，大臣至以为狂，欲重罚之。太后接见之臣甚少，惟执政及台谏官得对于前。故事：御史台监察御史六员专察官司公事文书之稽延，而无言职。太后从大臣之请，诏监察御史兼言事、殿中侍御史兼察事。司马光谋用言官倾其政敌，奏请广开言路，凡知朝政阙失及民间疾苦，须尽情极言，有阻难者必为奸恶；请用其亲信五人为言官。太后临朝，问此五人何如，执政称协外望。枢密使章惇称：除谏官今从中出，“臣不知陛下从何知之？得非左右所荐，此门不可浸启”。太后言皆大臣所荐。惇曰：大臣当明扬，何以密荐？光乃以所荐亲嫌为言。惇言：台谏纠绳执政，今不可违祖宗法。始除为他官。言官已多光等所举之人，以此劾惇语涉轻侮，众所共愤。

哲宗初年，宰相蔡确、枢密使章惇，皆神宗擢用之人。言官上疏劾之，同于怒骂，一论之而不报，则再论之，再论而不听，则三论之，有章至十数上者；复有一人论之而不听，朋党合而论之者，其言愈演而愈激烈。蔡确去官，而惇议论不屈，且言：不贬不去。与司马光争论罢免役法，有他日安能奉陪吃剑之语，太后黜之。后，蔡确作诗，为其仇所告，称其讥谤太后。言官交章论确宜诛，甚至“手舞足蹈相庆，不食其肉，不足以餍”。确受降官处分，言官请重行窜谪，辅臣意见不一。太后令安置确于岭南。自仁宗以来，七八十年，大臣无谪居于岭外，有退而言：开此端，吾侪正恐亦不免耳！草词者亦以丑恶之词，责其政敌。谏官不论确罪者，皆贬官于外。太后之好恶更使两党之恨益深。

司马光之执拗 朋党相比，常为害于政事。反对变法之士大夫倾向保守，以元老为领袖，后人目为旧党；安石擢用新进之士，年青有才，勇于进取，赞助推行新法，可称新党。二党界限初不甚严，有以利害为转移而改变其操守者；有自谓中正，出入于二党者。司马光为相不足一年，朝臣多其所荐引，当为旧党领袖。光言安石执拗；而成见之深、意气用事过于安石，乃不辨别事之利害而尽反其所为。其亲信及所举之人亦有持异议者，兹引一事为例。司马光议复行差役法，中书舍人本其经验称：免役法行，人民欣幸，后求羡余，始为法病。今减钱额以宽民力可也。光不听。其亲信厚之友应召入京，请光缓议，先行差役法于一州，候见其利害可否，渐推之于一路，庶民不骚扰而法可久行。光不听，而友叹曰：是又一王介甫（安石字）矣。复致书说之，光仍不从。苏轼谓：量出为入，无多取于民，则免役法便。光闻而忿然。轼引光往事说之，且曰：岂今日作相，不许轼尽言邪？！光终不悦。

司马光之废新法，非有深谋远虑及为国根本长久之计。凡事创办难而废之易，新政赖安石之创制，神宗之励精图治，规模已具，徒以意气用事罢之。文学家苏辙称：光之为人，忠信有余，而才智不足，当为公允之论。旧党对外政策，亦反神宗所为。神宗开拓熙河，郡邑雄盛，人民富庶，兵力增强；对夏用兵，取其米脂、吴堡诸寨，夏人不得岁币、市易，并寨二百余里不敢耕种。司马光主张尽弃新得之地。夏使入朝，口出悖慢之语，宜新党谓“奸臣纳侮，一切姑息”所致。夏索熙河，文彦博欲举一路弃之，其党谓：如窃人之财，既为所执，犹不与之，可乎？！有怫然斥之者，事不果行，犹归四寨于夏。夏归宋俘虏，然其欲望无厌。姑息政策，徒使夏人入寇。旧党对于南方蛮夷，禁官招其内附，而蛮夷仍有为乱者。

财政之困难　神宗病死，青苗、市易、免役积剩钱五千余万贯，积粟甚多，经营西北，年用三百六七十万贯，出于青苗、免役余款。神宗崇尚节俭，法令严明，吏不敢为奸，府库充实，民间钱不足用，成为钱荒。至是，户部奏称：钱聚不用，利不及物，农民出卖丝粟，所得无几。请以余钱置平籴司于州县，买贱卖贵，庶货币流通，救济农民。其实质同于市易，非旧党之所愿闻。新法罢而政府收入锐减，浮冗之费并无裁节．积余之钱、粟、帛日益耗去。河北旧积粟甚多，使者尽将其散去，哲宗斥其凶慝，且曰：先帝经营储蓄一旦而尽。又语朝臣青苗罢而国用不足，奈何！目下未觉，五七年后，恐不足。朝臣对称：青苗罢后数年，民将自足；民既足，国家何忧不足。此为迂腐书生之幻想，固旧党人士之见解。太后听政不四年，财政已极窘迫，户部长官日夜忧惶，恤民之政徒为空言。翰林学士苏轼奏言其故曰：朝廷方兼容是非，以不事事为安静，以不别白黑为宽大。轼欲政治改善，而见闻使之失望，于侍讲时以汉、唐诛杀大臣为言。旧学执政之贤者，乃党人阿附之称，固不能解决政治问题。

言官之害政　言官劾奏新党大臣，使之不安于位，太后言其有功。言官为天子耳目，黜罢言官，“是将塞人主之聪明，隳纪纲之任；是将乱国家之法制”。此为士大夫之思想，实不健全之说。言官横有成见，常为害于政事。

轼为言官所论，上疏乞去曰："台谏气焰震动朝廷，上自执政大臣，次及侍从百官，外至监司、守令皆畏避其锋，奉行其意；意所欲去，势无复全。"轼留心民事，仅欲罢新政之为民害者，其争论复差役法，得罪司马光。光执拗行之，民以为苦。轼据见闻，迭上疏论之，且称：辅臣四人皆言差役不便，但为已行之令，不欲轻变，兼恐台谏纷争，卒难调和。辅臣不敢兴办便民之政，太后不辨是非，更无能为。后，轼知杭州，奏言灾重；言官恶之，阻挠救灾，为给事中所封驳。轼弟辙任执政，言其故云：此事众人心知其非，然台官文字自来不敢不行；若不行，即须群起力争，喧渎圣听。太后恶之，亦无奈何；后，御史阙额，太后久而不补。言官求得忠直之名，幸而仕为高官者，亦鲜有成就，甚者广受货赂而为贪官。

党内之争　旧党诸人意见纷歧，各欲行其所是，一事之争执、一言之辩论以及偶尔之戏言皆成嫌隙。党徒相助相攻，更无曲直、是非。时人称其共分三党：一曰洛党，二曰蜀党，三曰朔党。乃指其领袖所居地言，非其公然组党，特以其徒朋比诋毁异己，或报复私怨，而互相排轧也。洛党以名儒程颐为首，恶之者称其"行怪学僻，为司马光等所知"，自布衣擢居讲官，以礼自守；会为苏轼所戏，闻者大笑，遂成怨隙。颐政治兴趣浓厚；言官孔文仲称其日跨匹马，奔驰权利，遍谒贵臣，历造台谏，并以其来谒为证。颐初与文仲不相往来，闻其除谏官而访之，盛称其党人，继言其与蜀人相攻，讽文仲助之。文仲请正颐罪，放还田里；哲宗又不悦其所为，颐乃降官。门人为之效力，奏论学士院考，试官苏轼出题不当，乞正其罪。轼为蜀党之首，闻而自辩。其同乡为言官者称：言者全为报复私隙。争论不已。蜀党势力不及洛党；轼在外复为言官所论，俄召入京，弟辙亦任执政，时人方有洛党衰而蜀党复盛之言。御史又论轼制词谤毁先帝，大臣欲复用颐。辙言其入朝恐不肯静，太后纳其言而止。朔党以刘挚为首；挚善牢笼，士人多愿为其所用。三党非有政策为中心，而以人事关系为转移，其领袖以苏轼最有政绩。

旧党之失败　旧党利用言官自相攻击。元老大臣方用其子弟、姻亲，孤寒之士不得差遣。新党则多精明强干之士，治政从无废事。朝臣言蔡确有功于国，章惇诸人为有用之材。确以诗降官，救之者奏言以爱惜人才为念，皆其明证。后，朝臣言：先帝大臣多以材进，可稍复用。旧党信心动摇。执政刘挚欲引用新党以平宿怨，太后疑不能决，苏辙论其非而罢。挚初以敢击先朝大臣，为太后所信，擢至辅臣，后与蔡确死党通简，末云：为国自爱，以俟休复。言官知而劾之，又言其尝馆章惇之子于府第。太后怒而责挚反复。其时，取士制度数有变更，士以新制为善。太学生闻安石病死，欲设斋致奠，而司业黄隐怒而将绳以法。言官称：隐行为倾邪，暗于经术，阴附权要，奖进浮薄，取舍不公，至学众不伏。腾为嘲谤之词。论者称：自朝廷兴建三舍以来，学规弛废，取舍失平，未有如今是者也。刘挚亦请罢隐，以为安石训经，视诸儒义说，得圣人之意为多，朝廷禁其《字说》，而三经《新义》则许与注疏并行，而隐欲废之也。奏上，不行。党争及于太学，数兴大狱。太学博士叶涛从安石学，初缘太学狱获罪，诉理复为博士，欲复王氏学，则其一例。程颐更订太学规制；朝臣奏言三舍科条精密，宜一切仍旧，因深斥颐短，不宜使在朝廷。士大夫多尊王学，党争迄未改变太学生之意见。

新党之报复 旧党最大之失败：未能改变哲宗之观念，反而增强其恨恶。太后听政之初，罢免新党，侍讲选用老成人。程颐侍讲，至谓："虽使孔子复生，为陛下陈说，不过如此。"而哲宗对之未有好感。1093年，太后病死，人怀观望。言官知帝意者，以国事将变，疏言：神宗更立法制，乞赐讲求。帝即召见；复惇官，俄诏为宰相。惇先办司马光奸邪，召用先朝大臣，蔡卞、曾布皆居显位；旧党贬逐于外，言官易人，多惇之亲信。其策略尽同于司马光，旧党之祸视前益惨。其先，新党唯蔡确安置岭南，章惇诸人不出里局；现则旧党多贬于远州，所谓"不止一蔡确"，怨望报复之情绪高，而人受其支配，得意时常求快意，快意后乃谋自全之术，而祸益惨。诸人之罪状或为毁讪先帝变乱法度，或朋附司马光，或建弃地之议，追夺司马光赠谥，窜逐大臣于岭南。其前议论公允，而今被劾者，哲宗颇保全之；俄治《神宗实录》史官不恭之罪，安置之于远州；复以光等罪恶至深，追夺其子孙所受恩荫，贬人书籍文字不许流传。

新党之领袖　新党以绍述为名，复行神宗之政，免役、青苗先后恢复，新政亦有不复办者。哲宗远不及父精力，大臣亦不及安石。帝于宫中读其《日录》，与曾布言之。布称：安石以义理、名节、忠信自任，非他人可比。帝曰：安石诚近世人所未见。布曰：此非可与章惇、蔡卞同日而语，其孳孳于国事，寝食不忘，士人有一善可称，不问疏远、识与不识，即日招用，诚近世所无也。安石复相，曾言布短，不复召之。布言当非阿其所好。章惇意志坚强，与司马光争论不屈，遂为旧党集中攻击之人。刘挚疏曰：惇之利口喋喋，足以变事实而惑主听；凶气焰焰，足以摧善良而胁群下。倘如挚言，惇为风云人物，亦宋末有数之人才，哲宗用以复行新法，当为得人。卞为安石之婿，信奉其学说，少年时即居显位，富有政治经验，为人深谋远虑，位次于惇。二人初颇合作。曾布为惇所引，自处不与之同，渐而为惇、卞所恶。布一再谗毁二人，而帝对之迄未动摇其信任，二人才能当有过于人者。蔡京为卞兄弟，曾布弟肇称其"足兼二人"；其知开封府时，司马光限期五日复行差役，同列病其太迫，京独奉行如约，光喜而盛称之。哲宗亲政初年，京未大用；御史后论其奸足以惑众，辩足以饰非，巧足以移动人主之视听，力足以颠倒天下之是非。此尽以恶意解释，可见其才能逸群。新党时无杰出之领袖为众所信服，诸人意见不一。政治家贵能虚心让步，求得妥协，一言之不合、一事之争执，若无容忍、谅解之心，友谊即可转为怨恨。士大夫胸襟狭隘，各是其是，存有自私自利之心，不易合作，二党皆然，中国常少伟大之政治家也。1100年，哲宗病死，无子，皇太后向氏临朝。章惇请立帝同母弟，后持异议。惇言：以长，申王当立。后亦不可，言立端王。惇言：端王轻佻，不可为君。群臣无助之者，乃听太后决定。端王嗣位，是为徽宗，在位二十四年（1101—1125年在位）。太后听政一年而死，言官顺旨迭论章惇、蔡卞。惇知其不见容，五上表乞罢，贬居岭南而死。蔡卞兄弟贬逐，朝臣贬官者众。曾布执政，引用旧党人士，追复司马光等官。时议以二党所为，皆有所失，主张以大公至正消释朋党。曾布颇欲其成功，无如士大夫之党见太深，谏官之诋毁，常以利害为转移，其视国事尚不及其朋党之重要。朝臣互相诋毁，田舍书生亦受其影响。神宗时，言新政不便者，不得入选；太后垂帘，诋毁新政者列居高第；哲宗亲政，言奸人乱变法度者，可得为官，对策者至以不诛南窜大臣家属及不没其家赀为恨惜。党争牵涉士大夫之多，过于唐代。后，金师南至汴京，宋割地以和。程颐弟子杨时为国子祭酒，反对和议，上奏以一切责任归于王安石，全为朋比之说，附会而成。诸生目时言为邪说，群论籍籍。言官诋时，朝廷罢之。国危而朋党之见犹未泯除。宰相不管国事，方降安石配享文庙，时人讥之。安石变法，欲改积弊，其富国、强兵、安民之计划，推行十余年，已有相当之成效；一旦尽为司马光所罢，其贫弱且甚于前。若以宋亡为安石之罪，则光之罪，过于安石。平心而论，宋末政治，二党各有责任。吾人今读之《宋史》，多旧党之遗著，其诋毁新党之议论，殊不足信。

徽宗之失德　宋季人才缺乏，徽宗轻佻，不足以为人君。章惇不顾后患，以之为言；所言亦验。其先，府库一空，哲宗亲政，库收增加，仍无甚剩余。徽宗以蔡京为相。京用条例司故事，置讲议司，自为提举，僚属十余人，议商冗官、国用、商旅、盐泽、赋调诸大事。凡所设施皆由此出，全为增加收入，如置诸路茶场、铸当五钱，后更铸当十钱。此为通货膨胀，所以解决钱荒。政府遂有赢余，1104 年，积五千万贯。帝方于湖南运木材入京营造，蔡京迎合其意，凡三为相；弟卞知枢密院，子居于显位，帝时至其家。其君臣关系之密切及蔡氏家门之盛，宋人无能与之相比。徽宗提高君权，不欲臣下违反其意，常下御笔手诏，违者以违制论罪。故事：诏令由大臣共议，诏下，给事中尚可封驳也。贵戚、近臣乞恩，争相请求；帝至使中人代盖，以手诏下而无人敢违，恩赏可得也。

蔡京之所为　蔡京于太后听政之时，迭为旧党言官所劾；及为宰相，乃为新党之领袖，本于报复之心，奏称：司马光百余人为奸党，请御书刻石，党人子弟不得入京，以其学术教授生徒者必罚无赦。上书非议新政者，帝亲责而黜之。京自书奸党姓名为碑，颁于州县刻石。二党势不并立，但未诛杀一人，以太祖谕：新君嗣位，誓不杀士大夫也。京治曾布弃地之罪。初，哲宗末经营羌地；徽宗嗣位，群羌叛攻宋官，复得夏援，宋兵不胜，朝廷决策弃地。蔡京论其失策，俄遣将收复弃地；明年，师复前进，大胜，达于青海东部，改其州为西宁。反对者言为不毛之地，耗民膏血，取之无用。宋少战马，新得广大之牧地，若善用之，马大增加，国力可强。宋与夏作战，数败夏兵，夏乞辽调解，宋归其新得之地。宋、夏邦交，迄无改善，边境时有战争，然无重大之胜负。长江上流，蛮夷之地开拓颇广。今四川境内长江以南，自重庆东约二百余里，至其西数百里广大区域内之蛮酋，次第内附。宋增设州县，归附者当受优待，或擢为官，树立统治之基础，成为中国土地之一部分；同时，湖南中部及广西蛮有纳土者，时人夸称幅员万里。蔡京据之，率百官表贺，有当天下舆地之半之语。当非事实。招抚之酋长于其地仍有势力，其改土归流犹待后世之努力。

人民之痛苦　徽宗奢侈无度，增加财政之困难。帝善画，好美术遗物，收聚书籍、彝鼎字画，造殿藏之；又爱自然景物，筑山象杭州之山，周十余里；苑囿皆仿江浙，白屋不施五彩，多为村居野店，聚珍禽异兽，动数千百，以实其中，宛若山林、陂泽之间。其花石以船运自远方，宋人谓船一批为纲，称为花石纲，动辄数十舟。初由蔡京子主办；后进奉者多，阉人亦争取以献。由是，江、浙、闽、湘、两广、四川异花奇果，登、莱文石，皆运入京，国中大扰。蔡京言之，帝命官司之郡守不得妄进。未几，官吏复争献如故。凡船运载花石者，所过州县，莫敢谁何，甚至劫掠。转运使尝奏：东南花石纲之费，官买一竹至五十缗入于诸臣之家，贪污更增加人民之负担。帝又广筑宫殿，以内侍五人分任工役，争以侈丽、高广相夸，尚各为制度，不务沿袭。每岁冬至后迄上元放灯，许民同乐。帝本于梦中所见幻象，信奉道教，召聚道士，每一斋施，动辄数十万，而幸臣赏赐尤厚，于是国用窘而民益困。

人民困苦固由于政治不良，而耕地无重要之开垦亦促成之。地少民众，坟墓常占耕地之一部分。中国社会重视葬礼，尤以儒家之影响为大。资生之物埋于地下。富贵之家墓地广大，减少农植物之生产。贫民无地可耕，死亦未有葬地，火葬乃盛行于宋。其俗传自印度，僧人行之。佛教昌盛于唐，贫民或仿行之。盖火葬在宋成为风俗，绝非遽然之事，惜史未有记载，吾人不知其始于何时。元人所修之《宋史·礼志》称：并州地狭民众，火化其亲之死者，长官以官钱市地数百亩给贫民安葬。此为一地之事，远不及社会经济势力之强大，未有若何影响。火葬之区域颇为广大。时人言其日盛。其构成之另一原因：宋人葬送费多，火化减轻贫民之负担，客旅于外者，火化远较柩费为少。后，南宋初年朝臣请禁火葬，令州县置地使贫民收葬其家人之死者，然地殊不易得，地方官未能遵行。其明年，朝臣有请严禁豪富士族火葬，而贫民及远客死亡仍从其便，禁令归于无效。风俗相沿，迄于十四世纪末叶。明太祖以火葬为元俗，斥为伤风败俗，下诏禁之。贫民或弃尸于野，尚不及火葬之较善，耕民不找更非其所知。火葬违反中国之思想与礼教，而民为之，乃受生活压迫而然。

宋代户口虽受饥馑、疾疫、死亡、溺婴诸限制而仍有增加，以妇女结婚之年常早，生殖力强，子女多而贫穷益甚，乃在饥饿线上。英宗时，一千二百万户；徽宗初叶，逾二千万户。相距三十余年，增加八百万户。民为逃税之故，以多报少。户自神宗整理内政以后，难于隐瞒，姑以五口计算，宋末当逾一万万上。事实上，一家往往不止五人也。苏轼尝知杭州，奏言：水灾，杭州死者五十余万，苏州三十余万。御史劾其夸张。无论如何，死亡固当惨重。徽宗时，耕地约同于神宗之世，而户口增加逾三分之一，农民生计愈苦，方田均税法未能实行。徽宗末诏曰：有司奉行违戾，货赂公行。豪右形势之家类蠲赋役，而移于下户。贫民无田而有税籍，监锢拘囚至卖妻子，死徙而后已。官私摊逃户赋，牵连邑里，岁使代输，“折变之法，小估大折，名曰实直，巧诈欺民，十倍掊取，舍其所有而责其所无”。民逃于外，粮食生产减少，壮丁转为盗贼。诏称京东路盗贼窃发，又言江西、广东两界群盗啸聚。盗为天子所知，势已强大。宋江、方腊更为祸乱。江与其徒三十六人横行河朔，转掠十郡，官军莫敢撄其锋，后败归降。方腊，浙江乡民，以邪教惑众。会花石纲扰民，腊因民怨，聚徒攻陷州县，惨杀官吏。朝廷调西军讨之。宦官童贯为其统帅，将十五万大军南下；矫诏罪己，罢除虐政。方腊一战而败，众遂溃散；史称其杀民二百万，所掠妇女自缢于林中者，相望百余里。乱平，帝复放纵，及金师南下，盗贼大起。

北宋之亡 徽宗复不量力，与金约而攻辽。宋、辽自盟誓以来，百有余年未有战争，边民安居。辽属部落女真强盛，迭败辽军，夺其城邑，国号曰金。徽宗遣使渡海与金相约攻辽，收复燕云诸州，宋给金岁币五十万。主持用兵者为宦官、幸臣。宋屯大军于北边，敛丁夫钱六千二百万贯为军费；兵弱，可用者不过数千。识者谏言败盟誓称祸及九族，请维持信约。帝不之听。1122年，宋师背盟，两路攻辽，皆败。冬，宋复攻辽，败归，军实丧失殆尽。金人取燕云诸州，宋更遣使要求他地。金主不许，责宋出兵失期，与宋六州；且谓燕京系其兵力攻下，租税当输于金。宋许给以辽之岁币，每岁加燕京代税钱一百万缗。金许归宋六州，又向宋乞粮，使者许给二十万石。燕京官民、金帛、子女尽为金掠去。宋弱金强，徽宗遵守信约或能免祸。值辽将降金，复以地降宋，徽宗纳之，治谏者之罪，其视国事同于儿戏，不守誓约已成习惯。金出兵攻其叛将，将败逃宋。宋以金责纳叛，杀之；求山西北部诸州于金。金以二州归宋；索所许之粮，而宋不与。1125年冬，金出二军攻宋：一军趋燕，乘胜南下；一军南攻山西。徽宗读金檄文，下诏罪己，罢去虐政。其时，国用不足，禁兵怯弱，诏诸路勤王。宋军除西兵外，皆不能战。帝欲避敌，禅位自称“道君皇帝”。太子即位，是为钦宗。

1126年春，金师渡黄河而前，太上皇南行，京师戒严，钦宗将行，禁兵不欲弃其家人从幸，乃修守具。金兵至汴，宋使乞和。金将索取犒师之物量数之巨，非宋所能付给，宋尊其国主为伯父，悉归燕云之人，割让三镇，以亲王、宰相为质。宋皆许之，并为誓书。其搜括金银等物，迄不足数。勤王兵抵京者二十万人。朝臣李纲主战，遣将劫金寨而大败。朝廷诿为不知，许治罪人。太学生上书乞罢和议，聚众暴动，惨杀内侍。会金将减少犒师之财物，率师北归。

宋割三镇，金兵退而言者皆持不可。钦宗密诏三镇固守，宰相方论降王安石配享。太上皇返京，钦宗治蔡京、童贯等，皆与紧急之和战问题无涉。金兵久围太原，朝廷命将往援，兵皆溃散。金人有让步之意，欲得三镇租税，地仍为宋所有。宋持不可。太原陷而形势转变。李纲所将大军，将士叛而金人乘之，大败而还。御史论其十罪，平日主战，大言而已。太上皇谓金人必犯京师，欲往西京治兵，不得；父子间复成嫌疑。钦宗又致书于辽旧臣之降金者，使为内应，而事尽为金主所知。金主遣两军伐宋：一军自山西南下，一军自河北直趋汴京。钦宗集百官议商存弃三镇，多数主张割地而时已迟。金人请划黄河为界，大军前进不已。钦宗惟乞怜于鬼神。金二军抵汴，强民运造攻城之具。宋勤王之师皆败，汴亦不守。金师初许和议，兵未入城，宫中犹得自主，惟索取巨大量数之犒师财物；会金主诏至，称宋违约，宜从誓书，别择贤人，以王兹土，乃命百官、耆老、僧道、军民共议，荐举堪为人主者。众举前宰相张邦昌。宋二帝及其家族迫而出城。1127 年夏，金人同之北去。

北宋之覆亡，徽、钦二宗各有重大责任，固无论已。钦宗尝大哭曰：宰相误我父子。士大夫自不能卸去亡国之咎。南宋高宗初为康王，言其入见钦宗，言兵游惰、羸弱；敌来，不败即溃，宜避其锋。钦宗不听，后以为悔；小人在其左右，不量力而争言用兵，遂成大祸。高宗与宰相秦桧论及往事，言其见士大夫奏状，多是李纲等争事，无肯以国事为虑。桧言：金主初令其将就便酌中施行，若有人肯任国事，则大计久定。帝曰：后来生灵涂炭之甚，皆由于此。二人本于亲身之观察与经验，深切认识倡高调之士大夫徒为祸于国家。李纲误国之罪，时人言之。高宗诏言仗节死难者，罕有所闻，营私谋身者众，“乞去则必以东南为请，召用则必以疾病为辞……甚者至假托亲疾，不候告下，挈家而远遁”。官吏投拜降敌，由于强弱之悬殊，其不能认清事实，而言行矛盾，宜高宗斥其皆虚辞而无实用也。

第四十四篇　宋高宗

高宗之立——盗贼之平定——大将之骄横——恢复之困难——和议——战争之复起——人民之负担——大将之罢兵权——和议之成功——宰相之威权——政治之废弛——和战之争论

高宗之立　高宗名构，徽宗子，进封康王，奉命入金，行于途中，副使被杀。金兵第二次围汴，王在河北，奉诏勤王，转至山东。金陷汴京，立张邦昌，以宋地与之，国号大楚。金师北归，新得河北路四郡、河东路七郡，其攻扰之地迄未设官治之、留兵守之。旧官或死或逃或降，贼盗乘机而起。土豪各聚其徒，分据山寨，屯聚自保，多者数万，少者数千。金兵未到之地，防兵单薄，散兵溃卒所在为虐。政府之威望丧失，贼盗滋扰益甚。1128 年，高宗招降盗贼，诏称：兵以伤残而溃散，民因侵轶而流亡，遂假勤王之名，公为聚寇之患。州县之民莫保田庐之安，生灵何辜！招降后，盗贼滋扰之区域益广，或自黄河流域南扰于汉水、淮西，复有自淮渡江者，山东半岛亦盗贼群起。建国称帝者必有解决群盗之武力。张邦昌为帝，诏令所及，限于一隅，兵力有限。金将初有留兵保卫之意，大臣忠于宋者论其不可而止，楚亦未请金留兵。邦昌为人，胆小怕事特甚，高宗初与之同入金营，会宋袭营不克，金将责问使臣，邦昌恐惧涕泣，高宗不变常态。邦昌称帝三十二日，高宗称其“遭变行权，缘此宗庙不隳，社稷不坏，一城生灵获全肝脑”。邦昌不御正殿，不受常朝，不称圣旨，封锁禁中诸门；及金退兵，请哲宗废后听政。皇室唯构一人留于中国，有兵供其调遣；邦昌遣使赍书，复归宝来朝，王乃称帝，是为高宗（1127—1162 年在位）。黄河流域之地俄尽丧失，保有江淮、蜀地，南疆少有变易，后世以南宋称之。

高宗之立，非金人之意。金人口不多，政治组织不甚健全，灭辽，得有广大之领土，政权犹未巩固，复与宋战，虽其兵力所向胜利，然不能有其城邑，以其政治力量不能配合军事胜利而建立官署也。其人生长于苦寒之地，畏热甚而不乐居于南方。其南侵也，多在秋季，秋防为宋朝之大事。长江下流之地，湖泊、河道较多，金人不惯于舟楫，为高宗得免于祸之主因。高宗多方谋得金主之谅解，卑辞、降礼无所不至；而金深恶赵氏，欲得高宗。宋将叛乱，强帝逊位，以为和议可成。帝亦诏称：强敌“专以朕躬为言”。1128 年秋，金兵南下，直趋扬州，高宗渡江南逃，军民死者数十万，府库积储多遭掳掠，幸敌未渡江南追。明年秋，金一军自湖北渡江，一军自今南京附近渡江，攻扰之区域广大，所至多所屠杀、焚毁、劫掠。高宗逃难，备极艰苦。明年春，金兵北归。淮南经大乱后，盗贼群起，野不能耕。金兵不能掠得粮食，至采食草木嫩叶，“动活之物不能飞走与蠕动，得即啗之，人皆困乏”。

金师二次南追高宗，均告失败。黄河流域州县虽多为其所有，而盗贼所在皆是。济南知府刘豫降金，与其将相处甚善，吏民又拥载之。1130 年，金立豫为皇帝，国号大齐，以楚旧地予之。其时，长江以南大部分为宋官所治，宋以金故，称豫为大齐。豫力不能达于长江流域，唯有金军新取之地。河北较为安宁，河南民饥，盗贼群起，东京窃一钱者，罪至于死，吏挑野菜而食。

豫得金援，驱逐盗魁，达于长江北岸。宋臣张浚负有时望，倡言恢复，将大军于关中进取大败，据险为守。金兵后自豫西攻入陕南，以粮尽及宋兵守险而退，地复为宋所有。河南渐定，刘豫都于汴京，颇改革宋之弊政，文武并用，不限资格，时人言其礼贤下士。小吏献屯田之议，豫行之，果获其利；复练兵增强其国力。

盗贼之平定　刘豫建国之初，金未出兵南渡长江。其先，盗贼起而政府招降，未能减少其势，转严治之，捕盗官逗留不进者，治以军法。金人南侵，山东饥民相食，巨寇载干尸为粮，盗魁南扰，土盗起而应之。贼酋强者自十余万至四十万人，为铤而走险之饥民，或为胁从之穷民，杂有老幼，所至掠劫，地多荒芜，无粮可得。贼酋降者，时以无粮而叛。贼归故乡者，常至饿死。饥贼以人为食，五湖捕鱼人为盗，掠人为食，受招安后无食，半月中复啖万人，则其一例。贼酋深受刺激，有谋改革社会者，语其徒曰：法分贵贱、贫富，非尊法也；我行法，当等贵贱、均贫富。其实施之情况则不可知。其先招降，或许以高爵，或啗以厚利，而贼时服时叛，较强贼魁常不肯就范，降贼亦有见杀者，当有恐惧不安之心。诸将指挥不相统一，贼有败于甲将而归降于乙将者。高宗命将进讨，诸贼争地，处处自相杀害，又无粮食，战斗力弱。官军多西北人，较贼为强，且有骑兵助战，贼酋败死，或请归降，或逃于齐，土贼死者尤众，亦有降而归农者。1132年秋，高宗谕曰：今巨盗悉平，年谷丰稔，天意可知。盗贼平而民得安居耕种，国家之基础渐而巩固。

大将之骄横　高宗初于河北募兵，将士皆西北人，渐而居于要职或为一军之大将，韩世忠则其一例。权在大将，不在朝廷，兵士唯知主将而不知朝廷。枢密院、兵部但行文书。谏官言大将位尊、权重，且曰：论其家则金帛充盈，锦衣肉食，舆台、厮养皆得以功赏补官，至一军之中，使臣反多，卒伍反少；平时飞扬跋扈，不循朝廷法度，所至驱虏，甚于外患。大将经营生产事业，广有田地，无不富厚；更复榨取于民，以养战士。朝臣言：一军之中，非战士者率三居二，四方游手者窜名军中，支领禄廪，同于命官。富商大贾复以金帛窜名军中，侥幸补官，假名冒户、规免科需者，比比皆是。高宗知其能否建国，视其军力之强弱而定，待遇有功之将士，不吝厚赏；诸将皆能出入禁中，视宰相为亲信。帝欲宰相与诸大将和协，命其与之会食、议事，乃共食于朝堂。传统之思想强盛，重文轻武之风气迄未能改。将士骄横不法，高宗身受其祸。岳飞为时名将，以忠义为后世所称，尝与宰相议事不合，回镇乞罢兵守余服，不候报即往庐墓。帝累诏谕之，不听，命使监其军，将校不服，遣使谕飞复出，如违即行军法，飞犹坚持不出。使者责以大义，凡六日，飞始受诏，赴行在。宰相遇之，道帝眷念之意，责其弃军。飞辞穷，乃服；具表待罪。枢密使对飞举止忿忿，则其一例。帝对诸大将委曲求全，唯欲其能战而已。诸将各欲扩展势力，争功忌嫉，不能相容，且有相攻残杀者，多不知其责任，唯利是图。高宗遣通问使赴金，所携之礼币至为诸将劫去。后，朝廷决心和金，韩世忠欲捕杀金使，以坏和议。其将告官，金使改道而去。世忠怒欲杀之，将往依岳飞军中。世忠奏言：鄂州官纵之；朝廷至贬州官，由于委曲求全，毫无是非法纪，自非驭将之道。诸将起自行伍，所部与前禁军相较，战斗力强；其与巨寇作战，增强其勇气，又训练其技能，降者挑选其精锐为兵，任用其首要为将，宋军遂由弱转强。

恢复之困难 宋强，齐非其敌。金使入宋，请以江北地归齐。齐新得宋熙河之地，金复助之攻宋。宋将固守秦岭险地，金兵不胜而去。1134年夏，岳飞经营湖北西北部，进取河南西南部。帝得捷报，顾谓大臣：金人必怒，倘敢南来，“朕当亲率诸军迎敌，使之无遗类，即中原可复也”。其意气之盛，迥异于往日。刘豫乞援于金；秋，金兵会齐兵南侵，宋军完整退守江南，留兵袭击敌之零星小队。岳飞出兵淮西，以为牵制。两军相持，会大雨雪，金兵粮道不通，淮南民少地荒，野无所掠，杀马而食。金将闻其君病，引军北归；齐军弃辎重遁去。士大夫之信心增强。1136年，张浚督师，诸大将分路伐齐，各有所获。秋，刘豫出军报复，败退。张浚为相，益谋恢复；罢宿将而以书生代之，将士以全军降齐。高宗深为失望，后有宁亡国而不用浚之语。豫以有机可乘，乞师于金。金主恶其屡劳大军，1137年废之，尽有其土地、人民。豫用人唯才，勤于练兵。其废也，“汴京有钱九千八百七十余万缗、绢二百七十余万匹、金一百二十余万两、银一千六十余万两、粮九十万斛”，当为虐取于民；屯田成功亦一原因。其境内安定，金利用之可谓成功。

和议　金有河南之地，宋欲恢复中原更为困难之事。高宗即位之初，惩罚先朝主和之人，招用李纲，然仍无济于事。朝臣欲与金人划江为界，而金未变更其政策。及江南寇平，帝之态度变强。秦桧初在汴京围城之中，不顾生死反对金立异姓；金将驱其尽室北行。后，金南侵，桧与其妻逃至行在。帝以为忠，擢之为相。桧有谋略，主张和议，欲以河北人还金，中原人还刘豫。帝方有恢复中原之志，言为北人，将安所归？诏免桧相，榜于朝堂。及金、齐兵南下，帝诏亲征而诸大将退至江南。张浚主张恢复，为相时帝听其措置，整军三年，竭耗民力，复有淮西之变。帝信心动摇。其先，金留宋人境之请问使，不理和议之请；及立刘豫，态度稍变，后出兵南侵，宋遣使请和，金将见之，许其归国。帝闻使者王伦释放南归，语大臣曰：“若敌人能从朕所求，其余一切非所较也。”伦归，言金许还梓宫、皇太后，又归河南诸州。和而得地，出于高宗意外，闻而大喜。宰相秦桧亦主和议。初，桧免官，后复擢用，久任枢密使，不满意于诸大将之骄横，帝又诏为宰相。其责任有二：一和议成功，一收诸将兵权。二者皆非易事。宰相赵鼎原为主和之人；至是，帝欲屈己议和，鼎持不可，与秦桧议论不协。时人言鼎为相植党，“凡凶险刻薄之士，无不收用，使造虚誉而排善类”。鼎罢相而憾桧。反对和议之朝臣，多鼎接近之士大夫，所言慷慨激昂，全为意气用事。甚者，奏文先传于民间，徒以国事为儿戏。帝深失望，语秦桧曰：朕本无黄屋心，今横议若此，据朕本心，惟应养母。桧上表待罪。诏称：桧无罪可待。乃复治事。

朝议纷纷，固由于党见及士大夫之不认识现实。桧初请诏问侍从、台谏之意见，朝臣乃得进奏之机会，亦促成之。主和者乃请断自宸衷，不必谋之廷臣；说桧择人为言官，使之击去异己。和议为高宗之主张，宰相利用言官为宋代政治常事，于是朝臣皆为桧党，其反对激烈者贬为远官，或至编置。金使至临安，要求高宗行臣礼，以受国书。高宗对于跪拜原无不可，而朝臣皆持异议，都人受其煽惑不安，高宗殊为愤恨。朝臣二人入对，帝曰：士大夫但为身谋，向使在明州时，朕虽百拜，亦不复问矣。声色俱厉。二人仍持异说，帝不之答，久之始曰："王伦本奉使，至此亦持两端，秦桧树主此议，今亦来求去，去则无害他人，他日金人只来求朕，岂来求秦桧。"是桧虽得帝全力支持而亦有所顾忌。帝以国事民生为念，士大夫徒争礼文。桧摄冢宰，就馆见金使，受国书，其事始已。金使许归宋陕西、河南地，还梓宫、母后。1139年春，帝以和议成而大赦，厚赐文武各员。金使归国，韩世忠潜谋杀之，改道始免。金主下诏，以河南等地赐宋，守将北归。

战争之复起 和议成后，宋守信约；及至半年，金主诛杀大臣，反悔割地，欲出兵南侵。高宗虽主和议，然知其不足恃，未稍弛战备，谋以茶易西马数万匹，分拨诸将，以戒不虞；及闻金谋，谕称以战为主，令屯兵于收复之地，增强陕西军备。秦桧亦主持战议。1140年夏，金主潜出大军南侵，西京、东京相继失守，陕西州县官闻风迎降。帝深失望，幸有顺昌之捷鼓舞士气。顺昌地在安徽西北部，城中有米数万斛，并有毒药，东京副留守刘锜率部守城。金军三万余人攻城败退，统帅将精兵十余万来攻，时方剧暑，攻劳守逸，金兵死伤惨重，复遇大雨，迫而退军，为宋与金作战以来未有之胜利。陕西方面，两军互相胜负。岳飞自襄阳出兵，河南偏师攻陷不少之城邑，飞自将主力军攻取中部之城，欲久驻之。金将知其无援，并兵御飞。会天大雨，敌骑不得过溪涧，大军南归。高宗初许其自由进退，后诏其合力并举，而飞已先回军。《宋史·岳飞传》所言之胜利乃其孙所虚构。河南所得之地复为金有。淮北战事，宋军不利，淮南大城相继失守；唯刘锜一军据城败敌。宋诸帅忌嫉，不能合作；军士虽视前能战，而陕西、河南州县尽复失去。金徙女真、奚及契丹居于中国，自燕之南，淮陇之北，与民杂处，计口授田，为屯田军，出征给其钱米。恢复中原，益为难事。

人民之负担 东南财富用以养兵，田赋为政府之主要收入。高宗深知贫富税役之不均，令官户与编户纳税相等，而韩世忠于罢兵权之前则未纳税。苦民者尚有和籴，政府以低廉之价购买民谷，初令有物力之家均认，官与奸民营利，甚者一石加耗多至四斗；又有助军米、借牛租等名色，取之于民常至四五分。淮南地旷民稀，言者奏请屯田，行之无不失败，由于人才缺乏而吏复多取于民。朝臣言浙东人民税重，至不举子。湖南迭经祸乱，复遇旱灾，朝廷催拨钱米供应诸军，转运使奏曰："自仲冬阙食，城内白昼剽劫，城外十室九空，盗贼迫于饥穷，十数为群，持杖剽夺行旅、舟船，道路几于阻绝，除散遣缉捕官昼夜巡察，遇有发露随即擒获，斩决、流配殆无虚日……遭此冻雪，饿死者枕藉道路。"于斯现状之下，官吏犹征税于民。蜀人负担尤重，1137年收入计三千六百六十七万余缗，军兴后所增者计二千六十八万缗，供养川陕一军犹不足用。收入大增，由于榨取于民；政府增印钱引，使货币贬值亦一原因。通行之钱引初二百五十万；至是，增达四千一百九十余万。其在东南创办之税种类多而极琐屑。全国岁入凡七千万缗。

大将之罢兵权 政府竭民财以养兵，兵之待遇并无改善。诸大将各有丰富之资产，争较功赏，不奉朝旨。金人深入淮南，形势危急；帝诏岳飞赴援，飞不出兵，朝廷深以为憾。大将骄横，成为严重之问题。高宗初未有所措置，恐其分散兵力，其思想唯欲增强诸军之战斗力，以御强敌。1138年，帝言其驭将曰：朕今有术，惟抚循偏裨耳！并以一二年间可了。1141年，诸大将退师南归，高宗失望，乃听秦桧之言，召大将并赴行在，论功行赏；及至，帝罢其兵权，出于韩世忠、岳飞意料之外，部将至欲为变，岳飞以此冤死。大将罢兵，时人前所共忧，宰相张浚、赵鼎久所欲办，而皆失败。秦桧行之，庙堂之上，不动声色而功告成，宜时人称为非常之举，赞其英断而天下欢服也。其时，宋、金尚未恢复和议，高宗毅然从桧之谋，以为诸将莫相统一，兵权尽归朝廷，纲纪立而军政修，战斗力将大增强。其后，军政不修，兵士益弱，秦桧之责任最为重大。

和议之成功 宋、金成为相峙之局，徒苦人民。金俄释宋使，寓有和意，复遗书责宋。宋遣使恳其宽宥，再遣使往，有唯命是听之语。金初拟上自汉水，下至于海为界；继念宋若无淮南恐不能国，兼以来使请求，改以淮水为界。宋地在淮北者，割让于金，陕西宋地亦有割让；宋岁贡银绢二十五万匹两，条件视前损失重大。金前予宋地以和，而士大夫纷纷反对；今宋割地于金，而朝臣未有异议。其人固多桧党，亦可见其意气用事，视党争重于国事。其时，韩世忠杜门谢客，岳飞之狱已成，统兵大将与秦桧合作，赞成和议。高宗屈己事大，原所不恤，亦有休民之意。宋人称金兵深入、军食不继，为其欲和之原因。1142 年，和议成功。秦桧执行帝命，不顾反对，终能使其实现。帝尝语桧曰：非卿学识过人，坚主和议，安得如此？诏称为不世之英，当以其才胜于前相。桧死，帝保全其家族，且降诏曰："断自朕志，决讲和之策，故相秦桧但能赞朕而已……如敢妄议，当置重典。"此乃警告好为浮言之士大夫。

宰相之威权 高宗备受艰苦，崇尚节俭，"行宫不逾牧守之居，射殿止用茅茨之制，声色无所亲幸"，享受远不及其大将；听政至勤，幼年曾受良好之教育，爱好书字，大政之决定常为慎重考虑之结果，唯以祖宗之法为精审详备，不欲有所变更。其收大将兵权，恢复旧制，为其一例。帝用宰相信而不疑，以其职为进退百官、士大夫，不当以朋党疑之。赵鼎好程颐之学，为相时，其徒皆聚于朝，伪称其门人求进者亦得为官，奸吏、赃官皆为颐徒，朝廷至禁程学。秦桧为相，反对和议之士大夫或自求去，或受处分；言和便者，居于显位。其先，桧与贤士往来，多引用之；至是，以其无益于国而深恶之，引用者往往名不显著、愿受指挥之人，违意即遭罢斥，朝臣皆为其党。桧子居于显位，诸孙皆为朝官。朝政由桧决定。廷尉决狱惟探迎大臣之意，轻重其罪；台谏亦与大臣为党而济其喜怒。1155 年，桧病死，高宗始复亲理庶政。秦桧专政之久、信任之深，为宋二百年来所未有。

政治之废弛 南宋贫民之负担极重，税收常不足额。和议初成，朝臣奏称：昔漕发江、淮、荆、浙六路之粟六百二十余万，和籴尚在其外；近岁才三百八十余万，除淮南、湖北因凋残蠲免者外，两浙号为膏腴，亦亏空五十万石。其先，平江岁入七十万余斛，今按其籍三十九万余，实入只二十万，豪强巨室有田而不纳税为其主因。正经界为急切需要，然未兴办。贫民之负担增加，终岁所入或不足以供两税。史称：湖北贫民增税二十余倍，人死而税并不蠲除。高宗曾令官户与民纳税相同，强有力者仍不纳税；和议成后，改革仍无效果。时为农业社会，购田为安全之投资，势家得逃税免役。

1157 年，朝臣请立限田，过限者同编户应差役，后限品官子孙名田：减祖父之半，其诡名寄户者许人告密、给赏，皆谋减轻民之负担。田少民多，为民经济困难之根本原因。淮南荒地，政府募民耕种未有功效，土豪、大姓反获其利。横敛因息兵而废除，户部岁计稍足。

和议新成，帝降谕曰：诸路将兵尚多缺额，而见在者又不练习，止充杂役，甚非置将招兵之本意。今和议虽成，尤严武备，可督诸将招填将兵。此可见帝之重视武备。诸将多为黄河流域之人士，士卒亦然；江南之人身体高大不及北人，地不宜于畜牧，战马又少。高宗留心武备，其改造之军器殊为优良；然士气、技巧皆不敌金。时人言，金有四长：一骑兵，二坚忍，三甲重，四弓矢。宋军除韩、岳二军严格训练习武艺而外，外冗杂不练。秦桧徒以韩、岳不易指挥，罢而不用，能战之兵转而怯弱。北宋兵弱造成于制度，高宗改用旧制，君臣英武不及宋初；士卒待遇恶劣，迄无改善，人民不愿为兵。兵不足额，诸路常执平民，刺之为兵。朝廷一再禁止，然无补足之办法，乃为具文。游民宁为贼而不肯为兵，当以其苦甚于为盗。朝廷禁差兵士贩运货物，违者计赃坐罪，迄未有效。贩运本为收其赢余，以助军用。统兵官分给茶、盐、布帛于兵士，倍取其值，兵士贫乏。帝令劾奏、严罚违法之军官。朝廷未尝役使内外诸军，主将则令其运材营造，掊敛百端，月给十不得其二三，又有纳直、卖工、坐防、教阅奸弊，使其窘而为盗。诸弊皆帝所言，可见其关心军事；诏严惩违戾之将士，榜谕之于军门。后二年，朝臣奏言：军士廪给薄者，几无以自活，宜优恤之，以养其力。是其生活仍无改善，体力当受影响，教练徒有空名。将士以将官子弟充任，帝欲择人为将，然无选择进用之方，重文轻武已成风气，达官子弟且不愿习武。秦桧主和，立功将士有无辜受处分者。桧死后，帝谕大臣，此甚非朕意，迄不能改变观念。其收入百分之八十用以养兵，成此现状，岂不悲哉。

和战之争论　金、宋和成，相安二十年。金主亮有统一中国之志，迁都于汴。高宗严为之备，1161 年秋，金主亮自将大军渡淮而南，号称百万。宋出兵牵制强敌，其主力战斗则在东南。宋军抗战不胜，退守江南。金人所过，不杀人，不放火，不虏掠财物，见人常以好语慰之。败报传至临安，朝臣震怖，争遣家人逃匿，唯二人留其家于城中。士大夫恢复之论，徒求高名，宜高宗恶之也。帝召大臣，言欲散百官，浮海避敌。大将请率将士拒敌；帝喜，决定亲征。金师临江，以民屋板造舟，并掠江滨渡舟准备渡江。朝臣虞允文奉旨犒师，值至今南京上流渡口，兵士散而坐于路旁；允文召其将整军御敌，并命战船阻击渡江之敌，战于江上，金船不胜。亮闻扬州陷而欲自瓜州渡江，宋水军阻之。亮督诸将渡江甚急，会其从弟自立于辽阳，抚定州县，诸将畏诛，欲奉载新主，夜杀其君，遗书报宋修好。帝闻而下诏肃清京都。金师完整，犹能力战，宋将不肯渡江，北察敌情。金师归而宋将不敢追之。

金师归而淮西至无庐舍，天寒多雪，士卒暴露，有堕趾者。帝诏其班师。湖北之师乘机收复州县。金国大定，其主世宗遣使入宋请和，出兵收复一部分失地。高宗遣使讲和，以贡礼、土地之争而无成。会高宗禅位，孝宗嗣位，召用张浚。浚欲恢复中原，1163 年春出师，宰相犹不之知。宋师陷城，闻金大军将至，惧而引还，十三万众，一夕大溃，器甲、资粮委弃略尽。金将复贻宋书言和，张浚仍持战议。帝遣使往，使者多应金之要求，于是朝议纷纷。帝召张浚议之，群臣多欲从金所请，而张浚力争。宰相汤思退曰：此皆以利害不切于己，大言误国，以邀美名。宗社大事岂同戏剧。其言深切士大夫之痼疾，帝仍犹豫不定。明年冬，金军渡淮南下，江北大城失守，人情惊骇，宋兵守江。孝宗惧而决意请和。其议订之条件：一、宋主称侄，尊金主为叔父；二、改诏表为国书；三、岁币银绢各减五万两匹；四、二国疆界如故。金兵临江，宋处于不利之势，而和约未有重大之损失，实一幸事。

高宗在位三十五年，太子早死，选太祖后伯琮入宫，选师傅教之。伯琮天资聪明，为帝所爱，立为皇子。及金主亮南侵，帝幸建康，皇子从行，欲其遍识诸将也。金军北归，帝返临安，1162 年夏，立为太子，俄诏其即皇帝位，是为孝宗；自称太上皇帝。善后问题，悉听孝宗处理。和议之不定、大军之溃败、人民多受痛苦，乃其判断力不及高宗之明证。高宗为南宋建国之君，深谋远虑，过于其后诸帝。

第四十五篇　南宋之衰亡

诸帝——改革之失败——党禁——政府之腐败——北伐之失败——对外之失策——人民之苦——贫民负担之奇重——田税之整顿——公田——贫穷之原因——儒生之误国——南宋之亡——生活之情状

诸帝　自高宗逊位，迄于宋亡，凡一百十七年，其有八帝。孝宗在位二十六年（1163—1189年在位），传位于皇太子，是为光宗。光宗在位四年（1190—1194年在位），受制于悍妻，初不省视父疾，后不临丧，为大臣所废。皇太子为帝，是为宁宗。宁宗在位二十九年（1195—1224年在位），无子，选太祖后二人养于宫中，立其一为皇子。帝死，权臣史弥远废之，另立养于宫中之子；皇后受其威胁，从之，是为理宗，在位三十九年（1225—1264年在位）。理宗视拥戴为厚恩，政权归于史弥远，内则政治不修，外则挑衅强邻，宋之命运已定；无子，立侄为皇太子，嗣立为度宗，在位九年（1265—1274

年在位）。元军深入，帝死；大臣立四岁之嫡子为帝。元兵逼近临安，1276年春出降。大臣奉其兄弟二人南行，据有一隅之地。兄弟相继为帝，其母听政，与群臣语，犹自称奴；最后，迁于广东。1279年，元兵至而拒战不胜，宋亡。

改革之失败 孝宗恢复中原，兵败议和。武力之强弱为成败之因素，朝廷无改善士卒生活之计划，亦无增强国力之方案，军队之战斗力视前益弱。朝臣言士卒饥寒，武官以修武器钱为己有，禁军甲皮断烂，弓弩脱坏，皆其明例。帝数遣使入金求地，金不之许。对于倡高调之士大夫深感失望，称儒者不肯留意金谷，多无实用，朝臣中实少有用之人才。帝崇尚名实，诏戒士大夫因循苟且、诞谩奔竞之弊，积习固非一诏所能改变。尝谕大臣曰："国朝以来，过于忠厚，宰相而误国，大将而败军，未尝诛戮。要在君心审择相、相必为官得人，懋赏立乎前，严诛设于后，人才不出，吾不信也。"此帝改革之方案，过于忠厚为刑赏失当之别名；事之失败，不追究责任，既不明了其原因，又无补救之法，而成因循苟且之局势，乃帝认识积弊所在之言。旨传于外，朝臣惊骇，有言诛戮大臣为秦汉之法，且为刻薄之政，归过于祖宗者；又有言宰相如司马光，恐非赏诛所能诱胁者。帝悔而改削其辞，传统思想势力之强大，足以摧残一切改进之希望。帝以朝中无人，不甚信任大臣，而以左右宦官为心腹，政事皆自决定，宰执奉旨而已。名儒朱熹言帝广求软熟易制之人以充位，宰相之权日轻，宦竖纳赂，门庭如市。

党禁 光宗受制于皇后，其家庭之不幸，影响于政治。皇后妒而敢于作为。帝于宫中尝见宫人手白，悦之；他日，后遣使送食盒于帝，启之，则为宫人两手。黄贵妃有宠，后因帝祭祀宿于斋宫，杀妃以暴卒闻。其暴戾残忍，为宋二百年来所未有。帝信后言，不朝其父，嫌疑与误会迄未泯除，父病不往视疾，父死不肯前往成礼。枢密使赵汝愚谋请太后降诏太子成服即位。后侄韩侂胄知阁事，以内禅议商，得太后同意，以兵警卫，奉太后诏立皇子为帝，是为宁宗。时人谓赵汝愚有定策之功，帝进其官。侂胄意望节度使，汝愚言宗臣，汝外戚不可言功，实则政权归于汝愚，友人居于显位。侂胄为太后之侄，侄女又为宁宗皇后，渐而为帝所亲信，谋欲预政，与汝愚积隙日深，有不并立于朝之势。言官多侂胄引荐之人。侍讲朱熹为汝愚所引，进对切言侂胄害政，又约其友劾之，侂胄逐之。其党上疏争论，帝皆不报。韩党报复，劾罢汝愚之党，汝愚亦罢。二党倾轧，由于争夺政权，侂胄初无大志，居于被动地位。朱熹先行发难，侂胄恶之，使优人峨冠阔袖象之，戏于帝前，言其迂阔，不可任用。熹为大儒，道学宗主，徒党甚众；及罢，其徒攻侂胄不已。侂胄指为道学，逐之；后目为伪学，以其言行相违，为明王所必斥也。

朝臣奏言：道学之徒党同伐异，自相标榜。儒家有学而优则仕之说，陋儒藉标榜求得高官，宋人之职业种类太少，仕宦为其改善生活之途径，奔走求官成为常事。御史上疏攻击朱熹，列举其六大罪状：一、不孝于亲；二、不敬于君；三、不忠于国；四、玩侮朝廷；五、不止于怨望；六、损坏圣像；继言其大为害于风教，诱引二尼为宠妾，偕之之官，不能修身齐家，发人之坟，以葬其母，授徒厚责束脩，广收馈赂。其所言大罪，多为牵强诬枉之辞；所述私人生活，吾人无法辨明其真伪。士大夫纳妾、宠妾，皆为小事；熹信风水，事出有因。彼诋毁朱熹者，迎合当局之意，有献媚求官之作用。道学家人格高于求官之士，唯其识见与作风未必有补于国。政治家在能认清现实，本于合作妥协之精神，拟定可行之计划，改善国事民生。此非正心、诚意之书生所能为，读书与实际政治原为二事，大儒与政治家固不易为一人。侂胄安置其政敌于岭南，或谓：不幸而死，则怨益重。侂胄悟而不为已甚；后，弛伪学之禁，追复赵汝愚官，党人复官自便。自今论之，侂胄非大奸恶，不过身为外戚，深得宁宗信任，而汝愚抑之，其党必欲击之使去，而反为侂胄所罢斥，反对道学之士煽助其势，造成党禁，双方各有责任也。

政府之腐败　侂胄进行其党，得君言听计从，用事者多谄事权贵之小人。兹引二事为证：吏部尚书许及之二年不迁，见侂胄流涕，叙其知遇及衰迟之状，不觉屈膝。侂胄怜之，遂知枢密院事。侂胄生日，朝臣毕集，及之值后至，门闭不得入，大窘，俯偻由窦而入。程松谄事侂胄，自知钱塘县不二年为谏议大夫，满岁未迁，乃市一妾进献，名曰松寿。胄曰：奈何与大谏同名。对曰：欲使贱名常达钧听耳。侂胄怜之，得知枢密院事。故事见于史籍者尚多，中有太学生所虚造。士大夫诋毁其政敌，不择手段；台谏捕风捉影，诬枉之辞皆所不免，故事不足尽信，然可见政治道德之低。侂胄用非其人则为事实。及弛学禁，侂胄收用知名之士，欲立边功以自重。其时，政治不修，财政困难，盗贼滋扰所在皆是。孝宗时，臣僚言吏督责赋税之峻急，或残人之肢体，或坏人之手足，或陨其性命，或破其家业。其后，国用不足，政府唯知增发纸币。其先，唐有飞钱，性质同于后世之汇票，减少运输之费，免去途中之危险，宋人称为交子。政府以商人不能付钱而涉讼，自行办理，演变而成钱引，或称会子。钱引同于纸币，初在蜀发行，1030年左右，凡一百二十五万；1178年，增达四千五百余万。建国五十年内，四川发行之额增至十数倍以上；他地当亦大增。后七年，朝臣奏曰：今之所谓钱者，富商巨贾、阉官、权贵皆盈室以藏之；至于百姓、三军之用，惟破楮券耳。楮券多而价跌低，不为豪富所重。韩侂胄用兵失败，楮券之值益低。官强民照官价行使，而民不从，至严惩之，籍没家财。事将演变而为严重之局势，幸宁宗诏即还之。

北伐成败，决定于军队之强弱。南宋建国，将校皆有资产，士卒生活甚苦，常逃亡为盗。高宗力谋增强军队之战斗力，而积弊迄未改除。秦桧罢大将兵权，所用皆驽下之人，恢复文官之优越地位，轻武之观念转强。全国养兵三十万，占岁入百分之七八十，士卒不免于饥寒，多由于将士之剥削。朱熹曰：今日将帅之选，帅皆膏粱子弟、厮役凡流，所得差遣为费已是不赀，到军之日惟事裒敛刻剥，以偿债负。总馈饷之任者，亦皆倚附幽阴，交通货赂。其所驱催东南数十州之脂膏骨髓，名为供军而辇载以输权幸之门者，不可以数计。将佐官益高而待遇益厚，有至数十倍之多者；更使士卒经营生产事业而私有其利。韩侂胄不知改革，又未增强国力，其追封岳飞为王，改予秦桧恶谥，皆无补于国事，士大夫妄言金府库空虚，或言金必乱亡，全以意为之。

北伐之失败 侂胄信其可立盖世之功，政权、兵权集中于一身；但为庸才，不能利用产生力量。宋、金和好四十余年，订有盟约，忽而渝盟，有失国信，则非其所顾虑；乃增边兵，遣统帅入蜀。1206年夏，宋大军伐金，一出淮南，一出襄阳，一出陕西。金已严为之备，宋军皆败而归。侂胄始知为人所误。

秋，金师分道南下，直抵长江北岸，其自河南反攻者，侵入湖北。四川统帅遣使入金求封，金立为王，幸为部属所杀，而地仍为宋有。金将无渡江之计划，颇有和意。侂胄输家产助军，亦欲议和，遣使入金。金要求割地、增币及献首祸大臣之首，和议失败。明年冬，礼部侍郎史弥远上书请诛侂胄。杨皇后亦恶侂胄。初，韩皇后死，帝欲立杨妃为后，侂胄曾有异议。后使皇子疏言侂胄主战，不利于社稷，后从旁赞之。史弥远得密旨，以兵候侂胄入朝杀之。1208 年，二国和成，宋以韩侂胄首级易淮、陕失地，二国疆界如前，宋出犒军银三百万两，世为伯侄之国，宋增岁币为银绢各三十万两匹。恢复中原，为士大夫之公论，侂胄行之而致大祸。宋献其首，虽曰和议重事待此而决，固有伤于国体。士大夫无人论其非者，当由于党争之烈。侂胄得罪于理学宗主，而为其徒所深恶。侂胄死后数年，金为蒙古所败。

对外之失策　宁宗于韩侂胄死后，犹不振作。史弥远专政，胸襟远不及侂胄之光明，政治视前废弛，刑赏失当。宰相用人，非亲即故，唯知招权纳贿，倚势作威，财政益为困难。宋自北伐以来，两淮之地历两军之攻守，千里萧条，犒师等费皆榨取于民，复滥发纸币，其量数多而纸质易于破烂，人民不以之为重，折价益低。会金为蒙古所败，迁都于汴，赋税重而盗贼大起。宋停输其岁币，收降其山东贼酋，予以给养。军民怨望，至有养北贼、戕淮民之谣。金索岁币不得，出兵伐宋，除湖北而外，无不胜利。停岁币为朝臣之奏请，宋以全国兵力，不敌垂亡之金。其后，兵祸连结，互相胜负。宋不肯和，与夏合从击金，不胜，淮南等地深受战祸，人民逃亡，军费大增。史弥远置民疾苦不关于心，而以不了了之。1224 年，金哀宗新立，遣使至宋通好；榜谕军民不再南侵，归还宋之降城。

金不南侵，宋无力北伐。史弥远以拥立理宗之故而权益重；唯欲巩固其地位，对于国计民生从无建设性之措置，以致每况愈下，国内祸乱迭起。山东降贼之乱，江北受祸惨重，政府招降，授之以官，听其伸长势力，后攻扬州败死。祸乱耗损其国力，增加人民之痛苦，力弱而欲服人，不能害人而徒自害也。其时，蒙古灭夏，大举攻金，金守天险拒战。1231 年，蒙古遣使入宋假道，为守将所杀，怒而攻入陕南汉中，军民死者数十万，蜀口诸郡皆降；其所经之地皆残破而去，东入金地。明年冬，蒙古使来宋，议夹攻金；功成，宋得河南地。宋遂出兵助战，并给蒙古军米三十万石。时当大乱，人民不能安耕，野无所掠，军粮成为严重之问题也。金哀宗遣使入宋乞粮，告其唇亡齿寒之理，“若与我连和，所以为我者，亦为彼也”。宋无远见之政治家，固不愿放弃得地之机会，亦未考虑善后问题，及将来危机。1234 年，宋兵会同蒙古军灭金。其先一年，史弥远死，理宗亲政，多欲望而怠于政事。蒙古军前入蜀口，宋之天险尽失。其兵战斗力尚不及金，竟欲违约，抚定中原，大将倡之于外，宰相和之于内；朝臣切谏者，帝皆不听。中原多年不耕，无粮，可因千里馈粮，亦难持久。宋与蒙古分据金地未及半年，宋军袭取汴京，西入洛阳，蒙古援兵至而败溃；汴师粮匮，南归，颇多死亡。此视国事同于儿戏。冬，蒙古使来责宋败盟。明年春，宋遣使往通好，而善后事宜迄未议定。蒙古军攻宋，迭陷大城，兵退，地复为宋有。成都三次陷失，则其一例。人民流亡，朝廷令刺其壮者为兵。蒙古使至宋议和无成；后二年，复遣使入宋，为淮将所囚。边地人民逃亡，蒙古兵野无所掠，曾至长江北岸，然无舟楫南渡，分兵屯田于新得之地，暂成相持之势。

人民之苦 宋将对外作战，视先时较有经验。蒙古兵为马队，利于冲锋作战。宋多步兵，便于守城，其边区要城无不修筑坚固，储积粮食。其时，大将犹为士大夫所轻，常指为粗人，或羞与之为伍。大将奉旨为宰相，乃以朝臣反对而辞职。高宗养兵三十万，宋末疆域以失地多，益褊小，岁入以乱区广而益减少，士卒增达七十万人。或言其贫悴，或言怨而谇，语所不忍闻，或逃亡为盗。理宗仍纵欲败德，文过饰非，疏远正人，狎昵戚官，浊乱朝政，自取灭亡。人民生计愈苦。1240 年，帝以外患紧急，下诏罪己，言：殍殣相望，流离无归。史称：临安大饥，饥者夺食于路，市中杀人以卖，隐处掠卖人以徼利，日未晡，路无行人。临安时为国都，为植稻之区，交通便利，至杀人为食。安徽知府奉诏入京，奏称：左浙近辅，殍死盈道，流民充斥。俄复奏曰：斗粟一千，其增未已，富户沦落，十室九空，此又昔之所无也。甚而阖门饥，相率投江。惨状之造成一由于天灾，一由于人事之不善。除上言政治恶劣外，尚有二端：滥发纸币。1233年，发行之额凡三万二千余万贯；1246年，增达六万五千余万贯，四川、两淮、湖广所发行者，盖不在内。纸币流通曾有区域限制，言者称其不便民旅，请任便行使。及韩侂胄北伐，纸币为解决国用之唯一方法，发行增至一万四千余万贯；十年后，增达二万三千余万贯；至是，发行额增加尤巨。农业社会，市场需要之货币有限，纸币日增，价益低落，时人所谓“楮券猥轻，物价腾踊”也。豪势之家储藏钱币，或多购田产；贫民则深受通货膨胀不良之影响，而生计益难。朝臣一再言之，仍以入不敷出，不断增加发行之额，宋末殆成为纸币世界。

贫民负担之奇重 南宋初叶，诸将广置田产，朝廷诏逾限之田，与民出税相同；但为具文。孝宗留心民事，诏大臣审议均役、限田，议定分民为三等，下农有田自十顷至二十顷。农民有田百亩，数已不多，十顷为田千亩，当为大地主；有田一百万亩，始使其子孙分析。限田不利于仕宦之家，大臣聊以不切实际之计划塞责。帝晚年诏称豪贵兼并太甚，上户之著役者无几，贫民下户畏避弃鬻，至不敢蓄顷亩之产；主张不计官民户，概以等第输差。此为均税，前曾行之无效，孝宗之改革亦然。士大夫之留心民事者皆欲行经界，确定产权，使豪富有田者纳税。朱熹行之于福建南部，遭地主之反对而去官。后，又有行之者，值饥民啸聚，谏官以之为咎，奏请罢之。士大夫全为身谋而不稍恤国事，问题益为严重。1246年，侍御史谢方叔奏曰：

> 今百姓膏腴皆归贵势之家，租米有及百万石者。小民百亩之田频年差充保役，官吏诛求百端，不得已则献其产于巨室，以规免役。小民田日减，而保役不休；大官田日增，而保役不及。……今日国用边饷皆仰和籴，然权势多田之家，和籴不容以加之，保役不容以及之。

田税之整顿 达官财产原多不义而得，读圣贤书唯为子孙之计，于国家危急之时，税役尚转嫁于贫民，欲其捐金助国，难于登天。租米百万石之家，田地将在一百万亩以上，和籴谓政府以低廉之官价收买富户之米，实际上，富户率以赂免，中产、下户反被其害。方叔建议田主自报亩数，定其经界，朝廷行之；有遗书方叔者，称秦始皇令民自实田，今行之法正与秦同，乃奏罢之。其后，宰相贾似道行经界推排法于诸路。其法：厘正经界，载之图册，使民有定产，产有定税，税有定籍。史称江南之地，尺寸有税，民力益竭，全为恶意之解释。新法牵涉之范围广大，调查之工作繁重，诸路唯湖南告成，他路府州亦有完成者。其时距宋降七年，全国盖未完成。

公田 经界定而田有税，然不足以解决财政之困难。贾似道乃倡公田，以国计民生困于造楮、和籴，请行祖宗限田之制于两浙、江南东西四路，凡官户逾限之田，政府抽买其三分之一为公田，得田一千万亩，岁收六七百万石，军饷有余。田税少而田租多，地主亩收六七斗，政府买田同于地主。田为士大夫安全之投资，多方兼并得之，定经界、纳税尚持异议，自必反对收买逾限之田。似道坚持主张，不惜去位以争。1263 年，试行于浙西，似道先以己田万亩为公田，朝臣有仿行者。浙田亩值千缗，贾似道以四千缗买之，田少，全给楮券；稍多，银、券各半；又多，副以度牒；最多，准直给以告身。政府买田，唯有添印纸票，给价高而购买力日益低落，田主所得之券无法用于生产事业，坐视其损失而无奈何。反对者皆为地主阶级之士大夫，善于造谣诋毁，所言不尽可信。政府于四路买公田三百五十余万亩，时人估计逾限田三千万亩，收买者不足百分之十五。未行公田诸路仍旧和籴。明年，彗星出现，台谏士庶上书皆以公田不便，民间愁怨所致。贾似道上书力辩，复乞避位，帝不之许，公田始得不罢。

贫穷之原因 人民穷困之根本原因，显为人口增加过于生产事业之发达。史称：1159 年，全国共一千一百万户、一千六百余万口。每户平均不足一点五人。宋人以兄弟同居为善，有至百口者，此数实不足信。无后为不孝之伦常观念，迄宋未有变更，早婚之风俗如故，户口更易于增加。时为精细农业，限于土地酬报递减律，所得之利益减少。南宋初年，比较安宁之区域已有人满之患。浙东民不举子，则其明例。两淮空荒之地徒供强有力者之剥削。江南于寇乱平后，恢复甚速。孝宗注重灌溉，江东一路，修治陂塘、沟堰凡二万四千四百五十一所，灌田四百四十二万余亩。人口继续增加，食料自感不足，一遇饥荒更成严重之问题。义仓之性质同于青苗，只能减少地主之剥削，基本问题依然存在。兼并与税役更增加民之痛苦。贫民未有组织，受传统思想之支配，起兵志在掠食，领袖无指挥能力，又无作战经验，终为官军所败。政府处罚盗贼至为严酷，而犹此仆彼起。

儒生之误国　南宋国内情况恶劣至此，而士大夫犹不认识现实，求官之风气，迄未稍改。贾似道尝集百官议事，忽厉声曰：诸君非似道拔擢，安得至此！国家成此现象，实一悲哀之事。道学之士方言“正心”“修身”之圣学，时人称其目治财赋为聚敛，言兵事为粗材，以读书、作文为玩物丧志，留心政事为俗吏，结党以求名，居官愦愦，冬烘弊衣，菲食、高巾破履，密而察之，则不大然。贾似道当国，尊崇道学，时人言其欲握大权，惟恐有人分夺其势，故专用此辈，“其实幸其不才愦愦，不致掣其肘耳！以致万事不理，丧身亡国”。儒者不肯留心金谷，宋人常以为言，平日徒持高论，当有空疏误国之罪。太学生亦好论时政。高宗初以对外战争，未立太学；后恢复旧制。太学生迭上书陈事，被罪者其徒目为君子；风气益盛，至造谣诋毁长官，进而干涉朝政，上书论劾宰相及台谏之去留，最横于十三世纪中叶。时人称其权与人主抗衡，招权受赂，豪夺庇奸，人畏之如狼虎，商贾亦被其害，其志则为利禄。贾似道重其恩数，丰其馈给，增拨学田，诸生啖其利而为之用，至称为元老师相周公。儒生高谈理学为一事，治国又为一事，求名、求利则误国矣。

南宋之亡　宋对蒙古作战，尤为失策。蒙古屯田于边，又于川北筑城，且耕且守。其先，蒙古兵逾越宋地，平定云南。宋将于川东筑城储粮，为固守之计。1258 年，蒙古大举伐宋，川西诸州皆陷。明年，其主宪宗进攻川东，困于坚城之下，病死；其臣解围北归。宪宗弟忽必烈统军南入湖北，云南驻兵东下应援，乘胜至今长沙。贾似道督师西援，战不能胜，遣使请和，纳岁币。忽必烈许之，北归。似道匿议和、纳币事，奏言大捷，江汉肃清。蒙古遣使入宋，似道拘留之于江北。后二年，使者复至。理宗不理，自速其灭亡；及死，度宗嗣位，内多宠姬，外倚贾似道为长城，称为“师臣”。似道乞去，帝拜留之，礼遇益隆，文书送往其第。后，似道称疾求去，帝涕泣留之；其对蒙古，不肯议和，欲以不了了之。1268 年，蒙古伐宋，围攻襄阳，造船训练水军。襄阳城坚，储有军粮；蒙古后以西域炮攻城，守将惧而请降。战争五年，各以全力应付。宋失重镇，蒙古骑兵易于深入长江中流之地，水军顺流驶入长江；贾似道仍无和意。1274 年，元主忽必烈遣大军南伐。一出淮南，无功；一现襄阳，沿汉水而前，击败宋军，南至长江，留兵驻守湖北，经营上流之地。元将伯颜率大军东下，沿江州县皆降。时度宗已死，新君年幼，太后称制。贾似道督舟师拒战，遣使请和，归还元俘，称臣，奉岁币。元将以宋无信，提出不可接受之条件。忽必烈犹有和意，遣使入宋。其时，元军击败宋军，乘胜西入建康，分兵进攻临安，朝臣惊惶遁逃。太后诏榜朝堂，责其“读圣贤书”，“生何面目对人！死亦何以见先帝！”

畏死为人类之习性，知其不可为，而责以必死，殊非人道；即死，无益于国。其力不能守城而自杀者，史有记载，要无补于国事。责任在平日妄发空疏之论，无挽救覆亡办法，乃听战争决定宋之命运，徒以一走了之。会元使入宋，元将令诸将守营，勿得侵掠。宋将杀元副使，正使亦受重创，送至临安而死。朝廷遣使移书元军，言边将杀使，太后及嗣君不知，当按诛之，愿输币、罢兵通好。元将遣议事官偕宋使前往临安，于途中被杀。贾似道拘留元使，理宗、朝臣皆知其事，特不欲和议自我而发，为清议所不容。清议乃不切实际之议论，从未本于国家、人民利益。似道与冬烘之名士往来，或深受其影响，造成覆亡之局势。宋将不知纪律，一再杀害元使，朝廷迄未治以应得之罪，乃加速其覆亡。元兵进攻临安，宋败，遣使乞和。元将欲宋称臣，宰相难之。1276 年春，太后涕泣决定称臣，岁贡银绢。会议地定，而宋宰相不往。元兵复进，太后遣使奉表请降。

太后降元，意欲称藩，保全宗社。其时，宋地犹广，元所取者为武昌以下州县，两淮尚为宋守。俄而淮西降而淮东守将仍力抗战；湖南、东川将士亦不肯降。元无存宋之意。宋臣奉帝兄为帝于福州。元兵南犯，帝登舟南行。长江流域之州县次第为元所有，战争继续进行。宋将虽战不胜，而于元兵退后，辄收复州县。元船追击宋帝于海上。帝死，大臣奉其弟为帝。1279年，元军来攻，宋兵大败，大臣抱帝投海死。

生活之情状　宋人居处、行动皆求安适，士大夫生活显有进步。古人席地而坐，其坐与跪相近。跪谓以膝隐地，伸腰及股危而不安之状；坐则以膝隐地，以尻着跖而体便安。东汉末，斲木为坐具，谓之胡床，显自外国传入，坐者大概盘膝。梁侯景叛而入据京城，升殿踞胡床垂脚而坐。《梁书》以其殊俗骇观而特记之。唐改为木榻，穿之以绳，名曰绳床。宋始有椅子之名，种类多而名称不同，沿用迄于近代。古人行路乘车，以牛或马曳之。东晋始有肩舆，唐及北宋，大臣年老或有疾者奉诏乘之入朝，余多乘马。南宋仕宦皆乘肩舆。其先，藉马于金人，汴京无马。高宗南下，南方少马，诏许百官肩舆出入，乃成风俗。肩舆以人肩抬之，轿夫同于牛马，士大夫唯知享受。其时，妇女地位益低，缠足盛行。时人以妇女柔弱为美，病态为佳人之条件。北宋末年，士家多以大足为耻，岭外则不弓足。乡村妇女便于工作，亦不尽缠足。女子缠足，戕贼其身体，使之孱弱。论者称其影响所生之子女，为汉族不及他族之弱点。恶俗相沿，至二十世纪初叶逐渐革除。宋代理学发达，名儒倡言名节，至有“饿死事小，失节事大”之说。妇女嫁者，夫死守节不嫁，自此而盛。后世旌表节妇，成为礼教，为压迫妇女之势力，违反人道。妇女不再出嫁，虽为减少人口增加之一法，然多行于士大夫或与之相近者之家，贫民未必行之；然于社会有不良影响。社会上之弱点增多，当与中国之衰弱有关也。

第四十六篇　辽金夏

环境之影响——契丹之建国——诸帝——政治制度——辽与邻国之关系——辽亡——金之强盛

环境之影响　中国境内之诸民族，除极少数人外，皆属于黄种。其人头颅、毛发、皮肤颜色及身体构造均与汉人相同；语言、风俗及生活习惯则与之不同。语言受地理、交通影响，常不同一，一地或有数种方言。风俗因地域不同，不足为鉴别之标准。生活方式之差异乃其主要之不同。汉人居于长城以内之平原，气候温和，雨量适宜，便于农植物之生长，一年收获两次。人民于此环境之中，生殖繁衍，食物唯农植物是赖，演变而为农业社会。长城以北，地形、土壤、气候不宜于农业之发达，人民深受环境之影响，从事于游牧生活。其一部分虽进至农业社会，犹保存其驰射、渔猎之风俗。其人生长于苦寒之地，或逐水草而居，习于劳苦，所食多为肉类，故其身体发达多力，善于骑射。自文化而论，农业社会之进步，远较游牧民族为高。后者战胜前者，处于统治阶级，渐而接受其文化，故占领汉人区域益广，受其影响益深。反之，其在边区者，仍保存其风俗习惯，乃由于环境不同而异，所谓易地则皆然也。吾人读辽、金、夏史常有此感想。兹略述三国之兴亡于下。

契丹之建国　辽创国最早，旧称契丹，初为部落之称，常为害于边；及唐末而势渐强。中国藩镇自主，同于独立小国，兵力、财力有限，又无外援，处于不利之形势。燕地一部分为契丹所侵夺，值其产生雄主，为指挥统一之国，作战便利。其先，共分八部，轮次为王，三年一代。耶律阿保机为王九年，及诸酋请代，称其得汉人多，愿率所部居于古汉城，与汉人守之；后，击平其七部而为一国，916年称帝，是为太祖，国号契丹。契丹之根据地在今热河，其邻国有奚等，风俗与之相同，皆为其所并灭。其战争之结果，疆域广而户口增加。其人皆游牧民族，壮丁可调发为战士，多为骑兵。《辽史·兵卫志》云：凡民年十五以上，五十以下隶兵籍，是其壮丁皆兵也；耐寒善战，若有领袖统率，指挥统一，则为北方之强国。史称：阿保机幼时能知未然事，自谓左右若有神人翼卫。游牧民族知识较低，迷信神权，巫觋所以传达神人之意旨，常为其所尊重。阿保机当甚聪明，而多得其部落人之信心与拥戴；知未然乃见微知著及其判断力之敏锐与正确，其武艺亦异于常人，故能创国也。其东邻渤海国为东方大国，阿保机灭之，改为东丹国；立太子为人皇王，以抚治之。于是东境达于海岸，与朝鲜为邻；北达于混同江之北，侵入女真境内，女真为其所败而为其朝贡国；又伸长势力于西方，青海部落归附。

其时，节度使刘仁恭据有今河北省北部；河东节度使李克用据有山西；朱全忠据黄河流域下流，地广兵强，建国曰梁。契丹与刘仁恭地接壤，利害冲突，常相战争。河东与梁有不并存之势，曾为刘仁恭所败。克用与阿保机会盟，易袍马，约为兄弟。阿保机迭出兵攻燕，徙其民归，复据其一部分土地。梁主数遣使至契丹，厚馈赠之，二国转而亲信。契丹与河东之关系则日疏远，复以接壤、利害冲突之故，成为敌国。及河东灭梁，国号曰唐，阿保机数攻其边城；唐将固守待援，处于被动之地位，互有胜负。其侵边也，劫夺财物，俘虏人民，边民甚以为苦。及唐内乱，石敬塘乞援于契丹，其主德光统兵赴援。德光为阿保机之次子，为母后所爱，嗣父为帝；英武有材，能用其众。石氏藉其援而击败政敌，自为天子，国号曰晋，割让燕云十六州以酬其功。契丹初得汉人甚众，知其勤于生产，有利于国；汉人之有才能者，阿保机颇重用之，韩延徽则其一例。延徽自燕奉使入契丹，为阿保机所留，召与之语，命参军事，有运筹之功。延徽请建城郭，分市里，以居汉人之降者；又定配偶、教垦艺，以生养之，以故逃亡者减少。契丹之治国也，设官有二：一曰北面，一曰南面。北面官治契丹旧部及征服之诸部落，南面官专治汉人。其分治之年殊难确定。阿保机已有不少之汉人，治理当不尽同于旧部。德光得晋广大之土地与人民，并有城郭，治理乃用汉人旧法，分治当完成于此。德光之世，后晋嗣君背盟。德光一再伐之，复得降将为之尽力，灭晋而有其地之大部分，不善治理，专以劫掠为事，致为汉人所恶；大军归而新得之地尽为刘知远所得。契丹南境限于石氏割让之诸州，其地在长城之南，耕地广而户口众，为契丹税收最旺之区域。周世宗北伐，收复其一部分，设关为守。

诸帝 阿保机称帝于 916 年，国号契丹；德光于 937 年改国号曰辽。及辽中叶，复国号曰大契丹；末叶，复改称辽，故后人常以辽称之。辽亡于 1125 年，立国二〇九年，共有九主。阿保机在帝位十一年。其皇后萧氏果断有雄略，预闻兵谋。太祖出征，尝留后守帐，敌乘虚来袭，后勒兵督战，破之，名震诸夷。生有三子：长为皇太子，出领渤海；次子德光，为后所钟爱，为天下兵马大元帅，屡立战功；少子李胡，勇悍多力，性极残酷。太祖死，后称制，决定国事，有立德光之意；及太子至，命与德光俱乘马、立帐前，召诸将，谕择可立者执其辔。诸将承意，争言愿事元帅。于是德光嗣立，是为太宗（927—947 年在位）。太宗向南伸长势力，干涉中国政事，其力之强足以决定其南邻君主之命运。德光灭晋，精兵勇将从之南行；北归，死于途中。其弟李胡及萧太后留于国中。南北院大王皆谓李胡暴戾残忍，不餍人望，请于太后，彼必得立；谋立人皇王长子阮为帝。诸将以太后先曾杀将士数十人殉葬，惧不得免，皆欣然从命。于是阮立，是为世宗。太后闻而怒使李胡将兵拒之，不胜，议和罢兵；后复有异谋，被徙于远方。

世宗从军入汴，羡慕中国风俗；为帝，多用晋臣。侮诸大臣，复荒于酒色，致国人不附，诸部数叛，兴兵征讨，多耗国力，不能与汉争夺中原；及周代汉，北汉、南唐皆乞兵为援。南邻强大，非辽之利；951年，世宗与周构衅，将兵南行，醉而为下所杀。大臣平乱党，立太宗长子璟为帝，是为穆宗；复荒耽于酒，畋猎无度，不理政事，唯以酷刑多杀，史称为暴君，其力不能与周相争。周世宗攻取其边城，而辽不能为害于周。及宋建国，二国初无战争。辽之传统政策：不欲南有强大之邻国。宋伐北汉，辽出师援汉，互有胜负。969年，穆宗出猎，为近侍所杀。其弟扈从，闻变率兵平乱，称帝，是为景宗。景宗为中庸之主，竭国力以助北汉。汉以河东一隅之地，抗拒强宋一国之兵，历久战争，败而降宋。辽之援军亦败。其时，宋太宗统一中国，为宋最强盛之时代；欲利用其战胜之军，一举而取燕云诸州，大败而归。二国遂从事于大规模之战斗。据城固守者，多居于优势。982年，景帝死，长子隆绪嗣位，是为圣宗（983—1031年在位）；年幼，其母萧太后听政，明达治道，任用贤能，赏罚信明，将士用命。韩德让为其亲信大臣，忠勇有智略，以功赐姓名曰耶律隆运，总宿卫事；南边政事委任名将耶律休哥，宋军之败多其功绩。二国相攻，死亡颇重，边民咸被其害，终乃言和。圣宗为辽贤君，在位四十八年。子兴宗（1031—1055年在位）立，国内战争少而人民安居乐业，唯偏于维持现状，渐入于衰弱状态。孙道宗（1055—1101年在位）进用奸邪，诸部叛乱，出兵征讨，国无宁岁，财政困难，而一岁饭僧三十六万。帝死，孙即皇帝位，是为天祚帝。《辽史》曰："天祚既丁末运，又觖人望，崇信奸回，自椓国本，群下离心。金兵一集，内难先作，废立之谋，叛亡之迹，相继蜂起，驯致土崩瓦解，不可复支，良可哀也。"此其覆亡之原因造成于武力不竞也。

政治制度　游牧民族之王初由诸部酋长所公推，或轮流为之，近于原始之民主。人类之天性常欲维持其已得之政权，非深知其责任而无自私自利之心理，或为环境所逼近，则不愿退让。富于雄心之阿保机诈而统一契丹诸部，其巩固之帝位传于其子，为当然之事。德光之立虽曰母后之意，而形式上则为诸将之拥戴，旧制度尚有一部分势力。其后，嗣立之二帝皆由大臣决定。景宗平乱，自立为帝。嗣后，诸帝继位皆决定于皇帝之意旨，盖受中国政治制度之影响；思想上，契丹已同化于中国。其皇后除二人外，尽为萧氏，为契丹贵族，与耶律氏世为婚姻。其国人生长于苦寒之地，以鞍马为家，故其后妃皆长于射御，军旅、畋猎未尝不从。景宗皇后最有才能，辅幼主听政，击败深入之宋兵，成立二国百年之盟好，边民脱离兵革、劫掠之苦。其国中无男女有别之礼教，宦官不居于显位。《辽史》所载宦官二人，皆宋人而见俘者。

《辽史·地理志》言其疆域曰：东至为海，西至金山，暨于流沙，北至胪朐河，南至白沟，幅员万里。其所列地名系四方最远之地；其兵力盛时，曾达于流沙。后，夏建国，辽渐衰弱，西方独立国之内政、外交非其所能干涉。其有效力之统治地，殆限于今绥远胪朐河，或言其在今外蒙古东部；无论若何，漠南殆为其所有。白沟在今河北省易县，实则宋、辽接壤之地为今山西北部、河北中部，长逾千里。其东境濒海，始于并灭渤海国。其富庶之地首推长城以南之州县，次为渤海旧壤。史称其并渤海，得城邑之居百有三。渤海文化视辽为高，其人民已非游牧民族。辽漠南诸部从事于畜牧，初称其所居曰皇都，太宗改为上京；后置南京、东京、中京、西京，分全国为五道，以五京为名。上京道为契丹故壤，府名临潢，在今热河西北，为其政令所出之地；东京道为渤海国旧地，府曰辽阳；中京道在热河南部，亦契丹旧地；南京道为河北省北部，府曰幽都，今为北京；西京道为山西北部，所谓代北地也。人民深受地理环境影响，生产事业显然别而为二：北人事畜牧，南人事耕种，其风俗及生活状态迥不相同，治理方法各别。其初事简、职专，官制朴实。太宗得燕云十六州，始分设南北院。北院以旧俗治契丹，唐制待汉人。《辽史》所谓：北面治官帐、部族属国之政，南面治汉人州县，租赋、军马之事也。其长官多为贵族，汉人之有才能者亦擢居显位。科举专为汉人而设，但无重要。就南北院所掌而论，其兵出自部落，汉人则供租赋，乃利用其所长而各得其所也。辽之刑罚多本于原始社会，至为严峻；治汉人、渤海人则用汉法。暴君用刑，仍极残酷。

辽与邻国之关系　辽之外交政策，初不欲中国为统一之大国，出兵南援北汉，与宋相战，二国边境犹相安无事。中国统一，太宗两次征辽，皆败而归；复遣大军分路北伐，损失惨重，遣使赴辽请和。辽不之许，出师报复；宋兵凭城拒战，辽师无功。边民遭受焚劫、屠杀之祸，备极痛苦。宋真宗嗣位，兵力益弱，辽师数次南侵。1004年，萧太后及圣宗将大军而南，深入宋境。宋廷军事急报一夕五至，朝臣请帝迁都避敌，帝听宰相寇准之谋北征，军心为之一震。帝实厌兵，颇有和议，密遣人言和。辽将值中矢死，萧太后许和。二国使臣往来议商之条件：宋、辽为兄弟之称，以太后为叔母，岁输银十万两、绢二十万匹。二国边民始免战争之祸。其后三十余年，宋师迭为西夏所败，恐辽乘之，增兵严备。辽主闻而遣使入宋，请关南地，周世宗前取之于辽也。宋仁宗不肯割地，许岁增银绢十万两匹。三十年后，宋修河东路边防，侵入辽界；二国议定地界，宋退出侵地。后人受党人记载之影响，归罪于王安石。后四十余年，徽宗不顾百年之好，与金攻辽。西夏叛宋独立，遣使朝贡于辽；辽封其主为王，以宗室女妻之，成为婚姻之国。宋与夏战，辽遣使入宋，问兴师之由，且求关南地；及与宋平，谕夏与宋和亲。夏请侵宋，辽不之许；复以其收容叛人，出兵讨夏，为其所败；再遣军往，又败，乃许夏和。夏主李元昊死，战事复起，互有胜负，复归于好。后，夏为宋所攻，遣使乞援于辽，辽为之请和于宋，辽、夏邦交转而亲善。及辽兵败于金，其末主播迁，夏主出兵援之，为金所败，仍请辽主临幸其国，但不能救其覆亡。

辽亡　女真在辽东北，部落而居，在混同江之北。宋人所著之《契丹国志》言其地方数千里、口十余万，是其地广人稀，土地耕种者少，兼经营畋猎、畜牧生产事业。其地饶森林，野兽甚多，出产之貂皮，负有盛名。《契丹国志》称：地宜麻、谷。农业有相当之发达，但以气候冷，而农植物生长期短，重视畋猎。其人勇猛善战，刻苦耐劳，过于辽人。《辽史》记女真叛而遣将讨之，不止一次，当为其劲敌。女真若有强有力之酋长，诸部咸奉其命，将大为害于辽。辽末，握有统治权之贵人业已腐化。所恃者原为武力，强盛之世，大军与夏作战惨败；后无增强战斗力之计划，末后二帝方纵欲为非。1112年，末主幸混同江钓鱼，女真酋犹遵故事来朝。其酋有名完颜阿骨打者，倔强不服。阿骨打阴有异志，用兵兼并其旁近部落，不服辽官处分，兵力增强；后二年，起兵攻辽，辽兵击之，皆为其所破。宋复攻辽，分散其兵力。辽宗室耶律大石为将，以末帝不用其言及事不可为，率所部西往西域建国，后世称为西辽。

金由于阿骨打之经营，部下皆勇敢善战之人；攻辽，初二千五百人，常击破辽军。《金史》称："辽人尝言女真兵若满万则不可敌。"数战后，降人增多，兵始满万。1115年，阿骨打称帝。其建国之速，一由于辽主之虐待女真。史称：女真岁以北珠、貂皮、良犬、俊鹰、海东青贡于辽，末帝好猎，酷爱海东青，每岁遣使求之，使者贪纵，女真深厌苦之，皆拥戴阿骨打叛辽。阿骨打战胜，遣使招抚辽籍女真。又招谕渤海人曰：女真、渤海本同一家，我兴师伐罪，不滥及无辜也。辽主不善抚其人，而以资敌。其风俗与女真相同，多善战之士。金主刑赏严明，军士战斗力增强。

二由于辽君臣之无能。辽主淫酗、好猎，怠于政事，亲信大臣迎合其意，多为无耻之小人。辽兵习染汉化，渐丧失其战斗力，又无能将指挥，只能据险固守，不能冲锋作战于平原。辽主迭出大军伐金，皆大败溃，犹不知其失败之主因、改变其军事策略；将大军亲征，行至中途，闻内乱起而退师，致为金兵所蹑，大军溃散。和议以文字名称之争执，归于失败。阿骨打遣将伐辽。辽主方猎于外，闻敌将至，仓卒西奔。其时，燕王淳守燕，南京大臣奉之为帝。淳得人心，为辽最后之奋斗。欲以一隅之力，当方兴之金，原为难事，宋复乘其危而攻燕不胜。俄金军入燕；1125年，辽主为金所获。

金之强盛 阿骨打称帝，是为太祖（1115—1123年在位），在位八年；距其嗣父为酋，凡十四年。次弟吴乞买参与机密军谋，攻辽时，亲犯矢石，为部众先。金无以子为太子之习惯。太祖有子八人，以吴乞买为储副，诸子中多善战之将帅；其季弟子有雄才大略，灭辽有功。家中人才辈出，宜其胜极一时也。太祖亲追辽帝，死于途中，吴乞买立，是为太宗（1123—1135年在位），完成其兄之事业，获辽主而有其地。其问题则为如何巩固其新得之广大土地。金户口有限，政治组织简单，采用辽制，酋长降者，皆复其官。开拓疆土，非其需要。夏援辽败，乞和，金予以土地，则其一例。金、宋为同盟之国。徽宗攻垂亡之辽，犹不能胜；违反信义，收用金之叛人，致成战祸。1126年，金军伐宋，直趋汴京。宋屈而为盟，复袭金营而败，成立和约；金师退而不肯履行割地之约，遣使离间其降将，欲其内变。而事尽为金主所知，遣师第二次南下，汴京不守，徽、钦二宗降为俘虏。其不顾宋人请立宋后之哀祈，而立张邦昌，以宋地予之，以宋帝违背盟约，应据誓文，子孙不得为君也；多方谋得康王，闻其立而遣将南下追之。高宗迭遣使乞和，金皆不理，复立刘豫为帝。其恶宋之深，初非贪其土地。新得辽地，政治势力犹未巩固，其政治设施不能与军事胜利相配合，所陷宋城多无设官治理之计划，一掠而过，入于无政府之状态，贼盗群起，为暴于民。刘豫建国，北方政治渐入于常轨，财政收入增加，府库积有余财、余粟。金以其力不能自保，废之，不劳力而尽有其土地、财物；及与宋和，予以黄河之南之地。会政变发生，大臣易人，顿食前言，复攻取之。宋战不胜，卑辞乞和。郦琼初为盗魁，继为宋将，以所部叛而降齐，及齐废而仕于金；金再伐宋，召其参与军事。尝从容语其同列曰：

> 琼尝从大军南伐，每见元帅、国王亲临阵督战，矢石交集而王免胄指麾三军，意气自若。……宜其所向无前，日辟国千里也。江南诸帅才能不及中人，每当出兵必身居数百里外，谓之持重，或督召军旅，易置将校，仅以一介之士持虚文谕之，谓之调发，制敌、决胜委之偏裨，是以智者解体，愚者丧师，幸一小捷则露布飞驰，增加俘级以为己功，敛怨将士，纵或亲临，亦必先遁，而又国政不纲，才有微功，已加厚赏，或有大罪，乃置而不诛，不即覆亡，已为天幸。

上为《金史》琼传所记之辞，本于经验，时人以为确论。宋军初闻敌将至而溃逃，后则胆气渐壮，然非精骑之匹敌。金以武力称雄，由于诸部女真皆善骑射；有警，壮者皆兵，“其部长曰孛堇，行兵则称曰猛安、谋克，从其多寡以为号。猛安者，千夫长也；谋克者，百夫长也”。太祖初以三百户为谋克，十谋克为猛安；及诸部归降，授其酋长猛安、谋克，部伍其众。诸部谓长城以北部落而居之人民，或从事于游牧。其风俗习惯及英勇作战之精神，多相类似。金待遇之，初同于女真，故皆乐为之用。后，金采行屯田制，徙女真、奚、契丹人居于中原，与民杂处，给以田地，计户授甲仗，耕种自给，春秋给衣，出军始给钱米。此为维持其统治权之计划，初虽行之有效，而终归于失败，由于地理环境迥异也。

第四十七篇　辽金夏（续前）

金之疆域——诸帝——政治制度——财政——金之衰弱——覆亡——夏之兴起——李元昊——夏与邻国之关系

金之疆域　金之疆域系太祖、太宗之经营。其根据地在混同江之北。《金史·地理志》言其极边地名，多非吾人所能确知。大体而言，东达吉林东部，北深入黑龙江；灭辽，尽有其地，夺宋黄河流域之地，于是西境与夏接壤，逾黄河复历陕北，西至甘肃，与羌地相错；更左折而东，循渭河以秦岭与宋为界，其东，南抵汉、淮，地方万余里。其取之于宋者，为今陕西、甘肃大部分，河北、山西、山东、河南及安徽、江苏各一部分，多中国户口繁众、文化发达之区域。金仿辽制，设五京：一、上京，在其旧地；二、东京，为辽阳府；三、北京，即辽中京；四、西京，地为大同；五、中都，旧号燕京。汴京初非其所有，后夺之于宋，改称南京。其疆域视辽为广。辽分为五道，本于唐制。金改用宋名，曰路，全国凡十九路，多取之于宋。地在长城以北者四路，不足百分之二十五；百分之七十五以上，皆为汉人居住之区域，其北非无汉人，特其社会上之势力不甚强大。金初都于上京，后迁于中都；二地自然环境不同，人民生活习惯迥异。金人居于汉人中心区域，其思想之改变，渐同化于汉人，为事理之当然。其建国也，全恃武力；得宋地后，贪于物质之享受，汉人纳税豢养其贵族，乃为人民之蠹。其财力远过于辽，国祚视之为短。辽人汉化不及其深，当为其一主因。

诸帝　金、宋疆界确定于1142年之和议，值金熙宗亶在位。初，太祖舍子立弟，约其互传于子孙。太宗立其兄长孙亶为储副，兼领都元帅。太宗死时，宗室大功臣有觊觎帝位之意，相忍不敢发难，故亶得立，乃夺大臣兵权，杀其谋叛者，性情转而暴戾；末年，酗酒，使其失理智，屡杀宗室，箠辱大臣，人怀危惧。1150年，大臣杀之。太祖孙完颜亮与之通谋，嗣位，是为海陵王，为人小有才，初矫饰广求贤名，后纵意所为，“屡灭宗族，剪刈忠良，妇姑姊妹尽入嫔御”；复谋统一中国，大举伐宋。1161年，为下所杀。初，金南征，籍契丹丁为兵，其不愿行者为乱。太祖孙雍为东京留守，畏祸起兵，自立于辽阳，是为世宗。为金贤主，深知民间疾苦，复与宋和。帝尚节俭，勤于政事，史称：群臣守职，上下相安，家给人足，仓廪有余，刑狱减少。为金极盛时代，亦其衰弱之起始。盖金人汉化，时已完成，世宗虽欲保存旧俗，究无实效。旧袭猛安者，须学女真字，世宗改令女真、契丹、汉字曾学其一者，即许承袭，尤其明例。其求贤之心甚切，而大臣则未举贤，偷安苟禄而已，朝中实少才能之士。1189年，病死。自此迄于金亡，凡四十五年，其有四帝，皆为中庸之主，而金衰弱益甚。蒙古崛兴于漠北，南侵金地，为其大患。金畏其逼，迁都于汴；复与南宋构衅，西对夏作战，徒自耗其国力。末帝哀宗于兵迭败之后，以河南一隅继续与强敌作战。宋不鉴于前事，应蒙古之请，会师攻金。1234年，城破，哀宗自杀。

政治制度　金先为部落社会，文化去原始社会犹不甚远。其政治制度朴实，诸官皆以宗室功臣充任，部落酋长行使其职权如故。迨据有辽地，辽官降者，命为猛安、谋克；有不乐为之者，始仿行辽南院之制；后，采行中国制，建立三省。及有黄河流域，应需要，循中国之旧，颁新官制，俄罢中书、门下省，尚书省为行政枢纽，握有大权。其前，三省互相牵制，一省则责任专一；惜其置官太多，名目繁杂，仍不免于牵制。枢密院由都元帅府改置，掌征讨之事，兵罢则省，院为永久机构，掌军事机密事宜。谏院亦为重要官署，其职权之分立，同于宋制。地方官制大体上亦同于宋。金人虽无种族之观念，而部落、宗族思想极强，宗室居于高官。学校之设立则为贵族官吏子弟。科举因中国制度，取士之范围较广，得人视辽为多，藉以招抚新附之汉人，擢用才能之士。其刑法初极严酷，后兼采隋、唐之制，参辽、宋之法，制定法律，当为进步之征。

财政 金据中国北部，赋税沿用宋制。史称：官地输租，私田输税，租较税为重。税为两税制，岁入今不可知。政府按官民资财，定其等级，征钱有差，谓之物力钱。《金史·食货志序》云：物力之征上自公卿、大夫，下逮民庶，无苟免者。近臣出使外国，归必增物力钱，以其受馈遗也。傥如其说，物力钱同于后世之所得税。初行于宋神宗之世，王安石创免税法计民财力，定其等级，各出钱免役，由官雇人为之。官吏奉行，颇有羡余。富户谋减轻其负担，常以多报少，或隐瞒其资财，乃令其自报，并奖民告密，贫富皆无所隐。金仿行之，称为推排物力法，遣官分路推排，定户之高下纳税，行之有效，当为政府之重要收入。盐、酒、茶、醋等皆由官卖，仿行宋制。《宋史·食货志》称其商税金银百分取一，诸物百分取三；中叶，征税处至千六百一十六，同于后世之厘金，徒病商民；末年，国用不足，苛敛益多，更大量发行纸币，额数多而物价益高。其货币凡三：一曰钱。初用辽、宋旧钱，后四十余年始鼓铸钱，铜不足用，乃铸大钱，一值十钱。二曰银。民间用银已久，旧例：每银锭重五十两，值钱百贯，后铸宝货，自一两至十两，分为五等，官俸、军需皆银钞兼给，及钞价益落，以银计赃，人民重银轻钞，末年，民间以银市易。三曰钞。1154年发行，仿自于宋，一贯、二贯、三贯、五贯、十贯谓之大钞；一百、二百、三百、五百、七百谓之小钞，与钱并行。许民纳旧易新，商旅便之。后，钞流通额大增，而民间钱少，朝廷令民交易、典质一贯以上用钞，毋得用钱。后，大军为蒙古所败，钞几不能购物。政府以其轻而更作二十贯至百贯钞，俄造二百贯至千贯钞，其价益跌。时人所谓：千钱之券，仅值数钱也。政府改易钞名，新发行者一贯当旧千贯，行之五年，其购买力之低同于向时之旧钞。政府复造新钞，人民鉴于前事，不肯使用，其价大落，万贯仅易一饼。人民以银市易，官吏禁之，市易停顿，官复许其用银。经济力量固非不合实际之禁令所能转移；善为国者，在知其病而善用之。金之覆亡，固为武力不竞，其通货膨胀增加人民痛苦，更促成其崩溃。

金之衰弱　金据黄河流域，迁都于燕，自部落社会演变近于汉人之社会，政治中心转移于中国，宗室、贵族移居于长城以南，旧壤为人忽视，留居于其地者常少发展之机会。长城以北壮丁善于骑射。金徙女真、奚及契丹人为屯田军，散居于黄河流域，其人数史无记载。中原地理环境迥异于长城以北之地，游牧、行猎之生活变为农业社会，势将丧失其骑射之技术，渐而同于汉人。不肖者利用杂居之机会，鱼肉汉民，加速其腐化。金至中叶，改令其众自相保聚，土田与民田犬牙相入者互相易之。此为应时而生之改革。屯田军与民接触之机会视前为少，或减少人民之恨恶。武艺退化，则无法改善。史称其不屯种者，赁民代耕，日益贫乏。耕种为劳苦之工作，常非战胜之统治阶级所愿为。赁民代耕，殆不始于此时。其贫乏多由于人口增加，政府计户授田，依据旧有之限额。一户向有五口者，以早婚之故，历二三世，可能增至一二倍，收入迄无增加，屯兵营养不足，身体趋于羸弱。其社会地位常以贫穷，为人所轻，或逃亡避免兵役。及金末叶，猛安、谋克统率之人益少，出战辄败。主兵者不知其故，以为田少不足养其身家，致无斗志，请括民田之逃税者给之，政府从之。士卒强夺民田，仍无补于军事。金败于蒙古，退出之地屯田军皆为贼盗及暴民所杀，虽赤子不免，由于所谋不臧也。高原户口不多，而南徙者尽为生殖力强之壮丁，家人同之南行；长城以北之户口减少，战斗力削弱，由是北防空虚。宋臣之被留于金者，归而言其北边为游牧民族所攻扰，金战不胜。此犹在金盛时，边患已有相当之严重。

覆亡　金之北境与蒙古接壤。蒙古高原为游牧民族之良好牧场；壮丁皆为英勇善射之骑士，部落而居。若有伟大之领袖，成为号令统一之国，其战斗力强，绝非其邻国所能拒抗。蒙古部落扰于金边境，及强酋铁木真统一蒙古诸部，乃为大祸。铁木真初称藩于金，进献方物，后以金主庸懦无能，侵掠其边境；1211年，大举南侵。金兵初不设备，为其所败，援兵至而大败。铁木真陷其西京，遣将东行，所过诸城皆陷。金兵退守居庸关。铁木真自别道入长城转攻居庸关，破之。金将不知守城，出战无不败溃。败将畏罪，引军入京为乱，迎立新君，增加人心之不安；对于军事，更有不利之影响。铁木真分其部下为三军，滋扰于金地。内郡久无兵革之祸，人不习兵，城多失守。史称：两河、山东数千里，城郭丘墟。蒙古兵只知屠杀，劫掠财货，俘虏降为奴婢。金帝聚兵积谷，固守燕京。铁木真合大军围攻，而城不下；1214年，许金和而北归。

蒙古军退，金主以河北残破，人民流离，燕京成为孤城，难于固守，决定南迁都汴。铁木真怒其存有疑心而不释憾，复兴师南征，所过州县皆下，围攻燕京。金军赴援，中途大溃，守将以粮尽援绝，或自杀死，或弃城走。蒙古围城先后三年，克之。河北经其铁骑蹂躏，军民丧胆，又无守备，蒙古军所至皆下。时人云：凡大河以北，东至于山东，西至于关陕，不一二年，陷没几尽。蒙古军南侵，未有占据土地、治理人民之思想，一过屠杀、劫掠、焚毁破坏而已。饥民相聚为盗，所在皆是。金以兵不敷用，签发汉人。史称：强壮丁男或尽取无遗，汉民号泣、嗟怨，亦不能战。其南迁也，尽携猛安户之老稚渡河，括民粮以养之。复以国用不足，增发引钞，至使物价踊跃，贫民生计困难，无以为生；生者铤而走险，盗贼之势益炽。山东盗魁攻据州郡，官兵为其所败，足以削减其国力。金恃黄河之险，敌骑不能越渡，驻重兵防守黄河，保潼关。时人言：河长二千余里，驻精兵不下二十万守之，民兵尚不在内，夜则传令坐守，冬则燃草、敲冰；潼关西南边山一千余里，大小关口三十六处，有精兵不下十万驻守，民兵不在其数。布防可谓周密，铁木真无如之何！宋以金衰弱，罢其岁币。夏欲乘机并取金地。宋、夏合作，欲夺其西北边地，皆不能胜。金以宋违盟，出师伐之，宋兵败而金亦劳民费财。哀宗即位，复与夏和；遣使入宋请和。而宋人侈言恢复，不顾利害，方以不了了之为得策。迄无所成。

金兵守险，蒙古军不能破之。铁木真将死，《元史》称其语曰：“若假道于宋，宋、金世仇，必能许我，则下兵唐、邓，直捣大梁。金急，必征兵潼关；然以数万之众，千里赴援，人马疲敝，虽至，弗能战，破之必矣。”后，蒙古对金作战策略，一如铁木真所言。蒙古与宋时无盟约，使臣假道于宋，被杀。蒙古军伐宋，取道汉中东行入金，达于河南西南部，所谓“下兵唐、邓”也。此为袭击之奇兵，远行无粮，金若坚壁清野，固守州郡，不与之战，战争将或延长。金主闻警，远调戍卒与之作战，师大溃散。蒙古主窝阔台将大军入陕，乘胜而东，诸关兵奉命撤退，潼关降于蒙古，于是，东西路通，黄河险失。蒙古军围汴，金再乞和，以太子为质，给予金帛。窝阔台许之。俄金将擅杀蒙古使者三十余人，战祸复起。蒙古军围汴，哀宗率卫兵突围而出，辗转而至蔡州。蒙古使入宋议共伐金，1233年出兵围蔡；宋出兵助战，并馈以粮三十万石。哀宗尽籍民丁守城，妇人壮健者亦令运石，城中粮少、援绝；明年，城破自杀。

夏之兴起　夏亡较金为早，其汉化程度不及金深。史称：夏本拓跋魏后，地为五世纪夏国旧壤。宋初，其酋李继捧率其族人入朝。太宗曰：汝在夏州，用何道以制诸郡？继捧对曰：羌人鸷悍，但羁縻而已，非能制也。此《宋史·夏国传》所记之辞。其政治现状不与宋同。宋州县而治，人民从事耕种。夏部落而居，为游牧民家，其一家为一落，同于羌人。李继捧称其诸部为羌人，风俗习惯当与之相同。其地为匈奴故壤，鲜卑、突厥次第据之，统治者先后不同，而游牧于其地之人民固同一种族。李继捧入宋，言其诸父、昆弟多相怨，愿留京师，是其威令不行于族中，对于诸部唯事羁縻。其祖于唐盛时为其臣属；唐衰，助其讨贼有功，赐姓李氏。宋赐为赵姓，夏主自称李姓。其根据地在今陕北及绥远南部，东与北汉隔黄河为邻。宋伐北汉，李氏出兵助战，当为多得财货之计。宋赏赐之，维持亲善之关系。宋灭北汉，与之为邻，故继捧入朝。太宗留之，欲尽徙其族人于内地。其族弟继迁不肯入宋，出亡聚徒为乱。李氏世有陕北，恩德为诸部所服，部众乐为之用，数为边寇。宋军讨之，不克；真宗始许其修贡。继迁西拓领土，1002 年攻陷今宁夏东南灵州为都。宋与之和，以其旧地与之。继迁经营西方，为诸豪所败；及死，子德明立。宋赐赏甚厚；辽册德明为大夏国王，维持亲善之关系。德明专力经营西方，其开拓之土地广而兵力益强；子元昊颇有功绩。

李元昊　元昊通蕃汉文字，雄毅大略，善于用兵，以军功为太子，嗣父为君；设官仿唐、宋制度，其文武长官，命蕃汉为之。史言其“每举兵，必率部长与猎，有获则下马环坐饮，割鲜而食，各问所见，择取其长”。此为选用将士之一法，部长当可各尽其能，兵力甚强。侵夺诸部土地而成大国；1038 年，称帝。《宋史 · 夏国传》言其州凡二十有二，地方二万余里。就今地名而论，其疆域有陕西北部，绥远、宁夏大部分及甘肃、青海一部分。《夏国传》云：其地饶五谷，尤宜稻、麦。甘、凉之间，则以诸河为溉。兴灵则有古渠，曰唐凉，曰汉源，皆支引黄河。故灌溉之利，岁无旱涝之虞。实则，其地为五州腹地，雨量常少，耕种区域多限于近河灌溉之地。河套为黄河肥沃之地，在其境内，亦须引用灌溉。其大部分土地，宜于牧畜。元昊尝谏其父臣宋衣锦曰：衣皮毛，事畜牧，蕃性所便。英雄之生，当王霸耳，何锦绮为！其言见于《宋史》，颇见其抱负。其民广事游牧，国力之强，实由于此。国中男子，年登十五为丁，率二丁取正军一人，法奖人为正军，故壮者皆习战斗而多得正军，给以马、驼各一。得汉人勇者为军，弱者耕种或守城。用兵善于设伏包敌，骑兵乘善马，重甲，刺斫不易受伤，遇战，先出铁骑突阵，阵乱则冲击之，步兵挟骑以进，故战常胜。宋以夏主称帝为反，二国作战，宋多步兵，居于防守之地位，数为元昊所败，边帅一再易人而皆无功，军费大增，运粮困难，人民深以为苦。元昊虽胜，然未深入，复以民苦，二国议和，1044 年和成。宋封元昊为夏国主，岁赐大量银绮绢茶。辽伐夏，败退，其军视宋为强；元昊亦不欲多树敌国，复乞和于辽。元昊促进国中文化，自制之文书命其臣演绎之，形体方整，用以记事，并译《孝经》等书。

夏与邻国之关系　夏自元昊称帝，迄于覆亡，凡十主，一百八十九年。元昊为夏雄主，在位十二年，其规模传之子孙；及死，老成人犹在，兵力甚强。辽大举伐之，而不能胜。宋神宗变法，增强其军力，积极经营夏地。其先，夏无遵守盟约之诚意，侵扰宋边。宋将取其陕北一州，夏主请以二砦易之，宋许其请，而夏中变，击败宋兵，复大举入寇。神宗遣大臣宣抚陕西，出军攻夏，进取其边境，筑砦。俄夏人来攻，新筑之砦皆陷。神宗志在灭夏，不为之丧沮，聚军积谷于边；1081 年，命将五路出征。宋兵锐气正强，初战皆胜，然以诸将不能合作之故，深入者粮尽而退，死亡颇重。宋于陕北新得之地筑永乐城，俄为夏所攻陷。反对变法者，夸大其事。实则，神宗拓地颇有所获，由被动而处于主动地位。夏人困弊乞和，不能报复。

哲宗嗣位，守旧派之大臣辅政，尽反神宗所为，以其重大代价而得之四砦归夏。夏主欲尽得其失地，意不满足，仍来寇边。及新党复起，追究割地之责任，进兵攻夏。夏战不胜，乞援于辽。辽为之请和，于是宋、夏和成。徽宗与夏作战，亦有所获，终以辽之干涉而成和议。夏之兵力不及宋强，由于神宗经营之力，亦可见夏之衰弱。夏与辽为婚姻之国，故辽迭为之请和于宋。辽败于金，夏出兵助辽，虽不能有所补救，固已尽其力之所能为，其败乃其力弱。金许之和，夏主奉表称藩，不与宋通使，然自主其国如故。金、夏和成，八十余年未有战争。及蒙古兴起，夏为其所攻，乞援于金。金为蒙古所扰，不能救援，夏遂叛之，兵衅开而十年不解。《金史·西夏传》所谓：一胜一负，精锐皆尽，而两国俱敝也。合纵防御蒙古，犹不能胜，相攻徒自耗其国力。蒙古主侵夏，夏主兵败，纳女请降。十余年后，铁木真复出兵攻夏，城邑尽陷；1227 年，其主力屈出降。史称：蒙古诸将多掠子女、财帛，夏人穿凿土石，以避锋镝，免者百无一二，白骨蔽野。

辽、金、夏起自游牧民族，其兴也，各有杰出之主；其亡也，多由于主庸，任用匪人，而无远见。夏代史料多不传于后世，其文字非吾人所知。就现有之历史知识而论，其覆亡原因，多同于金。夏亡，蒙古以其地为根据地，东出攻金，大为便利；1234 年，金亡。宋不鉴于徽宗之事，采取之行动，如出一辙；1279 年，宋亡，亦由于国中无人。辽、金、夏对于汉人，未尝滥杀，颇接受中国文化制度。蒙古起于漠北，则以破坏为事，其文化水准，视三国犹低。

第四十八篇　宋之学艺

佛教——新儒学——道教——学术进步之原因——历史——考古与地理——科学——文学——美术——工艺

佛教　佛学受唐武宗及周世宗之摧残，经典毁灭，注重理论之宗派人才寥落。吴越王尊奉佛教，至向日本、高丽搜求遗经。宋太祖敕雕印《大藏经》于蜀，历十二三年版成。自宋初迄元，刻版二十余副，可见佛经流布之广。于是理论渐盛，天台宗发生教义之争论；华严、法相宗有复兴之象。禅宗尤为发达，其主张："直指人心，见性成佛。"原不欲立文字；于经典毁灭时，有独霸佛教界之势。学者称：禅宗摄入道家之思想与风格于生活内部，吸收儒教之礼、乐于寺院之仪礼之中，为中国化之佛教，适合于士大夫之所好。其修行方法：一为看话参，一为默照禅。前者谓亲参名师，冀见性悟道，后学于问答记录中，求得修行之规准；后者主张打坐。禅宗原用二法；及至北宋，看话之风气大盛。默照禅兴于南宋；二派成为对立之势。宋世谈道之人，皆有修禅之经验。儒者注重静坐、内观之功，吸入佛、老思想于儒学之中，创立新儒学。

新儒学 新儒学一称道学，一称理学。自汉学以来，儒生精力集中于五经，并以《论语》为要籍。唐人推重《孟子》《大学》《中庸》。宋儒以四书为理学之基本，并受道教、佛教之影响。其太极说出于道教。佛教注重禅定，宋儒主静坐；华严宗言理法，宋儒言理气，皆其明证。宋代理学家首为周敦颐（1017—1073年），为地方官二三十年；晚年，居于江西庐山，人品高洁，胸怀洒落。其学说要旨以太极为宇宙之根源，动而生阳，静而生阴，阴阳相合，变化而生五气，是为五行，五气流布而成四时。五行、阴阳皆本于太极。太极无始无终，无声无臭，故名无极。其精微凝合而成男女，阴阳交感而生万物。其休养主静，本于佛教。相传敦颐尝从高僧研究华严宗学说，其哲学以《易》与《中庸》为骨干，参酌佛、道二教思想，树立其本体论，乃调和三教之学问家。程颢、程颐皆其弟子。

程颢（1032—1085年）初研究佛、道近十年，返求诸六经。其本体论同于其师，唯所用之名辞不同，进而谓善恶皆天理，合于《中庸》为善，过与不及为恶；吾人与天地、万物为一体，若任天理之自然，不杂私意于其间，久则达于万物一体之境界，所谓仁也。其弟颐（1033—1107年）以党争而贬谪，享高龄而成就较高。其学说为二元论，以理与气为宇宙万物之根源，其形体从阴阳二气产生，属于形而下之器，为物质，本性为理，为形而上之道，为形式；人同于物，由理、气构成，本性为善，不善由于气禀昏浊之不同。其修养之建议，内则主敬，外则致知。敬为精神统一，不为外物动摇，主张静坐。致知同于格物，物皆有理，日知其一，久则进入贯通之境域。其友邵雍为道学家，注重象数之学，于哲学上未有贡献。二程亲戚张载（1020—1077年）亦为理学家。载少喜谈兵，欲立功名，旋探真理，广读儒家、佛、道之书，后与二程兄弟相见，专攻儒学。其本体论之实质同于程颐，进而以人受气之清浊，有刚柔缓急、才不才之不同，修养乃变化气质。其思想适用于人类，以人与宇宙万物一体，当视宇宙为父母，众人为兄弟，万物为同类，各以其道事之。其论涉之范围极广，与吾人所知之事实不相符合。诸人中，二程弟子多，而影响大。

朱熹（1130—1200年）集道学之大成，五岁能诵《孝经》，长从名师问学，深受程颐学说之影响，并读释、老之书。为地方官时，兴利除害，讲求荒政；教育方面，修复书院，聚徒讲学，声誉日隆。后为讲官，以党争故而遭罢斥，政敌目其学为伪学，熹泰然讲学，迄于病死。其学说要旨以太极为宇宙本体，用以综合理、气二元，更以其为天地万物之理，万物相互间之差别，由于禀受之气各有清浊、偏正；人有天地之性与气质之性，前者从理产生，后者从气产生，其善恶之分由于禀受不同。朱熹以此解释性之全体，解决古人性之争论。其伦理思想以仁为天地化生万物之心，万物由天地所生，内心有仁德之存在，为众善之源泉；求仁为修养之目标，其法一为居敬，一为穷理。居敬同于佛教之禅定，穷理谓研究万物，求得各种知识，用力久而一旦贯通。穷理又必读书，教育乃变化气质之性，恢复本然之性。其积极主张并重行为之训练与理论之传授；政治见解则以人治重于法治，重视任贤感化。要之，朱熹之学说综合北宋诸儒之见解，参以《易》及四书之思想而成，并加扩充，树立理、气二元论，对于宇宙、伦理知识诸问题有一贯之解释。其研究之范围广博，本于批评精神，运用缜密方法于学术，颇有贡献。其哲学对于后世固有重大之影响，即于清代考证之学亦极有关系。论者称为中国承先启后之大思想家。

陆九渊（1139—1193年）思想与朱熹不同，少颖悟，中年登进士第，与朱熹会晤，讨论学问发生争论，私人友谊则反增厚。其思想要旨以理充塞宇宙，天地万物之存在依据于理，吾心即理，尝曰：宇宙便是吾心，吾心便是宇宙。乃以心为宇宙唯一之根源，为彻底唯心论之学者；进而谓人性为至善，心有良知、良能，唯须明白本心，自会达到至善，九渊称之为仁。本心既明，谨守而时习之，将达万物皆备于我之境界，穷理当无必要。九渊之学与朱熹对峙，然其对于宇宙各方面之解释，简略已甚，朱学势力逐渐扩展。元修《宋史》，立《道学传》，以朱子为中心人物，而列九渊于《儒林传》。朱学盛行迄于明之中叶。宋儒鉴于五代风俗之败坏，倡言名节，注重人伦，君臣之义，无所逃于天地之间，女子从一而终，成为强有力之礼教。南宋士大夫高倡恢复土地，或倡尊王攘夷，或言事功；实则儒生沽名负气，持论太过，常为祸于国。其所习理学，固与政治无关。

道教 真宗信神仙之说，于诸路置观，命其臣集刊道书四千三百五十九卷，为道藏之基础。徽宗信奉道教，增加其盛，宗派增多。全真教最为重要，分南、北二宗。南宗第一祖于北宋末布教。北宗第一祖为金人王嘉（1112—1170 年），相传其遇仙人，通仙术，在山东布教，主张儒、佛、道三教调和，题所居曰“全真”，意谓屏去妄幻，独全其真，故曰全真教。南宗归入其中，乃后人所为。其立教要旨简明扼要，注重禅定，倡言修行应从打坐入手，以达于语、默、动、静无时非禅之境界。此为人与道合之圣域，与从前登仙长生之说不同，为教义上一大革新。道士先皆迷恋现世，嚞主张超脱生死之外，颇接近于佛教及老庄之思想。

学术进步之原因 宋代学术发达，史称：自前代迄唐，集凡八百九十二部、一万二千二十八卷；宋集二千三百六十九部、三万四千九百六十五卷。集为作家一人之著作，唐集流传于世凡一百十二家，据此计算，宋集较战国至唐之集增加二倍有余，宋作家多于唐二十一倍有奇。唐代雕版印书，犹未盛行，或为其一解释；而宋作家固多；辽、金、元集共六百六部，亦远非宋比，其他方面之著作亦多于前代，乃中国文化昌明时代。其主因凡三：

一、奖励诗文。宋进士科沿用唐制，才能之士尽其心力而为诗文，成为风气，受教育者视前增加，有天才者因得有所表现，科举制度亦有改革。唐曾于殿前试士。宋初，下第举人以录取不公诉于天子，太祖命题复试于殿中，别为升黜，是为殿试，相沿成为定制。政府防弊，糊名考校。贡院监门官以应试者挟书，解衣阅视。三岁一贡举，取者分为三甲，皆本于宋。应试者一万七千余人，平日“闭门学作诗赋，为官则世事皆所不习”。政治上遂少有用之人才，诗文益为发达。由进士出身者，居于显位，朝廷待之优厚。其仕不得志而贬居州县者，多不愿担任行政责任，从容游览山水，咏诗、写文成为风气。

二、教育机构之增加。宋兴，国子监徒为虚名，未尝营造太学，只假房数十间，生员三百人。此名儒整顿以后之事，其前更非培养人才之所。王安石立太学生三舍法，校舍增加，规模改善，学生增达三千八百人；州县学校亦有改革。后，令诸路仍以科举取士，唯太学行三舍法，为最高学府。南宋太学成为声利之场，学生干涉政治。书院较为发达，五代始为讲学之所，宋有四大著名之书院，南宋增设犹多。书院有讲堂、学舍、书库，朝廷或赐以书，常有学田，以其租入供给费用；官吏或予以津贴。讲学者或由主持者自教，或别请名儒，或由学成之弟子代讲，或由官吏延师。其所讲之范围常视其师所学与所好。学生有膏火之助，其人数多至数千百人，发达过于官学，为自由讲学之所，学风、规模皆视官学为优。儒生教授生徒，仍沿用不废。北宋大儒讲学于家，则其明例。受教育之人士大增，乃有助于学术之发达。

三、印书术之发明。古书之流通，初赖钞写；及刻版发明，书之产量增加。五代雕印儒书一百三十卷，历二十四年。北宋雕版书籍，先佛经而后儒书，十二年中印成佛经五千余卷，技术有重大之进步。刻印经史板存于国子监，初只四千，四十五年内，增至十万。合计佛典书坊之板，量数有相当之多，印书大增。1040 年左右，毕昇发明活字版。其法用胶泥刻字、烧坚，欲印以一铁范排布字印为一板，就火以药黏之，使平如砥，然后印之，极为神速。其用，早于欧洲三百余年，得书益易。士大夫藏书多者逾十万卷。时人谓读者不甚爱书，用力不及先时之勤。大体而论，知识流传广而文化之水准提高，对于学术之进步，当有重大之影响。

历史　宋代历史撰作丰富。仁宗以五代修成之《唐书》阙漏，命臣重修，是为《新唐书》，文较简而事增于旧，惟删去骈文诏疏，为世所讥，《旧唐书》则保存之。太祖命修《五代史》，以各朝实录为稿本，逾年而成，世称《旧五代史》。文学家欧阳修私撰《新五代史》，所叙史实远不及旧史之多，不幸旧史湮亡。十八世纪学者于各书中，录纂其遗文，复成《旧五代史》，然非原书。上述四史皆为纪传体，本于前人规模。编年史按年、月、日编系大事，司马光得朝廷之赞助，设局聘学者编撰，参考所得之史料，历十九年而书成，名曰《资治通鉴》，起于战国，终于五代。光作之《考异》，述其辨异同、明去取之标准，可见其精博详审，又保存不少之史料；惟受史体之限制，一事前后不相连续，读者常不能认识政治、社会之演变，光亦如此。其与神宗论及西汉衰弱，由于武帝、元帝变更祖宗之法，则其明例。朱熹与其徒所作《通鉴纲目》，价值更在其下。编年史伟大著作皆在南宋：一为李焘之《续资治通鉴长编》，用力四十年而成，记北宋之事，参考之史料极多，自谓“宁失之繁”。书亡，清学者钞录其遗文而恢复其大部分。著者以其保存史料之多，价值在《资治通鉴》之上。二、李心传之《建炎以来系年要录》，详记高宗一朝之事。三、徐梦莘之《三朝北盟会编》，专记宋与金结盟、连盟之事，皆为巨作。袁枢读《资治通鉴》，以一事首尾或散出于数十、百年之间，不相缀属，乃就书中所记之事，分类抄录于各题下而贯通之，号曰《通鉴纪事本末》。此不过便于读者，不足以称著作。后人视为史之一体，有仿为之者。郑樵好通史，欲合群史，成一家之言；其所编之《通志》，纪、传全抄诸史，即其极意经营之二十略，原同于志，不过分类多而易其名，亦直录旧典，殊不足言贡献。宋人马端临于国亡后，编成《文献通考》，以补《通典》之阙，迄于宋代，保存不少重要之史料；若于古代制度，则因陈抄袭，或不问其所本，或不辨其真伪，或不问其是否实行及运用之实际情况与利弊，杂然抄入，为此类史书之通病。

考古与地理　金石铭文为宝贵之史料。欧阳修爱好古物，撰集古录。收藏家赵明诚撰《金石录》，所录之古物数至二千，倍于修所藏。徽宗爱好古物，所聚皆为精品。商、周青铜器名器皆宋人所定，沿用迄今，少有所改。图录、拓本皆始于宋，建立研究铭文之基础，有助于历史之研究。古代地理书多不存于后世。十世纪末乐史讥唐人所作志称漏阙，著成《太平寰宇记》，取材多而记载博，列朝人物及题咏古迹之诗文皆录于书。唐、宋地理之书自以此书最为详博，佚书之遗文赖之传于后世，为重要之著作，地理书自是始详而体例大变。最古郡县地志传于世者，皆宋人之书。地志常有附图，就其存者而言，道里远近虽不精确，然视文字形容固较便于读者。刘豫时所刻《禹迹》《华夷》二图存于陕西西安，论者称：中国绘图之术于时有卓越之进步。宋人游历地广，或以海外贸易之发达，得知诸国之物产、风俗，常有助于后世明了其人民之生活。其记南洋诸岛尤为学者研究其地人民之重要史料。宋于统一后，命降臣编辑类书《太平御览》则其一例。保存一部分古籍，亦有功于后世。

科学　中国发明火药、指南针。火药用为爆竹，盖在六、七世纪南宋用以从事于战争。金主亮欲于建康上流渡江，虞允文于舟中发霹雳炮以迷敌人。炮以纸为之，实以石灰、硫黄，盖为进步之爆竹。魏胜创炮车，可射二百步，其火药用硝石、硫黄、柳炭为之。孝宗诏诸军遵其式制造，然未能得其用，盖由于军队之腐化。金人曾以火药实枪为炮以杀敌。火药传至西域，回人制造之炮精巧。蒙古进攻欧洲用炮，乃为杀人之利器。指南针制造甚早，宋书言及磁石指南之事，针用磁石或有相当之久。宋人言海船航行，夜则观星，昼则观日，阴晦观指南针则其明例。阿拉伯商人来中国贸易，或由其传入欧洲。指南针用于航海，使船师知一定之方向与行程前进，便利世界之交通，并促其发达。数学方面，零数系印度发明，代数可能由阿拉伯人传入中国。十三世纪数学家秦九韶著数学九章，利用零数，尽推算之变；所立天元一法今称代数。宋人注重花卉植物。《宋史·艺文志》载有不少之花谱及经济植物书籍，其培殖治病之方本于观察、经验而得。宋人所著之本草与图刻，视欧洲一二百年后所著者为进步。十一世纪防天花法之发明，为其医学进步之证。

文学　宋文学发达，初沿唐旧，诏制、表疏、信牍多用骈文；中叶，散文名家辈出，以写散文之技术运用于骈文，复用经、史语组缀，出于自然，论者称其跨越前人。宋为散文时代，世称唐宋八大家，唐二人而宋六人，三倍于唐。欧阳修有改变文风之功。初，韩愈改革文体运动于唐末势已衰弱，修好古文，知贡举，排抑险怪、奇涩之文，渐而改变文体。其时，国中和平，人民安居，才能之士皆欲以才显名，有天才者各得发展之机会。修奖引后人，如恐不及，有助于散文之进步。苏轼为伟大之作家，其父与弟皆散文名家。

八大家中，三人出于一家，诚不易得。轼为文深受庄子影响，变化莫测，自言其“作文如行云流水，初无定质；但当行于当行，止于所不可不止”。其嬉笑怒骂之辞皆可写而为可诵之文，其技术高而文美。十四世纪元人所修之《宋史》论轼文云：其体浑涵光芒，雄视百代。可见后人推崇之一斑。王安石文亦盛称于世。南宋之文不及北宋，一由于理学家之不重文学，一天才作家不多也。

唐诗盛而宋仿之，后世尊唐而黜宋。为之辩护者称：宋诗人用力精专，取材广，命意新。宋诗自王安石、苏轼始成大家。安石诗至晚年，始尽深婉不迫之趣，用字造语浑然天成，不见有牵率排比处。苏轼读书多而才思横溢，论者称其“爽如哀梨，快如并剪，有必达之隐，无难显之情”，为李、杜后一大家。其门人有不少之诗人，以区域分而为江西派。词至宋而极盛，犹诗之大昌于唐。宋初，词为教坊乐工与妓女所歌唱。柳永所作之词能状难状之景，达能达之情，出于自然，为人所喜唱，“凡有井水处，即能歌柳词”，为一名家。北宋词人甚多，及至苏轼，变为诗人之词。轼充分发挥其所感与怀抱，不受曲调之拘束；所作不谐于音律，而词范围由是扩大，无意不可入，无事不可言。其弟子中，秦观尤有名。其后，词人中周邦彦最为重要。邦彦善音乐，能自度曲，具有文学天才，兼取众长，辞协音律，炼字琢句，善于铺叙。时人皆知其词可爱，乃音乐家而兼诗人。南宋词人首推辛弃疾，才气纵横，见解超脱，情感浓挚，一一寄之于词；唯音律欠谐。诗人之词至是登峰造极。姜夔亦南宋有名之词人，古人言其词极精妙，近人称其非第一流作家。夔为音乐家，注重音律，不惜牺牲词之内容，求其和谐，为一词匠。女词人李清照为赵明诚之妻，亦伟大之作家。

宋小说视前代发达。北宋初编辑之《太平广记》采摭宏富，保全一部分古代小说。宋人所作之《志怪》，平实而乏文彩。传奇叙述一人一事，常托往事而避近闻，亦无甚价值。民间用俚语讲故事，谓之“平话”。其写成之底本为小说，内容或言一朝一代之事，或述惊异之故事，或滑稽以博一笑。其传于世者，描写细腻，对话人情，白话小说已有进步。其故事长者，分为章回。戏剧有相当之发达。北宋多滑稽戏，南宋多以歌曲演之。其剧本无一传于后世，致吾人不知其演变之真相。

美术　美术除雕刻外，宋有伟大成就。其字由唐变化而出，善书者甚众。法帖为集古今名人之真迹，摹勒上石，拓而流通之谓。始于南唐，至宋而益发达。太宗留意翰墨，出御府所藏，命善书者临摹，以枣木镂刻印行。徽宗所刻更多，学书者取之为法。帖之种类增加，学者考证精至辨析毫芒。宋沿唐制，置书画学博士，为其发达之一原因。士大夫好游山水，达官本于唐之习惯，置花园，中有亭榭、池塘、竹树、名花、异草。宋人所作花谱之多，可见其爱好之甚；增加天然美之欣赏，对于绘画当有影响。尤有进者，士大夫鉴赏力高，收藏名画亦有助于画之发达。北宋天才画家甚多，山水画尤为发达。其初叶，画家有李成、董源、范宽。成绘山水，凡烟云变灭、水石幽间、树木萧森、山川险易，莫不曲尽其妙。董源，金陵人，所在为景物美丽之地，所画山水，神气苍莽，为古今精绝之作。范宽画盛称于世，论者称：三人之画超绝唐世，照曜古今，为百代师法。可见其在中国美术史上之地位。李公麟为北宋末叶大画家，家世业儒，曾登进士科；后，致仕，爱好其地之岩壑，家藏丰富之古物；所画人物，评者称为古今独步之神品。米芾画山水人物，自成一家；子亦为名画家。徽宗爱好美术，设画院奖画，亦善画，山水、花鸟尤工。南宋画家不及北宋成就之伟大，而绘画仍极发达。寺观、宫殿之壁画，亦北宋较优。画至北宋，变化多而进步过于六朝、唐代。

工艺　美术与工艺发展常有关系。宋画精美，工艺亦有进步。十二世纪初叶，李诫著《营造法式》，详载宫殿、户牖、柱阶、檐井建筑、彩画之法，供后人参考。古史记工匠之绝技虽不传于后世，要为特殊人物。可见普通工艺水准之高。宋瓷器为美术，工艺尤为后世所称。陶瓷自唐以来而益进步，后周柴窑为古来诸窑之冠。北宋制造御用瓷器不稍爱惜工本，颜色以矿石为之。饮茶之风自唐后而益盛，士大夫爱好美术，讲求饮器，皆有助于瓷器之进步。著名之宋瓷：一、定窑。以白瓷为主，徽宗时所造者质薄体轻、土细色白，釉以有如泪痕者为最上，花文美丽而色不同，皆御用器。二、汝窑。

所出之瓷色主淡青，釉厚而莹润如堆脂。三、开封官窑。于北宋末烧青瓷，体薄，釉薄如纸，色不同，为进御之最良品。南宋官窑所造之瓷不及北宋。民窑所造之器，亦为世所称。窑散布于国中。瓷应外国需要，商船载出，流传之区域极广。宋代雕漆、织锦皆极精巧。

两宋为中国学艺创造时期，北宋文艺尤为进步。自印刷法之发达，书院之多、书籍之众、绘画之美，及工业之进步而论，世界任何国家于此期内皆不及宋。惜其重文轻武，政治制度偏于防范祸乱，采用分权牵制之原则，不能发挥力量，政治道德亦无进步。人民生活以户口增多而耕地不足，迄无改善之办法。政治、经济乃不能与文化配合而成光辉之时代。中国学艺常不能脱宋之规范，可见其影响于后世之大及贡献之多。

第四十九篇　蒙古帝国

成吉思汗之环境——大汗之部属——大汗之战略——战祸之惨重——西征——窝阔台——大会遭遇之困难——蒙哥——大帝国之情况——汉制之采用

成吉思汗之环境　游牧民族为中国大患，首推十三世纪蒙古帝国。其战争之残酷、屠杀之众多、疆域之广大，为前古所未有。蒙古区域视今为广大，匈奴、突厥兴于其地。其称蒙古显系译音，宋人称为鞑靼，乃不了解其语言而形容之。其游牧之地属于高原，地比砂质。宋人彭大雅言其苦寒，夏或有雪，“其产野草，四月始青，六月始茂，至八月又枯”。月皆阴历，约迟于阳历一月。人民以游牧为生，有骆驼、牛、羊，而马尤多；食兽肉而饮马乳，体壮力强，嗅觉与视听皆极敏锐，自幼即习骑射，耐寒、习劳，易为善战之骑兵。其出战也，人备马数匹，服革甲防身，以弓矢为主要武器，见敌即远射之。部落而居，分属于酋长，互相战斗，统一即为强大之武力，实现于成吉思汗之世。汗名铁木真，生于1155年，父为酋长，有数位弟妹。蒙古贵族采行多妻制，弟妹非同母所出，主妇所生之子地位尊贵。铁木真母为主妇，子生十一岁，父死，诸弟皆幼。诸部唯利是视，常侵犯弱邻；其父部属多惧而逃去。母为贤妇人，抚养诸子，对于铁木真之发展与为人有重大之影响。铁木真饱受辛苦，成为强悍之身体；及长，身高多力、善射，富有雄心，凡能扩展其权力者，无不勇敢为之；知人善用，驭众有方，判大事、决大疑，多合时宜；壮年精力耗于与诸部作战，曾两次惨败，一次为敌虏去，一次重伤几死。其转败为胜，由于意志坚决，遇困难而不灰心，部下乐为之用，又得强邻之助，于是土地广而人口增加，兵力益强。1206年，统一蒙古，诸部酋长开大会于斡难河附近之地，上铁木真尊号曰成吉思汗，意即大汗也。

大汗之部属　成吉思汗统率蒙古骑兵，十三四世纪所作《元朝秘史》记其敌国乃蛮王之言曰："人曾说达达每刚硬，眼上刺呵不转睛，腮上刺呵不躲避。"此言其忍受力强，纪律如铁，异于通常军队。大汗宿卫为蒙古最精锐之战士，《秘史》称其初八十人为宿卫，七十人为护卫，散班，前者地位高于后者。及蒙古统一，军队增加，大汗挑选有技能及身材壮者万人为护卫散班；八千为宿卫，同带多箭二千人，合称护卫万人。大汗告护卫曰：这些做我护卫人以后教做大中军者。宿卫保卫大汗，不随诸将出征；大汗出，则侍从管理其车辆、杂事。大汗留心其中较有才能之人，擢而用之。其人平日受其训练，忠心事上，执行命令，收统一指挥之效。护卫政治地位颇高，享有特权，免税则其一例。诸将严格执行命令，即独当一面之爱子亦不能违。《秘史》记其三子出征西域，得城分人民财物，未保留其父份。子留财物献于大汗，成为法令。三子回，大汗三日不许其人见，大臣谏说始已。其佐之立国、有大功者，大汗与之同享富贵，以土地、人民封之，最多者万户，次其千户，又其次百户。其疆域虽广，而户不多，显受天然环境之限制。功臣九次犯罪免罚，土地传之子孙；牧地由其划定，免去部落间之冲突。大汗法律行于蒙古，民受其利。

大汗之战略　蒙古男子十五岁以上，七十岁以下，尽佥为兵。其精锐骑兵约逾十数万人，残忍嗜杀之性情，一如往日，乃为可怕之武力。其南富庶之土地时为三国：金、夏与之接壤，宋远在南方。三国君臣皆无远见，相攻削减其国力。夏于三国中，疆域最小。大汗两次侵入其境内，大获而归；1207年，大举伐夏，败其拒战之师，进围其国都，引黄河水灌城，而堤决水流反不利于攻者，遂许之和。大汗初为金属，贡朝事之。金主疏忽边防，1211年，大汗攻金，金兵拒战大败，西京失守，援兵皆败，死亡惨重。大汗遣将略取长城以外之州、县，亲破居庸关，留于长城以北，得城弃而不守；复行入关，分兵攻取黄河以北之州、县，金能保全者九城而已。金兵集中于中都，大汗知其不易攻下，令金主犒师以和。1214年，蒙古兵退，其所过之地，多为废墟。金兵人众，迎战无不惨败。时人言蒙古作战曰：

> 其破敌则登高眺远，先相地势，察敌情伪，专务乘乱。故交锋之始，每以骑队径突敌阵，一冲才动，则不论众寡，长驱直入，敌虽十万，亦不能支；不动则前队横过，次队再撞，再不能入，则后队如之。方其冲敌之时，乃迁延时刻，为布兵左右与前后之计。兵既四合，则最后至者，一声姑诡，四方八面响应，一时俱撞。此计之外或臂团牌，下马射步；一射中镝，则两旁必溃，溃则必乱，从乱疾入，敌或见便，以骑蹙步，则步后驻队驰敌迎击。敌或坚壁，百计不中，则必驱牛畜或鞭生马，以生搅敌阵，鲜有不败。敌或森戟，外列拒马，绝其奔突，则环骑疏哨，时发一矢，使敌劳动，相持稍久，敌必绝食，或乏薪水，不容不动，则进兵相逼；或敌阵已动，故不遽击，待其疲困，然后冲入；或其兵寡，则先以土撒，后以木拖，使尘冲天，敌疑兵众，每每自溃，不溃则冲，其破可必；或驱降俘，听其战败，乘敌力竭，击以精锐；或才交刃，佯北而走，诡弃辎重，故掷黄白，敌或谓是诚败，逐北不止，冲其伏骑，往往全没。

战祸之惨重　蒙古采用之战术，本于作战之经验，其以少胜多，显为充分利用马队。金主畏敌，迁都于汴。大汗闻而怒之，值金叛军乞降，复遣军伐金；1215年夏，陷中都。金兵固守黄河，暂成相持之局势。木华黎为攻掠金地之大将，所向有功，屠杀极为惨重。兹于十四世纪所作《元史》传中引二例为证：一、《史天倪传》称，木华黎南伐，所向残破。天倪父聚族谋自保之策，闻知降者免死，率其里中老稚数千人迎降。木华黎以其子为万户，降附者十余万家，寻迁之漠北，降人道饥，其父得所赐牛羊，悉分食之，多所全活，不降者死，降者死于途中，亦云惨矣。二、达官史弼曾祖以木华黎兵南下，州官闭城自守，谓其诸子："吾与其束手以死，曷若死中求生。"率其乡人数百家请降。木华黎书帛为符遣还，州破，独降者得免。蒙古兵屠杀、劫掠而去，地方无维持治安之官吏，幸而逃免之壮丁，群起为盗。遗孑农民不能耕种，人无食粮，史称：所在人相食。

道士丘处机居于山东，大汗西征，闻其名，以为神仙，遣使召之。处机西行万余里，见之，说其一天下不必嗜杀，然不能改变其思想；处机则尽其力以救生灵。《元史·释老传》云：时国兵践蹂中原，河南北尤甚，民罹俘戮，无所逃命。处机还燕，使其徒持牒招求战伐之余。由是，为人奴者得复为良，与滨死而得更生者，毋虑二三万人，中州人至今称道之。处机归燕，距城陷将及十年，拯救数万人，不过其中少数。蒙古军所过之地，良民悉为奴隶。处机路过金西京，感叹其村落萧条而作诗曰："昔年乔木参天合，今日郸坊遍地开。无限苍生临白刃，几多华屋变青灰。"此可为中原一般情状之描写。耶律楚材博学善卜，为大汗所信任，从征西域，尝藉瑞兽说其承天心以全民命。蒙古初未经理中原，近臣言于太宗窝阔台曰："汉人无补于国，可悉空其人以为牧地。"此欲尽杀汉人，使中原为牧场乃其思想，亦其多杀之原因。大汗伐金，俘虏人民甚多，出居庸关尽杀之。太宗攻金，诏难民来降者免死；或言其不可宥，楚材请制旗数百以给降民，全活甚众。蒙古旧俗：攻城，守者以矢石相加，克必屠城。汴京将下，大将以其抗拒，兵多死伤，请尽杀之。楚材称：巧工、富户萃集于此，若尽杀之，将无所获，始诏罪止完颜氏，余皆勿问，城中一百四十七万人多免于祸。蒙古军于河南俘获甚众，军还，逃者什七八，诏居停逃民及资给之者灭者家，乡社连坐，由是逃者不得舍，多殍死道路。楚材谏言不可以一俘囚连死数十百人，乃除其禁。其滥杀之甚，为人类浩劫。

西征　初，大汗自金北归，休养其兵力，唯偏师在外作战，以敌种之后不可留。其敌国王子西逃，夺西辽王位，复谋伸长势力。1218 年，大汗遣将伐之，杀其王而有今新疆大部分，进而与中亚大国花剌子模接壤。其边将杀蒙古商人，复杀其使臣。明年，大汗起大军二十万人西征花剌子模，王避敌远征。蒙古兵分路攻其名城，焚杀破坏，多成废墟；其不胜者，大汗援之，其王逃入印度。大汗以其西逃，遣将深入西亚，败钦察人，长驱入俄罗斯而归；所过肆其焚杀。大汗留于中亚，掠取不服之地，设官治其余民；会军中疾疫流行，初欲取道印度北归，以山高难行，复循故道；及入中国，以夏纳其仇人，又不遣质子，1226 年伐之，陷其州县，夏民免死者百无一二，乃一心拒守。明年，大汗留兵围攻夏都，统军掠地。夏主遣使乞降，请宽一月之期献城。大汗许之，及病，令于夏主献城之后，尽行杀之；其先，曾谓夏使，自是以后，视其主若子也，狡诈、残暴，至死不改。俄死，后世称为太祖，在位二十一年。

窝阔台　大汗建立之帝国疆域广大，多为游牧之地，文化发达之区域遭其破坏，全以武力维持其帝国。大汗共有四子：长子术赤已死，次子察合台值在西方，三子窝阔台奉遗命为嗣子，幼子拖雷随侍其父。大汗曾以土地分封诸子、亲属；蒙古承袭旧法，诸子成年，家长给以财物，使离父居；所居余物概留给嫡妻所生之幼子，故其统治诸部落悉付拖雷。史称其遗有军队十二万九千人，拖雷得十万一千人，余二万八千人分给诸子与亲属。拖雷久侍其父，深知军略，又得其精锐之兵，二兄及诸亲属多在辽远之封地，由其监国。其父之为大汗，为诸部酋长所共推；窝阔台虽奉遗命，仍须宗族、功臣之拥戴会议决定嗣之，《元史》称为大会。1229 年春举行，奉窝阔台为大汗，后称太宗（1229—1241 年在位）。太宗性情宽厚，不吝赏赐，财物取之于民，用之无度，又饮酒无节，唯遵守其父法令，信用耶律楚材，河北之政治、财政渐上轨道。复出军远征，一军出征波斯，以其王归而恢复其故国之大部分；一军西征钦察部，自与拖雷攻金。金兵防守黄河，蒙古主转而经略陕西。拖雷自宋地袭取南阳，太宗渡河应之，大败金兵，陷其城邑，围攻汴京，伤亡颇重。乃许之和；复以杀使，攻汴降之。宋应蒙古之请，出兵攻金，金亡。窝阔台以南征所获之工匠营造宫殿，唯知娱乐，醉酒而死。宋不量力，违盟夺城，致成战祸；蒙古军反攻，宋军败退，丧失广大之土地；及蒙古兵退，宋收复其一部分失地，缮城、储粮，为固守之计。其在东方，蒙古征服高丽；西方远征军平定波斯全境，远征钦察之军，深入俄罗斯，蹂躏波兰、匈牙利等地，传布恐怖于欧洲，其屠杀、破坏之惨重，不下于亚洲。

大会遭遇之困难 太宗爱子先死，欲其孙嗣位；1241年死，皇后欲立其长子贵由，暂时摄政。大会于1246年春召集，承皇后之意，公推贵由为大汗。贵由好酒色，多病，不理政事，在位二年病死。术赤子拔都为宗王之长，不协于窝阔台系诸王，召开大会于其属地，议立新君。窝阔台诸孙幼弱，出席诸王属于术赤、拖雷两系。拔都与拖雷妃密商，推戴妃长子蒙哥为帝。拖雷得父兵独多，及死，诸子皆幼，妃有才能，军心归之。大汗为蒙古帝国之共主，威权行于各地，妃固愿子被选，诸王乃推蒙哥为大汗。窝阔台系诸王以大会不在蒙古召集，不肯听命。1251年，诸王集会于蒙古，奉蒙哥为大汗。窝阔台三孙谋杀蒙哥及与会诸王，事败。其先，窝阔台死，其叔谋以兵取大位，杀其官属；蒙哥处分叛王更为严厉，家族人多，渐不能同心合作。大会选立大汗，初用于稍小之区域，大汗遗命若为子孙、宗族将帅所遵守，则阴谋或可减少，乃为窝阔台皇后所破坏，遗命无约束之力量，问题增多。蒙古采行多妻制度，诸子各有封地，参与选立大会，易以利害成为派系。其亲属关系历世多而益疏远，又各处一方，当益薄弱。大帝国疆域视成吉思汗时更为广大，旅行困难。丘处机谒见大汗，往返三年，及归，大汗传旨优待，其师徒行于途中，犹甚辛苦。远方诸王、将帅集于一地，实非易事。大会选立，不适用于大帝国，为一明显之事，然赖以维持大汗与宗王之关系，蒙古犹为统一之帝国；及察合台、窝阔台系诸王拒绝出席，乃以多数之意见为决定。此为解决争执之途径；不幸反对者唯欲达于目的，不惜任何手段。蒙哥得立，固由于大会之拥戴，而拔都以武力支持，实为主因。大会选立制度殆难维持。

蒙哥 蒙哥为大汗，是为宪宗（1251—1259年在位），任用其亲信为大臣，弟忽必烈领治漠南汉地民户；复为巩固政权之计，严治反对其立之诸王及后妃等，遣使逮治附于窝阔台系之诸臣。于是家族之争位成为仇恨，影响政敌之政治生命及党与之安全。争立者多为强有力之宗王，各有亲信用事之大臣；竞选失败，将不能生存，唯有叛乱而已。大帝国之基础破裂。蒙古与宋关系，自战祸启后，迄未改善，蒙古军屡入宋地，剽杀、劫掠。宋将认识据险守城为拒抗马兵进攻之良策，缮城、储粮，准备固守。二国边境迭受残破，至无居民，野皆榛莽。忽必烈听其臣谋，遣兵屯田于边。此为中国旧法，蒙古前未之闻；行之，对宋不利。1252 年，忽必烈南征云南，自陕前行，越宋地，经山谷二千余里，渡金沙江，攻陷大理；听其臣不杀之言，民得保全。忽必烈北归，留将征服云南诸部。其时，交趾称藩于宋，囚蒙古使者。蒙古军讨之，陷东京，以气候热而班师，交趾请降。其越国攻远，史未记其原因，要不外弱宋也。其在西方，蒙哥弟旭烈兀远征，破灭西亚回教国，西行，为埃及军所败；于波斯建国，是为伊儿汗国。

1258 年，蒙哥出师攻蜀；遣弟忽必烈攻鄂，命云南守将引兵会之。此为大规模之军事行动，志在必取。蒙哥入川，宋将固守要地；攻之，自次年三月迄八月不下，死伤甚重。蒙哥督战，亦不能克。会军中痢疾，蒙哥病死，诸将北还。斯役也，蒙哥严禁抄掠，盖受汉人劝说之影响，且以其有利也。忽必烈围攻鄂州，另军扰于江西。鄂州今为武昌，在长江中流，得失影响战事之全局。宋宰相贾似道遣使乞和；忽必烈许之，北还。宋苟遵守和约，当免于祸。

大帝国之情况　蒙古自太祖之称大汗，迄于宪宗病死，历五十三年，成为空前领土广大之帝国。成吉思汗以地分封诸子：术赤封地在咸海之北，史家谓大汗以鞑靼马蹄所至西方之地与之，是为钦察汗国；察合台封地为新疆及中亚大部分，为察合台汗国；窝阔台封地在阿尔泰山一带及新疆北部，为窝阔台汗国；拖雷承袭父之故地。各治其军民。大汗为最高之统治者，后，得地益广，以新地封其宗王，忽必烈请关中地，则其一例。蒙古户口不多，每至一地，征发归降之壮丁为兵。《元史》中，有汉人为蒙古将帅而立功绩者。

宋之覆亡，回人有助战之功。初，宋兵固守坚城，忽必烈征炮于西域。襄阳之降，多赖炮火摧残之威力；潭州之破，亦赖炮力。回人工匠自中亚徙居中国，即《元史》中之色目人。云南为中国领土，回人甚多，盖戍守兵之后胤；回人今散居于各地，或与蒙古有关。

蒙古人去原始社会不远，迷信甚深。耶律楚材精通律历、术数之学，言事皆验，深为太祖所信，出师必命楚材卜之。太祖依其旧俗，自灼羊胛，以相符应。忽必烈迷信亦深，其征服之中国、回教国、基督教国文化较高，乃皈依其宗教。景教于唐时传入中国，后受摧残，西北边境人民仍有信奉之者。景教徒于窝阔台时，居于显位，后有受洗礼为天主教徒者。成吉思汗召见丘处机，欲得长生或神仙之术，处机无法餍足其欲望；楚材复反对道士，道教对于大汗家族未有影响。后，其统治中国之子孙信奉喇嘛教。

大帝国地跨欧亚，使者之往返、朝命之传达、地方官之报告，皆赖驿站传运，其发达可联系帝国各地，并促进交通便利。驿站为中国旧制，蒙古增加其马数，改良其管理，充分发挥其效力；但其领土过于广大，交通不如吾人想象中之进步。中西文化以环境不同而差异，交通视前便利，发明之物互相传入。前人谓火药、指南针、印刷术、钞票由中国传入欧洲。中国之用火药，为时已久，其于何时传往外国，殊难确定。指南针系中国发明，或言蒙古时传入外国，学者称：阿拉伯人于十一或十二世纪传入欧洲。唐末雕版印书，十一世纪中叶，活字版发明。欧洲活字版之用，迟于我国数百年，论者称其未有自中国传入之确证；而完成印刷术之德人约翰所居之地，有仕于蒙古或自中国归者，受中国影响有可能性焉。钞票盛行于宋，其为货物交换之媒介物，促进商业之发达，便利世人之携带。政府滥发，则使物价高涨，乃其不善利用。盖由蒙古传入他国。外国传入中国者，则有天文、数学知识。中国初未种植棉花，其种子自外国传入，先传于粤，次及于闽，后至江南。1289 年，忽必烈责南方岁输棉布十万匹，时距宋亡十年。棉花于宋末盖已种于江南，古人谓其于元时入中国，当不足信。

汉制之采用 蒙古统治阶级初不知政治、财政，《耶律楚材传》称：太祖经略土地，未暇定制，州郡长吏生杀任情，至孥人妻女、取货财、兼土田，燕蓟留后长官尤贪暴，杀人盈市。楚材奏请州郡非奉玺书，不得擅征发；囚当大辟者必待报可，违者罪死。大汗从之，贪暴之风稍戢。未夕，强有力者辄曳牛车，取富家财物，不与者杀之。值拖雷监国，闻而遣使偕楚材治之；访察得其姓名，皆留后亲属及势家子，尽捕下狱，杀十六人，燕民始安。蒙古先不知赦宥，窝阔台立，从楚材之请宥，朝集后期应死之人，复为赦令。拜大汗礼亦楚材所建议。《元史》称其建议十八事，皆深切时弊。

楚材请军民分治，州郡设官：一治民，一课税，权贵不得侵之。武官初擅科差，政府则无所得。楚材奏办地税、商税及兴盐、酒、铁冶、山泽之利，岁可得银五十万两、帛八万匹、粟四十余万石，足供伐金军费。太宗命其试办。楚材选吏课税，陈金帛于廷中。太宗称之，为在中国课税之起始；更欲多得财物，不禁贡献。及中原安定，颁定赋税，每二户出丝一斤，以给国用，五户出丝一斤，以给诸王功臣费用；每户科粟二石，后增为四石，更令验民户成丁，各科粟一石。地税分为三等：上田三升，中田二升半，下田二升；水田每税五斤。丁税少而地税多者，纳地税；地税少而丁税多者，纳丁税。商税三十而征一。盐价：银一两四十斤。金亡，税增达一百一十万两。富人愿出二百二十万两包办。楚材以其病民，争之泣下，而不可得。大汗用兵不已，国用不足，印造钞票。蒙古旧以土地封其宗室、功臣，太宗裂州县赐之。楚材言其易生嫌隙，不如多予金帛，太宗言已许之。楚材请置吏收其贡赋，岁终颁之，使毋擅科征。此中国旧制；不得征税，统治权将归于朝廷，蒙古部落制亦将变更，不幸未能切实施行。

第五十篇　元世祖

大帝国之分裂——政治改革——侵略战争——疆域与户口——政治制度——汉人之地位——财政状况——粮运

大帝国之分裂　1271年，蒙古主忽必烈改国号曰元。初，忽必烈治漠南汉地，收延文学才能之士，姚枢为其谋臣。枢上数千言书，忽必烈奇其才，动必召问，使授世子经。枢倡屯田之议，从征云南，劝说勿杀人民。忽必烈于兄弟中，最为有才，又不为暴于民。及大举伐宋，宪宗入蜀，忽必烈攻鄂，三弟阿里不哥居守。宪宗死，而伐蜀之兵北归；忽必烈方围鄂州，患其弟自立，许宋和而退师。阿里不哥得宪宗皇后及诸子支持，欲为大汗。忽必烈偕军中诸王统将行至张家口北新筑之开平城，召集大会。大会拥戴忽必烈为大汗，是为世祖（1260—1294年在位）。故事：大会召集于漠北，今于漠南举行，宗王多未出席，不过恃其力强为之。阿里不哥发漠北诸部兵拒战而败，关陇、成都应之者亦败。世祖欲阿里不哥归降，而阿里不哥聚兵继续作战，1264年始降。

乱平，宗王仍有拒命者。窝阔台孙海都多智谋，自谓应承大位；初出兵援助阿里不哥，及其败降，潜谋聚兵，交结术赤系诸王，得其援助，组成一军，1268年叛乱。世祖以察合台汗国在其领地之西，欲利用其汗以制海都。汗与之和，转而为海都所用。世祖驻重军于西境防之；军中叛乱，乃遣大将击破其军。1287年，海都组织强有力之同盟，结合东北三王为乱。世祖遣将西御海都，东讨东北叛王，尽降辽东诸部，屯七军于戈壁西边，海都仍为边患。世祖西讨海都，不见敌而还。后，海都入寇，为守将所败。斯乱也，杭爱山以西之地，不奉大汗之命，伊儿汗国君嗣立，虽受大汗册封，然未出兵予以有效力之援助。帝国受叛乱之影响，统治显与宪宗以前不同。

政治改革　忽必烈自蒙古大汗，进为中国皇帝，与其先世不同。蒙古旧都远在漠北，世祖迁都于漠南，号开平曰上都。燕京遭军队残破，然以土地肥沃、户口最多之故，仍为大城。世祖于旧城东北筑一新城，与之相接，名曰大都，为其驻冬之所。及中国统一，政令出于大都，朝臣、妃嫔、侍卫、精兵在焉。南方征收之财物运至于此。大都为农业区域，为汉人社会。其先，蒙古未尝经营所得之地，河北一州旧有万余户，兵兴以来，不满数百，朝廷用贤吏治之，流民复业，则其一例。蒙古人长于战斗，惯于劫掠，一旦跃为统治阶级，自不能改变其所为。世祖嗣位初年，汉臣建议立朝省以统百官，分有司以御众事，京府、州县各设官治之。此论建国规模，即采行中国之政治组织。史称世祖嘉纳，盖认识政治配合军事胜利，始能统治中国。太宗之世，耶律楚材奏立十路征收课税，使凡长贰悉用士人，参仕用金省部旧人；汴京陷，楚材请封孔之后，付以曲阜林庙地，又召名儒讲经，请用儒生，遣使于郡考之试，以经义、词赋、论，分为三科，儒生被俘为奴者，令其就试，主人匿而弗遣者死，得士四千三十人，免为奴者四分之一。录取之士为吏，成为政府干部，深为蒙古人所忌嫉。继而儒生以赃抵罪，太宗怀疑孔子之教可行及儒生为好人之说，严责楚材。楚材解说而帝对于儒生之信仰业已动摇。楚材继太宗病死，儒生遂失重要。蒙古主渐知屠杀汉人不利于军事之发展，且为财政上之损失。宪宗侵蜀，严禁抄掠，犯者至斩以徇。世祖谋欲统一中国，信用儒臣之谋，有建议者曰："毋焚庐舍，毋伤人民，开其生活，以携其心。"灭宋由于招降，宋将归降为之用者甚多。

侵略战争 初，世祖遣使请宋履行鄂州和约，而贾似道拘之。蒙古方从事于内战，其将复有叛于山东者，乞降于宋。蒙古军讨杀叛将，宋援军不敢前进。1267年，蒙古军侵宋，其战略为攻取襄阳，沿汉水而至长江，深入宋之腹地。襄阳固守，攻者筑长围困之。宋长于水战，蒙古造船，训练水军。世祖遣军增援，以炮攻城，复召守将归降，1273年城降。元方有事于北方讨诸叛王，伐宋统将则欲乘其战胜之威，顺流攻宋，由襄阳入汉济江，长江重镇鄂州降元；一军东出淮南则无大攻。元军东下，宋军败于安徽，沿江诸城皆降。元以海都为患，遣使入宋言和，而宋边将杀之，和议无成。元军逼近临安，1276年，宋降，长江上流州县皆降；唯四川于二年后始定。宋遗臣奉南走之二王相继为帝，元复出师征宋，灭之。两国相攻四十余年，世祖始尽有中国之地。

元东北与高丽为邻，其王叛服不常，国屡受兵，迫而称藩于蒙古。世祖即位，其王为大臣所废，世祖出兵干涉，王得复位，奉表入朝，元兵讨其叛臣，置安抚使，留兵戍之；俄以皇女妻其世子。帝欲以高丽为经略日本之根据地；及东征失败而日本海盗寇其边境郡邑；元发兵为戍，设征东行中书省，国王与元委任大臣共治政事，迄于元亡。日本在朝鲜之东，与中国往来常经历朝鲜。唐时，其制度、法令之改革皆仿自中国。世祖数遣使至其国招降，其执政轻视蒙古，不听。1274年，元军自高丽东征日本，虏掠而归，徒增加日本人之恨恶。元复遣使往，使臣见杀；1281年，元军十万东征，遇飓风而惨败。世祖欲再伐之，以北与海都作战、南伐交趾，大臣谏言民劳而止。

交趾一称安南，初为蒙古兵所败，其王逃入海岛，敌退复国，遣使贡献，受元册封。世祖欲统治安南，事乃不谐。会元经营占城，史称其近琼州，顺风舟行一日可抵其国，其王遣使称臣入贡。世祖夺其统治权，欲有其地，王不从命，杀害元使。元兵自广州航海伐之，其君臣逃入山谷；陆路军假道安南，安南发兵拒战，欲引其深入困之。元兵自占城赴援，值暑雨、疫作，死亡颇重，迫而北归。安南兵追蹑其后，元兵死亡惨重。世祖怒而起兵伐之，大军深入，以粮尽、天热退师，又为安南军所败。元自大理招谕缅甸属国内附，缅王出师抗战不胜，乃降，岁贡方物，元未夺其统治权，相安无事。元将侵略南洋群岛，同于海盗之行径，未有据地之意。

疆域与户口　元之疆域广大，过于汉、唐。其北有今外蒙古大部分，东臣高丽，南有夏、金、宋旧壤，云南大理之地为其所开拓。其祖经营西方广大之土地，则多非其所有。杭爱山与戈壁西边为世祖与海都领地之分界，今外蒙古西部非元所有。海都为世祖大敌，钦察汗国、察合台汗国皆其同盟国。唯伊儿汗国奉世祖命令，二地相去悬远，乃自主其内政。元西北地远不及后人想象之大；其在东北，亦远不及清中叶之广大。汉时，黄河流域最为发达，汉水及淮水流域犹多蛮夷。唐代，江淮为财赋所出之地，西江流域则为贬官之所，犹未开辟。北宋，犯大罪之士大夫贬居岭南，行者辄恨恶其政敌。南宋，江南之地益为发达，人民增加。世祖招降宋将，擢为高官；出师谕将帅勿杀，引曹彬事为言。其谕参知政事高达曰：夫争国家者，取其土地、人民而已；虽得土地，而无民，其谁与居？今欲保守新附城壁，使百姓安业力农，蒙古人未之知也，尔熟知其事，宜加勉旃。湖南州郡皆汝旧部曲，未归附者何以招怀，生民何以安业，听汝为之。高达自宋归降，帝命其南下招抚。灭宋虽偶尔屠城，乡村农民则多安耕，视前为大进步。1291年，黄河流域一百九十九万户，江淮、四川一千一百四十三万户。宋地于十三世纪初年，逾一千二百万户，后受战争流离之祸，户口稍减，视华北多至五倍以上。元亡，华北犹未恢复，华中乃为中国经济、文化之中心。蒙古户口，史无明确之记载。成吉思汗死时，精兵不足十三万。世祖弟发蒙古兵争位，战斗激烈而死伤惨重，远征者或留于新得之地而为统治阶级。其居于中国约十数万，合其家人计算，不过数十万人。中国共一千三百余万户，户以五人计算，约近七千万人，蒙古人占全国户口不足百分之一。此就官书所记户数而论，实则隐瞒者犹多也。

政治制度　成吉思汗以其新得之地封其子弟功臣，其以所属归降者，即官其人，使之世袭。此为封建组织，为蒙古主所知之政治制度，于是官多世袭。窝阔台征服黄河流域，将相、大臣各以所获之俘虏为奴隶。窝阔台听耶律楚材之说，设官征税定赋，以户为单位，将相乃以所获寄留诸郡。楚材奏括户口，并令为民匿占者死，此为改变旧制之起始。窝阔台得有广大之土地，裂州县赐亲王、功臣。楚材请置吏收其贡赋。国君置吏征税于大臣封邑，始于战国之世。乃防世袭之大臣专政。蒙古社会环境则与之异，行之无效。世祖时，朝臣言：国家自开创以来，凡纳土及始命之臣咸令世守，至今将六十年，子孙皆奴视部下，都邑长官皆其皂隶、僮使，前古所无，宜更张之。或言：世袭州县官非法赋敛，民穷无告，宜迁转以革其弊。世袭官一称世侯，朝臣迭请改革。《元史》称：1265 年，始罢州县官世袭。又称为 1267 年事。岂新制度实施，非一年所完成邪？世祖治理中国，采用其旧制，《元史·百官制》曰：

> 世祖即位，登用老成，大新制作，立朝仪，造都邑……定内外之官。其总政务者曰中书省，秉兵权者曰枢密院，司黜陟者曰御史台……在外者则有行省，有行台，有宣慰司，有廉访司。其牧民者则曰路、曰府、曰州、曰县。官有常职，位有常员。其长则蒙古人为之，而汉人、南人贰焉。于是一代之制始备。

老成指汉人中博学之士。元中央政府多本于宋，中书省总理政务，其长官曰中书令，以皇太子任之，下置左、右丞相各一人，为事实上之长官，又设平章政事诸官佐之。尚书省设于财政困难时，为全权处理财政之官府，凡三置三废。吏、户、礼、兵、刑、工六部治理庶政。枢密院掌全国兵甲机密之事，以皇太子为枢密使，下置副使二人，后有增加。宿卫为皇帝亲兵，非院所能管辖，并有代表出席院议。御史台司监察，长官曰御史大夫。中书省兼治今山东、河北之地，谓之腹里；其他地方行政区域名曰行中书省事，简称行省，数凡十一，其领土多中国旧地，唯蒙古、朝鲜、云南系其所经略。行省以平章政事为长官。省署行枢密院，掌一省之军事，又设行御史台，纠劾地方官；宣慰使司居于行省、郡县之间，为之传达政令、报告。余官多沿宋制。时人言改制之效曰："民安赋役，府库粗实，仓廪粗完，钞法粗行，国用粗足。"

汉人之地位　政治组织视其完备，行政效率提高，税收增加。世祖改革官制，擢用汉人，有居显位者。《元史》称蒙古人为长官，汉人、南人为贰，不尽适用于此时。汉人为金遗民，降服较早；南人为宋人，拒战久而归降迟，政治地位，不及汉人。长江流域户口增多，过于生产事业之发达，宋末饥民时起为乱。其抗战也，败兵溃卒逃于南方；蒙古军去，不留戍兵，州县不复为其所有，连年征伐，当增加其厌恶南人之情绪。蒙古政治不能配合军事胜利，致攻取之地陷于紊乱。政府禁南人藏有兵器，防其为乱。世祖而后，汉人仕为高官者益少。元帝统理中国，不通其语言、文字，耶律楚材曾召名儒，令大臣子孙从之学经。世祖嗣位，命皇太子从儒臣习经，建国学以教达官子弟。设使其计划实现，文化上，蒙古人将同化于汉人，汉人政治地位势必提高。蒙古仍无文字，成吉思汗以来，借用畏吾儿字以通文檄。世祖得西蕃喇嘛八思巴，深信鬼神、符咒，奉行其教；命其造字，用之。帝不能读汉文书，尝命人译写以进。其嗣为帝者，皆不习汉文；其蒙古勋旧、大臣罕有留意儒学及习汉文者，汉人意见无法上达，不易得其信心。色目人待遇视汉人为优，《百官志》则未提及。元自世祖嗣位，迄于覆亡，左、右丞相共五十七人，其中色目人十二，汉人四，合计约四分之一，蒙古人四分之三；枢密院长官色目人四，汉人二；御史大夫色目人八，汉人一。蒙古人居极大多数。皇帝威权至重，一人之毁誉、一事之得失，足以激引其喜怒而成祸福。兹引一例为证：尚书省长官桑哥暴敛于民，帝亲信侍臣于帝前数其罪恶，帝怒，命卫士批其颊，血涌口鼻，委顿地上，俄复呼而问之，其对如初；大臣有继言者，遂按诛桑哥。六部官于钟初鸣即须坐省中，后至者受笞。此盖其旧俗。

低级官吏，汉人占其大半，中国为汉人社会，其文化程度及长于政治、经济之术，非蒙古人所能相比。色目人文化水准及官吏才能不下于汉人，尽用之，数亦不足。其重用色目人乃牵制汉人，为安全计也。日本学者箭内亘研究三阶级之待遇称：原则上，虽蒙古人享有一切特权，色目人有准蒙古人之资格，汉人无何等特权，而事实上固多例外。汉人得为省、院、台之长官，亦得为各路总管府之达鲁花赤及亲军都指挥使，且能人怯薛，若夫各官衙之次官则概属汉人，次官之职品多与长官同，其不同者，不过一级之差耳。不独此也，地方军民长官之达鲁花赤往往缺而不补，而以次官总管万户，统辖总管府、万户府事。次官既然，其下属僚汉人占其大半，殆不待言。此其研究之结论，当属可信。其不能贯彻主张，非其有爱于汉人，特其所居之环境使然。官吏登用，宋为科举，元帝偶尔行之。国子监学生员亦少。其侍卫及勋旧之家则为官甚易。侍卫旧称怯薛，长官四人，为功臣之后裔，世袭其职，兵一万人。其位在于户上者，世袭其职。勋旧子孙多为显官。达鲁花赤亲为掌印办事长官，原不欲用汉人。蒙古官有封地、奴隶，汉人为官者亦然，乃贪暴、多取于民，清慎者则少取之。贪官所得，常视俸禄为多，人民之负担加重，为一弊政。世祖嗣位，汉臣请班爵、给禄，世祖从之。给禄之初，官吏所得不足其一家生活费用，尤以小吏为甚，后有增加，蒙古之旧俗丕变，其政治组织渐近于汉人之政府。

财政状况 蒙古统治中国，唯欲多得货财。税有增加而国用不足：一由于战争不息；一由于统治阶级之奢侈生活；一由于组织不健全，而贪污不法成为常事。世祖整顿官制，崇尚节俭，尝藏其衣服曰：藏此以遗子孙，使见吾朴俭，可为华侈之戒。遗衣皆以缣素、木棉为之，重加补缀，后其孙发箧视而感叹。岁入多耗于战争，地税为主要收入。世祖改定税制，户须纳粟三石，少者一石。南方行两税制，较为公允，北人逃于南方者众，此为其一原因。役税视前亦有增加。铁、盐、酒、茶、醋皆官卖之物，商税三十取一。其海外贸易较宋发达。泉州阿拉伯大贾蒲寿庚以船归降，世祖平宋颇赖其力，许其经营商业。世祖招降南洋群岛，或增进商业之机会。太宗仿行金制，印造交钞，楚材奏言其弊，印造初不过万锭。旧例银每锭重五十两，五十万两当不为多，后以国用不足，发行额增加。

世祖黩武之甚，府库空虚，朝臣能增加收入者，辄宠信而大用之。论者讥其嗜利，根于天性，终其身未尝稍变。其聚敛之臣初为阿合马，季以财赋之任，以兴铁冶之利及增盐税之效，超授中书平章政事，后立尚书省，命为长官，专司财政，专横揽权，丞相无如之何。其创办之税，纤屑不遗，凡所设施，无不以敛财为事，所用尽为其党，阴谋交通，专事蒙蔽，征敛愈急。人民愤怒，为小吏所杀。帝知其奸，命剖棺戮尸。其继之整理税收者二人，皆遭怨毁，不得其死；收入仍患不足，唯增印钞票以平衡支出。1260 年，发行交钞，以丝为本，每银五十两易丝钞一千两，诸物之值并从丝例，又造元宝钞，作钱使用，发行额年有增加；二十余年物价增达数十倍。政府改印新钞，与旧钞并行，每一贯抵旧钞五贯，其每年印造自数十万至数百万不等。初许民以金、银赴库换钞，有钞者亦可赴库换金、银，钞之敝坏者，得易新钞；后，有出无入，民不许以敝坏者易新钞，民间不用坏钞，同于废纸。奸民复造伪钞，钞价益落。人民深受其害，私用金、银为货物交易之媒介物。

粮运　政府税入以南方为最多，其征收之粟，北运大都给养官吏，初恃运河。运河起自杭州，东南河多，船只运输甚便；山东南部有湖水供给运河水源，北流入于黄河。自江入河，船只通行。元人于黄河北凿河二百五十余里，名曰会通河，北达御河。御河为旧有之运河，北通天津，名曰南运河；自天津北达通州，名曰北运河。元曾兴工修浚，自通州作渠达于大都，以便漕运，名曰通惠河。由是便利南北交通之运河工成。其在山东者，河浅而水不足，运输艰苦，海运乃因需要而兴。初，宋降，统将命曾为海盗之降人以宋库藏图籍自海道运往大都；更自海运粮入京，由四万余石增至一百五十余万石，其后，增减不定，最多曾至三百余万石，视河运之费大省。

世祖英才大略，为世所称。其增加税收，多为战费，后人斥为嗜利。黩武之心根于天性，无宁谓其养成于家庭社会环境。就其所着之衣而言，自奉菲薄。皇后甚贤，有内助之功。元之规模、制度，皆其树立；在位三十四年，死于大都，寿八十岁。

第五十一篇　元之衰亡

诸帝——政治情状——财政困难——军队之腐化——人民之苦——治河——元亡

诸帝　世祖受中国制度之影响，诏立子真金为皇太子，称太祖遗训，预选定嫡子中之能继统者，用立皇太子继统，与祖宗之法不同，而以遗训为言，是其勋旧所知，仍为蒙古习惯。太子尝习《孝经》，先死；世祖立孙为皇太子。太子巡边，闻世祖死而南还。其兄有争位之意，伯颜握剑立殿陛，拥戴皇太子，诸王惧而听命。伯颜为时名将，有灭宋之功，时知枢密院事，握有兵权。1295年，太子立，是为成宗，诏称：宗藩、昆弟、戚畹、官僚合辞拥戴。此为蒙古大会选立新君之故事，世祖改革基础薄弱，皇太子非得大会中强有力者拥戴，不得为帝。成宗即位，本于惯例，厚赐诸王、驸马，所谓赐金一者，加四为五；银一者，加二为三。成宗在位十三年而死；初饮酒无节，嗣位后戒酒，健康已受酒害，晚年连岁寝疾，伯颜尝说其慎酒与女色，二者足以戕贼生命；其得病由于纵欲所至。其时，财政困难，丞相奏称：岁入“金一万九千两、银六万两、钞三百六十万贯，然犹不足于用，又于至元钞（新钞）本中借二十万锭，自今敢以节用为请”。南方漕米当未算入。政府入不敷出，由于滥赏，府库所余用尽。中书省奏请如先帝故事：赐与，中书得斟酌给之，俄奏唯赐贫匮及赴边者；后，宠臣用事，恩赏益滥，钞票发行额大增。其对外战争亦增加用费。其战争有二：一、云南西诸蛮不服，元军伐之，多死于疾疫，大败而退，再出大军攻之，征服诸蛮，得不偿失。二、海都为寇，互有胜负；1301 年，海都统大军东侵，皇侄海山督五军拒战，海都败走，死于道中；后二年，其嗣君遣使归命，于是宗族残害之战争告一结束。诸汗仍自主其国政，战争时起，元西北边则无侵扰之敌。

1307 年，成宗病死，其太子已死，皇后欲立世祖孙阿难答为帝。阿难答信奉回教，镇守西夏故地，颇得人心，至是皇后召之入京。真金之系则有两孙：长曰海山，次曰爱育黎拔力八达，为世祖之曾孙。海山镇守西北边境，曾败海都大军，颇得人望；其弟不为皇后所喜，与母出居怀州（怀庆）。拥戴海山之大臣密遣人告其急归，并召其弟至大都。弟至，诱执争立之叔阿难答，捕杀其党；宗王、朝臣共请其为帝，而爱育黎拔力八达以位属于兄，遣使奉玺迎之。海山时已率兵南行，1308 年入京，其母、弟与诸王奉之为帝，是为武宗；酬其弟功，立为皇太子。武宗嗜酒好色，容色日悴，迄无节欲之意，赐赏不稍吝惜。其先，府库未有积余，唯发行钞票，物价无不狂涨，更大兴土木，增加财政困难，乃设尚书省发行银钞、制造铜钱。银钞性质与前钞票相同，不能提高其信用与价值。元未铸钱，由于原料不足；铜之产量未有增加，亦不能长期鼓铸。1311 年春，帝死，尚书省复废。

武宗死后二月，皇太子始即帝位，是为仁宗，称“上奉皇太后勉进之命，下循诸王劝戴之诚”。是其即位由于大会之拥戴。太子之立，同于指名候补，蒙古旧习不易破除，由于不通汉语文字，无法接受汉人文化也。赏赐出席大会之诸王、旧勋，常为财政之重大负担。仁宗禁诸王于农时出猎扰民，举行科举；唯政事废弛，诸臣入衙治事，皆晚至早退。帝饮酒无节，同于其兄，为其体弱之原因。初与其兄约传位其侄，丞相迎合其意，请立皇子，欲恃定策之功以固其宠。仁宗立子为皇太子，命其参决国政；1320年病死。太子嗣位，是为英宗，年少颇有英气。丞相恃太皇太后之援，杀害前言其短之大臣，为英宗所恶。太后与闻政事已久，旋死；丞相亦死，御史奏言其奸，帝追夺其官爵、封赠，籍没其家，其党心不自安。1323年秋，帝自上都南还，党人谋逆，直犯禁帷，杀帝于卧所。

初，仁宗背约立子，出二侄于外。嗣君自世祖死后，皆真金之后。真金生有三子，幼子为其祖父所爱而得立，是为成宗；武宗、仁宗为次子之子；长子后独不得为帝。及英宗见害，诸王大臣迎立长子之子为帝，是为泰定帝。争立之帝言其参与逆谋，不上庙号，乃以年号称之。帝初欲用逆党，执政不可；帝然其说，诛杀凶党，籍没其家产，当未参与其谋。帝欲其子孙嗣为皇帝，立子为皇太子。其时，弊政多而民苦，大臣痛切言之，帝不能从，其聪明、知识不足以统治广大之帝国。1328年秋，死于上都。皇后立皇太子为帝，是为天顺帝，年始九岁。枢密院大臣燕帖木儿留守大都，欲报武宗擢用之恩，以兵围宫，强百官拥戴武宗之子，因执诸大臣下狱，以其亲信代之。武宗长子和世瓎时在漠北，燕帖木儿欲立居于江陵之次子图帖睦尔为帝，遣使迎之。皇太后遣将南讨，燕帖木儿遣军防守长城关口。俄，图帖睦尔北至上都称帝，是为文宗。两军相战，天顺帝兵败，诸王大臣或死或降，行省诸王举兵赴援者皆罢兵归。文宗胜后犹欲让位于兄和世瓎，遣使迎之于漠北。1329年春，和世瓎即位于漠北和林，是为明宗；南行，为燕帖木儿所害，在位八月，徒有皇帝之虚名而反受祸。图帖睦尔（文宗）复即位于上都，耽于逸乐，1332年死。皇子年幼，皇后遵夫遗志，欲立明宗之子为帝。其长子曰妥懽帖睦尔，时年十三，居于南方；次子曰懿璘质班，年始七岁，住于大都，权臣立之，不一月而死，庙号宁宗。权臣复请立文宗子，皇后言其子幼，乃迎妥懽帖睦尔入京。权臣疑之，数月犹不得立；及其病死，皇后与大臣定议立之为帝，是为顺帝，约其传位于文宗子。

政治情状　自世祖死迄于顺帝嗣位四十年中，共有九帝。其平均寿命甚短，主因有二：一、放纵。蒙古主未受良好之教育，鲜知其责任与义务，为帝多放纵于情欲。世祖选女害民，其臣请令大郡岁取三人，小郡二人，择其可者，厚赐其父母，否则遣还。其后胤盖遵行之。高丽尚有选送女子之例。诸帝多好酒色，放纵无节，皆有害于身体，乃不永其天年。二、祸乱。九帝中，三人不得其死，占全数百分之三十三。自宋以来，三百余年未闻弑君之祸。辽二百十年、金一百二十年，虽有弑君，然未若元之多，其统治时间又视之为短。蒙古文化水准迄无进步，其选立大会更促成祸乱。皇帝死后，不得嗣为皇帝，须待宗藩、昆弟、戚畹、勋旧诸臣之合辞推戴。设使大会推选之制忠实施行，尚可称为原始之民主政治；不幸，始以武力胁迫会众，继而先发制人，诱杀反动党，终则一二大臣以政变方式，拥立其所喜之人，而以军事胜负为最后之决定。其演变之结果：力能拥立新君者，即能杀害其所恶之人。明帝不得其死，文宗徒拥虚名，顺帝几不得立，皆其明例。

元握重权之大臣，或为功臣之后，或由侍卫进身。诸帝纵于酒色，不理国政，大臣权重，为事理之当然。蒙古风俗不与华同，妇女地位、贞操观念，异于汉人。皇后称制者甚多，贵妇夫死后，可再嫁贵人，无中国之礼教，乃无宦官专权之祸。《元史·宦官传》序称：太祖选贵臣子弟，给事左右，故宦官不能窃权。此为肤浅之论。世祖灭宋，得其宦官，信用其警敏者，蒙古风习未稍改变。元末，高丽女为顺帝后，信用其里人之为宦官者，始为害于政，后亦见杀，不足为旧俗改变之证。大会选立皇帝，不问行辈；元立太子亦然，太孙、太弟皆称为皇太子。立储无公允之原则，常为祸乱之主因。

财政困难　政治恶劣，财政极为困难。皇室费用之多，“卖宝物”尤为病民，时人谓：分球寸石，价值数万。时贵妄称呈献，冒给回赐，高其值且十倍。泰定帝初禁止而复给钱，“累朝未酬宝价四十余万锭，较其元直利已数倍，有事经年远者三十余万锭，复令给以市舶番货，计今天下所征包银差发，岁入止十一万锭，已是四年征入之数”。诸帝赏赐之滥远过于前，得者多为近侍之人。官署视世祖时增多，冗员徒耗财力。朝臣以之为言，迄未减罢；卫士亦有增加。元帝信奉佛教，始于世祖礼敬西蕃喇嘛八思巴。相传八思巴七岁诵经数十万言，约通其大义，年十五，谒见世祖，为其所敬，尊为国师，为之创造蒙古字。喇嘛教为佛教与西藏原有之迷信习惯调和而成，传于藏、康、青海之地；人为游牧民族，知识水准不高，符咒治病、驱鬼为其风俗，喇嘛成为术士。庙中有神像，丑怪，所谓欢喜佛也。成宗时建寺，皇后见而恶之，以帕障面而过。史称：国师祷雨、治病有效，当增加诸帝之信心，敬礼甚虔。《元史》云：

> 帝、后、妃、主皆因受戒而为之膜拜，正衙朝会，百官班列，而帝师亦或专席于坐隅，且每帝即位之始，降诏褒护，必敕章佩监，络珠为字以赐，盖其重之如此。其未至而迎之，则中书大臣驰驿，累百骑以往，所过供亿送迎；比至京师，则敕大府假法驾半仗以为前导。

喇嘛对于政治之影响：一、做佛事多而费用巨。内廷事佛之费，年有增加，写一金字佛经共耗金三千九百两。说者称：每岁奉佛之费几居全国经费之半。建筑佛寺费用巨大。僧寺赐田无役，其典买民田及民所施产业皆无徭役。二、僧人为暴于民。政府优待僧道，其数视前增加；不肖者畜妻子无异常人，喇嘛尤为暴横。世祖时，江南释教总统发掘宋帝诸陵及大臣坟墓，戕杀平民，攘夺财物，并受美女之献。其后，不法喇嘛益横：上都喇嘛强市民薪，民诉于官，官方询问其由，喇嘛持棍入府，击而辱之，拽归，闭之空室，久始得脱，奔诉于朝，遇赦不问；喇嘛与王妃争道，拉妃堕车，殴之，事闻，诏释不问。此皆《元史》所记。士大夫视佛教为异端，喇嘛异于中国僧道，暴横更增其恨恶。三、释放罪人。蒙古初不见赦；太宗病危，楚材请赦天下囚徒，令下之次日，病渐痊愈。时人以为赦令本于苍天好生之德，佛以慈悲为怀，喇嘛作佛事，为皇帝乞福，常请放释罪人。《元史》称：每岁必因佛事奏释轻、重囚徒，犯罪之大臣、将帅借以免死，贪官得以免刑，盗贼幸免者更多，“至或取空名宣敕，以为布施”。由是贪官、奸民无所忌惮，政治益为废弛。

军队之腐化 蒙古以武力统治中国，军士居于中国社会，生活与前迥不相同，日渐衰弱。大汗侍卫旧称怯薛，士称怯薛歹，凡一万人，护卫天子，管理杂务，初皆蒙古人，继有色目人，汉人后亦投充。武宗、文宗皆汰汉人，文宗并令：各宿卫若复容匿汉人、南人、高丽人及奴隶滥充者，罚其长官。怯薛人数稍有增加，待遇仍极优厚，岁赐钞人二十至八十锭，或升任文武大臣。政府更置卫兵警护宫城、掌宿卫护从、屯田，有事调之出征，中多汉人；后以需要而增多，不尽驻于京城。行省镇戍诸军置万户、千户官统之，归枢密院节制。怯薛直隶天子，自世祖以后，腐化渐深，常利用机会，多事奏请。大臣屡奏其越职奏请，紊乱纪纲；诸帝仍许其请求。豪民以徭役重而投属怯薛歹，朝廷数诏禁之，但无实效。蒙古兵戍于远地，情状悲苦。枢密院大臣奏称：蒙古军在山东、河南者戍甘肃，动涉万里，每行必鬻田产，甚或卖妻子。戍者未归，代者当发，困苦日甚。今边陲无事而虚殚兵力，诚为非计。乞以近甘肃之兵戍之；而山东、河南前戍者，令有司为赎其田产、妻子。

史称：朝廷从之。然无改革之计划。仁宗谕称：比闻蒙古部困乏，往往鬻子女于民间为婢仆，其命有司赎之还各部。帝出见卫士有弊衣者，驻马问之，对称：戍守边镇十五年而贫。帝赐以钱帛，并谕：自今有类此者，奏闻。此非制度之改革，卫士家中人口增加，家人能否经营生产事业，皆与贫穷有关。怯薛更为害于国，朝臣奏言：游惰之徒投入宿卫部属，即免一家徭役，一岁所请衣、马、刍粮，数十户所征入，不足以给之。其牧养马驼，委之仆御；役民放牧，夺民居而强其供给饮食，残伤桑里，仆御则私鬻刍豆，瘠损马驼。朝廷知之，迄无改革，军政后益败坏。两淮运使称：劫贼三十六人，官军万数不能进讨，反为其所败；后假手盐徒胜之，岂不贻笑远近。顺帝仍置不问。及盗贼群起，而蒙古军恇怯不能战胜，反而影响能战之汉兵，致于败溃。

人民之苦　蒙古人为统治阶级，汉人处于被压迫之地位。中书省谕告人民云：今后遇有怯薛歹蒙古人员经过去处，依理应付粥饭，宿顿安下房舍，无致相争；如蒙古人殴打汉人不得还报，指立证见于所在官司陈诉；如有违犯之人，严行断罪。此将增加汉人之恨恶，江南叛乱时起，或与之有关。人民受权势之家剥削，世祖晚年诏称：有势之家，所在占据行市，争夺民利，以致商贾不敢往来，物价涌贵。势家垄断商业，使天子下诏按治，可见事态之严重。势家又放高利债，到期无钱归还，“除已纳利钱外，再行倒换文契，累算利钱，准折人口、头匹、事产”。中书以其病民，奏请每两出利不过叁分，朝旨许之。事实上，势家放利，“限满时，将媳妇、孩儿、女孩儿拖将去，面皮上刺着印子做奴婢”。五谷歉收之时，向豪富借粮，自春至秋，每石出息轻为五斗，重为一石；当年不还，将息作本续倒文契，次年不还亦如之。有借一石还至数倍，贫民至折卖田宅或典卖儿女。此见于元人编纂之《通制条格》，为民间通行之借贷。遇有饥荒，即发生人类悲惨之事。1329 年，河南大饥，人相食；其西关中大旱，民有杀子以啖母者。叛乱时起，顺帝不求其故，疑忌汉人益甚，禁其置兵器、畜马。

治河 初，黄河决堤为害，丞相脱脱集群臣廷议。漕运使贾鲁以为必塞北河，疏南河，使复故道，役不大兴，害不能已。其先，黄河溃决，分为二道；水中泥沙以流缓而沉淀，为害益甚。鲁曾奉命循行河道，考察地形，往复数千里，建议二策：一修筑北堤，制其横溃；一疏塞并举，挽河东行，使复故道。而事迄未举办。至是，鲁以其策进，丞相取其后策；1351 年，大举兴工。鲁以工部尚书总治河防，发军民十七万人治河，历五月而工成，开凿二百八十余里。河复故道，南汇于淮东入海，民得安居。其时，盗贼群起，州县官不能制，复兴大役，人民愁苦，成为大乱。后人论元亡曰：“纪纲废弛，风俗偷败，其致乱之阶，非一朝一夕之故也。使鲁不兴是役，天下大乱讵无从而起乎？”当为公允之论。贾鲁之功，诚不可没，其治河理论，由经验而得，亦有助于后世之治河。

元亡 顺帝为元亡国之君，大乱时，方与蕃僧练习房中术。其初年任用之大臣，争权相害，至谋废立；幸权臣养子脱脱忠于国而为君去害，渐握大权。贾鲁治河，赖其赞助。1351 年，白莲教领袖韩山童倡言天下大乱，弥勒佛下生，愚民信之。其党刘福通诡言：山童为宋后，当为中国主。其谋起兵，以红巾为号。县官捕获山童，其妻及子林儿逃去。福通起兵于安徽北部，陷河南东南州县，众至十万，号为红军，一称香军，以其烧香礼佛也。起兵应之者甚众，元兵战皆不胜。顺帝欲挽回人心，诏省、台官兼用南人。丞相脱脱督军讨贼，大胜；为朝臣所谗毁而见害。叛人益无忌惮。刘福通迎立韩林儿为皇帝于皖北，号明王。元兵攻之，福通弃城去，而势益炽。朱元璋起自盗贼，初为韩林儿部下，渡江拓地，据有江苏西南部及安徽南部。大乱方在蔓延之中，元将更促成之。监察御史张桢奏曰：

> 臣伏见调兵六年，初无纪律之法……是以有覆军之将、残民之将、怯懦之将、贪婪之将，曾无惩戒，所经之地，鸡犬一空，货财俱尽；及其面谀游说，反以克复受赏。今克复之地悉为荒墟，河南提封三千余里，郡县星罗棋布，岁输钱谷数百万计，而今所存者封丘、延津、登封、偃师三四县而已；两淮之北、大江之南所在萧条。夫有土、有人、有财，然后可望军旅不乏，馈饷不竭。今寇敌已至之境，固不忍言，未至之地尤为寒心。如此而望军旅不乏、馈饷不竭，使天雨粟、地涌金，朝夕存亡不能保；况以地方有限之费而供将帅无穷之欲哉！

1357年，刘福通分军三道进攻：一趋晋、冀，一往关中，一出山东。福通自将经略河南，取汴迎韩林儿，都焉。其与红巾军力战者则为民兵，察罕帖木儿所部则其明例。察罕因乱起兵，其邑人数百从之，有破敌之功。史称："义士"来会者万人，自成一军，击败红巾西路之军；中路红巾军自晋、冀北行，掠于塞外，陷上都，毁宫殿，东至高丽；东路红巾军据有山东。察罕既平关、陕，进兵收复河东；1359年，攻汴。刘福通战败，奉其主遁走。其山东部将自相攻杀，亦为察罕所败。察罕俄为降人所杀，其养子扩廓帖木儿代领其众，平定山东。黄河流域军事转利于元。南方朱元璋军力日强，击败强敌，尽有长江中流、下流之地。会元有功之大将争夺防地；顺帝不改其娱乐之习惯，皇太子与母干涉朝政，怒大将跋扈，诏夺其兵，致成内乱。太子兵败出亡，令扩廓出兵讨之，叛将被杀。太子还京，欲胁帝内禅，扩廓不从，为其所恶。其时，朱元璋统一长江流域，出师南伐，南方皆降；遣大军北进，山东、河南州县皆降。1368年，朱元璋称帝于应天府（今南京）；秋，命将进取大都。元兵败，而顺帝北走，俄死于漠北。

元亡之易，由于朝中无人、内讧不已。蒙古以武力占据中国，不足百年而兵弱至不能战。汉人平日受其虐待，一部分人士竟为之作战，或死于难，《忠义传》载有不少之例。儒生为统治阶级所轻，其设科取士，殊无重要；顺帝曾停二科，而忠君死难者，多进士出身之人。儒家原有“抚我则后，虐我则仇”之思想，更受道学家忠君学说之影响，儒生乃愿为之死也。

第五十二篇 明太祖

叛乱之起——朱元璋之起兵——中国之经营——胜利之原因——损失之重——户口之分布——官制——臣下之待遇——军队之腐化——田制之改革——财政——防范

叛乱之起 元代纲纪废弛，官吏贪墨，汉人受其剥削，田地为富贵之家所兼并，贫富悬殊，苦乐不均，成为政治、社会不安之因素。复以人口之增加、水旱饥馑之频仍，有饥饿惨死者。人民居于悲苦之境遇，常望救主之降临。元末，大规模之祸乱，由于白莲会教徒之举兵。白莲会出于佛经，主张念佛修行，崇奉阿弥陀佛，渐与弥勒教、明教相混合。弥勒教亦出于佛教，以佛去世，诸恶显现，弥勒佛出世，即成极乐世界。明教由摩尼教嬗变而成，以明为善，暗为恶，明能克暗，最后将为光明极乐世界。教徒皆不满意现状，希望弥勒佛或明王出世，穷苦之农民信之。领袖常利用而为乱，乱平而问题依然存在。白莲会仍有强大之潜伏势力于淮西，1351 年起兵，占据州县，奉韩林儿为明王。朱元璋为其将士之一。

朱元璋之起兵 元璋为贫农之子，生于淮南，幼稍读书，家中人口多而耕地少，终年勤苦。1344年，淮水流域大旱，飞蝗为灾，秋收全无，复有疾疫，农民死亡惨重，生者逃荒避难。元璋父母、三兄皆死于疫，无法谋生，入皇觉寺为僧。寺中缺少食物，僧皆出外乞食。元璋游食于白莲会所在之地，或与之发生关系；后复还寺。其时，白莲会起兵，黄河以南、长江以北之广大区域多在纷扰之中，他地亦有叛乱。元将日俘良民以邀赏；元璋决定从军投贼，颇表现其才能，主将视为心腹，以所扶养马姓女妻之。元璋救其主将出险；后为其所疑，颇赖妻力，得免于祸。其故居风气强悍，人民习于劳苦。元璋为将，召募其乡人为兵，严加训练，皆为精兵，转而掠地于外，广收民兵，力渐强而位益尊。其于江、淮之间作战，攻陷二城，江北粮食不足，有渡江掠食之意。会主将死，元璋自由行动，渡江而南。

金陵为江南大城，附近初无盗贼，民安居耕种。1355年，元璋渡江。诸将得粮欲归，元璋不从，乘胜进攻；明年，陷金陵，为根据地。其兵严守纪律，人民未受滋扰；元兵降者抚而用之，战斗力增强。元璋遣将东取州县，迄于常州以西；出军经营皖南，乘胜攻取浙江中部。其先，海盗方国珍据有浙江东南部，元不能平；元璋招而降之，历时四年，据有一隅之地，由于攻城不易，降军叛乱，复增加其困；然视前在江北，则有重大之进展。其能成功，颇由于元兵之无应援与接济。元璋初奉韩林儿为主，捷报传至，林儿升其官位，命为独当一面之统帅。红巾军方扰于北方，元军拒战，无力兼顾江南。长江上流为红巾军将徐寿辉所据，自称皇帝，遣将明玉珍入蜀。其将陈友谅经营下流，兵力强大，寿辉东下就之，为其所制。贼帅张士诚据有常州以东及江北州县。士诚初业舟运盐，举兵据有淮东，俄以缺粮南渡，攻取今江苏东南肥沃之地，伸张势力于浙江北部。

中国之经营 三雄分据长江下流之地，元璋适在其中，居于不利之势。群雄起兵，原为救死；及有土地、政权，各有建国之雄图，其州县接壤者，常以利害之冲突，不能相容。1360年，朱元璋、陈友谅各遣将攻取其邻之地，互有胜负，演成大规模之战斗。友谅统大军东下，逼近金陵；俄杀寿辉，自称皇帝，国号曰汉。元璋患其与士诚合作，诱其径攻金陵。友谅兵败西走；复起兵相攻，战争四年，中流矢死。明年，其子归降，汉、沔、荆、岳皆下。士诚初不应友谅之请大举夹击元璋，其地南至浙江绍兴，北有苏北及安徽、山东各一部分。1365 年，元璋出兵攻士诚，先取淮东，次取江南州县，然后围攻其都，战争二年，平之。长江流域除蜀而外，尽为元璋所有，距其渡江凡十二年，创国乃一艰苦之事。

韩林儿兵败，据地之将帅不奉命令，尝为张士诚将所攻，不能自保。元璋将兵援之，其谋臣多为儒生，反对异端邪说。元璋自起兵以来，克城辄访求贤士，与之议商国事，改变其对林儿之态度，俄沉之于江。初，元璋经营江南，遣使通于元之大将；贼酋有自海道运粮供给元帝者，皆其力弱之表现。元璋地大兵强，始不愿受其官，其对韩林儿盖亦如此。东南既平，出兵攻取浙江东南部，以海盗酋犹有贰心也。更命将南征：一取福建，一攻两广。福建为地方豪士所据，忠心事元，元璋兵分三路入闽，平定福建。南征两广之军亦分三路，舟师自海道进攻广东，州县皆降；转而沿西江深入广西，1368 年秋，平之。南方除四川、云南而外，归于统一。同时，遣名将徐达率二十五万人北伐；另遣军由襄阳北进，牵制元军。其讨元檄文略称：夷狄统治中国，为冠履倒置，其后嗣废坏纲常，致天下大乱，天实弃之，妖人灭而乱未已。继言其因乱为众所推，遣兵拯救生民，逐胡虏以雪耻，“归我者永安于中华，背我者自窜于塞外”，蒙古、色目原为臣民者，与中国之民抚养无异。妖人乃斥韩林儿，思想显已转变。徐达先定山东，转而西攻河南，开封、洛阳皆下，历时半年。徐达复自山东沿运河北上，顺帝惧而率其家人北逃。元兵时在晋、陕，徐达进攻，1369 年取之。元将退于宁夏，攻扰边境，迭为明兵所败。1371 年，明兵伐蜀。初，明玉珍入蜀称帝，国号大夏，节俭爱民，四川为一乐土；不幸早死，子十岁嗣位，诸将相杀。明兵一沿江西上，一侵入川北，夏兵败乞降。元裔扰据云南，明招之降，不听；1381 年平之。东北方面，元将据有辽东；1387 年，明军伐而降之，中国统一。

胜利之原因 初，陈友谅败死，群臣劝进，元璋即吴王位，犹用韩林儿年号；后三年，始称吴元年；及南征、北伐捷报迭至，乃即皇帝位，是为太祖（1368—1398 年在位）。太祖二十四岁投军，经营十五年而成帝业，国号称明，本于明王出世之说。成功由于军事上之胜利，尝自言军中生活曰：吾昔在军中，尝乏粮，空腹出战，归得一食，虽甚粗粝，食之甚甘。为人勇敢善战，不畏艰苦，又知人善用，料事决策有如神明；所用诸将，多淮水南北之人，深受饥荒，求免死而从军者，太祖称其勤苦俭约，不知奢侈，多造成于社会环境。诸将出身寒微，与士同共甘苦。太祖曾告功臣后裔：初起兵时，诸将收抚士卒或一二十人，或一二百人至四五百人，抚之如兄弟，爱之如骨肉，故争先效力，奋不顾身。太祖赏罚严明，令出必行，不肯因人有所变更，诸将有所畏惧，为其士气盛而战斗力强之主因。

损失之重 红巾军发动大乱，不知纪律。太祖讨张士诚檄文言及其罪恶曰："焚荡城郭，杀戮士夫，荼毒生灵，无端万状……是以有志之士旁观熟虑，乘胜而起，或假元氏为名，或托香军为号，或以孤军独立，皆欲自为。"当为事实。其讨元檄文曰："天下兵起，使我中国之民，死者肝脑涂地，生者骨肉不能相保。"此为大乱之当然结果。受祸惨重者，首推长江以北，太祖死后所编之《实录》称：中原草莽，遗骸遍野。北方死亡惨重，由于战争之久，掠劫之惨，而荒年、疾疫更增加其严重性。滋扰区域，人民既不能食其余粟，又不能耕种，田地荒芜。江南较北方为优。明玉珍据蜀，保境安民；陈友谅地则以战争多而民苦，江西受灾尤重；两广、福建初无大规模之战争，明兵取其地甚易，受祸不及长江下流之惨重。群雄相并，成功者常为其中最有能力之人。元亡，蒙古、色目人之未北去者，待遇同于中国人，听与汉人为婚姻，不许本类自相嫁聚，违者杖八十，男女入官为奴；其中国人不愿与回族、钦察为婚姻者，听从本类自相嫁娶，不在禁限。《实录》记其同化，改为汉姓，与华人无异，或入仕为官，或为富商、大贾。蒙古人文化较低，乐于改变其生活，色目人少，居于汉人社会，先已接受中国文化，太祖改易唐代衣冠，当无困难。其人同为中国民族。后，蒙古人降者，太祖待之甚厚，俘获元帝子孙，亦礼遇之。

户口之分布　太祖以江南为根据地，金陵为其政治中心，后改称南京，以为京师。江南为富饶之区、财富所出之地，南京城与宫殿营造已久，规模宏大，城砖高厚，方大皆有制度。皇城砖于民国初年拆卖，其中刻字者记载某地、某官所送，工匠征于各地，增加人民之负担。其疆域自平云南、辽东而后，颇为广大，户口集中于长江下流之地。兹据《实录》列各行政区户口于下：

洪武二十四年（1391 年）全国户口表

行政区	户	口
直隶	1 876 638	10 061 872
浙江	2 282 404	8 661 640
江西	1 566 613	8 105 610
湖广	739 478	4 091 905
四川	232 854	1 567 654
山东	720 282	5 672 543
北平	340 523	1 980 895
河南	330 294	2 106 991
山西	593 065	4 413 437
陕西	294 503	2 489 805
福建	816 803	3 293 444
广东	607 241	2 581 719
广西	208 047	1 392 248
云南	75 690	354 797
合计	10 684 435	56 774 560

上表据 1391 年之报告与《实录》所记数字。视前十年户增加三万，口反少至三百余万；其时，全国户口报告尚少云南数字。太祖恢复唐制，改省为道。长江下流三道（直隶、浙江、江西）共五百七十余万户，逾全国总数二分之一；以地近于朝廷，报告较为正确，每家平均不足五人。全国每家人口均数五点三人，而长江流域为四点八人，黄河流域七点三人，西江流域四点八人。其明显原因：华北人民保守性强，大家庭制盛行，而华中、华南为

小家庭制。三地户口皆有隐瞒，距朝廷益远而弊益甚。自户口分布而论，华中户占全国百分之六十二点七，口占百分之五十七点二，湖广、四川户口太少，四川一百五十余万人，尤不足信。华北户占总数百分之二十一点三，口占百分之二十九点四，其地旧为文化发达区域，人口最多，北宋时犹然，其大减少，一由于少报，山东于十年内减少三万户，则其明例，一由于战争久，而死伤惨重。华南户口视前增加，户占全国百分之十六，口占百分之十三点四。合计华北、华南之户口，犹不及华中之多，中国人力、财力已集中于华中，长江下流乃为中国最发达之区域。吾人估计全国人口盖有一万万。云南地多蛮夷，太祖取其地十年后，不过三十五万人；夷酋时起为乱，太祖命所有捕获之逃军谪戍云南，又徙罪人于其地；后，诏湘西民三丁以上者，出一丁往屯云南，此见于史者。近时发见南京及苏州人徙居者，或犹知其祖故居，或保全其语言。徙民流离或死亡于路，资财复有损失。其幸而达于新开拓之边地，易于改变土著之生活，而使地为中国之一部分。贵州一部分，时分属于云南、四川，太祖称为黔中之地，官为世袭，间有妇承夫位者。四川、湖广土司所占区域广大，两广亦然，即就长江流域而论，江西东南部犹未尽同化。中国外患常在北方，太祖一再出兵北伐，不欲元帝后胤留居于漠南；更经营西北边境，招抚诸蕃部落，设置军事重镇于北边。及辽东归降，其北女真受明招抚，酋长得明官爵，进贡、互市。太祖封立诸子为王，多在边区，为国防前线，亦有王于内地大城者。诸王立府、置官，位高尊而禄优厚，据有兵权；其守边者，兵力尤强，后成乱阶。太祖对于邻国，欲其和平相处，告诫子孙，不得发动侵略战争，以为穷兵黩武得不偿失也。

官制　明初，中书省为庞大之行政机构，设四部分理政事；俄改为六部。行政长官曰丞相，统率百官，佐天子决定政事，在职久者，权力颇重。太祖不欲权归大臣，废丞相，析中书省之政归于六部；部有尚书、侍郎各一人，后有增加。吏部掌官吏铨选、勋封、考课；户部掌户口、田赋；礼部掌礼仪、祠祭、宴享、贡举、朝聘；兵部掌武官勋禄、军令、甲仗；刑部掌刑名；工部掌营造、屯田、水利、交通。六部分司庶政、无配合、调和之丞相总集其成，皇帝乃兼丞相，决定政事。太祖谕子孙，不复立丞相。大都督府管兵，后以其权太重，分为五都督府，各设左右都督为长官，领所属地方军，与兵部互相表里，权益分散，都督乃不统军，奉令出征，始能指挥军队，归则仍回原府。监察官为天子耳目，与君权发展常有关系，太祖改称其官署为都察院，长官为左、右都御史。监察御史分掌十三道纠劾事宜，为皇帝鹰犬，对于政治常有不利之影响，太祖唯恐大臣专权欺君也。地方官制改元行中书省为承宣布政司，全国共有十三，长官曰布政使，掌一道民政、财政；另设提刑按察使司，长官为按察使，管刑名、按劾；都指挥使司掌军政。合称三司；其下有府，长官曰知府，直隶州约同于府，官曰知州；其下为县，长官曰知县。

臣下之待遇　武官多同时起兵之人，立有功绩，官皆世袭，寓有厚待功臣之意。纨绔子弟生长于太平之世，从无战事经验，徒以父祖之功为军事长官。文官多为儒生。太祖克城，常求贤士，或闻其名而礼征之。征服之地益广，需用之人才益多，留用元官降者仍不足用，乃大量任用国子监生。入监读书，为地方学校选送之生员及高官子弟。政府供给其衣食，管理严峻，年考及格，擢用为官。地方学校教师多为监生，由政府任命，供给师生膳宿。各部院之事务官及大规模丈量土地之人员多为监生。科举为抡才大典，为官吏之一来源，考题出自四书五经，文为排偶，有一定成式。考生据指定之注疏，不得参加己见。登用之士，除尊君及盲从古人而外，无新思想，乃为奴才。官吏待遇：长官优厚，小吏菲薄。初为禄米、俸钞两给制；后数年，改钞代米，每钞二贯五百文代米一石；其后，钞发行额多，价值低落，官吏益苦。太祖严惩贪吏，赃多者枭首、剥皮实草；但非长久之计，一旦政治废弛，贪污成为普遍现状。

太祖疑忌大臣，功名显著者多不得其死。锦衣卫为天子亲军，掌侍卫、缉捕、刑狱，进行侦察群臣行动。蒙古臣下初同于奴隶，挨打为常事。太祖沿用而不改，以廷杖杀其亲侄，功臣亦有杖死者。诛杀大臣尤以胡惟庸、蓝玉二狱为惨。惟庸久任丞相，以擅权枉法诛死；进而以杀其疑忌之大臣，案情放大，罪恶增多，株连愈众，杀一人兼及一家，先后死者二万人。蓝玉为将有功，以谋反伏诛；功臣、大吏、偏裨、将士，坐其党死者甚众，合其家人约二万人。二案死者四万人，尚有其他案件，杀害无辜之人。又兴文字狱，恶意推度臣下表中之语，以为影射其往事：表言“作则”，视为作贼；以“生知”为僧知；“有道”为有盗。罪至于死。为官者生命毫无保障，士夫或不愿为官；复有不为君用之法，其残酷失去人心，类于疯狂。文人受忠君学说之熏陶、文字之桎梏，淹然不知世事，唯知圣恩而已。

军队之腐化　太祖以武力得国，其兵士来源：一为饥民。诸将所统之部队，多为穷困流亡之壮丁，来自淮河流域，训练而为精兵。二为归降之兵。太祖经营中国，广收降兵；中国统一，降兵有相当之多。其先乱起，从军投贼为自救之一法；乱平，人民视入伍为畏途。兵不足额，发罪人充任，或征民兵。兵须娶妻生子继承；无子，由其家属壮丁顶补。其组织，大率五千六百人为卫，长官曰指挥使；千一百二十人为千户所，长官曰千户；百二十人为百户所，长官曰百户，驻守险要之地；集合一区域内之卫、所，设都指挥司，长官曰都指挥使。全国三百二十九卫，合亲兵约二百万人。兵士授田，官给耕牛农具。边地守军以三分守城，七分屯种；内地二分守城，八分屯种，使之自给。士卒待遇太苦，逋逃者多。太祖以为统将不能抚恤所致，下令凡千户所逃至百人者，千户月减俸一石，逃二百人者，月减二石；百户所逃及十人者，百户月减俸一石，二十人者减二石。逃亡迄未能止，乃命捕获之逃兵谪戍云南；又以其匿于民家，令兵部榜示，将其送官，逃兵与藏匿者勿问，违者坐罪；更谕武官善抚士卒。皇帝晚年赏以钞、布，然未能改善其生活。1392 年，帝知陕西、山西、河南诸地，池不修浚，士马不简阅，屯田之兵逋逃，令其长官改善。1398 年，诏称：各级武官私役军人，受赂弄法，致军伍缺少，城塞不修。全国唯北边守兵较强、善战。

田制之改革　太祖起自民间，深知富民广置田地，剥削农民。《明实录》记帝言曰：富民多豪强，故元时此辈欺凌小民，武断乡曲，人受其害，宜召其来，朕将勉谕之。天子注重富民，视为问题，富民献其财者，犹不免祸。史称富室多以罪倾宗是也。人民无法律保障，官吏可藉任何事端杀人，资财随时没收。户部侍郎郭桓串通朝臣舞弊，六部侍郎皆死；系死者数万人，核赃寄借遍于全国，中人之家大抵破产，以致人心不安，谤言上闻。帝处治狱者极刑，且曰：朕诏有司除奸，顾复生奸，扰吾民。今后有如此者，遇赦不宥。罪过归于臣下，为帝挽回人心之一法。

户口于大乱后，视前减少，耕地有余。政府奖励开垦，徙民住于宽乡，或往边地。1374 年，户部奏：垦荒田九千二百余万亩。其时，耕地约六万万亩，增加殊不为少；每年增加，迄于中叶；后则大减，以荒地开垦渐多。政府注重水利，遣监生往各地督修。据《实录》所记：开塘堰四万九百八十七处，修河四千一百六十二处，筑陂渠堤岸五千四十八处。灌溉减少旱灾，增加生产，为惠民之政。政府岁入以田赋为大宗，官田起科每亩五升，民田三升，重赋田八升，没官田一斗二升。帝恶东南人民为张士诚尽力，重其田税，每亩七斗五升，后诏减半，仍重于全国。差役尤为病民。1381 年诏行新法：以一百十户为里，推丁粮多者十人为长，余百户为十甲；甲凡十人，岁役里长一人，甲首十人管摄一里之事，凡十年一周，以丁粮多寡为次。每里编一黄册，总为一图，鳏寡孤独不任役者，列于图后。田地未经丈量，富民以田诡托亲邻、田仆以避徭役。1387 年，帝遣监生视税粮额数定区，区设粮长四人，使集里中耆民躬履田亩丈量，图其田之方圆，次其字号，悉书主名及田之丈尺、四至，编类为册，俗称为鱼鳞图册。诡寄由来已久，太祖确定田主，富民多地者差役重而无法转嫁于人。纳税、服役原当视财力而定其多寡；富人避差，数百年内迄未改革，帝毅然行之，积弊一清。民之避役，乃以负担重而不堪其苦，功臣家免粮长、里长、水马驿夫等役，可见其种类之多。《实录》称：帝晚年，驿夫运粮往返不得代，船坏马毙须易买补偿，巨室苦役为奸，帝令其以次更番，问题仍未解决。服役法远不及免役法公允合理也。农民遇有饥荒，帝发粟赈济，县官不报灾者，常受惩罚。

财政　《实录》称：1390 年政府岁入，粮米、麦三千一百六十余万石，绢布七十三万余匹，丝锦、茶一百三十六万余斤，钱钞四百七万余锭，黄金二百两，白银二万九千余两；盐未列举，据后三年报告，凡一百三十余万引，引为二百斤，当为一大收入。田税受收成丰歉之影响，年有出入。明初，军政费不多，皇室经费为主要支出。太祖营造京师宫殿，建造王府，皆规模大，历久始成。就其毁者而论，遗址之广大、城墙之雄巍，可想其劳民伤财之甚。太祖初鉴于元钞之病民，鼓铸铜钱；但以原料缺乏，所造不敷市面之流通。1374年，造大明宝钞，与钱通行，伪造者斩；每钞一贯准铜钱一千或银一两，禁民以金银货物交易，课税收钱什三、钞什七，一百文以下用钱。及钞发行额增加，价值大跌。太祖以为民重钱所致，不许用钱，令民送钱于官，私藏、弃毁者治罪。此乃不知问题之所在，处理不能有效，物价依然上涨。

防范　太祖所为，偏于维持子孙万世之业。汉、唐有宦官、外戚之祸。宦官由于重男轻女之环境及统治者多妻制而产生。太祖限制宦官人数，专供洒扫、使役，不许读书识字，严禁其干预政事，冠服、品位皆有规定，外廷诸臣不许与宦官往来。外戚之祸起于后妃干政。马皇后有内助之功而族已绝；太祖母家亦无子孙，进而为子孙建立规模：皇后治宫人、嫔妇事，不得干预外事；宫人与外通信者死；命妇不得无故入宫；皇族婚姻选配良家女；外戚享受高爵厚禄，不得与闻政事。1398年，太祖病死，享年七十。其起兵之初，有说其师汉高祖者；为帝后，行为亦仿高祖。高祖在位不久，未立规模；太祖在位三十年，思虑多而疑忌甚，所为皆为巩固其帝业，其残酷好杀，多为盗贼性之表现。皇帝之威权至此而极；对于后世，遂有不良之影响。

第五十三篇　明之盛世

争位之乱——成祖之为人——皇帝之威权——仁宗——宣宗——政治腐败——北京之经营——漕运——疆域与户口——财政情况——东南亚之经营

争位之乱　太祖太子标先死，太孙允炆立，是为惠帝（1399—1402年在位）。太祖分封诸子为王，冕服、车旗之盛，次于天子，宫殿雄壮，大臣伏而拜谒，无敢钧礼。外官轻忽亲王者，罪至于死。王府置官属，设三护卫，甲士少者三千，多者一万九千人。太祖防守北边，封子王于边境，晋王棡、燕王棣较有才能，位尤重要，将兵出塞，筑城屯田，大将受其节制。朝臣言封建制将为后患，太祖视为离间骨肉，而致大祸。晋王为太子母弟，在国有异谋；亲弟于父在时，犹欲为乱，异母弟遇有机会亦莫不然。诸王于太孙为尊属，不逊；太孙与儒臣议商对策。太祖遗诏诸王毋得至京，王国所在文、武吏听朝廷节制；唯护卫官军听王指挥。惠帝止诸王会葬，更采行腐儒不切实际之计划，而成叛乱。

惠帝积极处分诸王，一年内，五王以罪废；晋王已死，唯雄才大略之燕王足以为变，竟初置之不问。削藩所以巩固中央政府，减少国内之祸乱；不幸处理失当。1399年，燕王起兵，其成功由于善用兵；朝廷宿将以太祖诛杀之故，无一存者，内地卫、所空虚，军士老弱，一时聚集，近于乌合之众，统将用非其人，复怀贰心，朝廷又不绳之以法。燕王军事处于主动地位，常能辨别轻重为攻守之计；其袭取宁王于热河南部，更增强其兵力。宁王，太祖子，有甲士八万、车六千，所属三卫皆善战之骑兵。燕王诈而获之，尽发其兵。其所得之地，兵去复为朝廷所有。官军进攻皆败，守城间胜，乃聚兵积粮，为持久之计。燕军扰其粮运，或焚其积聚，守军无粮败溃。燕王为孤注一掷之计，起大军南下，因粮于敌，出隙攻弱，数败官军，致其军心涣散，或不战而溃，武将或叛而迎降。1402年，燕军径至江北，舟师降之。夏，燕王入京，称帝，是为成祖（1403—1424年在位）。初以诛奸臣、复旧制为号召，诸王前为惠帝废者，尽复其国，中有骄横不法者，帝数致书劝之，王迄不肯改行。至于惠帝，史称不知其终。

成祖之为人 燕王棣起兵，战争三年，遭遇不少之危险，增强其仇恨之情绪，凡统军与之作战，或忠于惠帝之臣，多为其所杀。方孝孺、景清诸人之死，尤为悲惨。成祖诛孝孺九族，并收其门人杀之，凑足十族，死者八百七十三人，谪戍死者不可胜计。景清伏利剑于衣袵中，谋刺帝而被捕，尽诛其家族，并籍其乡，转相攀连，谓之瓜蔓抄，村里为墟。朝臣死者甚多，亦有族诛者。争位战争，北平一带成为战区，人民受苦深重；大军溃散，数省受其滋扰。善后问题首为休养民力。成祖初未劳民伤财，当由于认识问题之严重性。其作战也，计划皆其所定，诸将中无独当一面之统帅。帝幼受儒家教育；为帝后，宽于责己而严于责人，尊奉宋儒之说，欲国中士大夫为子则孝，为臣则忠。帝兼有文武之才，勤于政事，自言：四鼓即起，衣冠静坐，外朝毕，处理宫中之事，暇则阅经史，未敢自逸。早朝事多，晚朝事简，大臣欲详言事者，午后言之。天子兼宰相之职，故有早晚两朝。帝阅文卷仔细，精力过于常人。晚年，多病，或竟月不临外朝，乃为宦官所蒙蔽。

皇帝之威权 成祖遵守父之遗规及其经验，不信任大臣，对于家人亦然。其出征也，命太子监国，大事固须奏请，一事不协其意，或信谗言，太子亲臣被捕下狱，甚至于死。太子二弟争立、不法，为帝所知，精神上当受刺激。《明实录》称：帝晚年有疾，间或急怒，宦人惧谴，王贵妃委屈调护，盖自皇太子、亲王、公主以下，皆倚赖焉。《实录》为帝死后，大臣所修，讳恶扬善，尚可见其性情暴躁之一二。皇后尝问帝曰：陛下日与共图政理者谁何？帝曰：六卿治政务，翰林职论思、典词，皆朝夕左右者也。六卿即六部尚书，各治部内之政事，大者奏请天子处理。翰林学士博学能文，在帝左右，备咨问而草谕旨。天子决定用人、行政，大臣唯当服从而已；违其意者，即有不测之祸，翰林学士解缙则其一例。缙侍左右，参预机务，请立皇长子为太子，为其弟所仇；帝发兵讨安南，缙谏不听，为太子弟所谮，远谪于外；后，缙入京奏事，值帝北征，谒太子而还，帝捕之下狱，拷掠备至，连及之朝臣皆下狱，有瘐死者。俄帝阅囚籍，见缙姓名，曰：缙犹在邪！狱吏承意杀之。帝籍缙家，妻子、宗族徙边，失旨之罪，祸及宗族。帝内营造宫殿、陵墓，对外用兵，国用不足。会北京殿灾，诏求直言，群臣多言都北京非便；帝怒，杀其言激者，称其迁都，先与大臣密议，久而后定。言官因劾大臣；帝命其跪于午门外，质辩，赖大臣言而两宥之。诏求直言，而怒杀敢言之官，违反政治常例，徒见其残杀成性。

大臣反对北伐受祸，尤足以见其政治情况。1421 年冬，帝将大举亲征蒙古；命大臣议之，皆持不可。帝召兵部尚书，问之，对称：军兴费乏。帝不怿，召户部尚书，问边储多寡，对称：比年师出无功，军马储蓄十丧八九。帝怒，立命其出理粮储。工部尚书仍持不可，帝益怒，命系户部尚书、内官监，并囚署户部之朝臣；兵部尚书惧而自杀。明年北征，粮尽而还。议商国政，不问事之是非，一言不合，朝为行政长官，夕为狱中罪犯，大臣受辱之易，无过于明代。太祖以锦衣卫侦访消息，逮捕嫌疑之人，毒刑拷问成为常事，或死于狱中，或承意杀之；后知其弊，罢之。成祖恢复旧制，又立东厂，令宦官掌之，缉访谋逆妖言、大奸恶，是为厂卫。子孙信用宦竖，厂狱成为大害。太祖不许宦官预政，惠帝御之益严。宦官为燕王耳目，报告南京虚实。十八世纪所修《明史》称：狗儿辈复以军功得幸，遂重用之，或遣之出使，或命其监军，或侦访隐事。后，其孙宣宗设内书堂，选小内侍，命朝臣授之以书，成为定制，祖制由是破坏。

仁宗 初，成祖举兵，长子留守，次子高煦善战有功；久始立长子为太子。太子体肥，不能骑马，不为父所爱，日给二膳，索茶亦不得，亲幸多下狱死。高煦封王，不肯就国，潜谋不轨，成祖知而令其就国。季子争立谋变，事泄，其下与谋者死。二子受其家庭影响，伦常观念薄弱，皆欲为帝。太子宽仁，尝自南京前往北京，见饥民持筐拾草实为食，下马访问，民衣百结，至不掩体，灶釜倾仆，责官不能恤民，与其父虐民不同。1424 年父死嗣立，是为仁宗；罢不急之需，停遣舟师前往南洋。其先，政府发钞太多，物价跃腾，人民不肯使用。帝用盐收钞；改官俸米一石折钞二十五贯，增值一倍。成祖营造宫殿，征材料于民。仁宗谕称朝廷得千分之一，其余悉肥下人；不告户部、工部径诏罢官买物料于灾区。成祖令畿民养马，废其耕桑；马不孳生，或有死亡，皆须追赔，民乃逃亡。州县奏请除荒田税租，帝从其请，养马者免其追赔。其先，诽谤罪严，犯人身家破灭，“片言涉及国事，辄论诽谤”，良民致为人所诬罔；仁宗下诏严禁。惜帝在位十月而死，未有积极之建设。

宣宗 1425 年，仁宗死。太子嗣位，是为宣宗（1426—1435 年在位）。幼聪明好学，为祖父所爱，巡幸、征讨，无不从行；至是，赐其二叔视他王特厚。明年，高煦遣使四出，约诸王为乱，部署定而起兵；但实力有限，诸王无应之者。高煦冀出征之将帅为其故人，而帝亲征；煦惧而归罪。帝令其为书，召诸子余党出降；师还，废其父子为庶人，筑室囚之，诛其亲信党与，父子后皆被杀。煦弟惧祸，请还护卫，帝从其请。封建制不利于天子，易成祸乱，乃由屏藩转变而为防范。宣宗诏谕诸王，措辞严峻。诸王请地，非查明无害于民者，常不能得；入朝亦不准许，盖防范其与朝臣相结，或多所请求，不利于天子也。禁令后益严密，《明史·诸王传》赞云：出城省墓，请而后许；

二王不得相见，皆始于宣宗。其弊之极，宗室有才能者于国危时，虽欲报国，亦不可得；更无预兵事者。《明史》云："分封而不锡土，列爵而不临民，食禄而不治事……徒拥虚名，坐縻厚禄。"王同于罪犯，人民竭财力以豢养之而已。

宣宗为明英主，大臣或为其父旧臣，或为其祖所用，皆为谨慎之儒生，不能有所建设。帝遵守其父遗规，迭下除弊、恤民之诏，但未切实施行。1431 年，帝谕户部：官田赋重，减免其赋十之三。且曰：外间有言朝廷每下诏蠲除租赋，而户部皆不准，甚者文移戒约有司，有勿以诏书为辞之语。户部废格诏令，由于收入减少，不能应付费用。天子先未核减用费，恢复南洋市取宝物之舟师，则其一例；然未营造大规模之工程。工部不遵谕旨，征工匠入京，动以万计。帝以劳民费财，语左右：工部尚书不得人；但以祖宗所用旧人而曲容之。尚书以官木、石遗宦官做宅，事发下狱，帝亦释之。

政治腐败　朝臣贪污，宴乐以奢相尚，歌妓满前。都御史纳赂，诸御史贪纵，帝召亲臣，问以贪浊之故，对称：成祖末已然，而今为甚。帝黜都御史为外官，擢用亲臣所荐顾佐代之。佐奏黜御史二十余人；任事岁余，吏诉其受隶金，私遣之归。帝密示亲臣，对曰：中朝官俸薄，仆马薪刍资之隶，遣隶半，使出资免役，隶得归耕，官得资费，中朝官皆然，臣亦然，先帝知之，故增中朝官俸。帝命治诉者。或告佐不理冤诉，帝命法司会鞫，乃千户杀三无罪人，当死，使人诬佐；帝命诛之。贪污成为风气，改革非易，亲信大臣亦常受赂，由于俸给太低，不能维持其家人之生活，统治者明知其臣贪污而容忍之，政治益为废弛也。宣宗有恤民之心、精练之才，不幸中年而死，又无政治家辅之，致其志愿多未实现。

北京之经营　明之疆域，成祖有所开拓，北平为其根据地，为元旧都，宫殿未有破坏。北平道为蒙古人聚集之地，户口于明初不多，十年后增加无几，一、由于隐瞒，二、土地未尽开垦。成祖起兵，户口益少；功成，都北京，徙山西、江南过剩人民居之；又令军民子弟、僮奴削发为僧者，其父兄送京师输作，毕日发往北方为民种田、畜牧，僧主留容之者同罪。北京非南方人士所愿久居，时有逃亡，乃徙其全家；后以朝臣言而改善。帝迭徙罪人于北方，而内地人民仍时争田，北京则多闲田；令当笞者免罪，挈妻子徙居北京一带，官授以田，发给路费，三年后供租调；诬告犯人应流笞杖者亦免罪，挈妻子徙居于长城以南之州县为农民，不给路费，一年后供租调。帝令扈从军士各于北京城外荒地种麦二十亩。于是，长城以南之地逐渐开垦。

中国外患常起于北方，成祖乃有迁都之意；1406 年，营造北京宫殿，遣使于长江诸道督军民入山采木，或督造砖瓦，征集匠人，选军、民俱赴北京听役，半年更代。其明年，安南为郡县，工匠七千余人入京服役。后三年，帝重赏北京营造军民，工程未尝间断；又造寿陵。山西民变，至杀采木武官。《明实录》称：1417 年北京宫殿兴工，1421 年完成，其庙社、坛场、宫殿、门阙悉如南京，而高敞壮丽过之；复于皇城东南建皇太孙宫，东安门外东南建十王邸。通为屋八千三百五十楹，自采木、鸠工造砖而言，经营凡十五年，军、民入北京服役，材料微如丹漆，亦科之于民，宫殿系竭全国人民膏血而成。帝定都北京，称为京师。

漕运　长江下流为富庶之区，赋税、漕米运入南京，舟楫运输运用甚少；都于北京，东南财物北运，增加人民负担。元修凿运河，便利漕运，其末年失修。明初，山东淤塞百余里。成祖营造宫殿，粮食或舟师从海路运自南方，或运河通舟楫者运送粮于仓所，或陆运以车为之。海运尝遇倭寇，陆运费巨，乃发民开浚会通河以通漕运，设闸蓄水以时启闭。苏北凿河引水达淮，筑堤置闸。其南筑高邮湖堤，堤内凿渠亘四十里；又浚仪征、瓜州之河，开泰州白塔河以通大江。此乃减少镇江之漕船，苏杭粮船可径取道北上。其浚仪征、瓜州河者，免去上江漕船风涛之险，船泊于内河，得有休息之机会；又修镇江港口，达于长江。运河通而海运罢，自浙江运米赴北京，运费约三石而致一石。漕以江南为最重，宣宗以路远近，定民输送于何仓，以均劳逸，增其额达六百余万石，后为四百万石。初役军士十二万人，后达十五万，其人不堪役苦，有逃亡者。运粮人民更甚。

疆域与户口　太祖征服云南，蛮夷多而汉人少。其东北部昭通于汉时虽入版图，但不及内郡文化之发达。元有云南，未切实治理；明始建立统治之基础。贵州强酋归服，明授为宣慰使。成祖时，其东北部土司相攻，不听谕旨，帝执而杀之，改其地为府治：一曰思州，一曰思南；设贵州布政使，兼治土司，为切实统治贵州之起始。其时，安南强臣杀君，轻侮中国，成祖出大军平之，设布政使治理，同于一道。明未利用水师，道路险阻，疟疾流行，死亡重而非人民所愿往，乃以谪官为吏，发罪人为戍卒。成祖遣兵西取哈密。长城以北为蒙古游牧之场，成祖亲征，其酋辄远避之，粮运艰苦，多以粮尽而归。帝放弃长城北之三卫，则为失策。明置奴儿干都司于东北，宣慰诸部落之归降者，黑龙江为其版图，治理固与内地不同。

人口据《明实录》所记，1381年凡五千九百八十余万人；1403年，六千六百余万人；1434年，五千六十余万，视五十年前少九百余万，三十年前少一千五百余万。1403年报告为明户口最多之年，盖成祖新立，官吏惮之。其次年即大减少，岂帝不欲扰民而报告遂不确实邪？人民以多报少，显为隐瞒、逃税。史称：户口增减由于政令张弛。时人谓民减少，或投倚豪门，或冒匠往两京，或冒贾四方，举家舟居，皆不堪税役之重。汉中一县旧有三百户，存者九十四户，为千百中之一例。田地荒废，朝廷诏免欠粮，召民归耕，然未减其差役，仍有逃亡之户。1393年，田八万四千九百万亩；1434年，四万二千七百万亩，减至二分之一，由于逃亡与隐瞒也。

财政情况　岁入种类初不甚多，后则增加。1413年，粮三千二百余万石，课钞一千八百余万锭，布帛一百八十余万匹，丝绵二十二万斤，绵花绒三十八万斤，茶一百九十九万斤，盐一百四十余万引，屯田子粒九百余万石，马二十三万匹，尚有金、银、铜、铁、铅、朱砂等物。粮长催征田税，巧立名目，或增收五倍，或折收金银、锦缎二三倍，或准民以子女畜产为抵押，或侵夺其田地，或逼取其妻女为婢妾，或将其转卖，或纵恣酒色，或侵用征粮。小民不纳粮者，粮长报告于官，将致亡身、破产之罪，故得威制小民，而吸其血髓。征粮中，漕米四百万石运京，余供宗禄、军政费。屯田子粒系军士耕种征收之谷，《明实录》初未记载；1406年，增至一千九百余万石，后则大减，由于军士逃亡及屯田制之破坏。军粮不足，转发仓粮给之；或许商贾纳粮于指定之地，而官以盐给之，听其转卖。布帛、丝、绵征收之数，视前大减。绵花绒即棉花，种植区域广大，用以制布御寒。盐为政府专卖，私贩者多。成祖晚年许民纳物折米，丝一斤折米一石，苎布一匹折米七斗，棉布一匹折米一石，白细布一匹折米一石五斗，棉花绒一斤折米一斗。米每石折钞七十贯，此为最高之米价，用以多取于民，市价自四五十贯至六七十贯。仁宗增加俸市折价，仍与市价相去远甚。

茶为游牧民族信佛所嗜之饮物，政府取之于民用以易马，茶户不堪剥削，逃亡于外。布亦易马之物，成祖令军民养马，曾达一百七十三万匹，殆为纸上报告。法令更改，官马大减。钞以发行额年有增加，价值低落。成祖以民不用旧钞所致，禁之无效。仁宗令用盐收钞，并禁民用金银、布帛交易，坏钞法者枭首，而民仍不肯用钞。宣宗令民以钞赔偿政府马、驼、猪、羊，按市价以钞折算，收回大量钞票，更增加商税、罚款，行之数年，钞复通行。官买物资，不问出产之地，征之于府、县。1428年，宣宗谕曰：贫富困于买办，丁中之民服役连年，公家所用，十不二三，民间费耗常十数倍，加以郡邑官鲜得人，吏肆为奸，征收不时，科敛无度，假公营私，弊不胜纪，以致吾民衣食不给，转徙逃亡，凡白应输，年年逋欠，国家食庾，月计不足。时为明之盛世，改革皆无实效。人民有服役之义务，工匠入京工作，原有期限，后则不许归家；强壮者出钱，不令赴工，官冒领其月钱、粮赏，只令贫难者做工，逼索财物，致令逃亡，又差人勾取，复逼取其财物。宣宗改革诏令，徒为具文；匠人至锁镣做工，更有妄指平民为匠者，匠人近于罪犯矣。

成祖夺取帝位，厚赏将士，增加卫、所。军士多至三百余万，不免饥寒，将士复侵渔而私役之，致多逃亡。帝定减俸、降官之例以惩罚之。明制，武官世袭，比试多不中式。成祖称其畏怯如处女。京中军伍在其监督之下，操练勤而使用铳炮，战斗力强。各地军官诛求、刻薄，甚于狼虎，遇有调遣，十无三四；又多幼弱老疾骑士，或不能引射，步兵或不能荷戈。宣宗时，缺额达十之六七，辽东尤甚。御史奏言：海州卫阅教场全废操练，守门者只二三人，守山海关者仅五六人；又南海口旧置官军一百三十人，存者唯老疾军士五人，询之，皆称有遣差，苟且支吾。太祖定征民为兵之法，后则勾军为民间大害，差官虐害里甲，得其盛馔，索其财物，释当取之人；久留不归，或违限二三年；娶妻成家归，则以财物贿其长官；所取之丁，不及差遣之数。

东南亚之经营　明为大国，成祖利用其国力，遣将出征安南，知其炮火之利而仿用之，平安南以其地为郡县，终以治理不善，叛乱起而迄无宁岁。宣宗初，明军益为不利，帝有弃之之意，大臣和之。其地文武官不待朝旨，擅与叛军将领成立和约，安南遂为明之朝贡国。成祖数亲征蒙古，迄无大功。倭寇为祸于沿海之地，太祖谕日本王而不能止；会其幕府将军利与中国通商，遣使求钱，明赐之钱。成祖遣太监郑和出使西洋。1405 年，和航海南下，其大船长四十四丈，广十八丈，共六十有二，载将士及卒二万七千余人至南洋群岛；后二年返国。1407 年至 1433 年间，和下西洋六次，遍历南洋群岛，宣抚其君长；不服，则以武力慑之。中国之威望大增，诸国遣使朝贡。和经锡兰西达非洲海岸，其航海远行早于绕非洲好望角之甘马及发现美洲之哥伦布。惜中国未继续经营，发展其国际贸易，并增强其海军。明帝遣和之主因为求珍宝。时人称和船为大艅宝船，谓其为大队载宝之船。《郑和传》言其所取无名宝物，不可胜计；而中国耗废亦不赀，当为事实。和英武有才，曾擒苏门答腊岛之叛人及锡兰国王，归献朝廷，固十五世纪之英雄盛事。明少政治家，国事渐坏，而和则立功于外，政治成败，全在得人与否也。

第五十四篇　明中世之情状

诸帝之纵欲——英宗——宪宗——孝宗——武宗——世宗——穆宗——宗人——宦官——大学士——政治之腐败——庄田——财政——人民之生活——盗贼——军队——对外关系

诸帝之纵欲　1436年迄1572年为明中世，共有七帝，平均在位约十九年，就其年龄而论，一帝寿至六十，余皆中年而死。其时，内阁大学士为最高之长官，多为年老之人，有至七八十岁者。诸帝短命，乃恣于色欲而自戕杀。宫女选自民间，为一弊政，史称：民间讹传选女，即相惊扰，父母至潜嫁未成年之女。皇帝死，嫔妃例须从死，殉葬为野蛮风俗，太祖行之，子孙遵守，各王府宫人亦须殉葬。1464年，宣宗子英宗将死，语太子改革，遗诏云：殉葬非古礼，仁者所不忍，众妃不要殉葬。恶习始止。女子被选入宫，命运多不可知，宫中同于狱中，精神上深受痛苦。英宗四世孙世宗宿于妃宫，妃嫔宫人以组缢帝项，误为死结而得不死，帝惨杀与谋之妇女及其家属，史未记其谋变之动机，盖不满意宫中生活也。七帝中，五人于二十岁前嗣位，生长于宫中，未受良好之教育，不知责任，虐民而已。

英宗　1435年，英宗嗣位，年幼，政事决定于大学士；年长，信用太监王振，严遇大臣，有小失辄梏系而棰楚之，同于奴隶。英宗讨伐云南一小土司，出兵十二万，转饷半中国，犹不知力弱；减蒙古市易马价，予帛复剪裂之，其强部瓦剌酋也先并吞诸部，兵力强盛，怒而于1449年南侵。帝统帅五十余万亲征，命弟监国；前军败而班师，行至土木，去怀来二十里，敌骑追至，明军惨败，帝为其所获。北京时无拒战之兵，人心惶惶，幸敌未即南下。监国应群臣之请，称帝，是为景帝，遥遵兄为太上皇。也先遣使请和，欲得金币。景帝恐其兄归复位，不许。兵部尚书于谦通晓兵事，勇于负责，修守备之具。冬，也先南攻北京，败于守兵之枪炮，死伤甚众，迫而引退，所过掠劫，人民损失惨重。也先屡遣使言和，欲送英宗归国，景帝终为朝臣所逼，遣使北行。太上皇返国，景帝严其警备，不许大臣朝谒，颇纵欲自戕；病危，贪功者以兵拥英宗复辟，大臣或遭杀害，或免官归，政治上仍无改革。

宪宗　1464年，英宗死，皇太子立，是为宪宗；宫中费用大增，致内库空匮。宦官用事，在外者纳赂于内以固其任，其内者进言于帝以庇其外，内外相结，凡有奏请，无不允行。1485年，朝臣奏曰：今之弊政，最大且急者曰近幸干纪也、大臣不职也、赏爵太滥也、工役过烦也、进献无厌也、流亡未复也。六弊多造成于宦官，吏治益坏。流亡由于苛政与饥荒，陕西、山西灾情惨重。《明实录》称：陕西“饿莩盈途，或气尚未绝，已为人所割食”。山西南部一府，逃徙者五万八千七百余户，二县饥死男妇六千七百余口，更有饿莩盈途，父弃其子，夫卖其妇，甚至全家聚哭而死，弃子女于井而逃。饥民流亡，食尽树皮、草根，骨肉自相啖食，朝廷未为有效力之救济。

孝宗　1487年，孝宗嗣立，失德同于其父。光禄寺厨役增达七千八百余人。内阁大学士奏言：近年用度太侈，光禄寺支费增数十倍，织造动千百匹，修斋设醮费用累千万两，太仓银不给边而取入内府至四五十万，宗藩、贵戚求讨田土，占夺盐利，动亦数十万计，他如土木工作物料、传奉官员俸钱、皂隶投充匠役月粮布花岁增月益，无有穷期。帝初勤于政事，渐而懈怠，起鼓或至日高，上奏待批之文书或至昏黑发下，一事之决动逾旬月；继则奏事渐迟，章疏甚或延至本年或终留不出；晚年临朝益迟，侍卫、执役俱纵横坐卧，文武官精神困倦，废时误事。宦官投其所好，帝亲信之。大学士奏称：旨从中出，略不预闻，有所议拟，径行改易。是朝政决定于宦官也。《明史》称帝恭俭有制、勤政爱民，全为谀辞。朝臣极言其失，而帝不惩罚之，为其称于世邪?

武宗 1505 年，孝宗死，子武宗嗣位，乐嬉游，昵宦官，命其掌司礼、提督东西厂、督京中诸军。司礼监传达天子诏旨，刘瑾任之，内旨由其草成。东、西厂为缉访机构，同于特务。初，成祖恢复锦衣卫，恐其徇情，设东厂，令宦官为长官。行之五六十年，枉死不少无辜之臣民。宪宗添设西厂，后以其苛扰罢之。武宗兼设二厂，又设内厂，以刘瑾掌之，权重而伺察益苛。明兵初分隶五府；成祖立五军营操练士卒，三千营司宝纛、令旗，神机营司神枪、火器，谓之三大营。英宗被俘，于谦于五军营挑选将士操练，设十团营；孝宗增为十二；武宗尽以宦官为将，政权、军权归于导其嬉游之人，大臣言其罪者，尽为其所诛逐。瑾进用私人，迁官皆以赂谢，后阁臣奏云："凡票本拟旨、撰写敕书，或驳下再三，或径自改窜，或带回私宅假手他人，或递出誊黄逼令落底，真伪混淆，无从辨白。"阁臣为帝秘书，阅奏本而拟批答之辞；书写票签，待帝决定，刘瑾代帝为之。誊黄谓颁行之诏，阁臣先未属稿，瑾自为之，不合故事；强令阁臣誊抄，作为底稿。瑾死，由于其党之内讧。初，藩王起兵于西北，以诛瑾为名；乱平，监军宦官归，奏瑾不法事。帝执瑾，杀之；又设要地守备，以宦官充任，或命其监军。其时，贼寇横行，帝恣于酒色如故，怠于政事，月不数朝，朝或入夜；后，好出游，不报朝臣奏请；末年，文书俱未发出，各衙门应办之事，皆称未奉明旨，政事停顿。凡帝所欲，径降内旨，下所司施行。朝臣谏阻南游，帝怒，杖之，死者十一人。藩王于江西起兵争位，幸不久即平。帝南游婴病而归，1521 年病死。

世宗　武宗无子，大臣与太后迎立宪宗孙为帝，是为世宗。帝未受良好教育，手谕言不成文，忌讳多而数兴文字之狱，牵强直为疯狂。帝欲威权出己，深恶朝臣党比，对于言官论劾，常以罔上、怀奸、沽名、卖直惩之。嗣位初年，欲尊其父而称孝宗为伯，与大臣见解不合，朝臣诣宫门跪伏呼争，谕之不退，捕送其为首者八人于狱，群臣大哭于宫外，锦衣卫捕一百三十四人，受杖死者十六人，余皆谪戍，其与帝意合者，迁居显位。1538 年，帝不视朝；不得已而临朝，犹有愤愤之言；惟亲阅臣下奏疏。阁臣得其信任者，颇能进行其党、贪污为非，失意，或至大祸；勋戚、贵臣犯法者，不稍宽容。帝信道教，醮修建筑毫不惜费。1540 年，内外工程用银六百三十余万两，帝言其为民事神。其时，岁入银约二百万两，用至六百余万两，乃卖官鬻爵、动用库中积余；采办材料，又为病民之事。宗室上书，比为宋徽宗。

穆宗　1566 年，子穆宗嗣位，改革弊政，擢用谪臣。史称：帝躬行俭约，岁省巨万，对外采行善邻政策，边民得安。其时，内阁大学士之权颇重，互相忌嫉，争权相害。高拱初为穆宗之师，后为阁臣，于世宗末，为首辅徐阶同乡之言官所劾，遂成政敌。穆宗立，二人相抗，积嫌益深，各利用言官，劾其政敌。徐阶执政久，朝臣多其荐引。朝臣及南北言官纷然诋拱，或目为大凶恶，请上方剑诛之。御史巡按在远方者，转相仿效；不言者，众共促之。拱乞归，阶亦俄罢。举朝皆请留阶，而帝不从，复召拱为大学士，兼掌吏部事，颇改革积弊。1572 年，帝死。

宗人　宗人为统治阶级，其命运与待遇常视其与在位皇帝关系之远近而定。大体而言，朝廷防范宗藩，王府官不考绩，无进阶或内补之希望；王之亲戚禁任京官，族属不得通籍；王无出城或旅行之自由。近支亲王就国，后给船七百只、车四百余辆，其威武之甚、属下之暴，出人意料之外。兹引一例。孝宗弟泾王之国，太监送之，王长史沿途多所征索，驿官不胜榜笞，有自溺死者。行至天津，减曳黄船夫百人，责令纳钱，自增夫数；系船主索钱，二人杖死。太监捕行杖之人，王官即以擅执王府从人称，令旨差校尉擒之；天津官惧而闭城，二日不朝。王船行，殿后者复群掠柴市及居民财物。诸王无功德于民，徒吸人民膏血，专制帝王之祸，至明而极。武宗时，二王作乱。世宗遇诸王益严，其骄侈不法者，常勒令自尽。王府散布国中，为其吏者，免差、给粮，但受其剥削，常倾家荡产；不肖者则倚势为害于民。王府子孙众多；1529年朝臣奏称，昔以一郡供一生，今以一郡供数千百人。宗人不许出仕，唯持宗禄，生活困难，朝廷发内帑或余盐给之，仍不能救其贫穷。明初，山西一王岁支禄一万石，后增二府，百余年后，子孙食禄者，将近三千，岁支禄米九十五万六千石；全省岁入八十四万余石。陕西宗禄十三万石，岁征只有九万余石。御史于世宗末奏言：京师漕米四百万石，各处王府禄米八百五十三万石；山西、河南存留米不足供给禄米之半，而吏禄、军饷出于其中。朝廷限宗人妾媵，并裁节王府军匠，而人口依然增加。1571年，宗人见于玉牒者，凡二万八千九百余人，岁支禄粮八百七十万石，郡县主君犹不与焉。郡王以上享受犹厚，将军以下则不能自存。时人称其共蓬而居，分饼而膳，四十而未婚，廿载而不窆，强者劫夺于郊衢，弱者窜入于舆皂。宗人上书有比世宗为宋徽宗者，削爵禁锢，子贫丐贷。或告其上书不过废锢，犹得衣食，今贫且死，不如上书得罪犹生；从之，而得禁锢。可哀而亦可悯。

宦官　百余年内，宦官之势力强大。其先，宦官奉旨出外，犯法辄诛，犹不敢放肆。英宗信用王振，勋戚呼振为翁父，谄事之者尽居显位，忤之者死。景帝监国，言官劾振，请灭其族，待诏不下，群臣不退，放声大哭。监国起入内，众随之入，始令籍振家。宦官传旨者，众欲殴之，击杀振党三人，复执振侄，辱之，无复朝仪，监国迫而奖谕百官始已。此为非常事变。景帝不改变其思想，仍用宦官。朝臣奏言宦官利用其地位，多方榨取于民，或经营生产事业，列其害政十事，皆寝而不问。英宗复位，太监有功，迁司礼监，总督三大营，门下冒官者至千百人，后失宠而谋为乱。宪宗、孝宗、武宗皆不信大学士而用宦官，翰林为其师者易于升擢。朝臣谄事宦官而居显位，比比皆是。明初，宦官之来源：一为边区俘虏之幼童，一为犯人家中年幼之子弟。百年之后，人口增多，有自宫求进者。1470年，《明实录》始记其事，仅二百六人；例开后，而自宫求用者益多。朝廷以其违禁自宫，规避差役，严罚之而无效。1487年，礼部奏，自宫者三千余人，妄引敕谕事例，在部告扰。敕谕盖许留用，事归礼部管理。帝命逐之，后益严自宫之罚，然未切实执行。朝廷复以需要而收用之。1516年，收用三千四百余人，未留用者数千，扰于礼部，奉旨驱逐。后三十年礼部奏称收用自宫者八千余人，余发回原籍，数盖不少。六十六年内，自宫者增加；就留用数字而言，已数十倍。吾人发生之印象：一为法令无效，二为求业困难。愚民羡慕宦官，自宫求之；其有所依者，升迁尤易。刘瑾本谈氏子，依中官刘姓以进，遂冒其姓。《明史·宦官列传》云：内竖初入宫，必投一大珰为主，谓之名下。其人同于子弟，入宫可免礼部之留难，且为升擢之捷径。

世宗政由己出，御近侍甚严，要职皆以王府旧人充任，谨饬不敢为非；又以对外战争失败，由于宦官监军，事权不一，1550年，罢宦官监军。其典仓、监库者莫不舞弊。武宗时，台州武官进纳军器，不餍监官之欲，迟留八年犹不收验，武官行乞于市，几不能生。1528年，内官监供用库验收白米，私造大斗，需索百端，率一石倍输二三石，解官苦之，世宗令每石加耗一斗。其监矿者亦敛民财。皇帝不信任外官，许宦官受讼词，官吏畏之，乃大为民害。世宗罢之。穆宗复信用宦官，其威权渐盛，欲复监军，赖阁臣力谏而罢。宦官久居宫中，深知帝之性情，迎合其所好，渐得其信心。其人多出身卑微，或自宫求进，唯欲富贵，往往祸国殃民也。

大学士　朝臣以内阁大学士为最重要。初，太祖分宰相职于六部。成祖命翰林七人入直内阁，取其备顾问、代王言而已。帝尝赐之衣，与尚书等，其理由曰：代言之司，机密所系，且旦夕侍朕，裨益不在尚书下也。代言即拟定诏旨，在帝左右，有发言之机会，位极重要。仁宗以东宫旧人兼领保傅，于内阁办理政事，听信其言。宣宗继续用之，并加其官，内阁之权大重。其后诸帝，信用宦官，大学士之进用常赖宦官之力，大政由其决定，内旨下而大学士不知，用人亦不由吏部推荐。世宗不许宦官干预朝政，阁臣之权视前为重，首辅同于丞相。世宗时，阁臣与首辅不协，奏言：阁中事务不虚心博议，“但以首者一人所主，余唯唯无敢可否”。其代为首相者亦然，以其位尊，皇帝咨以大政，得其信任也。后，严嵩为首相，劾之者称：嵩以宰相自居，凡府、部题覆，必先禀而后起稿，各官升迁，先谒嵩谢，嵩有票本之任，遂窃威福之权。嵩深为帝所信，言者反而受祸。内阁为政治机枢，吏部进升官吏，原为时人所畏。吏部初以内阁为心腹，后则首相支配或影响其决定。穆宗以高拱为首相，兼吏部尚书，权力益重。首相常推引其亲友、门生，其人将感恩而为其党；凡与其领袖不协者，则视为政敌，藉言官攻击、出之。士大夫心襟褊狭，唯知权利，多不虚心议商问题，更不知合作为何事。阁臣几尽擢自庶吉士，由新及第之进士选用，每科选二十人，每选留数人，以备任使，余读中秘之书，储养人才待用也。世宗晚年，贿赂公行，庶吉士亦以赂营求，贫士称贷为之。世宗罢之，然非更易制度。进士所读，多为先秦之书，文体束缚其思想，又不认识社会问题；一旦幸而为官，则多方科取民财。十六世纪中叶，贪污益甚，时人所谓："一得任事之权，即为营私之计，赂路大开，私门货积，但通关节，罔不如意。湿薪可以点火，白昼可以通神。"赂送之财物，亦视前为多。

政治之腐败 严嵩免官，家产籍没，《明实录》记：黄金三万二千余两、银二百万两、房屋六千六百余间又五十七所、地二万七千余亩，珍宝甚多。其财物计算过于实数，世宗追其寄存，害及全省。地方官亦贪污为害，《明实录》记：盐法都御史鄢懋卿巡行郡县，所至招权吓财；妻从之行，"为装五彩舆，令十二女子舁之；令长以下见懋卿者，皆膝行蒲伏跪，上食唯谨，至以文锦被厕床，白金饰溺器，千里传送，络绎道途，懋卿颔之而已"。比至淳安，知县海瑞供张甚薄，并言民贫，不足以容车马。懋卿怒而毁之，瑞竟获谴，政治全无是非。户部用人，重视资格。明初，举人、监生成为政治干部；后重进士科，其应试之文，时称"八股"，作者代圣贤发挥经义，全无实用。地方官重进士而轻举人，言官奏曰：同一宽也，在进士则为抚字，在举人则为姑息；同一严也，在进士则为精明，在举人则为暴戾。低昂之间，殿最攸异。监生更为人所轻，皆欲登进士科，耗其精力于八股；幸而为官，所为与宦官相去不远。读书益为做官之阶梯，家人以得之为望，亲友以得之为荣，无人问其财物从何而来，固由于舆论之势力薄弱、道德之水准太低，而社会环境亦促成之。中国为农业社会，耕地有限，人口以早婚而增加，职业之种类又少，生计困难。生长于此环境者，常喜聚财物，儒家思想乃不敌生活环境之势力。

庄田　统治阶级为害于民，庄田又其一例。明初，赐田大臣，后复归官。庄田始于英宗，以诸王未封，供用浩繁，于闲地立庄征租，供其费用，是为皇庄；宗室、勋贵、中官所赐之地则称庄田，租为庄主所有，为生利之产业。朝臣反对庄田，每于新君即位，辄请改革。1489年，户部奏：畿内皇庄田一百二十八万亩，勋戚、中官庄田三百三十余万亩，管庄官校招集无赖占地敛财，为暴于民。朝廷戒饬庄户，禁止献田。已故太监庄田有转卖、寄托及佃户自占者，凡二十七万余亩。孝宗未有重要之改革，赐其弟四王田各七十余万亩；勋戚至争夺庄田。武宗时，诸王、外戚、内官请田不已，庄田增多。其时，户口增加，生产之地除边区外，均已垦种，奸民献地，皆称闲地；实则非其所有，藉以获赏。牧地为庄田另一来源。明初，置广大牧场，及马政废弛，可耕种者垦而为田，多为权势之家所侵占，庄田与民田毗连者，亦为其所夺，成为大地主；更利用政治势力压迫佃户，收租之多，非民所能负担。宪宗诏定租每亩八升，畿内役重，每亩五升，有不遵守者。孝宗令庄田每亩概收银三分，亦然。管庄人同于虎狼，所征多于额定之租；遇有荒年歉收，庄田亦不免租。地主世耕于其地者，反被驱逐于外，流离失所。

世宗嗣位，朝臣迭论庄田之病民。帝初诏还庄田，撤回管庄人；后，户部复奏，两奉明旨不可；户部执奏再三，帝终不许。其父原有庄田八十三万余亩；入京时，校官占地八万八千亩，乃视皇庄为产业，自不愿归还于民，国用不足，亦不挪用庄田收入；后遣使清查勋戚庄田，得隐冒一百六十余万亩，但纵容其子景王夺民田数百万亩。穆宗诏元勋臣裔限田二万亩，皇戚自七千亩至七万亩；其祖父田命有司领之，兼并者还民；又令宗室买田不输役者没官，皇亲田征税如勋臣例。此为重大改革，民害少止；不幸子孙未能遵行。达官置地则以地主身份剥削农民。勋戚之家更夺民市利。旧制，王公家仆限二十人，一品十二人；十五世纪末，勋戚家仆多者以百数，纵其设开官肆，邀截商人货物自都城内外坊市及入京要道，一切民利悉侵夺之；更有令其弟侄买卖或与大贾结交，经过税务官衙全不纳税者，不遂其意则诋毁长官。户部尚书奏征税至被目为聚敛民贼，权豪切齿恨之。中官亦经营生产事业。

财政 财政入不敷出。十六世纪初叶，户部奏称：税粮二千六百余万石，存留一千一百余万石；马草二千五百万束，存留四百万束；绢二十七万匹；布五十七万匹；绵绒三十七万斤；食盐钞存留七千三百万贯钞；关船征钞二千七百万贯；盐课一百九十万引；屯粮三百七十万石。岁入不及原额，不敷用费，往往额外加征。明初，税粮三千余万石，屯田粮曾至一千九百万石；及是，减少，尤以屯粮为甚。由于士卒逃亡，田为有力者所侵占，卫所原可自给，转而依赖税粮，北边尤甚。《明实录》初未记征草；北边先有广大之牧场，后废弃，为人所占，乃征草于内地，一束例十四斤，运输费贵，采行折色。明税，征实物曰本色，以银代之曰折色，绢布之征收少于先时。朝臣奏：额田减少，其最甚者，湖广额田二百二十万顷，存者二十三万顷，失额一百九十七万顷；河南额田一百四十四万顷，存者四十一万顷，失额一百三万顷；广东额田二十三万顷，存者七万顷，失额十六万顷。多造成于奸民欺隐田税，转加于贫民。户部尚书奏：小民田赋正额外，有附余包补之数，往往十倍常供。孝宗令钞一贯折银三厘，是银一两合钞三百三十余贯，据此计算，存留盐钞合银二十余万两，关钞八万余两。盐课一百九十万引，视前增加。明初，召商输粮于边，与之盐引，后为权势之家所破坏，户部收入减少。穆宗时，朝臣言：屯田十亏七八，盐法十折四五，民运十逋二三，为国用不足之原因。朝廷收入尚有贡物及矿坑所出之金银，户部未并入计算。明至中叶，户部常患收入不足。世宗赏给内廷、经营斋殿，于夜半出片纸征取，更无敢延顷刻者；会边告警，户部尚书直陈帑藏空虚，帝责以谋国不忠，其意直以府库供其取用，当不尽、不竭。宗禄、冗官及军费之增加，益使财政困难。宗禄上已述之。明初，全国文官一万四千余人，内京官一千一百八十八人，武职二万八千员；中叶数逾十万，军费增加更多。河套部酋长俺答深入中国，饱掠而去，明增兵防之，军费大增。1549 年以前，岁支最多不过二百万，少则七八十万；1551 年，增达五百九十五万两；数年后，犹三四百万，而岁入银只二百万两，乃兴办赃赎、契税及卖官以补不足。世宗末年，出浮于入犹百余万两。穆宗决定与俺答和好，军费始减。明代币制：钞与钱并行，钞价低落，制钱以铜少而鼓铸不多，前代钱因而流通于市，奸商更私造轻钱，率以三四十文，当银一分；后以铅、锡为之，粗成钱形，六七十文当银一分，明铸钱、旧钱反受壅遏。世宗禁止恶钱，诏用明铸钱及前代钱，嘉靖钱七文准银一分，明铸钱及前代上品钱俱如嘉靖钱例，余视钱轻重或十文，或十四文，或二十一文准银一分，民颇不便。会内库钱不问美恶，悉以七文折算，市场骚然，帝改订其价。奸民视为有利可图，私铸嘉靖钱，真伪混淆，人民讹传制钱且罢，拒绝使用。穆宗听民使用旧钱、明铸钱，课税收钱，钱复流通。其时，银价较为稳定，朝廷设监管理矿坑，增加其产量。官吏征税以银计算，民间市易用银，盖以钞之信用低落，而钱之种类不一，银较便利也。

人民之生活 人民备受贪官侵占之害，生活困难亦由于生产事业之不发达。太祖分民为三，曰：军、民、匠。可见其职业种类之少。极大多数则为农民，其耕种区域以华中、华北为重要。华北长城之南，犹多荒地；北京发达，由于奠都，成祖复移民奖其垦种。辽东、山西、陕西、甘肃边区，虽设卫、所，而人民仍少；牧场后且弃之。华中，长江下流最为重要，四川、湖南尚有不少之土司，江西南部未尽开垦，皖南亦然，华南诸省更甚。云南、贵州、广西虽已置州县，而基础犹未巩固，其为中国土地，尚待后人之继续经营。明之耕地不及现时之广大，其耕地报告初八万四千余万亩、一千六十五万户、六千五十四万人。时承大乱之后，死亡惨重，荒地甚多。其后，国内平安，田亩仅及其二分之一，人民谋减轻其负担，常以多报少。百余年后，户口少于明初，显为隐瞒。人口以早婚之习惯，增加可无疑问；政府虽禁溺婴，固无实效，可见问题之严重。农民耕于褊狭之地，生产之粮食不能供给其家人所需，统治阶级更榨取之。财力不能修筑陂塘，官吏又不予以协助，已成者，积久亦多颓坏，尤以黄河流域为甚。其西北，距时季风发源地太远，水利不修，时人谓：旱则赤地千里，潦则洪流万顷，易成饥荒，掘食草根树皮，成为常事。北方流民逃亡于襄阳一带，官吏恐其为乱，1471 年，械之归乡，妻子被掠；适值夏季，死者甚众，瘟疫盛行，船夫递解者，惧其传染，故覆舟于江，死者九十余万。

盗贼 壮丁铤而走险，掠劫于民间，或杀害官吏、富民，或为流寇。人民居于痛苦之境遇，易于接受明王出世之说；政府严禁，仍不能阻其活动。其为大祸者，前有邓茂七，后有刘七。茂七于英宗时，为盗于福建；势强，攻城，官谕之降。贼言其被富民扰害，家庭破荡，乞免差役三年，官许奏闻。茂七不信官言，惧众散而不免，迄不肯解散；破二十余县，“千里一空，良民逃避，田地抛荒”。江西、浙江大盗乘机为乱，广西亦有流寇。朝廷出大军南讨，平之。武宗时，官吏榨取于民，复有水旱之灾，人民流离失所。言官谓两广、江西、湖广、四川、陕西等处，群盗纵横，大肆焚掠。若不善为处理，将成大规模之叛乱，各省长官皆檄减民负担，藉减少其势力。人民先无组织，力不能抗贼，“所过乡落，莫不椎牛供具，甚至为之持门屏，以遮矢石，为乡导以攻州县”。朝臣谓贼施行恐怖，从之则生，不从则死；另一方面，官军为暴，甚于盗贼。贼杀剥削阶级，尚得贫民同情。其领袖起于饥饿，未有大志，士大夫为忠君思想所束缚，贤而能者，不肯参与颠覆明室之活动。唯贼酋刘三较有大志，起兵于河南，为牌帖约官吏、师生不许潜避，诫其党毋妄杀平民；官吏视为大患，以大军讨之。余盗皆从事掠劫，欲于死中求生，战斗力强，卫、所军迭为其所败。诸盗以刘七为最强。《明实录》称其横行中原，杀人满野，村市为墟，祸乱之惨乃百十年来所未有；京军讨之无功，调诸边之兵作战，竭天下之力，三载仅能灭之。七初败于边兵，率其亲信自黄州乘十三船沿江东下，越南京而至镇江，官兵无敢抗其锋者；后，船遇风，登陆败死。识者论其亡乃舍陆从舟，困于暴风也。贼首亦有降而被杀者。世宗晚年，朝臣奏：群妖、群盗合为一途，将为大患。幸其终不合作，政府亦有所防而未成大乱。

军队 明兵腐化已久，战斗力低落。英宗时，朝臣奏曰：兵器残缺而不修，军士饥寒而不恤，或私役耕艺田圃，或纵令兴贩鱼盐，或假托巡捕以扰民，或放回原籍而取贿，科扰侵欺，逼迫逃窜，遂致军伍空缺、武备不修。间遇上司按临，多方觅人应点，粮赏则冒名关支，调发则临时规避。英宗统之北征，军败被虏。于谦练兵，后未继续执行。中原盗贼之平定，多赖边兵。其严冬衣装单薄，形同乞丐，特骑兵为贼所无而胜，非其战争力强也。军官皆为世袭。十六世纪初年，兵部尚书阅视各营将士，试以武艺，往往持弓不能发矢，甚有堕弓于地者，继询韬略，俱不能答。朝廷迄无改革，将士唯知剥削士卒。诸帝好兴土木，初征工匠建筑，士卒助之；后以士卒营造，逃亡者多。明初，京营精兵不下七八十万；英宗时，各营团操者犹四十余万；及世宗中叶，所存者仅十之二三。其时，军中已有枪炮，军士以技不熟，有不能使用者。

对外关系　明兵北与蒙古强大部落作战，无不失败。也先、俺答初欲贡马市易，多得利益。明帝与之失和，又不增强其战斗力。英宗亲征，直为儿戏。世宗拒绝俺答通商及交换礼物之请。俺答进犯北京，仍乞入贡。阁臣严嵩推为礼部之事。其尚书徐阶诿称事关国体，乞皇上作主张。帝怒其推诿，而以责任归己，阶乃主和，帝请俺答退出后议和。俺答北归，帝复听阶言而中变。明年，俺答请和，缚送明之叛卒，仅得一年两次市马之利；后以马价之争而绝裂，为寇于边。明驻重兵防之。俺答进犯通州，京师震动。明军费大增，边民受祸深重，皆由于朝廷无人也。穆宗嗣位，俺答孙来降，明厚待之。边吏与俺答定盟：明封之为王，许其贡马五百匹，入京限一百五十人。阁臣议如所请，穆宗从之。朝臣非之者，以其出于帝意，异议稍息。

明兵挫于北边，对南方战争则常胜利。西南土著部落而居，各有酋长。其自山洞剽掠，或为叛乱者，皆为官吏所平。部落人数无几，又无战马，为其失败之主因。经营得人，平乱殊为易事。哲学家王守仁官于江西，其南部夷人盘据山洞，出而剽掠，屡为民害，守仁平之。朝廷命其提督赣、汀、漳军务。汀、漳在福建西南部，与南赣相接，亦多土著。后，广西诸寨久为祸乱，守仁布置有方，平之甚易，皆其明证。沿海诸省旧有倭寇滋扰，中国无舟师保护其海岸，不能切实统治岛屿，渔民因生活苦而为盗。日本于元末内乱，浪人为盗于朝鲜、中国沿海；藩侯复有奖之者。明太祖遣使至日，谕其治盗，而无结果；严禁人民造大船航海。此同于自杀政策，以其不能练习航行，亦不建立舟师以自卫；商业停止，又不利于人民也。世宗时，海盗大为患于中国，其人以日人为主，汉人、安南人加入，占据沿海岛屿，乘船而至，明兵弱不能战。倭寇勇敢，其来，人数无几，所过如入无人之境，掠劫惨重，沿海区域防不胜防。官吏令民于交通要地筑城。江苏近海之城，多筑于此时。城为防守之工具，盗至，不易进入。守兵胆气渐壮，技益精良；诸将以作战经验，有成名将者，数败倭寇。同时，日本内乱平定，藩侯改变政策。葡萄牙人时已来至中国，《明实录》称：1521 年，佛郎机遣使入贡，朝廷令广东官毋令其入境。佛郎机所指先后不同，此言葡萄牙人。其海船广大、炮力之强，非远东国所能及。倭寇活动，妨碍其往来。外国记载：葡船击毁不少之盗船，亦其势衰之一原因。

明至十六世纪中叶，已入于腐败、衰弱之状态。御史奏曰：方今天下大势，如人衰病之极，内而腹心，外而百骸，无不受病。大抵因仍苟且，兵戎废弛，奢侈僭逾，公用困竭，奔竞成风，贿赂通行。其症结所在：上无明君，下无贤才治理国政也。百余年中，有所表现者二人而已。于谦练兵，谋转弱为强，虽未完全成功，而固英杰之士。王守仁学有贡献，用兵谋而后动，数平叛乱，惜朝廷未大用之。阁臣奏言：自宣宗以后，奸人、鄙夫据占内阁，贪污无耻，习以为常。虽有为而发，而朝中固无人也。

第五十五篇　明之衰亡

张居正——政治之腐败——宦官之害政——军队之败坏——财政情况——人民之苦——户口与耕地——流寇之乱——明清之战

张居正　1572年，穆宗死。神宗嗣立，十岁，生母管之甚严，师傅张居正教之认真；年长，渐不协居正所为。居正位在高拱之下，隐与太监冯保相结，毁之；太后逐拱，居正代为首辅，宫中、府中遂为一体。居正深沉机警、多智数、熟典故，居位总揽大权，各部尚书同于属吏。《明实录》称其在京闻父丧，三日不出阁，吏以函捧章奏，就其第票拟，次辅在阁立候，票进乃出；中贵奉旨，有就丧次问某事、某人，张先生何说者。辅政十年，海内安定，太仓粟支数年，积金不下四百余万；抑近幸，严考成，核名实，清邮传，核地亩，洵经济之才也。《实录》修于数十年后，为公允之议论。朝命行于全国，由于内阁认真行使举劾之权。其先，政事分归部、院，势不相摄，台省有所奏陈，由部、院题覆，抚、按奉行。居正令抚、按考成，章奏每具二册：一送内阁，一送六科。抚、按迟延，则部臣纠之；六部隐蔽，则科臣纠之；六科隐藏，则内阁纠之；内阁总理政事，刑赏依据考成报告，而做决定，地方官乃奉命唯谨。明士子出身初为三途：一曰监生，一曰贡途，一曰科甲。授职之后，考核能否，察其贪廉，以为升斥。中叶，崇尚进士，举人、监生贤而有才者，亦至废挫。居正知其弊，而欲改革。吏部奉旨：今后官员升迁、选用，不以资格为限；黜陟则以功能贤否、贪廉为标准。此为整顿吏治之一方案。后数年，居正进用刑部侍郎为礼部尚书，《明实录》称：自 1487 年，官必擢自词林；世宗特迁当意之人，言路攻之，犹十余疏不止，居正超擢其所厚，无敢言之者。居正死，无人主持改革，词臣仍居显要之位。

政治之腐败 神宗鉴于往事，不信任内阁大学士，凡为言官所攻而求去者，即许其请。其先，张居正遇言官严峻，如有建白，不先禀明者，将即获罪。帝欲改变风气，藉言官以制大臣，朝廷用一人、行一事皆受攻击，一切敷衍、因循而已。1589 年，阁臣三人，朝臣疏言其一斥忠臣义士。疏上之次日，被毁者求罢；其明日，又一人乞退；其一方典试入场，阁中无人，章奏送至阁臣私第票拟，阁臣将其封还。帝惊问曰：阁中竟无一人邪？甚非国体；诏留阁臣，处分言者；明日，二臣进阁疏谢。此为饶有兴趣之故事，国事近于儿戏。帝渐认识言官之乱政，迭谕告诫，仍不能有所改善；中年，厌恶益甚，不理其章奏，后范围扩大，辅臣百疏求去，犹不得旨。朝中缺人请补，亦无下文，政事停顿，朝臣有挂冠径去者。帝二十余年不见朝臣，大学士于前朝自三四人至六七人，神宗末年只有一人；六部堂官十八人只余五人；言官缺额更多，有不及什一者；外省官缺亦久不补，为从古未有之现状。士大夫乡居，礼部奏称其不自爱者，武断乡曲，嘱托行私，违法取利，包揽钱粮，把持官府，侵害小民，捏造歌谣，兴灭词讼，甚至群居赌博；其贫者，幸而一举则非绮纨不衣，非舆马不出。此为其中不肖者之写真，乡官更为民害。官吏待遇菲薄，贫士一举，生活即与前异，财货从何而得？明末帝颇欲整顿吏治，谕朝臣不爱钱。朝臣韩一良疏称：文官向以钱进，当以钱偿内外，升迁俱以贿成，吏部之始进可知，科、道、馆选皆以此得之。今归咎守令不廉、不知，州县亦安得廉！俸薪几何，上司督取，不曰无碍官银，则曰未完抵赎，要路过客动有书仪，一遇考满、朝觐，赞金满车，犹忧谴责。此金非天降，非地出，而欲守令之廉，得乎？帝嘉其直言，迁其官，而欲其列举人名。一良终不肯言，当以其牵涉太多，社会势力强于爱国为民之心也。

朝臣利用政治废弛，各以地区结党营私，史称其深结戚畹、近侍，威制大臣，争论皇室之琐事。神宗皇后无子，宫人所生长子，不为帝爱，而爱宠妃所生之子，诸臣争立太子，或为诡妄之说。后男子持梃入太子宫，好事者则创为危言。太子请治持梃人而作结束，是为梃击案。1620 年，神宗死，太子为帝，纵欲致病，在位一月，服红丸而死，是为光宗。朝臣追究进红丸之罪，牵及前辅臣，是为红丸案。初，光宗病危，命封其宠妾为贵妃；帝死，朝臣患其挟太子听政者，强其移宫，是为移宫案。三案与国计民生未有关系。东林党人扩大三案，为儒生诛心之论。东林为无锡书院之名，朝臣仕不得意者于此讲学，附之者自相标榜。反对之士大夫后与太监魏忠贤相结，藉三案多杀东林党人。明末，朝议庞杂，是非混乱，国君不能辨别而又疑忌太深，牵制太多，终不能有所补救。地方吏治亦极恶劣，1594 年，神宗诏以为言，且责长官曰："只知请赈请蠲，姑了目前之事，不知汰一苛吏、革一弊法、痛裁冗费、务省虚文，乃永远便民之本。如此上下相蒙，酿成大乱，朕甚忧之。"

诏以责任归地方官之无能。士大夫"好议论而不好成功，信耳闻而不信目见"，避兵马、钱粮之任，以其所受教育束缚其思想，风气又坏，一二贤者亦无能为。深知时弊者，请严惩贪吏，引太祖法剥皮囊草及枉法八十贯论绞。奏上，时议非之，御史劾之，何能改革！时人惰性重而因循，坐待大乱命运之降临。神宗行为及奢侈生活更促成之。朝臣言其病为酒、色、财、气：纵酒溃胃，好色耗精，贪财乱神，尚气损肝。用银不稍爱惜，动支几十万。初年，宫中用费增加，帝命太仓、光禄寺各进银十万两，言官论其不可，不从，盖太仓所贮钱粮专备军国之需，而金花子粒贮于内库，专供御用。金花银每年一百万两，帝增加二十万两，为买办金珠之费。张居正不愿浪费库款，曾请节省。帝婚礼用银七万两；后，皇子选妃册封，向外府索银二千四百余万，户部言其过于常额百千倍；买珠玉用银七十五万两，犹令再买，并以户部堂官不再买进，夺俸二月至一年有差，仍著上紧办进。其时，太仓岁入四百余万，内库空匮，府库历年积蓄亦尽，宫中一再失火，复大规模兴工，经营贵州、湖广采木费至五百余万两，工程费用尚未计入。太监、胥吏、商人共通侵牟，一庙门殿原估三百六十五，主持官尺寸算之，省至三分之二。朝臣奏称：每一兴作，库藏发百万，朝廷只得十余万之用；库藏发十万，朝廷只得万余之用；修理桥梁十余万，而得实用二三万；一木一缕，过眼即为乌有。宫中阉人、光禄寺冗员皆大增加；爱子就国，赏赐尤厚，皇室之存在吸民之脂血，为民蠹害而已。1620年，光宗死，子熹宗嗣位，听信乳母之言，政事决定于太监魏忠贤，内忧外患交至，昏庸过于其祖。论者称明之亡，亡于熹宗，当非过论。1627年病死，弟奉遗诏嗣位，为明末帝，是为庄烈帝；在位十七年而明亡。

宦官之害政 士大夫结党营私、沽名求直，神宗尤恶言官，有好生打问之旨。此乃处治强盗，自不愿听从其言。内侍居于宫中，得其信任，政治地位高于官吏。其中年，用兵费增；二宫三殿火灾，营造乏资，乃用宦官主持开矿、税商。开矿，编富民为矿头，开采无着，使之包赔；征税则邀截商物，多所勒索，致商人折本，负戴亦受需索。朝臣称其使天下人剥肤吸髓，剜肉刺骨，亡家丧身，掘塚剖棺，祗充皇上私藏，而未曾锱铢佐国。中使多不通文墨，与奸民相结，为其所欺，关防至被盗用。福建奸民献策，与宦官结党，谋在菲律宾岛开矿、榷税，榷起统治者之疑，中国商民杀于吕宋者二万余人。税吏至自号“天子门生”，自由拘人、非法陷人，赏倡优、买婢妾，不稍吝惜，益为暴于民，致民变迭起。帝责地方官不能镇压，而治其罪，宦官益横。1608年，户部奏：矿税繁兴，一变而闾阎竭，破人家，掘人墓，剽掠人财，而貂珰之祸中于天下；再变而缙绅忧，县令逮郡佐，逮青衿之族，逮而貂珰之祸中于士类；三变而京师空，商役之赔累，解纳之需索奔走，亦有刀俎、鱼肉之苦，貂珰之祸，中于辇毂；四变而懿亲辱，驸马横被凌殴，公主数日不得进见。帝不变更计策；死后，矿税之害始止。

魏忠贤附于熹宗乳母，渐而为帝所信任；后，其威权同于皇帝。《明史》称：自内阁、六部至四方总督、巡抚，遍置死党，并用其亲信为将，驻守要镇。总督、巡抚为统兵之官，握有大权，为防边而设。将帅战胜，皆归功于魏忠贤。明法：颂大臣功德者处分极严。其党至称忠贤先觉，任天下之重，声溢华夷，颂腾朝野。各省大吏争立其生祠，穷极工巧。忠贤出，其车从万数；所过，士大夫遮道拜伏，呼九千岁。庄烈帝立，朝臣言其罪曰：举天下之廉耻澌灭尽，举天下之元气剥削尽，举天下之官方紊乱尽，举天下之生灵鱼肉尽，举天下之物力消耗尽。忠贤惧罪自杀。国家败坏已至不可收拾之局势。

军队之败坏　军队对内维持治安，对外防御敌国，其战斗力之强弱，关系国家之安危。明季，军士不知军纪，动辄攘臂为乱。神宗中叶，有三大征：一、降将叛于宁夏，朝廷出大军讨之，费银二百余万两；二、日本遣军渡海，西攻朝鲜，其王兵败乞援于明，明出大军助之，用兵七年，费银七百余万两；三、播州土司叛，明兵平之，改其地为遵义，费银二三百万两。宁夏、播州各为一隅之地，明调大军往讨，久乃平之。朝臣报告援朝鲜之兵曰：湿暑交侵，瘟疫大作，亡没多人，军中泣声震野，一径物故，尸辄烧焚，诸军悲且怨矣；即今途中臣所目击，枕藉道傍者气息奄奄，伛偻而行者，癯然鬼面，尚可为行伍备乎！经此失败之教训，而明仍无改革。京营原额数十万，逃亡减至十万，类多饥寒。《明实录》称：营中每多虚冒，如三将台执役千一百人，索之则不满三百。1623年，后部尚书奏报军中积弊，兹略引之于下：

九边无事，冒军、冒饷而上不问；有事缺兵、缺马而功不成；失事互相欺蔽而法不行。将帅之声色货利，世所罕闻，服食品用拟于王者，武弁之豪奢、纵欲至今而极，乃侵克粮饷，虚冒军丁、消耗马匹而得。边军月饷多则七钱，次则六钱、五钱。召补缺额，以赂而进，将官有例，中军千把有例，椽房头役亦有例，率三五钱、一二两以为常；又全扣粮银一二月，以为公用。一军士入伍，已缺半年之口食，每月放粮更换纸札有扣，四时节寿有扣，馈送庆贺有扣，抚夷犒赏有扣，又散帽袜、散弓箭、散粮食、散柴草各有扣，皆加倍取盈，计一军士应领一两者，实得七八钱，再扣至五六钱，亦敢怒而不敢言。将士使军士盖造房屋、修理花园，动以数百名计；家仆领取粮饷亦以数十名计。又有空粮之弊，藉口休息，轮流放班，有每月全扣粮银五七钱者；有充营役仍作生理每月纳班银三四钱者；有空粮一十名，前后移哨不可稽考者；有空粮一、二、三、四百，寄诡名不召补者。复有占马之弊，将官占养小马二三百匹，少则百十匹，中军、千把亦各占十余匹、七八匹，皆全扣草料入己，将马付之旷野倒失，空马一如空军，月粮入己；买补尤为厉阶，每马一匹，官价银十二两，所买皆将市易之马多索高价，又出使换，赔垫钱几及其半。贫军马倒，率出涓滴所余补买，将官复索银一二两，乃以老羸充数。九边军马多则七八分，次则五六，其中又多老弱，堪用之兵不过三分上下，遇查点则挪东补西，遇调遣则长雇短觅，冒滥更多，成为风气，特立之将官反为所嫉。兵马虚耗太甚，月粮常多拖欠，差役苦累不均，“故壮勇好汉别图生计，而应募着伍者，非老弱充数之辈，即游手好闲之徒，一闻征剿即脱逃，稍不顺意即鼓噪，而军法之废弛，亦至今日极矣”。九边皆然，点查则雇替，即有人、有马，点过则散去，仍无人、无马，即至察其弊，亦难尽革。

九边东起辽东，沿长城而西，迄于宁夏，要城、重镇皆有将督军防守，原为精兵，而腐化至此。明兵初屯田，每五十亩征子粒上仓，以正粮十二石自给，余粮六石分给守城之兵，自屯粮不足，政府以税粮与之，谓之民运，复以盐易粮给之，不足再给以银，初四十余万两；俺答之乱，增多；1619年，达四百万两。民运三百二十万两，犹不与焉。此《明实录》所记，太仓所入只四百万两，乃挪用老库积存，竭民脂膏以供将领之剥削。明讨建州酋努尔哈赤，统将杨镐奏称：所调兵马，仅一将确系挑选，余皆尪羸不堪；奉调出关援兵一万七千人，唯一千三百人可用，余则像人、涂马，甚有并马与械杖而无之，适足为累；兵士出关，所过鸡犬不宁，稍不如意则逃，十百成群，挟有弓、矢、马匹为盗，招募之兵为祸更烈。辽东经略熊廷弼奏称：守沈阳之兵万计，而堪战者不过一二千人；辽阳守兵二三万人，皆无甲、无马、无器械，守城又无火器，直为无兵。政府需兵，急如星火，增饷募兵，给以安家费。调兵，安家初预支口粮二三月，募兵二两五钱或三四两，后则调皆五两，募皆十两；马初十两，后皆十二两，路远者十五两，兵士待遇视前改善。自东北作战以来，四年中发银二千余万，乃加亩赋：初为三厘，继为七厘，更增至九厘；后，内乱、外患益急，辽饷九百万两，剿饷三百三十万，复加练饷九百三十万，合计一年共一千九百余万两，视二十年前太仓所入增至五倍，人民不堪其苦。饷银榨取于民，往往不得其用。朝臣奏称：京边之米一石，民输二倍，费民之二，国得其一；发饷以米一石抵银四钱，易钱好者，不过百文，恶者三四十文；米至臭腐而不可食。计国所费及兵所得，为三与一之比；总计民费其六，兵食其一，费六之民与食一之兵，俱受其苦；米经转换，化为糠秕、沙土，收藏久而色味俱变，是化有用之六，为无用之一。政府迄未改善征收、运输、分配之弊。盖其牵涉之范围太广，无方案又无人也。山海关守兵月粮增加，政府发甲仗、硝黄给之，一入营伍，耗费不可复问，新募概须添补盔甲、刀枪，甚至兵汰，器械亦不之稽。

明兵弱不能战，明恃城墙与炮火。城为古代之遗制，阻挠敌骑之冲入。明初用炮作战，颇有功效，然与西洋炮相较，威力远不之及。西洋人于十六世纪初叶，直航来华；中叶，住于澳门。1601 年，耶稣会教士利玛窦入北京进贡。在中国先已二十年，与名士往来；十年后明修历，教士参与其事。荷兰扰于澎湖等地，时人知其炮火之威力。及明兵败于辽东，边防成为问题。朝臣徐光启留心学习西洋所长，数奏制胜之道，1621 年一疏，尤为重要，略称：兵不能战，只宜坚壁清野，整理大、小火器，固守大城，待其来攻，歼之，“万勿如前列兵营火炮于城之壕外，国本之策莫如速造火炮，盖火攻之法无他，以大胜小，以多胜寡，以精胜粗，以有捍卫胜无捍卫而已”；以精以大胜之，莫如鸠集工匠，速铸西洋大炮，并建敌台，以台护铳，以铳护城，以城护民；若多造大铳，如法建台，数里之外，敌不敢近，一台可当雄兵数万。其法即西洋所谓铳城也。其先一年，徐氏已取西洋大炮入京，朝廷若采取其策略，军事可全面改变。守将袁崇焕以炮守城，努尔哈赤以精兵攻之，受伤而退。其前，辽东大城之失，由于不善利用火炮，列之于城之壕外，不能居高临下，发挥其威力。光启奉旨练兵，雇用欧人造炮，朝臣方从事于党争，知识更不及其进步，受诏责而罢免。1642年，国事已不可为，御史奏举西洋人汤若望演习火器。朝臣言火器误人，不可。尽为儒生意气用事之议论，全不认清事实，亦无从善之机会，明覆亡之命运已定。

财政情况 财政困难，亦由于皇室费用增加。神宗初年，收自宫男子三千余人，有“永不为例”之语；后数年，复选三千余人，宫中宦官至十万人；光禄寺役额三千四百名，而应役者无几，寻常一饭亦取给于外庖，坐领月粮。神宗赏赐爱幸，购进珠玉，增加织造，子女之婚礼，浪费为前所未有；陵墓、宫殿之建筑，用兵之费，皆需大宗款项。其先，张居正辅政，政明法行，正赋不亏，府库充实。其死之明年，户部奏：岁少二百三十万两；太仓所积除老库外，三百余万两；仓存粮一千八百余万石；每年军匠、宫人实支二百二十万石，请改折一百五十万石米为银，以解决财政之困难。此可见居正整顿之功。老库积存几二千万两，二十年内挪借告尽，太仓随入随支，迄无余款，仓存以折色故，减至四百四十万石。帝以库藏已竭，开矿抽税，至以籍没为收入之一；辽东兵起，乃增加田税。

政府收入以田税为大宗。张居正辅政，田有增加，1578年，至六万万余亩；后二年，诏度民田，请丈田地，无不增加，多者几近二分之一。山东原额七千六百万亩，丈出黑田三千六百余万亩，则其明例。勋戚庄田查出二百二十余万亩。《明实录》未记清丈后全国耕地之总数，唯称万历三十年田十一万六千万余亩。其年为1602年，视明中叶增加七万万余亩，几近二倍，而征收之粮增加则极有限，岂居正病死，朝廷为安定人心，未比照增加田税邪？后，增加田税则据六万万余亩计算。政府征收实物与银。户部侍郎疏称：每岁本色、折色所入，通计一千四百六十一万两，入内府者六百万余，入太仓除本色外，折色四百万余；其内府之六百万，除金花子粒银外，皆丝锦、绢匹、腊茶、颜料等物。太仓征收之本色，合银约四百万两，多为漕米、衣料，出自东南，运入北京，军民不胜其苦。明末，岁入减少，因循成为风气，乡官青衿拖欠田税，且有包揽税银者。

差役病民已久，范围颇为广泛，供应上官、客使之馈遗、夫马之应役属之；明末，乃有一条鞭法。《明史·食货志》曰："总括一州县之赋役，量地计丁，丁粮毕输于官，一岁之役，官为佥募。力差则计其工食之费，量为增减；银差则计其交纳之费，加以赠耗。凡额办、派办、京库岁需与存留供亿诸费以及土贡方物，悉并为一条，皆计亩征银，折办于官，故谓之一条鞭。"立法简便，世宗时数行数止。1581年，张居正辅政，以其利民，行之于全国。其法近于王安石之免役法，唯不以户为单位，而以地丁之多寡为根据。神宗《实录》记：山东东阿县编徭之时，每亩征银一分一厘，差银九厘二毫，每丁征银一钱三分，官收官解，又改力差为银差，免大户头役，行之一年，逃移自首归业者一万一千余家。其先，史未记载其户数，县在鲁西，户盖不多，户口之不增加，由于隐瞒漏税也。大户头役，服役者皆破家倾产，力役征银，由官雇工为之，人民不受贪官之剥削，皆欣然归业。

人民之苦　军费不足，户部增加田税。言官奏言：兵部不知某处应有兵几何，驻兵几何，某处应补，某处应裁。户部不知某处额饷几何，缺饷几何。可见朝中之无人及二部之不合作。其榨取之民财，浪费而尽。人民耕于褊狭之地，平日已难维持生活，一遇凶年，即吃草根树皮，或卖其子女，或割死尸、杀人而食，谕旨尝以为言。1616年，山东大灾，人民死徙流离十之六七，强者相聚为盗，所至焚毁掳掠。明年，全国或有旱灾，或有蝗害，区域益为广大。大学士称：南京所属，群鼠渡江，食民间田禾殆尽，为从来未有之事。又明年，关陕复灾，斗米价银三钱，饥民射毙县官。政府未有救济，方大规模调兵出征东北，普加田税；战败，复加田赋。人民不堪其苦，信白莲教说，以为明主出世。1622年，教徒起兵于山东、北直隶州县，官吏出兵平之，而余党犹众，仍为害于民。时人言：兖、沂之间，白骨山积。其在西南，四川、贵州土司起而为乱，时人比之辽东之祸。酋长未有远见，又无马队，朝廷置而不问。苗兵围攻贵州省城，城内斗米价银十九两，军民食人肉且尽，书吏、门厨、皂隶只存一人，余俱饿死。各官群坐城楼，吃草饮水，刺血写书乞援，有人民虽尽而疆土犹存之语。乱苗终为明兵所败，土司亦有忠于明者。乱平，元气大丧。

户口与耕地 祸乱之根本原因仍为生产事业之发达不及人口增加之迅速。其户口报告，多不足信，由于差役重而民逃亡。东阿县令改力差为银差，民即返其故乡；户以五口计算，民至五万人以上。山东全省据《地理志》所载：1578 年，凡八十九县、一百三十七万户，平均一县一万五千余户。东阿地瘠，户或视均数为低，更不能谓一年内逃户尽出，投倚及为商者仍不复归。逃亡至少之估计，盖当全国户口之半数。《明实录》称：1620 年，全国共九百八十三万户、五千一百余万口。视四十余年前，户少七十九万，口少九百万。其时，祸乱犹未大起，而户口减少，由于政治益为废弛。报告与实际情状相去更远。《明史·流寇传》称：张献忠共杀男女六万万有奇。其扰乱未及于全国，吾人据以推算，则估计太高。作者估计，明末人口盖在一万五千万至二万万之间。

明初耕地八万万余亩。其后，淮南、北荒地次第开辟；成祖移民耕种于长城以南之地，后世继续经营；西南土司，出兵讨其叛者，改为州县，耕地应有增加。自航海进步以来，中国与南洋已有相当之贸易；及欧人直航东来，或至中国，或据南洋岛屿，华商亦违禁出国。外国农植物种籽因得传入。棉花前已言之，论者称：高粱自非洲传入，然其种类颇多，与中国生长者不同。高粱盖为中国久种之植物，宜于北方之地。十六世纪，新大陆之玉蜀黍、山芋、花生先后传入。玉蜀黍宜于雨量较少之区域，或土壤较瘠之高地；山芋亦然，每亩产量常多于他谷。花生传入稍迟，亦为旱谷。三者所种区域，初不甚广大；而固增加不少之耕地与民食，但仍不及人口增加之迅速，人口问题迄未解决。烟草于明季传入，朝廷禁之，迄未有效。国际贸易发达，银元传入，花柳病亦至。商业未增加职业之种类，人民仍以耕种为业，贫者生活同于马牛，地主剥削农民，甚者催租杀人，度其城市之奢侈生活。政府迭增田赋，而贵戚、富人不肯输财。后时局危急，庄烈帝谕勋戚：大珰助饷。而皇后父则多方推诿，得皇后之助，竟匿藏其一部分，后其财物尽为流寇所得。宗王聚财，亦不以之赏士。

流寇之乱　祸乱促成于旱灾，《明实录》言：陕北连旱四年，其地土瘠民苦，风气强悍，为宿将、劲兵所出；1631年，大旱，斗米价至六钱，人民食尽草根、树皮，甚至相食。政府方与后金作战，不问；饥民起而为乱。李自成初为驿卒，善骑射，数犯法，投入其中。秦地旱重，而吏仍征新税，复因缘为奸，民益困、思乱；会裁驿站，无所得食之驿卒从贼，延安人张献忠聚众起兵。流寇滋扰之区域渐广，窜入山西、河南，后南掠于长江流域。朝廷遣将讨之，而兵数变；其力弱者招降贼而不为其所畏；复以办理不善而降人叛变。统将败贼者，常调往东北作战。贼有马队，步兵健于行走，往往乘虚攻隙；官军尾追，居于不利之势。贼众推李自成为闯王，官军击之。自成遭遇不少之危险，后自川东北走河南，值遇大旱，饥民从之，其势复盛。朝臣奏称：流寇数十万，最强无过闯王；彼多番汉降丁、坚甲铁骑，兵有纪律，其锋甚锐。《明史·流寇传》称：举人李岩从贼，说其收人心，自成从之，散所掠财物以赈饥民。岩造歌谣，使儿童歌之，词曰："迎闯王，不纳粮。"民方苦粮之加增，从自成者益众。自成不好酒色，与其众共甘苦。其马队过山、渡水，未有困难，复能配合步兵作战，故战多胜。其攻城也，迎降不杀；守一日，杀十之三；二日，杀十之七；三日，屠之。1641年，自成陷洛阳；明年，下开封诸城，转至南阳，深入汉水流域，所过州县皆下。更发壮丁为兵，逃者，杀之，组织视前严密，军中不得藏银，过城邑，不得室处，妻子外，不得携他妇人。自成据有荆、襄，兵强士附，忌杀其同起兵之渠帅。张献忠方据武昌，惧其逼而南往长沙。

流寇去后，土寇复为大患。《明实录》称：河南省黄河南岸方千里之内皆土贼，栖山结寨，日事焚掠。据寨原为自保，竟以衣食困难，从事劫掠。时人言：淮东数千里，见城陷处固荡然一空；即有完城，仅余四壁，蓬蒿满路，鸡犬无音，未遇一耕者。《流寇传》称：自成初在中州，所略城辄焚毁之，亦为成此现状之原因。自成居于襄阳，创官爵，立名号，诸贼听命，有建国之意；聚其亲信议商攻取之策略，决定先取关中为基业，然后北取陕北，东攻京师。其时，明将练兵于陕，欲俟贼饥击之，而朝廷督战不已。1642年，自成北上，与明将遇而败退；明兵追之而粮道被截而败，遂无拒战之兵。自成攻陷潼关，西行，未受阻挠，进至西安，1644年称王建国，官制略同于明，封功臣，定军法，禁士卒扰民，马腾入田苗者斩；起大军伐明，传檄言其罪状。自成渡河入山西，所至皆下，居庸关降，大军进攻京师，太监启门纳之，庄烈帝自经。山海关守将吴三桂求援于清；清兵入关，自成败死。张献忠初陷湖南州县，东攻江西，最后入川，所至屠杀。《流寇传》言其至武昌，杀人之多："浮胔蔽江逾月，人脂厚累寸，鱼鳖不可食。"川中死者尤众，《明史》曰："列城内杂树成拱，狗食人肉，若猛兽、虎豹啮人，死则弃去，不尽食也。民逃深山中，草衣木食久，遍体皆生毛。"诚人类悲惨之命运。

明清之战 东北女真为金人之后胤，其酋努尔哈赤国号后金，其子改称大清。其先，女真归附，明许其入贡、市易；其切实治理之地达于开原，其南肥沃土地，明未利用，其北同于化外之地。努尔哈赤为建州卫酋，地在鸭绿江西，父、祖为明所杀；少年，备历艰苦，及壮，善战有谋，利用机会兼并图们江流域诸部，又灭其邻卫、所，虽婚姻亦不之恤；1608年，精兵增至三万余，不肯遣使入贡者二年。辅臣遣使召之，其贡使冲御道、投印文，欲明承认其所取之地。边臣禁其越耕辽地。奴酋让步撤回，进贡遵明约束。旧例许三百人，奴曾遣一千五百人；至是，仅遣十五人，不以汉财物为意。建州卫与邻相攻，明以火器及兵助其敌国。建州出人参，旧许其载参市易，奴酋倍勒高价，与边吏发生争执。汉人不准出境，边将私纵军民入其境内采木，被杀四十余人；奴酋迫而悔罪，杀部下十人，乃力整理内政，广垦耕地，兵精粮多，1616年称汗建国，后二年，出兵诱陷明边城抚顺，明将赴援者败死。汗遣汉人取参者，递文求和，内有七宗恼恨，皆明虐待之事；要求初不甚奢，亦不敢公然与明为敌，唯求公平之解决。

明廷不自检讨其政策及边臣之处理失当，诏任大臣杨镐为经略，调兵出征。御史奏称：调到之兵皆伏地哀号，不愿出关；将领见奴氛孔亟，都哭而求调。杨镐亦言：兵马尪羸不堪。1619年，明兵十万，分四路进攻后金，与国出兵助战。明西路之军欲占首功，违命先发，遇伏而败；北路、东路二军皆败，死亡惨重，耗军储三百万两；唯南路军完整而退。山海关人闻败恐怖，民多携家避难；幸汗未即攻明地。其兵南进，边城开原、铁岭不战而下，沈阳、辽阳守兵皆逃，金兵则未进据，唯灭其邻国，众达十万。新任辽东经略熊廷弼亲任沈阳招流亡，缮守具，以辽事之败坏为一宽字，斩杀懦将、叛卒，人心一振。廷弼刚直好胜，不为大臣所喜，言官劾之，去职。辽、沈俄失，朝廷复用廷弼。其主张则固守关外之重镇广宁，置舟师袭扰辽东；而守广宁之巡抚不听指挥，兵部又不之助，廷弼自请罢免。会后金兵进攻，明兵溃散，廷弼护民入关，焚毁城塞、民舍；军败，乃其计划之不行，及牵制者之多，竟无辜被杀。

明将袁崇焕以后金不据关外之地，复守宁远。1626 年，努尔哈赤进攻，城上用大炮击之，打死无数之敌兵，汗受伤而退。明人言：崇焕"遏十余万众，振八九年之颓气"。崇焕添筑城堡，裁冗兵二万余人，以为野战不能胜敌，颇主和议。后金汗死，子皇太极嗣，崇焕遣喇嘛往吊。汗厚待之，俄遣使报聘。崇焕奏称其恭敬和顺，三步一叩，如往时辽东受赏；书称，大金有乞和之意，宜乘其厌兵之时，"休息天下"。明年，金使复至，崇焕奏言和议。熹宗谕称，不可释憾消疑。总督、朝臣亦反对和议，且请直捣夷穴。崇焕坚主守城，曰：臣之所能仅此，若贪功念胜，侈口漫尝，则愿束身引疾，以避能者。金兵俄攻城，不胜引退。崇焕以兵不利野战，只有凭坚城、用大炮一策。此其战略成功，而竟罢免，以朝臣论其罪，魏忠贤亦不之喜也。

明、金相攻，明弊政更甚于前。金为新起之国，努尔哈赤策万全而后动众，致失席卷关外之机会；皇太极勇于进取。初，辽东海港尚为明有，明将据岛数扰金地；朝鲜为明尽力。后金去其后顾之忧，尽取辽东；两次出征朝鲜，其王始与明绝。金汗数请和于明，事皆不成；南进阻于坚城，转而西取内蒙古。其地连结长城，有不少之关口通入内地。1629 年，金兵自关口南入冀北，攻陷州县，直至通州。庄烈帝诏诸将勤王；袁崇焕时已复用，统军入援。金主施用反间，明帝杀其名将。金主复以书请和而退；留将守其所陷之城，为明军所败。后五年，金复出兵南侵；其后，攻扰长城以南之地尚有三次，益后而攻入之地益南。明之损失重大，济南之役，城中积尸十三万余，漕运破坏。明在关外战争，亦不能胜。

内乱亟而外患深，清主请和，提出之条件尚不甚苛；而士大夫本于攘夷之说，反对和议。庄烈帝初不愿和，显受儒生之影响。1642 年，关外吏以清许和，驰书上闻，帝下之狱；俄遣使往，帝深秘之，致清书欲如“祖宗朝旧约，恩义联络，永为和好”。清主怒其抑之太甚，和议无成。其侵中国也，以山海关未破，未能扩展土地；然其影响，颇加速明之覆亡。四方勤王之师噪变，合于流寇，增强其势力；能战之军追剿流寇，方胜而调遣北行，致不能竟其功；辽饷增加，农民不堪负担，争迎闯王。明亡，非一朝一夕之故，更非一人一事之咎；朝廷不能尽其力之所能为，而有所挽救，才能之士亦未尽其用，由于牵制太甚，君臣多不认识现实也。

第五十六篇　元明学艺

学说之不发达——学术机构——王守仁——佛教——道教——其他宗教——历史与地理——科学——文学——美术

学说之不发达　蒙古人治理中国，轻视儒生，其地位与乞丐相近，既不奖励学术，亦不予以摧残。中国社会未有变更，士大夫从事于学艺之探救如故。外国科学知识亦有传入。明兴，皇帝之威权发展，一、由于元帝视其臣下同于奴隶，明帝沿而不改，以元覆亡，为其政治废弛，乃严御其臣。二、宋儒尊君抑臣，其学说盛行于世，明帝更增强其势力。太祖以经义取士，作者代古人立言，文体整齐，是为八股文。其先，元重宋儒之释经；太祖取士，五经主古注疏及宋儒之说。成祖命臣编纂《五经大全》《四书大全》《性理大全》，为钦定之书，欲其为士大夫思想之根柢。《五经大全》多录宋儒之说，明人以为诸家说优者采入书中，尽弃注疏。《四书大全》亦据宋儒之说，后，考试以四书义为重。《性理大全》亦采宋儒之说。士大夫初尚研究三书，继则专习《四书大全》，后则唯读中选之八股文，印于东南大城，商贾贩运于北方。其人以取科名、享富贵为重，他书一切不观，读八股文三五年，“一幸登第，则无知之童子俨然与公卿相揖让，而文武之道弃如弁髦。嗟乎！八股盛而六经微，十八房兴而廿一史废”。此明末清初学者顾炎武之语，本其见闻而发。十八房指应进士科录取之八股文；应试者众，考官分房阅卷。廿一史谓当时之正史。士大夫不务实学，徒为祸于国。

学术机构 另一方面，研究学术之机构依然存在。元代教育之权仍操于儒生之手。书院为自由讲学之所，学生淡于荣利。其时，士大夫入仕之机会不多，常在书院讲学。书院之多，过于前古，著名者不下百数。明初，国子监发达，为国储才之所，随时选任，不拘资限；后，偏重科举，有纳粟入监之例，监生始不为人所重。州县学校，政府给以廪米，学生唯埋首于八股。太祖以乡村之民，未睹教化，令官置社学，延师教民子弟，有普及教育之意。社学教师有维持地方风俗之责任，惜多未能贯彻施行。儒生求官之兴趣浓厚，书院不甚发达。及明中叶，学者鉴于科举之弊，倡言讲学，书院复兴。王守仁为儒学大师，所至设立书院；及死，门人创书院祠之者尤众。明凡三次撤毁书院，然非出于士大夫之公议，仅为执政者忌嫉之变动。时变境迁，仍建筑新书院；此外，尚有定期之集会讲学，其风气始于元季。东南文人欲有砥砺之机会，盛行诗社，明沿而不改；后则联结党朋，干预政事。明代，木刻印书发达，北京、南京、苏州、杭州书坊甚多。《明史》称：明人著作凡十万四千四百六十九卷，丰富过于前代，乃印书便利；有资财之士大夫皆欲传名于世，而自雕印其书，故量数大增。政府藏书二万余部，约近百万卷，为历代馆阁所未有。1403 年，成祖命翰林学士解缙编纂类书，历年余而成。帝以其未备，复命大臣监修，编纂者二千一百六十九人。1407 年书成，名曰《永乐大典》，凡二万二千八百七十七卷。其书以韵为纲，而以古书字句排列于下，以便检查；然其体例不一，有举全部大书悉纳于一韵之一字中者，与前类书割裂原文，以事相次者不同。元以前佚文、秘典不传于世者，赖其全部、全篇收入而得保存，清学者复辑之成书。《大典》今已散失、佚亡。私人藏书丰富，亦有助于学术之发达。兹言元明学艺于下。

王守仁　元代儒学沿南宋之旧，无新发展。明初，儒生皆笃守宋儒之说，甚者以学至朱熹业已完成，唯当实行而已。十五世纪中叶，学风渐变，学者不满意朱熹之理学，主张静坐；至王守仁乃成明儒之学。守仁（1472—1529年）生于达官之家，天资豪迈不羁，初好任侠，再好骑射，三好词章，四好神仙，五好佛教；1506年，转入儒学。其先，守仁为官，触怒宦官刘瑾，贬为贵州小吏，备尝人间之艰苦；一夜，静坐默想，忽悟格物致知之理，以为“圣人之道吾性自足，向之求理于事物者，误也”。其壮年曾用朱熹方法格物，虽得病，迄未能知其理，后用其法研究经典，仍觉厌倦；至是，始悟。刘瑾诛后，守仁官位渐高，肃清江西匪寇，讨平宗王之乱，以功封伯，晚年，又平广西之宿匪；所至讲学，门人甚多，其学说完成于五十岁以后。朝臣恶其立异、好名；于其死后，奏言其妾多而妻对客斥其夫行，固未认识其贡献，徒见其胸襟褊狭，不容异己之说并存于世。

守仁树立之学说有三：一、心即理说；二、知行合一说；三、致良知说。其要旨以心为一身主宰，统辖宇宙之理，为万物主宰，进而推论物理不在我心以外，于心外去求物理，或离物理去求我心皆属徒然。朱熹主张“即物而穷其理”，乃于心外去求事物之理，而有先知后行之次第。守仁则以理为心之本体，物理不在我心以外，求理于我心，成为知行合一之说。引《大学》如好好色、如恶恶臭为证：看好色属于知之方面，爱好色属于行之方面，见好色，自然爱好，并非见后又立一心爱好；闻恶臭，自然厌恶，亦与之相同。又如知饥、知寒，必曾经过饥寒，尝曰：知之真切笃实处，即是行；行之明觉精察处，即是知。知行工夫本不可离。守仁更以良知为心之本体，即天理，即吾真，为先天所有，人具良知，原为至善；恶之产生则为私欲所蔽；去私欲、存天理，即为致良知。良知属知方面，致良知则为知行合一。良知见于《孟子》，为其说之根据，进而用以联系《大学》致知在格物，为其创见。守仁以致知即致我心之良知，为善恶之辨明；格物乃事不正而归于正，即为善去恶之意。其言曰：致吾心之良知者，致知也；事事物物皆得其理者，格物也；是合心与理为一者也。此可见其三学说之互相贯通，成一系统。要之，守仁为唯心论之学者，陆九渊开心学之端，守仁集其大成。知行合一说矫正专尚空论、不切实际之弊，为人所称。其末流至于放纵、狂妄，颇遭后世学者之攻击。

佛教 佛教禅宗于元、明最占势力。元世祖尊八思巴为国师，命其统管佛教。喇嘛教盛行，其教义无甚可观。喇嘛至劝顺帝荒淫取乐，可见红教喇嘛腐化已甚。大师宗喀巴（1417—1478 年）改革，创立新教，是为黄教，以其徒之衣服黄色而得名，藏人信之。黄教喇嘛压倒红教，其弟子二人达赖、班禅分治前藏、后藏。青海、西康民皆信之，然在中国本部则无势力。其在元之喇嘛教随元亡而消灭。蒙古人之复信喇嘛教，由于俺答之虔诚与影响，风俗为之一变。自穆宗与之和后，蒙古不复为中国边患。明初，言佛教者禅、讲、教三者相提并论。1382 年，礼部谕称：禅为第一；讲谓务明诸经旨义，如华严、天台宗，位居第二；教为第三，专务祈祷忏悔，消灭罪孽之道属之。佛教思想微弱，诸宗有互相融合之趋势。其在元初，佛、道二教犹有争论相害，后则三教融合论渐占势力；及至明末而益显著。僧人憨山著《解儒道书》，于所撰《老子解》序云：余尝以三事自勖曰，不知《春秋》，不能涉世；不知老、庄，不能忘世；不参禅，不能出世。知此，可与言学矣。其先，道士已有三教一致之主张。中国佛教至明已至末期矣。

道教 全真教自改革道教思想以来，风行于金。时人言其徒耕田凿井，自养有余，以给穷乏，愚民翕然从之。蒙古兴，其教主丘处机为大汗所尊信，自西域东归，居于大都，奉命领道教事，以特旨蠲免道门之差税，道教颇为兴盛，并侵吞佛寺；其弟子受丞相之助，雕印道藏五千卷，弘布教理。宪宗时，道士与佛徒争辩而不胜。世祖曾令焚经退寺，道藏一部分被毁；然在社会上之势力并未削减。其徒于 1301 年所撰《金莲正宗记》序云：自轩辕以来，教门弘盛未有如今日者。时距世祖病死七年，为一明证。其在南方，张道陵为正一教之教主，为道教之正统，受世祖之命，管领江南道教。其别派亦受元帝之尊崇，但以全真教与正一教为发达。前者主张练心缮性以证道，后者主张斋醮符箓以延命。全真教原有南、北二宗，区别不甚明显，后其教理混合，遂无差别；至元，旧日炼丹成仙之说复活，新精神扫地无余，乃与正一教合流；至明，更为其所压倒。太祖赐正一教主以真人之号，掌管全国道教，于是教权确立。就道藏而言，十五世纪中叶编印五千三百零五卷，是为正藏；十七世纪初叶，补充一百八十卷，是为续藏。百余年间，增加之书无几，道教已至末期，唯迷信色彩浓厚而已。

其他宗教　蒙古原无高深之宗教，亦无儒生排斥异端之思想，外来之宗教颇盛于元。回教于唐传入中国，武宗摧残佛教；新来之宗教，除回教而外，多归于毁灭。蒙古灭国，充分利用降人，汉工程师曾至波斯兴筑灌溉工程，俄大城有汉人区域；中亚回人入中国者多居于显位，回教徒分居于国中，盖始于元。宋时，国际贸易发达，犹太人进贡西洋布于宋，留居于开封，所谓一赐乐业教也。历元迄明，犹太人改称汉姓，其经藏之于寺，用羊皮书写，为希伯来文，流传不广，教外人未受其影响。景教受摧残，而西北边仍有信奉之者。其教徒仕于蒙古朝，有至显官者。《元史》所称之“也里可温”，即基督教之通称。其教派之不同，非教外人之所能辨。实则，在元之基督教一为景教，一为天主教。欧洲教士东至中国，蒙古宗室、朝臣有信奉之者，定宗母尤为虔诚。世祖遣使西谒教皇，请其派教士东来传教。教皇初未利用机会。十四世纪初，教士来者增多，大都有大主教，各行省主教属之，入教者三万余人；其中，景教徒受洗者不少。元亡而基督教随之消灭。后，欧人直航来华，欧洲方有宗教改革，教徒反抗教皇，成立新教会。天主教士热心传教于海外，组织耶稣会。其来中国，以利玛窦最有名。利玛窦曾受良好之教育，精于天文，来华学习中国语言文字，入京进献方物，中有《坤舆万国全图》。教士入京者增加，《明史》曰：大都聪明特达之士意专行教，不求禄利，其所著书，多华人所未道，故一时好异者咸尚之，而士大夫如徐光启、李之藻辈，首好其说，且为润色其文词，故其教骤兴。教士对于中国之贡献：一、输入科学知识；二、介绍地理知识；三、铸造新武器。其传播宗教，更为吾人尽知之事实，贤者与之交游，颇发生重要之影响。

历史与地理 元官修之宋、辽、金史，据底本而短期内编次成书，论者称：《宋史》冗杂，《辽史》简略，《金史》较善。吾人读《宋史》传者，常病其杂乱，不能认识当时之情况；而宋人编著之《续通鉴长篇》诸书，价值远在其上。《辽史》保存有价值游牧社会之史料，为一特点。《金史》前经学者整理，故为后人所称。明修《元史》二次，第一次历六月成书；缺少《顺帝纪》，复行续修，历五月而全书成。修史者不解蒙古文字，以致一人两传，或于附传外，别立专传。论者称其芜杂、缺略，视诸史为甚。另一方面，明人依据旧文，仓卒成书，官名、制度多未修改，后人据以研究，尚可求得其真相。元、明史学殊不发达；至于地理，元修之《大一统志》，历九年而成，载有中国各地之图，兼有回族等地图，每路卷首皆有地理小图，载距大都里数，全书六百册、一千三百卷，为地志之巨作，惜已散佚，唯《永乐大典》保存一部分遗文，然经割裂、漏脱，不能排比成帙。明中叶修成之《一统志》沿用其体例，但无甚价值。明末，徐宏祖为有名之探险家，其出也，不计程期，途穷不忧，或行于无人之地，晚则寝树石之间，饥则啖草木之实，不避风雨，不惮虎狼，实地视察，记载精确，首发见金沙江为长江上流。十七世纪初，陆应旸著《广舆记》，教士据之著成《中国新图志》，为时关于中国最详备之书。利玛窦所献之地图，系本1570年欧洲出版之世界图，唯将中国移置正中，以迎合时人之思想，惜未改变士大夫之观念也。

科学 蒙古疆域广大，回教国于时天文、数学颇有进步。回人携算书东来，并制造仪器，此为一新刺激。元代天算进步盖与之有关。翰林学士李治撰《测圆海镜》，述代数学独详，显受回人之影响。郭守敬则有新贡献，史称其巧思绝人，曾为都水监，开凿通州、北京间之运河，便利漕运，尤长于天文。后，建议遣官测验日月交食、分数时刻、昼夜长短及日月星辰去天高下；朝廷从之，遣官分道测验，全国二十七所据其报告推算。其制造之天文仪器十七种，为十三世纪世界中最精确者。外国专家称其中数种为其所发明，两种犹用于后世；专家并信郭氏发明球面三角学，可见其数学之精。清人言其成就曰：

先之以精测，继之以密算，上考下求，若应准绳，施行于世垂四百年，可谓集古今之大成。科学上之贡献乃新发见，清人则附会为古法。明沿用元历；其末年，召用耶稣会教士修历，然未采用。明人研究植物，颇有贡献，李时珍著之《本草纲目》，尤为后世所称，著者参考所有木草，旧有一五一八种，新补三七四种，列治病之方，有前人未提及者，历三十年，凡三易稿而成，论者称其集本草之大成。业医者无不家有一编。

文学　元帝诏旨常为白话文，文人之才力转移于他方面，诗文不甚发达。明代亦无伟大作家，士大夫精力集中于八股文，有余力始为诗文。八股为文体之名，初以四书五经文句命题，后则专出于四书。其文略仿经义，代古人语气为之，体用排偶，初无一定之限制，后则多为整齐之八段。股为对偶之称，言二段相对也。秦以前之故事不得引入文中；唯据宋儒之注解阐说经义，不得发挥自己之思想，对于古圣贤之言论及当时之文物制度，皆不得怀疑。其所受之教育与训练，使其不能认识社会环境。文学为生活经验之描写，元、明诗文乃不如唐、宋之盛，唯戏剧与小说发达。

元代戏曲发达，非偶然之事。金人好音乐，蒙古主爱好歌舞，出征，女乐随行。黄河流域旧为宋地，开封有较进步之杂剧。金据北方，其院本戏剧显承北宋之杂剧，至元而益进步。汉人仕不得志，作为剧本，写其胸中之感想与时代之情状，而真挚之情、美丽之文充分表现，成为自然之文学。元剧通常分为四折，其纪动作曰科，纪言语曰宾白，纪歌唱曰曲。曲由主角一人独唱，全剧四折皆然，其他角色仅以宾白应答。其故事本于前代及民间之传说，结构犹未脱幼稚境界。今传之剧本颇经元人改作，至明而益甚。吾人则欣赏曲辞，以其有文学之价值。其名作家有关汉卿、王德信、白朴、马致远。关汉卿作剧本六十余种，存于今者十七种。读其曲者，或言如读李白之诗。王德信之《西厢记》尤为人所称，故事出于唐人小说，金人曾作曲辞，德信据之，改作剧本，有抄袭之迹。其文辞之美，能使读者心醉。后人有注解数种；元剧之有注解者，唯此一书。白朴今存之作，仅有二种，曲辞皆极典雅，兼有豪放之气，确为杰作。马致远富于文采，所作之词，明专家视为模范之作，列为第一；今存剧本七种，四取材于道教故事，中有绝妙之作。

元剧作者，初以大都为中心，皆为北方人士，及中国统一，剧本传于南方，压倒南宋杂剧；中叶以后，作家悉为杭州人，亦有北籍人、久居于浙江者。杭州为南宋旧都，文化颇盛，成为元剧之产地。原有戏剧受其刺激，而成南剧，一戏常四十余折，混用众曲而成极复杂之演奏。其开演也，先奏歌曲，与北方剧先以宾白开演不同，舞台转换亦较频繁。自元中叶，迄明中叶，成为南剧复兴时代。元末，高明所作之《琵琶记》负有盛名，为评论家所称赞。北曲行于明初，势力犹强，及至中叶，昆腔兴而为南戏音乐上之大进步，遂压倒北曲，作家专作南剧。昆腔为江苏昆山人魏良辅改革之腔调，较前南曲动听悦耳，初行于苏州，后传于北方，以鼓板管弦诸乐器俱备妙音，非旧曲所及也。明伟大剧本作家，首推汤显祖（1550—1616年），天才甚高，学问广博，其所写之剧本五种，盛行于世，尤以《牡丹亭记》为世所称，但不协于音律，时人将其窜改，汤见而失笑，然无奈何。明人称其“可使前无作者，后鲜来哲，二百年来，一人而已”，可见其地位之高。效之者力求协调，亦有辞极典丽之作，至清初而不衰。

元、明小说发达：一、说史。盛于宋时，三国故事尤为人所喜听。元、明间人罗贯中写成《三国志演义》，故事本之于史，兼采平话。据史则难抒写，杂虚辞则易乱事实，论者讥其太实而近腐，或病其惑乱真相。流行之本以1494年刊本为最古，其后屡经增损，刻本增多。清初，毛宗岗改窜旧文而评刻之，旧本乃不复行。《水浒传》尤有盛名，或称罗贯中作，或言施耐庵传世；有不同之版本，要可别之为二，一简略，一繁缛。简本先于繁本，后者盖施耐庵所作。故事本于北宋末，宋江等三十六人“转略十郡，官军莫敢撄其锋”；民间展转传说，复经好事者粉饰。《水浒传》乃集前人之说而成为有条理、可读之小说。二、神怪小说。其由来已久。明吴承恩所作之《西游记》盛行于世，其前，故事书叙述玄奘取经、道中收徒及遇难事，文词荒率；吴氏善于诙谐，取材广泛，铺张描写之技术颇高。三、人情小说。描写炎凉之世态、悲欢离合及变迁之事，以《金瓶梅》为有名，叙西门庆之家庭故事，为文学家所作。作者洞达世情，凡所形容，或刻露而尽相，或幽伏而含讥，或一时并写两面，使之相形变幻之情随在显现；唯宣扬性交，秽淫太甚，世谓之“淫书”。明人仿宋平话而作之短篇小说亦多。

美术　建筑物传于世者，以明为多。南京宫殿毁灭，唯余雄大之城墙。古书所称之报恩寺塔，1412年建筑，1431年完成，九级八面，覆以五色琉璃瓦，中列佛像，为中外人士所艳称，亦毁于乱。北京宫殿仿自南京，今尚保全。游于其地者，皆知其雄大美丽。曲阜孔子庙为明所筑，其雕刻石柱亦颇精美。明末，宋应星所著之《天工开物》，说明被服、用器及冶金制器、丹青珠玉之原料，工作各附以图。十七世纪中叶，言工业、天产之书详且明者，或无与之比伦。元、明字画沿宋之旧。赵孟頫于元初负有重名，书画皆具天才。其画摹拟李公麟之笔意，善画马及山水，竹石亦为神妙之品；其书兼长诸体，尤以小楷为胜。妻善画竹，子亦名画家。元末，王蒙、吴镇、黄公望、倪瓒善画山水，皆写意之作；所画峰峦浑厚，用笔简远，为世所称。明兴，设翰林图画院，有不少之名画家；中叶后，文人之画风靡艺林。其名画家皆苏州人，所画清秀而绮丽，不斤斤于模仿陈法，而能出于自然，沈周、董其昌尤著名。仇英初为漆工，后画人物，最长于仕女风俗画，铺陈得法，情景如生；所画楼观、车器，极巧丽微密。明末，陈洪绶隐居不仕，所画人物，名重当世，有“三百年来，笔墨独冠”之誉。折扇传自日本，流行于明，常有名家之书画；其前，则用团扇。木刻画，明大发达，以安徽南部所刻者为最精，且有作彩色者；传于后世者甚多，王圻之《三才图会》《天工开物》、陈洪绶所画《水浒传》《西厢记》等五种，皆其明例。画册亦兴于明。绘画自元以来，为文人之韵事，能画者常工于书，兼善诗文，故至明代，画家能书者众。篆刻亦有进步，其先，官私印章，质为铜玉，坚硬不易刻镌，假手工人为之；明以石为章，士大夫躬自为之，书法妙而镌刻始为人所爱；中叶，文彭所刻尤精，世称为印家之祖，著有《印史》行世。

元瓷于宋诸窑继续制造，以釉色为主，雕刻花纹粗劣。明始以五彩绘画，施于白釉之上，成为美丽之品。初，太祖建官窑于江西景德镇；后，大增加窑数，专造御用之器。成祖时，画有花、鸟之瓷出现。宣宗时，所造之青花瓷为世所称；其细暗花之白瓷，论者称宋定窑不能出于其上；红色瓷亦为佳品，彩画瓷精巧，灿烂炫目，前代所无，可见技艺之突进。宪宗时，五彩精巧，颇有画意。明瓷以此二时为优美。民窑出品亦有五彩之佳瓷。宜兴陶器雅淡，质素亦士大夫所好。珐琅器之制造，自阿拉伯传入，始于元代；明景帝时，制造最多，颇为华丽。元重佛教，塑像业发达；其毛毡物织法传自外国，颜色种类不一，有厚至五分者。明代工艺进步，文具以需要殷而各有著名之产地，制造颇精，笔、墨、纸、砚皆然。小品工艺物之雕刻，以精巧见称。宣宗设局置官、督匠，参酌古式，制造各种之铜器皆为精品。漆器之精者，较宋、元为优。明末，漆工黄成著《髹饰录》，叙述各种漆器之做法，为漆工专书。其先，更有往日本学习漆法，而以意变化者，所作五色之山水人物，神气飞动，为世所重。明人丝绣常细丽致密之至。

要之，元、明学说不出宋儒之范围，或继续其发展。蒙古时代，外国学说未有传入；新传入之宗教，基础亦未巩固。明代学说受八股文之束缚。朱熹为儒家正统派，王守仁与之异，而儒生毁之。李贽信奉王学，倡为异说，竟为朝臣所毁，被捕，不食而死。于斯情况，学说自难进步。明末，贤士大夫与教士往来，颇改变其观念；不幸，为时太短，基础未固。明工艺发达于治平之世；国中祸乱多而政治腐败，乃为进步之碍力，亦未能发展其文化也。

第五十七篇　清之兴起

女真之兴起——太祖之建国——太宗之改革——清、明之战——八旗主权之演变——中国之统一——军队之病民——官制——改革之困难

女真之兴起　明亡于流寇，而清牵制其力，实促成之。清国号初称后金；十数年后，改称满洲；复以金与清同音，改国号曰大清，以金主请和于明，明人方以宋、金事为言也。金人旧称女真，居于辽宁东北及吉林南部。明强大时，设官统之，分为三大部，下有不少之部落，明廷切实统治之区域，限于辽宁西南部。女真从事于耕种，所居地旷人稀，森林未尽伐除，犹保存围猎、骑射之风气。其地苦寒，生活艰难；酋长属下之人民，同于奴隶，常为勇敢善战之精骑。后竟入主中国，其地位过于辽、金，元亦不能及之。

建州女真臣服于明，其酋努尔哈赤，父祖为明用而见疑于边将，为其所掩杀，明归其丧，锡以高爵。努尔哈赤忍辱事明，三次入北京朝贡。诸部犬

牙相错，常以利害冲突而成战争。奴酋善用兵，初有甲十三副，能以少击众，征服邻部，兵力渐强；诸部联合出军三万，伐之而败。遂立建国之基础；更蚕食其邻国，兼并其土地、人民。1608 年，明礼部奏称：奴酋多智、习兵，信赏必罚，精兵已三万有奇。明利用其邻国制之。邻国自相攻击，明不之问。奴酋乘机伸长势力，曾受明将之干涉，迫而退兵，归还侵地。明以火器及兵助其敌国，奴酋视为大恨；畏明，由于国力之不敌，又贪互市之利。其地产东珠、人参、貂狐皮，皆输入于明，易其生活必需用物。《清实录》称：明故低压参价而不收买，致国大困；太祖教民制参法，熟而干之，始免损失。人参为市易之主要物产。其兵以战争胜利而数增加，创立兵制：初立黄、白、红、蓝四旗，每三百人设一佐领，五佐领一千五百人设一参领，五参领七千五百人设一都统，下设两副都统；及地广而降人多，添设镶黄、镶白、镶红、镶蓝四旗，是为八旗，共六万人。军士禁喧嚣，行伍禁搀越，被坚甲、执长矛、大刀者为前锋；被轻甲、善射者从后冲击，功赏、罪罚，至为严明。大胜而归，亦检核将士之功、罪，严罚其作战不力者，并以战败之旗所属人员，赏给战胜之旗，鼓励其作战：宁死于敌而不肯退。都统为一旗之主，以大贝勒或贝勒充任。大贝勒初四人，按月分直国中机务；一旗属员皆为其臣。

太祖之建国 1616年，努尔哈赤建国称汗，是为太祖；后二年，出兵抚顺，诈言三千鞑子来做大市，诱商人军民出城，入而据之。其发出之汉字印文言：明发兵驻于边外，故到抚顺讲话。其时，明增强防兵，与国独叶赫存在，出兵助其防守，停止建州互市，故有讲话之请。明兵增援者大败。金遣汉人携文进关求和，称其建国有七宗恼恨，子孙称为七大恨告天之文，一再经其修改，删去臣明之文句与事实。七恨尽为琐屑之事，且令人发噱；告恨同于诉冤，乞明遣使解决，然后入贡、罢兵。明未考虑其提出之事件，唯欲出兵讨伐，亦未顾虑财政之困难、军队之能否作战。1619 年，明军十万，会同朝鲜、叶赫援军四路出征。金军六万人，利用敌军不能同时作战，集中兵力，先后大败其三路军，明兵溃逃；不战而得开原、铁岭，但未乘胜并取关外之地。叶赫俄为其所灭。金地多未开发，人口又少，其子太宗称满洲三丁抽一，据以计算，壮丁约十八万人，合老弱计之，不足四五十万。汗横暴残忍，怀有报复之心，诛杀汉人甚惨，夺明地而户口未有重要之增加。

金兵利于野战，明兵未受严格之训练，使用枪炮之技术，犹不甚熟，守城至列炮于城之壕外，辽、沈陷而大小炮尽失。徐光启以之为虑。金汗无利用炮火之知识，军中未有炮手，得城，屠杀明兵，所得之炮直为废物。明兵败而退守山海关，尽焚村堡庐舍；后以金兵不进，复据宁远而经营之，成为军事重镇。1626年，汗统大军攻城，明将袁崇焕以炮拒战，汗受伤而退，俄死。其知识、才能皆有限制，建国基础犹未巩固，其虐待汉人，尽杀所获之士夫，皆阻碍其发达。但，汗初无创立大帝国之思想；晚年成就已超过于其初希望。女真先无文字，汗指示其臣创制，后经整理成为满文。

太宗之改革 太祖妻妾甚多，子女成行。其第八子皇太极以战绩著名，将正黄、镶黄二旗，为大贝勒中兵力最强之人。其他三大贝勒各为一旗旗主：二人为皇太极兄，一人为其从兄，政治地位相等。太祖未立太子，及死，国内无君，三大贝勒合辞请皇太极为汗，是为太宗（1627—1643年在位）。初犹四人同坐临朝，后以忌嫉争权，不能相容，一以罪黜死；一不承顺，革去大贝勒号，不许并坐朝中；其一乃请汗南面中坐，而己侍坐于侧，犹为其所疑。汗至称其悖乱，怒而欲群臣别举人为汗；群臣跪请，乃免大贝勒职。蓝旗殷富而力强，汗以其旗主有罪，而自兼领。后，汗自称皇帝，群臣宣誓改行，誓称：若不报其兄弟辈悖乱，受天地之谴责。帝谕诸王贝勒曰：今尔等或见国中有庆，则神沮色变；见国中有祸，则心悦色善，宜痛改前非。金以其贝勒为长官，称帝后，始有王爵。太宗嗣位之初，三大贝勒分月掌理政事；后二年，汗集诸贝勒，令其代之，分直国中机务；更仿中国设立六部，以贝勒为长官，置启心郎坐于其后，“倘有差谬，则启其心”。郎由汗任命，对之负责，长官之权削小，家人怨望，罪至于死。

太宗深谋远虑，过于其父。其提高君权，直变更女真之风俗，初立文馆，备其顾问，后分设三院，显受中国制度影响。其嗣位也，大军新败于宁远，朝鲜援助据有海岛之明兵，辽东半岛海港亦为明地，金土地、人民皆非明比；

自作战以来，人参、貂皮皆无销路，财政困难，所俘汉人备受虐待，遇有机会无不逃亡。1627 年，国内大饥，斗米值银八两，人相食；复以三大贝勒之不同心，太宗对明有和议之诚意。袁崇焕闻太祖死，遣喇嘛往吊；太宗因遣使乞和二次。崇焕上奏其事，而朝廷不可。斯年，太宗出兵朝鲜，进攻如入无人之境。朝鲜王请和，约为兄弟之国，赠米，许其互市，输出食米，解决其粮荒；金主饱掠而归。太宗言其所得朝鲜货物，尽与蒙古易其马匹；后，汗称帝，以朝鲜违反其意，且不与明断绝关系，出兵征之。朝鲜损失惨重，屈而乞和，由兄弟变为君臣。妇女被掠者，太宗称主妇"沃以热水，拷以酷刑，既不容为妾，又不留为婢"，视为不能增加人口；诏惩以从夫殉死之例。殉葬为女真旧俗，减少有用之人，同于自杀政策。太祖死，爱妃迫而自杀。太宗始令：夫死，妻强侍妾殉者论死，不相得之妻及媵妾，俱不许殉，违者弃尸；又以丧祭焚衣，耗费物资，影响人民之生活，定例限之。

清、明之战 太宗谋增强其国力，出兵黑龙江，掠取其人民。蒙古为金西邻，风俗多与之同。蒙古部落或与金作战，或归降而为之用。元裔林丹汗居于察哈尔，与金不协，太宗出军征之，林丹汗西逃，部属先后归降。太宗乞和于明，不得；进攻宁远，再为炮火所败。其兵利于野战，自言：一兵抵明十人。1629 年，变更战略，取道蒙古入关，大掠于京畿，责明不肯和议；后数月，留将守降城，循故道北归，守将战败，杀降逃归。太宗俄追林丹汗，西至大同，与明张家口巡抚盟誓言和，兵退；明帝罪免巡抚，事仍不谐。时，明流寇之乱方亟，归降之儒生极言伐明之利。1636 年，太宗得林丹汗之传国玺，改国号曰大清，自称皇帝，添设蒙古、汉军八旗。其先，辽东归降汉人分给金官为奴，逃者甚多。太宗改善其境遇，禁贝勒属下私至汉官家索马。儒生初畏诛，隐匿于奴隶中；至是，令其应试为官；其分隶大臣者，不得自有马匹、牲畜；为官者，不得耕田足食，至鬻仆、典衣自给，身死，妻子为奴。其与旗主关系，固不以官吏地位而变更其身份。满人除当兵服役而外，拨房与投诚人住，给其粮谷。杀降先为常事，增加汉人之恐惧，加强其抵抗力。太宗严禁杀降；贝勒知者，罚民十户；小民杀者，抵死，妻子为奴。风气为之一变。

贝勒请优待汉人，建议：明长官降者，妻以诸贝勒及大臣女。虽未施行，汉人待遇与前不同，逃者减少。明将孔有德来降，太宗行待遇最高等贵族之礼，封为都远帅，旗主分别宴之；后，进王位。有德携大炮入金，增加其战斗力。

长城以北之地，除山海关外之城塞外，皆清所有。关为往来中国之捷径，断绝清都与所陷关内之州县之交通。清军自皇太极称帝后，三次入关，劫杀于黄河流域，行径直为流寇，破坏广大之区域，增加敌之军费，致明溃兵散卒加入流寇，加速其覆亡。1641 年，清军大举围攻锦州，志在必克，初为明帅洪承畴所败；太宗将兵来援，断绝敌之粮道路，明军大败，统将被俘。庄烈帝始有和议，遣使前往。太宗要求之条件尚不甚苛。不幸明帝多所顾忌，和议为外廷所知，怒而杀兵部尚书，遂无人主持，清军复入关为害。1643 年，太宗死。明年，李自成入据北京。

八旗主权之演变　太宗未立太子，其弟睿亲王多尔衮曾言：诸王跪请其即帝位，而誓死不从。实则，非不欲，特其实力有限。太宗为两黄旗及正蓝旗之旗主，两黄旗将领感其厚恩，立誓称：帝子若不得立，宁斗而死。多尔衮立皇子福临为帝，是为世祖（1644—1661 年在位），年六岁，多尔衮与宗室郑亲王辅政。诸王仍有异谋，辅政王处罚严峻，罢诸王、贝勒办理部院事务。清兵入关，多尔衮权重，政事由其决定，委任亲信，严治异己，大臣多谄事之，世祖地位反不之及。君臣间积有嫌疑，王死，朝廷追论前事，籍没其家，治其亲信之罪。王所统者，初为正白旗，后兼领镶白旗，又取正蓝旗；对于两黄旗兵丁之饷，屡请不发。王死后，三旗皆归于天子。世祖受家族环境之影响，疏远诸王、贝勒，二十四岁而死，太子立，是为圣祖。遗诏宣布辅政大臣四人，皆擢自两黄旗亲信之侍卫大臣，无一宗室，后争权相杀，纳贿乱政。盖掌握威权之人常谋巩固其个人地位及党与之利益，固不以宗姓异姓而有不同；其人皆为武夫，伦常之观念薄弱，又无责任心之存在也。睿王三旗，正白旗最强，世祖为其旗主，与两黄旗合为上三旗。镶白、正蓝、镶红三旗皆归朝廷管理，唯正红、镶蓝二旗属于亲王，后亦听天子处分，是为下五旗，旗主由朝廷任命，多为皇子，旗员为其臣属，犹存满洲之风俗。圣祖诸子求为太子，各有党人，旗主私党尤众。子世宗嗣位，严禁上三旗大臣、侍卫在诸王门下行走，即诸王属旗，亦不得擅与他处往来，惩罚其兄弟之亲信，谕诸王、大臣专心一志事之，“同好其所当好，同恶其所当恶”。是以中国之思想，改正其祖宗以来旗主、臣属之主仆关系，根深蒂固之政教，固非一时所能廓清。帝迭严责八旗将领不明大义，且曰：天无二日，民无二王。臣子之于君上，乃天经地义；苟怀二心而存游移、瞻顾之念，即为乱臣贼子。旗人主属之分终尽破除，役使、勒索诸弊，随之而去，为一重要改革。

中国之统一　清与明作战二十余年，迄未能有关内土地之一部分。李自成逼近北京，明弃关外地，召将吴三桂赴援。三桂行于途中，闻京师陷而欲降贼；俄知道妾被掠，急遣使赴清乞援。多尔衮闻知明乱，统军南征；得三桂书，兼程而行。自成往击三桂，败走京师，仓皇载辎重西遁关中。1644年夏，多尔衮入京，遣军追击，尽有近畿州县，定都北京。其时，黄河流域经历无数之战争，死亡惨重，土地荒废；长江下流较为完善，中流受摧残之祸，上流四川至无人迹；西江流域未受流寇滋扰之地仍为明守。南京明官闻北京陷而拥立神宗孙福王为帝，统治区域颇为广大。自战斗力而言，李自成、张献忠所部皆百战之精兵，然非清兵之匹敌；军中又无炮火。张献忠施行大规模之屠杀，徒自削减其财力、人力。明兵未有训练，同于乌合之众，向恃坚城、大炮；至是，形势变而失其所长。

多尔衮经营中国也，先取黄河流域。时，山东、河南复为明守，山西为李自成所有，清军攻陷山西，分道攻入陕西，李自成南走湖北，为乡民所杀，余众降于明官；山东、河南皆为清兵所陷。福王先遣使请和，欲清兵北归，为多尔衮所拒绝。明兵弱不能战，诸将复自相攻击。清兵南进，如入无人之境，渡江未遇困难，南京下而降者二十三万八千余人，清兵不及其多；乘胜分兵西上，取安徽、江西、湖北，一军南至杭州。其政治不能与军事相配合，南方气候、水土与其生活又不相宜；会清廷执行剃发令，长江下流民兵四起，旗兵数少，不能应付，乃用降将洪承畴招抚江南。明宗室四王称帝，各据一方，地小兵弱，不肯合作共御外侮。三王皆为清兵所败；唯桂王据有西南，势力稍强，其最盛时，号令及于七省。张献忠为清兵所杀，部将降于桂王。清军攻之，互有胜负。后，降将相攻，败者降清，清军因而攻陷云、贵。明将郑成功不肯降清，夺取荷兰人所据之台湾。台湾旧为海盗之根据地，土地未尽开辟，人力有限，不能大为害也。

军队之病民　清军历十数年平定中国，应时需要，召人为地方兵，谓之绿旗营。户部侍郎林起龙言其数几六十万，每岁费粮二百余万石，饷银一千余万两，不足当数万之用，有事仍请满洲兵；将官家丁、吹手、轿夫冒充兵数，铺户子侄充兵，藉免差役；扣克马兵草料，驿递借用营马，马皆骨立，鞭策不前；器械钝敝朽坏，从无帐房、雨衣，春秋两操，竟不举行；其大病在贪数多而饷薄，守兵月给米三斗、银一两，步战兵月米三斗、支银一两五钱，尚有扣克，所得仅足一人生活，犹数月或半年不发；请选二十万精兵，养以四十万饷。不幸，朝廷未有改革，军饷成为财政上之问题。其次年，户部奏言：兵饷不足，全国正赋八百七十五万余两，而云南需银九百余万两。吴三桂拥有大军，米价每石至二十余两，视他地贵至十数倍。

八旗初在关外，自备出征之马匹、器械、衣甲、糇粮，军士各有耕地，或有奴婢；入关后，抛弃其不动产，生活环境迥与前异。多尔衮圈北京官民房屋，居住旗人，屋主损失重大。明代庄田归于新统治阶级，不敷其分配，乃圈民地。1646年，户部奏称：去岁，八旗圈地内多薄地；今年，来者无地耕种，宜于近京府县，不论有主、无主地土，拨换所圈薄地，并给今年来者，合计其数字九十九万余垧。垧为七亩，同六百九十余万亩。其前所圈肥沃耕田，数不可知。入关之年即以无主之地安置满洲庄头。各部、院衙门官员俱拨给田园。合两次圈地，其数盖在一千五百万亩以上。富厚有力之家得田常至数百垧，兵丁不过数垧。数垧为最低之分配额，视汉人每家平均耕地为多。达官复在各处自行圈占民地，以备其畋猎、放鹰、往来下营之所；后，世祖谕其退还原主耕种，而圈地病民，于圣祖亲政后始罢。八旗居于汉人社会，得地并不勤务农业。世祖诏自王以下给俸米一半，仍令修农、耕种，亦为具文。后数年，都察院奏称：满洲兵分给土地，历年并无收获，复以出征，土地旷废，请清查退地者，加给月米。其时，出征满兵已全倚月饷，每兵自一两五钱至四两，岁支米自十二石至二十四石，自给之旧制破坏，全赖饷米维持其一家之生活。人民耕田被圈，政府以屯卫地给之；有失地无以为生，沦为盗贼者。

满洲兵奴隶多其战争之俘虏，遇之同于牲畜，甚至非刑拷打，不堪其苦者，至于自杀。奴隶多为汉人，入关后，易于逃归乡里，1646年数月间逃至数万。奴隶同于财产，为满人之重大损失。朝廷代表其利益，下令：隐匿逃奴者，从重治罪，家产断给失主，邻家甲长各鞭一百。逃亡仍不能止，惩罚匿亡之法益为严酷。奸民用以诈言报仇，或指逃报部，提审全虚，或复扳别家，或改易名姓，或犯人投旗，希图免罪，或地方官拿获重犯，诳称逃人，迁延漏网，或与解役抢掠，或地方官令扳富室吓诈，株连蔓引，冤及无辜。朝廷初许汉人充当奴婢，但非常人之所愿为。满洲庄头奴仆至逼令各州县庄村之人投充，为民大害，世祖下诏禁之。不肖汉人利用投充，横行乡里，抗拒官府。谕称：土贼充斥，及见拿获，多系旗下之人。八旗备受政府之优待，处于统治阶级之地位，增加其倚赖惰性，豢养久而怠于武事，又改变其朴素习惯，从事于奢侈生活，更有放纵自暴自弃者。

官制 清帝入主广土多民之中国，汉人服从命令、愿为之用者，皆得安全之保障。明宦官死党、剃发效忠之人，仕清为大学士，朝臣连名上章劾之，反而受责；李自成谋臣归降家居，朝臣论其罪者受旨深斥，皆其明例。满人、汉人非种族不同之民族，特服装不同，满人剃头结辫，汉人束发。多尔衮强汉人改从其俗，令：剃发归顺者，地方官各升一级；过期不剃发者，显属抗拒，将问罪征剿。初以汉人反对，暂不实行，及南京降而限期剃发。衍圣公请免剃发，获罪。大学士陈名夏私与人言："留头发、复衣冠，天下即太平矣。"为人所告，为其处死刑之一原因。起兵反抗剃发者皆败，衣冠亦有变更。政治制度则沿明制，大学士票拟谕旨，一如旧例，"凡内外文武官民条奏，并各部、院覆奏本章，皆下内阁票拟；已经批红者，仍由内阁分下六科，抄发各部、院"。实际上，大权归于满官，大学士办理文件，同于秘书。部为六部，院指翰林院、都察院。清设理藩院，办理蒙古等地王公朝贡、封爵诸事。翰林院为储才之所，都察院专司参劾，六科官称给事中，旧属门下省，审察将公布之诏旨，退还其不合者。明、清六科仍有摘参之权。布政使为明一省长官，总督、巡抚为边区或一地统帅，据有大权。清初，征服者有溃兵、盗贼，应时需要设置总督或巡抚为长官，布政使降而专司钱粮。按察使为一省高等法官。下为府、县。清沿用宦官，防范其乱政，立铁牌严禁其干政。世祖病时，以任用中官自责。圣祖嗣立，诏称：中官专擅妄行。中官由于重男轻女及男女不想交结之礼教而成，宫中妻妾众多，更增强其存在之势力。满洲初无内官，其职务多归上三旗管理，宦官干政，乃视前代为轻。

改革之困难　清鉴于明之覆亡，颇欲改革其弊政，兹言其重要者于下：一、严惩贪官。多尔衮言：明贿赂公行，功过不明。世祖谕诫朝觐官贪婪，痛切之至。贿赂足以亡国，深为其君臣所认识，故入关初年，查明贪官，即行正法。言官狃于旧习，请从宽大。帝曰：贪官必诛，屡旨甚明，何必论赃多少。后渐宽大。帝以贪官革职，犹得享用赃资，谕刑部：嗣后受赃至十两以上者除定罪外，俱籍没其家产入官。晚年，改责四十杖。巡按、监察御史考核吏治，易于受贿，帝诏其奉差时不得见客，收书不用投送书吏，员役不许宴会、饯送，不准拿访及拔用富豪官吏，并禁地方官私馈迎送，又谕出巡御史，若婪取赃物，即行正法。积弊非一时所能转变，由于官吏俸给菲薄，又无办公经费，视纳赂为常事，握政权之满官仍公然索赂也。直隶、河南、山东总督张悬锡自杀遇救，其先递之遗疏入京，帝读而疑之，遣使追问，得知大臣借事责其馈送，而悬锡力不能辩，迫而欲死也。朝议：犯罪之大臣革职、籍产。世祖宥之，仍留原任。张悬锡终惧祸自杀。大臣贪污，责地方官廉洁，其何可能！

二、严惩不法之士大夫。文人本于传统思想，于社会上居于优利之地位；明时，抗粮为非，地方官无如之何。清帝入关，未变更思想，应试录取者，将即为官。富贵为人所欲，生员无不营求。世祖称其交结官府，提学官未出都门，京官开单嘱托，及到地方，又访乡绅子弟，“甚至贿赂公行，照等定价，督学之门，竟同商贾”。此乃积弊相沿。学官所取之士，皆称门生，干谒、酬谢，广收贿赂，属官亦借名献媚。帝以其败坏吏治、荐举不公，下诏严禁；但其牵涉之范围太广，非一时所能尽革。京官刘祚远言其典试陕西，行至潼关，有布政司人役关说，生员三人各出千金，希图贿买举人。考官当有不检举者，关说殆为常事。北闱在京举行，有用银三千两者；事发，杀之，并籍其产。士子于南京乡所禁之试滋事者，曾受严惩；主试官受赂者常获重罪。士大夫抗粮者处罚极严，结社亦所禁止。

三、减轻人民负担。多尔衮尝谓：明辽饷、剿饷、练饷数倍正供，苦累小民；其召买粮料，名为当官平价，实则计亩加征，初议准作正粮，既而不与销算，有时米价腾贵，每石四五两不等，部议只给五分之一，高下予夺，唯贿是凭，而交纳衙门又有奸人包揽、猾吏抑勒，明是三饷之外，重增一倍催科。史称清免加征，唯照明神宗则例征收，实不足信。时方用兵，颇横敛于民，大将西至大同，催办粮草，动辄欲行杀戮。多尔衮加派钱粮，营造避暑之所，皆其明例。《清实录》初未记其岁入，1651年称：征银二千一百余万，米、麦、豆五百七十余万石，草四百七十万束，盐课一百九十余万两。田税征银，视明增加数倍，统治犹未及于全国。后三年，户部奏言：十一省地丁银三千一百余万，增收更多。盖政府将征实之粮折银，明末所增之饷照旧征收也。1661年，户部奏：明练饷亩征一分，十三省共田五万七千七百万亩，计银五百余万，限三月征完解部；云、贵新平，亦照田征派。《圣祖实录》记：1685年，宿县民叩阍奏请豁免暂加三饷及缺额丁粮银等。朝臣奏：三饷征收，各地皆然，不许豁免。清若废明三饷，其一年收入断不能增达三千万两。地方官征粮舞弊则视明减少。

清君臣以明事为鉴，存有疑忌之心，深恐明后复起；抗清者常以明后为号召，更增加其不安之心理。明王降者皆为其所杀；后，诏求明后胤，至无人敢应。1661年，世祖病死，中国统一虽告成功，而基础犹未甚巩固也。

第五十八篇　清圣祖

圣祖之为人——人才之缺乏——三藩之乱——台湾之降——治黄河——中俄交涉——开拓之领土——边地之荒废——人口问题——财政——诸子之争立

圣祖之为人　世祖死，太子玄烨八岁嗣立，是为圣祖（1662—1722年在位），改元康熙，政权归于辅政大臣。帝初未受良好之教育，但其见解高而能断，虑事周详。权臣鳌拜乱政，帝选侍卫年少有力者为扑击之戏，年十六，鳌拜入见，令侍卫执之；亲政后，举经筵，置日讲官，以其有益身心、增长学问，覆讲不肯稍懈，天热亦不间断。近故宫发表其手迹，文理拙而字体劣，盖方从事于广泛之学问，又勤理政事，无暇习字为文。自言治政宵衣旰食，祁寒盛暑不敢少间，偶有违和，亦勉出听断，或中夜有机宜奏报，未尝不披衣而起；又崇尚节俭，宫中费用大省。圣祖《实录》称：明季，宫女九千，内监十万，今则不过四五百人。其先，光禄寺供应宫中，每年用银七十万两有余，渐次减止七万两；理藩院年赏及供应用银八十万两，减至八万；户、工两部所用钱粮亦大减少。明宫中用物派于民间，今则工役皆出钱雇觅。帝曾谓：明朝一日之费，可抵今一年之用。

圣祖治国，谋得贤才用之，令翰林官将所作诗赋、词章不时进呈，欲得博学鸿儒，备顾问、著作之选，诏开博学鸿词科，选五十人授翰林官等，中多知名之士。帝知识颇广，耶稣会教士为其师友。初，教士于明末来华，徐光启荐之治历，历十余年而不用，及清，成《时宪历》，后为不通历法之生员所诋毁，成为大狱。1668 年，教士南怀仁奏言：钦天监推算差错。明年，大臣测验与其所言符合，擢为监副，许教士奏拜天主教。吴三桂乱起，南怀仁奉旨造炮，有功；动帝好奇求学之心，与教士关系亲密。中、俄交涉，教士曾为译官。其人功成不居，以服务、传教为终身之事业。帝礼敬教皇，称为教化王，圣祖《实录》称帝知量水力之法，而群臣不知，其天文、数学知识又非臣下所及，皆得之于教士。《皇朝一统舆地全图》历三十余年始成，其测绘皆教士工作，为中国第一部精确之舆图。皇子与教士亦有往来，世宗《实录》称其弟允禟收西洋人穆经远为心腹，穆经远夸称其善，希图储位，是其为圣祖相信，可得进言也。

人才之缺乏　朝中政治人才缺乏，汉大学士入朝议事，至向亲王跪语，王坐受之。1688 年，始令其不必向诸王行跪。大臣议事久，帝赐垫、坐语。其会商朝政也，势要之人发一议论，逢迎谄媚者辄附和之，帝尝斥旗员“阿顺之态，与家奴无异”，诏免其官爵。汉大学士对于满大学士所言，辄唯唯诺诺，不敢辩论是非；翰林院满员撰拟文章不堪，汉掌院学士、汉大学士俱不改正，诚恐改正一字，即为终身之仇。帝欲有所改变，但无效果。后二十余年，帝称：会议一二人发言，众俱唯唯，汉大臣非涉彼事，则无一言，彼居下位，似尚可取，及授大职，则图自保，以全其身；“尤可异者，汉官议事，前人画题，后人依样画题，不计事之是非，但云自有公论；又有至画题已毕，始问为何事”。满员权重，为成此现状之因素。六部各有满、汉堂官六员，“其间任事者但一二人，余则随众署名而已”。帝称：部中启奏本章，汉侍郎有不知其内容者。若不改变重满轻汉之观念，或用人唯才，则积弊无法廓清。关于用人，大臣会议或荐其门生，或荐其同年，或荐其同乡亲友，甚至此次将意中人荐出，冀下次彼亦将其亲朋荐出，以为相报。外省督抚与部、院堂官相结，堂官各为亲戚、朋党营求，凡员缺未出之先，人已预定。此颇使帝失望，乃擢用居下位之人，选用廉洁之士，迭揭示舞弊之事实。朝臣讲道学者，人格远不如后人想象之高，《实录》记帝之言：或挟仇报复，或谎言欺君，或迂阔无识，或务虚名干请。帝多方访知其所为，故知其为人；但不求全责备，人得其用；怒时，则以恶意解释臣下之心理，牵强或至可笑。

圣祖幼习畋猎，精于骑射；及知枪炮之为利器，用枪射击准确，《实录》记帝射死猛虎之例甚多。其亲征西邻准噶尔也，往来四月有余，日进一餐，五更起行，至晚始歇，遇沙地则下马步行，至宁夏马、驼无倒毙者，曾于边地行围，每日杀兔数千，一日所获，可作兵士几日干粮；自宁夏归时，自黄河渡口乘小船东行，带干粮甚少，每日山间畋猎、河中网鱼而食，二十余日未用干粮，行至湖滩、河朔渡日，日御小舟，令满兵四人棹舟，追射雁鸭，一日得数百只。行军苦而帝应付裕如，并谓，领兵事必率先，心能预料，始可服众。是帝非尚匹夫之勇，其远谋深虑常为其臣所不及，为其军事成功之主因。其时，满洲将领腐败于吴三桂乱时暴露：或观望逗留不敢前进，或营私希图便安；或诿兵甲不全，或托舟楫未具，坐失事机；或干预公事，挟制有司；或贪冒货贿，占踞利薮；或盗卖军粮，勒索解费；或多方渔色，购女邻疆；甚至于新定地方，攘夺焚掠，毫无法纪。帝鼓励满臣骑射，常往热河围猎，练其武艺，使之习劳，以增强其战斗力，仍功效微末。尝谕宗人府，责诸王、贝勒曰：朕观此中绝少成材者，虽点行围，岂能效力……其所以致高位者，不过承祖父之荫耳！曾有著绩行阵者邪？二十余年后，帝又斥其日耽宴乐，不事文学，不善骑射。《实录》记一饶有趣味之故事：副都统色格印善射，能管兵马。及准噶尔部深入内蒙古，清兵御之，发生激战，色格印惧而称受暑下马，其家人俱怒曰：身为二品大臣，如此临阵退怯，归去何颜见人邪？扶之上马，色格印复下马卧于草内，及回营犹战栗不已，身披甲胄、蒙被达旦，其所管兵丁无不耻笑之云。

三藩之乱 圣祖削平三藩，成为名实相符之统一帝国。其先，平定华南，多降将之功。平西王吴三桂镇守云南，平南王尚可喜镇粤，靖南王耿精忠镇闽，是谓三藩。三桂兵多、力强，伸长势力于他省，云贵督抚受其节制，朝廷不问其用人、用财。1673年，帝诏撤三藩；冬，三桂叛，出兵湖南，直至岳州，四川、广西应之。帝停撤粤、闽二藩；耿精忠仍反，出兵浙江、江西。官兵南讨，次于岳州，相持不下。襄阳总兵亦叛，三桂未乘机北侵。帝遣将入浙，增兵赴粤，加强陕西防守。会尚可喜为子所劫，降于三桂，陕西提督又叛，进陷兰州，此为叛藩极盛之时。八旗精旅南下，察哈尔蒙古部叛，帝命兵追击，一战败之，遂无内顾之忧。江南赋税半全国之收入，未受叛乱之影响，军粮无缺。甘肃为精兵产地，主将忠于清而力战，收复兰州，后取四川，进围云南省会。长江自湖北而下，为清兵所有，上下运输未受阻挠。圣祖聚重兵于岳州，计划南攻；而统将多方推诿，乃以战船围城。其胜利一在西北，一在东南。甘肃绿营战绩，上已言之；东南方面，清将收复浙江南部，攻入福建，江西叛军亦败。耿精忠迎降；广东降而复持两端。清军自江西出攻湖南；吴三桂分兵扰于两广，但已居于不利之形势，称帝于衡阳以为号召，督大军围攻清将于湖南东南部。斯役也，胜负将有重大之影响，清军危急，三桂值死，叛军撤退，岳州守兵亦逃，长江不战而下。官军收复湘西，三桂孙世璠称帝，而事已不可为，四川、贵州皆失。官军四十余万攻入云南，逼近省城，而莫敢先进；甘肃兵至，陷其险要而围合。1681年，城中食尽援绝，世璠自杀，诸部将出降。

三藩之乱八年，叛乱初起，檄文一传，四方响应，朝廷颇有顾此失彼之势。圣祖出兵讨之，兼用政治方法，解决、缩小叛乱之区域，召降反复无常之叛将；不幸多未成功。其能平定三藩及后开拓疆土之主因有三：一、帝为英主，军队调遣、作战计划概自决定，驿递极为迅速，《实录》称：西边五千余里，九日可到，荆州、西安，五日可到，浙江四日可到；帝更多方访问消息。地方长官之有密奏者，皆亲自阅批，左右从不得见所谕，故能切合机宜，不为臣下所欺。二、满兵勇敢善战。入关后，风气未改。吴三桂言满兵向勇猛而今衰弱，及与之战，惊称其骁勇如前。郑成功部将刘国轩曾与满兵七十余战，后归降；帝问其所感，国轩对于将帅露有微辞，唯盛称满兵之勇。帝称：满兵缺粮，至死断无二心；绿旗少或窘迫，即怨愤作乱。八旗为时精兵，帝更增强其战斗力；西北精兵亦为朝廷所用，故能有功也。三、新炮之利用。清平中国，颇赖炮火攻城之力。其炮由降将携往，故汉军旗多大炮。吴三桂所部炮火尤强；及叛，帝命南怀仁监制大炮，射程远而摧残力强，轻便易运，为作战之利器，时称子母炮，将帅常以待炮为言。北京所造，既多且精，为其胜利之一原因。帝恐炮留地方，将来为害，谕令：大小炮堪用者，俱取入京；不堪用者销毁；严禁私铸。后以汉军旗之铳炮转交于满洲旗，诏称：本朝用兵唯用弓矢、剑戟，三逆叛用火器相持，乃特立火器，制备枪炮，交发八旗，我朝之神威益震于四域。军器改善，于战事乃有决定性之势力。后海盗归降，帝询问之，知其畏西洋炮火之猛烈，不敢劫掠其船。惜不奖励制造、精益求精，视为八旗专用之武器，地方官请捐款造子母炮操练，帝谓此系八旗火器，断不许造，致武器外无进步。

台湾之降　初，战事胜利，朝廷对于归降之叛将，不稍姑息，军纪立而威望大增；立功之将士皆受赏赐，无能之统帅治之以法，又以立功之将不可久擅兵权，召之入京，使习法度。用兵之时，水旱之灾频仍，闾阎疲于转运，政府裁减官员俸禄，并增加人民负担。乱平，人民安居乐业；台湾俄亦归降。初，郑成功据台湾，及死，子经嗣立，三藩乱时，攻取福建沿海州县。官军收复福建，经进攻而失败，退于台湾，俄死；子幼，政事决定于勇将刘国轩。1683 年，水师提督施琅率兵船进攻澎湖列岛；刘国轩督军拒战，死伤惨重，终不能守，东渡台湾。台湾大部分犹为生番所居，土地多未开辟，财政困难，补充之兵更有限制，刘国轩商于其主归降，从之，台湾遂为中国之一部分。政府于台北置一府、三县，设巡道一员分辖，驻兵八千，澎湖二千。统治台湾，非为开拓耕地，或发展生产事业，乃防其为外国所夺，或为海盗所据，致成外患。闽人、粤人冒险渡台者迫于生计，多为会党；后数起为乱。生番据有广大之地，生活亦无改进。

治黄河 治河为内政大事，黄河自南徙，夺淮河道入海以来，历时数百年。元末曾大规模修治，而泥沙淤积于河身之根本问题，迄无法解决。淮河较短，下流入海之道并不甚宽，一河容纳二河之水，原易于泛滥；黄河挟带之泥沙沉淀，更使河身日高。清沿明制，设总督治河，初未遇大水，官亦廉洁，未有事故。三藩乱时，黄河溃决，水不归海，而以苏北七州县为大泽，淮水全入运河。明代，治河之原理以河势宜合不宜分，宜急不宜缓，合则流急，急则沙刷而河深；分则流缓，缓则停滞而沙淤。其办法则以堤束水，借水刷沙，因修筑徐州至淮安之堤，导淮水毕趋于清口，会流于黄河，藉其力以刷沙；至是，清口涸为陆地，二河皆为民害。圣祖以安徽巡抚靳辅实心任事，授为河道总督。辅亲往视察，奏请疏下流，治上流，塞黄、淮各处决口，并估计经费及补还方案。其兴筑工程颇为坚实，但仍有小决处。帝命其戴罪督修。其时，朝中议论多，而党争甚烈。辅议淮、扬涸出田数除丈量还民外，余田可行屯田法，与苏北地主阶级之士大夫利益冲突。其治河也，主张筑堤，反对者则言浚口，于是朝臣争论其罪。帝以其挑河、筑堤，有便利漕运之功，免职，不重治罪。运河沟通南北，漕米自南方运往北京，行于运河。辅以清口而上，漕船行黄河中一百八十里，再入运河，常有风涛之险，凿成中河，船行黄河数里即入运河，以此功而未获罪。其代之者，浚下河，引水出海，而功不成。向论辅非者，自行认错。帝南巡阅河，益知辅筑堤之坚，复用辅治河；不久，辅死，其规模具在。帝复南下阅视工程，或予以指导，黄河暂不为害。其治河原理，则以淮水洗沙入海也。帝南巡视河六次，南至杭州、南京，江南风气盖为其所乐游，复阅其地驻防旗兵，欲其勤于操练；往返用费，皆发内帑，行宫不尚华丽，途中访问民间病苦；又数幸山西省北五台山与塞北，年老犹往热河行猎、习武，从不肯自逸也。

中俄交涉 清帝征服中国，俄罗斯探险队方经营黑龙江下流。其地产貂，俄以兽皮为输出品，据之，南进边境，筑有二城，耕种渔猎于其四旁，数掠夺人口。三藩乱后，圣祖遣使率兵往觇，复发兵，造船运炮、粮食往援。会俄人杀害土人，朝廷增兵屯田，取俄人田禾，致书说俄人迁让出城，不得。

1685年春，清军进攻，俄头目乞降、请归，边将许之。圣祖闻而称其扰我黑龙江、松花江一带三十余年，不杀一人而得其城。清军毁城退，俄人复至，筑更坚固之城。帝出兵往攻，值荷兰使至，帝令其转致俄皇书，遣使议商疆界。俄皇遣使入京，表示同意，并请撤围城之兵。圣祖许之，遣使北行，以耶稣会教士为译员。关于划界，帝以通黑龙江之一河一溪，皆中国所属之地，若不尽取，边民终不获安。1689年，清、俄使臣会于尼布楚，成立条约，二国以黑龙江北岸之兴安岭为界，猎户不许越界；嗣后，二国不留逃人，互许贸易。疆界定后，百余年间，黑龙江无俄人踪迹。其南吉林，荒凉殊甚，黑龙江至无人烟，收复之地苦寒更甚，政府未有建设之计划，得地而不能用。

开拓之领土 初，清征服内蒙古，即与外蒙往来。其酋元后，号所部曰喀尔喀，岁献白驼一、白马八，是为九白之贡。其西邻厄鲁特蒙古，分为四部，准噶尔为其一，伊犁为其根据地。酋长噶尔丹，善于用兵，并取其邻国，有新疆、青海、西蒙古及中亚细亚一部分。会喀尔喀内讧，噶尔丹遣弟为之和解，而反见杀；1688年夏，起兵报复。喀尔喀数十万众，丧亡略尽，其汗率余众，款塞来归。帝发仓储、牲畜赡之，供给牧地。噶尔丹遣使索仇，不得；1690年夏，犯边，大败清将所率蒙古之兵，深入内蒙古。帝诏亲征，左翼出古北口，右翼出喜峰口。帝值以疾返京，噶尔丹击败右翼，南进，距京师不及七百里；左翼遇之，激战，藉炮火之力，获胜。斯役也，阵亡、被创者甚众，噶尔丹退兵、罹疫，生还科布多者不过数千人。帝训练军旅，增强其炮力。噶尔丹阴遣使结内蒙诸部；帝令诱其南寇，1695年，自将精兵三万余人，枪炮多而战斗力强。西路军二万四千余人，帝增强其炮火，并运新造炮给之；东路军为东三省兵。明年，大军北行，噶尔丹知而西逃。西师遇之，大败其众，获驼马牛羊、庐帐器械无算。帝召噶尔丹归降，不从，其根据地为侄策妄阿喇布坦所夺。1697年，帝复亲征，西至宁夏，噶尔丹自杀。其用兵也，举朝唯四人言当伐之，帝决定作战；安插降众于张家口外，朝廷之威望大增。青海归附，酋长入朝，各得封爵；哈密诸国输诚效命。

外蒙古以准噶尔之侵扰，归降中国，西藏亦然。其人信奉喇嘛教，青海、蒙古皆然。诸部熬茶膜拜，视达赖若天神。西藏政权归于理事长官，俗称第巴。至是，第五世达赖死，第巴讳之，借其名行事，袒护噶尔丹。后，西藏乱，第巴见杀，达赖复有争位之忧。1717年，策妄阿喇布坦潜遣兵入藏，袭杀用事忠于清者。帝册封争位之喇嘛为第六世达赖，派兵护送入藏，出兵牵制准部，使其不敢救藏。清兵分二路入藏，一自四川西行，藏人恨恶准部之所为，望风响应，准兵惧而远遁。清将入拉萨，传集大、小第巴及各庙喇嘛，宣示谕旨，尽捕准噶尔喇嘛，杀其首要，余皆监禁。一军自青海前进，路远行缓。事定，藏人立碑称颂功德。西藏由是归清保护，成为中国土地之一部分。

边地之荒废 十八世纪初叶，圣祖开拓之领土广大；户口亦大增加，由于早婚，生产力高。边区则未充分利用。山海关外，原有不少之耕地，八旗入关后，转为荒地。1661年，奉天府尹张尚贤奏言：自兴京（新宾）至山海关，东、西千余里；开原至金州，南、北千余里，有河东、河西之分。河东北起开原，西南至牛庄，自牛庄东至盖州、旅顺，城堡虽多，皆成荒土，独奉天、辽阳、海城三处，稍成府县之规，而辽、海两处犹无城池；盖州、凤凰城、金州不过数百人；铁岭、抚顺惟有流徙诸人，不能耕种，只身逃去大半，略有家口者老死而已，实无益于地方。河西自山海关以东至宁远、锦州，城堡多而人民少，独宁远、锦州、广宁人民凑集，仅有佐领一员，不知如何料理地方。“合河东、河西之腹里观之，荒城废堡，败瓦颓垣，沃野千里有土无人，全无可恃。”其地明代开辟；清旧地荒凉更甚，流徙于吉林之罪人，无屋栖身、无农具耕种。帝命改发辽阳。其北黑龙江至无人烟。清出兵往攻俄人所筑之城，曾以粮饷不继，两次半途而归。《尼布楚条约》成立，未有改善。朝廷尝欲经营辽东，兵部奏称：除牧地外，丈出五百四十八万垧，分定旗地四百六十余万垧，民地八十七万余垧；旗民无力开垦荒地而复霸占者，查明治罪。明年，户部奏报：新开荒地一百万亩有奇，而未垦地除皇庄、牧场外，尚有一百五十余万垧，合亩计之，数逾一千万亩。三十余年后，《实录》称：奉、锦两府，耕者多系招徕民人；旗民贪占熟田，不肯开荒而霸占之，乃为开垦困难之症结。

长城以北之草原，清称内蒙古，入关前已为其领土一部分；及喀尔喀十万余人来归，圣祖量材授其酋长官职，给养其部下。内蒙古王公不善治理，人民生计困难，约有十数万至三十万人。帝征准噶尔，取道边境，西至宁夏，谕地方官曰：山西、陕西缘边一路，地当沙碛，难事耕耘，人民穴居，类鲜恒业。其土壤硗瘠，固已生计维艰，而地方辽远，疾苦无由上闻，大小官吏不能子爱小民，更恣横索，遂使里井日渐虚耗。其户口减少之另一原因，则受地形及雨量之限制。及准噶尔败，喀尔喀人返其故居，帝谋改善蒙古人之生活，遣官教之。据帝所言，蒙古贫弱由于懒惰，播种后，即往各处游牧，谷熟不收敛，反谓岁歉。其地盗多，民将马畜置之近侧，夜则圈之宿处，以致马畜瘐毙。王公复索取其马牛、刀带诸物，使之困苦难处。帝严禁盗贼，赈给窘乏，教以引水灌田，张家口、古北口、宁夏等地，皆凿沟引水；草佳之地留以畜牧，河多鱼者，教之取鱼。由是盗贼屏迹，诸部各获生理，《实录》称其家给人足，乐业安生。十年后，帝曰：今河南、山东、直隶之民往边外开垦者多，大都京城之米自口外来者甚多，口外米价虽极贵之时，秫米一石不过值银二钱，小米一石不过值钱三钱，京师亦常赖之。北京需口外之粮，不知何时有运进口内之禁；其子世宗复诏许其进口。

人口问题 1712年，山东人民往口外垦地者，多至十万余。圣祖恐其将来俱为蒙古人，令：嗣后往种田者，巡抚查明年貌、姓名、籍贯，造册移送稽察，回归者亦然，庶不得任意往来。其手续繁重，实质同于禁止。世宗严禁汉、蒙通婚，防患重于人民利益。汉人以耕种为职业，人口增加而耕地如故，生计困难。或言开垦，圣祖谓：内地实无闲处，今口外种地者甚多，陕西、甘肃边地虽不可耕种，若于有水草地牧养，尽可度日，而民狃于种地，不能牧畜；昔年去山东赈济人员曾云，或有人在牛旁，不知取乳而食，竟坐以待毙。帝不令官教之，又不徙民于边区。直隶、山西人民潜往口外种地增多，1727年，世宗添设古北口、张家口、归化城同知，令：嗣后再有出口种地之人，同知一面安插，一面移咨本籍，查无过犯逃遁等情，准其居住耕种。时距流寇之屠杀七八十年，黄河流域可耕之地皆已开垦，直隶民偷垦旗地，至惧不敢承认。

长江流域，江南、浙江未深受祸乱之影响，户口未大减少。圣祖六次至南方，言：江浙小民有田者少，佃户居多；其地卑湿，民间难以盖藏，比户而居，有米者少，每日买饮食诸物，其市肆贸易，多山西人；江浙产米不足，民食运自湖广、江西，湖广供给尤多。或言江浙米贵，由于贩米出洋。政府禁米外运，米价并未低降。会江浙大熟，米价未平，圣祖与亲臣推究其故。李光地曰：今人口甚多，即如臣故乡福建，一省户口繁息，较往年数倍，米价之贵盖因人民繁庶之故。户口多而耕地不加广，需要过于供给，为米贵之主因。长江中流前受战争之影响，户口减少，耕地有余，故有米运出；上流四川，遭张献忠之屠杀及桂王、吴三桂之乱，有土地而无人民，后邻省人口激增，川民仍少，湖广、陕西贫民皆往四川开垦。帝称：陕人耕种安分营生，湖广人与蜀人争讼，开垦三年后，躲避纳粮、他往；今四川荒田开垦甚多，起课年得三十余万两，但以国用已足，不事加征；其先，人少田多，一亩之田值银不过数钱，今则数两不等，前永定河冲突之处，今民皆筑舍居住、耕种，黄河堤岸余地耕种，皆未起课。

圣祖留心民事，所知甚为广博。内地凡可利用之土地，贫民无不耕种。入川，尚有广东人；时人言其地旷、米贱，有卖其所有而往者。1727 年，邻省人民逃荒入川，不下数万户，朝廷令官经理，户给水田三十亩，或旱地五十亩，如家人多者，各计丁增给水、旱地；其应给牛、种、口粮，照云南省例，每户给银十二两。四川平定四十余年，盖无广大之荒地安插邻省过剩人口，史未记其实施情况。云南设立州县，视明增多，借银奖民迁徙。大乱之后，西南诸省地旷人稀，逾越险阻徙居云南者当不甚多。其时，四川米贱，银一两可买三石；云南、贵州、广西亦不甚贵，皆因户口较少。江、浙米价每石初为六七钱，后至一两二三钱。广东米价最贵，一石自一两八九钱至二两二钱。福建民食不足，台湾米内运粜卖，所谓商船贩米出洋，全为无识见官吏之言。西南诸省米贱，限于交通，颇难运至浙江等地。

人口增加，过于生产事业之发达，除西南而外，渐为国中之问题。贫民常溺死其所生之婴儿，《实录》记京师、江浙溺死女婴。溺婴为悲哀之事，违反人类之天性，非受生活之压迫，殆不肯为。中国为农业社会，职业之种类太少。圣祖异于古代之帝王，许船出口，经营国际贸易，1684年诏称：向令开海贸易，于闽、粤民生有益，征富商税，可充兵饷，免腹里诸省分转输、协济之劳。开放海禁，有利于国计民生，但中国海船不及外船高大，反动官吏以贩米出洋为理由，请禁贸易，帝不之许。后，闽浙总督奏请沿海捕渔船只许用双桅，不准越省行走，新船更难与西洋船竞争。其船有自卫之猛烈炮火，海盗船不敢逼近，唯掠东洋船银米。中国商船行于领海之内，政府不能予以有效力之保护，国际贸易已无发达之希望，其用桅限制，无异于采行自杀政策。闽、浙渔船出海捕鱼，船归，官兵索取财物，有不敢归而为盗者。帝虽知之，迄无改革；唯本于儒家思想，从事节俭，力行恤民之政，凡地方遇有水旱之灾，长官奏报者，免其赋税，发银、粮赈济灾民。户部奏称，帝在位四十八年间，已免天下钱粮共万万两有余，库犹存银五千余万两。1710年，帝诏普免明年全国钱粮，分三年配搭免完，兼顾及地主、佃户之利益，令田主免七，佃户免三。

帝复以户口多而地不加广，1712年诏：人丁收税，嗣后勿增、勿减。且曰：凡巡幸地方，所至询问，一户或有五六丁，只一人交纳钱粮，或有九丁、十丁，亦只二人交纳钱粮，诘以余丁何事？咸云，蒙皇上弘恩，并无差徭，共享安乐，优游闲居而已。……前云南、贵州、广西、四川等省，遭叛逆之变，地方残坏，田亩抛荒，不堪见闻；自平定以来，人民渐增，开垦无遗，或沙石堆积、难于耕种者，亦闲有之，而山谷崎岖之地已无弃土，尽皆耕种矣。中国本部无广大之荒地，为一事实。农民税为丁税、钱粮。丁税包括徭役，为重大之负担；田税江浙最重。人民自谋减轻其税，常隐瞒其家人，据帝所言之比例推算，官书所记之丁数，约占全国人丁百分之二十。1661年，中国统一，人丁一千九百万；1722年，人丁二千五百余万。六十一年之中，增加六百万，当不足信。帝明知报告不实，不加整顿，人民益以多报少。帝于中年巡幸；末年，人丁隐瞒益甚，十人中或一二人纳税。吾人始就百分之二十计算，全国人丁约一万二千万，合老弱计之，当约二万五千万人。

财政　1661年，全国耕地五亿二千万亩；1722年，八亿五千万亩。此《实录》所记之数字；中有山荡、畦地，然不甚多。田地征税，常以上等田为标准；次田、山地皆有折扣，合上等田计算。如芦田二亩或山地十亩，作上熟田一亩纳税，吾乡相沿至今。每人平均约有耕地三亩余，其耕种技术虽与今相同，而农植物之种类及其平均之生产量则不如今，为人民生计难于改善之根本原因，免去钱粮及永不加赋，对于救济贫穷，亦无其效力。1661 年，政府田赋征银二千五百七十万两，米、豆六百万石，盐税二百七十万两；1722 年，田赋二千九百万两，米、麦、豆四百六十万石，盐税四百万两。初以战争及皇帝奢侈用费，不敷支出；三藩乱后，军费、皇室用费裁减，库有余银，帝欲免全国钱粮。户部奏称：每年田亩、盐、关、杂项除照常存留各省应用及解往别省协济外，解京银共一千三百万两；京城俸饷等项年需九百万两有余，每年所积不过一二百万两，其余盖皇室用费。支出以兵饷为最多，存留、协济常为兵饷，帝不讲求新垦地之升科，盐课、关税年约六百万两，未加整顿；田赋解京，拖欠成为常事。其货币制度则银与制钱并行，定例每银一两值钱一千；中叶，易钱八九百文。钱贵由于毁钱作铜，铜价每斤值银一钱四五分，计银一两得铜七斤有余；毁钱一千，得铜八斤十二两。朝臣请铸轻钱：向重一钱四分，改为一钱。帝不之从。鼓铸之钱遂不敷市场之流通，且亏本甚巨。直隶、山东奸民铸私钱，轻而价贱；1706 年政府出银十万两，收买山东私钱，每二千八百折银一两，并缉拿犯人，其害始除。清鉴于前代钞票之病民，迄未发行。

诸子之争立　圣祖在位六十一年，子孙一百五十余人。太子被废，为其家庭之悲剧。太子服御诸物及一切仪制，几与帝相似，养成骄纵之习惯；1708 年受责、发怒，于行围时每夜逼近布城裂缝，向内窃视，使帝昼夜不安。帝谕废之，悲哀仆地，六夕不安于寝，并告诸子：如有谋为太子者，即国之贼，法所不宥。而谋者甚多，第八子尤力，至于议罪。明年，以太子改其前非，诏复其位；后三年，再以罪废，遂不立太子。诸子中，五人阴谋活动，争立甚烈，各有党与。1722 年冬，圣祖病危，始令皇四子胤禛嗣立。诸王言其为皇十四子，而经其党修改，真相今不可知。圣祖巩固中国之统治，勤俭爱民，文治、武功皆有成就，为历史上伟大之皇帝，亦清灿烂时代也。

第五十九篇　清之中世

君权之发达——财政——军队之腐化——武功——土地利用与人口——户口增加——祸乱之酝酿——对外思想——鸦片战争

君权之发达　圣祖死，迄于太平天国之起凡一百二十八年，为清中世，共有四帝：一曰世宗，年号雍正，在位十三年（1723—1735 年）；二曰高宗，年号乾隆，在位六十年（1736—1795 年）；三曰仁宗，年号嘉庆，在位二十五年（1796—1820 年）；四曰宣宗，年号道光，在位三十年（1821—1850 年）。前六七十年，为清盛世；衰弱始于高宗末叶，至子、孙而益甚，乃政治、经济环境变迁而无适当之解决。四帝幼受良好之教育，汉文、清语并重。清制：皇子慎选师傅教之，兼习骑射。《实录》数记师傅不尽责而受处分。诸帝本于家庭教训、生活习惯，无不勤于政事。世宗改变八旗主仆关系，皇帝威权提高。高宗谕称："独断"为其"家法"，自祖父以来，"用人听言大权，从无旁假”。皇帝治理全国，大臣同于司马。皇室用费自圣祖减省以来，子孙遵之。高宗晚年称：宫中嫔御及皇子、皇孙乳媪、使婢，不过二百人。仁宗禁献古董、玩物，宫中支用均照旧例；宣宗亦尚节俭。清管理太监甚严，人数少而不敷使用。王公家太监逾限者，送入皇宫当差，入宫后，不许求退，逃者视为罪犯。婢女出宫，例不准其复入，皆为防患之计。

高宗阅诸臣章奏，治理庶务，自谓：无一事不经心，亦无一字不过目。大臣不得援置私人，子孙奉为典型。实则一人之聪明、知识有限，弊常生于其所防。高宗晚年，和珅专横，为百余年间最恶劣之例：一由于高宗年老善忘，“昨日之事，今日辄忘；早间所行，晚或不省”，和珅传旨，因得舞弊。一由于地方长官奏事，另写副本关会军机处；部、院大臣奏事，亦先告知军机大臣，共同扶饰，而帝为其蒙蔽。和珅广收馈遗，收留进贡物品；后抄家时，发现珍珠手串二百余，较大内多至数倍，大珠较御用冠顶尤大，宝石甚多，家内银两、衣服逾数千万，藏金二万六千两，埋银百余万两，当铺资本十余万，皆地方官朘削之财物，徒苦百姓。其后，大臣思避专擅之名，推诿、因循成为风气。仁宗谕曰：“诸君……苛且塞责者多，直言陈事者少，甚至问一事则推诿于属员，自言，堂官不如司官，司官不如书吏，实不能除弊去害。”大臣皆听命于书吏，由于所受之教育知古而不知今，中国政事决定，须合于成案，书吏熟于故事，长官反听其言，致政治无能也。

皇帝选立太子，大臣不得过问，亦与君权发展有关。清帝初采行中国太子制，圣祖废太子，大臣结党，谋立其所善之人；帝复鉴于明末争立太子之弊，禁其干与。世宗宣布不册立太子，唯预选皇子中可托负宗社者，亲写其名，密封于匣，置于宫中以备不虞，大臣于帝疾危，启匣视，奉之为君。此与立太子无异，特不宣示，免家庭、君臣之间发生猜疑。太子嗣立，不受大臣进言之影响，决定于其才能及其父之宠爱。新君嗣立，对于大臣毫无恩怨，为一改革。高宗年老，将禅位于太子，和珅知之，先送如意。仁宗后杀和珅，目为罪状。仁宗行猎，皇次子平大内贼有功，帝欲立为太子，而以格于故事封为亲王，位与兄弟不同，当将嗣父为君，形式上仍守祖制。

世宗疑忌诸王，防范大臣结党，后设军机处，夺内阁大学士之权。大学士票拟诏旨，为朝政之枢机。圣祖曾令南书房翰林撰旨，而大学士仍与闻政事。及军机处成立，为最高之统治机构，于亲信大臣中选任，自四人至九人赞理机务。初不过传述或缮写皇帝之口谕，非有询问，不得表示意见；即有陈述之机会，仍待皇帝之决定。初无亲王，积久成为习惯；仁宗尝诏亲王入值，俄谓其无先例而罢。清季，政治环境不与前同，亲王转为重要大臣。言官之设，原为防范大臣之专权；明代，言官各立门户，攻诋异己之人，而徒败坏国事。清帝视听言、用人，非言官所得干与。高宗常以意推度言官心理，与大臣师生、同年、同乡之关系及其言事之动机；言空泛者，令其回奏，或予以处分。御史杭世骏奏满人才贤仅及汉人什之三四，全国巡抚尚满、汉参半，总督则无汉人；三江、两浙，天下人才渊薮，竟十年不迁。帝称：汉大学士三缺，江南居其一，浙有其二；尚书六缺，江南居其三；江浙人之任侍郎者，无部无之。二人所言，各为一事，御史竟至革职。言官检发地方官贪污，而官官相护，反先受祸，乃有所戒，对于侵亏、败检大案皆委蛇缄默。帝责其于政治全无裨益，而养成此风之环境，未有变更。和珅令各部长官将年老、平庸之司员保送御史，俾其不言。仁宗同于其父，严治御史妄言之罪。宣宗时，御史较为活动，然无建设性之意见，对于国计民生，仍无裨益。

世宗严惩贪吏，以其免官后，将拥厚资以遗子孙，责令赔偿，公帑解京遂不复有短少。清代官吏俸给殊为菲薄，又无办公费，官乃额外索取，各省长官题奏事件俱有部费，甚至盈千累万；世宗设会考府，稽查各部弊端，下诏禁之。地方官浮收于民，名曰火耗。圣祖初以州县官用度不敷，听之；长官或将其挪用。世宗主张与其存火耗以养上司，何如上司拨火耗以养州县，予以承认，不许上司提解，改其名曰养廉，较俸多至数十倍。一品官年俸银一百八十两，米一百八十斛；二品官一百五十五银，米斛相同。总督为一二品官，养廉自一万余至三万两。知县七品官，年俸四十五两，米斛如之；养廉自六百至二千两，不许复取于民。高宗征求臣下意见，决定正赋与火耗载明于粮单，地方官各有养廉，于是从古无稽考之赡官、办差之积弊告一结束。

不幸地方官后复多取于民。

高宗教育子孙，使其思想与之相同。帝为英明之主，认清现实；子孙则以固定思想解释一切，强不可能之事与之配合，常为害于国家。清帝以清语、骑射为根本，迭谕满人勤加学习。其人为统治阶级，居于汉人社会，于不知不觉之中改变其旧俗。朝廷所重仅为皮毛，而精神已同化于汉人。清帝迭言满人学汉文无用，而皆善于诗文，或刊印其集。汉人讥清先祖或议论时事，往往严行治罪，文字之狱尤以高宗时为多。其道德标准及治国思想，本于汉人，禁八旗妇女衣装同于汉人、姓名改用汉文字义，殊无重要。朝廷重用满人，其中才能之士不多，更无为国、为民之心，居高官无不贪贿，家人更多方勒索；地方官受其剥削，其财或勒索之于属吏，或取之于民，或盗用库款，上下隐瞒。帝发觉其一二大案，虽严治之，而吏治仍无改善，由于不清其本，造成贪污之环境依然存在；晚年，有不为已甚之说，大臣广收贿赂。仁宗、宣宗迄不能革除积弊。

财政　财政自世宗整顿后，收入增加，府库积有余款；其晚年，用兵耗费甚巨，犹存银三千余万两。高宗继续经营苗疆，户部奏称：每岁各省解部银多则七八百万两，少则四五百万两，京中各项用费合计一千一二百万，入不敷出，由于增兵、饷多。帝尚节俭，裁减兵士，府库年有所余，六七年后，增达五千万两；用兵经费出自于库，凡普免钱粮五次、漕粮三次、积欠二次，为前古所未有。钱粮指地丁二税。圣祖下诏：永不加赋。世宗将赋并入地税征收，不利于有田地之富户。耕种为生产事业，置田为安全之投资，政府多取于富户，原不为虐待，特不能使之不转嫁于佃户。1766年，全国钱粮二千九百九十余万两，漕米运京四百万石，自江、浙由运河北运。十九世纪初叶，河身高而水浅，运米一石用银十八或二十两，仓米出售每石一两。宣宗始办海运。积欠指年久未清之钱粮，多由官吏、绅士侵蚀，而诿为民欠。全国岁入四千万两，钱粮约占百分之七十五，关税、盐课占百分之二十五。高宗末年，内乱起而军费增，宗禄及修黄河费皆增加。仁宗时，财政困难，增加盐价，年多四百万两。鸦片战后，库银亏短九百余万两，宣宗裁减工程经费；后五年，诏整顿钱、漕、盐税，并欲开矿，其前则禁开矿。货币方面，银与制钱并行。初，银一两易钱不足千文。十九世纪中叶，自一千六百文至二千六百文。钱重不及先时，为一原因，时人归咎于鸦片之进口。中国初输入之外货不多，外商贩买丝、茶，常运银入境；及鸦片输入大增，输出货价不足维持平衡，银乃输出，流通额因而减少。银以两计，各大城重量不同；墨西哥银元较为便利，流通之区域不限于广州。

军队之腐化　军队腐化，尤为严重之问题。清帝视长于骑射之八旗为世仆，为维持统治中国之武力。其时，枪炮之威力远过于弓箭，而保守性强之诸帝不改变其观念，旗人用枪行猎者，至命其练习骑射。移居中国之旗人生活环境全与关外不同，居于显位之贵族首先腐化。高宗斥其颓废自安、文既不文、武亦不武，侍卫随从行围，率多怯懦。帝曾警告满洲大臣：嗣后如不留心骑射，必以家法治之。其先，不能骑射者革职、罚俸，家法则置之于死。环境势力强大，过于畏惧一时之处分，仍少练习。1774 年谕曰："国家升平日久，率多求安，将紧要技艺全行废弃不习，因循懦弱，竟与汉人无异，朕痛恨之。满洲臣仆俱世受国家豢养之恩，……竟成废物，甚属不堪。如朕已逾六旬，仍每岁行围木兰，特欲令满洲臣仆服习劳苦、熟谙技艺之意；若不如此，则满洲各大臣、侍卫官员、兵丁等必致俱不能骑射矣。"其增强满人战斗力之办法有三：一、行围。后欲扩大范围，令驻防旗兵入京参加，然以路远、费巨，实行困难，又选练火器营、健锐营，人数初仅数千，后增至万人，技熟而作战勇敢。二、政府津贴旗丁，力谋改善其生活。东北广大之地专保留为其屯种、行猎，而居于北京之旗人，生活困难，亦不愿往。三、严行军之律。兵士出征逃亡者，捕获即行正法，统将无能者即行治罪，甚者，身死籍产、诸子治罪，然不能改变客观之环境，功效极微。据《实录》所记，八旗初恣口腹之欲、衣服之观，得钱浪费即尽，复受高利债之剥削，而生活困苦；继则入茶馆、戏院，官员或便服前往，挟嫌生事，或自唱曲挟妓；后则吸食鸦片。行围原为练武，十九世纪初叶，热河围场中之大树为人盗伐，并猎杀野兽，致鹿少而仁宗不能行围；盛京、吉林围场亦然。故事：每兵交鹿一只、鹿尾二个；后，鹿买于人民，是兵射击不及猎人准确。1819 年，《实录》称：行围雇觅猎人数百，由官发给印票，许其随同前往，打鹿卖于兵士，行围乃为虚名。宗人更为恶劣，或成群索诈、滋扰，或为人争讼求财。朝廷以其生计艰苦，造屋、给田，迁其闲散者于盛京。宗人不惯关外生活，有以迁而自杀者。

绿营六十余万，不足当数万之用。1770 年，高宗谕曰："近年各省绿旗营伍废弛，罔知悛改。如云南绿营兵丁恇怯性成，遇敌辄退，从前调往军前，每致贻误，深堪痛恨！又据近日自滇回京之侍卫等奏称，闽省赴滇水师兵丁，选懦无能，甚至一闻炮声，即行股栗。"其无用之原因有三：一、操练成为虚名。将校养尊处优，过午方出，兵士黎明齐集守候，竟日不过较射三回，演枪一两遍。二、待遇太苦。兵丁月饷原已菲薄，复有摊扣、差使、盘费等项，于是养赡无资，衣服褴褛，几同乞丐，迫而在外兼习手艺。三、将校之剥削。武官任意役使，兵士、工匠、轿夫、吹手皆充兵数；武官原禁坐轿，直隶提督竟有轿夫十八名。缺额之饷皆入于官。后，河南挑补兵丁，乡勇皆不愿入伍，"即兵丁子弟遇有父兄缺出，亦不肯即行充补"。高宗初信旗兵勇敢，擢用其将校为绿营武官，而贪婪腐化更甚。军队使用武器同于十七世纪制造，尚不及其精巧。1836 年，政府增强广州海口之炮台，新铸大炮五十九尊，试用炸裂十尊。杭州兵所用之枪，系七十年前之物，可用者十之三；练习之机会甚少。刀、矛、藤牌皆为古物，犹用为武器。

八旗、绿营之战斗力相去不远，尤以驻防者为然。高宗初以旗兵能战，遇有战争，辄远调之作战，一兵费用多于绿营数倍，亦无功绩。川边用兵，统将令绿营及土司兵在前，旗兵居后；荆州、成都满兵尤为恶劣。后，台湾叛乱，帝调兵出征，令满兵在前，其调自福州、广州、杭州、乍浦者，毫不奋勉；帝称其"不过随众行走，深可痛恨"。伊犁驻防旗兵一万四千，后，新疆南路乱起，反自内地调兵远征；其庸弱、怯劣同于他地之驻防兵。京中严格操演之旗兵则较能战，然数无几，后亦腐化。朝廷不许汉人移居东北，深虑满人受其影响，改变其原始社会之状态；常以奉天旗人不及吉林，吉林旗人不及黑龙江，遇有叛乱，常调吉林、黑龙江兵以为劲旅、一可敌百，实则全为幻想。

武功 清代中叶，领土广大。其开拓一为圣祖之功，一为高宗之力。初青海酋长内附，治理与内地不同，1723年强酋叛乱。明年，清军深入袭击叛酋之帐；其众先无准备，仓皇溃散。朝廷设青海办事大臣，禁喇嘛收藏兵器。其时，准噶尔复叛，王名噶尔丹策零；1731年清军攻之，不用大炮，而用战车，大败而退。策零有统治外蒙古、青海之意，东进为蒙古王所败；明年，东进又败。蒙古兵阻其归路，准部三万余人，死伤惨重，委弃辎重而逃。西路清将不敢出击，故得逸去。喀尔喀因拓地于西北境，达乌梁海、科布多。清军驻防新疆东部，运粮之驼、马牲畜十数万置于路旁，供敌掠取，不能资粮于敌，军费用至六千万两，迄未能攻入敌境。世宗乃撤兵，与之议和。

高宗操练旗兵，府库积银五六千万两，颇有利用机会扩展领土之雄心，用兵皆自决定；晚年，自撰《十全记》，称其平准噶尔二功，定回部一功，扫金川二功，靖台湾一功，降缅甸、安南各一功，降廓尔喀二功；平定内地叛乱，犹不与焉。此其自矜之辞。初，1750年，准噶尔内乱，部众离散，帝谋出兵二万、买马十六万匹讨之，会其贵人阿睦尔撤纳率部来降。1755年，清军西征，所至皆降，信如高宗语曰：“定议不过二人，筹事不过一年，兵行不过五月，无亡矢、遗镞之费，大勋以集。”斯役也，阿睦尔撤纳有功，清将疑忌、防之，朝廷召之，有诛杀之意，而事为其所知。冬，阿睦尔撤纳叛，西据伊犁；俄败，逃亡。天山南部旧属准噶尔，其酋留于伊犁，清纵之归，叛而独立；大军进讨，曾以四百人战敌万余，胜利由于炮火之力，回众亦非准部之比。1759年，西域大定，其邻诸部落皆服，中国势力伸入中亚。帝称用兵不过五年，费不及三千万两。

金川在四川西边，地不逾五百里，人不满三万，分大、小金川，各有酋长。1747年，大金川侵夺其邻土地，兵不满万。朝廷集六万兵讨之，运米一石，须银十八两，川省疲惫，久而无功。帝诛杀重臣，估计用银几二千万两，甚以为悔。名将亲入其寨招降，战事始已。1771年，小金川侵地，朝廷出兵讨伐，大金川助敌，战争五年，劳十万之众，用费七千万两，由于跬步皆险，番兵效命死守。其先，政府谋分散其力，加恩来降之头臣，小金川先平，后大金川酋跪奉印信及家人、大头人、喇嘛等二千余人出降。台湾自为中国领土，政府禁民私渡，而闽、粤人迫于生计，闻其一年三熟，仍偷渡台，兵士得费即不执行禁令。闽、粤人不和，常相械斗；秘密会社煽动其势，或利用之起兵。戍兵多卖放私回，以致当差之兵在外营生，开赌、窝娼、贩卖私盐，镇将令其每月缴钱，经年并不操演，故鲜三十年无事。1787 年，大规模之乱起，官军六万进讨，明年，平之；有功之义勇，尚未计入。

十八世纪中叶，缅甸强盛，伸张势力于中国，边境之土司击败守兵。清军南征，土司乞降，地入版图。俄，缅军反攻，清军败退、守险。1767 年，高宗调军进攻；缅军撤退，烧毁村庄，破坏庐舍，人皆远遁，兵伏于密林，据守木寨，用枪炮射击，绿营逃窜。朝廷调旗兵增援，运米困难，瘴气盛而死亡多。帝欲缅甸请和，而缅使不至；1768 年，大军三万余人进攻，瘴疠甚而病者大半，缅兵固守木寨。帝密谕曰：我兵恐不能支，自应寻一屯驻处所，或遣人往谕缅甸投诚，或以已获大捷、奉旨撤兵之言，宣示于众，即可筹划旋师。会缅王遣使请和，中国退兵、用银九百八十万两。缅王降后，得知中国窘状，顿食言不贡，高宗无如之何。1788 年，缅甸始遣使入贡。安南久为属国，王因内乱逃入中国；1788 年清军赴援，王得复位。明年，叛将阮惠击败清军，遣使请降，送还俘虏，朝廷以其地水土恶劣，且多瘴疠，册封之为王。廓尔喀今称尼泊尔，为西藏邻国，初以欠债发生战事，清驻藏大臣为之调解；和成不久，尼泊尔兵侵入后藏，喇嘛占卜惑众，致兵溃散。明年，清军援至，击败尼泊尔兵，许其王和；王遣使朝贡。

就上所叙事实而论，十全武功，中有可耻之失败。台湾为中国土地，叛乱为治理不善所致。缅甸、安南用兵失败。尼泊尔为一小国，讨伐亦无大功。金川为境内之土司，出大代价克之。经营西域，亦不足言武功，拓地则颇广大。高宗欲利用之，解决内地之过剩人口，谕称：拓地万有余里，“以新辟之土疆，佐中原之耕凿，而又化凶顽之败类，为务本之良民”。政府募民西往，予以经济协助，解送大批牲畜于伊犁，徙绿营兵屯田，犯人携眷往乌鲁木齐者，给与口粮、车辆，逃者正法。甘肃回民应招较多，汉人甚少，由于交通困难，而官经营不善。肃州复设官稽民出入。后，宣宗令官勘荒地，引水溉田，欲徙内地贫民往耕，而地方官用以安插回人移民于伊犁河流域及回疆，乃一失败。地方官不求自给，驻兵由内省负担一部分费用，复以治理不善，叛乱起而用兵，费仍出于内省。朝廷出兵援藏，功成，提高驻藏大臣之权。藏人深信人死转世，达赖、班禅死后由巫师作法，指明其转世所在。巫师受嘱，任意指其姻亲传袭。高宗赐以金瓶，藏于大寺，遇有死者，令书生者月、日，贮于瓶内，由达赖等会同驻藏大臣当众拈定。蒙古各旗供奉之活佛，常以争位赴藏，帝设金瓶于北京雍和宫，签决转世之活佛，免贵族争位，且便于管治也。

土地利用与人口　朝廷经营苗疆，增加切实统治之区域。苗人居于西南诸省，风俗、习惯不与汉人相同，世袭之土司常起为乱。世宗为一劳永逸之计，推行改土归流之政策，用兵讨其不从命者。高宗继续经营，土司为其生存之利害及官吏之不善，时起叛变。1741 年，帝称：十数年来，贵州、广西、湖南三省一事甫定，一事又起，较未经理前更坏。此为一时之失望；大体上，政府势力逐渐巩固，州县增加。贵州东南部为苗人旧疆，从未习见兵威，时人称为“边疆”，屯军驻守，建立六州。屯兵传入小麦、高粱、小米、黄豆、芝麻，劝苗人种植；又开山坡荒地，栽茶、桐、蜡、桕等树。湖北西南部、湖南西部，与四川东南部及贵州接壤，皆苗人所住之地，次第设为州县。两湖苗疆树木丛多，官招商伐木，便民耕种，人民前往垦荒者接踵而至，户口多而田土日辟。贫民前往贵州垦地。石柱土司地在川东，连接湖北，幅员千余里；1761 年改设流官。云南东北广大之区旧属四川，亦为苗疆，《实录》称：昭通为新辟之地，其先，仍归土司治理。云南巡抚奏言：“滇省二十三府或邻外域，或接夷疆，即腹里地方，亦大率夷多汉少。”然较明代，已多开辟。世宗改其丽江府为流官，免民丁粮；其北中甸，亦设官治之。云南东南部于清初设官，以盐易苗人柴炭、蔬菜等物。广西土司环绕，两广总督奏曰：

州邑类皆傜、僮杂居，种类繁多，生苗尤为凶悍。其东南一州，新垦八千余亩，其余州县耕地皆有增加；广东雷州半岛土人居之。四川荒地尽已开辟，重庆属县开垦荒山。金川平定，丈出荒地十一万余亩，贫民往种；多垦地一万八千余亩。其地在万山之中，土壤硗瘠，后以屯丁作战有功，以地给之，免其税粮。贫民求生，愿受任何痛苦；地方官之贤者亦谋改善人民生计。川东农民仅知种稻，岁收一次，总督令民接种麦、豆，开垦成都等处土山；劝民于西南荒山种茶，渐次繁衍，则其一例。

长江流域开辟，但有封禁山地。自陕西秦岭至湖北西北部谓之南山老林；由陕西西南，南至川东，迄湖北西部谓之巴山老林，皆山绵亘数千里。老林之中，地方辽阔，宜种苞谷、豆、荞麦，明设官封禁；清代，民数百万移居，谓之“棚民”。仁宗以教匪曾据其地，诏仿明制封禁南山人迹罕到之地。实则老林多已砍伐，地给流民开垦。浙江、江西、福建毗连之山地为历代封禁地；及清中叶，范围不过百里。浙江岛屿封禁，贫民冒禁垦种。黄河流域地皆耕种；但以缺乏肥料及水利废而民苦，前不能种植之高原或雨量较少之地，以番薯传入而亦耕种。1785 年，高宗以河南、山东旱灾，令自闽驿寄其种。番薯今称山芋，自美洲传入旧大陆，福建之种盖来自菲律宾岛。帝与其臣言之，知山东、河南州县已有栽植者；其性耐旱，令官劝民种于直隶，著有成效。其明年，有请于江浙种之者。耕地增加有限，仍不能解决过剩人口之食物。

户口增加 有司视报告为具文；1775 年，高宗称其“竟有不及实数十之二三者”。《实录》称：先一年，大小民二万二千余万，经谕告后，增加四千余万；“不及实数十之二三”盖不能适用于全国。《实录》所记民数，通常年有增加，亦有视前一二年反少四千余万者，自难视为可信之报告。1850 年，全国人口至四万一千余万，学者洪亮吉本于观察，于十八世纪末言：户视三十年前增至五倍，六十年前增十倍，百年、百数十年增二十倍；一家人丁传至七世，不下五六十倍。吾人虽不同意其倍数，和平二百年，人口增至四万万则无可疑。人民以耕种为业，得田则生，田价因而大增。十八世纪中叶，各省长官论谷贵为生齿日繁所至。田亩初值银数两，今值十数两。山角、溪旁遍垦，种植所补殊微，数十年后，耕地当益不足。

高宗免民钱粮，未能增加职业与生产，贫民所受之惠有限，或出而开垦荒岛。海南岛久入版图，迄未积极经营。闽人、粤人冒禁前往台湾；闽、浙小岛贫民偷往开垦，更有潜往南洋群岛者。长江流域湖泊较多，江苏、浙江之淤滩皆成民田；洞庭湖荒滩，圣祖许民筑围垦田，数十年后，筑堤数十处，占地二百余里，人民与水争利固不限于一湖。开矿增加工作，贫民趋之。云南多矿，其总督奏称：聚集砂丁人等不下数十万，每省流寓之人闻风来至，官吏常视为问题，奏称禁止。山东无居民小岛六十一处，其长山岛三十三处，于十八世纪末有三千二百户、二万三千人；高宗不准民再添建房屋。直隶旧有不少之旗地，旗人私典卖于民，政府赎之；贫民仍有私垦者。山东、直隶、河南贫民视奉天、吉林为乐园，陆行者领票、出钱，山海关放行；海船北往，更为便利。1739年，兵部侍郎舒赫德请禁船载民至奉天。高宗历久考虑，而谕："与其徒令伊等（民）占种，孰若令旗人耕种乎！即旗人不行耕种，将地亩空闲，以备操兵、围猎，亦无不可。"遂禁民携眷出关；船不准载多人，久居奉天者，准其入籍；不入籍者，限十年南归。黑龙江将军更禁汉商与旗民通婚；买屋种地，限三年归其原籍。朝廷俄许近关三百里内出关种地之民给票前往。禁令行之五年，出关人尚有四万七千人；奉天尹革职，仍无改善。后帝以流于奉天，一旦驱逐，必致失所，设州县治之；复以吉林流寓渐多，改变满洲旧俗，诏永远禁民入境，亦为具文。帝留心民事，晚年颇认识问题之严重，改变政策。1792年，北方大旱，帝晓谕灾民：关东及内蒙古丰收，可往佣工觅食；携眷同行者，各关口放行。秋间，民由山海关行，官请查验，帝诏：前不许拦阻贫民出关，盛京地广、土肥，何必查验阻止！所奏断不可行。一年中，贫民往盛京、吉林及蒙古就食，不下数十万人。1801年，北方又灾，仁宗宁愿赈济，不欲贫民出关，仍有携眷行者。关外工价昂贵，佣工、营商易有积储。旗人怠于耕作，出租土地。仁宗禁民私垦、典买旗地；后二年，复禁民携眷出关。黑龙江不准汉人携眷居住，仍有典买旗地、私垦黑龙江荒地者；及官发现，而户已多。仁宗许其居住，惟处分失察之官。

直隶、山西、陕西与内蒙古接壤，贫民往垦热河及张家口荒地。高宗尝称：山东人民襁负相属而往口外。蒙古人不善营生，王公租地汉人，征收其租；或典卖牧地，或招汉民开垦。热河为帝行猎之所，数十年来，户口逾十万，农耕蕃殖，帝改设府、州，并立学校；其南部之开辟，盖始于十八世纪中叶。山西西北长城外牧场余地，募民垦耕。其西北大青山一带，民租蒙古地，应纳租六千石，可见其区域之广大。外蒙古亦有汉人栖止，仁宗不准其另垦地亩，如有再来，民及盟长皆治罪。奉天西部开原一带及吉林之长春，旧皆蒙古地，开原西荒地奉旨准民垦种；四岁中，汉民增至数万。长春旧不准多垦一亩、增居一户；但数年后，又增七千余汉人。仁宗恐其失所，准其居住，听蒙古贵族征收地租；宣宗始严禁之。清帝治理中国，防患之心重于谋求人民幸福；汉人，旗人不得通婚，藉维持统治阶级之地位。汉人与蒙古人结婚，高宗初诏即行离异，照例治罪；继谓两家情愿，与因债逼勒、谋娶者不同，不必离异。此为一事而发，思想显有变更。后，刑部请公布汉人不得婚娶蒙古妇女之法，帝称：出口贸易、种地者多，势难禁止，可删嫁娶禁令，无庸形之章牍。帝认识其为汉、蒙共主，亦承认其平等地位。后，汉人于外蒙古垦地，仁宗谕称其娶蒙古女为妻者，死后妻子给盟长为奴，则有歧视之意。湖南汉人不准与苗人通婚，由来已久。西藏驻兵与藏妇所生之子，在营食粮者十居二三。宣宗防其渐成藏人，不能得力，诏逐渐改革换防、慎挑，皆其明例。

祸乱之酝酿　汉人早婚习惯、无后为大不孝之伦理思想，若无变更，则人口问题终不能解决。贫民远往、经营生产事业，仍未减轻生活之压力。同时，中国本部生产食物之区域，反而减少，其故有三：一、坟墓、庐舍。由于风水之说盛行，皇帝陵墓风水地数十里，富人造墓园十、百亩不等；生者庐舍所占田土亦倍多于前。二、鸦片之种植。其种子传入甚早，十八世纪，吸食之方法进步，消耗量增加。内地生产鸦片，1832 年，御史奏称：“云南、贵州、四川等省罂粟遍地。”安徽、浙江、甘肃、新疆亦有种植。贫民以其所得之经济酬报高于其他农植物，食物产量减少；后，地方官查禁，种植始减。三、严禁私垦禁地。仁宗不愿农民失所，出关垦荒者准其耕种。宣宗严行禁令：浙江小岛禁山，每冬烧荒，无数尺之树；割荒草者，近人枷责，远人递籍。岛中土地时已开垦，而封山犹严封禁，乃欲贫民勿往。浙江、江苏、安徽棚民开山种植日多，帝诏禁之；湖南种山之傜人，解送回籍，贵州、云南亦不许客民种山。其往东北及内蒙古私垦者，尽行驱逐。蒙古王公招往之汉人，亦不得免。汉商在库伦，旧有驱逐之例；至是，官毁其房屋，为限制汉人经济活动之结果。其先，高宗诏称：户口滋生较其祖倍蓰，"是当时一人衣食之需，今供一二十人之用，欲使家给人足、比户丰盈，其势断有不能！"

生之者寡，食之者众，为贫穷之主因。贫民视禁令为具文，溺死其所生女婴，更有鬻妻者。朝臣视为盛行之恶风，非谕旨不能禁止，故上奏为请。禁令实不敌经济势力，生活压力亦未减轻，遇灾至倒毙。饥民沿途暴露，无以为生之男子或自宫求事贵人。高宗尝问太监王成，知其年十三而官报十六，父母因贫苦为之净身，胥吏需索不遂，收监其父，复增其年龄以入其罪。故事：私自宫者，罪拟斩候，帝以其因贫所致，删去问罪之例。此皆驯良、懦弱之民，强者加入会党，居近海岸者或为海盗。清代，会党、邪教之禁极严；高宗中叶以后，《实录》所记邪教，名目繁多，朝廷苟有所闻，辄视为大案，必严治失察之官吏。而秘密会社反有增加，由于造成其发达之客观条件增强，善如仁宗曰："只图目前之小利，所谓穷斯滥矣！舍生就死而不恤也。百姓困穷，为致变之源。"十八世纪末叶，地方官拿白莲教徒，讹诈平民。其领袖因民怨而起兵，以巴山老林为根据地。官兵进剿，贼"向无兵处滋扰，以致有贼之地无兵，有兵之地无贼；并有贼过而兵犹未来，有兵到而贼已先去者，东剿西窜，南击北驰"。此官报告平贼困难之辞；另一方面，统治阶级及官军之腐败，皆暴露无遗，历七八年乱平，军费八千万两，其潜伏势力犹大。1813年，仁宗出京行围，天理教徒突入禁城，宦官七人与之通谋，或引路，或接应，宫门闭而贼逾墙将入，皇次子开枪，连击二人，大臣击杀一人，余众退而援兵至，京城乱平。教徒举兵于直隶、河南、山东者，不久皆平。其未成为大患，以其谋为地方官所知，捕其领袖；其徒恐事泄而先期举兵，准备不足也。《实录》所记之叛乱尚多，宣宗时益甚，终成大祸。其在沿海，海盗于十九世纪初叶势力强盛。仁宗谓“有海防而无海战”；以为办保甲，断其淡水、米粮、火药、桅篷之接济即能制之。海盗扰及外船，为其所攻，惧而避之。1809年，中葡兵船合击海盗，英东印度公司供给其军火，海盗归降八千余人，缴船一百三十余只、炮一千二百余位；明年，一股投降大小船二百七十余只。一千余炮，众一万六千，尚有他股降者。仁宗以为海盗尽平，不免过于乐观，且不知其归降之故，以为海防功效所致。时人对于外国兵船，亦以为断其水、米，即足制其死命。

对外思想　十九世纪，国际关系受实用科学之发达及交通便利之影响而益密切。中国对外之知识则益落后。清初，教士传入新知识；世宗禁其传教。高宗对于捕获之教士，初遣之回国；继令其瘐死狱中；后则杀之。子孙益严教禁。外船来华贩运货物，中国初开放之商港较多，后则限于广州，管理益严。统治阶级重农轻商，迂阔不知经济原理。高宗谕英王曰：“天朝物产丰盈，无所不有，原不藉外夷货物以通有无，特因天朝所产茶叶、磁器、丝斤为西洋各国及尔国必需之物，是以加恩体恤，在澳开设洋行，俾得日用有资，并沾余润。”十九世纪中叶，广州行商闭歇，拖欠英商债款。英商呈控，且称：每年纳税六七十万两；拖欠，外船将不入口。宣宗据报，谕称：天朝视之无关毫末。其父仁宗曾言中英地位曰：“天朝臣服中外，夷夏咸宾，蕞尔夷邦，何得与中国并论。”英愿派兵船剿捕海盗，则斥为意存轻视，而又不增强海军。谕旨皆为传统思想之表现，用以应付国际问题，乃成严重之局势。1834年，英东印度公司取消，英王委任律劳卑为商务监督来粤，欲与华官立于平等地位、公函往来；但与故事不合，致成争执。英兵船驶入黄埔江，交涉更为恶化。律劳卑及兵船退出，商业恢复事前状态，而问题固未解决。

鸦片战争　鸦片之禁，更促成中英战争。吸烟者成瘾，不吸便如大病遽发，唯求过瘾，堕落成为无赖，破坏道德与治安。鸦片产自内地者，奉诏严禁，而英商自印度贩运来华者，一年曾达三万箱，一箱通常重为一石。输出货价不足以抵付烟费，致银出洋，成为经济问题。1839年，钦差大臣林则徐至粤，办理对外禁烟事宜。中英时无正常之交涉机构，林氏采用封舱之旧法，扩大其范围，撤退商馆工人，断其交通与接济，强英商缴交鸦片。事实上，封锁商馆，未尽有效。英商务监督义律代表其政府缴交鸦片二万余箱，林则徐欲其具结声明：来船嗣后永不带烟，如有发见，人即正法，货即充公。义律初无定见，后称若必取结，人、船只得回国；越权下令英商离粤，并求美商一同退出。美商所贩印度之鸦片，先应义律之请，由其交与中国。义律欲英、美合作，对付中国，美商拒绝离粤，义律言将使其不能留居。中国销毁鸦片，捕拿烟犯，贩卖者斩，地方官设立戒烟所禁烟。进行若能不受打击，害必减轻。

英商退出广州，船只集中于香港，醉酒之水手棍杀华人。林则徐必欲义律交出凶手，采取严峻之步骤，澳门葡官奉命驱逐留居之英人，华民禁卖英人食物。义律以武力强购，复于涉英船具结贸易，发生战争。粤兵败而官皆奏称胜利，宣宗态度强硬。林则徐初称英强可制，若至岸上，更无能为；后知其强而已无可奈何。义律报告至伦敦，英政府决定用兵，以达如其要求之和议；1840 年夏，海陆军来华，封锁广州，北陷浙江东舟山群岛，传送政府照会，不得，舰队驶入渤海。总督琦善知英船炮利，曲解照会为诉冤，以为朝廷秉公办理，即可无事，约定在粤和议。后，交涉以割让香港争执而绝裂，英舰攻陷虎门外炮台，琦善迫而割地。和议成，广州商业恢复，英撤舟山群岛之兵。宣宗俄知割让香港，令镇拿琦善；调兵入粤。战争起而虎门失守，英舰驶入黄埔江。粤官兵败请和，及援兵至而复战又败。英军将攻广州，得赎城六百万两，退出虎门。

和约报至英国，内阁以义律不遵训令，免职；命朴鼎查代之，用兵另订新约。八月，朴鼎查来华，英海军北驶，攻陷福建厦门，再陷舟山群岛；俄攻其西大陆，所至大城皆陷。朝廷增兵赴援，1842 年，反攻失败。夏，英船驶入长江，攻陷吴淞炮台，不战而下上海，更西攻镇江，断运河交通，复上驶南京。英军所至皆胜，固由于中国军队之腐化，而英炮摧残力之强大，亦一决定因素。林则徐书告其友：英大炮远及十里内外，放炮如内地之放排枪，连声不断；官军放一炮后，须辗转移时再放一炮。若不求技良且熟，即调百万之兵，只供临敌之一哄；“盖内地将弁兵丁虽不乏久历戎行之人，而皆觌面接仗，似此之相距十里、八里，彼此不见而接仗者，未之前闻”。战不能胜，持久徒耗财力、牺牲人民；盗贼有乘机举兵者。宣宗决定和议，八月中英成立《南京条约》。

《南京条约》为中国近代战败后之第一条约。和议大臣对于英国提出之条款，少有修改，唯欲约成，英船早去南京。《条约》之重要，为改变中外关系之开始，两国文书用平等款式，领事驻于开放商埠，曰广州、厦门、福州、宁波、上海，商人贸易之机会增多，不复有行商之限制，并得携眷居住。其重要条款，尚有割让香港，赔偿军费、烟费、商欠二千一百万两。其先，广州所出六百万两，则未计入。1843 年，中英签订《通商条约》于虎门，中国准许他国商人一体贸易。1844 年，美使来粤，议成《中美商约》于望厦；法使来华，订约于黄埔江中之法舰。后，复有二国订约。《望厦条约》为后订商约之模范，最为重要。商约载有“最惠国条款”，各国所得利益相同，不尽属于商业范围，又不给与中国最惠国待遇，乃为损失。其他丧失主权之条约凡四：一、领事裁判权；二、税率、船钞协定，不得自行增减；三、外船享有沿海贸易权；四、兵船巡行权。《望厦条约》载明十二年修约，朝廷视南京条约为“万年和约”，欲解决所有问题；而实不过交涉之起始。条约成，而官书并未将其公布，时人除主持官外，多不之知。

鸦片战争失败，中国对外思想迄未改变；留心外事者只有数人，其所著之书常不免于误会。中国对外，时无正确知识，士大夫多极端保守之人，势力强大，足以增加外交上之困难。朝廷让步，由于恐惧，启衅多为一时之计。耆英应法使之请，上奏免拿天主教徒，及发还其旧屋，朝廷许之，而条例则无弛禁之文。英人于福州租屋，不得，住于寺中；而朝旨数谕地方长官劝其迁出，并严究其是否媚外。解决问题，当为难事。广州阻止英人入城，亦由于此。英国初以官吏无如之何，及知朝廷奖励粤官、绅士，警告清廷，称其容忍乃其力强而主慎重，英军之力足以毁灭广州全城，而予粤人最严厉之惩戒。措辞强硬之至，公文传至北京，宣宗已死，亦未发生影响。

第六十篇　清之学艺

清初儒学——戴震——康有为——宗教——纂书之盛——毁书——史学——科学——文学——戏曲——美术——工艺品

清初儒学　清代哲学思想不甚发达，与其称为哲学，无宁谓之经学。明王守仁学风靡一世，其末年士大夫不读书而益放纵。清初，笃守宋学之张烈言其弊曰：高者脱略职业，歌睡名庵；卑者日沉迷于酒色名利；案有楞严、南华者为名士，挟妓呼卢、裸而夜饮者为高致；抗官犯上、群噪而不逊者为气节；矫诈嗜杀、侥幸苟利者为真经济；谨纲常、重廉隅者为宋头巾。举天下庠序之士，如沸如狂，入则诟于家，出则哗于朝。闯、献之形日积于学士大夫之心术，而天下不可为。此以明亡责任归于王学，当非公允之论；然可见学者恶之之甚。其学问乃对于王学之反动。可别为三：一派本出于王学，后研究朱熹之学，破除门户之见，兼职二家。黄宗羲（1610—1695年）为其著名之学者，父为宦官所杀，宗羲入京杀仇归家，肆力于学，后于浙江抗拒清兵，知大势去而复归，平日博览群书，精通史籍，享高年而著作丰富，历史方面尤多。

一派主张黜王学而存宋学，顾炎武（1613—1682年）为其大师。炎武在明讲求经世济人之学，明亡，益刻励为学，周游国中，所至考其山川、风俗、古今治乱之迹，自金石、碑碣至社会科学，无所不通；出时，后车满载参考书，见闻广而有心得，卓然自成一家。炎武攻击王守仁，称其罪同于晋之王衍、宋之王安石：一清谈亡国，一变法亡国。全为主观好恶之言论而无事实之根据，哲理方面未有建设，为学则博瞻而能贯通，每一事详其始末，参以证佐，而后笔之于书，凡前人言之者则删削，保留者为其新发现，其所著《日知录》则其明例。其学专为致用，凡文之不关于六经之指、当世之务者，一切不为，皆矫正明人之弊，使学问与社会之关系增强。

一派注重实行，以颜元（1635—1704年）为大师。元刻苦勤勉，始宗王学，继崇宋学，后以宋、明之学俱非周公、孔子之道，提倡实学，欲使家给人足、永享治安之泽。尝曰：宋、元来，儒者却习妇女态，甚可羞，无事袖手谈心性，临危一死报君王，即为上品。又力攻击训诂、注疏。其为学也，一、求真理。元曰：立言但论是非，不论异同。是，则一二人之见不可易也非，则虽千万人所同不随声也；岂惟千万人，虽百千年同迷之局，我辈亦当以先觉觉后，竟不必附和雷同也。二、济世。学为致用，扩充即为救世，有生存一日当为生民办事一日之主张。其教弟子也，行孝悌，存忠信，习礼，习乐，习射，习御，习书数，究兵、农、水、火诸学，而以六艺为本。此全针对儒生空疏、无用之痼疾，科目多而甚为劳苦，与实际社会相去太远，传不久而学中绝。

戴震 博览群书为考证学之基础。清初，学者一怀疑古文《尚书》，一认《易·图》出于道士，与《易》义无关；但犹杂糅前人之说，取舍不甚精审。及清中叶，考证学始大进步。学者以宋学空疏，汉人去周不远，其注解经典，较为可信，主张依据训诂，考证经书，求得圣贤之真意，世人目为汉学；主持者初犹有凡古必真、凡汉皆好之思想。戴震（1724—1777年）改善研究方法，建立真正考证学。震幼颖悟，十岁读《大学》，怀疑朱熹之注解，塾师至不能答。其研究儒书，先阅《说文》考其字义，然后，求了解其义，尝自言其求圣人之义于遣经曰：必征诸古而靡不条贯，合诸道而不留余议，巨细毕究，本末兼察，若夫依于传闻，以拟其是；择于众说，以裁其优；出于空言，以定其论；据于孤证，以信其通，虽溯流可以知源，不目睹渊泉所导，循根可以达杪，不手披枝肄所歧，皆未至十分之见也。此其治学方法，亦其求真之精神；所言哲理，则内容简略，无重要于后世。震精通音韵、历数、水利等学。学者扩大研究之范围，用其法治经史与诸子，考证常有新得，改易旧说。此为新知识，为整理古籍之方法；震亦如此运用。其弟子考证，于学有贡献者甚多，或为训诂家，或为音韵家，或为金石家，或为校勘家，或为辑佚家，皆偏于整理旧学，而流于支离、琐碎，不能阐明儒学，渐为学者所不满。

康有为　训诂为东汉之儒学，学者进而研究西汉儒学，为自然之趋势。其主张则推倒考证家之东汉古文学以复于西汉今文学；董仲舒为西汉《公羊传》之大师，乃为其所尊重。清季，公羊学兴，康有为（1858—1927 年）为其主要人物，以列强侵略中国，有亡国灭种之祸，主张变法；又以基督教徒虔诚信奉耶稣，而中国人民与孔子无关，乃藉公羊学发表其见解与政论，并以孔子为教主。其论经传也，凡晚出者皆刘歆所伪造，即汉学家最尊崇之郑玄亦加以攻击。其《孔子改制考》略谓孔子同于战国时之大师，托古改制，尧、舜出于渲染，不过为其理想人物。其说破坏以往之理论，开一研究新路。康氏又谓孔子为改革家，《春秋》为其立法方案，《公羊传》注所言据乱之世、升平之世、太平之世，每一世又分三世，更推至无穷；此为社会进化之历程，改革益多则进步益大，大同为孔子理想社会，但不得躐等前进，以其处于小康之世，只能施行君主立宪政治。其所著之《大同书》描写之社会为一理想极乐世界，不过乌托邦而已。其说牵强附会在所不免，由于传统思想太强，学问家不能脱离儒学而独立也。

宗教　儒学自孔子以来，历代虽不尽同，而犹沿用其名辞，即实质与内容不同于孔子之说，而仍多所附会，二千余年之思想乃无显著之进步。新酒装于旧瓶，终失其味，为一确当之比喻。清亡，传统思想动摇，儒学日就衰微。就佛、道二教而言，清初诸帝有信佛者，世宗选历代禅师语录，并自著语录，自称居士，又以喇嘛为师。其举行之法会又有道士。说者称其尊佛教供其利用。高宗嗣位，限制人民为僧，行之无效而罢。《四库全书书目》未收入世宗选制之书，宫史亦未涉及，当为高宗之意。帝对于喇嘛，亦无尊崇之意。其编刊《大清重刊三藏教目录》收入后世高僧之著述，共七千二百四十七卷。其先，1589年刊印之《大藏》为六千七百七十一卷。二百年内增加四百余卷，当不为多；其有贡献之作品益少。太平天国予以重大之摧残，遂不复振。道教仅有世袭之张天师藉符箓、祈禳苟延残喘。二教于社会上虽有相当势力，而于教理则无值得叙述之点。基督教于订约通商后，弘布福音，教士注重社会服务，设学校、医院，传入科学知识。英教士李提摩太之影响尤巨；康有为、梁启超与之往来，并深受其影响，哲理方面，非其所重。中国教徒则未产生伟大之学问家。

纂书之盛　清帝右文，敕其臣下纂书，尤以康熙、乾隆两朝为盛。圣祖好学，暇时辄与其臣讨论学问，其编纂之书繁多，有未完毕而刊行于后世者。论者称其中有百世承行而不可废之书。《图书集成》则其一例，系其第三子诚亲王门下客陈梦雷所编，历数十年，“故能贯穿今古，汇合经史、天文、地理皆有图记，下至山川、草木、百工制造、海西秘法，靡不备具，洵为典籍之大观”。诸王争为太子，诚王以门客故，得父欢心。世宗嗣位，即将陈梦雷父子发遣边外。继之编纂者，遵其旧规，1725年，书成，凡五千册、一万卷，目录二十册，自量数而言，仅及《永乐大典》之半。《大典》有纳全部大书于一韵一字中者；《集成》则分类选择,. 采用耶稣会教士之新说，编纂慎重，远过于明人，书印行流通，便利检查。《四库全书》规模更大，不少著名之士分任编纂之责。1773年，高宗于国内征求遗书，供四库全书馆编钞。其来源有六：一、奉旨编纂之书；二、内府收藏之书；三、《永乐大典》辑存之书；四、各省采进本；五、藏书家进献之本，诏许进献之书于誊写后，付还藏书家，进献者颇多；六、通行本。斯年开始编钞，誊录六百人；1782年完成，总计录书全文三千四百五十七部、七万九千七十卷，记书名六千七百六十六部、九万三千五百五十六卷。编者奉旨撰《四库全书总目提要》，题解一万二百二十三部书，共二百卷，读者甚以为便。《四库全书》初钞四份，存于宫中，建阁贮藏。高宗迭发现其错误，严罚主持之人，校对仍有不慎重者；俄以江浙为人文所聚，再钞三份，建阁于扬州、镇江、杭州贮藏，许人借阅。镇江、扬州之书尽毁于太平军；杭州书多散失。内廷四阁，一毁于英军之焚圆明园。

毁书　高宗访求书籍之另一原因，则为焚毁违禁之书。其先，圣祖以时人著书，非毁清朝，两次兴狱，多杀无辜之人。世宗多所疑忌，考官出题、时人议论政事，有致大祸者；诗文、日记谤讪朝廷，严加惩创，更不必论。著书不尊庙号及不避御名者，亦为大逆不道。高宗忌讳益多，修改关于其祖之史料，焚毁其父所作之文章，杀其父赦免文字狱有关之人，乃谋利用机会，尽毁违碍之书籍。1773年，朝廷征书，而各省所送书单无几，皆近人解经、论学诗文集。帝谕疆吏访求，凡献违碍书者，不罪收藏之人。明年，各省进到之书不下万余种。帝以未见稍有忌讳之书，谕藏书者交出，无罪；藏匿者有罪；凡进到之书，交四库全书处检查，如有关碍者，即撤回销毁；又谕督抚晓谕人民，交出违碍之书，由是献者甚多。1776年，帝称：应毁之书，前后八千余部，意犹不足；明年，诏地方官吏及教官赴其亲友询访应毁各书，代为清查，《实录》未记获书数字；1780年，宗谱有“卓尔源本，衍汉维新”之语，斥为狂悖，焚毁演戏曲本，命官删改其违碍之处。其焚毁之数，估计盖在一万部以上，或多于《四库全书》著录存目之总数，为历史上摧残文化之恶例。文字狱诛杀无辜之人，地方官视为大案，往往吹毛求疵；文人咏清风明月者，官谓其影射明、清，目为悖妄，帝亦视为过甚；流行之书有经其改版修正者，夷狄诸字亦常删去，而禁书仍有散于民间与邻国者。吾人认定高宗所为，实可耻之事。

史学　清代学者学问渊博：一、由于大师矫明人不学之弊，皆力提倡读书，成为风气；二、百余年之和平，物力丰富，士大夫得专力于学问；三、研究学术之书院增多。初，1733年，世宗谕各省建立书院，各赐帑银一千两为倡，余令督抚豫筹膏火，以垂永久；不足者，在存公银内支用，择文行兼优之士读书其中。其时，国子监及府县学皆不为人所重，书院山长常为绩学之士，以博习经史、词章为主，学人多出于书院。论者称：时人惧祸，移其心力于训诂，实则训诂之基础久已树立。经学，上已论之。史学方面，佚亡之书如《旧五代史》《续资治通鉴长编》，大部分恢复；编著之正史、编年史则遵守前人规模。黄宗羲所著，不过搜聚史料便于后人之研究。章学诚之《文史通义》谓：诸经皆史，凡涉著作之林皆是史学，并以为史无一定之法，亦无可拘之例，唯在史家随时变通。其见解高于前人，但无重要之历史著作。崔述善于怀疑，其所作之《考信录》以史事之可信与否，全以儒书为根据。其时代虽不与今同，而贡献则有限制。史论就一事而发议论，常抹杀其他因素；即清初著名学者王夫之所作《读通鉴论》，今亦不为读史者所重。学者不满意前人著作而欲补作、改作者，无新史料，或仍用旧法，则劳而无功。表、志便于检查，搜聚史料供人利用，皆不足言著作。校勘与注释则成绩较优。正史旧以《史记》，前、后《汉书》，《三国志》为模型，研究者亦以四史为多。史学之贡献为增加吾人之知识；清人解释，无新建树，唯研究史料常有新发现。顾炎武之《日知录》、王鸣盛之《十七史商榷》、赵翼之《廿二史札记》及《陔余丛考》，皆其例也。

高宗爱好金石古物，广事聚集，臣下复有进献。其彝器陈列宫中，丰富过于前代。彝铭为最古之文字，收藏家出重价收买，重器次第发见，著录之书籍大增。学者研究，得知文字演进之迹，铭文成为重要之史料。王国维用以考证，获得不少之新知识。商代甲骨文于清季发见，罗振玉遣人掘发，所获甚多。王国维研究，更有重要之发见。外人于西北考古，获有不少之古物。斯坦因于新疆发掘遗址，获汉人简书，及抵敦煌，访知古寺藏有唐时抄本典籍、绢画及吐蕃文佛经，运走其一部分。伯希和后至甘肃，又取去一部分。清廷命送余物入京。中外学者研究所发表之论文，颇增加吾人之知识；历史取材，视前益广。中国修纂正史，向不重视原料，公文、档案或被焚毁。清季，内阁大库藏有明末、清初之公文，将焚毁而得保全，皆观念变更而为进步之征。

科学　耶稣会教士来华，介绍世界地理知识，其测绘中国地图亦有盛名。惜后政府不许传教，士大夫不与教士往来，竟怀疑其传入之知识。中国研究地理者不重调查或新知识之探求，而徒于古书或旧纸堆中搜集材料。顾炎武之《天下郡国利病书》及顾祖禹之《读史方舆纪要》虽保存不少之史料，固不能增加时人之新知识。方志亦然。鸦片战争，士大夫复留意世界地理，著作自不免于错误；后，研究西北地理成为风气，仍于古书搜集材料，而不游历、调查。清季，杨守敬所作历代疆域图，亦不精确。耶稣会教士初以拉丁文拼音汉字，渐而条理精密，士大夫为之作序，并引用其说；清初，音韵学发达，受其影响。教士精通天文，携望远镜来华。钦天监雇用外人，成为故事，恒星、经纬图、地动、木星、卫星、天河之说，皆由其传入。教士中，邓玉函最为渊博，其在意大利，与伽利略同为科学院院士；所著之《奇器图说》系最新之物理学，杠杆、滑车、螺旋、空气温度计改良、望远镜、比例规因之传入，中国能自造望远镜及天文仪器。教士精于数学，清初数学因而发达。清帝爱好奇异之钟，教士亦有制造。1678 年，南怀仁造成一汽船，以蒸汽为动力，献于圣祖之兄，为世界最早之汽船；不幸，对于中国未有影响。盖科学知识非士大夫所能了解，以其读书为文之习惯迄无变更，亦不从事于体力劳动也。后，耶稣会解散，留于北京之教士争夺财产，至乞援于长官。中国教徒仍潜往欧洲留学，但未产生领袖。中国订约通商，天主教、基督教教士来华，传教方法与前不同，创办之大学对于中国学术未有重要之影响。政府设立之新学校亦无成绩；其雇用外人翻译书籍，偏于科学，非常人所能了解。惟严复所译社会科学流行较广。

文学　文学遵守前代规模；治平之世，凡前代文学、汉赋、骈文、散文、诗词、戏曲及小说莫不皆有。论者称其不仅模拟古人，作者个性及时代精神亦能表现。实则，士大夫欲入仕途，壮年精力与时间耗于八股文，未能充分发展其才能；模拟作品虽较明人为优，而成就仍有限制。赋与骈文今为已死之文学，诗词鲜有伟大之作家，皆可不论。散文于清盛时，作家效仿明文，复有因文见道之说，规模狭小，失于拘谨；受其义法而稍变其体者，亦无重要。清季，环境变迁，文趋通俗，梁启超之文，则其明例。梁为康有为弟子，为文善于铺张，读之虽无内容而常为其所动。林纾翻译英文小说百余种，由读者译述其内容，而已以散文写之，颇表现其才能。论者称其运用古文，自汉史学家司马迁以来，未有及其成绩者。

白话文较为通俗，运用不受拘束，描写亲切、自然。小说多以白话文写成，为清代最发达之文学。曹霑所作《红楼梦》尤为世人所称。论者称其价值在明人小说之上。霑（1719？—1764年）生于富贵之家，父祖俱为南京织造，圣祖南巡四次住于其官署；约十岁，随父归北京；后，家衰落，中年贫居西郊、啜粥，写《红楼梦》八十回，写本于其死后以重价出售，历五六年而盛行。好事者以书本未成而续之，高鹗所补百二十回本于1792年印行，为最流行。书述贾府之盛衰故事，以其家庭为背景，描写十余不知世事、富于情感之女子，活现于纸上，恣态风韵无一雷同。作者描写力、想象力极高，言语尖俏、诙谐，为自然之叙述。续者文亦不弱。十八世纪有名之小说，尚有二种：一、吴敬梓之《儒林外史》。尖利讽刺，唯结构散漫，同于数十篇之短篇小说。二、《绿野仙踪》。作者今不可知，专写神仙异迹，其中穿插之故事有描写极佳者。短篇小说多记因果、狐鬼故事。十九世纪，小说作家描写妇女，有以为主人翁者，《儿女英雄传》最为有名。北方风气强悍，民间有剑客之说；作者鉴于外患之逼，著有武侠小说。南方人谋改革而力不能，作为讽刺小说，其中亦有著名之作品。

戏曲　戏曲作家清初有不少著名之士，以整炼、秀丽之文写成，叙述真切、婉转动人。孔尚任、洪升尤有不朽之成绩。孔作《桃花扇》，述明末名士与妓女之故事，穿插明亡事迹，与戏剧之以生旦离合悲欢为主者不同，全剧四十二折，描写生动，文词美丽；不幸，作者不谙度曲，评者谓有佳词而无佳调。洪升为国子监学生，善诗兼工戏曲，妻通音乐，一生不遇，晚年，醉酒溺死；所作剧本唯《长生殿》传于后世，述唐玄宗与杨贵妃之故事。其前半佳制文多，后半冗漫。其曲辞典丽、整洁，审音协律，远非孔氏所及；

唯缺少才气而乏生动之趣。其后，昆曲渐入于颓势。十八世纪末，花部勃兴。花部指昆曲以外之曲，其发达由于听者厌旧迎新及趣味之低落。高宗末年，升平久而入于骄奢、华美之途，贵公子、文人堕落而相公盛行，发生听曲以看为主之倾向。花部以旦色美丽号召观众，音乐强烈、刺激。其初，北京土著之优伶占有势力；继而川伶入都，以妖冶动人兼演淫亵之状，为时人所好，京伶、蜀伶成为对峙之势。昆曲伶人来自南方，亦北人不能欣赏之一原因。十九世纪中叶，北京徽班势力大盛，初谓安徽人主持之演剧团体，集合花、雅两部之精粹，独霸剧界。后，徽伶自其故乡赍来之调渐盛，与秦腔合而为京戏。其曲辞毫无足称，论者称其音乐、舞踊皆不及昆曲，而结构、排场及科白之技巧则在昆曲之上。其老生戏视昆曲为多。昆曲剧本乃吾人欣赏之文艺，而京戏则为民间通行之音乐剧。

美术　清代美术沿明之旧。画多士大夫之画。作家甚众。王翚为清初伟大画家，曾得名师之指导，学习古今名迹，时人呼为画圣。其友吴历尝从教士学画，亦名画家，作品仍为中国风味。吴为虔诚之教徒；王翚初亦教徒，后则改变。说者称：教士学术上之地位已不如前，致此现象。教士郎世宁供奉内廷，折衷西洋与中国画法，最工画马；汉人从之学者，能远近法。清季，画家任颐负有盛名。其天才极高，家境穷困，以卖画为生，非受生活压迫则不愿绘画。其赠送友人者，尤其平生之杰作。画录、画传及论画之书皆颇丰富。画图之刻本见于《图书集成》者，皆出名手之笔，镌工精绝。字为美术之一，士大夫或终身习之，名家要多由于天才。清代善书者甚多，但不出前人之范围；论书之著作视前增加。篆刻艺术亦有进步。墨、笔、纸、砚随文运之兴盛而发达，制造精者为人所宝。砚之琢制常为美术品。

工艺品　工艺品之精巧者，有木、竹、牙角、玉、石之雕刻与雕漆。雕木为装饰、玩具，镌刻动植物各种形象，极应用、变化之自由。竹刻出于江苏，嘉定尤为著名；无论玩物、用品，皆以竹干、竹根刻成，或细巧、或逸雅，极变化之妙，名工兼工木刻，为明末至清特有之艺术。桃核雕刻人物、山水、树木颇为精细。象牙刻作楼阁、动植物，亦然。犀角雕刻，常为精细之品。

石之雕刻，种类甚多，殿前之石狮子为吾人常见之物，随琢工之技艺与想象，而成不同之形态；殿阶所雕之花文，具森严之姿态；砚之雕刻，则其精细者；更有取石不假雕琢而成天然图画者，尤以云南大理所产为有名。新疆和阗产玉，自入版图以来，运大玉块入京供内廷之刻像及制造用器。论者称其巧惊神鬼，技夺天工，尤以高宗、仁宗时为盛。雕漆颇为发达，北京、苏州多精品，尤以清中叶内廷之物为美；鸦片战后则渐衰落。皇室所用之织锦，设官督制，其花文之繁缛、设色之雅致，皆称精美；刺绣之花鸟等物，极纤巧、华美之能事，乃物力丰阜及帝王注重仪饰之隆盛而督成之。

工艺品为世所称者，首为景德镇所造之瓷器，圣祖、高宗二朝尤多美丽之品。圣祖遣官驻厂督造仿古礼器、文具、用物，并仿造前代精品，各色悉备，瓷上绘画各种山水、人物、花鸟，无不精美。论者称："其变化不可端倪，诚造化之神秘、文明之极轨，自有陶器以来，未有如此之盛者也。"高宗时，御用之器以彩绘见胜，其人物之巧致，过于圣祖之时；十九世纪未有发展，更受大乱之摧残而中绝，乱平，稍复旧观。其珐琅瓷则以高宗时所制为美。清初，玻璃制造之用物，皆极精巧，有彩色者光彩夺目。北京故宫陈列之佛像，亦多精巧之物；仿造西藏样式者，则不足观。清宫殿建筑今犹存在，故宫为明遗物。圆明园为皇帝避暑之所，耶稣会教士参与设计，为中西美术结晶品，不幸焚毁。颐和园造于清季，为太后颐养之所。热河奉天宫殿、诸帝陵墓及大城之寺庙、亭观，其建筑之美、雕刻之工、彩绘之丽，皆吾人所常见。清亡，遭遇战争破坏者渐多。

清帝统治中国，欲保存其旧俗，而文化尽为汉人之产物。其盛世维持和平百余年，学术、美术颇为发达。皇帝好尚，当为促进之一势力。十九世纪为世界剧变时代，中国思想鲜有进步，遇有机会，亦不肯虚心学习，相形则益恶劣。士大夫保守性强，自周以来，文化发展未能脱离传统势力，清代乃为中国旧文化之总结束，新文化则非一旦所能创造，清亡，传统思想仍有势力也。